Mayores hazaña

Con: Andrew Murray en los dos Pactos; Vida cristiana más profunda; vida de oración; ¡Con Cristo en la Escuela de Oración y Entrega Absoluta en un solo lugar para Mayores Hazañas en Dios !

-

Naciste para esto – Sanidad, Liberación y Restauración – Serie Equipando

Por el Embajador Monday O. Ogbe

Acerca del libro

Greater Exploits 17 es una continuación de **Greater Exploits 1 a 1 6** con más detalles, Presentación: *Andrew Murray en T he T wo Covenants; Vida cristiana más profunda; vida de oración; Con Cristo en la Escuela de Oración y Entrega Absoluta en un solo lugar* por mayores hazañas en Dios!

Greater Exploits 17 y otras series del mismo libro se te entregan en **"bandeja de diamantes"** si respondes afirmativamente a cualquiera de las siguientes preguntas: ¿ *Estás harto de la impotencia, la desesperanza y la inutilidad sin remedio a la vista?*

- *¿Estás abatido física, emocional y espiritualmente?*
- *¿Estás arriba hoy y mañana abajo emocional, psicológica y fisiológicamente como un yoyo?*
- *¿Está usted o alguien dentro de su círculo física o emocionalmente enfermo, acosado, explotado y desposeído de lo que le pertenece legítimamente a usted o a las personas dentro de su círculo?*
- *¿Hay alguna enfermedad o dolencia prolongada, o patrones negativos de matar, robar y destruir que han desafiado tus oraciones y las oraciones de los demás?*
- *¿Has perdido algo o a alguien cercano a ti y parece que no tienes respuestas para todas?*
- *¿Sientes o percibes que no estás en el centro de la voluntad y el propósito de Dios para tu vida con un completo vacío dentro y alrededor de ti?*

- *¿Tienes hambre de poder ministrar sanidad, liberación y restauración de una manera poderosa para ti mismo y para los demás?*

Entonces ven conmigo con siete (7) condiciones críticas de la siguiente manera:

- *Esté DISPONIBLE (espíritu, alma y cuerpo) para asociarse con Dios.*
- *Sé AUDAZ para reclamar todo lo que Él ha muerto para darte.*
- *Sea lo suficientemente COMPASIVO como para sentarse donde la gente sufre.*
- *Esté DETERMINADO a seguir adelante y nunca, nunca darse por vencido hasta que la palabra de Dios se convierta en verdad y vida en sus circunstancias y situación.*
- *Sea fervientemente enamorado de Dios y de las personas sin restricciones.*
- *Sé ARDIENTE en IRA con Satanás por robarte a ti y a otros.*
- *Estar en GRAN HAMBRE para buscar a Dios hasta RECUPERAR TODO y manifestarlo a usted mismo y a los demás.*

Entonces, profundicemos en *Greater Exploits 17*
Con: Andrew Murray en los dos Pactos; Vida cristiana más profunda; vida de oración; ¡Con Cristo en la Escuela de Oración y Entrega Absoluta en un solo lugar para Mayores Hazañas en Dios! Naciste para esto - Sanación, liberación y restauración - Serie de equipamiento para lanzarte al presente y al futuro en mayores hazañas para nuestro Dios . Historias de vida reales y testimonios para reforzar tu aprendizaje y aplicación.

Tabla de contenido

Mayores hazañas – 17

Serie - Sobre el autor

Embajador de Cristo, Lunes O . Ogbe es un embajador de Cristo en el mercado con un corazón por la unidad en el cuerpo de Cristo. Su encuentro cara a cara con el Señor Jesucristo el sábado 22 de abril de 2006 a las 5 de la mañana cambió la trayectoria de Su vida para siempre.

El embajador Monday O. Ogbe es un ministro ordenado de Dios en God's Eagle Ministries Inc. – https://www.otakada.org

Como experto en TIC, utiliza su habilidad para llegar a los buscadores en línea y equipar al cuerpo de creyentes para el trabajo del ministerio a través de su sitio de ministerio otakada.org: un ministro en God's Eagle Ministries, una iglesia sin muros, fronteras y denominación donde estamos. sembrando las naciones con la palabra de Dios y Dios está transformando vidas a través de más de 2 millones de contenido cristiano que ahora se aloja y distribuye a una audiencia mundial de buscadores y cristianos.

¡El contenido de Otakada.org llega a más de medio millón de audiencia en línea mensualmente y sigue creciendo!

Ambassador Monday es el anfitrión de "Ya basta del cautiverio de Satanás y bienvenido a la libertad en Cristo en la serie de equipamiento de sanidad, liberación y restauración donde enseña y equipa a los santos para ministrar sanidad, liberación y restauración de sí mismo y de otros dentro y fuera sus círculos – La sanidad es el pan de los hijos y una señal para los incrédulos para autenticar el respaldo de Dios a la esperanza de nuestro llamado. ¡Hemos visto una notable sanidad, liberación y restauración para la gloria de Dios!

Ha escrito varios libros a saber:
1) *Mayores Hazañas - 1 – Naciste para esto – Sanación, Liberación y Restauración;*

2) *Mayores Hazañas – 2 – Naciste para esto – Sanación, Liberación y Restauración*

3) *Mayores hazañas – 3 – Naciste para esto – Sanación, Liberación y Restauración*

4) *Mayores Hazañas - 4 - Naciste para esto - Sanación, Liberación y Restauración*

5) *Mayores hazañas - 5 - Naciste para esto - Sanación, liberación y restauración*

6) *Grandes hazañas 6 -*
7) *Grandes hazañas 7 -*

8) *Grandes hazañas 8 – 20*

9) *PALABRAS perfectas, OBRAS perfectas y MARAVILLAS perfectas: Historia real de treinta (30) años VIAJE ESPIRITUAL Diario en el mundo de los espíritus con FUERTE VISIÓN DEL MUNDO Bíblica: Perfección Serie 2 –*

10) *La verdadera historia del pastor Jude Jones, quien se desmayó durante un servicio de iglesia fuerte de 50,000 miembros y su encuentro en la sala del tribunal del cielo: Iglesia perfecta ... Ministerio Jesús CAMINO - Serie de perfección*

11) *La Escuela Práctica del Espíritu Santo en 8 Subtítulos;*

12) *Noticias de última hora proféticas de 2020, parte 1 de 4; 2 de 4; 3 de 4;*

13) *Sexo en el templo de Dios: 15 maneras fáciles de comprender, identificar y superar la inmoralidad sexual y las trampas emocionales en su vida;*

14) *Sin fronteras: Visualizar y experimentar una comunidad eclesiástica de creyentes sin muros, fronteras ni denominación;*

15) *Escape a un mundo de comprensión: antídoto contra el odio contra los musulmanes, cristianos y personas en todas partes;*

16) *Clueless: – Go Make Disciples, un libro práctico sobre cómo hacer discípulos;*

17) **Win Life's Battle Daily: una declaración diaria de las Escrituras orientada a ganar la vida todos los días;**

18) **Involucrar al Dios sobrenatural: Dios está ansioso por hablar si tenemos hambre de escuchar y responder;**

19) **Oraciones de avivamiento libres de 12 series de enero a diciembre: orando por avivamiento en nuestra vida en la comunidad de la iglesia que nos rodea y una serie de otros títulos traducidos a varios idiomas. De 12 ejemplares. Una copia para cada mes**

Y otros
Y otros títulos nuevos :
https://www.amazon.com/stores/Ambassador-Monday-O.-Ogbe/author/B07MSBPFNX

Publica un blog semanal que llega a la audiencia en las redes sociales, la transmisión por satélite y en su sitio web de publicación otakada.org.

Enlace del blog:
https://www.otakada.org/category/blog/

Busque los títulos anteriores en el sitio de compras Otakada.org: https://www.shop.otakada.org

Está casado con Comfort y tiene cuatro hijos: **Diana Odjo, Joseph – Ojima, David – Ojonugwa e Isaac – Unekwu.**

Autor Colaboradores – Andrew Murray – Biografía

andres murray

Andrew Murray (9 de mayo de 1828 - 18 de enero de 1917) fue un escritor, maestro y pastor cristiano sudafricano. Murray consideraba que las misiones eran "el fin principal de la iglesia".

Temprana edad y educación

Andrew Murray fue el segundo hijo de Andrew Murray Sr. (1794–1866), un misionero de la Iglesia reformada holandesa enviado desde Escocia a Sudáfrica. Nació en

Graaff Reinet, Sudáfrica. Su madre, Maria Susanna Stegmann, era de ascendencia hugonote francesa y luterana alemana.

Murray fue enviado a la Universidad de Aberdeen en Escocia para su educación inicial, junto con su hermano mayor, John. Ambos permanecieron allí hasta que obtuvieron sus títulos de maestría en 1845. Durante este tiempo fueron influenciados por las reuniones de avivamiento escocés y el ministerio de Robert Murray McCheyne, Horatius Bonar y William Burns. De allí, ambos fueron a la Universidad de Utrecht donde estudiaron teología. Los dos hermanos se convirtieron en miembros de Het Réveil, un movimiento de renacimiento religioso opuesto al racionalismo que estaba en boga en los Países Bajos en ese momento. Ambos hermanos fueron ordenados por el Comité de La Haya de la Iglesia Reformada Holandesa el 9 de mayo de 1848 y regresaron al Cabo.

Murray se casó con Emma Rutherford en Ciudad del Cabo, Sudáfrica, el 2 de julio de 1856. Tuvieron ocho hijos juntos (cuatro niños y cuatro niñas).

Residencia en Utrecht
En 1846 vivían en Minrebroederstraat (número desconocido).

De 1847 a 1848 vivieron en Zadelstraat 39.

Trabajo religioso en Sudáfrica
Murray pastoreó iglesias en Bloemfontein, Worcester, Ciudad del Cabo y Wellington, todas en Sudáfrica. Fue un campeón del renacimiento sudafricano de 1860.

En 1889, fue uno de los fundadores de la Misión General de Sudáfrica (SAGM), junto con Martha Osborn y Spencer Walton. Después de que Martha Osborn se casara con George Howe, formaron la Misión General del Sudeste de África (SEAGM) en 1891. SAGM y SEAGM se fusionaron en 1894. Debido a que su ministerio se había extendido a otros países africanos, el nombre de la misión se cambió a Africa Evangelical Fellowship (AEF) en 1965. AEF se unió a Serving In Mission (SIM) en 1998 y continúa hasta el día de hoy.

A través de sus escritos, Murray también fue un líder clave de "Vida interior" o "Vida superior" o Keswick, y su teología de la curación por fe y su creencia en la continuación de los dones apostólicos lo convirtieron en un precursor significativo del movimiento pentecostal.

En 1894, Murray recibió la visita de John McNeill y el reverendo J Gelson Gregson, ex capellán del ejército británico y orador de la convención de Keswick.

Muerte

Murray murió el 18 de enero de 1917, cuatro meses antes de cumplir 89 años. Estaba tan influenciado por el renacimiento de Möttlingen de Johann Christoph Blumhardt que incluyó una parte de la biografía de Friedrich Zündel al final de With Christ in the School of Prayer.

Obras

Una bibliografía compilada por DSB Joubert estima que Murray publicó más de 240 libros y tratados;[5] este número incluye alrededor de 50 libros, muchos de ellos escritos tanto en holandés como en inglés,[6] que incluyen:

Permanecer en Cristo

Entrega absoluta
Ser perfecto
Sanidad Divina
La Voluntad de Dios: Nuestra Morada
Santo en Cristo (1887)
Cómo criar a tus hijos para Cristo
Humildad: el viaje hacia la santidad (1884)
Acerquémonos (1894)
como cristo
Dinero
La vida cristiana más profunda
la mesa del señor
El Lugar Santísimo: una exposición de la Epístola a los
Hebreos (1894)
La morada del maestro
El Ministerio de Intercesión
El poder de la sangre de Cristo
La vida de oración
La escuela de la obediencia
El Espíritu de Cristo
La vida espiritual
La vid verdadera
Los dos pactos
Hágase tu voluntad
esperando en dios
Con Cristo en la Escuela de Oración
¡Trabajando para Dios!
La escasez de conversiones
Jesús mismo
Señor Enséñanos a Orar O, El Único Maestro

Mayores hazañas – 17

Historia verdadera – Embajador Monday O. Ogbe : Mi encuentro con el Señor Jesucristo en Londres Sábado, 5 am, 22 de abril de 2006

Nací en una familia cristiana, he sido cristiana, ocupada yendo a la iglesia, asistiendo a actividades y sirviendo lo mejor que pude hasta este encuentro que cambió mi vida. El 16 de marzo de 2006, estaba caminando de un lado a otro del pasillo del hospital en Londres porque mi esposa ya había estado de parto durante tres días. Los médicos finalmente concluyeron que si no tenía al bebé de forma natural por la mañana, tendría que someterse a una cesárea. Desconocido para nosotros, mi suegra ya había visto en una visión que tal vez no sobreviviera a este parto. Gracias a Dios por las suegras piadosas. Por supuesto, mi esposa y yo no sabíamos nada de esto.

Fue durante este caminar arriba y abajo que recibí una fuerte impresión en mi mente de iniciar un ayuno de cuarenta (40) días a partir del día siguiente, que fue el 17 de marzo de 2006. Me alarmé porque nunca había realizado un ayuno de cuarenta (40) días. -Día de ayuno antes. Así es como distingues los pensamientos carnales y los pensamientos impresos en ti desde nuestro corazón a nuestra mente por el Espíritu Santo en nosotros. Él te dirá que hagas algo bíblico a lo que no sucumbirás naturalmente. Comencé una conversación con el pensamiento espontáneo iluminó mi mente, pensamiento en respuesta a las impresiones del pensamiento, luego hice un requisito para saber por qué estaría orando durante cuarenta días.

La siguiente instrucción fue que debía tomar un cuaderno y un bolígrafo y comencé a escribir allí mismo en la sala del hospital las impresiones que estaba recibiendo. En lugar de orar por mi esposa, descubrí que los puntos de oración que me venían a la mente eran los pastores, las iglesias, la unidad del cuerpo y todo eso. Fue entonces cuando le pregunté a Dios, si yo fuera a realizar esta tarea, querría verlo antes de que termine este ayuno de 40 días. Creo que ahora no hubo respuesta porque la condición para que Él se manifestara iba a depender de mi obediencia a la primera instrucción de ayunar 40 días.

Un punto a tener en cuenta aquí antes de continuar con la historia es que Dios no dará el próximo paso más allá de su último punto de obediencia. Si Él te indica que hagas algo, no lo haces, Él se cierra hasta que vuelves al último punto de desobediencia y obedeces. Lee el relato de Jonás. Jonás corrió en dirección opuesta a la asignación de Dios. A través de las tormentas, mientras Jonás estuvo en desobediencia, Dios nunca habló, hasta que Jonás, después de que fracasó su intento inútil de suicidarse, clamó a Dios.

Jonás 2:1-10

1 Entonces oró Jonás a Jehová su Dios desde el vientre del pez.
2 Y dijo: Clamé al SEÑOR a causa de mi aflicción, y él me respondió. "Desde el vientre del Seol lloré, y tú oíste mi voz.
3 Porque me echaste en lo profundo, En el corazón de los mares, Y las corrientes me rodearon; Todas Tus olas y Tus ondas pasaron sobre mí.
4 Entonces dije: He sido echado de tus ojos; Sin embargo, volveré a mirar hacia Tu santo templo.'

5 *Las aguas me rodearon, hasta mi alma; El abismo se cerró a mi alrededor; Las malas hierbas estaban envueltas alrededor de mi cabeza.*

6 *Bajé a los amarres de las montañas; La tierra con sus barrotes se cerró detrás de mí para siempre; Sin embargo, tú sacaste mi vida de la fosa, oh SEÑOR, Dios mío.*

7 *"Cuando mi alma desfallecía dentro de mí, me acordé del SEÑOR; Y mi oración subió hasta Ti, En Tu santo templo.*

8 *"Los que miran a los ídolos sin valor, abandonan su propia misericordia.*

9 *Mas te ofreceré sacrificios Con voz de acción de gracias; Pagaré lo que he prometido. La salvación es de Jehová."*

10 *Y habló Jehová al pez, y vomitó a Jonás en tierra seca.*

Una palabra para alguien

"Escucha querida hija e hijo del Dios vivo y amoroso. Dios es amoroso y misericordioso, pero Dios también juega un fútbol sólido como una roca. ¿Quieres involucrarlo en un desagradable partido de fútbol? Ni siquiera lo contemples. Terminarás con la extremidad hinchada. Aun así, Él te ama y continúa amándote a ti ya mí con un amor eterno. Llevas Su Espíritu dentro de Ti. Fuiste creado a Su imagen y semejanza.

Eres su proyecto favorito, Él tiene celo por ti aun cuando estés muy, muy y muy profundo en el pecado, Él te mira con piedad, explorando, orquestando circunstancias y situaciones que te llevarán de regreso a Su amorosa limosna. No sois vuestros, habéis sido adquiridos por precio, estáis atentos en Cristo, en Dios. Eres la niña de Sus ojos, eres realeza, eres un sacerdote para Él, eres especial. Él dice que si puedes considerar cuán brillantes son las estrellas, eres más brillante que las estrellas del cielo. Dice que no cae un solo cabello de tu cabeza que no conozca. Los cuenta y sabe su número. "

Lucas 12:4-7

4 "Y os digo, amigos Míos, no temáis a los que matan el cuerpo, y después de eso no tienen más que hacer.
5 Pero yo os mostraré a quién debéis temer: temed a aquel que, después de haber matado, tiene poder para arrojar al infierno; sí, os digo, ¡temedle!
6 "¿No se venden cinco pajarillos por dos monedas de cobre? Y ninguno de ellos es olvidado ante Dios.
7 Pero los mismos cabellos de vuestra cabeza están todos contados. No temáis, pues; más vales tú que muchos pajarillos.

Ahora continúa el encuentro con el Señor Jesucristo

He aquí, el 22 de abril de 2006, tres días antes del final del ayuno de cuarenta días exactamente a las 5 am de la mañana, Dios cumplió su parte del trato. Estaba medio despierto cuando este Ser, en forma humana, con las manos cruzadas detrás de la espalda, se inclinó ligeramente hacia adelante, mirándome en el suelo, caminó suavemente, paso a paso, sin prisa, caminó hacia mí en el salón a través del área de la ventana. Podía distinguir Su forma pero no podía ver Su rostro con claridad.

Ya sabes el tipo de vestimenta que viste Jesús en las películas del Medio Oriente que vemos. Inmediatamente se acercó a mí, el área alrededor de mis pies donde Él estaba parado comenzó a vibrar con tanta fuerza como si nunca hubiera existido, más como el área desmaterializada por así decirlo. Mientras se movía hacia el área de mi pecho, cuello y cabeza, sucedió lo mismo y siguió yendo y viniendo. Cada área que Él dejó se recombinó nuevamente como antes y el proceso continúa como antes. No había palabras para describir el poder puro de esa experiencia; Perdí la noción del tiempo y me asusté y comencé a suplicarle que terminara y me dijera lo que quería que hiciera por Él mientras rodaba sin control por el suelo . Ese fue mi encuentro con el poder manifiesto de nuestro Padre celestial.

Después de esa experiencia de trance, comencé a tener una visión diferente del cuerpo de Cristo. En una ocasión, en el sueño, el Señor Jesucristo entró, Su cuerpo estaba desarticulado pero conectado con pequeños ligamentos de piel. Cada una de las partes era un ministerio de la iglesia. Pude distinguir ministerios con los que estaba familiarizado. Las conexiones entre las partes del cuerpo no eran firmes. Ahora entiendo que las instituciones o ministerios de la iglesia como los conocemos hoy, están dividiendo Su cuerpo, los miembros individuales de Su iglesia conforman Su cuerpo debido al orgullo, el ego mezquino y toda la lujuria que presenta la carne. Manifestándose como competencia entre iglesias, lucha de liderazgo, desvío de miembros, menoscabo de otros ministerios, lucha entre miembros de iglesia, robo de liderazgo y estilo de vida extravagante que no refleja el nivel de vida de los miembros y la lista continúa. Si sois tales, apartaos de la iniquidad, porque nuestro Dios es fuego consumidor, y acordaos del pecado de Balaam, quien por lujuria monetaria, tergiversó a Dios y entregó los hijos benditos de Dios a satanás por el mal consejo del adversario.

Ahora le pregunté al Señor dónde encajaría yo en este cuerpo Suyo ligeramente conectado e inconexo. Me dijo que buscara iglesias que hicieran discípulos de los hombres y que no me conmovieran los números.

El resto es historia. Ahora me di cuenta de que mi confianza en Él se había fortalecido después del encuentro, ahora tenía un sentido de propósito y misión. Todas las asignaciones que Dios me dio en sueños posteriores fueron consistentes con esta primera asignación. No ha habido controversia en absoluto. A veces me descarrilo, pero Él amorosamente me lleva de vuelta ya veces con moretones para mostrar la desobediencia. El poder y la presencia del Espíritu Santo me ha permitido lograr cosas que, naturalmente, no podría lograr al alcanzar un área específica de asignación. Dios nos llena con Su Espíritu Santo para equiparnos para el ministerio. Nunca asumas ninguna tarea para Dios sin la habilitación y asignación divinas.

Esta revelación me dio la confianza y la seguridad de que Dios está disponible y más que deseoso de entablar una conversación con nosotros, si estamos dispuestos a sintonizarnos con Su frecuencia y pedirle con fe. Habla a través de trance (visiones abiertas) como en este caso, a través de sueños, a través de impresiones de imágenes, pensamientos espontáneos que se encienden en nuestra mente, a través de circunstancias que enfrentamos, personas que encontramos, hombres y mujeres ordenados de Dios, a través de niños, a través del silencio y a través de la palabra de Dios. Es fundamental notar que el testimonio interior y la palabra de Dios tiene que estar de acuerdo con lo que hemos visto, oído o grabado en nuestra mente. Satanás y el espíritu demoníaco también hablan, también se graban en nuestras mentes. Jesús nos ha alertado sobre esto en:-

Juan 10:27

27 Mis ovejas oyen mi voz, y yo las conozco, y me siguen.

Tarea 1

¿Has tenido un encuentro con tu Padre Celestial como el que te acabo de relatar? Si no lo has hecho, te animo a que

pidas uno. No para mostrar, sino que deseas construir una relación más fuerte con Él que la que tienes ahora. Comienza en el punto en el que te encuentras. ¿Te estás perdiendo la marca, comienza desde allí. Acuérdense del hijo pródigo, el padre lo acogió a pesar del pecado. Ese es el corazón del padre. A veces, nos metemos en un lío porque no sentimos a Dios en nuestras vidas. Él está esperando, esperando para involucrarnos a ti ya mí.

Deténgase ahora mismo y ore pidiéndole que se le revele, me refiero a una manifestación tangible. No son algunos encuentros inútiles que simplemente olvidas en cuestión de días. Cada vez que recuerdo la experiencia anterior, es tan fresca como siempre. Está grabado en mi ADN para siempre. Pídele que se revele a un ser amado, una esposa, un esposo, un compañero, etc. y créelo. Mira qué pasa. Dios quiere que le crean, anhela que le crean. Nuestra fe dice te creo y cuenta contigo para hacer lo que quieres hacer.

Ahora, aparte de la serie de sanidad, liberación y restauración que experimenté personalmente, los siguientes eventos alimentaron mi ira hacia este ministro - Mi madre murió a los 44 años de presión arterial alta - Mi hermana mayor murió a los 44 años de cáncer de mama y mi padre a los 44 años 77 de cáncer de próstata. Entonces, estoy enojado con satanás por robar a mis seres queridos y tengo hambre de obtener lo mejor de Dios. No solo por mí sino por los demás para que no tengan que perder a sus padres o hermanos a una edad temprana y puedan cumplir sus días con una salud sana y perfecta en el nombre de Jesús, amén.

Dios me prometió a mí y a ti esto en:

Éxodo 23:25-27
Biblia Amplificada, Edición Clásica

²⁵ A Jehová vuestro Dios serviréis; Bendecirá tu pan y tu agua, y yo quitaré la enfermedad de en medio de ti.
²⁶ Ninguna perderá su cría por aborto ni será estéril en vuestra tierra; Cumpliré el número de tus días.
²⁷ Enviaré Mi terror delante de ti y confundiré a todos los pueblos adonde llegarás, y haré que todos tus enemigos se aparten de ti [en fuga].

Junto contigo, tengo la intención de cumplir esa promesa en el nombre de Jesús. Amén. En este libro *"Grandes Hazañas – Naciste para esto – Sanación, Liberación y Restauración – Descúbrelo de los Grandes de* los registros de más de 100 años de hazañas de hombres y mujeres de Dios, Dios usó para su tiempo. También es para nosotros. El libro le mostrará cómo. Ya estamos viendo resultados a través de la aplicación de los aprendizajes y usted también debe hacerlo. Amén

Mayores hazañas – 17

- Sobre el editor

En God's Eagle Ministries – ¡Visualizamos un mundo cristiano unido! ¡Juan 17:21-23! Estamos sembrando las naciones con más de 2 millones de contenido cristiano, y Dios está transformando vidas a través de la verdad eterna de su palabra *: ¡un contenido a la vez! – ¡Somos UNO en Cristo Jesús, sigamos siendo UNO!*

¡Evangelismo, Discipulado, Consejería, Sanidad, Liberación, Restauración y Oración sin Muros, Fronteras y Denominaciones !
Junto con USTEDES, estamos construyendo TEMPLOS ESPIRITUALES ENORMES
en NUESTROS CORAZONES para que el Espíritu de Dios HABIA y FUNCIONE con FACILIDAD en estos TIEMPOS y ESTACIONES, así que QUÉDESE con nosotros y CONSTRUYA con nosotros mientras Dios sana, libera y restaura nuestro espíritu. Alma y Cuerpo En el Nombre de Jesús, Amén!
Mira esto en *1 Tesalonicenses 5:23, 2 Timoteo 1:7 Hebreos 4:12-13; 1 Corintios 3: 1-17; Levítico 26:12; Jeremías 32:38; Ezequiel 37:27; 2 Corintios 6:16; 1 Juan 4:4*
Leer – 1 Tesalonicenses 5:23 Biblia Amplificada (AMP) [23]
Y el mismo Dios de paz os santifique por completo [es decir, os separe de las cosas profanas y vulgares, os haga puros, íntegros e indemnes—consagrados a Él—establecidos aparte para Su propósito]; y que vuestro espíritu, alma y cuerpo se conserven completos y [se hallen] irreprensibles en la venida de nuestro Señor Jesucristo.
¿Quién es el ministerio del Águila de Dios y qué hacemos?

Quiénes somos en God's Eagle Ministries está ligado a nuestra *visión, misión* y valores, como se destaca a continuación:

Nuestra visión:

Visión corta:

Visualizamos un mundo cristiano UNIDO a través de la formación de discípulos centrada en Cristo y basada en la obediencia.

Ampliado: visualizamos un mundo cristiano UNIDO donde la unidad del espíritu se mantiene a través de la paz y la unidad de la FE se OBTIENE mediante el equipamiento en el discipulado basado en la obediencia y en el conocimiento exacto y la palabra revelada de nuestro Señor Jesucristo por el Espíritu Santo.

Nuestra misión:

Misión corta:

Somos Uno en Cristo Jesús – Existimos para Fomentar la Unidad de Espíritu y Fe entre los Santos

Ampliado: todos nuestros recursos en asociación con los dones ministeriales quíntuples en el cuerpo de Cristo, se orientarán hacia la creación, recopilación y circulación de contenido cristiano (CCCCC) para discipular y equipar a los santos hasta que todos mantengamos la unidad de ESPÍRITU por el vínculo de la paz y alcanzar la unidad de la FE y el conocimiento de nuestro Señor Jesucristo en todas las naciones de la tierra según nos dirija el Espíritu Santo

Escrituras que forman la base del ministerio – Efesios 4:3,13; Salmo 133:1; Juan 17:21; Mateo 28:19; Juan 8:31 y Juan 16:13

Nuestros valores:

Audacia, Intrepidez, Liderazgo, Excelencia, Integridad, Creatividad, Velocidad y Caridad

Nuestra pasión:

Nos apasiona comprometernos con el liderazgo a través de líneas denominacionales o no denominacionales, instándolos a que se comprometan unos con otros, comunicamos lo que el Espíritu dice a las iglesias y al liderazgo mientras intercedemos por la iglesia y el liderazgo. Oramos sin cesar, vemos, experimentamos y animamos a mantener la unidad del ESPÍRITU por el vínculo de la paz mediante la ayuda de Su Espíritu Santo en y entre los santos de Dios en Cristo Jesús según la oración de Jesús en Juan 17: 21 – ¡Que seamos uno! También creamos nuestros contenidos y cotejamos y hacemos circular contenidos cristianos del ministerio quíntuple de diferentes iglesias y los distribuimos para que los santos estén bien equipados hasta que todos lleguemos a la unidad de la fe y del conocimiento de nuestro Señor Jesucristo. mientras mantenemos la unidad del ESPÍRITU en el vínculo de la paz – Efesios 4:3,13

NUESTRA META

Nuestro objetivo en God's Eagle Ministries es involucrar efectivamente *a 100 millones de almas en el discipulado en o antes de 2040 mientras el Señor se demora.* ..Quédate con nosotros.

Siete (7) Desarrollo de lo que hacemos:

- **Compromiso con el mensaje de Unidad para las Iglesias** : Nos comprometemos con diferentes denominaciones instándolos a que se comprometan entre sí.
- **Ayuno y Oración Anual** : Cada año, dedicamos 40 días según las instrucciones del Señor entre el 17 de marzo ʸ el 26 de abril ᵖᵃʳᵃ interceder por la Iglesia y el Liderazgo con el tema central de la unidad, el avivamiento y el discipulado.
- **Hemos publicado más de 65 libros de discipulado de nuestra autoría** . También hemos publicado para otros autores cristianos más de 100 títulos y distribuidos a 66 países.
- **Hemos creado por nosotros mismos, recopilados de otros ministerios quíntuples dones en diferentes denominaciones y circulado desde nuestro sitio web más de 2 millones de contenidos cristianos para equipar a los santos en las naciones.**
- **Hemos creado y automatizado un proceso de discipulado de 40 días con Jesús en nuestro sitio web en Otakada.org con cientos de visitantes de todo el mundo accediendo al portal.**
- **Estamos asesorando a cristianos de todo el mundo que se ponen en contacto con nosotros a través de nuestro sitio web y a través de otros compromisos ministeriales con otras denominaciones de iglesias, ya que Dios trae sanidad, liberación y restauración a su pueblo, tanto en su espíritu, alma y cuerpo.**

- **Acción profética guiada por el Espíritu Santo:** Realizamos acciones proféticas guiadas por el Espíritu Santo dedicando la tierra al Señor donde funcionamos.

Puede asociarse con lo que hacemos visitando nuestra página de asociación https://www.otakada.org/partnership-giving/

Visite https://shop.otakada.org para obtener libros electrónicos y de bolsillo que lo ayudarán a crecer en el Señor.

Destilando más

Destilando más, Nuestra misión en God's Eagle Ministries se vincula con Efesios 4: 1-16, para buscar lo mejor de los mejores cinco (5) dones ministeriales en el cuerpo de Cristo, para que podamos equipar a los santos para el trabajo. del Ministerio (Los obreros son pocos en verdad, mientras que hay una cosecha madura de almas a nuestro alrededor esperando ser cosechadas) el equipamiento continúa hasta que todos lleguemos a la unidad de la fe como lo proclamó en voz alta en el lugar de oración el mismo Jesús en Juan 17. conocimiento de nuestro Señor Jesucristo.

Nuestra pasión central es señalar a los santos, que son hijos de nuestro Padre Dios, a Cristo, que es la cabeza del cuerpo según el orden de
Juan 1:12-13

Biblia Amplificada, Edición Clásica
12 Pero a todos los que le recibieron y le dieron la bienvenida, les dio potestad (poder, privilegio, derecho) de llegar a ser hijos de Dios, es decir, a los que creen en (se adhieren, confían y confían en) Su nombre-

13 que no deben su nacimiento a las sangres ni a la voluntad de la carne [la del impulso físico] ni a la voluntad del hombre [la del padre natural], sino a Dios. [¡Son nacidos de Dios!]

Juan 3:12-20

Biblia Amplificada, Edición Clásica

12 Si os he hablado de cosas que suceden aquí mismo en la tierra y ninguno de vosotros me cree, ¿cómo podéis creer (confiar en Mí, adherirse a Mí, confiar en Mí) si os hablo de cosas celestiales?

13 Y sin embargo, nadie ha subido jamás al cielo, sino que hay Uno que ha descendido del cielo: el Hijo del Hombre [Mismo], [a ⌐Quien *está (mora, tiene Su hogar) en el cielo.*

14 Y así como Moisés levantó la serpiente en el desierto [en un asta], así debe [así es necesario] que el Hijo del Hombre sea levantado [en la cruz],

15 i Para que todo el que cree en Él [que se une a Él, confía en Él y confía en Él] no se *pierda, sino que* tenga vida eterna *y* viva [en realidad] para siempre!

16 Porque de tal manera amó Dios *y* valoró mucho al mundo, que [incluso] entregó a su Hijo unigénito ([c] único), para que todo aquel que cree en (confía, se aferra, se apoya) en Él no perecerá (vendrá a la destrucción, se perderá), sino que tendrá vida eterna (eterna).

17 Porque Dios no envió a su Hijo al mundo para juzgar (rechazar, condenar, dictar sentencia) al mundo, sino para que el mundo encuentre salvación *y* sea sano *y* salvo por él.

18 El que cree en Él [el que se aferra, confía, confía en Él] no es juzgado [el que confía en Él nunca sale a juicio; para él no hay rechazo, ni condenación, no incurre en condenación]; pero el que no cree (adherirse, apoyarse, confiar en Él) ya es juzgado [ya ha sido condenado y ya ha recibido su sentencia] porque no ha creído ni confiado en el nombre del

unigénito *Hijo* de Dios. [Él es condenado por negarse a dejar que su confianza descanse en el nombre de Cristo.]

[19] La [base del] juicio (acusación, la prueba por la cual los hombres son juzgados, la base para la sentencia) radica en esto: la Luz ha venido al mundo, y la gente ha amado las tinieblas antes y más que la *Luz* ., porque sus obras (hechos) eran malas.

[20] Porque todo malhechor odia (aborrece, detesta) la Luz, y no sale a la Luz, *sino que* se retrae de ella, para que sus obras (sus hechos, sus actividades, su conducta) no sean expuestas *y* censuradas.

Juan 14:1-17

Biblia Amplificada, Edición Clásica

14 No se turbe vuestro corazón (angustiado, agitado). Crees *y te* adhieres *y* confías *y te* apoyas en Dios; creed , adheríos , confiad *y* descansad también en Mí.

[2] En la casa de Mi Padre hay muchas moradas (hogares). Si no fuera así, te lo hubiera dicho; porque me voy a preparar un lugar para vosotros.

[3] Y cuando (si) me fuere y preparare un lugar para vosotros, volveré otra vez y os tomaré conmigo, para que donde yo esté, vosotros también estéis.

[4] Y [al lugar] a donde voy, tú conoces el camino.

[5] Tomás le dijo: Señor, no sabemos a dónde vas, ¿cómo podemos saber el camino?

[6] Jesús le dijo: Yo soy el Camino y la Verdad y la Vida; nadie viene al Padre sino por (a través de) Mí.

[7] Si me hubierais conocido [habríais aprendido a reconocerme], también habríais conocido a mi Padre. De ahora en adelante, lo conocéis y lo habéis visto.

[8] Felipe le dijo: Señor, muéstranos al Padre [haznos ver al Padre—eso es todo lo que pedimos]; entonces estaremos satisfechos.

[9] Respondió Jesús: ¿Tanto tiempo hace que estoy con todos vosotros, y aún no me reconoces *y* no me conoces, Felipe? Quien me ha visto a Mí, ha visto al Padre. ¿Cómo puedes decir entonces: Muéstranos al Padre?

[10] ¿No creéis que yo estoy en el Padre, y que el Padre está en mí? Lo que os digo no lo digo por Mi propia autoridad *y* por Mi propia voluntad; pero el Padre que vive continuamente en Mí hace las ([a] *Suyas*) obras (Sus propios milagros, obras de poder).

[11] Créanme que Yo estoy en el Padre y el Padre en Mí; o bien créanme por el bien de las [mismas] obras mismas. [Si no puedes confiar en Mí, al menos deja que estas obras que hago en el nombre de Mi Padre te convenzan.]

[12] Os aseguro, os digo muy solemnemente, que si alguno cree firmemente en mí, él mismo podrá hacer las cosas que yo hago; y cosas aun mayores que estas hará, porque yo voy al Padre.

[13] Y haré [Yo mismo concederé] todo lo que pidáis en Mi Nombre [como presentando todo lo que Yo Soy], para que el Padre sea glorificado *y* exaltado en (a través) del Hijo.

[14] [Sí] te concederé [Yo Mismo haré por ti] todo lo que pidas en Mi Nombre [como [c] presentando todo lo que Yo Soy].

[15] Si [realmente] me amáis, guardaréis (obedeceréis) mis mandamientos.

[16] Y yo rogaré al Padre, y os dará otro Consolador (Consejero, Ayudador, Intercesor, Abogado, Fortalecedor y Sostén), para que esté con vosotros para siempre;

[17] El Espíritu de la Verdad, a quien el mundo no puede recibir (acoger, tomar en su corazón), porque no lo ve ni lo conoce *ni* lo reconoce. Pero tú lo conoces *y* lo reconoces, porque Él vive contigo [constantemente] y estará en ti.

y Efesios 1:5

nos predestinó para adopción como hijos suyos por medio de Jesucristo, según el beneplácito de su voluntad

Pero no como hijos sin trabajo, sino como aquellos que están bien equipados a través del discipulado orientado a la práctica central para que puedan lanzarse como un ejército poderoso para hacer discípulos de todas las naciones sin importar la denominación porque somos uno en Cristo Jesús, amén.

¡Para promover a Cristo en nosotros, hijos de un Dios fuerte, la esperanza de gloria!

Colosenses 1:26-27 "El misterio del reino es simplemente este: ¡Cristo en vosotros! Sí, Cristo en ti trayendo consigo la esperanza de todas las cosas gloriosas por venir. '" Continúa diciendo que "la esperanza de gloria es el cumplimiento de la promesa de Dios de restaurarnos a nosotros ya toda la creación" – ¡Aleluya!

Para desglosarlo aún más, *Nuestra pasión en God's Eagle Ministries - Otakada.org y el cuerpo de Cristo, en general, es equipar a las comunidades basadas en la fe y llegar a los buscadores en línea a través de contenido, productos y servicios saludables que mejoren de manera integral el espíritu, el alma y el cuerpo del individuo y fomentar la unidad en el cuerpo de Cristo*
!

La Unidad del Espíritu y la Unidad de la Fe ¿cuál es la diferencia?

1. " *Guardando con diligencia la unidad del Espíritu en el vínculo de la paz* " (Efesios 4:3).
2. " *Hasta que todos lleguemos a la unidad de la fe y del conocimiento del Hijo de Dios* " (Efesios 4:13).

LA UNIDAD DEL ESPÍRITU

—Es importante notar que no se nos dice que *hagamos* esta unidad, sino que usemos diligencia para *guardarla* . La unidad ya es; pero de una manera práctica, no en la contienda, sino en el vínculo que une la paz, debemos andar en consecuencia, en amor a "todos los santos". Hay varias influencias trabajando para estropear esto, pero "el vínculo de paz que une" es la respuesta práctica a todas ellas. La autoridad del Señor, y la dirección y el ministerio de gracia de nuestra exaltada Cabeza, serán realizados abundantemente por aquellos que así se esfuerzan, aparte de sectas y escuelas, por mantener la unidad del Espíritu.

LA UNIDAD DE LA FE

, en el versículo 13, es otro asunto. La actividad de los dones tiene como finalidad la edificación del cuerpo de Cristo: "Hasta que todos lleguemos a la unidad de la fe y del conocimiento del Hijo de Dios". No debemos confundir los dos. Esta es objetiva, mientras que la unidad del Espíritu es más subjetiva, involucrando la unidad vital de los miembros del cuerpo de Cristo. La unidad de la Fe es algo a lo que los santos deben llegar, o "llegar", en relación con el conocimiento del Hijo de Dios.

Él ha hecho una revelación perfecta, y en esto, conocida sólo en Él, en Él, cuyas palabras, caminos y obras han declarado tan plena y benditamente al Padre, Suyos hechos uno en el Padre y el Hijo. Aquí ciertamente necesitamos avanzar, crecer en el excelente conocimiento de nuestro Señor Jesucristo, el bendito Hijo de Dios, a la comunión de quien Dios en su gracia nos ha llamado.

LA UNIDAD DEL ESPÍRITU

—Mucho se ha dicho de esto que deja la impresión en la mente de que es algo que se debe hacer o algo que se debe lograr, en lugar de algo que se debe conservar, como hemos dicho, de manera práctica—en "la unión vínculo de paz." Debemos cesar de denominar a los amados santos de Dios con nombres partidistas y divisivos que nos avergüenzan. La práctica no es sólo descuidada, sino pecaminosa; porque todos somos miembros del cuerpo de Cristo, y no debemos reconocer ninguna otra membresía, incluso si otros lo hacen. Entonces, por causa de Aquel que ama a todos los Suyos perfectamente, hablemos y pensemos los unos en los otros decorosamente, y avergoncémonos de estos nombres de partido que no tienen derecho a existir, porque Cristo no puede ser dividido. Esto ayudará mucho a la unidad práctica en el vínculo de la paz. El esfuerzo al que se nos exhorta es en esta línea. Debemos "usar diligencia", pero aquí no se contempla un esfuerzo especial teniendo en vista alguna parte favorecida. Nuestros esfuerzos deben estar gobernados por la verdad con respecto a toda la posición, o ellos militarán en contra de la unidad del Espíritu.

Se ha dicho: "La unidad del Espíritu es lo que ya está formado y abarca a todos los miembros de Cristo", y nuevamente, es "el lugar común que pertenece a todos los hijos de Dios" (WK).

Otro escribió: "No es sólo abstractamente, sino realmente uno, formando un solo cuerpo, poniendo cada miembro en su lugar en el cuerpo"; también, por mi parte, "si el amor a todos los santos no está presente en mi espíritu, rompo (la unidad)... manteniéndola en forma"; porque "no es semejanza de sentimiento, sino la unidad de los miembros del cuerpo de Cristo establecida por el Espíritu Santo" (JND). Cuando la sana diligencia está en actividad en cuanto a esta unidad establecida, y también se está haciendo progreso con respecto a la unidad de la fe, y del conocimiento de nuestro bendito Señor y Salvador como el Hijo de Dios, se obtendrán necesariamente ricos resultados para el bien de Dios. gloria.

"UNIDAD"

— Sólo dos veces se encuentra la palabra en nuestro Nuevo Testamento; en Efesios 4:3 y 13; y sólo una vez en el Antiguo Testamento. Allí se usa de manera significativa en la última Canción de Grados, pero uno; justo antes de que el Señor sea bendecido en el santuario, y Su bendición fluya desde Sion (Sal. 134). Note las palabras del Espíritu: "Mirad cuán bueno y cuán delicioso es habitar los hermanos juntos en armonía (Sal. 133). Es como el ungüento precioso que no sólo está sobre la cabeza, sino que alcanza a todos los que están relacionados con Él, mientras que su fragante perfume lo impregna todo. También es como el rocío de la altura de Hermón: desciende, destila y refresca a Sión. No es de extrañar que leamos: "Allí manda el Señor la bendición, ¡y la vida eterna!". No sorprende que este sea el único lugar donde se menciona la vida eterna en el Antiguo Testamento, excepto en Daniel 12:2.

"Mirad cuán bueno y cuán agradable es para los HERMANOS

PARA VIVIR JUNTOS EN UNIDAD."

¿No buscaremos esto con diligencia? Ha de ser nuestra porción para siempre en la casa del Padre, con Aquel que es el Primogénito entre muchos hermanos.

Shalom!
Embajador Oreojo Lunes Ogwuojo Ogbe
Acerca de nosotros – Ministerios Gods Eagle – Otakada Inc – Un mundo cristiano unido

Mayores hazañas – 17

- Reconocimiento

Este libro no habría salido a la luz sin la contribución del Espíritu Santo y reconozco en este libro a innumerables Maestros, Apóstoles, Profetas, Evangelistas y Pastores en el cuerpo de Cristo, cuya enseñanza y equipamiento a través de libros, cintas, videodifusión, uno en un compromiso que ha agregado la ampliación a lo que hago hoy.

También quiero agradecer a mi esposa, *Comfort, y a mis cuatro hijos, Diana, Joseph, David e Isaac,* quienes han contribuido material a través de nuestras experiencias de vida. Las luchas, los altibajos, los éxitos y los fracasos que nos han ayudado a canalizarnos hacia el propósito divino en Cristo. Que Dios los bendiga a todos abundantemente en miríadas de maneras incomparables en el nombre de Jesús, ¡Amén!

Mayores hazañas – 17

- Dedicación

Dedico este libro a Dios Padre por crearme y preservar mi vida.

Dedico este libro al Señor Jesucristo por el sacrificio supremo que me concedió acceso sin restricciones ni restricciones al Padre y en comunión con Dios el Padre, el Hijo y el Espíritu Santo.

Dedico este libro a Dios el Espíritu Santo, por el poder y el empoderamiento, por la enseñanza, por la dirección y por la presencia consoladora siempre para que yo pueda ser todo lo que Cristo murió para darme y hacerme.

Dedico este libro a los innumerables Maestros, Apóstoles, Profetas, Evangelistas y Pastores en el cuerpo de Cristo, cuya enseñanza y equipamiento a través de libros, cintas, transmisión de video, compromiso uno a uno que ha agregado la ampliación a lo que hago hoy.

Dedico este libro a mi esposa, *Comfort and the Children, Diana, Joseph, David e Isaac* en el viaje de la vida conmigo con pocas o ninguna opción hacia lo desconocido en Dios.

Mayores hazañas – 17

1. Los Dos Pactos

Los Dos Pactos - Introducción

A menudo se dice que el gran objetivo del predicador debería ser traducir la verdad bíblica de su forma judía al lenguaje y al pensamiento del siglo XIX, y así hacerla inteligible y aceptable para nuestros cristianos comunes. Es de temer que el experimento haga más mal que bien. En el curso de la traducción se pierde la fuerza del original. El erudito que confía en las traducciones nunca llegará a dominar el idioma que quiere aprender. A

se levantará una raza de cristianos, a quienes les será extraño el lenguaje de la Palabra de Dios, y con ello el Dios que la habló. En las palabras de las Escrituras no se perderá una pequeña parte de la verdad de las Escrituras. Para la verdadera vida cristiana nada es tan saludable y vigorizante como que cada hombre venga y estudie por sí mismo las mismas palabras en las que el Espíritu Santo ha hablado.

Una de las palabras de la Escritura, que casi está pasando de moda, es la palabra Pacto. Hubo un tiempo en que fue la tónica de la teología y de la vida cristiana de hombres fuertes y santos. Sabemos cuán profundamente entró en Escocia en la vida y el pensamiento nacional. Hizo hombres poderosos, para quienes Dios, y su promesa y poder, eran maravillosamente reales. Todavía se encontrará para dar fuerza y propósito a aquellos que se tomen la molestia de poner toda su vida bajo el control de la inspiradora seguridad de que están viviendo en pacto con un Dios que ha jurado fielmente cumplir en ellos cada promesa que Él les ha dado.

.

Este libro es un humilde intento de mostrar cuáles son exactamente las bendiciones que Dios se ha comprometido a otorgarnos; cuál es la seguridad que da el Pacto de que deben, pueden y serán cumplidas; cuál es el asimiento de Dios mismo que nos da así; y cuáles son las condiciones para la experiencia plena y continua de sus bendiciones. Estoy seguro de que si puedo guiar a alguien a escuchar lo que Dios tiene que decirles sobre Su Pacto, y tratar con Él como un Dios del Pacto, les traerá fuerza y alegría:

No hace mucho recibí una carta de uno de mis corresponsales con el siguiente pasaje: "Creo que me perdonará y comprenderá cuando le digo que hay una nota más de poder que me gustaría mucho haber introducido en su próximo libro sobre intercesión. Sé que Dios mismo me ha estado dando algunas enseñanzas directas este invierno sobre el lugar que el Nuevo Pacto debe tener en la oración de intercesión... Sé que crees en el Pacto, y en los derechos del Pacto que tenemos sobre ¿Ha seguido sus puntos de vista sobre el Pacto en relación con este tema de la intercesión? ¿Me equivoco al llegar a la conclusión de que podemos acercarnos confiadamente a la presencia de Dios, y no sólo pedir, sino reclamar un Pacto hasta el final? Cristo Jesús a toda la búsqueda espiritual, la limpieza, el conocimiento y el poder prometidos en las tres grandes promesas del Pacto. Si tomas el Pacto y hablas de él como Dios te permite hablar, creo que esa sería la manera más rápida. el Señor podría tomar para hacer que Su Iglesia despierte al poder que ha puesto en nuestras manos al darnos un Pacto. Me alegraría mucho si le dijeras al pueblo de Dios que tienen un Pacto." Aunque esta carta no fue la ocasión para escribir el libro, y nuestros derechos del Pacto han sido considerados en un aspecto mucho más amplio que su relación con la oración, Estoy persuadido de que nada nos ayudará más en nuestra obra de intercesión, que la entrada por nosotros mismos personalmente en lo que significa que tenemos un Dios de Alianza.

Mi único gran deseo ha sido preguntar a los cristianos si realmente están tratando de averiguar qué es exactamente lo que Dios quiere que sean y está dispuesto a hacerlos. Es sólo mientras esperan, "que se les muestre la mente del Señor", que su fe puede realmente ver, aceptar o disfrutar lo que Dios llama "Su salvación". Mientras esperamos que Dios haga por nosotros lo que le pedimos o pensamos, lo limitamos. Cuando creemos que como la altura de los cielos sobre la tierra, Sus pensamientos están por encima de nuestros pensamientos, y esperamos en Él como Dios para que haga con nosotros según Su Palabra, como Él la dice, estaremos preparados para vivir lo verdaderamente sobrenatural. , la vida celestial que el Espíritu Santo puede obrar en nosotros: la verdadera vida de Cristo.

Que Dios guíe a cada lector al secreto de Su presencia, y "le muestre Su Alianza".

ANDRÉS MURRAY. WELLINGTON, SUDÁFRICA, 1 de noviembre de 1898.

Los Dos Pactos - Capítulo 1 - Un Dios del Pacto

"Sabe, pues, que Jehová tu Dios es Dios, Dios fiel, que guarda el pacto y la misericordia con los que le aman y guardan sus mandamientos."—DEUT. vii. 9.

ES suelen hacer pactos. Conocen las ventajas que se derivan de ellos. Como fin de la enemistad o la incertidumbre, como declaración de los servicios y beneficios que se prestarán, como garantía de su cumplimiento seguro, como vínculo de amistad y buena voluntad, como base para la confianza y la amistad perfectas, un convenio ha sido a menudo de valor indecible.

En Su infinita condescendencia a nuestra debilidad y necesidad humanas, no hay manera posible en la cual los hombres prometan su fidelidad, que Dios no haya buscado hacer uso de ella, para darnos una confianza perfecta en Él, y la plena seguridad de todo lo que Él, en sus infinitas riquezas y poder como Dios, ha prometido hacer con nosotros. Es con este punto de vista que Él ha consentido en obligarse a sí mismo por pacto, como si no se pudiera confiar en Él. Bienaventurado el hombre que verdaderamente conoce a Dios como su Dios de Alianza; quién sabe lo que le promete la Alianza; qué confianza inquebrantable de expectativa asegura, que todos sus términos se cumplirán para él; qué derecho y dominio le da sobre el mismo Dios que guarda el pacto. Para muchos hombres, que nunca han pensado mucho en la Alianza, una fe verdadera y viva en ella significaría la transformación de toda su vida. El pleno conocimiento de lo que Dios quiere hacer por él; la seguridad de que lo hará un Poder Todopoderoso; el ser atraído a Dios mismo en entrega personal y dependencia, y esperando que se haga; todo esto haría del Pacto la puerta misma del cielo. Que el Espíritu Santo nos dé alguna visión de su gloria.

Cuando Dios creó al hombre a Su imagen y semejanza, fue para que pudiera tener una vida tan parecida a la Suya como le era posible vivir a una criatura. Esto iba a ser por Dios mismo viviendo y obrando todo en el hombre. Porque este hombre debía entregarse en amorosa dependencia a la maravillosa gloria de ser el receptor, el portador, la manifestación de una vida Divina. El único secreto de la felicidad del hombre consistía en una entrega confiada de todo su ser a la voluntad y obra de Dios. Cuando entró el pecado, esta relación con Dios fue destruida; cuando el hombre hubo desobedecido, temió a Dios y huyó de Él. Ya no conocía, ni amaba, ni confiaba en Dios.

El hombre no podía salvarse a sí mismo del poder del pecado. Si su redención había de efectuarse, Dios debía hacerlo todo. Y si Dios iba a hacerlo en armonía con la ley de la naturaleza del hombre, el hombre debe ser inducido a desearlo, a dar su consentimiento voluntario ya confiarse a Dios. Todo lo que Dios quería que el hombre hiciera era creer en Él. Lo que un hombre cree, mueve y gobierna todo su ser, entra en él y se convierte en parte de su vida misma. La salvación sólo podía ser por la fe: Dios restaurando la vida que el hombre había perdido; el hombre en la fe entregándose a la obra y voluntad de Dios. La primera gran obra de Dios con el hombre fue hacerle creer. Esta obra le costó a Dios más cuidado, tiempo y paciencia de lo que fácilmente podemos concebir. Todos los tratos con hombres individuales, y con el pueblo de Israel, tenían solo este único objetivo, enseñar a los hombres a confiar en Él. Donde Él encontró la fe Él podía hacer cualquier cosa. Nada lo deshonraba y entristecía tanto como la incredulidad. La incredulidad era la raíz de la desobediencia y de todo pecado; hizo imposible que Dios hiciera Su obra. Lo único que Dios buscó despertar en los hombres mediante promesas y amenazas, mediante misericordia y juicio, fue la fe.

De los muchos artificios de los que la paciente y condescendiente gracia de Dios hizo uso para suscitar y fortalecer la fe, uno de los principales fue el Pacto. En más de una forma Dios buscó efectuar esto por medio de Su Pacto. En primer lugar, Su Pacto siempre fue una revelación de Sus propósitos, ofreciendo, en promesa definitiva, lo que Dios estaba dispuesto a obrar en aquellos con quienes se hizo el Pacto. Era un patrón divino de la obra que Dios tenía la intención de hacer en favor de ellos, para que supieran qué desear y esperar, para que su fe se nutriera con las mismas cosas, aunque todavía invisibles, que Dios estaba obrando. Entonces, el Pacto estaba destinado a ser una seguridad y una garantía, tan simple, clara y humana como la gloria divina pudiera hacerlo, de que las mismas cosas que Dios había prometido se cumplirían y se realizarían en aquellos con quienes Él había hecho. entró en pacto. En medio de toda demora y desilusión, y el aparente fracaso de las promesas divinas, el Pacto debía ser el ancla del alma, comprometiendo la veracidad, la fidelidad y la inmutabilidad divinas para el cumplimiento cierto de lo que se había prometido. Y así, el Pacto fue, sobre todo, para dar al hombre un asimiento de Dios, como el Dios que guarda el Pacto, para unirlo a Dios mismo en expectativa y esperanza, para llevarlo a hacer de Dios mismo la porción y la fuerza de su vida. alma.

¡Oh, que supiéramos cuánto anhela Dios que confiemos en Él, y con qué certeza todas sus promesas deben cumplirse para aquellos que lo hacen! ¡Oh, que supiéramos cómo se debe nada más que a nuestra incredulidad que no podemos entrar en posesión de las promesas de Dios, y que Dios no puede—sí, no puede—hacer Sus obras poderosas en nosotros, por nosotros y a través de nosotros! ¡Oh, si supiéramos cómo uno de los remedios más seguros para nuestra incredulidad, la cura divinamente escogida para ella, es el Pacto en el que Dios ha entrado con nosotros! Toda la dispensación del Espíritu, toda la economía de la gracia en Cristo Jesús, toda nuestra vida espiritual, toda la salud, el crecimiento y la fortaleza de la Iglesia, ha sido establecida, provista y asegurada en el Nuevo Pacto. . No es de extrañar que, donde ese Pacto, con sus maravillosas promesas, es tan poco pensado, su súplica por una confianza abundante y sin vacilaciones en Dios tan poco comprendida, su reclamo sobre la fidelidad del Dios Omnipotente tan poco probado ; no es de extrañar que la vida cristiana pierda el gozo y la fuerza, la santidad y la celeridad que Dios quiso y tan claramente prometió que debería tener.

Escuchemos las palabras en las que la Palabra de Dios nos llama a conocer, adorar y confiar en nuestro Dios que guarda el Pacto; puede ser que encontremos lo que hemos estado buscando: la experiencia más profunda y plena de toda la gracia de Dios. puede hacer en nosotros. En nuestro texto Moisés dice: "Sabe, pues, que Jehová tu Dios es Dios, Dios fiel, que guarda el pacto con los que le aman". Escuche lo que Dios dice en Isaías: "Los montes se moverán, y los collados se moverán; pero Mi misericordia no se apartará de ti, ni Mi pacto de paz será quebrantado, dice el Señor que tiene misericordia de ti". Más seguro que cualquier montaña es el cumplimiento de cada promesa del Pacto. Del Nuevo Pacto, en Jeremías, Dios habla: "Haré con ellos pacto perpetuo, que no me volveré atrás de hacerles bien; pero pondré mi temor en el corazón de ellos, para que no se aparten". de mi parte." La Alianza asegura igualmente que Dios no se apartará de nosotros, ni nosotros nos apartaremos de Él: Él se compromete tanto para Sí mismo como para nosotros.

Preguntémonos muy seriamente si la carencia en nuestra vida cristiana, y especialmente en nuestra fe, no se debe al abandono de la Alianza. No hemos adorado ni confiado en el Dios que guarda el Pacto. Nuestra alma no ha hecho aquello a lo que Dios nos llamó: "aferrarse a Su Pacto", "acordarse del Pacto"; ¿Es de extrañar que nuestra fe haya fallado y no haya llegado a la bendición? Dios no pudo cumplir Sus promesas en nosotros. Si empezamos a examinar los términos del Pacto, como los títulos de propiedad de nuestra herencia, y las riquezas que vamos a poseer incluso aquí en la tierra; si pensamos en la certeza de su cumplimiento, más segura que los cimientos de los montes eternos; si nos volvemos al Dios que se ha comprometido a hacer todo por nosotros, que guarda el pacto para siempre, nuestra vida será diferente de lo que ha sido; puede, y será, todo lo que Dios quiere que sea.

La gran carencia de nuestra religión es que necesitamos más de Dios. Aceptamos la salvación como Su regalo, y no sabemos que el único objeto de la salvación, su principal bendición, es prepararnos y traernos de regreso a esa estrecha relación con Dios para la cual fuimos creados, y en la cual nuestro la gloria en la eternidad se hallará. Todo lo que Dios ha hecho alguna vez por Su pueblo al hacer un pacto fue siempre traerlos a Él como su principal, su único bien, para enseñarles a confiar en Él, a deleitarse en Él, a ser uno con Él. No puede ser de otra manera. Si Dios en verdad no es más que una fuente misma de bondad y gloria, de belleza y bienaventuranza, cuanto más podemos tener de Su presencia, cuanto más nos conformamos a Su voluntad, cuanto más estamos comprometidos en Su servicio, más lo tenemos. gobernando y obrando todo en nosotros, más verdaderamente felices seremos. Si Dios es verdaderamente Dueño y Autor de la vida y la fuerza, de la santidad y la felicidad, y es el único que puede darla y obrarla en nosotros, cuanto más confiemos en Él, dependamos y esperemos en Él, más fuertes, más santos y más felices seremos. será Y sólo eso es una verdadera y buena vida religiosa, que nos acerca cada día más a este Dios, que nos hace renunciar a todo para tener más de Él. Ninguna obediencia puede ser demasiado estricta, ninguna dependencia demasiado absoluta, ninguna sumisión demasiado completa, ninguna confianza demasiado implícita, para un alma que está aprendiendo a considerar a Dios mismo como su principal bien, su sumo gozo.

Al entrar en un pacto con nosotros, el único objetivo de Dios es atraernos hacia Él, hacernos completamente dependientes de Él y así llevarnos a la posición y disposición correctas en las que Él pueda llenarnos de Él mismo, de Su amor y de Su bienaventuranza. Emprendamos nuestro estudio del Nuevo Pacto, en el cual, si somos creyentes, Dios está en este momento viviendo y caminando con nosotros, con el honesto propósito y entrega, a cualquier precio, de saber lo que Dios quiere ser para nosotros, hacer en nosotros, y hacer que seamos y hagamos para Él. El Nuevo Pacto puede convertirse para nosotros en una de las ventanas del cielo a través de las cuales vemos el rostro, el corazón mismo de Dios.

Los Dos Pactos - Capítulo II - Los Dos Pactos: Su Relación

"Escrito está que Abraham tuvo dos hijos, uno de la esclava, y otro de la libre. Mas el de la esclava nace según la carne; mas el hijo de la libre nace por la promesa. Estas cosas contienen una alegoría: porque estas mujeres son dos pactos." -GAL. iv. 22-24.

AQUÍ hay dos pactos, uno llamado el Antiguo, el otro el Nuevo. Dios habla de esto muy claramente en Jeremías, donde dice: "Vienen días en que haré un nuevo pacto con la casa de Israel, no como el pacto que hice con sus padres" (Jeremías 31). Esto se cita en Hebreos, con la adición: "Al decir un nuevo pacto, ha hecho antiguo al primero". Nuestro Señor mismo habló del Nuevo Pacto en Su sangre. En Su trato con Su pueblo, en Su obra de Su gran redención, agradó a Dios que hubiera dos pactos.

Le ha placido, no como un nombramiento arbitrario, sino por buenas y sabias razones, que hacían indispensablemente necesario que así fuera, y no de otro modo. Cuanto más clara sea nuestra comprensión de las razones y la razonabilidad divina de la existencia de dos pactos, y de su relación entre sí, más plena y verdadera puede ser nuestra comprensión personal de lo que el Nuevo Pacto debe ser para nosotros. . Indican dos etapas en el trato de Dios con el hombre; dos modos de servir a Dios, uno inferior o elemental de preparación y promesa, otro superior o más avanzado de cumplimiento y posesión. A medida que se nos abre aquello en lo que consiste la verdadera excelencia del segundo, podemos entrar espiritualmente en lo que Dios tiene preparado para nosotros. Tratemos de entender por qué debería haber dos, ni menos ni más.

La razón se encuentra en el hecho de que, en la religión, en toda relación entre Dios y el hombre, hay dos partes, y que cada una de ellas debe tener la oportunidad de probar cuál es su parte en la Alianza. En el Antiguo Pacto, el hombre tenía la oportunidad de probar lo que podía hacer, con la ayuda de todos los medios de gracia que Dios podía otorgar. Ese Pacto terminó con el hombre probando su propia infidelidad y fracaso. En el Nuevo Pacto, Dios debe probar lo que puede hacer con el hombre, infiel y débil como es, cuando se le permite y se le confía que haga todo el trabajo. El Antiguo Pacto dependía de la obediencia del hombre, uno que él podía quebrantar y quebrantó (Jeremías 31:32). El Nuevo Pacto fue uno que Dios se comprometió a nunca ser quebrantado; Él mismo lo guarda y asegura que lo guardemos: por eso lo convierte en un Pacto Eterno.

Nos recompensará mucho mirar un poco más profundamente en esto. Esta relación de Dios con el hombre caído en el pacto es la misma que fue con el hombre no caído como Creador. ¿Y cuál era esa relación? Dios se propuso hacer un hombre a su imagen y semejanza. La principal gloria de Dios es que Él tiene vida en Sí mismo; que Él es independiente de todo lo demás, y debe lo que Él es sólo a Sí mismo. Si la imagen y semejanza de Dios no iba a ser un mero nombre, y el hombre iba a ser realmente como Dios en el poder de hacerse lo que iba a ser, necesitaría tener el poder del libre albedrío y la autodeterminación. Este fue el problema que Dios tuvo que resolver en la creación del hombre a Su imagen. El hombre debía ser una criatura hecha por Dios y, sin embargo, debía ser, en la medida en que una criatura pudiera serlo, como Dios, hecho a sí mismo. En todo el trato de Dios al hombre, estos dos factores debían ser siempre tomados en cuenta. Dios había de tomar siempre la iniciativa y ser para el hombre la fuente de vida. El hombre iba a ser siempre el receptor y, al mismo tiempo, el que dispusiera de la vida que Dios concedía.

Cuando el hombre había caído por el pecado, y Dios entró en un pacto de salvación, estos dos lados de la relación aún tenían que mantenerse intactos. Dios iba a ser siempre el primero, y el hombre el segundo. Y, sin embargo, el hombre, como hecho a la imagen de Dios, debía siempre, como segundo, tener tiempo completo y oportunidad para apropiarse o rechazar lo que Dios le dio, para probar hasta qué punto podía ayudarse a sí mismo y, de hecho, hacerse a sí mismo. Su absoluta dependencia de Dios no debía ser forzada sobre él; si realmente iba a ser una cosa de valor moral y verdadera bienaventuranza, debe ser su elección deliberada y voluntaria. Y esta es la razón por la cual hubo un primer y un segundo pacto, que en el primero, los deseos y esfuerzos del hombre pudieran ser plenamente despertados, y se le diera tiempo para que hiciera plena prueba de lo que su naturaleza humana, con la ayuda de exterior. instrucción y milagros y medios de gracia, podría lograr. Cuando se descubrió su completa impotencia, su cautiverio sin esperanza bajo el poder del pecado, vino el Nuevo Pacto, en el que Dios iba a revelar cómo la verdadera libertad del hombre del pecado, del yo y de la criatura, su verdadera nobleza y semejanza a Dios, era encontrarse en la dependencia más entera y absoluta, en el ser y obrar de Dios en él.

En la naturaleza misma de las cosas, no había otro camino posible para Dios que este al tratar con un ser a quien había dotado con el poder divino de una voluntad. Y todo el peso que tiene esta razón del proceder Divino en el trato de Dios con Su pueblo como un todo, lo tiene igualmente en el trato con el individuo. Los dos pactos representan dos etapas de la educación del hombre por parte de Dios y de la búsqueda del hombre de Dios. El progreso y la transición de uno a otro no es meramente cronológico o histórico; es orgánico y espiritual. En mayor o menor grado se ve en cada miembro del cuerpo, así como en el cuerpo como un todo. Bajo el Antiguo Pacto había hombres en quienes, por anticipación, los poderes de la redención venidera obraban poderosamente. En la Nueva Alianza hay hombres en los que todavía se manifiesta el espíritu de la Antigua. El Nuevo Testamento prueba, en algunas de sus epístolas más importantes, especialmente las de los Gálatas, Romanos y Hebreos, cuán posible es que dentro del Nuevo Pacto todavía se mantenga la esclavitud del Antiguo.

Esta es la enseñanza del pasaje del que está tomado nuestro texto. En la casa de Abraham, el padre de los fieles, se encuentran Ismael e Isaac, el uno nacido de una esclava, el otro de una mujer libre; el uno según la carne y la voluntad del hombre, el otro por la promesa y el poder de Dios; el uno sólo por un tiempo, luego para ser echado fuera, el otro para ser heredero de todo. Una imagen presentada a los gálatas de la vida que llevaban, mientras confiaban en la carne y su religión, haciendo un buen espectáculo, y sin embargo, al ser llevados cautivos al pecado, probaron ser, no de los libres sino de los la mujer enlace. Solo a través de la fe en la promesa y el gran poder vivificador de Dios podrían ellos, cualquiera de ellos, ser hechos verdadera y completamente libres, y estar en la libertad con la que Cristo nos ha hecho libres.

A medida que procedamos a estudiar los dos pactos a la luz de este y otros pasajes de las Escrituras, veremos cómo son en realidad la revelación divina de dos sistemas de adoración religiosa, cada uno con su espíritu o principio de vida que gobierna a todo hombre que profesa ser un Cristiano. Veremos cómo la única gran causa de la debilidad de tantos cristianos es precisamente esta, que el espíritu de esclavitud del Antiguo Pacto todavía tiene el dominio. Y veremos que nada más que una percepción espiritual, con una aceptación de todo corazón y una experiencia viva, de todo lo que el Nuevo Pacto compromete que Dios obrará en nosotros, puede ser apto para andar como Dios quiere que lo hagamos.

Esta verdad de que hay dos etapas en nuestro servicio a Dios, dos grados de cercanía en nuestra adoración, está tipificada en muchas cosas en la adoración del Antiguo Pacto; quizás en ninguna parte más claramente que en la diferencia entre el Lugar Santo y el Lugar Santísimo en el templo, con el velo separándolos. En el primero siempre podían entrar los sacerdotes para acercarse a Dios. Y, sin embargo, es posible que no se acerquen demasiado; el velo los mantuvo a distancia. Entrar dentro de eso, era la muerte. Una vez al año podía entrar el Sumo Sacerdote, como promesa del tiempo en que se quitaría el velo y se daría a su pueblo pleno acceso para morar en la presencia de Dios. En la muerte de Cristo se rasgó el velo del templo, y Su sangre nos da la valentía y el poder para entrar en el Lugar Santísimo y vivir allí día tras día en la presencia inmediata de Dios. Es por el Espíritu Santo, que salió del Lugar Santísimo, donde Cristo había entrado, para traernos su vida y hacernos uno con él, que podemos tener el poder de vivir y caminar siempre con la conciencia . de la presencia de Dios en nosotros.

Por tanto, no sólo en el hogar de Abraham existían los tipos de los dos pactos, el espíritu de servidumbre y el espíritu de libertad, sino incluso en el hogar de Dios en el templo. Los sacerdotes aún no tenían la libertad de acceso a la presencia del Padre. No sólo entre los gálatas, sino en toda la Iglesia, se encuentran dos clases de cristianos. Algunos se contentan con la vida mezclada, mitad carne y mitad espíritu, mitad esfuerzo propio y mitad gracia. Otros no están contentos con esto, sino que están buscando con todo su corazón para saber en plenitud cuál es la liberación del pecado y cuál es el pleno poder permanente para caminar en la presencia de Dios, que el Nuevo Pacto ha traído y puede dar. Dios nos ayude a todos a estar satisfechos con nada menos.[1]

[1] Véase la Nota A, sobre la Segunda Bendición.

Los Dos Pactos - Nota A
NOTA A. -- CAP. II La Segunda Bendición

EN la vida del creyente a veces llega una crisis, tan claramente marcada como su conversión, en la que pasa de una vida de continua debilidad y fracaso a una de fortaleza, victoria y descanso permanente. La transición ha sido llamada la Segunda Bendición. Muchos han objetado la frase, por no ser bíblica, o por tender a hacer una regla para todos, lo que en algunos era solo un modo de experiencia. Otros lo han usado para ayudar a expresar claramente en palabras humanas lo que se debe enseñar a los creyentes como una posible liberación de la vida ordinaria del cristiano, a una de comunión permanente con Dios y devoción total a su servicio. Al introducirlo en el título de este libro, he indicado mi creencia de que, entendidas correctamente, las palabras expresan una verdad bíblica, y pueden ayudar a los creyentes a exponerles claramente lo que pueden esperar de Dios. Permítanme tratar de aclarar cómo creo que debemos entenderlo.

He conectado la expresión con los dos Pactos. ¿Por qué Dios hizo dos Pactos, no uno, y no tres? Porque había dos partes involucradas. En el Primer Pacto el hombre debía probar lo que podía hacer y lo que era. En el Segundo, Dios mostraría lo que Él haría. El primero fue el tiempo de preparación necesaria; el segundo, el tiempo del cumplimiento Divino. La misma necesidad que hubo de esto en la carrera, existe también en el individuo. La conversión hace del pecador un hijo de Dios, lleno de ignorancia y debilidad, sin ninguna concepción de lo que es la devoción de todo corazón que Dios le pide, o la plena posesión que Dios está dispuesto a tomar de él. En algunos casos la transición desde la etapa elemental es por un crecimiento e iluminación graduales. Pero la experiencia enseña que en la gran mayoría de los casos no se encuentra este crecimiento sano. Para aquellos que nunca han encontrado el secreto de un crecimiento saludable, de la victoria sobre el pecado y el descanso perfecto en Dios, y posiblemente se han desesperado de encontrarlo alguna vez, porque todos sus esfuerzos han fracasado, a menudo ha sido una ayuda maravillosa aprender que es posible por un solo paso decisivo, llevándolos a una relación correcta con Cristo, Su Espíritu y Su fuerza, para entrar en una vida completamente nueva.

Lo que se necesita para ayudar a un hombre a dar ese paso es muy simple. Debe ver y confesar la maldad, el pecado, de la vida que está viviendo, que no está en armonía con la voluntad de Dios. Debe ver y creer en la vida que la Escritura ofrece, la cual Cristo Jesús promete obrar y mantener en él. Cuando ve que su fracaso se ha debido a su esfuerzo en sus propias fuerzas, y cree que nuestro Señor Jesús realmente obrará todo en él con el poder divino, toma valor y se atreve a entregarse a Cristo de nuevo. Confesando y renunciando a todo lo que es del yo y del pecado, entregándose completamente a Cristo ya su servicio, cree y recibe un nuevo poder para vivir su vida por la fe del Hijo de Dios. El cambio es en muchos casos tan claro, tan marcado, tan maravilloso como la conversión. A falta de un nombre mejor, el de A Second Blessing surgió de la forma más natural.

Una vez que se vea cuánto se necesita este cambio en la vida de la mayoría de los cristianos, y cuán totalmente se basa en la fe en Cristo y su poder, como se revela en la Palabra, se eliminará toda duda en cuanto a su carácter bíblico. Y cuando se vea su verdad, nos sorprenderá ver cómo, a lo largo de la Escritura, en la historia y en la enseñanza, encontramos lo que la ilustra y la confirma.

Tome el doble paso de Israel a través del agua, primero fuera de Egipto, luego a Canaán. El viaje por el desierto fue el resultado de la incredulidad y la desobediencia, permitido por Dios para humillarlos, probarlos y mostrar lo que había en su corazón. Cuando se cumplió este propósito, una segunda bendición los condujo a través del Jordán hasta Canaán con tanta fuerza como la primera los había llevado a través del Mar Rojo fuera de Egipto.
O tomemos el Lugar Santo y el Santísimo de Todo, como tipos de la vida en los dos pactos, e igualmente en las dos etapas de la experiencia cristiana. En el primero, acceso muy real a Dios y comunión con Él, pero siempre con un velo de por medio. En este último, el pleno acceso, a través de un velo rasgado, a la presencia inmediata de Dios, y la plena experiencia del poder de la vida celestial. A medida que se abran los ojos para ver cuán terriblemente la vida cristiana promedio no cumple con el propósito de Dios, y cuán verdaderamente la vida mezclada puede ser expulsada por el poder de una nueva revelación de lo que Dios espera hacer, los tipos de las Escrituras brillarán con una nuevo significado

O mira las enseñanzas del Nuevo Testamento. En Romanos, Pablo contrasta la vida del cristiano bajo la ley con la vida bajo la gracia, el espíritu de servidumbre con el espíritu de adopción. ¿Qué significa esto sino que los cristianos aún pueden estar viviendo bajo la ley y su esclavitud, que necesitan salir de esto a la vida plena de gracia y libertad a través del Espíritu Santo, y que, cuando primero ven la diferencia, nada sólo se necesita la entrega de la fe, para aceptar y experimentar lo que la gracia hará por medio del Espíritu Santo.

A los corintios, Pablo escribe acerca de algunos que son carnales, y todavía niños, andando como hombres según la carne; otros siendo espirituales, con discernimiento espiritual y carácter. A los Gálatas les habla de la libertad con que Cristo, por el Espíritu, hace libres de la ley, a diferencia de los que procuraban perfeccionar en la carne lo que comenzó en el Espíritu, y se gloriaban en la carne; - todo para llamarlos a reconocer el peligro de la vida carnal, dividida, y venir de inmediato a la vida de fe, la vida en el Espíritu, que es lo único que es conforme a la voluntad de Dios.

Por todas partes vemos en la Escritura, lo que confirma el estado de la Iglesia en la actualidad, que la conversión es sólo la puerta que conduce al camino de la vida, y que dentro de esa puerta hay todavía un gran peligro de equivocarse en el camino, de desviarse , o volverse atrás, y que donde esto ha ocurrido estamos llamados de inmediato, y con todo nuestro corazón, a volvernos y entregarnos a nada menos que todo lo que Cristo está dispuesto a obrar en nosotros. Así como hay muchos que siempre han pensado que la conversión debe ser lenta y gradual e incierta, y no pueden comprender cómo puede ser repentina y definitiva, porque sólo toman en cuenta las facultades del hombre, así muchos no ven cómo la revelación del la verdadera vida de santidad, y la entrada en ella por la fe a partir de una vida de esfuerzo propio y fracaso, puede ser inmediata y permanente. Miran demasiado los esfuerzos del hombre, y no saben cómo la segunda bendición no es ni más ni menos que una nueva visión de lo que Cristo está dispuesto a obrar en nosotros, y la entrega de la fe que le entrega todo a Él.

Espero que lo que he escrito en este libro pueda ayudar a algunos a ver que la segunda bendición es justo lo que necesitan, es lo que Dios por Su Espíritu obrará en ellos, no es más que la aceptación de Cristo en todo Su poder salvador. como nuestra fuerza y vida, y es lo que los traerá y preparará para esa vida plena en el Nuevo Pacto, en el que Dios obra todo en todos.

Permítanme cerrar esta nota con una cita de la introducción de un librito recién publicado, Dying to Self: A Golden Dialogue, de William Law, con notas de AM: "Se ha dicho mucho en contra del uso de los términos, el La vida superior, la segunda bendición. En Derecho no se encuentra nada de tal lenguaje, pero de la profunda verdad de la que son la expresión, tal vez defectuosa, su libro está lleno. Los puntos sobre los que se pone tanto énfasis en lo que se llama Keswick, se destacan prominentemente en todo su argumento El bajo estado de la vida promedio de los creyentes, la causa de todo fracaso como proveniente de la confianza en sí mismo, la necesidad de una entrega total de todo el ser a la operación de Dios, la llamado a volverse a Cristo como el único y seguro libertador del poder del yo, la certeza divina de una vida mejor para todos los que en la desesperación de sí mismos confiarán en Cristo para ello, y el gozo celestial de una vida en la que el Espíritu de amor llena el corazón--estas verdades son comunes a ambos. Lo que hace que Law ponga la verdad de valor especial es la forma en que muestra cómo la humildad y la absoluta desesperación de sí mismo, con la resignación a la obra poderosa de Dios en fe sencilla, es el camino infalible para liberarse de sí mismo y hacer nacer en el corazón el Espíritu del Amor".

Los Dos Pactos - Capítulo 3
Capítulo III - El Primer Pacto

"Ahora pues, si escucháis mi voz y guardáis mi pacto, seréis un tesoro especial para mí."—EX. xix. 5.

"Él os declaró su pacto, el cual os mandó cumplir, los diez mandamientos."—DEUT. IV. 13

"Si guardareis estos juicios, Jehová vuestro Dios os guardará el pacto", DEUT. vii. 12

"Haré un nuevo pacto con la casa de Israel, no como el pacto que hice con sus padres, que mi pacto ellos quebrantaron". -JER. xxxii. 31, 32.

Hemos visto cómo la razón de ser de dos Alianzas se encuentra en la necesidad de dar a la voluntad Divina ya la humana el lugar que les corresponde en la realización del destino del hombre. Dios siempre toma la iniciativa. El hombre debe entonces tener la oportunidad de hacer su parte y demostrar lo que puede hacer o lo que necesita haber hecho por él. La Antigua Alianza era, por un lado, indispensablemente necesaria para despertar los deseos del hombre, suscitar sus esfuerzos, profundizar el sentido de dependencia de Dios, convencerlo de su pecado e impotencia, y así prepararlo para sentir la necesidad de la salvación. de Cristo En el lenguaje significativo de Pablo, "La ley fue nuestro ayo para Cristo". "Estábamos guardados bajo la ley, cerrados a la fe que más tarde sería revelada".

Para entender correctamente el Antiguo Pacto, debemos recordar siempre sus dos grandes características: una, que fue designado por Dios, lleno de muchas bendiciones verdaderas, y absolutamente indispensable para el cumplimiento de los propósitos de Dios; la otra, que fue sólo provisional y preparatoria de algo superior, y por lo tanto absolutamente insuficiente para dar esa salvación plena que el hombre necesita para satisfacer su corazón o el corazón de Dios.

Note ahora los términos de este primer Pacto. "Si escucháis mi voz y guardáis mi pacto, seréis para mí una nación santa". O, como está expresado en Jeremías (vii. 23, xi. 4), "Obedece mi voz, y yo seré tu Dios". La obediencia en todas partes, especialmente en el Libro de Deuteronomio, aparece como condición para la bendición. "Una bendición si obedecéis" (xi. 27). Algunos pueden preguntarse cómo Dios pudo hacer un pacto del cual sabía que el hombre no podría cumplirlo. La respuesta nos abre toda la naturaleza y el objeto de la Alianza. Toda educación, divina o humana, trata siempre con sus alumnos sobre el principio: la fidelidad en lo menor es esencial para el logro de lo mayor. Al tomar a Israel en Su entrenamiento, Dios los trató como hombres en quienes, a pesar de toda la ruina que el pecado había traído, todavía había una conciencia para juzgar el bien y el mal, un corazón capaz de ser movido a anhelar a Dios, y una voluntad elegir el bien y elegirse a sí mismo. Antes de que Cristo y su salvación pudieran ser revelados, entendidos y verdaderamente apreciados, estas facultades del hombre tenían que ser estimuladas y despertadas. La ley tomó a los hombres en su formación y procuró, si se me permite usar la expresión, hacer lo mejor que se podía hacer de ellos mediante la instrucción externa. En la provisión hecha en la ley para una expiación y un perdón simbólicos, en toda la revelación de Dios de sí mismo a través del sacerdote, profeta y rey, en su interposición en la providencia y la gracia, se hizo todo lo que podía hacer para tocar y ganar el corazón de Su pueblo y para dar fuerza a la apelación a su propio interés o su gratitud, su miedo o su amor.

Su obra no quedó sin frutos. Bajo la ley, administrada por la gracia que siempre la acompañó, se formó un número de hombres cuya gran marca fue el temor de Dios y el deseo de andar sin mancha en todos sus mandamientos. Y, sin embargo, en su conjunto, la Escritura presenta el Antiguo Pacto como un fracaso. La ley había prometido vida; pero no pudo darlo (Deut. iv. 1; Gal. iii. 21). El verdadero propósito por el cual Dios lo había dado era todo lo contrario: Él lo entendía como "un ministerio de muerte". Lo dio para que pudiera convencer al hombre de su pecado, y despertar así la confesión de su impotencia, y de su necesidad de una Nueva Alianza y una verdadera redención. Es en este punto de vista que la Escritura usa expresiones tan fuertes: "Por la ley es el conocimiento del pecado, para que toda boca se cierre, y todo el mundo sea culpable delante de Dios". "La ley produce ira". "La ley entró para que abundase el delito". "Para que el pecado por el mandamiento parezca sumamente pecaminoso". "Todos los que son de las obras de la ley están bajo maldición". "Estábamos guardados bajo la ley, cerrados a la fe, que luego sería revelada". "De modo que la ley fue nuestro ayo para llevarnos a Cristo, a fin de que fuésemos justificados por la fe". La gran obra de la ley fue descubrir qué era el pecado: su odio como maldición de Dios; su miseria, obrando la ruina temporal y eterna; su poder, atando al hombre a una esclavitud sin esperanza; y la necesidad de una interposición divina como única esperanza de liberación.

Al estudiar el Antiguo Pacto debemos siempre tener en mente el doble aspecto bajo el cual hemos visto que la Escritura lo representa. Fue la gracia de Dios la que le dio a Israel la ley, y obró con la ley para que cumpliera su propósito en los creyentes individuales y en el pueblo como un todo. Toda la Antigua Alianza era una escuela de gracia, una escuela elemental, para preparar a la plenitud de la gracia y de la verdad en Cristo Jesús. Por lo general, se da un nombre a un objeto de acuerdo con su característica principal. Y así el Antiguo Pacto es llamado un ministerio de condenación y muerte, no porque no hubiera en él gracia -tenía su propia gloria (2 Cor. iii. 10-12)- sino porque la ley con su maldición era la elemento predominante. La combinación de los dos aspectos la encontramos con especial claridad en las epístolas de Pablo. Así habla de todos los que son obra de la ley como si estuvieran bajo maldición (Gálatas 3:10). Y luego, casi inmediatamente después, habla de la ley como nuestro benefactor, un maestro de escuela para Cristo, a cuyo cargo, como tutor o gobernador, hemos sido entregados hasta el tiempo señalado por el Padre. Estamos en todas partes de vuelta a lo que dijimos anteriormente. La Antigua Alianza es absolutamente indispensable para el trabajo de preparación que debía hacer; absolutamente insuficiente para obrar por nosotros una redención verdadera o completa.

Las dos grandes lecciones que Dios nos enseñaría con ella son muy sencillas. Una es la lección del PECADO, la otra la lección de la SANTIDAD. El Antiguo Pacto alcanza su objeto sólo cuando lleva a los hombres a un sentido de su absoluta pecaminosidad y su desesperada impotencia para liberarse. Mientras no hayan aprendido esto, ninguna oferta de la vida del Nuevo Pacto puede apoderarse de ellos. Mientras no se haya forjado un intenso anhelo por la liberación del pecado, naturalmente volverán a caer en el poder de la ley y la carne. La santidad que ofrece la Nueva Alianza les aterrorizará más que atraerlos; la vida en el espíritu de servidumbre parece tener más en cuenta el pecado, porque la obediencia se declara imposible.

La otra es la lección de Santidad. En el Nuevo Pacto, el Dios Uno y Trino se compromete a hacer todo. Se compromete a dar y guardar el corazón nuevo, a dar en él su propio Espíritu, a dar la voluntad y el poder para obedecer y hacer su voluntad. Así como la única demanda del primer Pacto era el sentido del pecado, la gran demanda del Nuevo es la fe en que esa necesidad, creada por la disciplina de la ley de Dios, será satisfecha de una manera divina y sobrenatural. La ley no puede cumplir su propósito, a menos que lleve a un hombre a ser culpable e indefenso ante la santidad de

Dios. Allí lo Nuevo lo encuentra, y revela a ese mismo Dios, en su gracia aceptándolo y haciéndolo partícipe de su santidad.

Este libro está escrito con un propósito muy práctico. Su objeto es ayudar a los creyentes a conocer ese maravilloso Nuevo Pacto de gracia que Dios ha hecho con ellos, y guiarlos a vivir y disfrutar diariamente de la vida bendita que les asegura. La lección práctica que nos enseña el hecho de que hubo un primer Pacto, que su único trabajo especial fue convencer de pecado, y que sin él el Nuevo Pacto no podría venir, es justo lo que muchos cristianos necesitan. En la conversión fueron convencidos de pecado por el Espíritu Santo. Pero esto se refería principalmente a la culpa del pecado y, en cierto grado, a su odio. Pero un conocimiento real del poder del pecado, de su total y absoluta impotencia para echarlo fuera, o para obrar en sí mismos el bien, es lo que no aprendieron de inmediato. Y hasta que hayan aprendido esto, no podrán entrar plenamente en la bendición del Nuevo Pacto. Es cuando un hombre ve que, por muy poco que pueda levantarse de entre los muertos, puede hacer o mantener viva su propia alma, que se vuelve capaz de apreciar la promesa del Nuevo Testamento, y está dispuesto a esperar en Dios para hacer todo en él.

¿Sientes, mi lector, que no estás viviendo plenamente en el Nuevo Pacto, que todavía hay algo del espíritu de esclavitud del Antiguo Pacto en ti? Ven, y deja que el Antiguo Pacto termine su obra en ti. Acepta su enseñanza, que todos tus esfuerzos son un fracaso. Así como, en el momento de la conversión, te contentaste con caer como un pecador condenado y merecedor de la muerte, conténtate ahora con hundirte ante Dios en la confesión de que, como Su hijo redimido, todavía te sientes totalmente impotente para hacer y ser lo que deseas. mira que te pide. Y comiencen a preguntarse si el Nuevo Pacto no tiene quizás una provisión que ustedes nunca han entendido todavía para enfrentar su impotencia y darles la fuerza para hacer lo que agrada a Dios. Encontrarás la maravillosa respuesta en la seguridad de que Dios, por su Espíritu Santo, se compromete a obrar todo en ti. El anhelo de ser librados de la vida de pecado diario, y la extinción de toda esperanza de conseguirlo mediante nuestros esfuerzos como cristianos, nos preparará para comprender y aceptar el nuevo camino de salvación de Dios: Él mismo obra en nosotros todo lo que es agradable en nosotros. Su vista.

Los Dos Pactos - Capítulo 4 - CAPITULO IV El Nuevo Pacto

"Pero este es el pacto que haré con la casa de Israel: después de aquellos días, dice el Señor, daré mi ley en sus entrañas, y la escribiré en su corazón; y seré su Dios, y ellos serán y no enseñará más cada uno a su prójimo, diciendo: Conoce al Señor, porque todos me conocerán, desde el más pequeño de ellos hasta el más grande de ellos, porque perdonaré su iniquidad, y me acordaré su pecado no más."-- JER. xxxii. 33, 34.

SAIAH a menudo ha sido llamado el profeta evangélico, por la maravillosa claridad con la que anuncia la venida del Redentor, tanto en Su humillación y sufrimiento, como en la gloria del reino que iba a establecer. Y, sin embargo, se le dio a Jeremías, en este pasaje, y a Ezequiel, en el paralelo, predecir cuál sería realmente el resultado de la obra del Redentor y el carácter esencial de la salvación que Él debía efectuar, con una claridad que es en ninguna parte se encuentra en el profeta mayor. En palabras que el Nuevo Testamento (Hebreos viii.) toma como la revelación divinamente inspirada de lo que es el Nuevo Pacto del cual Cristo es el Mediador, se revela el plan de Dios y se nos muestra lo que Él hará en nosotros, para hacer aptos y dignos de ser el pueblo del cual Él es el Dios. A través de todo el Antiguo Pacto siempre hubo un problema: el corazón del hombre no estaba bien con Dios. En el Nuevo Pacto el mal debe ser remediado. Su promesa central es un corazón que se deleita en la ley de Dios y es capaz de conocerlo y tener comunión con Él. Señalemos la cuádruple bendición de la que se habla.

1. "Pondré mi ley en sus entrañas, y la escribiré en su corazón". Entendamos bien esto. En nuestras partes internas, o en nuestro corazón, no hay cámaras separadas en las que se pueda poner la ley, mientras que el resto del corazón se puede dedicar a otras cosas; el corazón es una unidad. Tampoco las partes internas y el corazón son como una casa, que puede llenarse con cosas de una naturaleza completamente diferente de la que están hechas las paredes, sin ninguna conexión orgánica viva. No; las entrañas, el corazón, son la disposición, el amor, la voluntad, la vida. Nada puede ser puesto en el corazón, y especialmente por Dios, sin entrar y tomar posesión de él, sin asegurar su afecto y controlar todo su ser. Y esto es lo que Dios se compromete a hacer en el poder de Su vida y operación divinas, para insuflar el espíritu mismo de Su ley en ya través de todo el ser interior. "Lo pondré en sus entrañas, y lo escribiré en sus corazones". En el Sinaí las tablas de la Alianza, con la ley escrita en ellas, eran de piedra, como sustancia duradera.

Es fácil saber lo que eso significa. La piedra fue completamente apartada para esta única cosa: llevar y mostrar esta escritura divina. La escritura y la piedra estaban inseparablemente conectadas. Y así, el corazón en el que Dios se sale con la suya y escribe su ley con poder, vive única y totalmente para llevar esa escritura, y se identifica inmutablemente con ella. Sólo así puede Dios realizar Su propósito en la creación, y tener a Su hijo de una mente y un espíritu consigo mismo, deleitándose en hacer Su voluntad. Cuando el Antiguo Pacto con la ley grabada en piedra hubiera hecho su obra en el descubrimiento y condenación del PECADO, el Nuevo Pacto daría en su lugar la vida de obediencia y la verdadera santidad de corazón. Toda la bendición del Pacto se centra en esto: el corazón se endereza y se adapta para conocer a Dios: "Les daré un corazón para que me conozcan a mí, que yo soy el Señor; y ellos me serán por pueblo, y yo seré su Dios, porque se volverán a mí de todo corazón" (Jeremías 24:7).

2. "Y yo seré a ellos por Dios, y ellos serán mi pueblo". No pase estas palabras a la ligera. Ocurren principalmente en Jeremías y Ezequiel en conexión con la promesa del Pacto eterno. Expresan la experiencia más elevada de la relación de Alianza. Solo cuando Su pueblo aprenda a amar y obedecer Su ley, cuando su corazón y su vida estén juntos y totalmente dedicados a Él y a Su voluntad, Él podrá ser para ellos la bendición totalmente inconcebible que expresan estas palabras: "Yo seré vuestro Dios". ." Todo lo que soy y tengo como Dios será tuyo. Todo lo que puedas necesitar o desear en un Dios, lo seré para ti. En el sentido más completo de la palabra, Yo, el Omnipresente, estaré siempre presente con ustedes, en toda Mi gracia y amor. Yo, el Todopoderoso, obraré todo en ti en cada momento con Mi gran poder. Yo, el Tres Veces Santo, revelaré en vosotros Mi vida santificadora. seré tu Dios. Y vosotros seréis Mi pueblo, salvados y bendecidos, gobernados y guiados y provistos por Mí, conocidos y vistos como verdaderamente el pueblo del Santo, el Dios de gloria. Sólo démosle a nuestro corazón tiempo para meditar y esperar que el Espíritu Santo obre en nosotros todo lo que significan estas palabras.

3. "Y no enseñará más cada uno a su prójimo, y cada uno a su hermano, diciendo: Conoce al Señor, porque todos me conocerán, desde el más pequeño de ellos hasta el más grande, dice el Señor". La comunión personal individual con Dios, para los más débiles y pequeños, debe ser el maravilloso privilegio de cada miembro del pueblo del Nuevo Pacto. Cada uno conocerá al Señor. Eso no significa el conocimiento de la mente, que no es el privilegio igual de todos, y que en sí mismo puede entorpecer la comunión más que ayudarla, pero con ese conocimiento que significa apropiación y asimilación, y que es eterno vida. Así como el Hijo conoció al Padre porque era uno con Él y habitaba en Él, el hijo de Dios recibirá por el Espíritu Santo esa iluminación espiritual que hará de Dios para él el que mejor conoce, porque lo ama más y vive en Él. A él. La promesa, "Todos serán enseñados por Dios", será cumplida por la enseñanza del Espíritu Santo. Dios le hablará a cada uno de Su Palabra lo que necesita saber.

4. "Porque perdonaré sus iniquidades, y no me acordaré más de su pecado". La palabra para muestra que esta es la razón de todo lo que precede. Debido a que la sangre de este Nuevo Pacto era de un valor tan infinito, y su Mediador y Sumo Sacerdote en el cielo de tal poder Divino, se promete en él tal borramiento Divino del pecado que Dios no puede recordarlo. Es este borramiento total del pecado lo que nos limpia y nos libera de su poder, para que Dios pueda escribir Su ley en nuestros corazones, y mostrarse en poder como nuestro Dios, y por Su Espíritu revelarnos Sus cosas profundas: el profundo misterio de sí mismo y de su amor. Es la expiación y redención de Jesucristo obrada sin nosotros y por nosotros, que ha eliminado todo obstáculo y lo ha hecho digno de Dios, y nos ha hecho dignos, que la ley en el corazón, y el derecho a nuestro Dios, y el conocimiento de Él, debe ser ahora nuestra vida diaria y nuestra porción eterna.

Aquí tenemos ahora el resumen Divino de la herencia del Nuevo Pacto. La última bendición, el perdón de los pecados, es la primera en orden, la raíz de todas. El segundo, tener a Dios como nuestro Dios, y el tercero, la enseñanza Divina, son el fruto. El árbol mismo que crece en esta raíz, y da tal fruto, es lo que se nombra primero: la ley en el corazón.[2]

La demanda central del Antiguo Pacto, Obedezcan Mi voz, y Yo seré su Dios, ahora ha sido satisfecha. Con la ley escrita en el corazón, Él puede ser nuestro Dios, y nosotros seremos Su pueblo. La perfecta armonía con la voluntad de Dios, la santidad de corazón y de vida, es lo único que puede satisfacer el corazón de Dios o el nuestro. Y es esto lo que da el Nuevo Pacto en el poder Divino: "Les daré un corazón para que me conozcan, y yo seré a ellos por Dios, y ellos me serán a mí por pueblo, porque se volverán a mí de todo su corazón" . Es en el estado del corazón, es en el corazón nuevo, como dado por Dios, que la vida del Nuevo Pacto gira.

Pero, ¿por qué, si todo esto está destinado a ser literal y exactamente cierto para el pueblo de Dios, por qué vemos tan poco de esta vida, experimentamos tan poco en nosotros mismos? Solo hay una respuesta: ¡Por tu incredulidad! Hemos hablado de la relación de Dios y el hombre en la creación como lo que el Nuevo Pacto pretende hacer posible y real. Pero la ley no puede ser derogada si Dios no la obliga. Él sólo puede cumplir Su propósito si el corazón está dispuesto y acepta Su oferta. En el Nuevo Pacto todo es de fe. Apartémonos de lo que la sabiduría humana y la experiencia humana puedan decir, y pidamos a Dios mismo que nos enseñe lo que significa Su Alianza. Si perseveramos en esta oración con un espíritu humilde y dócil, podemos contar con toda certeza en su promesa: "Nunca más cada uno enseñará a su prójimo: Conoce al Señor, porque todos me conocerán". La enseñanza del mismo Dios, por el Espíritu Santo, para hacernos entender lo que nos dice en su Palabra, es nuestro derecho de Alianza. Contemos con ello. Es solo por una fe dada por Dios que podemos apropiarnos de estas promesas dadas por Dios. Y es solo por una enseñanza dada por Dios y una iluminación interior que podemos ver su significado, para creer en ellos. Cuando Dios nos enseña el significado de sus promesas en un corazón entregado a su Espíritu Santo, solo entonces podemos creer y recibirlas en un poder que las hace realidad en nuestra vida.

Pero, ¿es realmente posible, en medio del desgaste de la vida diaria, caminar en la experiencia de estas bendiciones? ¿Son realmente para todos los hijos de Dios? Hagamos más bien la pregunta: ¿Es posible que Dios haga lo que ha prometido? La única parte de la promesa que creemos: el perdón completo y perfecto del pecado. ¿Por qué no debemos creer la otra parte: la ley escrita en el corazón, y la comunión y enseñanza divinas directas? Nos hemos acostumbrado tanto a separar lo que Dios ha unido, la obra exterior objetiva de su Hijo, y la obra interior subjetiva de su Espíritu, que consideramos que la gloria del Nuevo Pacto sobre el Antiguo consiste principalmente en la redención obra de Cristo por nosotros, y no igualmente en la obra santificadora del Espíritu en nosotros. Es debido a esta ignorancia e incredulidad de la morada del Espíritu Santo, como el poder a través del cual Dios cumple las promesas del Nuevo Pacto, que realmente no esperamos que se hagan realidad para nosotros.

Alejemos nuestros corazones de toda experiencia pasada de fracaso, causada únicamente por la incredulidad; admitamos plena y sinceramente lo que el fracaso nos ha enseñado, la imposibilidad absoluta de que incluso un hombre regenerado camine en la ley de Dios con sus propias fuerzas, y luego volvamos nuestros corazones con tranquilidad y confianza a nuestro propio Dios del Pacto. Escuchemos lo que Él dice que hará por nosotros, y creamos en Él; apoyémonos en su fidelidad inmutable y en la seguridad de la Alianza, en su poder omnipotente y en el Espíritu Santo obrando en nosotros; y entreguémonos a Él como nuestro Dios. Él demostrará que lo que ha hecho por nosotros en Cristo no es ni un ápice más maravilloso que lo que hará en nosotros todos los días por el Espíritu de Cristo.

Los Dos Pactos - Nota B
NOTA B. -- CAP. IV La Ley escrita en el Corazón

EL pensamiento de la ley escrita en el corazón causa a veces dificultad y desánimo, porque los creyentes no ven ni sienten en sí mismos nada que corresponda a ella. Una ilustración puede ayudar a eliminar la dificultad. Hay fluidos por los cuales se puede escribir de manera que nada se vea, ya sea de una vez o después, a menos que la escritura esté expuesta al sol oa la acción de algún químico. La escritura está ahí, pero quien ignora el proceso no puede pensar que está ahí, y no sabe cómo hacerla legible. La fe de un hombre que está en lo secreto cree en él aunque no lo vea.

Incluso es así con el corazón nuevo. Dios ha puesto Su ley en él, "Bienaventurado el pueblo en cuyo corazón está la ley de Dios". Pero está ahí invisible. El que toma la promesa de Dios con fe, sabe que está en su propio corazón. Tanto tiempo. como no hay una fe clara sobre este punto, todo intento de encontrarla, o de cumplir esa ley, será vano. Pero cuando por una fe sencilla se retiene la promesa, se da el primer paso para realizarla. Entonces el alma está preparada para recibir instrucción en cuanto a lo que significa la escritura de la ley en el corazón. Significa, primero, que Dios ha implantado en el nuevo corazón un amor por la ley de Dios y una disposición para hacer toda Su voluntad.

Puede que no sientas esta disposición allí, pero está allí. Dios lo ha puesto allí. Créanlo y estén seguros de que hay en ustedes una naturaleza divina que les dice, y por eso no dudan en decirlo: "¡Me deleito en hacer Tu voluntad, oh Dios!" En el nombre de Dios, y con fe, dilo.

Esta escritura de la ley significa, además, que al plantar este principio en ti, Dios ha tomado todo lo que ya sabes de la voluntad de Dios, e inspiró ese nuevo corazón con la disposición para obedecerla. Todavía puede estar escrito allí con escritura invisible, y no eres consciente de ello. Eso no importa. Tienes que tratar aquí con una obra Divina y oculta del Espíritu Santo. No temas decir: ¡Oh, cuánto amo yo tu ley! Dios ha puesto su amor en tu corazón, el corazón nuevo. Ha quitado el corazón de piedra; es por el nuevo corazón que tienes que vivir.

Lo siguiente implícito en esta escritura de la ley es que has aceptado toda la voluntad de Dios, incluso lo que aún no conoces, como el deleite de tu corazón. Al entregarte a Dios, te entregaste totalmente a Su voluntad. Esa fue la única condición para entrar en el Pacto; La gracia del pacto proveerá ahora para enseñarte a saber y fortalecerte para hacer todo lo que tu Padre quiere que hagas.
Toda la vida en el Nuevo Pacto es una vida de fe. La fe acepta cada promesa de la Alianza, tiene la certeza de que se está cumpliendo, mira confiadamente al Dios de la Alianza para hacer Su obra. La fe cree implícitamente en el corazón nuevo, con la ley escrita en él, porque cree en la promesa, y en el Dios que dio y cumple la promesa.

Sería bueno agregar aquí que la misma verdad vale para todas las promesas relacionadas con el nuevo corazón: deben ser aceptadas y puestas en práctica por fe. Cuando leemos del "amor de Dios derramado en el corazón por el Espíritu Santo", de "Cristo morando en el corazón", de "un corazón limpio", de "amarse fervientemente unos a otros con un corazón limpio", de " Dios estableciendo nuestro corazón intachable en santidad", debemos; con el ojo de la fe, considera estas realidades espirituales como realmente y de hecho existentes dentro de nosotros. En su forma oculta e invisible, Dios los está obrando allí. No por la vista o el tacto, sino por la fe en el Dios vivo y Su Palabra, sabemos que son como el poder para las disposiciones e inclinaciones del nuevo corazón. En esta fe debemos actuar, sabiendo que tenemos el poder de amar, de obedecer, de ser santos. La Nueva Alianza nos da un Dios que obra todo en nosotros; la fe en Él nos da la seguridad, por encima y más allá de todo sentimiento, de que este Dios está haciendo Su bendita obra.

Y si se hace la pregunta de qué debemos pensar de todo lo que hay dentro de nosotros que contradice esta fe, recordemos lo que las Escrituras nos enseñan al respecto. A veces hablamos de un corazón viejo y uno nuevo. La Escritura no lo hace. Habla del corazón viejo, de piedra, siendo quitado; el corazón, con su voluntad, disposición, afectos, siendo hecho nuevo con una novedad Divina. Este nuevo corazón se coloca en medio de lo que la Escritura llama la carne, en la cual no mora el bien. Encontraremos una gran ventaja adherirnos lo más posible al lenguaje de las Escrituras. Será de gran ayuda para nuestra fe incluso usar las mismas palabras que Dios por Su Espíritu Santo ha usado para enseñarnos. Y nos aclarará mucho la vista para saber qué pensar del pecado que permanece en nosotros si lo pensamos y lo tratamos a la luz de la verdad de Dios. Todo mal deseo y afecto proviene de la carne, la vida natural pecaminosa del hombre. Debe su poder en gran medida a nuestra ignorancia de su naturaleza, y nuestra confianza en su ayuda y fuerza para expulsar su maldad. Ya he señalado cómo la carne pecaminosa y la carne religiosa son una, y cómo todo fracaso en la religión se debe a una secreta confianza en nosotros mismos. A medida que aceptemos y hagamos uso de lo que Dios dice de la carne, veremos en ella la fuente de todo mal en nosotros; diremos de sus tentaciones: "Ya no soy yo, sino el pecado que mora en mí"; mantendremos nuestra integridad mientras mantenemos una buena conciencia que nos condene por nada hecho a sabiendas contra la voluntad de Dios; y seremos fuertes en la fe del Espíritu Santo, que mora en el corazón nuevo, para fortalecernos que no necesitamos y "deberemos

Los Dos Pactos - Nota B no satisfacen los deseos de la carne".

Concluyo con un extracto de un discurso del Rev. F. Webster, en Keswick el año pasado, en confirmación de lo que acabo de decir: "Vestíos del Señor Jesucristo, y no hagáis provisión para la carne, para satisfacer los deseos". 'No hagáis provisión para la carne.' La carne está allí, lo sabes, negar o ignorar la existencia de un enemigo es darle una gran oportunidad contra ti, y la carne está en el creyente hasta el final, una fuerza del mal a la que hay que enfrentarse continuamente, un fuerza maligna dentro de un hombre, y sin embargo, gracias a Dios, una fuerza que puede ser tratada de tal manera por el poder de Dios, que no tendrá poder para contaminar el corazón o desviar la voluntad. La carne está en ti, pero tu corazón pueden mantenerse limpios momento a momento a pesar de la existencia del mal en su naturaleza caída.Toda avenida, cada abertura que conduce al corazón, cada pensamiento y deseo y propósito e imaginación de su ser, pueden cerrarse contra la carne, para que que no habrá abertura para entrar y contaminar el corazón o desviar la voluntad de la voluntad de Dios.

"Tú dices que es un estándar muy alto. Pero es la Palabra de Dios. No debe haber ninguna simpatía secreta con el pecado. Aunque la carne está allí, no debes hacer de ella una excusa para los pecados. No debes decir: Soy naturalmente irritable, ansioso, celoso, y no puedo evitar dejar que estas cosas surjan, vienen de adentro, sí, vienen de adentro, pero entonces no es necesario que haya provisión, ninguna apertura en tu corazón para que estas cosas entren. Tu corazón puede estar atrincherado con una barrera infranqueable contra estas cosas. 'No hay provisión para la carne.' No sólo la puerta principal atrancada y con cerrojo para que no los invites a entrar, sino también la puerta lateral y trasera cerrada. Puedes estar tan poseído por Cristo y encerrado en Cristo que definitivamente odiarás todo lo que es de la carne. .

"'No hagan provisión para la carne.' La única forma de hacerlo es 'vestirse del Señor Jesucristo'. Hablé de que el corazón está tan atrincherado que no debe haber entrada a él, que la carne nunca debería poder profanarlo o desviar la voluntad de la voluntad de Dios. ¿Cómo se puede hacer eso? Revestirse del Señor Jesucristo. Ha sido una gran bendición para mí simplemente aprender ese secreto, solo aprender el lado positivo de la liberación: revestirme del Señor Jesucristo".

Los Dos Pactos - Capítulo 5
CAPÍTULO V - Las dos alianzas en la experiencia cristiana

"Estas mujeres son dos pactos: uno desde el monte Sinaí, que da a luz a la servidumbre, que es Agar. Ahora bien, esta Agar responde a la Jerusalén de ahora, porque está en servidumbre con sus hijos. Pero la Jerusalén de arriba es libre, la cual es nuestra madre. Así que, hermanos, no somos hijos de la esclava, sino de la libre. Con libertad Cristo nos hizo libres. Estad, pues, firmes, y no estéis otra vez sujetos al yugo de la servidumbre."-GAL. IV.
24-81, v. 1.

LA casa de Abraham era la Iglesia de Dios de esa época. La división en su casa, un hijo, su propio hijo, pero nacido según la carne, el otro según la promesa, era una manifestación divinamente ordenada de la división que habría en todas las edades entre los hijos de la esclava, los que servían Dios en el espíritu de servidumbre, y los que eran hijos de los libres, y le servían en el Espíritu de su Hijo. El pasaje nos enseña lo que confirma toda la Epístola: que los gálatas se habían enredado en un yugo de servidumbre, y no estaban firmes en la libertad con la que Cristo hace verdaderamente libres. En lugar de vivir en el Nuevo Pacto, en la Jerusalén que es de lo alto, en la libertad que da el Espíritu Santo, todo su andar probó que, aunque cristianos, eran del Antiguo Pacto, que lleva a los hijos a la servidumbre. El pasaje nos enseña la gran verdad, que es de suma importancia para nosotros comprender a fondo, que un hombre, con una medida del conocimiento y experiencia de la gracia de Dios, puede probar, por un espíritu legal, que él es sin embargo, prácticamente, en gran medida, bajo el Antiguo Pacto. Y nos mostrará, con maravillosa claridad;

cuáles son las pruebas de la ausencia de la verdadera vida del Nuevo Pacto.

Un estudio cuidadoso de la Epístola nos muestra que la diferencia entre los dos Pactos se ve en tres cosas. Se contrasta la ley y sus obras con el oír de la fe, la carne y su religión con la carne crucificada, la impotencia para el bien con un andar en la libertad y en el poder del Espíritu. Que el Espíritu Santo nos revele esta doble vida.

La primera antítesis la encontramos en las palabras de Pablo: "¿Recibisteis el Espíritu por las obras de la ley, o por el oír con fe?" Estos Gálatas ciertamente habían nacido en el Nuevo Pacto; habían recibido el Espíritu Santo. Pero habían sido descarriados por maestros judíos y, aunque habían sido justificados por la fe, buscaban ser santificados por las obras; buscaban el mantenimiento y el crecimiento de su vida cristiana en la observancia de la ley. No habían entendido que, al igual que al principio, el progreso de la vida divina es sólo por la fe, recibiendo día a día su fuerza sólo de Cristo; que en Jesucristo nada vale sino la fe que obra por el amor.

Casi todos los creyentes cometen el mismo error que los cristianos de Galacia. Muy pocos aprenden en la conversión de inmediato que es solo por la fe que nos mantenemos firmes, caminamos y vivimos. No tienen idea del significado de la enseñanza de Pablo acerca de estar muertos a la ley, libres de la ley, acerca de la libertad con la que Cristo nos hace libres. "Todos los que son guiados por el Espíritu no están bajo la ley". Considerando la ley como ordenanza divina para nuestra dirección, se consideran preparados y aptos por la conversión para asumir el cumplimiento de la ley como un deber natural. No saben que, en el Nuevo Pacto, la ley escrita en el corazón necesita una fe incesante en un poder Divino, para permitirnos por un poder Divino guardarla. No pueden entender que no es a la ley, sino a una Persona Viviente, a lo que ahora estamos atados, y que nuestra obediencia y santidad solo son posibles por la fe incesante en Su poder que siempre obra en nosotros. Es sólo cuando esto se ve, que estamos verdaderamente preparados para vivir en el Nuevo Pacto.

La segunda palabra, que revela el espíritu del Antiguo Pacto, es la palabra "carne". Su contraste es, la carne crucificada. Pablo pregunta: "¿Tan necios sois? ¿Habiendo comenzado por el Espíritu, os perfeccionáis en la carne?" Carne significa nuestra naturaleza humana pecaminosa. En su conversión, el cristiano generalmente no tiene idea de la terrible maldad de su naturaleza, y la sutileza con la que se ofrece a tomar parte en el servicio de Dios. Puede ser más dispuesto y diligente en el servicio de Dios por un tiempo; puede idear innumerables observancias para hacer agradable y atractiva Su adoración; y, sin embargo, todo esto puede ser sólo lo que Pablo llama "hacer buen espectáculo en la carne", "gloriarse en la carne", en la voluntad del hombre y en los esfuerzos del hombre. Este poder de la carne religiosa es una de las grandes marcas de la religión del Antiguo Pacto; pierde la humildad profunda y la espiritualidad de la verdadera adoración a Dios: un corazón y una vida totalmente dependientes de Él.

La prueba de que nuestra religión es en gran medida la de la carne religiosa, es que la carne pecaminosa florecerá junto con ella. Así fue con los gálatas. Mientras hacían un buen espectáculo en la carne y se gloriaban en ello, su vida diaria estaba llena de amargura, envidia, odio y otros pecados. Se mordían y devoraban unos a otros. La carne religiosa y la carne pecaminosa son una sola: no es de extrañar que, con mucha religión, el temperamento, el egoísmo y la mundanalidad se encuentren tan a menudo uno al lado del otro. La religión de la carne no puede conquistar el pecado.

¡Qué contraste con la religión del Nuevo Pacto! ¿Cuál es el lugar que tiene allí la carne? "Los que son de Cristo han crucificado la carne, con sus deseos y afectos". La Escritura habla de la voluntad de la carne, la mente de la carne, los deseos de la carne; todo esto lo ha visto el verdadero creyente para ser condenado y crucificado en Cristo: lo ha entregado a la muerte. Él no sólo acepta la Cruz, con su carga de la maldición, y su redención de ella, como su entrada en la vida; se gloría en ella como su único poder día a día para vencer la carne y el mundo. "Estoy crucificado con Cristo". "Pero lejos esté de mí gloriarme sino en la cruz de mi Señor Jesucristo, por la cual estoy crucificado para el mundo". Aunque se necesitaba nada menos que la muerte de Cristo para inaugurar el Nuevo Pacto, y la vida de resurrección que lo anima, no hay entrada a la verdadera vida del Nuevo Pacto sino participando de esa muerte.

"Caído de la gracia". Esta es una tercera palabra que describe la condición de estos gálatas en esa esclavitud en la que eran realmente impotentes para todo bien verdadero. Pablo no está hablando aquí de una apostasía final, porque todavía se dirige a ellos como cristianos, sino de que se han desviado de ese camino en el camino de la gracia habilitante y santificadora, en la que un cristiano puede obtener la victoria sobre el pecado. Mientras la gracia esté principalmente relacionada con el perdón y la entrada a la vida cristiana, la carne es el único poder para servir y obrar. Pero cuando sabemos qué abundante abundancia de gracia ha sido provista, y cómo Dios "hace que abunde toda gracia, a fin de que abundemos para toda buena obra", sabemos que, así como es por la fe, así también es solo por la gracia que nos paramos un solo momento o damos un solo paso.

El contraste con esta vida de impotencia y fracaso se encuentra en una sola palabra, "el Espíritu". "Si sois guiados por el Espíritu, no estáis bajo la ley", con su exigencia sobre vuestras propias fuerzas. "Andad en el Espíritu, y no cumpliréis los deseos de la carne", una promesa definida y cierta. El Espíritu da libertad de la ley, de la carne, del pecado. "El fruto del Espíritu es amor, paz, alegría". De la promesa del Nuevo Pacto: "Pondré mi Espíritu dentro de vosotros, y os haré andar en mis estatutos, y guardaréis mis juicios", el Espíritu es el centro y la suma. Él es el poder de la vida sobrenatural de la verdadera obediencia y santidad.

¿Y cuál hubiera sido el camino que habrían tomado los gálatas si hubieran aceptado esta enseñanza de San Pablo? Al escuchar su pregunta: "Ahora que habéis llegado a conocer a Dios, ¿cómo os volvéis de nuevo a los rudimentos débiles y miserables, a los que deseáis volver a ser esclavos?" habrían sentido que sólo había un camino. Nada más podía ayudarlos sino volver de inmediato al camino que habían dejado. En el punto donde lo habían dejado, podían volver a entrar. Para cualquiera de ellos que quisiera hacerlo, este alejamiento del espíritu legal del Antiguo Pacto, y la renovada entrega al Mediador del Nuevo Pacto, podría ser el acto de un momento, un solo paso. Cuando la luz de la promesa del Nuevo Pacto resplandeció sobre él, y vio cómo Cristo iba a ser todo, y la fe todo, y el Espíritu Santo en el corazón todo, y la fidelidad de un Dios que guarda el Pacto todo en todo, él sentir que sólo tenía una cosa que hacer: rendirse a Dios en completa impotencia y contar con fe sencilla en Él para realizar lo que había dicho. En la experiencia cristiana puede existir todavía la vida del Antiguo Pacto de esclavitud y fracaso. En la experiencia cristiana puede haber una vida que ceda completamente a la gracia y el espíritu del Nuevo Pacto. En la experiencia cristiana, cuando se ha recibido la verdadera visión de lo que significa la Nueva Alianza, una fe que descansa plenamente en el Mediador de la Nueva Alianza puede entrar de inmediato en la vida que la Alianza asegura.

No puedo rogar demasiado a todos los creyentes que anhelan saber al máximo lo que la gracia de Dios puede obrar en ellos, que estudien cuidadosamente la cuestión de si el reconocimiento de que estamos en la esclavitud del Antiguo Pacto es la razón de nuestro fracaso. , y si una visión clara de la posibilidad de un cambio completo en nuestra relación con Dios no es lo que se necesita para darnos la ayuda que buscamos. Podemos estar buscando nuestro crecimiento en un uso más diligente de los medios de la gracia, y un esfuerzo más ferviente por vivir de acuerdo con la voluntad de Dios, y aún así fracasar por completo. La razón es que hay una raíz secreta del mal que debe ser eliminada. Esa raíz es el espíritu de servidumbre, el espíritu legal del esfuerzo propio, que obstaculiza esa fe humilde que sabe que Dios hará todo, y cede a Él para hacerlo. Ese espíritu se puede encontrar en medio de un celo muy grande por el servicio de Dios, y una oración muy ferviente por su gracia; no goza del reposo de la fe, y no puede vencer el pecado, porque no se sostiene en la libertad con que Cristo nos ha hecho libres, y no sabe que donde está el Espíritu del Señor, allí hay libertad. Allí el alma puede decir: "La ley del Espíritu de vida en Cristo Jesús me ha librado de la ley del pecado y de la muerte". Una vez que admitamos de todo corazón, no sólo que hay fallas en nuestra vida, sino que hay algo radicalmente malo que se puede cambiar, nos volveremos con un nuevo interés, con una confesión más profunda de ignorancia e impotencia, con una esperanza que parece sólo a Dios por enseñanza y fortaleza, para encontrar que en el Nuevo Pacto hay una provisión real para cada necesidad.

Los Dos Pactos - Capítulo 6 - CAPÍTULO VI
El Pacto Eterno del Espíritu

Ellos serán mi pueblo, y yo seré su Dios. Y haré con ellos pacto perpetuo, que no me volveré atrás de hacerles bien; pero pondré mi temor en sus corazones, para que no se apartará de mí."—JER. xxxiii. 38, 40. Os daré corazón nuevo, y pondré espíritu nuevo dentro de vosotros; y quitaré de vuestra carne el corazón de piedra, y os daré un corazón de carne. Y pondré mi Espíritu dentro de vosotros, y os haré andar en Mis estatutos, y guardaréis Mis juicios, y los haréis. Además, haré con ellos un pacto de paz; un pacto perpetuo será con ellos". - EZEQ. xxxvi. 26, 27, xxxvii. 26.

NOSOTROS hemos tenido las palabras de la institución del Nuevo Pacto. Escuchemos la enseñanza adicional que tenemos al respecto en Jeremías y Ezequiel, donde Dios habla de él como un Pacto eterno. En todo pacto hay dos partes. Y 48 el fundamento mismo de un pacto descansa en el pensamiento de que cada parte debe ser fiel a la parte que se ha comprometido a realizar. La infidelidad de cualquiera de las partes rompe el pacto.

Así fue con el Antiguo Pacto. Dios había dicho a Israel: Oíd mi voz, y yo seré vuestro Dios (Jer. vii. 23, xi. 4). Estas simples palabras contenían todo el Pacto. Y cuando Israel desobedeció, el Pacto se rompió. No se tomó en consideración la cuestión de si Israel podía o no podía obedecer: la desobediencia perdía los privilegios del Pacto.

Si se iba a hacer un Nuevo Pacto, y si ese iba a ser mejor que el Antiguo, esto era lo único que había que proveer. Ningún Nuevo Pacto podría ser de provecho a menos que se hicieran provisiones para asegurar la obediencia. Obediencia debe haber. Dios como Creador nunca podría tomar a Sus criaturas en Su favor y compañerismo, a menos que le obedecieran. La cosa hubiera sido un imposible. Si el Nuevo Pacto ha de ser mejor que el Antiguo, si ha de ser un Pacto eterno, que nunca sea quebrantado, debe hacer alguna provisión suficiente para asegurar la obediencia del pueblo del Pacto. Y esta es ciertamente la gloria del Nuevo Pacto, la gloria que sobresale, que esta provisión ha sido hecha. De una manera que ningún pensamiento humano podría haber ideado, mediante una estipulación que nunca entró en ningún pacto humano, mediante una empresa en la que la infinita condescendencia, el poder y la fidelidad de Dios deben exhibirse de la manera más maravillosa, mediante un misterio sobrenatural de sabiduría y gracia divinas. , el Nuevo Pacto proporciona una garantía, no sólo para la fidelidad de Dios, ¡sino también para la del hombre! Y esto de ninguna otra manera sino porque Dios mismo se compromete a asegurar la parte del hombre así como la suya propia. Intenta conseguir esto.

Precisamente porque esto, la parte esencial del Nuevo Pacto, excede y confunde tanto todos los pensamientos humanos sobre lo que significa un pacto, los cristianos, desde los Gálatas para abajo, no han podido ver y creer lo que realmente trae el Nuevo Pacto. Han pensado que la infidelidad humana era un factor permanentemente a tener en cuenta como algo del todo invencible e incurable, y que la posibilidad de una vida de obediencia, con el testimonio desde dentro de una buena conciencia, y desde arriba del agrado de Dios, no era se espera. Por lo tanto, han tratado de agitar la mente al máximo con argumentos y motivos, y nunca se dieron cuenta de cómo el Espíritu Santo debe ser el trabajador incesante, universal y suficiente de todo lo que debe ser obrado por el cristiano.

Pidámosle fervientemente a Dios que nos revele por el Espíritu Santo las cosas que ha preparado para los que le aman; cosas que no han entrado en el corazón del hombre;

la vida maravillosa del Nuevo Pacto. Todo depende de nuestro conocimiento de lo que Dios obrará en nosotros. Escuche lo que Dios dice en Jeremías acerca de las dos partes de Su Pacto eterno, poco después de haber anunciado el Nuevo Pacto, y en una mayor aclaración del mismo. El pensamiento central de eso, que el corazón debe ser enderezado, se reitera y confirma aquí. "Haré con ellos pacto perpetuo, que no me volveré atrás de hacerles bien". Es decir, Dios será inmutablemente fiel. Él no se apartará de nosotros. "Pero pondré Mi temor en el corazón de ellos, para que no se aparten de Mí". Esta es la segunda mitad: Israel también será inmutablemente fiel. Y eso porque Dios pondrá Su temor en el corazón de ellos, que no se apartarán de Él. ¡Por poco que Dios se aparte de ellos, se apartarán ellos de Él! ¡Tan fielmente como Él emprende el cumplimiento de Su parte, emprenderá Él el cumplimiento de la parte de ellos, para que no se aparten de Él!

Escuche la palabra de Dios en Ezequiel, con respecto a uno de los términos de Su Pacto de paz, Su Pacto eterno. (Ezequiel xxxiv. 25, xxxvi. 27, xxxvii. 26): "Pondré mi Espíritu dentro de vosotros, y os haré andar en mis estatutos, y guardaréis mis juicios, y los haréis".

En el Antiguo Pacto no tenemos nada de este tipo. Tienes, por el contrario, desde la historia del becerro de oro y la ruptura de las Tablas de la Alianza en adelante, el triste hecho de la continua separación de Dios. Encontramos a Dios anhelando lo que de buena gana hubiera visto, pero que no se encontraba. "¡Oh, si hubiera en ellos tal corazón que me temieran y guardaran siempre todos mis mandamientos!" (Deut. v. 29). Encontramos a lo largo del Libro de Deuteronomio, algo sin paralelo en la historia de cualquier religión o legislador religioso, que Moisés profetiza claramente su abandono de Dios, con las terribles maldiciones y la dispersión que vendría sobre ellos. Es solo al final de sus amenazas (Deut. xxx. 6) que da la promesa del nuevo tiempo que vendría: "El Señor tu Dios circuncidará tu corazón, para que ames al Señor tu Dios con todo tu corazón, y con toda tu alma, y obedecerás la voz de Jehová tu Dios". Todo el Antiguo Pacto dependía de la fidelidad del hombre: "Jehová tu Dios guarda el pacto con los que guardan sus mandamientos". De poco serviría que Dios guardara el Pacto, si el hombre no lo guardaba. Nada podía ayudar al hombre hasta que el "Si guardareis diligentemente" la ley, fuera reemplazado por la palabra de la promesa, "Pondré mi Espíritu en vosotros, y guardaréis mis juicios, y los haréis". La única diferencia suprema del Nuevo Pacto; la única cosa por la cual fueron dados el Mediador, la Sangre y el Espíritu; el único fruto que Dios buscó y se comprometió a producir fue este: un corazón lleno de su temor y amor, un corazón para adherirse a él y no apartarse de él, un corazón en el que mora su espíritu y su ley, un corazón que se deleita para hacer Su voluntad.

Aquí está el secreto más íntimo del Nuevo Pacto. Trata con el corazón del hombre en una forma de poder Divino. No sólo apela al corazón por cualquier motivo de temor o amor, de deber o gratitud. Que la ley también lo hizo. Pero revela a Dios mismo, limpiando nuestro corazón y haciéndolo nuevo, cambiándolo completamente de un corazón de piedra a un corazón de carne, un corazón tierno, vivo, amoroso, poniendo Su Espíritu dentro de él, y así, por Su Omnipotente Poder y Amor , respirando y obrando en él, haciendo realidad la promesa: "Os haré andar en mis estatutos, y guardaréis mis juicios". Un corazón en perfecta armonía consigo mismo, una vida y andar en Su camino: Dios se ha comprometido en Pacto para obrar esto en nosotros. Él se compromete por nuestra parte en el Pacto tanto como por la Suya.

Esto no es más que la restauración de la relación original entre Dios y el hombre que Él había hecho a su semejanza.

Estaba en la tierra para ser la imagen misma de Dios, porque Dios iba a vivir y obrar todo en él, y él encontraría su gloria y bienaventuranza debiéndole todo a Dios. Esta es la suprema gloria del Nuevo Pacto, de la dispensación pentecostal, que por el Espíritu Santo Dios pueda ser ahora nuevamente la vida que habita en Su pueblo, y así hacer realidad la promesa: "Haré que andéis en Mis estatutos ."

Con la presencia de Dios asegurada para nosotros en cada momento del día: "No me apartaré de ellos"; con el "temor puesto en nuestro corazón" de Dios por Su propio Espíritu, y nuestro corazón respondiendo así a Su santa presencia; con nuestros corazones así reconciliados con Dios, podemos, andaremos en Sus estatutos, y guardaremos Sus juicios.

Hermanos míos, el gran pecado de Israel bajo el Antiguo Pacto, aquel por el cual lo entristecieron grandemente, fue este: "limitaron al Santo de Israel". Bajo el Nuevo Pacto no hay menos peligro de este pecado. Hace imposible que Dios cumpla Sus promesas. Busquemos, sobre todo, la enseñanza del Espíritu Santo, para mostrarnos exactamente para qué ha establecido Dios la Nueva Alianza, para que podamos honrarlo creyendo todo lo que su amor tiene preparado para nosotros.

Y si preguntamos por la causa de la incredulidad que impide el cumplimiento de la promesa, encontraremos que no es difícil buscarla. Es, en la mayoría de los casos, la falta de deseo por la bendición prometida. En todos los que vinieron a Jesús en la tierra, la intensidad de su deseo por la sanidad que necesitaban los hizo listos y alegres para creer en Su palabra. Donde la ley ha hecho su obra completa, donde el deseo real de ser librado de todo pecado es fuerte y domina el corazón, la promesa del Nuevo Pacto, una vez entendida realmente, llega como pan a un hombre hambriento. La incredulidad sutil, que piensa que es imposible evitar el pecado, corta el poder de aceptar la provisión del Pacto eterno. la Palabra de Dios, "Pondré Mi temor en su corazón, para que no se aparten de Mí"; "Pondré mi Espíritu dentro de vosotros, y mi juicio guardaréis", se entiende en un sentido débil, según nuestra experiencia, y no según lo que significa la Palabra y lo que Dios quiere decir. Y el alma se asienta en una desesperación, o un contentamiento propio, que dice que nunca puede ser de otra manera, y hace imposible la verdadera convicción de pecado.

Permítanme decirles a todos los lectores que quisieran poder creer plenamente todo lo que Dios dice: atesoren cada susurro de la conciencia y del Espíritu que convence de pecado. Sea lo que sea, un temperamento precipitado, una palabra áspera, un pensamiento sin amor o impaciente, cualquier cosa de egoísmo o obstinación, aprecie lo que lo condena en usted, como parte de la educación que lo llevará a Cristo y a la plenitud. posesión de su salvación. El Nuevo Pacto está destinado a satisfacer la necesidad de un poder de no pecar, que el Antiguo no podía dar. Ven con esa necesidad; preparará y abrirá el corazón para todo lo que os asegura la Alianza eterna. Te llevará a esa humilde y total dependencia de Dios en Su Omnipotencia y Su Fidelidad, en la cual Él puede y obrará todo lo que ha prometido.

CAPÍTULO VII
El Nuevo Pacto: Una Ministración del Espíritu

"Vosotros sois carta de Cristo administrada por nosotros, escrita no con tinta, sino con el Espíritu del Dios vivo; no sobre tablas de piedra, sino sobre tablas que son corazones de carne... Nuestra competencia es de Dios, quien también nos hizo ministros suficientes del Nuevo Pacto; no de la letra, sino del Espíritu; porque la letra mata, mas el Espíritu vivifica. Porque si el ministerio de muerte vino con gloria, ¿cómo no será más bien el ministerio de Espíritu sea con gloria? Porque si el ministerio de condenación es gloria, mucho más el
el ministerio de justicia abunda en gloria."—2 COR. iii. 3, 6-10.

EN este maravilloso capítulo, Pablo les recuerda a los corintios, al hablar de su ministerio entre ellos, cuáles fueron sus principales características. Como ministerio del Nuevo Pacto, lo contrasta, y toda la dispensación de la que forma parte, con la del Antiguo. El Viejo fue grabado en piedra, el Nuevo en el corazón. El Antiguo podía escribirse con tinta, y estaba en la letra que mata; el Nuevo, del Espíritu que da vida. El Antiguo fue un ministerio de condenación y muerte; el
Nuevo, de justicia y de vida. El Viejo en verdad tuvo su gloria, porque fue designado por Dios, y trajo su bendición Divina; pero era una gloria pasajera, y no tenía gloria a causa de la gloria que sobrepuja, la suprema gloria de lo que permanece. Con el Viejo estaba el velo sobre el corazón; en el Nuevo, el velo es quitado del rostro y del corazón, el Espíritu del Señor da libertad, y, reflejando a cara

descubierta la gloria del Señor, somos transformados de gloria en gloria, en la misma imagen, como por el Espíritu del Señor. La gloria que sobresale probó su poder en esto, que no solo marcó la dispensación en su lado Divino, sino que ejerció su poder en el corazón y la vida de sus súbditos, que se vio en ellos también, cuando fueron cambiados por la Espíritu a la imagen de Cristo, de gloria en gloria.

Piensa un momento en el contraste. El Antiguo Pacto era de la letra que mata. La ley vino con su instrucción literal, y buscó por el conocimiento que dio de la voluntad de Dios para apelar al temor del hombre y su amor, a sus facultades naturales de mente, conciencia y voluntad. Le habló como si pudiera obedecer, para convencerlo de lo que no sabía, que no podía obedecer. Y así cumplió su misión: "El mandamiento que era para vida, hallé que era para muerte". En el Nuevo, por el contrario, qué diferente era todo. En lugar de la letra, el Espíritu que da vida, que sopla la vida misma de Dios, la vida del cielo en nosotros. En lugar de una ley grabada en piedra, la ley escrita en el corazón, influyó en el afecto y los poderes del corazón, haciéndolo uno con ellos. En lugar del vano intento de obrar desde fuera hacia dentro, el Espíritu y la ley son puestos en las partes internas, para que desde allí obren hacia fuera en la vida y el andar.

Este pasaje trae a la vista lo que es la bendición distintiva del Nuevo Pacto. Al trabajar en nuestra salvación, Dios nos otorgó dos dones maravillosos. Leemos: "Dios envió a su Hijo para redimir a los que estaban bajo la ley, a fin de que recibiéramos la adopción de hijos. Y por cuanto sois hijos, Dios envió a vuestros corazones el Espíritu de su Hijo, que clama: Abba, Padre". Aquí tenemos las dos partes de la obra de Dios en la salvación. El uno, el más objetivo, lo que Él hizo para que pudiéramos llegar a ser Sus hijos: Él envió a Su Hijo. El segundo, el más subjetivo, lo que hizo para que pudiéramos vivir como sus hijos: envió el Espíritu de su Hijo a nuestros corazones. En el primero tenemos la manifestación externa de la obra de redención; en el otro, su apropiación interna; el primero por el bien del segundo. Estas dos mitades forman un gran todo y no pueden separarse.

En las promesas del Nuevo Pacto, tal como las encontramos en Jeremías y Ezequiel, así como en nuestro texto y muchos otros pasajes de la Escritura, es manifiesto que el gran objetivo de Dios en la salvación es apoderarse del corazón. El corazón es la vida real; con el corazón el hombre ama, quiere y actúa; el corazón hace al hombre. Dios hizo el corazón del hombre para Su propia morada, para que en él pudiera revelar Su amor y Su gloria. Dios envió a Cristo para llevar a cabo una redención por la cual el corazón del hombre pudiera volver a ganarse para Él; nada sino eso podría satisfacer a Dios. Y eso es lo que se logra cuando el Espíritu Santo hace que el corazón del hijo de Dios sea lo que debe ser. Toda la obra de la redención de Cristo - Su expiación y victoria, Su exaltación e intercesión, Su gloria a la diestra de Dios - todo esto es sólo una preparación para lo que es el principal triunfo de Su gracia: la renovación del corazón para ser el templo de Dios. Por medio de Cristo Dios da el Espíritu Santo para glorificarlo en el corazón, obrando allí todo lo que ha hecho y está haciendo por el alma.

En gran parte de nuestras enseñanzas religiosas, se ha alegado el temor de derogar el honor de Cristo como la razón para dar a su obra por nosotros, en la cruz o en el cielo, una mayor prominencia que su obra en nuestro corazón. por el Espíritu Santo. El resultado ha sido que la morada del Espíritu Santo y Su poderosa obra como la vida del corazón, como muy poco conocida en verdadero poder. Si observamos cuidadosamente lo que significan las promesas del Nuevo Pacto, veremos cómo el "envío del Espíritu de su Hijo a nuestros corazones" es ciertamente la consumación y la corona de la obra redentora de Cristo. Pensemos en lo que implican estas promesas.

En el Antiguo Pacto el hombre había fallado en lo que tenía que hacer. En el Nuevo, Dios ha de hacer todo en él. El Viejo sólo podía convencer de pecado. Lo Nuevo es apartarlo y limpiar el corazón de su inmundicia. En el Antiguo era el corazón el que estaba mal; para el Nuevo se provee un corazón nuevo, en el cual Dios pone Su temor y Su ley y Su amor. El Viejo exigió, pero no pudo asegurar la obediencia; en el Nuevo, Dios nos hace caminar en Sus juicios. Lo Nuevo es preparar al hombre para una verdadera santidad, un verdadero cumplimiento de la ley de amar a Dios con todo el corazón, ya nuestro prójimo como a nosotros mismos, un andar verdaderamente agradable a Dios. El Nuevo cambia al hombre de gloria en gloria a imagen de Cristo. Todo porque el Espíritu del Hijo de Dios es dado en el corazón. El Antiguo no daba poder: en el Nuevo todo es por el Espíritu, el gran poder de Dios. Tan completo como el reinado y el poder de Cristo en el trono del cielo, es Su dominio en el trono del corazón por Su Espíritu Santo que nos ha sido dado. [3]

Es cuando reunimos todos estos rasgos de la vida del Nuevo Pacto en un solo enfoque, y miramos el corazón del hijo de Dios como el objeto de esta poderosa redención, que comenzaremos a entender lo que está asegurado para nosotros, y lo que es que debemos esperar de nuestro Dios del Pacto. Veremos en qué consiste la gloria del ministerio del Espíritu, aun en esto, que Dios puede llenar nuestro corazón con su amor, y hacer de él su morada.

Solemos decir, y en verdad, que el valor del Hijo de Dios, que vino a morir por nosotros, es la medida del valor del alma a los ojos de Dios, y de la grandeza de la obra que había que hacer. hecho para salvarlo. Veamos también, que la gloria divina del Espíritu Santo, el Espíritu del Padre y del Hijo, es la medida del anhelo de Dios de tener nuestro corazón enteramente para Él, de la gloria de la obra que se ha de realizar en el interior. nosotros, del poder por el cual se llevará a cabo esa obra.

Veremos cómo la gloria del ministerio del Espíritu no es otra que la gloria del Señor, que no sólo está en el cielo, sino que reposa sobre nosotros y mora en nosotros, y nos transforma en la misma imagen de gloria en gloria. . La inconcebible gloria de nuestro exaltado Señor en el cielo tiene su contrapartida aquí en la tierra en la sobremanera gloria del Espíritu Santo que lo glorifica en nosotros, que pone su gloria sobre nosotros, al cambiarnos a su semejanza.

El Nuevo Pacto no tiene poder para salvar y bendecir a menos que sea una ministración del Espíritu. Ese Espíritu obra en mayor o menor grado, según se le descuide y se le entristezca, o se le rinda y se le confíe. Honrémosle, y démosle Su lugar como el Espíritu del Nuevo Pacto, esperando y aceptando todo lo que Él espera hacer por nosotros.

Él es el gran don de la Alianza. Su venida del cielo fue la prueba de que el Mediador del Pacto estaba en el trono en gloria, y ahora podía hacernos partícipes de la vida celestial.

Él es el único maestro de lo que significa la Alianza: morando en nuestro corazón, despierta allí el pensamiento y el deseo de lo que Dios nos tiene preparado.

Él es el Espíritu de fe, que nos permite creer en la bendición y el poder que de otro modo serían incomprensibles en los que opera el Nuevo Pacto, y reclamarlos como propios.

Él es el Espíritu de gracia y de poder, por quien se puede mantener sin interrupción la obediencia a la Alianza y la comunión con Dios.

Él mismo es el Poseedor y el Portador y el Comunicador de todas las promesas del Pacto, el Revelador y el Glorificador de Jesús, su Mediador y Fiador.

Creer plenamente en el Espíritu Santo, como el don presente, permanente y omnicomprensivo del Nuevo Pacto, ha sido para muchos una entrada a su plenitud de bendición. Comienza de inmediato, hijo de Dios, a darle al Espíritu Santo el lugar en tu religión que tiene en el plan de Dios. Estad quietos ante Dios, y creed que Él está dentro de vosotros, y pedid al Padre que obre en vosotros por medio de Él. Considérate a ti mismo, tu espíritu así como tu cuerpo, con santa reverencia como Su templo. Deja que la conciencia de Su santa presencia y obra te llene de santa calma y temor. Y ten por seguro que todo lo que Dios te llama a ser, Cristo a través de Su Espíritu obrará en ti.

Los Dos Pactos - Nota C
NOTA C. -- CAP. VII
George Muller y su segunda conversión

EN la vida de George Muller de Bristol hubo una época, cuatro años después de su conversión, a la que siempre miró hacia atrás, y de la que habló a menudo, como su entrada en la verdadera vida cristiana.

En un discurso dado a ministros y obreros después de su nonagésimo cumpleaños, él mismo habló así: "Eso lleva a otro pensamiento: la entrega total del corazón a Dios. Me convertí en noviembre de 1825, pero solo vine, en la entrega total del corazón cuatro años más tarde, en julio de 1829. El amor por el dinero se había ido, el amor por el lugar se había ido, el amor por la posición se había ido, el amor por los placeres mundanos y los compromisos se habían ido. Dios, Dios, Dios solo se convirtió en mi porción, encontré mi todo en Él, no quería nada más, y por la gracia de Dios esto ha permanecido y me ha hecho un hombre feliz, un hombre extremadamente feliz, y me llevó a preocuparme solo por las cosas. de Dios. Les pregunto afectuosamente, amados hermanos míos, ¿han rendido totalmente el corazón a Dios, o hay esto o aquello en lo que están ocupados independientemente de Dios? Leí un poco de las Escrituras antes, pero preferí otros libros, pero desde entonces la revelación que Él ha hecho de sí mismo se ha vuelto indescriptiblemente bendita para mí, y puedo decir de corazón que Dios es un Ser infinitamente hermoso. ¡Oh! no estés satisfecho hasta que en lo más profundo de tu alma puedas decir: ¡Dios es un Ser infinitamente hermoso!"

El relato que da de este cambio en su diario es el siguiente. Habla de uno a quien había oído predicar en Teignmouth, adonde había ido por motivos de salud. "Aunque no me gustó todo lo que dijo, sin embargo, vi una gravedad y solemnidad en él diferente del resto. Por medio de este hermano, el Señor me otorgó una gran bendición, por la cual tendré motivos para agradecerle por toda la eternidad. Dios entonces comenzó a mostrarme que solo la Palabra de Dios debe ser nuestra norma de juicio en las cosas espirituales, que solo puede ser explicada por el Espíritu Santo, y que en nuestros días, así como en tiempos pasados, Él es el Maestro de Su pueblo. El oficio del Espíritu Santo no lo había entendido experimentalmente antes de ese tiempo. No había visto antes que el Espíritu Santo solo puede enseñarnos acerca de nuestro estado por naturaleza, mostrarnos nuestra necesidad de un Salvador, capacitarnos creer en Cristo, explicarnos las Escrituras, ayudarnos en la predicación, etc.

"Fue mi comienzo a comprender este punto en particular que tuvo un gran efecto en mí; porque el Señor me capacitó para ponerlo a prueba por experiencia dejando a un lado los comentarios y casi cualquier otro libro, y simplemente leyendo la Palabra de Dios y El resultado de esto fue que la primera noche que me encerré en mi habitación para dedicarme a la oración y la meditación sobre las Escrituras, aprendí más en unas pocas horas de lo que había aprendido durante un período de varios meses antes. la diferencia particular fue que recibí verdadera fuerza en mi alma al hacerlo.

"Además de esto, agradó al Señor llevarme a ver un estándar de devoción más alto que el que había visto antes. Me llevó , en cierta medida, a ver cuál es mi gloria en este mundo, incluso a ser despreciado, a ser pobre y mezquino con Cristo... Regresé a Londres mucho mejor de cuerpo. Y en cuanto a mi alma, el cambio fue tan grande que fue como una segunda conversión".

En otro pasaje habla así: "Caí en la trampa en la que caen tantos jóvenes creyentes, se prefiere la lectura de libros religiosos a las Escrituras. Ahora bien, el razonamiento bíblico habría sido: Dios mismo se ha dignado hacerse autor y ignoro ese precioso Libro que su Espíritu Santo ha hecho escribir; por lo tanto, debo leer de nuevo este Libro de libros con el mayor fervor, con la mayor oración y con mucha meditación. En lugar de actuar así y ser guiado por mi ignorancia de la Palabra para estudiarla más, mi dificultad para comprenderla hizo que me descuidara de leerla, y entonces, como muchos creyentes, prácticamente prefiero durante los primeros cuatro años de mi vida cristiana, las obras de hombres sin inspiración a los oráculos de el Dios viviente. La consecuencia fue que quedé un niño, tanto en el conocimiento como en la gracia. En el conocimiento, digo, porque todo conocimiento verdadero debe derivarse por el Espíritu de la Palabra. Esta falta de conocimiento me impidió muy tristemente caminar firmemente en los caminos de Dios. Porque es la verdad la que nos hace libres, al librarnos de la esclavitud de los deseos de la carne, los deseos de los ojos y la vanagloria de la vida. La Palabra lo prueba, la experiencia de los santos lo prueba, y también mi propia experiencia lo prueba más decididamente. Porque cuando agradó al Señor, en agosto de 1829, llevarme realmente a las Escrituras, mi vida y mi caminar se hicieron muy diferentes.

"Si alguien me preguntara cómo puede leer las Escrituras de la manera más provechosa, le respondería:--
"1. Sobre todo, debe procurar que se asiente en su propia mente que sólo Dios, por el Espíritu Santo, puede enseñarle, y que, por tanto, como Dios será indagado por todas las bendiciones, le corresponde a él buscar la de Dios. bendición previa a la lectura, y también durante la lectura.
"2. También debe tener claro en su mente que aunque el Espíritu Santo es el mejor y suficiente Maestro, sin embargo, no siempre enseña inmediatamente cuando lo deseamos, y que, por lo tanto, es posible que tengamos que suplicarle una y otra vez. de nuevo para la explicación de ciertos pasajes; pero que Él ciertamente nos enseñará al final, si buscamos la luz con oración, paciencia y para la gloria de Dios".

Sólo un pasaje más, de un discurso pronunciado en su nonagésimo cumpleaños: "Durante sesenta y nueve años y diez meses había sido un hombre muy feliz. Eso lo atribuía a dos cosas. Había mantenido una buena conciencia, sin seguir voluntariamente en un curso que él sabía que era contrario a la mente de Dios, él, por supuesto, no quiso decir que él era perfecto, él era pobre, débil y pecador En segundo lugar, lo atribuyó a su amor por las Sagradas Escrituras. su práctica había sido leer las Escrituras cuatro veces al año, con aplicación a su propio corazón y con meditación, y ese día amaba más la Palabra de Dios que hace sesenta y seis años. manteniendo una buena conciencia, que le había dado todos estos años paz y gozo en el Espíritu Santo".

En conexión con lo que se ha dicho acerca de que el Nuevo Pacto es una ministración del Espíritu, esta narración es sumamente instructiva. Nos muestra cómo el poder de George Muller residía en que Dios le revelara la obra del Espíritu Santo. Él escribe que hasta el momento de ese cambio "no había entendido experimentalmente el oficio del Espíritu Santo". Hablamos mucho del poder de George Muller en la oración; es importante recordar que ese poder se debía enteramente a su amor y fe en la Palabra de Dios. Pero es aún más importante notar que su poder para creer tan plenamente en la Palabra de Dios se debía enteramente a que había aprendido a conocer al Espíritu Santo como su Maestro. Cuando las palabras de Dios nos son explicadas y el Espíritu Santo las hace vivir dentro de nosotros, tienen un poder para despertar la fe que de otro modo no tendrían. La Palabra entonces nos pone en contacto con Dios, viene a nosotros como directamente de Dios y vincula toda nuestra vida a Él.

Cuando el Espíritu Santo nos alimenta así de la Palabra, toda nuestra vida queda bajo su poder, y el fruto se ve, no sólo en el poder de la oración, sino también en el poder de la obediencia. Note cómo el Sr. Muller nos dice esto, que los dos secretos de su gran felicidad eran, su gran amor por la Palabra de Dios, y el mantener siempre una buena conciencia, sin hacer nada a sabiendas en contra de la voluntad de Dios. Al entregarse a la enseñanza del Espíritu Santo, como nos dice en su discurso de cumpleaños, hizo una entrega total de todo el corazón a Dios, para ser regido por la Palabra. Se entregó a obedecer esa Palabra en todo, creyó que el Espíritu Santo le daba la gracia para obedecer, y así pudo mantener un caminar libre de transgredir a sabiendas la ley de Dios. Este es un punto en el que siempre insistió. Así escribe, con respecto a una vida de dependencia de Dios: "No se hará, no es posible, vivir en pecado, y al mismo tiempo, por la comunión con Dios, traer del cielo todo lo que uno necesita para la vida que ahora es". Nuevamente, hablando del fortalecimiento de la fe: "Es de suma importancia que procuremos mantener un corazón recto y una buena conciencia, y por lo tanto no nos entreguemos a sabiendas y habitualmente a aquellas cosas que son contrarias a la mente de Dios. Todo mi confianza en Dios, todo mi apoyo en Él en la hora de la prueba, desaparecerá si tengo una conciencia culpable, y no busco deshacerme de esta conciencia culpable, sino que sigo haciendo cosas que son contrarias a Su mente. "

Una lectura cuidadosa de este testimonio nos mostrará cómo se encuentran todos los puntos principales en los que generalmente se insiste en relación con la segunda bendición. Existe la entrega total del corazón para ser enseñado y guiado únicamente por el Espíritu de Dios. Está la norma superior de santidad que se establece de inmediato . Está el tierno deseo en nada de ofender a Dios, sino de tener en todo tiempo una buena conciencia, que testifique que somos agradables a Dios. Y está la fe de que donde el Espíritu Santo nos revela en la Palabra la voluntad de Dios, Él da la fuerza suficiente para hacerla. "La diferencia particular", dice sobre la lectura con fe de la enseñanza del Espíritu Santo, "fue que recibí verdadera fuerza en mi alma al hacerlo". Con razón dijo: El cambio fue tan grande, que fue como una segunda conversión.

Todo se centra en esto, que creemos en el Nuevo Pacto y sus promesas como una ministración del Espíritu. Esa creencia puede llegar a algunos repentinamente, como a George Muller; o puede caer sobre otros por grados. Que todos digan a Dios que están listos para poner todo su corazón y su vida bajo el dominio del Espíritu Santo que mora en ellos, les enseña por la Palabra y los fortalece por Su gracia. Él nos capacita para vivir agradando a Dios.

Los Dos Pactos - Capítulo 8
CAPÍTULO VIII Las dos alianzas: la transición

"Y el Dios de paz, que resucitó de entre los muertos al gran Pastor de las ovejas, a nuestro Señor Jesús, por la sangre del pacto eterno, os haga aptos en todo bien para que hagáis su voluntad, obrando en nosotros lo que es agradable delante de él por medio de Jesucristo."—HEB. XIII. 20, 21.

L a transición del Antiguo Pacto al Nuevo no fue lenta ni gradual, sino por una tremenda crisis. Nada menos que la muerte de Cristo fue el cierre del Antiguo. Nada menos que Su resurrección de entre los muertos, por la sangre de la Alianza eterna, la apertura de la Nueva. El camino de preparación que condujo a la crisis fue largo y lento; el rasgado del velo, que simbolizaba el fin del antiguo culto, fue obra de un momento. Por una muerte, de una vez por todas, la obra de Cristo, como cumplidor de la ley y de los profetas, como fin de la ley, fue consumada para siempre. Por una resurrección en el poder de una vida sin fin, se introdujo el Pacto de Vida.

Estos eventos tienen un significado infinito, ya que revelan el carácter de los Pactos con los que están relacionados. La muerte de Cristo muestra la verdadera naturaleza del Antiguo Pacto. En otra parte se le llama "un ministerio de muerte" (2 Cor. iii. 7). No trajo nada más que muerte. Terminó en muerte; sólo con la muerte se podía poner fin a la vida que se había vivido debajo de él. Lo Nuevo iba a ser Alianza de Vida; tuvo su nacimiento en el poder omnipotente de la resurrección que trajo a Cristo de entre los muertos; su única marca y bendición es que todo lo que da viene, no solo como una promesa, sino como una experiencia, en el poder de una vida sin fin. La Muerte revela la absoluta ineficacia e insuficiencia de lo Antiguo; la Vida nos acerca y nos imparte para siempre todo lo que lo Nuevo tiene para ofrecer. La intuición de la plenitud de la transición, como se ve en Cristo, nos prepara para aprehender la realidad del cambio en nuestra vida, cuando, "como Cristo resucitó de los muertos por la gloria del Padre, así también nosotros andamos en novedad de vida". La diferencia completa entre la vida en el Antiguo y el Nuevo está notablemente ilustrada por un pasaje anterior en la Epístola (Heb. ix. 16). Después de haber dicho que tenía que haber una muerte para la redención de las transgresiones antes de que pudiera establecerse el Nuevo Pacto, el escritor añade: "Donde hay un testamento, es necesario que haya muerte del que lo hizo". [4] Antes de que cualquier heredero pueda obtener el legado, su primer propietario, el testador, debe haber muerto. La antigua propiedad, la antigua vida, debe desaparecer por completo antes de que el nuevo heredero, la nueva vida, pueda entrar en la herencia. Nada sino la muerte puede obrar la transferencia de la propiedad. Lo mismo ocurre con Cristo, con la vida del Antiguo y del Nuevo Pacto, con nuestra propia liberación del Antiguo y nuestra entrada en el Nuevo. Ahora bien, habiendo sido hechos muertos a la ley por el cuerpo de Cristo, hemos sido liberados de la ley, habiendo muerto a aquello a lo que estábamos sujetos: aquí está la plenitud de la liberación del costado de Cristo; "para que sirvamos" --aquí está la plenitud del cambio en nuestra experiencia-- "en novedad de espíritu, y no en vejez de letra".

La transición, si ha de ser real y total, debe tener lugar por una muerte. Como con Cristo el Mediador del Pacto, así con Su pueblo, los herederos del Pacto. En Él estamos muertos al pecado; en Él estamos muertos a la ley. Así como Adán murió para Dios, y heredamos una naturaleza actual y realmente muerta en pecado, muerta para Dios y Su reino, así en Cristo morimos al pecado, y heredamos una naturaleza realmente muerta al pecado y su dominio. Es cuando el Espíritu Santo nos revela y nos hace realidad esta muerte al pecado y también a la ley, como única condición de una vida para Dios, que la transición de la Antigua a la Nueva Alianza puede realizarse plenamente en nosotros . El Antiguo era, y estaba destinado a ser, un "ministerio de muerte"; hasta que haya hecho completamente su trabajo en nosotros, no hay descarga completa de su poder. El hombre que ve que el yo es incurablemente malo y debe morir; que se entrega por completo a la muerte mientras se hunde ante Dios en total impotencia y entrega a Su obra; que consiente en la muerte con Cristo en la cruz como su merecimiento, y en la fe la acepta como su única liberación; sólo él está preparado para ser guiado por el Espíritu Santo al pleno disfrute de la vida del Nuevo Pacto. Aprenderá a comprender cuán completamente la muerte pone fin a todo esfuerzo propio, y cómo, mientras vive en Cristo para Dios, todo en lo sucesivo debe ser obra de Dios mismo.

Vea cuán hermosamente nuestro texto resalta esta verdad, que así como la resurrección de Cristo de la muerte fue obra de Dios mismo, nuestra vida también debe ser totalmente obra de Dios. No más directa y maravillosa de lo que fue en Cristo la transición de la muerte a la vida, debe ser en nosotros la experiencia de lo que traerá la vida del Nuevo Pacto. Note el tema de los dos versículos. En ver. 20 tenemos lo que Dios ha hecho al resucitar a Cristo de entre los muertos; en versión 21, lo que Dios ha de hacer en nosotros, obrando en nosotros lo que le agrada. (20) "El Dios de paz, que resucitó a nuestro Señor Jesús, el gran Pastor de las ovejas, (21) os haga perfectos en toda cosa buena para que hagáis su voluntad, haciendo en vosotros lo que es agradable a su voluntad". vista, por Jesucristo". tenemos el nombre de nuestro Señor Jesús dos veces. En el primer caso se refiere a lo que Dios le ha hecho a Cristo por nosotros, resucitándolo; en el segundo, a lo que Dios está haciendo por medio de Cristo en nosotros, obrando su complacencia en nosotros. Porque es el mismo Dios continuando en nosotros la obra que comenzó en Cristo, es en nosotros exactamente lo que fue en Cristo. En la muerte de Cristo lo vemos en total impotencia permitiendo y contando con Dios para obrar todo y darle vida. Dios forjó la maravillosa transición. En nosotros vemos lo mismo; sólo cuando nos entregamos también a esa muerte, cuando cesamos por completo de nosotros mismos y de sus obras, mientras yacemos, como en el sepulcro, esperando que Dios obre todo, que el Dios de la vida de resurrección puede obrar en nosotros todas Sus buen placer

Fue "a través de la sangre del Pacto eterno", con su expiación por el pecado, y su destrucción del poder del pecado, que Dios efectuó esa resurrección. Es a través de esa misma sangre que somos redimidos y liberados del poder del pecado, y hechos partícipes de la vida de resurrección de Cristo. Cuanto más estudiemos el Nuevo Pacto, más veremos que su único objetivo es restaurar al hombre, de la Caída, a la vida en Dios para la cual fue creado. Lo hace primero, liberándolo del poder del pecado en la muerte de Cristo, y luego tomando posesión de su corazón, de su vida, para que Dios obre todo en él por medio del Espíritu Santo. Todo el argumento de la Epístola a los Hebreos en cuanto al Antiguo y Nuevo Pacto se resume aquí en estos versículos finales. Así como resucitó a Cristo de entre los muertos, el Dios del pacto eterno puede y ahora os hará perfectos en toda cosa buena para que hagáis su voluntad, obrando en vosotros lo que es agradable delante de él por medio de Jesucristo. Tu hacer Su voluntad es el objeto de la creación y la redención. Dios obrando todo en ti es lo que la redención ha hecho posible. El Antiguo Pacto de ley y esfuerzo y fracaso ha terminado en condenación y muerte. El Nuevo Pacto viene a dar, en todos aquellos a quienes la ley ha matado y humillado en su completa impotencia, la ley escrita en el corazón, el Espíritu morando allí, y Dios obrando todo, tanto el querer como el hacer, por medio de Jesús. Cristo.

Oh, por una revelación Divina de que la transición de la muerte de Cristo, en su impotencia, a Su vida en el poder de Dios, es la imagen, la prenda, el poder de nuestra transición de la Antigua Alianza, cuando nos ha matado, a la Nueva , con Dios obrando en nosotros todo en todo!

La transición del Antiguo al Nuevo, como se efectuó en Cristo, fue repentina. ¿Es así en el creyente? No siempre. En nosotros depende de una revelación. Ha habido casos en que a un creyente, suspirando y luchando contra el yugo de la servidumbre, le ha sido dado en un momento ver qué completa salvación trae al corazón y a la vida interior la Nueva Alianza, mediante la ministración del Espíritu, y por la fe ha entrado enseguida en su reposo. Ha habido otros casos en los que, paulatinamente como la aurora, la luz de Dios se ha elevado sobre el corazón. La oferta de Dios de entrar en el disfrute de nuestros privilegios del Nuevo Pacto es siempre urgente e inmediata. Todo creyente es hijo del Nuevo Pacto y heredero de todas sus promesas. La muerte del testador le da pleno derecho a la posesión inmediata. Dios anhela llevarnos a la tierra de promisión; no nos defraudemos por la incredulidad.

Puede haber alguien que difícilmente pueda creer que un cambio tan poderoso en su vida esté a su alcance y, sin embargo, desearía saber lo que debe hacer si tiene alguna esperanza de lograrlo. Acabo de decir que la muerte del testador da al heredero derecho inmediato a la herencia. Y, sin embargo, el heredero, si es menor de edad, no entra en la posesión. Un término de años termina la etapa de minoría en la tierra, y ya no está bajo tutores. En la vida espiritual el estado de pupilaje termina, no con el transcurso de los años, sino en el momento en que el menor prueba su idoneidad para ser liberado de la ley, aceptando la libertad que hay en Cristo Jesús. La transición, como en el Antiguo Testamento, como en Cristo, como en los discípulos, llega cuando se cumple el tiempo y ya todo está listo.

Pero, ¿qué ha de hacer quien anhela ser así preparado? Acepte su muerte al pecado en Cristo, y actúelo. Reconoce la sentencia de muerte sobre todo lo que es de la naturaleza: toma y mantén el lugar ante Dios de total indignidad e impotencia; hundios ante Él en humildad, mansedumbre, paciencia y resignación a su voluntad y misericordia. [5] Fija tu corazón en el Dios grande y poderoso, quien en Su gracia obrará en ti más de lo que puedes pedir o pensar, y te hará un monumento de Su misericordia. Cree que toda bendición del Pacto de gracia es tuya; por la muerte del testador tienes derecho a todo, y en ese acto de fe, sabiendo que todo es tuyo. El nuevo corazón es tuyo, la ley escrita en el corazón es tuya, el Espíritu Santo, el sello de la Alianza, es tuyo. Actúa en tu fe, y cuenta con Dios como Fiel y Capaz, y ¡oh! tan Amoroso, para revelar en ti, para hacer realidad en ti, todo el poder y la gloria de Su Alianza eterna.

Que Dios nos revele la diferencia entre las dos vidas bajo la Antigua y la Nueva; el poder de resurrección de lo Nuevo, con Dios obrando todo en nosotros; el poder de la transición asegurado para nosotros en la muerte con Cristo y la vida en Él. Y que Él nos enseñe de inmediato a confiar en Cristo Jesús para una plena participación en todas las garantías del Nuevo Pacto.

[4] La palabra griega para pacto y testamento es la misma. Este es el único pasaje donde la alusión a un testador, hace

necesaria la significación de testamento. En todas partes la Versión Revisada ha usado correctamente el pacto.

[5] Si desea comprender el significado completo de esta cláusula y saber cómo practicar su enseñanza, consulte un librito recién publicado, Dying to Self: A Golden Dialogue, de William Law, con notas del reverendo Andrew Murray. (Nisbet & Co.) Véase también la Nota D.

Los Dos Pactos - Nota E
NOTA E. -- CAP. VIII Nada de mí mismo

UNO pensaría que ninguna palabra podría hacerlo más claro de lo que lo afirman las palabras del Pacto: que la única diferencia entre el Antiguo y el Nuevo es que en el último todo debe ser hecho por Dios mismo. Y, sin embargo, los creyentes e incluso los maestros no lo asimilan. E incluso aquellos que lo hacen, encuentran difícil vivirlo. Todo nuestro ser está tan cegado a la verdadera relación con Dios, Su inconcebible Omnipresente Omnipotencia obrando en cada momento en nosotros está tan lejos del alcance de los seres humanos.

concepción, nuestros corazoncitos no pueden elevarse a la realidad de Su Amor Infinito haciéndose uno con nosotros, y deleitándose en habitar en nosotros, y obrar en nosotros todo lo que tiene que hacerse allí; que, cuando pensamos que hemos aceptado el verdad, encontramos que es sólo un pensamiento. Somos tan extraños al conocimiento de lo que realmente es un DIOS, como a la vida real por la cual viven Sus criaturas. En Él vivimos, nos movemos y tenemos nuestro ser. Y especialmente el conocimiento del Dios Triuno es demasiado alto para nosotros, en esa morada maravillosa, realísima y práctica, para hacer posible que el Hijo se Encarnó, y el Espíritu Santo fue enviado a nuestros corazones. Sólo aquellos que confiesan su ignorancia, y esperan con mucha humildad y persistencia en nuestro

Bendito Dios para que nos enseñe por medio de Su Espíritu Santo lo que es esa morada que todo trabaja, pueden esperar que se les revele.

No hace mucho que tuve ocasión, al preparar una serie de Lecciones Bíblicas para nuestra Asociación de Estudiantes aquí, de hacer un estudio del Evangelio de San Juan y de la vida de nuestro Señor tal como se expone allí. No puedo decir cuán profundamente me ha impresionado de nuevo lo que no puedo dejar de considerar como el secreto más profundo de Su vida en la tierra, Su dependencia del Padre. Me ha llegado como una nueva revelación. Unas doce veces y más usa la palabra no y nada de sí mismo. No mi voluntad. No Mis palabras. No mi honor. No mi propia gloria. No puedo hacer nada por Mí Mismo. Yo no hablo de Mí mismo. Yo no vine por Mí Mismo. No hago nada por Mí mismo.

Solo piensa un momento en lo que esto significa en conexión con lo que Él nos dice de Su vida en el Padre. "Como el Padre tiene vida en sí mismo, así ha dado al Hijo el tener vida en sí mismo" (v. 26). "Para que todos honren al Hijo como honran al Padre" (v. 23). Y, sin embargo, este Hijo, que tiene vida en sí mismo como el Padre, añade inmediatamente (v. 30): "No puedo hacer nada por mí mismo". Deberíamos haber pensado que con esta vida en sí mismo tendría el poder de acción independiente como lo tiene el Padre. Pero no. "No puede el Hijo hacer nada por sí mismo, sino lo que ve hacer al Padre". La señal principal de esta vida divina que Él tiene en sí mismo es evidentemente una dependencia incesante, recibiendo del Padre, en el momento, lo que Él quiere decir o hacer. Nada de Mí mismo es manifiestamente tan cierto de Él como podría serlo del hombre más débil o más pecador. La vida del Padre que moraba en Cristo, y Cristo en el Padre, significaba que tan verdaderamente como cuando Él fue engendrado por el Padre, Él recibió la vida y la gloria divinas de Él, así la continuación de esa vida vino solo por un proceso eterno. de dar y recibir, tan absoluta como la misma generación eterna. Cuanto más de cerca estudiamos esta verdadb, y la vida de Cristo a la luz de ella, más nos vemos obligados a decir: la raíz más profunda de la relación de Cristo con el Padre, la verdadera razón por la que Él era tan agradable, el secreto de Su glorificar al Padre, fue esto: permitió que Dios hiciera todo en él. Él sólo recibió y obró lo que Dios obró en él. Toda su actitud era la del oído abierto, el espíritu de servicio, la dependencia infantil que esperaba todo en Dios.

La importancia infinita de esta verdad en la vida cristiana se siente fácilmente. La vida que Cristo vivió en el Padre es la vida que Él nos imparte. Debemos permanecer en Él y Él en nosotros, así como Él en el Padre y el Padre en Él. Y si el secreto de su permanencia en el Padre es esta incesante abnegación --"No puedo hacer nada por mí mismo"-- esta vida de la más completa y absoluta dependencia y espera en Dios, ¿no debe ser mucho más el más marcado característica de nuestra vida cristiana, la primera y omnipresente disposición que buscamos mantener? En un librito de William Law, que se acaba de publicar, [10] él insiste especialmente en esto en su tan llamativa repetición del llamado, si quisiéramos morir al yo para tener el nacimiento del amor Divino en nuestras almas, hundirse en la humildad, la mansedumbre, la paciencia y la resignación a Dios. Creo que nadie que entre en este consejo, sentirá el nuevo sentido que le da el recuerdo de cómo esta renuncia total a sí mismo no fue sólo una de las muchas virtudes en el carácter de Cristo, sino que, de hecho, , ese primero esencial sin el cual Dios no podría haber hecho nada en Él, a través del cual Dios hizo todo.

Hagamos nuestras las palabras de Cristo: "No puedo hacer nada por mí mismo". Tómalo como la nota clave de un solo día. Mire hacia arriba y vea al Dios Infinito esperando para hacer todo tan pronto como estemos listos para entregarle todo a Él y recibir todo de Él. Inclínate en adoración humilde y espera que el Espíritu Santo obre en ti en alguna medida de la mente de Cristo. No se desconcierten si no aprenden la lección de una vez: allí está el Dios de amor esperando para hacerlo todo en aquel que está dispuesto a ser nada. En momentos la enseñanza parece peligrosa, en otros momentos terriblemente difícil. El Hijo Bendito de Dios nos lo enseña, esto fue toda Su vida: No puedo hacer nada por Mí Mismo. Él es nuestra vida; Él lo obrará en nosotros. Y cuando como el Cordero de Dios engendre este Su carácter en nosotros, estaremos preparados para que Él se levante sobre nosotros y brille en nosotros en Su gloria celestial.

"Nada de mí mismo" -esa palabra pronunciada hace mil ochocientos años, que brotó de lo más profundo del corazón del Hijo de Dios- es una semilla en la que se esconde el poder de la vida eterna. Tómalo directamente del corazón de Cristo y escóndelo en tu corazón. Medita en él hasta que revele la belleza de Su Divina mansedumbre y humildad, y explique cómo todo el poder y la gloria de Dios pudo obrar en Él. Cree en él como que contiene la vida y el carácter que necesitas, y cree en Cristo, cuyo Espíritu mora en la semilla para hacerlo realidad en ti. Comience, en actos individuales de anonadamiento, a ofrecerlo a Dios como el único deseo de su corazón. Cuente con que Dios los acepte y los encuentre con su gracia, para convertir los actos en hábitos y los hábitos en disposiciones. Y puedes estar seguro de que no hay nada que te lleve tan cerca de Dios, nada que te una más a Cristo, nada que te prepare para la presencia permanente y el poder de Dios obrando en ti, como la muerte a ti mismo. que se encuentra en la palabra simple: NADA DE MÍ MISMO.

Esta palabra es una de las claves de la Vida del Nuevo Pacto. Como creo que Dios realmente va a obrar todo en mí, veré que lo único que me impide hacer algo por mí mismo. Como estoy dispuesto a aprender de Cristo por el Espíritu Santo para decir verdaderamente, Nada de mí mismo, tendré la verdadera preparación para recibir todo lo que Dios se ha comprometido a obrar, y el poder para esperarlo con confianza. Aprenderé que todo el secreto del Nuevo Pacto es solo una cosa: ¡DIOS OBRA TODO! El sello del Pacto permanece seguro: "Yo, el Señor, lo he dicho, Y LO HARÉ".

[10] Morir a uno mismo: un diálogo dorado. de William Law. Con Notas. El pensamiento se elabora con gran poder, y se enseña la lección de que lo único que el hombre puede hacer para su salvación es negarse y cesar de sí mismo, para que Dios pueda obrar en él.

Los Dos Pactos - Capítulo 9
CAPÍTULO IX La Sangre del Pacto

"He aquí la sangre del pacto que el Señor ha hecho con vosotros". - EX. xxiv. 8; HEB. ix. 20
"Esta copa es el nuevo pacto en mi sangre."-1 COR. xi. 25; MATE. xxvi. 28

"La sangre del pacto, con la cual fue santificado."- HEB. X. 29. "La sangre del pacto sempiterno".—HEB. xiii.21.

La sangre es uno de los pensamientos más extraños, profundos, poderosos y celestiales de Dios. Está en la raíz misma de ambas Alianzas, pero especialmente de la Nueva Alianza. ¡La diferencia entre los dos Pactos es la diferencia entre la sangre de las bestias y la sangre del Cordero de Dios! ¡El poder del Nuevo Pacto no tiene menor medida que el valor de la sangre del Hijo de Dios! Su experiencia cristiana no debe conocer ningún estándar de paz.
con Dios, y pureza del pecado, y poder sobre el mundo, que la sangre de Cristo puede dar! Si queremos entrar verdadera y plenamente en todo lo que el Nuevo Pacto debe ser para nosotros, ¡roguemos a Dios que nos revele el valor y el poder de la sangre del Pacto, la sangre preciosa de Cristo!

El Primer Pacto no fue traído sin sangre. No puede haber Alianza de amistad entre un Dios santo y hombres pecadores sin expiación y reconciliación; y no hay expiación sin una muerte como castigo del pecado. Dios sacuda: "Os he dado la sangre sobre el altar para hacer expiación por vuestras almas; porque es la sangre la que hace expiación por el alma". La sangre derramada en la muerte significó la muerte de un sacrificio inmolado por el pecado del hombre; la sangre rociada sobre el altar significaba esa muerte vicaria aceptada de Dios por el pecador. No hay perdón, no hay pacto sin derramamiento de sangre.

Todo esto no era más que tipo y sombra de lo que un día se convertiría en una misteriosa realidad. Lo que ningún pensamiento de hombre o ángel podría haber concebido, lo que incluso ahora sobrepasa todo entendimiento, el Hijo Eterno de Dios tomó carne y sangre, y luego derramó esa sangre como la sangre del Nuevo Pacto, no solo para ratificarlo, sino para abrirlo. el camino para ello y para hacerlo posible. Sí, más aún, para ser, en el tiempo y en la eternidad, el poder viviente por el cual se obtendría la entrada en el Pacto, y se aseguraría toda vida en él. Hasta que aprendamos a formar nuestra expectativa de una vida en el Nuevo Pacto, de acuerdo con el valor y el poder inconcebibles de la sangre del Hijo de Dios, nunca podremos tener ni siquiera una idea de la vida enteramente sobrenatural y celestial que un hijo de Dios puede vivir. . Pensemos por un momento en la triple luz con que la Escritura nos enseña a mirarlo.

En el pasaje de Hebreos ix. 15 leemos: "Por tanto, Cristo es el Mediador de un nuevo pacto, para que habiendo tenido lugar una muerte para la remisión de las transgresiones que había bajo el primer pacto, los que han sido llamados reciban la promesa de la herencia eterna". Los pecados de las edades, del Primer Pacto, que sólo habían sido expiados en sentido figurado, se habían reunido ante Dios. Se necesitaba una muerte para la redención de estos: En esa muerte y derramamiento de sangre del Cordero de Dios no solo fueron expiados, sino que el poder de todo pecado fue quebrantado para siempre.

La sangre del Nuevo Pacto es sangre redentora, precio de compra y rescate del poder del Pecado y de la Ley. En toda compra hecha en la tierra es completa la transferencia de propiedad del antiguo dueño al nuevo. Su valor puede ser muy grande y el control sobre él muy fuerte, si se paga el precio, se ha ido para siempre de quien lo poseía. El dominio que el pecado tenía sobre nosotros era terrible. Ningún pensamiento puede realizar su reclamo legítimo sobre nosotros bajo la ley de Dios, su terrible poder tiránico al esclavizarnos. Pero la sangre del Hijo de Dios ha sido pagada. "Fuisteis redimidos, no con cosas corruptibles como oro y plata, de vuestra vana manera de vivir heredada de vuestros padres, sino con sangre preciosa, como de un cordero sin mancha, sí, la sangre de Cristo". Hemos sido rescatados, rescatados, redimidos de nuestra antigua vida natural bajo el poder del pecado, total y eternamente. El pecado no tiene el más mínimo derecho sobre nosotros, ni el más mínimo poder sobre nosotros, a menos que nuestra ignorancia, incredulidad o tibieza le permitan tener dominio. Nuestro derecho de nacimiento del Nuevo Pacto es permanecer en la libertad con la que Cristo nos ha hecho libres. Hasta que el alma no vea, desee, acepte y reclame la redención y la libertad que tiene la sangre del Hijo de Dios como su precio de compra, su medida y su seguridad, nunca podrá vivir plenamente la vida del Nuevo Pacto.

Tan maravilloso como el derramamiento de sangre para nuestra redención es la aspersión de sangre para nuestra limpieza. He aquí, en efecto, otro de los misterios espirituales de la Nueva Alianza, que pierde su poder cuando se comprende en la sabiduría humana, sin la ministración del Espíritu de vida. Cuando la Escritura habla de "purificar nuestros corazones de mala conciencia", de "la sangre de Cristo que limpia nuestra conciencia", de nuestro canto aquí en la tierra (Ap. i. 5), "Al que nos lavó de nuestros pecados en su sangre", pone esta poderosa y vivificante sangre del Cordero en contacto directo con nuestros corazones. Da la seguridad de que esa sangre, en su valor infinito, en su poder divino de limpieza del pecado, puede mantenernos limpios en nuestro andar a la vista y la luz de Dios. Es a medida que esta sangre del Nuevo Pacto es conocida, confiada, esperada y recibida de Dios, en la operación poderosa del Espíritu en el corazón, que comenzaremos a creer que la bendita promesa de una vida y andar en el Nuevo Pacto se puede cumplir.

Hay una cosa más que la Escritura enseña acerca de esta sangre del Nuevo Pacto. Cuando los judíos contrastaron a Moisés con nuestro Señor Jesús, Él dijo: "A menos que comáis la carne del Hijo del hombre y bebáis su sangre, no tenéis vida en vosotros mismos. El que come mi carne y bebe mi sangre, permanece en vosotros". Yo, y yo en él". Como si la redención, la aspersión, el lavado y la santificación no expresaran suficientemente la intensa interioridad de su acción y su poder de impregnar todo nuestro ser, se declara indispensable beber esta sangre preciosa para tener vida. Si queremos entrar profundamente en el Espíritu y el poder del Nuevo Pacto, bebamos, por el Espíritu Santo, profundamente de esta copa, la copa del Nuevo Pacto en Su sangre.

A causa del pecado no puede haber pacto entre el hombre y Dios sin sangre. Y no hay Nuevo Pacto sin la sangre del Hijo de Dios. Así como la limpieza de los pecados fue la primera condición para hacer un pacto, también es la primera condición para entrar en él. Siempre se ha encontrado que una apropiación más profunda de las bendiciones del Pacto debe ser precedida por una limpieza nueva y más profunda del pecado. Sabemos cómo en Ezequiel las palabras acerca de que Dios nos hace caminar en Sus estatutos están precedidas por "De todas vuestras inmundicias os limpiaré". Y luego leemos (xxxvii. 23, 25), "Ni se contaminarán más con ninguna de sus transgresiones; los limpiaré; y serán mi pueblo, y yo seré su Dios. Además, los Haz con ellos pacto de paz, pacto perpetuo será con ellos". La confesión y el rechazo, y la limpieza del pecado en la sangre, son la preparación indispensable, pero suficiente, para una vida en Alianza eterna con Dios.

Muchos sienten que no entienden o no se dan cuenta de este maravilloso poder de la sangre. Mucho pensamiento no les ayuda; incluso la oración no parece traer la luz que buscan. La sangre de Cristo es un misterio divino que sobrepasa todo pensamiento. Como toda bendición espiritual y celestial, esta también, pero especialmente, necesita ser impartida por el Espíritu Santo. Fue "a través del Espíritu Eterno" que Cristo ofreció el sacrificio en el que se derramó la sangre. La sangre tenía la vida de Cristo, la vida del Espíritu, en ella. El derramamiento de la sangre por nosotros fue para preparar el camino para el derramamiento del Espíritu sobre nosotros. Es el Espíritu Santo, y sólo Él, quien puede ministrar la sangre del Pacto eterno en poder. Así como conduce al alma a la fe inicial en el perdón que la sangre ha comprado y en la paz que da, conduce más adelante al conocimiento y la experiencia de su poder purificador. Aquí también, por la fe: una fe en un poder celestial, cuya acción no comprende completamente y no puede definir, pero sabe que es una operación del gran poder de Dios y efectúa una limpieza. eso da un corazón limpio. Un corazón limpio, primero conocido y aceptado por la misma fe, aparte de signos o sentimientos, aparte de sentido o razón, y luego experimentado en el gozo y la comunión con Dios que trae. ¡Oh! creamos en la sangre del Pacto eterno, y en la purificación que ministra el Espíritu Santo. Creamos en la ministración del Espíritu Santo, hasta que toda nuestra vida en la Nueva Alianza se convierta enteramente en obra suya, para gloria del Padre y de Cristo.

¡La sangre de la Alianza, oh misterio de los misterios! ¡Oh gracia sobre toda gracia! ¡Oh gran poder de Dios, que abres el camino hacia el Lugar Santísimo, hacia nuestros corazones y hacia el Nuevo Pacto, donde el Santo y nuestro corazón se encuentran! Pidámosle mucho a Dios, por su

Espíritu Santo, que nos haga saber lo que es y obra. El paso de la muerte de la Antigua Alianza a la vida de la Nueva fue, en Cristo, "a través de la sangre de la Alianza Eterna". No de lo contrario será con nosotros.

Los Dos Pactos - Capítulo 10
CAPÍTULO X Jesús, el Mediador de la Nueva Alianza

"Te doy por pacto del pueblo."—ISA. xlii. 6, xlix. 8. "El Señor vendrá repentinamente a Su templo, sí, el Mensajero del pacto, en quien vosotros os deleitáis".—MAL. iii. 1. "Jesús fue hecho Fiador de un mejor pacto."—HEB. vii. 22 "El Mediador del Mejor Pacto, establecido sobre mejores promesas... El Mediador del Nuevo Pacto... Habéis venido a Jesús, el Mediador del Nuevo Pacto". --HEB. viii. 6, ix. 15, xii. 24

NOSOTROS tenemos aquí cuatro títulos dados a nuestro Señor Jesús en relación con el Nuevo Pacto. Él mismo es llamado un Pacto. La unión entre Dios y el hombre, a la que apunta la Alianza, se realizó en Él personalmente; en Él se efectuó perfectamente la reconciliación entre lo humano y lo Divino; en Él Su pueblo encuentra la Alianza con todas sus bendiciones; Él es todo lo que Dios tiene para dar, y es la seguridad de que se da. . . Se le llama el Mensajero de la Alianza, porque vino a establecerla ya proclamarla. . . Él es la Fianza del Pacto, no sólo porque pagó nuestra deuda, sino porque Él es la Fianza para nosotros por Dios, que Dios cumplirá Su parte; y Garantía para nosotros con Dios, que cumpliremos nuestra parte. . . Y Él es el Mediador del Pacto, porque así como el Pacto fue establecido en Su sangre expiatoria, es administrado y aplicado por Él, se entra solo por la fe en Él, así también se conoce experimentalmente solo a través del poder de Su vida de resurrección, y Su incesante intercesión. Todos estos nombres apuntan a la única verdad, que en el Nuevo Pacto Cristo es todo en todos.

El tema es tan amplio que sería imposible entrar en todos los diversos aspectos de esta preciosa verdad. La obra de Cristo en expiación e intercesión, en Su otorgamiento de perdón y del Espíritu Santo, en Su comunicación diaria de gracia y fuerza, son verdades que yacen en el fundamento mismo de la fe de los cristianos. No necesitamos hablar de ellos aquí. Lo que debe aclararse especialmente a muchos es cómo, por la fe en Cristo como Mediador del Nuevo Pacto, tenemos acceso y disfrutamos de todas sus bendiciones prometidas. Ya hemos visto, al estudiar el Nuevo Pacto, cómo todas estas bendiciones culminan en una sola cosa: que el corazón del hombre sea enderezado, como la única forma posible de vivir en el favor de Dios, y el amor de Dios. encontrando su satisfacción en él. Que reciba un corazón para temer a Dios, para amar a Dios con todas sus fuerzas, para obedecer a Dios y para guardar todos sus estatutos. Todo lo que Cristo hizo y hace tiene esto por objeto; todas las bendiciones superiores de paz y compañerismo fluyen de esto. En este poder salvador y amor de Dios encuentran la prueba más alta de su triunfo sobre el pecado. Nada revela tanto la gracia de Dios, el poder de Jesucristo, la realidad de la salvación, la bienaventuranza del Nuevo Pacto, como el corazón de un creyente, donde una vez abundó el pecado, ahora abunda más la gracia dentro de él.

No sé cómo puedo exponer mejor la gloria de nuestro bendito Señor Jesús cuando cumple esto, el objeto real de su obra redentora, y cuando toma posesión total del corazón que ha comprado, ganado y limpiado como morada para Su Padre, que al señalar el lugar que ocupa y la obra que realiza, en el caso de un alma que está siendo sacada de la esclavitud del Antiguo Pacto con su fracaso, a la experiencia real de la promesa y el poder del Nuevo. Pacto. [6] Al estudiar así la obra del Mediador en un individuo, podemos obtener una concepción más verdadera de la verdadera gloria y grandeza de la obra que Él realmente lleva a cabo, que cuando solo pensamos en la obra que Él ha hecho por todos. Es en la aplicación de la redención aquí en la vida de la tierra, donde abundó el pecado, que se ve su poder. Veamos cómo se logra la entrada en la bendición del Nuevo Pacto.

El primer paso hacia ella, en quien está verdaderamente convertido y seguro de su aceptación ante Dios, es el sentido del pecado. Él ve que las promesas del Nuevo Pacto no se hacen realidad en su experiencia. No sólo hay un pecado que mora en él, sino que descubre que cede al temperamento, la obstinación, la mundanalidad y otras transgresiones conocidas de la ley de Dios. La obediencia a la que Dios lo llama y lo preparará, la vida de permanecer en el amor de Cristo que es su privilegio, el poder para un caminar santo, agradable a Dios, en todo esto lo condena su conciencia. Es en esta convicción de pecado que cualquier pensamiento o deseo de la bendición plena del Nuevo Pacto debe tener su origen. Donde el pensamiento de que la obediencia es imposible, y que nada debe esperarse sino una vida de fracaso y condenación propia, ha producido una secreta desesperación de liberación o contentamiento con nuestro estado actual, es vano hablar de la promesa de Dios. o poder. El corazón no responde: sabe bastante, está seguro, la libertad de la que se habla es un sueño. Pero donde la insatisfacción con nuestro estado ha producido un anhelo por algo mejor, el corazón está abierto para recibir el mensaje.

El Nuevo Pacto está destinado a ser la liberación del poder del pecado; un vivo anhelo de esto es la preparación indispensable para entrar de lleno en la Alianza.

Ahora viene el segundo paso. A medida que la mente se dirige al significado literal de los términos del Nuevo Pacto, en sus promesas de limpieza del pecado, y un corazón lleno del temor de Dios y de la ley de Dios, y un poder para guardar los mandamientos de Dios y nunca apartarse de Él; como el ojo está fijo en Jesús, la Fianza del Pacto, quien Él mismo lo hará todo realidad; y cuando se oye la voz de testigos que pueden declarar cómo, después de años de servidumbre, todo esto se ha cumplido en ellos, el anhelo comienza a convertirse en esperanza, y se hace la indagación de lo que se necesita para entrar en este bendita vida.

Luego sigue otro paso. La pregunta que escudriña el corazón surge si estamos dispuestos a renunciar a todos los malos hábitos, toda nuestra propia voluntad propia, todo lo que es del espíritu del mundo, y entregarnos para ser total y exclusivamente para Jesús. Dios no puede tomar posesión tan completa de un hombre, y bendecirlo tan maravillosamente, y obrar en él tan poderosamente, a menos que lo tenga completamente, sí, totalmente para sí mismo. Feliz el hombre que está dispuesto a cualquier sacrificio.

Ahora viene el último paso, el más simple y, sin embargo, a menudo el más difícil. Y aquí está la necesidad de conocer a Jesús como Mediador de la Alianza. Cuando oímos hablar de la vida de santidad, de obediencia y de victoria sobre el pecado, que promete el Pacto, y oímos que será para nosotros según nuestra fe, de modo que si la reclamamos con fe, ciertamente será nuestra, la el corazón a menudo falla por miedo. Estoy dispuesto, pero ¿tengo el poder de hacer y, lo que es más, de mantener esta entrega total? ¿Tengo yo el poder, la fe fuerte, para agarrar y sostener esta bendición ofrecida, que en verdad será y continuará siendo mía? ¡Cómo tales preguntas dejan perpleja al alma hasta que encuentra la respuesta a ellas en una sola palabra: Jesús! Es Él quien otorgará el poder para hacer la entrega y creer. Esta es tan segura y exclusivamente Su obra, como la expiación y la intercesión son sólo Suyas. Tan seguro como que fue Suyo ganar y ascender al trono, es Suyo probar Su dominio en el alma individual. Es Él, el Viviente, quien está en poder Divino para obrar y mantener la vida de comunión y victoria dentro de nosotros. Él es el Mediador y Fiador del Pacto— Él, el Dios-hombre, que se ha hecho cargo no sólo de todo lo que Dios requiere, sino también de todo lo que nosotros necesitamos.

Cuando esto se ve, el creyente aprende que aquí, al igual que en la conversión, todo es fe. Lo único que se necesita ahora es, con el ojo definitivamente puesto en alguna promesa del Nuevo Pacto, apartarse del yo y de cualquier cosa que pueda o necesite hacer, dejarse ir y caer en los brazos de Jesús. Él es el Mediador de la Nueva Alianza: Suyo es conducirnos a ella. En la seguridad de que Jesús, y toda bendición de la Nueva Alianza, es ya nuestra en virtud de que somos hijos de Dios; con el deseo ahora de apropiarnos y disfrutar de lo que hasta ahora hemos dejado sin usar; en la fe de que Jesús ahora nos da la fuerza necesaria en la fe para reclamar y aceptar nuestra herencia como una posesión presente; la voluntad se atreve con denuedo a hacer la obra, ya recibir el don celestial: una vida en Cristo según las mejores promesas. Por la fe en Jesús lo habéis visto y recibido como a vosotros, en plena verdad, el Mediador del Nuevo Pacto, tanto en el cielo como en vuestro corazón. Él es el Mediador que hace realidad entre Dios y vosotros, como vuestra experiencia.

A veces se ha expresado el temor de que, si apremiamos con tanta urgencia la obra que Cristo realiza en el corazón por medio del Espíritu, seamos apartados de confiar en lo que Él ha hecho y sigue haciendo, a lo que estamos experimentando de su obra. . La respuesta es simple. Es solo con el corazón que Cristo puede ser verdaderamente conocido o honrado. Es en el corazón donde debe hacerse la obra de la gracia y desplegarse el poder salvador de Cristo. Es sólo en el corazón que el Espíritu Santo tiene Su esfera de acción; allí está para obrar la semejanza de Cristo; sólo allí puede glorificar a Cristo. El Espíritu sólo puede glorificar a Cristo al revelar Su poder salvador en nosotros. Si tuviéramos que hablar de lo que debemos hacer para limpiar nuestro corazón y mantenerlo bien, el temor estaría bien fundado. Pero el Nuevo Pacto nos llama a todo lo contrario. Lo que nos dice de la Expiación, y la Justicia de Dios que ha ganado para nosotros, será nuestra única gloria incluso en medio de la más alta santidad del cielo: la obra de santidad de Cristo aquí en el corazón solo puede profundizar la conciencia de esa Justicia como nuestra solo súplica. La santificación del Espíritu, como cumplimiento de las promesas del Nuevo Pacto, es todo tomar las cosas de Cristo y revelarlas e impartirlas a nosotros. Cuanto más profunda sea nuestra entrada y nuestra posesión del don de la Nueva Alianza de un corazón nuevo, más pleno será nuestro conocimiento y nuestro amor por Aquel que es su Mediador; más nos gloriaremos en Él solo. El Pacto trata con el corazón, solo para que Cristo se encuentre allí, pueda morar allí por la fe. Al mirar el corazón, no a la luz del sentimiento o la experiencia, sino a la luz de la fe del Pacto de Dios, aprenderemos a pensar y hablar de él como lo hace Dios, y comenzaremos a saber qué es, que hay Cristo se manifiesta y allí Él y el Padre vienen a hacer su morada.

[6] Para una ilustración práctica de la vida de Canon Battersby, véase la Nota D.

Los Dos Pactos - Nota D
NOTA D. -- CAP. X Canon Battersby

No sé si puedo encontrar un mejor caso para ilustrar el lugar que Cristo, el Mediador del Pacto, ocupa al conducirlo a su plena bendición que el del fundador de la Convención de Keswick, el difunto Canon Battersby.

Fue en la Convención de Oxford de 1873 cuando testificó haber "recibido una bendición nueva y distinta que antes no conocía". Durante más de veinticinco años había sido muy diligente como ministro del evangelio y, como se desprende de sus diarios, muy fiel en procurar mantener un andar cercano con Dios. Pero siempre estaba perturbado por la conciencia de ser vencido por el pecado. Ya en 1853 había escrito: "Vuelvo a sentir lo lejos que estoy de disfrutar habitualmente de la paz, el amor y el gozo que Cristo promete. Debo confesar que no los tengo; y que temperamentos muy poco amables y poco cristianos luchan a menudo dentro de mí". yo por el dominio". Cuando en 1873 leyó lo que se estaba publicando sobre Higher Life, el efecto fue que quedó completamente insatisfecho consigo mismo y con su estado. De hecho, había dificultades que él no podía entender del todo en esa enseñanza, pero sentía que debía avanzar hacia cosas mejores, nada menos que la redención de todas las iniquidades, o volver a caer cada vez más en la mundanalidad y el pecado. En Oxford escuchó un discurso sobre el resto de la fe. Le abrió los ojos a la verdad de que un creyente que realmente anhela la liberación del pecado simplemente debe tomar la palabra de Cristo y contar, sin sentimientos, con Él para que haga Su obra de limpiar y guardar el alma. "Pensé en la suficiencia de Jesús, y dije: Descansaré en Él, y descansé en Él. Tenía miedo de que fuera una emoción pasajera, pero descubrí que la presencia de Jesús se me manifestaba graciosamente en un camino que no conocía antes, y que sí permanecí en Él. No quicro descansar en estas emociones, sino simplemente creer y aferrarme a Cristo como mi todo". Era un hombre de naturaleza muy reservada, pero sintió que era un deber, antes de la clausura de la Conferencia, confesar públicamente sus defectos pasados y testificar abiertamente que había entrado en una experiencia nueva y definitiva.

En un artículo escrito no mucho después de esto, señaló cuáles son los pasos que conducen a esta experiencia. Primero, una visión clara de las posibilidades del logro cristiano: una vida en palabra y acción, habitualmente gobernada por el Espíritu, en constante comunión con Dios y continua victoria sobre el pecado al permanecer en Cristo. Luego, el propósito deliberado de la voluntad para una renuncia total a todos los ídolos de la carne o del espíritu, y una voluntad de entrega a Cristo. Y luego este último e importante paso: debemos admirar y esperar en nuestro Señor ascendido por todo lo que necesitamos para permitirnos hacer esto.

Una lectura cuidadosa de esta breve declaración probará cómo todo se centró aquí en Cristo. La entrega para una vida de continua comunión y victoria es ser a Cristo. La fuerza para esa vida es estar en Él y de Él, por la fe en Él. Y el poder para hacer la entrega total y el descanso en Él había que esperarlo sólo de Él.

En junio de 1875 se celebró la primera Convención de Keswick. En la circular que lo llama, leemos: "Muchos están en todas partes sedientos de poder disfrutar más de la presencia divina en su vida diaria, y una manifestación más plena del poder del Espíritu Santo, ya sea para dominar los deseos de la carne, o capacitándolos para ofrecer un servicio más efectivo a Dios. Ciertamente es la voluntad de Dios que Sus hijos estén satisfechos con respecto a estos anhelos, y hay quienes pueden testificar que Él los ha satisfecho, y los satisface con manifestaciones frescas diarias. de su gracia y poder". Los resultados de la primera Convención fueron muy bendecidos, de modo que después de su clausura escribió: "Hay una semejanza muy notable en los testimonios que he recibido desde entonces en cuanto a la naturaleza de la bendición obtenida, a saber, la capacidad dada para hacer una entrega total al Señor, y la consiguiente experiencia de una paz permanente, muy superior a todo lo experimentado anteriormente". A través de todo el pensamiento principal, fue Cristo, primero atrayendo y capacitando al alma para que descanse en Él, y luego encontrándola con el cumplimiento de su deseo, la experiencia permanente de Su poder para mantenerla en victoria sobre el pecado y en comunión con Dios.

¿Y cuál fue el fruto de esta nueva experiencia? Ocho años después habló Canon Battersby; "Han pasado ocho años desde que conocí esta bendición como mía. No puedo decir que ni por un momento he dejado de confiar en el Señor para que me guarde. Pero puedo decir que mientras he confiado en Él, Él ha me guardó; él ha sido fiel".

Los Dos Pactos - Capítulo 11
CAPÍTULO XI Jesús, Fiador de una Mejor Alianza

"Y por cuanto no es sin prestar juramento, en tanto también Jesús ha llegado a ser Fiador de un mejor pacto. Por lo cual también puede salvar completamente a los que por él se acercan a Dios, viviendo siempre para intercede por ellos."—HEB. vii. 20, 22, 25.

GARANTÍA es alguien que está bien para otro, que cierto compromiso se cumplirá fielmente. Jesús es la Garantía del Nuevo Pacto. Él está en garantía con nosotros por Dios, que la parte de Dios en el Pacto se llevará a cabo fielmente. Y Él es garantía ante Dios por nosotros, de que nuestra parte también se cumplirá fielmente. Si vamos a vivir en pacto con Dios, todo depende de que sepamos correctamente lo que Jesús nos asegura. Cuanto más lo conozcamos y confiemos en Él, más segura estará nuestra fe de que todas sus promesas y todas sus demandas se cumplirán, que una vida de fiel cumplimiento del Pacto de Dios es realmente posible, porque Jesús es la Garantía del Pacto. Él hace igualmente segura la fidelidad de Dios y la nuestra.

Leemos que fue porque Su sacerdocio fue confirmado por el juramento de Dios, que Él se convirtió en la Garantía de un Pacto mucho mejor. El juramento de Dios nos da la seguridad de que Su garantía asegurará todas las mejores promesas. El significado y valor infinito del juramento de Dios había sido explicado en el capítulo anterior. "En toda disputa, el juramento es definitivo para la confirmación. Por lo cual Dios, queriendo mostrar más abundantemente a los herederos de la promesa la inmutabilidad de su consejo, interpuso con juramento, que por dos cosas inmutables, en las cuales es imposible para Dios mentir, tengamos un fuerte estímulo". Por lo tanto, no solo tenemos un Pacto, con ciertas promesas definidas; no sólo tenemos a Jesús, la Garantía del Pacto; pero detrás de eso nuevamente, tenemos al Dios viviente, con miras a que tengamos perfecta confianza en la inmutabilidad de Su consejo y promesa, interponiéndose en medio con un juramento. ¿No comenzamos a ver que lo único que Dios pretende en este Pacto, y pide con respecto a él, es una confianza absoluta de que Él va a hacer todo lo que ha prometido, por difícil o maravilloso que parezca? Su juramento es el fin de todo temor o duda. Que nadie piense en entender el Pacto, en juzgar o decir lo que se puede esperar de él, y mucho menos en experimentar sus bendiciones, hasta que se encuentre con Dios con una fe como la de Abraham, que le da la gloria, y esté completamente seguro de que lo que Él tiene prometió que es capaz de realizar. La Alianza es un misterio sellado, excepto para el alma que va sin reservas a confiar en Dios, y abandonarse a su palabra y obra.

De la obra de Cristo, como Fiador de la mejor Alianza, nos dice nuestro pasaje que, por este sacerdocio confirmado con juramento, puede salvar completamente a los que por él se accrcan a Dios. Y esto, porque "Él siempre vive para interceder por ellos". Como Fiador de la Alianza, Él está incesantemente ocupado en velar por sus necesidades y presentarlas al Padre, en recibir Su respuesta e impartir su bendición. Es por esta incesante mediación, recibiendo y transmitiéndonos de Dios los dones y poderes del mundo celestial, que Él puede salvarnos completamente, obrar y mantener en nosotros una salvación tan completa como Dios la quiere. debe ser, tan completo como el Mejor Pacto nos ha asegurado que será, en las mejores promesas sobre las cuales fue establecido. Estas promesas se exponen (cap. viii. 7-13) como si fueran nada menos que las del Nuevo Pacto de Jeremías, con la ley escrita en el corazón por el Espíritu de Dios como nuestra experiencia del poder de esa salvación.

Jesús, la Garantía de un mejor Pacto, Jesús debe ser nuestra garantía de que todo lo relacionado con el Pacto es inmutable y eternamente seguro. En Jesús se da la nota clave de todo nuestro trato con Dios, de todas nuestras oraciones y deseos, de toda nuestra vida y andar, para que con plena certidumbre de fe y esperanza busquemos que cada palabra de la Alianza se haga plenamente fiel a nosotros por el propio poder de Dios. Veamos algunas de estas cosas de las que debemos estar plenamente seguros, si queremos respirar el espíritu de hijos de la Nueva Alianza. Está el amor de Dios. El mismo pensamiento de un Pacto es una alianza de amistad. Y es como un medio para asegurarnos de Su amor, para acercarnos a Su corazón de amor, para poner nuestros corazones bajo el poder de Su amor y llenarlos de él, porque Dios nos ama con un amor infinito. , y quiere que lo sepamos, y que le demos completa libertad para otorgarnos y bendecirnos, que el Nuevo Pacto ha sido hecho, y el propio Hijo de Dios ha sido hecho su Fiador. Este amor de Dios es una energía divina infinita, que hace todo lo posible para llenar el alma de sí mismo y de su bienaventuranza. De este amor el Hijo de Dios es el Mensajero; de la Alianza en que Dios nos la revela, Él es la Fianza; aprendamos que la necesidad principal al estudiar el Pacto y guardarlo, al buscar y reclamar sus bendiciones, es el ejercicio de una seguridad fuerte y confiada en el amor de Dios.

Luego está la seguridad de la suficiencia de la redención consumada de Cristo. Todo lo que se necesitaba para quitar el pecado, para liberarnos enteramente y para siempre de su poder, lo ha hecho Cristo. Su sangre y muerte, Su resurrección y ascensión, nos han sacado del poder del mundo y nos trasplantado a una nueva vida en el poder del mundo celestial. Todo esto es realidad Divina; Cristo es la Garantía de que la justicia Divina, y la aceptación Divina, que la gracia y la fuerza Divina todo-suficientes, son siempre nuestras. Él es la Garantía de que todo esto puede y nos será comunicado en continuidad ininterrumpida.

Lo es aún con la seguridad de lo que se necesita de nuestra parte para entrar en esta vida en la Nueva Alianza. Retrocedemos, ya sea de la entrega de todos, porque no sabemos si tenemos el poder para dejarlo ir, o de la fe para todos, porque tememos que la nuestra nunca será tan fuerte o tan audaz como para tomar todo lo que es. nos ofrece en esta maravillosa Alianza. Jesús es Fiador de una mejor Alianza. Lo mejor consiste justamente en esto mismo, que se compromete a dar a los hijos de la Alianza las mismas disposiciones que necesitan para aceptarla y disfrutarla. Hemos visto cómo el corazón es sólo el objeto central de la promesa del Pacto. Un corazón circuncidado para amar a Dios con todo el corazón, un corazón en el cual la ley de Dios y el temor han sido puestos, para que no se aparte de Él, es de todo esto que Jesús es el Fiador bajo el juramento de Dios. Digámoslo una vez más: Seguramente lo único que Dios nos pide, y nos ha dado el Pacto y su Garantía para asegurar, la confianza segura de que todo lo que se necesita se hará en nosotros, es lo que no nos atrevemos a retener. .

Creo que algunos de nosotros estamos empezando a ver cuál ha sido nuestro gran error. Hemos pensado y hablado grandes cosas de lo que Cristo hizo en la Cruz y hace en el Trono, como Garantía del Pacto. Y nos hemos detenido ahí. Pero no hemos esperado que Él haga grandes cosas en nuestros corazones. Y sin embargo, es allí, en nuestro corazón, donde tiene lugar la consumación de la obra en la Cruz y el Trono; en el corazón la Nueva Alianza tiene su pleno triunfo; la Fianza debe ser conocida no por lo que la mente pueda pensar de Él en el cielo, sino por lo que Él hace para darse a conocer en el corazón. Allí está el lugar donde Su amor triunfa y se entroniza. Creamos con el corazón y recibámoslo como la Garantía del Pacto. Miremos a Jesús, con cada deseo que tengamos en relación con él, con cada deber al que nos llama, con cada promesa que ofrece, bajo el juramento de Dios, la Garantía del Pacto. Creamos que por el Espíritu Santo el corazón es Su morada y Su trono. Si aún no lo hemos hecho, en un acto definido de fe, arrojémonos totalmente a Él, por toda la vida y el caminar de la Nueva Alianza. Ninguna garantía fue jamás tan fiel a su empresa como lo será Jesús a la Suya en nuestro favor, en nuestros corazones.

Y ahora, a pesar de la fuerte confianza y consuelo que da el juramento de Dios y la Garantía del Pacto, hay algunos que todavía miran con nostalgia esta vida bendita, y sin embargo temen confiar en esta maravillosa gracia. Tienen una concepción de la fe como algo grande y poderoso, y saben y sienten que la suya no es tal. Y así, su debilidad sigue siendo una barrera insuperable para que hereden la promesa. Déjame tratar de decirte una vez más: Hermano, el acto de fe, por el cual aceptas y entras en esta vida en el Nuevo Pacto, no es comúnmente un acto de poder, sino a menudo de debilidad y temor y mucho temblor. Y aun en medio de toda esta debilidad, no es un acto en vuestra fuerza, sino en una fuerza secreta y tal vez no sentida, la que os da Jesús, la Fianza de la Alianza. Dios lo ha hecho Fiador, con el objeto mismo de inspirarnos coraje y confianza. Él anhela, Él se deleita en introducirlos en el Pacto. ¿Por qué no inclinarse ante Él y decir mansamente: Él oye la oración; Él trae al Pacto; Él capacita a un alma para creer; Puedo confiar en Él con confianza. Y comenzad tranquilamente a creer que hay un Señor Todopoderoso, dado por el Padre, para hacer todo lo necesario para que toda la gracia de la Alianza sea totalmente cierta en vosotros. Inclínate y mira desde tu bajeza a tu Señor glorificado, y mantén tu confianza en que un alma, que en su nada confía en Él, recibirá más de lo que puede pedir o pensar.

Querido creyente, ven y sé un creyente. Cree que Dios te está mostrando cuán enteramente el Señor Jesús quiere tenerte a ti ya tu vida para Él mismo; cuán enteramente Él está dispuesto a hacerse cargo de ti y obrar todo en ti; cuán enteramente puedes encomendar ahora tu confianza, tu entrega y tu fidelidad al Pacto, con todo lo que eres y serás, a Él, tu Bendita Fianza. Si crees, verás la gloria de Dios. lo que Cristo ha emprendido; puedes contar confiadamente con Su realización.

En un sentido, medida y poder que sobrepasa el conocimiento, Jesucristo mismo es todo lo que Dios puede pedir o dar, todo lo que Dios quiere ver en nosotros. "El que cree en mí, de él correrán ríos de agua viva".

Los Dos Pactos - Capítulo 12
CAPÍTULO XII El Libro de la Alianza

"Y Moisés tomó el libro del pacto, y lo leyó en presencia del pueblo; y ellos dijeron: Haremos todo lo que Jehová ha dicho, y seremos obedientes. Y Moisés tomó la sangre, y la roció sobre el pueblo, y dijo: He aquí la sangre del pacto que Jehová ha hecho con vosotros concerniente a todas estas palabras."-EX. 24. 7, 8; comp. HEB. ix. 18-20.

AQUÍ hay un nuevo aspecto en el que considerar el bendito Libro de Dios. Antes de que Moisés rociara la sangre, leyó el Libro de la Alianza y obtuvo la aceptación del pueblo. Y cuando lo hubo rociado, dijo: "He aquí la sangre del pacto que el Señor ha hecho acerca de todas estas palabras". El Libro contenía todas las condiciones del Pacto; sólo a través del Libro podían saber todo lo que Dios les pedía y todo lo que ellos podían pedirle. Consideremos qué nueva luz puede arrojarse tanto sobre el Pacto como sobre el Libro, por el pensamiento de que la Biblia es el Libro del Pacto.

El primer pensamiento sugerido será este, que en nada será más manifiesto el espíritu de nuestra vida y experiencia, tal como vive en el Antiguo o en el Nuevo Pacto, que en nuestro trato con el Libro. El Viejo tenía un libro al igual que el Nuevo. Nuestra Biblia contiene ambos. Lo Nuevo estaba envuelto en lo Viejo; lo Viejo se despliega en lo Nuevo. Es posible leer lo Antiguo en el espíritu de lo Nuevo; es posible leer tanto el Nuevo como el Antiguo en el espíritu del Antiguo.

Lo que es este espíritu del Antiguo, no lo podemos ver tan claramente en ningún lugar como en Israel cuando se hizo el Pacto. De inmediato estuvieron listos para prometer:

"Todo lo que el Señor ha dicho, lo haremos y seremos obedientes". Había tan poco sentido de su propia pecaminosidad, o de la santidad y gloria de Dios, que con perfecta confianza en sí mismos se consideraban capaces de comprometerse a guardar el Pacto. Entendían poco del significado de esa sangre con la que fueron rociados, o de esa muerte y redención de la que era el símbolo. En su propia fuerza, en el poder de la carne, estaban listos para comprometerse a servir a Dios. Es simplemente el espíritu con el que muchos cristianos consideran la Biblia; como un sistema de leyes, un curso de instrucción para dirigirnos en el camino que Dios quiere que vayamos. Todo lo que Él nos pide es que hagamos todo lo posible para tratar de cumplirlos; más no podemos hacer; esto estamos sinceramente dispuestos a hacer. Saben poco o nada de lo que significa la muerte por la cual se establece el Pacto, o lo que es la vida de entre los muertos por la cual solo el hombre puede andar en pacto con el Dios del cielo.

Este espíritu de confianza en sí mismo en Israel se explica por lo que había sucedido poco antes. Cuando Dios descendió sobre el monte Sinaí con truenos y relámpagos para dar la ley, tuvieron gran temor. Dijeron a Moisés: "No hable Dios con nosotros, para que no muramos; habla tú con nosotros, y te oiremos". Pensaron que era simplemente una cuestión de oír y saber; seguramente podrían obedecer. No sabían que es sólo la presencia, y el temor, y la cercanía, y el poder de Dios humillándonos y haciéndonos temer, lo que puede conquistar el poder del pecado y dar el poder de obedecer. Es mucho más fácil recibir la instrucción del hombre y vivir, que esperar y escuchar la voz de Dios y morir a todas nuestras propias fuerzas y bondad. No es de otra manera que muchos cristianos buscan servir a Dios sin buscar nunca vivir en contacto diario con Él, y sin la fe de que sólo Su presencia puede salvarnos del pecado. Su religión es una cuestión de instrucción externa del hombre:

la espera de escuchar la voz de Dios para poder obedecerle, la muerte a la carne y al mundo que viene con un caminar cercano con Dios, son desconocidos. Pueden ser fieles y diligentes en el estudio de su Biblia, al leer o escuchar la enseñanza bíblica; tener tanto como sea posible de esa relación con el Dios del Pacto Mismo que hace posible la vida cristiana—esto no lo buscan.

Si queréis ser librados de todo esto, aprended siempre a leer el Libro de la Nueva Alianza en el Espíritu de la Nueva Alianza. Uno de los primeros artículos del Nuevo Pacto hace referencia a este asunto. Cuando Dios dice: Pondré mi ley en sus entrañas, y la escribiré en sus corazones, se compromete a que las palabras de su Libro Sagrado ya no sean meras enseñanzas externas, sino que lo que ellas ordenen sea nuestra misma disposición y deleite. , obrada en nosotros como nacimiento y vida por el Espíritu Santo. Cada palabra del Nuevo Pacto se convierte entonces en una certeza Divina de lo que se puede obtener por obra del Espíritu Santo. El alma aprende a ver que la letra mata, que la carne para nada aprovecha. El estudio, el conocimiento y el deleite en las palabras y los pensamientos de la Biblia no pueden aprovechar, a menos que se espere que el Espíritu Santo les dé vida. La aceptación de la Sagrada Escritura en la letra, la recepción de la misma en el entendimiento humano, se ve tan infructuosa como lo fue la de Israel en el Sinaí. Pero como la Palabra de Dios, hablada por el Dios vivo a través del Espíritu al corazón que espera en Él, se encuentra que es viva y poderosa. Entonces es una palabra que obra eficazmente en los que creen, dando en el corazón la posesión real de la gracia misma de la cual la Palabra ha hablado.

La Nueva Alianza es una ministración del Espíritu (ver Cap. VII). Toda su enseñanza está destinada a ser enseñanza por el Espíritu Santo. Los dos capítulos más notables de la

Biblia sobre la predicación del evangelio son aquellos en los que Pablo expone el secreto de esta enseñanza (1 Cor. ii.; 2 Cor. iii.). Todo ministro debe ver si puede pasar su examen en ellos. Nos dicen que en el Nuevo Pacto el Espíritu Santo lo es todo. Es el Espíritu Santo entrando en el corazón, escribiendo, revelando, imprimiendo en él la ley y la verdad de Dios, lo único que obra la verdadera obediencia. Ninguna excelencia de palabra o sabiduría humana puede aprovechar lo más mínimo: Dios debe revelar por Su Espíritu Santo al predicador y al oyente las cosas que ha preparado para nosotros. Lo que es cierto del predicador es igualmente cierto del oyente. Una de las grandes razones por las que tantos cristianos nunca salen del Antiguo Pacto, ni siquiera saben que están en él y tienen que salir de él, es que hay tanto conocimiento mental, sin el poder del Espíritu en el corazón que se espera. Solo cuando los predicadores, oyentes y lectores creen que el Libro del Nuevo Pacto necesita el Espíritu del Nuevo Pacto, para explicarlo y aplicarlo, que la Palabra de Dios puede hacer su trabajo.

Aprende la doble lección. Lo que Dios ha unido, no lo separe el hombre. La Biblia es el Libro del Nuevo Pacto. Y el Espíritu Santo es el único ministro de lo que pertenece a la Alianza. No esperes entender o aprovechar tu conocimiento de la Biblia sin buscar continuamente la enseñanza del Espíritu Santo. ¡Ten cuidado de que tu ferviente estudio de la Biblia, tus excelentes libros o tus amados maestros tomen el lugar del Espíritu Santo! Ore diariamente, con perseverancia y fe por Su enseñanza. Él escribirá la Palabra en tu corazón.

La Biblia es el Libro del Nuevo Pacto. Pídele especialmente al Espíritu Santo que te revele la Nueva Alianza en ella. Es inconcebible la pérdida que está sufriendo la Iglesia de nuestros días porque tan pocos creyentes viven verdaderamente como sus herederos, en el verdadero conocimiento y disfrute de sus promesas. Pídele a Dios, en humilde fe, que te dé en toda tu lectura de la Biblia, el espíritu de sabiduría y revelación, ojos iluminados de tu corazón, para saber cuáles son las promesas que revela el Pacto; y cuál la seguridad Divina en Jesús, la Garantía del Pacto, que toda promesa se cumplirá en ti en el poder Divino; y cuál es la comunión íntima a la que te admite con el Dios del Pacto. La ministración del Espíritu, humildemente esperada y escuchada, hará resplandecer el Libro de la Alianza con una luz nueva, la luz del rostro de Dios y de una salvación plena.

Todo esto se aplica especialmente al conocimiento de lo que en realidad se supone que debe obrar el Nuevo Pacto. En medio de todo lo que escuchamos, leemos y entendemos de las diferentes promesas del Nuevo Pacto, es muy posible que nunca hayamos tenido esa visión celestial de él como un todo, que con su poder abrumador obliga a la aceptación. Sólo escucha una vez más lo que realmente es. La verdadera obediencia y comunión con Dios, para lo cual fue creado el hombre, que el pecado rompió, que la ley exigió, pero no pudo cumplir, que el propio Hijo de Dios vino del cielo para restaurar en nuestras vidas, ahora está a nuestro alcance y se ofrece a nosotros. Nuestro Padre nos dice en el Libro del Nuevo Pacto que Él ahora espera que vivamos en obediencia y comunión plenas e inquebrantables con Él. Él nos dice que por el gran poder de Su Hijo y Espíritu Él mismo obrará esto en nosotros: todo está dispuesto para ello. Nos dice que tal vida de obediencia inquebrantable es posible porque Cristo, como Mediador, vivirá en nosotros y nos capacitará en cada momento para vivir en Él. Él nos dice que todo lo que Él quiere es simplemente la entrega de la fe, la entrega de nosotros mismos a Él para hacer Su obra. ¡Oh! miremos, y veamos esta vida santa, con todos sus poderes y bendiciones, descendiendo de Dios en el cielo, en el Hijo y Su Espíritu. Creamos que el Espíritu Santo puede darnos una visión de ella, como un Don preparado, para ser otorgado en poder vivo, y tomar posesión de nosotros. Miremos hacia arriba y miremos hacia adentro, en la fe del Hijo y del Espíritu, y Dios nos mostrará que cada palabra escrita en el Libro de la Alianza no sólo es verdadera, sino que puede hacerse espíritu y verdad en nosotros, y en nuestra vida diaria. Esto de hecho puede ser.

Los Dos Pactos - Capítulo 13
CAPÍTULO XIII - Obediencia al Nuevo Pacto

"Ahora pues, si en verdad escucháis mi voz, y guardáis mi pacto, seréis para mí una nación santa."—EX. xix. 5.
"Y circuncidará Jehová tu Dios tu corazón, y el corazón de tu descendencia, para que ames a Jehová tu Dios con todo tu corazón y con toda tu alma. Y obedecerás la voz de Jehová, y cumplirás todos sus mandamientos". ."--DEUT.xxx. 6, 8
"Y pondré mi Espíritu dentro de vosotros, y os haré andar en mis estatutos, y guardaréis mis juicios". - EZEQ.xxxvi. 27

AL hacer el Nuevo Pacto, Dios dijo muy claramente: "No según el pacto que hice con vuestros padres". Hemos aprendido cuál fue la falla de ese Pacto: hizo que el favor de Dios dependiera de la obediencia del pueblo. "Si obedecéis, yo seré vuestro Dios". Hemos aprendido cómo el Nuevo Pacto remedió el defecto: Dios mismo proveyó para la obediencia. Cambia "Si guardáis Mis juicios" por "Pondré Mi Espíritu dentro de vosotros, y guardaréis". En lugar de que la Alianza y su cumplimiento dependan de la obediencia del hombre, Dios se compromete a asegurar la obediencia. La Antigua Alianza probó la necesidad y señaló el camino de la santidad: la Nueva inspira el amor y da el poder de la santidad.

En relación con este cambio, a menudo se comete un error grave y muy peligroso. Porque en el Nuevo Pacto la obediencia ya no ocupa el lugar que tenía en el Antiguo, como condición del Pacto, y la gracia gratuita ha tomado su lugar, justificando a los impíos y dando dones a los rebeldes, muchos tienen la impresión de que la obediencia ya no es tan indispensable como lo era entonces. El error es terrible. Toda la Antigua Alianza estaba destinada a enseñar la lección de la necesidad absoluta e indispensable de la obediencia para una vida a favor de Dios. El Nuevo Pacto viene, no para proveer un substituto para esa obediencia en la fe, sino por medio de la fe para asegurar la obediencia, dando un corazón que se deleita en ella y tiene el poder para ella. Y los hombres abusan de la gracia gratuita, que sin nuestra propia obediencia nos acepta para una vida de nueva obediencia, cuando se contentan con la gracia, sin la obediencia a la que está destinada. Se jactan de los privilegios más elevados del Nuevo Pacto, mientras que su principal bendición, el poder de una vida santa, un corazón que se deleita en la ley de Dios y una vida en la que Dios nos hace y nos permite, por Su Espíritu que mora en nosotros, guardar Sus mandamientos. , se descuida. Si hay algo que debemos saber bien, es el lugar que ocupa la obediencia en el Nuevo Pacto.

Que nuestro primer pensamiento sea: La obediencia es esencial. En la raíz misma de la relación de una criatura con su Dios, y de que Dios admita a la criatura en su comunión, se encuentra el pensamiento de la obediencia. Es lo único de lo que habló Dios en el Paraíso cuando "Jehová Dios ordenó al hombre" que no comiera del fruto prohibido. En la gran salvación de Cristo es el poder que nos redimió: "Por la obediencia de uno, los muchos serán constituidos justos".

En la promesa del Nuevo Pacto ocupa el primer lugar. Dios se compromete a circuncidar los corazones de su pueblo, al despojarse del cuerpo carnal, en la circuncisión de Cristo, para amar a Dios con todo su corazón y obedecer sus mandamientos. El don supremo de la exaltación de Cristo fue el Espíritu Santo, para traernos la salvación como algo interior. El primer Pacto exigió obediencia, y fracasó porque no pudo encontrarla. El Nuevo Pacto fue hecho expresamente para proveer obediencia. Para una vida en plena experiencia de la bendición del Nuevo Pacto, la obediencia es esencial.

Es esta necesidad indispensable de obediencia la que explica por qué tan a menudo la entrada al pleno disfrute del Nuevo Pacto ha dependido de un solo acto de entrega. Había algo en la vida, algún hábito malo o dudoso, respecto del cual la conciencia había dicho muchas veces que no estaba en perfecto acuerdo con la perfecta voluntad de Dios. Se hicieron intentos para dejar de lado la problemática sugerencia. O la incredulidad dijo que sería imposible vencer el hábito y mantener la promesa de obediencia a la Voz interior. Mientras tanto, todas nuestras oraciones parecían inútiles. Era como si la fe no pudiera echar mano de la bendición que estaba llena a la vista, hasta que al fin el alma consintió en mirar esta pequeña cosa como prueba de su entrega a obedecer en todo, y de su fe en que en todo la Fianza de el Pacto daría poder para mantener la obediencia. Abandonada la cosa mala o dudosa, restaurada la buena conciencia y asegurada la confianza del corazón ante Dios, el alma podía recibir y poseer lo que buscaba. La obediencia es esencial.

La obediencia es posible. La idea de una demanda que el hombre no puede satisfacer de ninguna manera corta la raíz misma de la verdadera esperanza y fuerza. El pensamiento secreto, "Ningún hombre puede obedecer a Dios", arroja a miles de vuelta a la vida del Antiguo Pacto, ya una falsa paz

146

de que Dios no espera más que hacer lo mejor que podamos. La obediencia es posible: toda la Nueva Alianza la promete y la asegura.

Sólo entiende bien lo que significa la obediencia. El hombre renovado todavía tiene la carne, con su naturaleza maligna, de la cual surgen malos pensamientos y disposiciones involuntarios. Estos pueden encontrarse en un hombre verdaderamente obediente. La obediencia trata de hacer lo que se sabe que es la voluntad de Dios, como lo enseñan la Palabra, el Espíritu Santo y la conciencia. Cuando George Muller habló de la gran felicidad que había tenido durante más de sesenta años en el servicio de Dios, le atribuyó dos cosas: había amado la Palabra de Dios y "había mantenido una buena conciencia, no siguiendo voluntariamente un curso que sabía que era contraria a la mente de Dios". Cuando la plena luz de Dios irrumpió sobre Gerhard Tersteegen, escribió : "Prometo, con Tu ayuda y poder, antes dar hasta la última gota de mi sangre, que a sabiendas y voluntariamente en mi corazón o en mi vida ser falso y desobediente". a Ti". Tal obediencia es un grado alcanzable de gracia.

La obediencia es posible. Cuando la ley está escrita en el corazón; cuando el corazón está circuncidado para amar al Señor con todo nuestro corazón y obedecerle; cuando el amor de Dios se derrama en el corazón; significa que el amor a la ley de Dios ya Sí mismo se ha convertido ahora en el poder que mueve nuestra vida. Este amor no es un sentimiento vago, en la imaginación del hombre, de algo que existe en el cielo, sino un poder vivo y poderoso de Dios en el corazón, obrando eficazmente de acuerdo con Su obra, que obra poderosamente en nosotros. Una vida de obediencia es posible.
Esta obediencia es de fe. "Por la fe, Abraham obedeció". Por la fe las promesas del Pacto, la presencia de la Seguridad del

Pacto, la obra oculta del Espíritu Santo, y el amor de Dios en Su infinito deseo y poder de hacer realidad en nosotros todo Su amor y promesas, deben vivir en nosotros. a nosotros. La fe puede acercarlos y hacernos vivir en medio de ellos. Cristo y su maravillosa redención no necesitan permanecer lejos de nosotros en el cielo, sino que pueden convertirse en nuestra experiencia continua. Por fríos o débiles que nos sintamos, la fe sabe que el corazón nuevo está en nosotros, que el amor a la ley de Dios es nuestra naturaleza, que la enseñanza y el poder del Espíritu están dentro de nosotros. Tal fe sabe que puede obedecer. Escuchemos la voz de nuestro Salvador, la Garantía del Pacto, cuando dice, con un significado más profundo y pleno que cuando estuvo en la tierra: "Cree solamente. Si puedes creer, todo es posible para el que cree. "

Y por último, entendamos: la obediencia es bienaventuranza. No lo consideréis sólo como el camino hacia el gozo y las bendiciones de la Nueva Alianza, sino como en sí mismo, en su misma naturaleza, gozo y felicidad. Tener la voz de Dios enseñándoos y guiándoos, estando unidos a Dios en querer lo que Él quiere, en hacer lo que hace en vosotros por su Espíritu, en hacer su Santa Voluntad y en agradarle, ciertamente todo esto es gozo inefable y glorioso.

Para un hombre sano es una delicia caminar o trabajar, desplegar sus fuerzas y vencer las dificultades. Para un esclavo o un asalariado es servidumbre y fatiga. El Antiguo Pacto exigía obediencia con un deber inexorable, y la amenaza que lo siguió. El Nuevo Pacto cambia el deber por poder y poder. Pídele a Dios, por el Espíritu Santo, que te muestre cómo "has sido creado en Cristo Jesús para buenas obras" y cómo, tan apta como la vid para dar uvas, tu nueva naturaleza está perfectamente preparada para toda buena obra. Pídele que te muestre que Él se refiere a la obediencia, no sólo como algo posible, sino como el regalo más delicioso y atractivo que Él tiene para otorgar, la entrada a Su amor y toda su bienaventuranza.

En la Nueva Alianza lo principal no es el maravilloso tesoro de fuerza y gracia que contiene, ni la seguridad divina de que ese tesoro nunca puede faltar, sino esto, que el Dios vivo se da, se da a conocer y toma posesión de nosotros. como nuestro Dios. Para esto el hombre fue creado, para esto fue redimido de nuevo, para esto, para que sea nuestra experiencia actual, el Espíritu Santo ha sido dado y está morando en nosotros. Entre lo que Dios ya ha obrado en nosotros y lo que espera obrar, la obediencia es el eslabón bendito. Procuremos caminar delante de Él en la confianza de que somos de los que viven en la conciencia noble y santa: mi única obra es obedecer a Dios. [7] ¿A qué se debe, vuelvo a preguntar, que tantos creyentes hayan visto tan poco de la belleza de esta vida de Nueva Alianza, con su poder de santa y gozosa obediencia? "Sus ojos estaban velados porque no le conocían". El Señor estaba con los discípulos, pero sus corazones estaban ciegos. Está tan quieto. Es como con el sirviente de Eliseo, todo el cielo está a su alrededor y él no lo sabe. Nada ayudará sino la oración: "Señor, ábrele los ojos, para que vea". Señor, ¿ no hay alguien que pueda estar leyendo esto, que solo necesita un toque para verlo todo? ¡Oh! dale ese toque!
Sólo escucha, mi hermano. Tu Padre te ama con un amor infinito y anhela convertirte, incluso hoy, en su hijo santo, feliz y obediente. Escucha Su mensaje: Él tiene para ti una vida completamente diferente de la que estás viviendo. Una vida en la que Su gracia obre realmente en ti en cada momento todo lo que Él te pide que seas. Una vida de obediencia sencilla como la de un niño, haciendo para el día exactamente lo que el Padre te muestra que es Su voluntad. Una vida en la que el amor permanente de tu Padre, la presencia permanente de tu Salvador y el gozo del Espíritu Santo puedan guardarte y alegrarte y fortalecerte. Este es Su

mensaje. Esta vida es para ti. No temas aceptar esta vida, entregarte a ella ya su entera obediencia. En Cristo es posible, es seguro.

Ahora, hermano mío, simplemente vuélvete hacia el cielo y pídele al Padre, por el Espíritu Santo, que te muestre la hermosa vida celestial. Pregunta y espéralo. Mantén tus ojos fijos en él. La gran bendición del Nuevo Pacto es la obediencia; el maravilloso poder de querer y hacer lo que Dios quiere. De hecho, es la entrada a todas las demás bendiciones. Es el paraíso restaurado y el cielo abierto: la criatura honrando a su Creador, el Creador deleitándose en Su criatura; el niño glorificando al Padre, el Padre glorificando al niño, transformándolo, de gloria en gloria, en la semejanza de su Hijo.

[7] En un volumen recién publicado, La Escuela de Obediencia, los pensamientos de este capítulo están más desarrollados.

Los Dos Pactos - Capítulo 14
CAPÍTULO XIV - El Nuevo Pacto: un Pacto de Gracia

"El pecado no se enseñoreará de vosotros; porque no estáis bajo la ley, sino bajo la gracia."-ROM. vi. 14

Las palabras Pacto de gracia, aunque no se encuentran en las Escrituras, son la expresión correcta de la verdad que enseña abundantemente, que el contraste entre los dos pactos no es otro que el de la ley y la gracia. Del Nuevo Pacto, la gracia es la gran característica: "La ley entró para que abundase el delito; mas donde abundó el pecado, sobreabundó la gracia". Es para alejar completamente a los romanos del Antiguo Pacto, y para enseñarles su lugar en el Nuevo, que Pablo escribe: "No estáis bajo la ley, sino bajo la gracia". Y les asegura que si creen esto y viven en ello, su experiencia confirmará la promesa de Dios: "El pecado no se enseñoreará de vosotros". Lo que la ley no pudo hacer, liberarnos del poder del pecado sobre nosotros, la gracia lo lograría. El Nuevo Pacto era enteramente un Pacto de gracia. En la maravillosa gracia de Dios tuvo su origen; estaba destinado a ser una manifestación de las riquezas y la gloria de esa gracia; de la gracia, y por la gracia que obra en nosotros, todas sus promesas pueden ser cumplidas y experimentadas.

La palabra gracia se usa en dos sentidos. En primer lugar, es la disposición misericordiosa de Dios lo que lo mueve a amarnos libremente sin nuestro mérito, ya otorgarnos todas sus bendiciones. Entonces también significa ese poder a través del cual esta gracia hace su obra en nosotros. La obra redentora de Cristo y la justicia que ganó para nosotros; igualmente con la obra del Espíritu en nosotros, como el poder de la nueva vida, se habla de Gracia. Incluye todo lo que Cristo ha hecho y todavía hace, todo lo que tiene y da, todo lo que es por nosotros y en nosotros. Juan dice: "Vimos su gloria, la gloria del Unigénito del Padre, lleno de gracia y de verdad". "La ley fue dada por Moisés, la gracia y la verdad vino por Jesucristo". "Y de su plenitud recibimos todos, y gracia sobre gracia". Lo que la ley exige, la gracia lo suple.

El contraste que Juan señaló es expuesto por Pablo: "Entró la ley para que abundase la ofensa", y se preparara el camino para que la gracia abundase en extremo. La ley señala el camino, pero no da fuerzas para andar por él. La ley exige, pero no prevé que se cumplan sus demandas. La ley carga y condena y mata. Puede despertar el deseo, pero no satisfacerlo. Puede incitar al esfuerzo, pero no asegurar el éxito. Puede apelar a los motivos, pero no da poder interior más allá del que tiene el hombre mismo. Y así, mientras luchaba contra el pecado, se convirtió en su verdadero aliado al entregar al pecador a una condenación sin esperanza. "La fuerza del pecado es la ley".

Para librarnos de la esclavitud y del dominio del pecado, vino la gracia por medio de Jesucristo. Su trabajo es doble. Su sobreabundancia se ve en el perdón libre y completo que hay de toda transgresión, en el otorgamiento de una justicia perfecta, y en la aceptación del favor y la amistad de Dios. "En él tenemos redención por su sangre, el perdón de los pecados según las riquezas de su gracia". No es sólo en la conversión y nuestra admisión al favor de Dios, sino a lo largo de toda nuestra vida, en cada paso de nuestro camino, y en medio de los más altos logros del santo más avanzado; se lo debemos todo a la gracia, y sólo a la gracia. El pensamiento del mérito, el trabajo y la dignidad queda excluido para siempre.

La sobreabundancia de la gracia se ve igualmente en la obra que el Espíritu Santo mantiene en cada momento dentro de nosotros. Hemos encontrado que la bendición central del Nuevo Pacto, que fluye de la redención de Cristo y el perdón de nuestros pecados, es el nuevo corazón en el que se han puesto la ley, el temor y el amor de Dios. Es en el cumplimiento de esta promesa, en el mantenimiento del corazón en un estado apto para la morada de Dios, que se ve especialmente la gloria de la gracia. En la naturaleza misma de las cosas, esto debe ser así. Pablo escribe: "Donde abundó el pecado, sobreabundó la gracia". ¿Y dónde, en lo que a mí respecta, abundó el pecado? Todo el pecado en la tierra y el infierno no podría dañarme, si no fuera por su presencia en mi corazón. Es allí donde ha ejercido su terrible dominio. Y es allí donde debe probarse la sobreabundancia de la gracia, si ha de beneficiarme. Toda la gracia de la tierra y del cielo no me pudo ayudar; sólo en el corazón se puede recibir, conocer y disfrutar. "Donde abundó el pecado", en el corazón, "sobreabundó la gracia; para que como el pecado reinó para muerte", obrando su destrucción en el corazón y en la vida, "así también la gracia reine" en el corazón, "por medio de justicia para vida eterna, por Jesucristo Señor nuestro". Como se ha dicho poco antes, "Los que reciben la abundancia de la gracia reinarán en vida por medio de Jesucristo".

De este reinado de la gracia en el corazón, la Escritura habla de cosas maravillosas. Pablo habla de la gracia que lo capacitó para su obra, del "don de la gracia de Dios que me fue dada según la operación de su poder". "La gracia de nuestro Señor fue sobreabundante, con fe y amor". "La gracia que me fue dada no fue hallada en vano, sino que trabajé más abundantemente que todos ellos; pero no yo, sino la gracia de Dios que estaba conmigo". "Él me dijo: Mi gracia es suficiente para ti; Mi fuerza se perfecciona en debilidad". Habla de la misma manera de la gracia que obra en la vida de los creyentes, cuando los exhorta a "fortalecerse en la gracia que es en Cristo Jesús"; cuando nos habla de "la gracia de Dios" manifestada en la generosidad de los cristianos macedonios, y "la sobreabundante gracia de Dios" en los corintios; cuando les anima: "Dios puede hacer que abunde en vosotros toda gracia, a fin de que abundéis para toda buena obra" . el poder que mueve el corazón de Dios en su compasión hacia nosotros, cuando absuelve y acepta al pecador y lo hace niño, pero es igualmente el poder que mueve el corazón del santo, y le proporciona en cada momento la disposición y el poder que necesita para amar a Dios y hacer su voluntad.

Es imposible hablar demasiado fuerte de la necesidad que hay de saber que, tan maravillosa y gratuita y sola suficiente como es la gracia que perdona, es la gracia que santifica; somos tan absolutamente dependientes de lo último como de lo primero. Podemos hacer tan poco a uno como al otro. La gracia que obra en nosotros debe hacerlo todo en nosotros y por nosotros tan exclusivamente como la gracia que perdona lo hace todo por nosotros. Tanto en un caso como en el otro, todo es por la sola fe. No aprehender esto trae un doble peligro. Por un lado, la gente piensa que la gracia no puede ser más exaltada que en la concesión del perdón a los viles e indignos; y surge un sentimiento secreto de que, si Dios es tan magnificado por nuestros pecados más que cualquier otra cosa, no debemos esperar ser libres de ellos en esta vida. En muchos esto corta de raíz la vida de verdadera santidad. Por otro lado, por no saber que la gracia es siempre y sola para hacer toda la obra en nuestra santificación y fructificación, los hombres se entregan a sus propios esfuerzos, su vida sigue siendo una de debilidad y esclavitud bajo la ley, y nunca entregarse para dejar que la gracia haga todo lo que haría.

Escuchemos lo que dice la Palabra de Dios: "Por gracia sois salvos por medio de la fe; no por obras, para que nadie se gloríe. Porque somos hechura suya, creados en Cristo Jesús

154

para buenas obras, las cuales Dios preparó de antemano para que debe andar en ellos". La gracia contrasta con nuestras buenas obras no solo antes de la conversión, sino también después de la conversión. Somos creados en Cristo Jesús para las buenas obras que Dios preparó para nosotros. Sólo la gracia puede obrarlas en nosotros y obrarlas a través de nosotros. No sólo el comienzo sino también la continuación de la vida cristiana es obra de la gracia. "Ahora bien, si es por gracia, ya no es por obras; de otra manera, la gracia ya no es gracia; por lo tanto, es por fe para que sea según la gracia". Cuando veamos que la gracia es literal y absolutamente para hacerlo todo en nosotros, de modo que todos nuestros actos sean la manifestación de la gracia en nosotros, consentiremos en vivir la vida de fe, una vida en la que, en todo momento, todo es esperado de Dios. Sólo entonces experimentaremos que el pecado nunca, ni por un momento, tendrá dominio sobre nosotros.

"No estáis bajo la ley, sino bajo la gracia". Hay tres vidas posibles. Uno enteramente bajo la ley; uno enteramente bajo la gracia; uno una vida mixta, en parte ley, en parte gracia. Es esto último contra lo que Pablo advierte a los romanos. Esto es lo que es tan común y obra tanta ruina entre los cristianos. Averigüemos si esta no es nuestra posición y la causa de nuestro bajo estado. Pidamos a Dios que abra nuestros ojos por el Espíritu Santo para ver que en el Nuevo Pacto todo, cada movimiento, cada momento de nuestra vida cristiana, es de gracia, de gracia sobreabundante; gracia abundando en gran manera, y obrando poderosamente. Creamos que nuestro Dios del Pacto espera hacer que toda gracia abunde para con nosotros. Y comencemos a vivir la vida de fe que depende, confía, mira y siempre espera en Dios, a través de Jesucristo, por el Espíritu Santo, para obrar en nosotros lo que es agradable a Su vista.

¡Gracia a vosotros, y la paz os sea multiplicada!

Los Dos Pactos - Capítulo 15
CAPÍTULO XV - El Pacto de un Sacerdocio Eterno

Para que mi pacto sea con Leví. Mi pacto fue con él de vida y de paz, y se las di por el temor con que me temía, y se espantó delante de mi nombre. La ley de la verdad estaba en su boca, y en sus labios no se halló iniquidad; en paz y equidad anduvo conmigo, y apartó a muchos de la iniquidad."—MAL. ii. 4-6.

ISRAEL fue destinado por Dios a ser una nación de sacerdotes. En la primera elaboración del Pacto esto se estipuló claramente. "Si escucháis mi voz y guardáis mi pacto, seréis para mí un reino de sacerdotes". Debían ser los mayordomos de los oráculos de Dios; los canales a través de los cuales se comunicarían al mundo el conocimiento y la bendición de Dios; en ellos todas las naciones debían ser bendecidas.

Dentro del pueblo de Israel, una tribu fue especialmente apartada para encarnar y enfatizar la idea sacerdotal. Los hijos primogénitos de todo el pueblo debían haber sido los sacerdotes. Pero para asegurar una separación más completa del resto del pueblo, y el abandono total de cualquier participación en sus posesiones y actividades, Dios escogió una tribu para que se dedicara exclusivamente a la obra de probar lo que constituye el espíritu y el poder del sacerdocio. . Así como el sacerdocio de todo el pueblo era parte de la Alianza de Dios con ellos, así también se habla del llamamiento especial de Leví como la Alianza de Dios de Vida y Paz estando con Él, como la Alianza de un sacerdocio eterno. Todo esto debía ser un cuadro para ayudarlos a ellos ya nosotros, en alguna medida, a comprender el sacerdocio de Su propio Hijo Bendito, el Mediador de la Nueva Alianza.

Como Israel, todo el pueblo de Dios, bajo el Nuevo Pacto, es un sacerdocio real. El derecho de libre y pleno acceso a Dios, el deber y el poder de mediar por nuestros semejantes y ser el canal de bendición de Dios para ellos, es el derecho de nacimiento inalienable de todo creyente. Debido a la debilidad e incapacidad de muchos de los hijos de Dios, su ignorancia de la poderosa gracia de la Nueva Alianza, son completamente impotentes para asumir y ejercer sus funciones sacerdotales. Para suplir esta falta de servicio, para mostrar las abundantes riquezas de Su gracia en el Nuevo Pacto, y el poder que Él da a los hombres para que sean dignos, así como los sacerdotes de la antigüedad fueron los precursores del Gran Sumo Sacerdote, Sus seguidores y representantes, Dios todavía permite e invita a aquellos de Sus redimidos que están dispuestos a ofrecer sus vidas a este bendito ministerio. A quien acepta la llamada, la Nueva Alianza trae en especial medida lo que Dios ha dicho: "Mi Alianza de Vida y de Paz será con él"; se convierte para él de hecho en "la Alianza de un sacerdocio perpetuo". Así como el pacto del sacerdocio de Leví surgió y culminó en el de Cristo, el nuestro surge nuevamente de él, y recibe de él su bendición para dispensar al mundo.

Para aquellos que deseen saber las condiciones bajo las cuales, como parte del Nuevo Pacto, el Pacto de un sacerdocio eterno puede ser recibido y llevado a cabo, un estudio de las condiciones bajo las cuales Leví recibió el sacerdocio será sumamente instructivo. No sólo se nos dice que Dios escogió a esa tribu, sino qué había especialmente en esa tribu que la capacitaba para la obra. Malaquías dice: "Yo le di mi pacto por el temor con que me temía, y se espantó delante de mi nombre". La referencia es a lo que sucedió en el Sinaí cuando Israel había hecho el becerro de fundición. Moisés llamó a todos los que estaban del lado del Señor, que estaban listos para vengar la deshonra hecha a Dios, para que vinieran a él. Así lo hizo la tribu de Leví, y por mandato suyo tomaron sus espadas y mataron a tres mil del pueblo idólatra (Éxodo 32:26-29). En la bendición con que Moisés bendijo a las tribus antes de su muerte, se menciona como prueba de su idoneidad para el servicio de Dios su absoluta devoción a Dios, sin considerar parientes ni amigos (Deut. xxxiii. 5-11): "Que Tu Tumim y tu Urim sea con tu santo, que dijo a su padre y a su madre: No te he conocido, ni reconoció a sus propios hermanos, ni conoció a sus propios hijos, porque han observado Tu palabra y han guardado Tu pacto. "

El mismo principio se ilustra sorprendentemente en la historia del nieto de Aarón, Phineas, donde él, en su celo por Dios, ejecutó juicio por desobediencia al mandato de Dios. Las palabras son de lo más sugestivas. "Y Jehová apagó a Moisés, diciendo: Phineas, hijo de Eleazar, hijo de Aarón, ha apartado Mi ira de los hijos de Israel, porque tuvo celo con Mi celo entre ellos, y no los consumí. en mi celo, por tanto di: He aquí, yo le doy mi pacto de paz, y será para él, y para su descendencia después de él, pacto de sacerdocio perpetuo, porque tuvo celo por su Dios, e hizo expiación para los hijos de Israel" (Núm. xxv. 10-13). Ser celoso con el celo de Dios, ser celoso del honor de Dios y levantarse contra el pecado, es la puerta a la Alianza de un sacerdocio eterno, es el secreto para ser confiado por Dios con la obra sagrada de enseñar a Su pueblo, y quemar incienso delante de él, y apartando a muchos de la iniquidad

Incluso el Nuevo Pacto está en peligro de ser abusado por la búsqueda de nuestra propia felicidad o santidad, más que el honor de Dios o la liberación de los hombres. Aun cuando éstos no se descuiden del todo, no siempre ocupan el lugar que les corresponde, ese primer lugar que hace que todo, lo más querido y lo mejor, sea secundario y subordinado a la obra de ayudar y bendecir a los hombres. Un descuido imprudente de todo lo que pueda interferir con la voluntad y los mandamientos de Dios, un celo con el celo de Dios contra el pecado, un testimonio y una lucha contra él a cualquier precio: esta es la escuela de preparación para el oficio sacerdotal.

Esto es lo que el mundo necesita hoy en día: hombres de Dios en quienes arda el fuego de Dios, hombres que puedan pararse y hablar y actuar con poder en nombre de un Dios que, entre Su propio pueblo, es deshonrado por la adoración del oro. becerro. Comprended que como queráis, del lugar dado al dinero y a los ricos en la iglesia, del predominio de la mundanalidad y el lujo, o del peligro más sutil de un culto destinado al verdadero Dios, bajo formas tomadas de los egipcios, y adecuado a la sabiduría y a la vida carnal de este mundo. Una religión que Dios no puede aprobar se encuentra a menudo incluso donde la gente todavía profesa estar en pacto con Dios. "Conságrense hoy al Señor, cada uno sobre su hermano". Este llamado de Moisés es tan necesario hoy como siempre. A cada uno que responde hay la recompensa del sacerdocio.

Que todos los que quieran conocer plenamente lo que significa el Nuevo Pacto, recuerden el Pacto de Vida y Paz de Dios con Leví. Acepta el santo llamado a ser intercesor y a quemar incienso delante del Señor continuamente. Ama, trabaja, ora, cree, como alguien a quien Dios ha buscado y encontrado para estar en la brecha delante de Él. La Nueva Alianza fue dedicada por un sacrificio y una muerte: considéralo tu más maravilloso privilegio, tu entrada más plena en su vida, mientras reflejas la gloria del Señor, y eres transformado en la misma imagen de gloria en gloria, como por el Espíritu del Señor, para que el Espíritu de ese sacrificio y de esa muerte sea la fuerza impulsora de todas vuestras funciones sacerdotales. Sacrifícate, vive y muere por tus semejantes.

Uno de los grandes objetos con los que Dios ha hecho Alianza con nosotros, es, como tantas veces hemos dicho, despertar una fuerte confianza en Sí mismo y en la fidelidad a Su promesa. Y uno de los objetivos que Él tiene al despertar y así fortalecer la fe en nosotros, es que Él pueda usarnos como Sus canales de bendición para el mundo. En la obra de salvar a los hombres, Él quiere que la oración de intercesión ocupe el primer lugar. Él quiere que vengamos a Él para recibir, de Él en el cielo, la vida espiritual y el poder que puede pasar de nosotros a ellos. Él sabe cuán difícil y desesperanzado es en muchos casos tratar con los pecadores; Él sabe que no es cosa fácil para nosotros creer que en respuesta a nuestra oración, el gran poder de Dios se moverá para salvar a los que nos rodean; Sabe que se necesita una fe fuerte para perseverar pacientemente en la oración en los casos en que la respuesta se demora mucho y cada año parece más lejano que nunca. Y así Él se compromete, en nuestra propia experiencia, a probar lo que la fe en Su poder divino puede hacer, al hacer descender sobre nosotros todas las bendiciones del Nuevo Pacto, para que podamos esperar con confianza lo que pedimos para los demás.

En nuestra vida sacerdotal hay todavía otro aspecto. Los sacerdotes no tenían herencia con sus hermanos; el Señor Dios era su herencia. Tenían acceso a Su morada y Su presencia, para que allí pudieran interceder por los demás, y desde allí testificar de lo que Dios es y quiere. Su privilegio personal y su experiencia los capacitaron para su trabajo. Si queremos interceder en el poder, vivamos en la plena realización de la vida del Nuevo Pacto. Nos da no sólo libertad y confianza con Dios, y poder para perseverar; nos da poder con los hombres, ya que podemos testificar y probar lo que Dios ha hecho con nosotros. Aquí está toda la gloria de la Nueva Alianza, que, como Cristo, su Mediador, tenemos el fuego del amor Divino morando en nosotros y consumiéndonos al servicio de los hombres. Que para cada uno de nosotros la principal gloria de la Nueva Alianza sea que es la Alianza de un sacerdocio eterno.

Los Dos Pactos - Capítulo 16
CAPÍTULO XVI - El Ministerio de la Nueva Alianza

"Vosotros sois nuestra carta, escrita en nuestros corazones, conocida y leída de todos los hombres, siendo manifiesto que sois carta de Cristo administrada por nosotros, escrita no con tinta, sino con el Espíritu del Dios vivo; no en tablas de piedra, sino en tablas que son corazones de carne. Y tal confianza tenemos por medio de Cristo hacia Dios: no que seamos suficientes por nosotros mismos, para considerar algo como de nosotros mismos, sino que nuestra suficiencia proviene de Dios, quien también nos hizo ministros suficientes de un nuevo pacto, no de la letra, sino del Espíritu;
porque la letra mata, mas el Espíritu da vida."—2 COR. iii. 2-6.

ÉL ha visto que el Nuevo Pacto es una ministración del Espíritu. El Espíritu Santo ministra toda su gracia y bendición en poder y vida divinos. [8] Lo hace por medio de los hombres, que son llamados ministros de una Nueva Alianza, ministros del Espíritu. El ministerio divino del Pacto a los hombres, y el ministerio terrenal de los siervos de Dios, deben estar igualmente en el poder del Espíritu Santo. El ministerio del Nuevo Pacto tiene su gloria y su fruto en esto, que todo debe ser una demostración del Espíritu y de poder.

Qué contraste con el Antiguo Pacto. Moisés ciertamente había recibido la gloria de Dios brillando sobre él, pero tuvo que poner un velo sobre su rostro. Israel fue incapaz de mirarlo. Al escuchar y leer a Moisés, había un velo en sus corazones. De Moisés podrían recibir conocimiento, pensamientos y deseos; el poder del Espíritu de Dios, para capacitarlos para ver la gloria de lo que Dios habla, aún no había sido dado. Esta es la suprema gloria del Nuevo Pacto, que es un ministerio del Espíritu; que sus ministros tienen su suficiencia de Dios, quien los hace ministros del Espíritu, y los capacita para hablar las palabras de Dios en el Espíritu, que están escritas en el corazón, y que los oyentes se vuelven legibles, vivas epístolas de Cristo, mostrando la ley escrita en su corazón y en su vida.

¡El ministerio del Espíritu! ¡Qué gloria hay en ello! ¡Qué responsabilidad trae! ¡Qué suficiencia de gracia se le proporciona! ¡Qué privilegio, ser un ministro del Espíritu!

Cuantas decenas de miles tenemos por toda la cristiandad que son llamados ministros del evangelio. ¡Qué inconcebible influencia ejercen para la vida o para la muerte sobre los millones que dependen de ellos para su conocimiento y participación en la vida cristiana! ¡Qué poder sería si todos estos fueran ministros del Espíritu! Estudiemos la palabra, hasta que veamos lo que Dios quiso que fuera el ministerio, y aprendamos a tomar nuestra parte orando y trabajando para tenerlo nada menos.

Dios nos ha hecho ministros del Espíritu. El primer pensamiento es que un ministro del Nuevo Pacto debe ser un hombre personalmente poseído por el Espíritu Santo. Hay una obra doble del Espíritu: una en dar una disposición y un carácter santos, la otra en calificar y capacitar a un hombre para el trabajo. Lo primero siempre debe ser lo primero. La promesa de Cristo a sus discípulos, de que recibirían el Espíritu Santo para su servicio, fue dada muy definitivamente a aquellos que lo habían seguido y amado, y guardado sus mandamientos. De ninguna manera es suficiente que un hombre haya nacido del Espíritu. Si ha de ser un "ministro suficiente" del Nuevo Pacto, debe saber lo que es ser guiado por el Espíritu, andar en el Espíritu y decir:

"La ley del Espíritu de vida en Cristo Jesús ha me hizo libre de la ley del pecado y de la muerte". ¿Quién que quiera aprender griego o hebreo aceptaría a un profesor que apenas conoce los elementos de estos idiomas? ¿Y cómo puede un hombre ser ministro del Nuevo Pacto, que es tan enteramente "un ministerio del Espíritu", un ministerio de vida y poder celestiales, a menos que sepa por experiencia lo que es vivir en el Espíritu? El ministro debe, ante todo, ser prueba y testimonio personal de la verdad y del poder de Dios en el cumplimiento de lo que promete la Nueva Alianza. Los ministros deben ser hombres escogidos; los mejores especímenes y ejemplos de lo que el Espíritu Santo puede hacer para santificar a un hombre, y por la obra del poder de Dios en él, prepararlo para Su servicio.

Dios nos ha hecho ministros del Espíritu. Junto a este pensamiento, de ser personalmente poseídos por el Espíritu, viene la verdad de que toda su obra en el ministerio puede realizarse en el poder del Espíritu. ¡Qué inefable y preciosa seguridad! Cristo los envía a hacer una obra celestial, a hacer Su obra, a ser los instrumentos en Sus manos, por los cuales Él obra: Él los reviste con un poder celestial. Su llamado es "predicar el evangelio con el Espíritu Santo enviado del cielo". En lo que se refiere a los sentimientos, tal vez tengan que decir como Pablo: "Estuve con vosotros en debilidad, en temor y en mucho temblor". Eso no impide que agreguen, más bien, ese puede ser el secreto de su capacidad para agregar: "Mi predicación fue en demostración del Espíritu y de poder". Si un hombre ha de ser ministro de la Nueva Alianza, mensajero y maestro de su verdadera bendición, para llevar a los hijos de Dios a vivir en ella, nada menos que una experiencia plena de su poder en sí mismo, como el El Espíritu lo ministra. Ya sea alimentándose de la palabra de Dios mismo, o buscando en ella el mensaje de Dios para su pueblo, ya sea en la oración secreta o de intercesión, ya sea en la relación privada con las almas o en la enseñanza pública, debe esperar, recibir, ceder a la energización del Espíritu Santo, como el gran poder de Dios trabajando con él. Esta es su suficiencia para la obra. Cada día puede reclamar y recibir de nuevo la unción con aceite fresco, la nueva inspiración de Cristo de su propio Espíritu y vida.

Dios nos ha hecho ministros del Espíritu. Hay algo todavía, de no menos importancia. El Ministro del Espíritu debe cuidar especialmente de conducir a los hombres al Espíritu Santo. Muchos dirán: Si es guiado por el Espíritu al enseñar a los hombres, ¿no es suficiente? De ninguna manera. Los hombres pueden volverse demasiado dependientes de él; los hombres pueden tomar sus enseñanzas bíblicas de segunda mano y, aunque hay poder y bendición en su ministerio, tienen motivos para maravillarse de que los resultados no sean definitivamente espirituales y permanentes. La razón es simple. El Nuevo Pacto es: ya no enseñará cada uno a su hermano, conocerá al Señor, porque todos me conocerán, desde el más pequeño hasta el más grande. El Padre quiere que cada hijo, desde el más pequeño, viva en continuo trato personal consigo mismo. Esto no puede ser, a menos que se le enseñe y ayude a conocer y esperar en el Espíritu Santo. El estudio de la Biblia y la oración, la fe, el amor y la obediencia, todo el andar diario debe enseñarse como totalmente dependiente de la enseñanza y la obra del Espíritu que mora en nosotros.

El ministro del Espíritu, muy definida y perseverantemente, apunta fuera de sí mismo hacia el Espíritu. Esto es lo que hizo Juan el Bautista. Fue lleno del Espíritu Santo desde su nacimiento, pero envió a los hombres lejos de sí mismo a Cristo, para que fueran bautizados por Él con el Espíritu. Cristo hizo lo mismo. En su discurso de despedida, llamó a sus discípulos a pasar de su instrucción personal a la enseñanza interior del Espíritu Santo, que debía morar en ellos y guiarlos a la verdad y el poder de todo lo que les había enseñado.

No hay nada tan necesario en la Iglesia de hoy. Toda su debilidad y formalidades y mundanalidad, la falta de santidad, de devoción personal a Cristo, de entusiasmo por Su causa y reino, se debe a una cosa: el Espíritu Santo no es conocido, honrado y rendido, como el único , como la única fuente suficiente de una vida santa. El Nuevo Pacto no se conoce como una ministración del Espíritu en el corazón de cada creyente. Lo único que la Iglesia necesita es que el Espíritu Santo en Su poder habite y gobierne en la vida de los santos de Dios. Y como uno de los principales medios para lograrlo, se necesitan ministros del Espíritu, que vivan ellos mismos en el disfrute y el poder de este gran don, que trabajen persistentemente para llevar a sus hermanos a la posesión de su derecho de nacimiento: el Espíritu Santo en el corazón, manteniendo, en el poder divino, una comunión incesante con el Hijo y con el Padre. La ministración del Espíritu hace posible y eficaz el ministerio del Espíritu. Y el ministerio del Espíritu vuelve a hacer del ministerio del Espíritu una realidad experimental actual en la vida de la Iglesia.

Sabemos cuán dependiente es la Iglesia de su ministerio. Lo contrario no es menos cierto. Los ministros dependen de la Iglesia. Ellos son sus hijos; respiran su atmósfera; comparten su salud o enfermedad; dependen de su compañerismo e intercesión. Que ninguno de nosotros piense que todo lo que el Nuevo Pacto nos llama es a ver que personalmente aceptamos y nos regocijamos en sus bendiciones. De hecho no; Dios quiere que todos los que entren en él sepan que sus privilegios son para todos sus hijos, y que se entreguen para darlo a conocer. Y no hay manera más eficaz de hacer esto que pensando en el ministerio de la Iglesia. Compare el ministerio a su alrededor con su patrón en la palabra de Dios (ver especialmente 1 Cor. ii.; 2 Cor. iii.). Únase a otros que saben cómo el Nuevo Pacto no es nada, si no es un ministerio del Espíritu, y clame a Dios por un ministerio espiritual. Pídele a Dios el Espíritu Santo que te enseñe lo que se puede hacer, lo que puedes hacer, para que el ministerio de tu Iglesia se convierta en uno verdaderamente espiritual. La condena humana hará tan poco bien como la aprobación humana. Es a medida que el lugar supremo del Espíritu Santo, como el representante y revelador del Padre y el Hijo, se nos aclara, que el único deseo de nuestro corazón, y nuestra oración continua, será que Dios descubra así a todos los ministros de su palabra su vocación celestial, para que sobre todas las cosas busquen esto: ser suficientes ministros del Nuevo Pacto, no de la letra, sino del Espíritu.

[8] Puede ser bueno leer de nuevo y comparar el Capítulo VII.: "El Nuevo Pacto: una ministración del Espíritu.")

Las Dos Alianzas - Capítulo 17 - CAPÍTULO XVII Su Santa Alianza

"Para recordar Su Santo Pacto; para concedernos que, siendo librados de las manos de nuestros enemigos, le sirvamos sin temor, en santidad y justicia delante de Él, todos nuestros días."-LUCAS i. 68-75.

ENTONCES Zacarías fue lleno del Espíritu Santo y profetizó, habló de la visita de Dios y la redención de Su pueblo, como un recuerdo de Su Santo Pacto. Él habla de cuáles serían las bendiciones de ese Pacto, no en palabras que se hayan usado antes, sino en lo que es manifiestamente una revelación Divina para él por el Espíritu Santo; y recoge todas las promesas anteriores en estas palabras: "Que debemos servirle sin temor, en santidad y justicia delante de él todos los días de nuestra vida". La santidad en la vida y el servicio debe ser el gran don de la Alianza de Santidad de Dios. Como hemos visto antes, la Antigua Alianza proclamaba y exigía la santidad; lo Nuevo lo proporciona; la santidad de corazón y de vida es su gran bendición.

No hay atributo de Dios tan difícil de definir, tan peculiarmente un asunto de revelación Divina, tan misterioso, incomprensible e inconcebiblemente glorioso, como Su Santidad. Es aquello por lo cual Él es especialmente adorado en Su majestad en el trono del cielo (Isa. vi. 2; Rev. iv. 8, xv. 4). Une su justicia, que juzga y condena, con su amor, que salva y bendice. Como el Santo, Él es un fuego consumidor (Isa. x. 17); como el Santo Él ama habitar entre Su pueblo (Isa. xii. 6). Como el Santo, Él está a una distancia infinita de nosotros; como el Santo, Él se acerca inconcebiblemente, y nos hace uno con Él, nos hace semejantes a Él. El único propósito de Su santo Pacto es hacernos santos como Él es santo.

Como el Santo Él dice: "Yo soy santo, sed vosotros santos; yo soy el Señor que os santifica, que os santifica". La cumbre más alta concebible de bienaventuranza es que seamos partícipes de la naturaleza divina, de la santidad divina.

Esta es la gran bendición que trae Cristo, el Mediador de la Nueva Alianza. Él ha sido hecho para nosotros "justicia y santificación": justicia para, como preparación para, la santificación [9] o la santidad. Oró al Padre: "Santifícalos; por ellos yo me santifico a mí mismo, para que ellos también sean santificados en la verdad". En Él somos santificados, santos, santos (Rom. i. 7; 1 Cor. i. 2). Nos hemos revestido del nuevo hombre, creado según Dios en justicia y santidad. La santidad es nuestra naturaleza misma.

Somos santos en Cristo. A medida que lo creamos, que lo recibamos, que nos rindamos a la verdad y nos acerquemos a Dios para que la santidad se manifieste y se revele en comunión con Él, su fuente, sabremos cuán divinamente verdadero es.

Es por esto que el Espíritu Santo ha sido dado en nuestros corazones. Él es el "Espíritu de Santidad". Toda su obra está en el poder de la santidad. Pablo dice: "Dios nos ha escogido para salvación, en santificación del Espíritu y fe en la verdad". Tan simple y completa como es nuestra dependencia de la palabra de verdad, como los medios externos, nuestra confianza debe estar en el poder oculto para la santidad que trae la obra del Espíritu. La conexión entre el propósito de elección de Dios y la obra del Espíritu, con la palabra que obedecemos, aparece con igual claridad en Pedro: "Elegidos en santificación del Espíritu para la obediencia". El Espíritu Santo es el Espíritu de la vida de Cristo; a medida que lo conocemos, honramos y confiamos en Él, aprenderemos y también experimentaremos que, en el Nuevo Pacto, como el ministerio del Espíritu, la santificación, la santidad del Espíritu Santo es nuestro derecho de pacto. Estaremos seguros de que, como Dios ha prometido, así obrará en nosotros, que "sin temor le sirvamos en justicia y santidad delante de él, todos los días de nuestra vida". Con un tesoro de santidad en Cristo y el mismo Espíritu de santidad en nuestros corazones, podemos vivir vidas santas. Es decir, si creemos en Aquel "que obra en nosotros tanto el querer como el hacer".

A la luz de esta promesa de Alianza, con el Hijo Santísimo y el Espíritu Santo obrando en nosotros, qué nuevo sentido se da a la enseñanza del Nuevo Testamento. Tomemos la primera epístola que escribió San Pablo. Estaba dirigida a hombres que sólo unos meses antes se habían apartado de los ídolos para servir al Dios vivo y esperar a su Hijo del cielo. Las palabras que dice acerca de la santidad que pueden aspirar y esperar, porque Dios la va a obrar en ellos, son tan grandiosas que muchos cristianos las pasan por alto, como prácticamente ininteligibles (1 Tes. iii. 13): "La Señor os haga crecer y abundar en amor, a fin de que él afirme vuestros corazones irreprensibles en santidad en la venida de nuestro Señor Jesús con todos sus santos". Eso promete santidad, santidad intachable, un corazón intachable en santidad, un corazón establecido en todo esto por Dios mismo. De hecho, Pablo podría decir de una palabra como esta: "¿Quién ha creído a nuestro anuncio?" Él había escrito de sí mismo (ii. 10): "Vosotros sabéis cuán santa, justa e intachablemente nos comportamos". Él les asegura que lo que Dios ha hecho por él, Él lo hará por ellos: darles corazones irreprensibles en santidad.

La Iglesia cree tan poco en el gran poder de Dios, y en la verdad de Su Santo Pacto, que apenas se habla de la gracia de tal santidad de corazón. El versículo se cita a menudo en relación con "la venida de nuestro Señor Jesús con sus santos"; pero su verdadero punto y gloria, que cuando Él venga, podamos encontrarlo con corazones intachables en santidad por Dios mismo: demasiado poco se entiende, proclama o espera.

O tomemos otro versículo de la Epístola (v. 21), también dirigido a estos jóvenes convertidos del paganismo, en referencia a la venida de nuestro Señor. Algunos piensan que hablar mucho de la venida del Señor nos hará santos. ¡Pobre de mí! qué poco lo ha hecho en muchos casos. Es la santidad del Nuevo Pacto, obrada por Dios mismo en nosotros, creída y esperada de Él, la que puede hacer que nuestra espera difiera de las expectativas carnales de los judíos o de los discípulos. Escuche: "EL MISMO DIOS DE LA PAZ" --esa es la nota clave del Nuevo Pacto-- lo que usted nunca puede hacer, Dios lo obrará en usted: "SANTIFICARLO COMPLETAMENTE"; esto puedes pedirlo y esperarlo: "y que vuestro espíritu, alma y cuerpo sean guardados íntegros, SIN CULPA, para la venida de nuestro Señor Jesucristo". Y ahora, como para responder a la duda que surgirá: "Fiel es el que os llama, EL QUE TAMBIÉN LO HARÁ". Nuevamente, es el secreto del Nuevo Pacto: lo que no ha entrado en el corazón del hombre, DIOS OBRARÁ en aquellos que esperan en Él. Hasta la Iglesia. despierta para ver y creer que nuestra santidad debe ser la obra todopoderosa inmediata del Dios Tres-Uno en nosotros, y que toda nuestra religión debe ser una dependencia incesante para recibirla directamente de Él mismo, estas promesas permanecen como un libro sellado.

Volvamos ahora a la profecía del Espíritu Santo por Zacarías, de Dios recordando el Pacto de Su Santidad, para hacernos santos, para afirmar nuestros corazones irreprensibles en santidad, para que le sirvamos EN SANTIDAD Y JUSTICIA. Note cómo cada palabra es significativa.
Para concedernos. Es ser un regalo de lo alto. La promesa dada con el Pacto fue: "Yo, el Señor, lo he dicho; lo cumpliré". Necesitamos rogar a Dios que nos muestre lo que hará y que lo hará. Cuando nuestra fe espera todo de Él, se encontrará la bendición.

"Que nosotros, siendo librados de las manos de nuestros enemigos". Acababa de decir antes: Ha levantado un cuerno de salvación para nosotros; salvación de nuestros enemigos y la mano de todos los que nos odian. Sólo un pueblo libre puede servir a un Dios Santo, o scr santo. Es sólo como la enseñanza de Rom. vi.-viii. se experimenta, y sé lo que es que somos "librados del pecado" y "librados de la ley", y que "el Espíritu de vida en Cristo Jesús me ha librado de la ley del pecado y de la muerte", que en perfecta libertad de todo poder que pudiera obstaculizar, puedo esperar que Dios haga Su obra poderosa en mí.

debe servirle. Mi siervo no me sirve gastando todo su tiempo en arreglarse para el trabajo, sino en hacer mi trabajo. El Pacto Santo nos hace libres y nos dota de la gracia Divina, para que Dios nos tenga para Su obra, la misma obra que Cristo comenzó, y ahora continuamos.

Sin miedo. Con confianza y valentía de niño delante de Dios. Y ante los hombres también. Una libertad del miedo en cada dificultad, porque habiendo aprendido a saber que Dios obra todo en nosotros, podemos confiar en que Él obrará todo por nosotros ya través de nosotros.

Antes que él. Con Su presencia continua c incesante todo el día, como la seguridad incesante de nuestra obediencia y nuestra valentía, el secreto infalible de nuestra santificación total.

Todos nuestros días. No solo todo el día por un día, sino por cada día, porque Jesús es un Sumo Sacerdote en el poder de una vida sin fin, y la poderosa operación de Dios prometida en el Pacto es tan inmutable como Dios mismo. ¿No es como si comenzaras a ver que la palabra de Dios parece significar más de lo que jamás habías imaginado o esperado? Está bien que así sea. Es solo cuando comienzas a decir: Gloria a Aquel que es poderoso para hacer todas las cosas mucho más abundantemente de lo que podemos pedir o pensar, y esperar que el poder y la gracia todopoderosos, sobrenaturales y totalmente inconmensurables de Dios produzcan la vida del Nuevo Pacto en ti, y para hacerlos santos, para que realmente lleguen al lugar de impotencia y dependencia donde Dios puede obrar.

Te ruego, hermano mío, que creas que la palabra de Dios es verdadera, y digas con Zacarías: "Bendito sea el Señor, el Dios de Israel, que ha visitado a su pueblo, para recordar SU SANTO PACTO, y para concedernos, que podamos , librados de la mano de nuestros enemigos, le sirvamos sin temor, en santidad y en justicia delante de Él, todos nuestros días".

[9] Acordaos que las palabras santificar, santidad, santo son las mismas que santificar, santidad, santo.

Los Dos Pactos - Capítulo 18
CAPÍTULO XVIII
Entrando en la Alianza: con todo el Corazón

"Y ellos entraron en el pacto de buscar al Señor Dios de sus padres con todo su corazón y toda su alma."-- 2 CRON. XV. 12 (ver xxxiv. 31 y 2 Reyes xxiii. 3).

"El Señor tu Dios circuncidará tu corazón, para que ames al Señor tu Dios con todo tu corazón y con toda tu alma". - DEUT. xxx. 6.

"Y les daré un corazón para que me reconozcan que yo soy el Señor, y me serán por pueblo, y yo seré a ellos por Dios, porque se volverán a mí de todo su corazón."—JER. xxiv. 7 (ver xxix. 13).

Y haré con ellos un pacto perpetuo, que no me volveré atrás de hacerles bien; pero pondré mi temor en sus corazones, para que no se aparten de mí. Sí, me regocijaré sobre ellos para hazles bien, con todo mi corazón y con toda mi alma". --JER. xxxiii. 40

EN los días de Asa, Ezequías y Josías, leemos que Israel entró en "el Pacto" con todo su corazón, "para cumplir las palabras del Pacto que están escritas en el libro". De los días de Asa, leemos: "Ellos juraron al Señor; y todo Judá se regocijó en el juramento, porque habían jurado con todo su corazón, y con todo su deseo lo buscaron, y Él fue hallado entre ellos". La sinceridad es el secreto para entrar en la Alianza, y encontrar a Dios entre nosotros en ella.

La sinceridad es el secreto del gozo en la religión: una entrada completa a todas las bendiciones que trae el Pacto. Dios se regocija en Su pueblo para hacerle el bien, con todo Su corazón y con toda Su alma: necesita, de nuestra parte, todo nuestro corazón y toda nuestra alma para entrar y gozar de este gozo de Dios en hacernos bien con todo Su corazón y toda su alma. con la medida con que midamos, se nos volverá a medir.

Si hemos entendido la enseñanza de la palabra de Dios con respecto al Nuevo Pacto, sabemos lo que revela con respecto a las dos partes que se encuentran en él. Por parte de Dios está la promesa de hacer por nosotros y en nosotros todo lo que necesitamos para servirlo y disfrutarlo. Él se regocijará en hacernos bien, con todo Su corazón. Él será nuestro Dios, haciendo por nosotros todo lo que un Dios puede hacer, dándose a sí mismo como Dios para ser totalmente nuestro. Y de nuestro lado está la perspectiva que se nos ofrece de que podamos, en el poder de lo que Él se compromete a hacer, "volvernos a Él con todo nuestro corazón", "amarlo con todo nuestro corazón y con todas nuestras fuerzas". El primer y gran mandamiento, los únicos términos posibles en los que Dios puede revelarse plenamente a sí mismo, o darse a sí mismo a su criatura para que lo disfrute, es: "Amarás al Señor tu Dios con todo tu corazón". Esa ley es inmutable. El Nuevo Pacto viene y nos trae la gracia de obedecer, elevándonos al amor de Dios como el aire que respiramos, y permitiéndonos, en la fe de esa gracia, levantarnos y tener buen ánimo, y con todo nuestro corazón. rendirnos al Dios del Pacto, y la vida en Su servicio.

¡De todo corazón en el amor y el servicio de Dios! ¿Cómo hablaré de ello? ¿De su imperiosa necesidad? Es la única condición inalterable de la verdadera comunión con Dios, de la cual nada puede suplir la falta. ¿De su infinita razonabilidad? Con tal Dios, una fuente misma de todo lo que es amoroso y amable, de todo lo que es bueno y bendito, el Dios Todoglorioso: seguramente no puede haber un pensamiento por un momento de que se le deba otra cosa, o de nuestro consentimiento. ofrecerle nada menos que el amor de todo el corazón. ¿De su indecible bienaventuranza? Amarlo con todo el corazón es la única manera posible de recibir en nuestro corazón su gran amor y de gozarnos en él, entregarse a ese amor poderoso y dejarse llevar por el mismo Dios, así como un amor terrenal entra en nosotros y nos hace alegrarnos, para darnos el gusto y el gozo de la celestialidad de ese amor. ¿De su terrible carencia? Sí, ¿qué voy a hablar de esto? Donde encontrar palabras para abrir los ojos y llegar al corazón, y mostrar cuán casi universal es la falta de verdadera entrega en la fe y el amor de Dios, en el deseo de amarlo con todo el corazón, en el sacrificio de todo para poseerlo. , para agradarle, para estar totalmente poseído de Él? ¿Y luego de la bendita certeza de su realizabilidad? El Pacto lo ha previsto. El Dios Triuno lo obrará tomando posesión del corazón, y habitando allí. El Santísimo Mediador de la Alianza se compromete por todo lo que tenemos que hacer. Su amor apremiante derramado en nuestros corazones por el Espíritu Santo puede traerlo y mantenerlo. Sí, pregunto ¿cómo voy a hablar de todo esto? ¿No hemos hablado ya bastante de ello en este libro? ¿No necesitamos algo más que palabras y pensamientos? ¿No es lo que necesitamos más bien esto: volvernos tranquilamente al Espíritu Santo que mora en nosotros, y en la fe de la luz y la fuerza que nuestro Señor da a través de Él, aceptar y actuar lo que Dios nos dice del Dios dado? corazón que ha puesto dentro de nosotros, la sinceridad forjada por Dios que obra? Seguramente el corazón nuevo que nos ha sido dado para amar a Dios, con el Espíritu de Dios en él, es enteramente para Dios. Que nuestra fe acepte y se regocije en el don maravilloso, y no tema decir: Te amaré, oh Señor, con todo mi corazón. Solo piensa por un momento en lo que significa que Dios nos haya dado tal corazón.

Sabemos lo que significa el dar de Dios. Su dar depende de nuestro recibir. Él no nos impone posesiones espirituales. Él promete y da, en la medida en que el deseo y la fe estén dispuestos a recibir. Él da el poder divino; a medida que la fe se entrega a ese poder y acepta el don, se convierte consciente y experimentalmente en nuestra posesión.

Como dones espirituales, las dádivas de Dios no son reconocidas por los sentidos o la razón. "Cosas que oído no ha oído, ni han subido en corazón de hombre, son las que Dios ha preparado para los que le aman. Pero Dios nos las reveló a nosotros por su Espíritu. Hemos recibido el Espíritu que es de Dios, para que conocer las cosas que Dios nos ha dado gratuitamente". En la medida en que os dejéis guiar y enseñar por el Espíritu, vuestra fe podrá, a pesar de toda falta de sentimiento, regocijarse en la posesión del corazón nuevo y de todo lo que se da con él.

Entonces, este dar Divino es continuo. Le doy un regalo a un hombre; lo toma, y nunca lo vuelvo a ver. Entonces Dios otorga dones temporales a los hombres, y ellos nunca piensan en Él. Pero los dones espirituales solo deben recibirse y disfrutarse en comunicación incesante con Dios mismo. El nuevo corazón no es un poder que tengo en mí mismo, como las dotes naturales de pensar o amar. No, es sólo en la dependencia incesante de Dios, en estrecho contacto con Dios, que el don celestial de un nuevo corazón puede mantenerse ileso, puede fortalecerse día tras día. Sólo en la presencia inmediata de Dios, en una dependencia directa e ininterrumpida de Él, se conservan las dotes espirituales.

Luego, además, los dones espirituales solo se pueden disfrutar si los ponemos en práctica con fe. Ninguna de las gracias de la vida cristiana, como el amor, la mansedumbre o la audacia, puede sentirse o conocerse, y mucho menos fortalecerse, hasta que empecemos a ejercitarlas. No debemos esperar a sentirlas, o a sentir la fuerza para ellas. ; debemos, en la obediencia de la fe que nos son dadas y escondidas dentro de nosotros, practicarlas. Cualquier cosa que leamos sobre el nuevo corazón, y de todo lo que Dios le ha dado en el Nuevo Pacto, debe ser creído con valentía y llevado a la acción.

Todo esto es especialmente cierto en el caso de la sinceridad y el amor a Dios con todo nuestro corazón. Puede que al principio seas muy ignorante de todo lo que implica. Dios ha plantado el nuevo corazón en medio de la carne, la cual, con su principio animador, el YO, tiene que ser negado, para ser mantenido crucificado, y por el Espíritu Santo para ser mortificado. Dios te ha puesto en medio de un mundo del cual, con todo lo que es de él y su espíritu, debes salir y estar completamente separado. Dios te ha dado tu trabajo en Su reino, para lo cual te pide todo tu interés, tiempo y fuerza. En todos estos tres aspectos necesita sinceridad, para permitirle hacer los sacrificios que se requieran. Si tomas el estándar ordinario de la vida cristiana que te rodea, encontrarás que la sinceridad, la intensa devoción a Dios y su servicio, apenas se piensa en ello. Cómo sacar lo mejor de ambos mundos, inocentemente para disfrutar tanto como sea posible de esta vida presente, es el principio rector y, como consecuencia natural, el mundo presente asegura la mayor parte de los intereses. Complacerse a sí mismo se considera legítimo, y la vida cristiana de no complacerse a sí mismo tiene poco lugar. La sinceridad os guiará, y. capacítalo a ti también para aceptar el mandato de Cristo y venderlo todo por la perla de gran precio. Aunque al principio tengas miedo de lo que pueda implicar, no dudes en pronunciar la palabra con frecuencia al oído de tu Padre: con todo mi corazón. Podéis contar con el Espíritu Santo para abriros su sentido, para mostraros a qué servicio o a qué sacrificio Dios os llama en él, para aumentar su poder, para revelar su bienaventuranza, para hacer de él el espíritu mismo de vuestra vida de devoción a tu Dios del Pacto.

Y ahora, ¿quién está listo para entrar en este Nuevo y Eterno Pacto con todo su corazón? Que cada uno de nosotros lo haga.

Comiencen pidiéndole a Dios muy humildemente que les dé por medio del Espíritu que mora en ustedes, la visión de la vida celestial de amor incondicional y obediencia, tal como ha sido preparada para ustedes en Cristo. Es una realidad existente, una dotación espiritual de la vida de Dios que puede venir sobre ti. Te está asegurado en el Pacto, y en Cristo Jesús, su Garantía. Pídele fervientemente, definitivamente, con fe, que Dios te revele esto. No descanses hasta que sepas completamente lo que tu Padre quiere que seas, y ha provisto para tu ser más seguro.

Cuando empieces a ver por qué se dio el Nuevo Pacto, y qué promete, y cuán divinamente ciertas son sus promesas, ofrécete a Dios sin reservas para ser tomado en él. Ofrécete, si Él te acepta, amarlo con todo tu corazón y obedecerlo con todas tus fuerzas. No te detengas, no tengas miedo. Dios ha jurado hacerte bien con todo su corazón: di, no dudes en decir, que en esta Alianza, en la que Él promete hacerte volver a Él y amarlo con todo tu corazón, tú ahora con tu entra todo el corazón. Si hay algún temor, sólo pide de nuevo y con fe una visión de la vida de Alianza: Dios jurando hacerte bien con todo Su corazón; Dios empeñado en hacerte y capacitarte para amarlo y obedecerlo con todo tu corazón. La visión de esta vida te hará atreverte a decir: En esta Alianza de un amor incondicional en Dios y en mí lo hago con todo mi corazón ahora entra: aquí habitaré.

Cerremos y separémonos de este pensamiento. Un Dios redentor, que se regocija con todo su corazón y con toda su alma en hacernos bien, y en hacer en nosotros todo lo que es agradable delante de él: este es el un lado. Tal es el Dios de la Alianza. Míralo a Él. Creerle. Adoradle. Espera en Él, hasta que el fuego comience a arder, y tu corazón se extienda con todas sus fuerzas para amar a este Dios. Luego el otro lado. Un alma redimida, regocijándose con todo su corazón y toda su alma en el amor de este Dios, entrando en el pacto de amor incondicional, y aventurándose, antes de saberlo, a decirle: Con todo mi corazón te amo, Dios. , mi gran alegría. Así son los hijos del Pacto.

¡Amado lector! no descanses hasta que hayas entrado, a través de la Puerta Hermosa, a través de Cristo la puerta, en este templo del amor, del corazón, de Dios.

Los Dos Pactos - Nota F
NOTA F. -- CAP. XVIII Todo el Corazón

Permítanme dar los pasajes principales en los que se usan las palabras "de todo corazón", "de todo corazón". Un estudio cuidadoso de ellos mostrará cuán sincero amor y servicio es lo que Dios siempre ha pedido, porque Él, en la naturaleza misma de las cosas, no puede pedir nada menos. La aceptación de las palabras con oración y fe despertará la seguridad de que tal amor y servicio de todo corazón es exactamente la bendición que el Nuevo Pacto debía hacer posible. Esa seguridad nos preparará para volvernos a la Omnipotencia de Dios para obrar en nosotros lo que hasta ahora parecía estar fuera de nuestro alcance.

Escuche, primero, la palabra de Dios en Deuteronomio-- iv. 29: "Si buscas al Señor tu Dios, lo encontrarás, si lo buscas de todo tu corazón y de toda tu alma".
vi. 4, 5: "Escucha, oh Israel, el Señor nuestro Dios es el único Señor; y amarás al Señor tu Dios con todo tu corazón, y con toda tu alma, y con todas tus fuerzas".
X. 12: "¿Qué requiere el Señor tu Dios de ti sino que temas al Señor tu Dios, que andes en todos sus caminos, que lo ames y que lo sirvas con todo tu corazón y con toda tu alma".

xi. 13: "Oíd atentamente mis mandamientos, para amar al Señor vuestro Dios, y servirle con todo vuestro corazón y con toda vuestra alma".

XIII. 3: "El Señor vuestro Dios os prueba si amáis al Señor vuestro Dios con todo vuestro corazón y con toda vuestra alma".

xxvi. 16: "Guardarás, pues, estos estatutos y los cumplirás de todo tu corazón y de toda tu alma".

xxx. 2: "Obedecerás su voz con todo tu corazón y con toda tu alma". xxx. 6: "El Señor tu Dios circuncidará tu corazón, para que ames al Señor tu Dios con todo tu corazón y con toda tu alma" (ver también v. 9, 10).

Toma estas palabras tan repetidas como la expresión de la voluntad de Dios con respecto a Su pueblo, y con respecto a ti mismo; pregunta si podrías desear darle a Dios algo menos. Toma el último versículo citado como la promesa Divina del Nuevo Pacto: que Él circuncidará, limpiará tanto el corazón para amarlo con un amor de todo corazón, que la obediencia está a tu alcance; y di si no harás nuevamente voto de guardar este Su primer y gran mandamiento.

Escuche a Josué (xxii. 5): "Cuídense mucho de amar al Señor su Dios, de andar en todos sus caminos, de guardar sus mandamientos, de adherirse a Él y de servirle con todo su corazón y con todo su ser". con toda tu alma".

Escuchemos a Samuel (1 Sam. xii. 20, 24): "No os dejéis de seguir al Señor, sino servid al Señor con todo vuestro corazón. Solamente temed al Señor, y servidle en verdad con todo vuestro corazón".

Escuche a David repetir la promesa de Dios a Salomón (1 Reyes 2:4) "Si tus hijos guardaren su camino, anden delante de mí en verdad con todo su corazón y toda su alma".

Escuche la palabra de Dios acerca de David (1 Reyes 14:8): "Mi siervo David, que me siguió con todo su corazón, para hacer sólo lo que era recto ante mis ojos".

Escuche a Salomón en su oración del templo (1 Reyes viii. 48): "Si se vuelven a ti con todo su corazón y toda su alma, escucha su oración".

Escuche lo que se dice de Jehú (2 Reyes x. 31): "Dijo el Señor a Jehú: Bien has hecho en hacer lo recto ante Mis ojos. Pero Jehú no se cuidó de andar en la ley del Señor con todo su corazón".

De Josías leemos (2 Reyes 23. 3, 25): "El rey y todos los hombres de Judá hicieron un pacto con el Señor, para andar en pos del Señor, con todo su corazón y con toda su alma, para cumplir las palabras de este pacto que están escritos en este libro. No hubo rey como él, que se convirtiera al Señor de todo su corazón, y de toda su alma, y de todas sus fuerzas. Las palabras acerca de Asa, en 2 Crón. XV. 12, 15, teníamos como nuestro texto.

De Josafat, los hombres dijeron (2 Crónicas 22:9): "Buscó al Señor con todo su corazón".

Y de Ezequías está escrito (2 Crónicas 31:21): "En toda obra que comenzó, para buscar a su Dios, la hizo con todo su corazón y prosperó".

¡Oh, que todos pidieran a Dios que les diera, por el Espíritu Santo, una simple visión de sí mismo!--reclamando, dando, aceptando, bendiciendo, deleitándose, el amor y el servicio de todo el corazón--el sacrificio de todo el quemado. -ofrecimiento. Seguramente caerían y se unirían a las filas de los que la han dado; y se niegan a pensar en cualquier cosa como vida religiosa, adoración o servicio, sino en aquello en lo que todo su corazón se volcó hacia Dios. Vaya a los Salmos. Escuche a David (ix. 1, cxi. 1, cxxxviii. 1): "Te alabaré con todo mi corazón". Y en el Salmo cxix., el Salmo del camino de la bienaventuranza: "Bienaventurados los que le buscan de todo corazón. Con todo mi corazón te he buscado. Guardaré tu ley, sí, la observaré con todo mi corazón. Supliqué Tu favor con todo mi corazón. Guardaré Tus preceptos con todo mi corazón. Lloré con todo mi corazón". Alabanza y oración; buscando a Dios y guardando sus preceptos; todos por igual con todo el corazón.

¿No deberíamos comenzar a pedir con más fervor que nunca, tan a menudo como vemos a los hombres ocupados en sus ocupaciones terrenales en busca de dinero, placer, fama o poder, con todo su corazón ? ¿Es este el espíritu con el que los cristianos consideran que se debe servir a Dios? ¿Es este el espíritu con el que le sirvo? ¿No es esto lo único necesario en nuestra religión? ¡Señor, revélanos tu voluntad!

Ahora, solo unas pocas palabras más de los Profetas sobre el nuevo tiempo, el gran cambio que puede llegar a nuestras vidas.

Jer. xxiv. 7: "Les daré un corazón para que me reconozcan que yo soy el Señor; y me serán por pueblo, y yo seré a ellos por Dios, porque se volverán a mí de todo corazón".

xxix. 13: "Me buscaréis y me hallaréis, porque me buscaréis de todo vuestro corazón. Y seré hallado de vosotros, dice el Señor".

xxxiii. 39-41.--Que mi lector no se canse de leer cuidadosamente estas Divinas palabras: contienen el secreto, la semilla, el poder vivo de una transición completa de una vida en la esclavitud del servicio a medias, a la gloriosa libertad de los hijos de Dios.--"Les daré un corazón, para que me teman para siempre. Y haré con ellos pacto perpetuo, que no me apartaré de hacerles bien; mas yo Pondré mi temor en su corazón, para que no se aparten de mí. ¡Sí, me regocijaré sobre ellos para hacerles bien, con todo mi corazón y con toda mi alma!

Debe ser todo obra de Dios. Y Él debe hacerlo con todo Su corazón y con toda Su alma. Lo que necesitamos es la visión de este Dios con todo Su corazón amándonos, anhelando y deleitándose en cumplir Su promesa, y hacernos totalmente Suyos. Esta visión hace que sea imposible no amarlo con todo nuestro corazón. ¡Señor, abre nuestros ojos para que podamos ver!

Joel II. 12: "Por tanto, también ahora, dice el Señor, convertíos a Mí con todo vuestro corazón".

Zeph. iii. 14" "Grita, oh Israel; ALÉGRANSE Y ALGÚNEZCAN CON TODO EL CORAZÓN; El Señor ha quitado tus juicios. ÉL HA EXPULSADO TU ENEMIGO; EL REY DE ISRAEL, EL SEÑOR, ESTÁ EN MEDIO DE TI; NO VERÁS MAS EL MAL."

Ahora una palabra de nuestro Señor Jesús (Mateo 22:37): "Jesús dijo: Amarás al Señor tu Dios con todo tu corazón". Este es el primer y gran mandamiento. Esta es la suma de esa ley que Él vino a cumplir por nosotros y en nosotros, vino a permitirnos cumplir. "Porque lo que era imposible para la ley, por cuanto era débil por la carne, Dios, enviando a su propio Hijo, condenó al pecado en la carne, para que la justicia de la ley se cumpliese en nosotros, que andamos conforme al Espíritu".

¡Alabado sea el Señor! esta justicia de la ley, amar a Dios con todo el corazón, porque el amor es el cumplimiento de la ley, esta justicia de la ley se cumple en nosotros, que andamos conforme al Espíritu. Jesús vino a hacerlo posible. Él da su Espíritu, el Espíritu de vida en Cristo Jesús, para hacerlo realidad. No temamos darnos a nosotros mismos un holocausto aceptable a Dios; amarlo con todo nuestro corazón, mente y fuerza.

Permítanme pedir al lector una vez más que lea atentamente el Capítulo VI, sobre "El Pacto Eterno", y el Capítulo XVIII, sobre "Entrar en el Pacto con Todo el Corazón". Y di entonces, si aún no has entrado plenamente en este pacto de todo corazón, si no estás listo para hacerlo ahora. Dios exige, Dios obra, Dios es, ¡oh, tan infinitamente digno de todo el corazón! No temas decir que Él lo tendrá. Pueden contar confiadamente con el bendito Señor Jesús, la

Garantía del Pacto, cuya misión es hacerlo realidad en ustedes por Su Espíritu, para capacitarlos para ejercer la fe que sabe que el poder de Dios obrará lo que Él ha prometido. En Su Nombre di: ¡Con todo mi corazón te amo!

Mayores hazañas – 17 -
2. La vida cristiana más profunda

La vida cristiana más profunda - Capítulo 1
I. COMUNIÓN DIARIA CON DIOS

1. La primera y principal necesidad de nuestra vida cristiana es la comunión con Dios.

La vida Divina dentro de nosotros proviene de Dios y depende completamente de Él. Así como necesito cada momento el aire fresco para respirar, como el sol cada momento envía su luz de nuevo, así es sólo en comunicación viva directa con Dios que mi alma puede ser fuerte.

El maná de un día se corrompió cuando llegó el día siguiente. Todos los días debo tener gracia fresca del cielo, y la obtengo solo en la espera directa en Dios mismo. Comience cada día demorándose ante Dios y dejando que Él lo toque. Toma tiempo para encontrarte con Dios.

2. Con este fin, que tu primer acto en tu devoción sea ponerte quieto delante de Dios. En la oración o adoración, todo depende de que Dios ocupe el lugar principal. Debo inclinarme en silencio ante Él en humilde fe y adoración, hablando así dentro de mi corazón: "Dios es. Dios está cerca. Dios es amor, anhelando comunicarse conmigo. ahora esperando para obrar en mí, y darse a conocer". Toma tiempo, hasta que sepas que Dios está muy cerca.

3. Cuando le hayas dado a Dios su lugar de honor, gloria y poder, toma tu lugar de más profunda humildad y busca ser lleno del Espíritu de humildad. Como criatura, tu bienaventuranza es ser nada, para que Dios sea todo en ti.

Como pecador, no eres digno de mirar a Dios; inclinarse en auto humillación. Como santo, deja que el amor de Dios te inunde y te incline aún más. Sumérgete ante Él en humildad, mansedumbre, paciencia y entrégate a Su bondad y misericordia. Él te exaltará. ¡Oh! toma tiempo, para abatirte mucho delante de Dios.

4. Entonces acepta y valora tu lugar en Cristo Jesús. Dios no se deleita en nada más que en Su Hijo amado, y no puede estar satisfecho con nada más en aquellos que se acercan a Él. Entrad profundamente en la santa presencia de Dios con la confianza que da la sangre y con la seguridad de que en Cristo sois muy agradables. En Cristo estás dentro del velo. Tienes acceso al mismo corazón y amor del Padre. Este es el gran objeto de la comunión con Dios, que pueda tener más de Dios en mi vida, y que Dios pueda ver a Cristo formado en mí. Guarda silencio ante Dios y deja que Él te bendiga.

5. Este Cristo es una Persona viviente. Él os ama con un amor personal, y busca cada día la respuesta personal de vuestro amor. Míralo a la cara con confianza, hasta que Su amor realmente brille en tu corazón. Alégrale el corazón diciéndole que lo amas. Él se ofrece a ti como Salvador personal y Guardián del poder del pecado. No preguntes, ¿puedo ser guardado de pecar, si me mantengo cerca de Él? pero pregunta, ¿puedo ser guardado de pecar, si Él siempre se mantiene cerca de mí? y ves de inmediato cuán seguro es confiar en Él.

6. No sólo tenemos la vida de Cristo en nosotros como poder, y Su presencia con nosotros como persona, sino que tenemos Su semejanza para ser forjada en nosotros. Él debe ser formado en nosotros, para que Su forma o figura, Su semejanza, pueda ser vista en nosotros. Inclínate ante Dios hasta que tengas una idea de la grandeza y la bienaventuranza de la obra que Dios llevará a cabo en ti este

día. Dile a Dios: "Padre, aquí estoy para que me des tanto de la semejanza de Cristo como pueda recibir". Y espera a oírlo decir: "Hija mía, te doy tanto de Cristo como tu corazón está abierto a recibir". El Dios que reveló a Jesús en la carne y lo perfeccionó, lo revelará en ti y te perfeccionará en él. El Padre ama al Hijo, y se deleita en obrar Su imagen y semejanza en ti. Cuente con que esta bendita obra se realizará en usted mientras espera en su Dios y tiene comunión con Él.

7. La semejanza a Cristo consiste principalmente en dos cosas: la semejanza de su muerte y resurrección (Rom. 6:5). La muerte de Cristo fue la consumación de su humildad y obediencia, la entrega total de su vida a Dios. En Él estamos muertos al pecado. A medida que nos hundimos en la humildad y la dependencia y la entrega total a Dios, el poder de Su muerte obra en nosotros, y somos hechos conformes a Su muerte. Y así lo conocemos en el poder de Su resurrección, en la victoria sobre el pecado, y en todo el gozo y poder de la vida resucitada. Por lo tanto, cada mañana, "presentaos a Dios como vivos de entre los muertos". Él mantendrá la vida que dio y otorgará la gracia de vivir como resucitados.

8. Todo esto sólo puede ser en el poder del Espíritu Santo, que habita en vosotros. Cuenta con Él para glorificar a Cristo en ti. Cuente con Cristo para aumentar en usted el fluir de Su Espíritu. Mientras espera ante Dios para darse cuenta de Su presencia, recuerde que el Espíritu está en usted para revelar las cosas de Dios. Busca en la presencia de Dios tener la unción del Espíritu de Cristo tan verdaderamente que toda tu vida sea en todo momento espiritual.

9. Mientras meditas en esta maravillosa salvación y buscas la plena comunión con el Dios grande y santo, y esperas en

Él para que te revele a Cristo, sentirás cuán necesario es renunciar a todo para recibirlo. Busque la gracia para saber lo que significa vivir totalmente para Dios como lo hizo Cristo. Sólo el Espíritu Santo mismo puede enseñarte lo que puede significar una entrega total de toda la vida a Dios. Espera en Dios para que te muestre en esto lo que no sabes. Que cada acercamiento a Dios y cada petición de comunión con Él vaya acompañada de una entrega nueva, muy definida y completa a Él para que obre en vosotros.

10. "Por la fe" debe ser aquí, como a través de toda la Escritura, y toda la vida espiritual, la nota clave. Mientras permaneces ante Dios, que sea con una fe profunda y tranquila en Él, el Invisible, que es tan cercano, tan santo, tan poderoso, tan amoroso. En una fe profunda y reposada también, que todas las bendiciones y poderes de la vida celestial están a tu alrededor y en ti. Solo entrégate en la fe de una confianza perfecta a la Santísima Trinidad Siempre Bendita para llevar a cabo todo el propósito de Dios en ti. Comience cada día así en comunión con Dios, y Dios será todo en todo para usted.

La vida cristiana más profunda - Capítulo 2
II. PRIVILEGIO Y EXPERIENCIA

"Y le dijo: Hijo, tú siempre estás conmigo, y todo lo que tengo es tuyo". --Lucas 15:31.

Las palabras del texto nos son familiares a todos. El hijo mayor se había quejado y dijo que aunque su padre había hecho un banquete y había matado el ternero cebado para el hijo pródigo, nunca le había dado ni siquiera un cabrito para que pudiera divertirse con sus amigos. La respuesta del padre fue: "Hijo, tú estás siempre conmigo, y todo lo que tengo es tuyo". Uno no puede tener una revelación más maravillosa del corazón de nuestro Padre en el cielo que esto nos señala. A menudo hablamos de la maravillosa revelación del corazón del padre en su acogida al hijo pródigo, y en lo que hizo por él. Pero aquí tenemos una revelación del amor del padre mucho más maravillosa, en lo que le dice al hijo mayor.

Si vamos a experimentar una profundización de la vida espiritual, queremos descubrir claramente cuál es la vida espiritual que Dios quiere que vivamos, por un lado; y, por otro, preguntarnos si estamos viviendo esa vida; o, si no, qué nos impide vivirlo plenamente.

Este tema se divide naturalmente en estas tres cabezas:—I. El alto privilegio de todo hijo de Dios. 2. La baja experiencia de demasiados creyentes. 3. La causa de la discrepancia; y, por último, El camino a la restauración del privilegio.

1. EL ALTO PRIVILEGIO DE LOS HIJOS DE DIOS

Tenemos aquí dos cosas que describen el privilegio: - Primero, "Hijo, tú siempre estás conmigo" - la comunión ininterrumpida con tu Padre es tu porción; Segundo, "Todo lo que tengo es tuyo": todo lo que Dios puede otorgar a Sus hijos es de ellos.

"Tú siempre estás conmigo"; siempre estoy cerca de ti; puedes vivir cada hora de tu vida en Mi presencia, y todo lo que tengo es para ti. Soy un padre, con un corazón de padre amoroso. No negaré nada bueno de ti. En estas promesas, tenemos el rico privilegio de la herencia de Dios. Tenemos, en primer lugar, una comunión ininterrumpida con Él. Un padre nunca despide a su hijo pensando que no le importa que su hijo sepa que lo ama. El padre anhela que su hijo crea que tiene la luz del semblante de su padre sobre él todo el día, que, si envía al niño a la escuela, o a cualquier lugar donde la necesidad lo obligue, es con un sentido de sacrificio de la responsabilidad paterna. sentimientos. Si así es con un padre terrenal, ¿qué pensáis vosotros de Dios? ¿No quiere que cada hijo suyo sepa que vive constantemente a la luz de su rostro? Este es el significado de esa palabra, "Hijo, tú siempre estás conmigo".

Ese era el privilegio del pueblo de Dios en los tiempos del Antiguo Testamento. Se nos dice que "Enoc caminó con Dios". La promesa de Dios a Jacob fue: "He aquí, yo estoy contigo, y te guardaré por dondequiera que fueres, y volveré a traerte a esta tierra; porque no te dejaré hasta que haya hecho lo que te he dicho". de ti". Y la promesa de Dios a Israel a través de Moisés fue: "Mi presencia irá contigo, y te daré descanso". Y en la respuesta de Moisés a la promesa, dice: "¿En qué se sabrá que yo y tu pueblo hemos hallado gracia ante tus ojos? ¿No es que tú vas con nosotros; así seremos separados, yo y tu pueblo , de todos los pueblos que están sobre la faz de la tierra". La presencia de Dios con Israel fue la marca de su separación de otras personas. Esta es la verdad enseñada en todo el Antiguo Testamento; y si es así, ¿cuánto más podemos buscarlo en el Nuevo Testamento? Así encontramos a nuestro Salvador prometiendo a aquellos que lo aman y que guardan Su palabra, que el Padre también los amará, y que el Padre y el Hijo vendrán y harán Su morada con ellos.

Permitan que ese pensamiento entre en sus corazones: que el hijo de Dios está llamado a este bendito privilegio, a vivir cada momento de su vida en comunión con Dios. Está llamado a gozar de la plena luz de Su rostro. Hay muchos cristianos, supongo que la mayoría de los cristianos, que parecen considerar toda la obra del Espíritu como limitada a la convicción y la conversión: no tanto que Él vino a morar en nuestros corazones, y allí nos revela a Dios. a nosotros. Él no vino a morar cerca de nosotros, sino en nosotros, para que podamos ser llenos de Su morada. Se nos ordena que seamos "llenos del Espíritu"; entonces el Espíritu Santo nos manifestaría la presencia de Dios. Esa es toda la enseñanza de la epístola a los Hebreos:—el velo se rasgó en dos; tenemos acceso al Lugar Santísimo por la sangre de Jesús; venimos a la misma presencia de Dios, para que podamos vivir todo el día con esa presencia descansando sobre nosotros. Esa presencia está con nosotros dondequiera que vayamos; y en toda clase de problemas, tenemos reposo y paz imperturbables. "Hijo, siempre estás conmigo".

Hay algunas personas que parecen pensar que Dios, por alguna soberanía ininteligible, retira Su rostro. Pero sé que Dios ama demasiado a Su pueblo como para negarles Su comunión por tal razón. La verdadera razón de la ausencia de Dios en nosotros se encuentra más bien en nuestro pecado e incredulidad, que en cualquier supuesta soberanía Suya. Si el hijo de Dios camina en la fe y la obediencia, la presencia divina se disfrutará en una continuidad ininterrumpida.

Luego está el siguiente bendito privilegio: "Todo lo que tengo es tuyo". Gracias a Dios, Él nos ha dado a Su propio Hijo; y al darlo, nos ha dado todas las cosas que están en él, nos ha dado la vida de Cristo, su amor, su espíritu, su gloria. "Todas las cosas son vuestras, y vosotros de Cristo, y Cristo de Dios". Todas las riquezas de Su Hijo, el Rey eterno, Dios las otorga a cada uno de Sus hijos. "Hijo, siempre estás conmigo, y todo lo que tengo es tuyo". ¿No es ese el significado de todas esas maravillosas promesas dadas en relación con la oración: "Todo lo que pidiereis en mi nombre, lo recibiréis"? Sí, ahí está. Esa es la vida de los hijos de Dios, como Él mismo nos la ha representado.

2. En contraste con este alto privilegio de los creyentes, mire

2. LA BAJA EXPERIENCIA DE DEMASIADOS DE NOSOTROS

El hijo mayor estuvo viviendo con su padre y sirviéndole "esos muchos años", y se queja de que su padre nunca le dio un cabrito, mientras que le dio a su hermano pródigo el ternero cebado. ¿Por qué fue esto? Simplemente porque no lo pidió. No creía que lo obtendría y, por lo tanto, nunca lo pidió y nunca lo disfrutó. Continuó así viviendo en constante murmuración e insatisfacción; y la nota clave de toda esta vida miserable está dada en lo que dijo. Su padre le dio todo, pero él nunca lo disfrutó; y le echa toda la culpa a su amoroso y bondadoso padre. Oh amado, ¿no es esa la vida de muchos creyentes? ¿No muchos hablan y actúan de esta manera? Todo creyente tiene la promesa de una comunión inquebrantable con Dios, pero dice: "No la he disfrutado; me he esforzado mucho y he hecho lo mejor que he podido, y he orado por la bendición, pero supongo que Dios no considera adecuado concederla". ." ¿Pero por qué no? Uno dice, es la soberanía de Dios reteniendo la bendición. El padre no retuvo sus dones al hermano mayor en soberanía; ni nuestro Padre Celestial niega ningún bien a los que le aman. Él no hace tales diferencias entre Sus hijos. "Él es poderoso para hacer que abunde en vosotros toda gracia" fue la promesa hecha por igual a todos en la iglesia de Corinto. Algunos piensan que estas ricas bendiciones no son para ellos, sino para aquellos que tienen más tiempo para dedicarse a la religión y la oración; o sus circunstancias son tan difíciles, tan peculiares, que no podemos tener idea de sus diversos obstáculos. Pero ¿no piensan los tales que Dios, si los pone en estas circunstancias, no puede hacer que su gracia abunde en consecuencia? Admiten que Él podría, si quisiera, obrar un milagro para ellos, que difícilmente pueden esperar. De alguna manera, ellos, como el hijo mayor, echan la culpa a Dios. Así dicen muchos, cuando se les pregunta si disfrutan de una comunión ininterrumpida con Dios: "¡Ay, no! No he podido alcanzar tal altura; es demasiado alta para mí. Sé de algunos que la tienen, y lo leí; pero Dios no me lo ha dado, por alguna razón". ¿Pero por qué no? Piensas, quizás, que no tienes la misma capacidad de bendición espiritual que tienen los demás. La Biblia habla de un gozo "inefable y glorioso" como fruto de creer; de un "amor de Dios derramado en nuestros corazones por el Espíritu Santo que nos ha sido dado". ¿Lo deseamos, verdad? ¿Por qué no conseguirlo? ¿Lo hemos pedido? Pensamos que no somos dignos de la bendición, no somos lo suficientemente buenos; y por lo tanto Dios no lo ha dado. ¡Hay más entre nosotros de los que sabemos, o estamos dispuestos a admitir, que echan la culpa de nuestra oscuridad y de nuestros extravíos a Dios! ¡Cuidarse! ¡Cuidarse! ¡Cuidarse!

Y de nuevo, ¿qué pasa con esa otra promesa? El Padre dice: "Todo lo que tengo es tuyo". ¿Te estás regocijando en los tesoros de Cristo? ¿Estás consciente de tener un suministro abundante para todas tus necesidades espirituales todos los días? Dios tiene todo esto para ti en abundancia. "¡Nunca me diste un hijo!" La respuesta es: "Todo lo que tengo es tuyo. Te lo di en Cristo".

Estimado lector, tenemos tales pensamientos erróneos de Dios. ¿Cómo es Dios? No conozco imagen más bella e instructiva que la del sol. El sol nunca se cansa de brillar; de derramar sus benéficos rayos sobre los buenos y los malos. Podrías cerrar las ventanas con persianas o ladrillos, el sol brillaría sobre ellas de todos modos; aunque nos sentemos en la oscuridad, en la oscuridad total, el brillo sería el mismo. El sol de Dios brilla en cada hoja; en cada flor; en cada brizna de hierba; sobre todo lo que brota de la tierra. Todos reciben esta riqueza de sol hasta que alcanzan la perfección y dan fruto. ¿Aquel que hizo ese sol estaría menos dispuesto a empobrecer Su amor y vida en mí? El sol, ¡qué belleza crea! Y mi Dios, ¿no se deleitaría más en crear una belleza y una fecundidad en mí? ¿Tal, también, como Él ha prometido dar? Y, sin embargo, algunos dicen, cuando se les pregunta por qué no viven en comunión ininterrumpida con Dios: "Dios no me lo da, no sé por qué; pero esa es la única razón que puedo darles: Él no me lo ha dado". a mi." Os acordáis de la parábola del que dijo: "Sé que eres un amo duro, que siegas donde no sembraste y recoges donde no esparciste", pidiendo y exigiendo lo que no has dado. ¡Oh! acerquémonos y preguntemos por qué el creyente vive una experiencia tan baja.

3. LA CAUSA DE ESTA DISCREPANCIA ENTRE LOS DONES DE DIOS Y NUESTRA BAJA EXPERIENCIA

El creyente se queja de que Dios nunca le ha dado un hijo. O bien, Dios le ha dado alguna bendición, pero nunca le ha dado la bendición completa. Él nunca lo ha llenado con Su

Espíritu. "Yo nunca", dice, "tuve mi corazón, como una fuente, dando los ríos de agua viva prometidos en Juan vii. 38". ¿Cual es la causa? El hijo mayor pensó que estaba sirviendo a su padre fielmente "estos muchos años" en la casa de su padre, pero fue con el espíritu de servidumbre y no con el espíritu de un niño, por lo que su incredulidad lo cegó al concepto del amor de un padre . y amabilidad, y no pudo ver todo el tiempo que su padre estaba listo, no solo para darle un cabrito, sino cien, o mil cabritos, si los quería. Simplemente vivía en la incredulidad, en la ignorancia, en la ceguera, privándose de los privilegios que el padre tenía para él. Entonces, si hay una discrepancia entre nuestra vida y el cumplimiento y disfrute de todas las promesas de Dios, la culpa es nuestra. Si nuestra experiencia no es lo que Dios quiere que sea, se debe a nuestra incredulidad en el amor de Dios, en el poder de Dios y en la realidad de las promesas de Dios.

La palabra de Dios nos enseña, en la historia de los israelitas, que fue la incredulidad de su parte la causa de sus problemas, y no alguna limitación o restricción de parte de Dios. Como dice el Salmo 78: - "Cortó las peñas en el desierto, y les dio a beber como de grandes abismos. Sacó también arroyos de la peña, e hizo correr aguas como ríos". Sin embargo, pecaron al dudar de Su poder para proveerles comida: "Hablaron contra Dios; dijeron: ¿Podrá Dios proveer una mesa en el desierto?" (vers. 15-19). Más adelante leemos en el v. 41: "Se volvieron y tentaron a Dios, y limitaron al Santo de Israel". Seguían desconfiando de Él de vez en cuando. Cuando llegaron a Kadesh-Barnea, y Dios les dijo que entraran a la tierra que fluye leche y miel donde habría descanso, abundancia y victoria, solo dos hombres dijeron: "Sí"; podemos tomar posesión, porque Dios puede hacernos vencer." Pero los diez espías y los seiscientos mil hombres respondieron: "No; nunca podremos tomar la tierra; los enemigos son demasiado fuertes para nosotros."

Fue simplemente la incredulidad lo que los mantuvo fuera de la tierra prometida.

Si va a haber alguna profundización de la vida espiritual en nosotros, debemos llegar al descubrimiento y al reconocimiento de la incredulidad que hay en nuestros corazones. Dios conceda que obtengamos esta vivificación espiritual, y que lleguemos a ver que es por nuestra incredulidad que hemos impedido que Dios haga Su obra en nosotros. La incredulidad es la madre de la desobediencia y de todos mis pecados y defectos: mi temperamento, mi orgullo, mi falta de amor, mi mundanalidad, mis pecados de todo tipo. Aunque estos difieren en naturaleza y forma, sin embargo, todos provienen de una sola raíz, a saber, que no creemos en la libertad y la plenitud del don divino del Espíritu Santo para morar en nosotros y fortalecernos y llenarnos con el vida y gracia de Dios todo el día. Mira, te lo ruego, a ese hijo mayor, y pregunta cuál fue la causa de esa terrible diferencia entre el corazón del padre y la experiencia del hijo. No puede haber respuesta sino que fue esta incredulidad pecaminosa la que cegó por completo al hijo a un sentido del amor de su padre.

Querido compañero creyente, quiero decirte que, si no estás viviendo en el gozo de la salvación de Dios, toda la causa es tu incredulidad. No crees en el gran poder de Dios, y que Él está dispuesto por Su Espíritu Santo a obrar un cambio total en tu vida, y te permite vivir en la plenitud de la consagración a Él. Dios quiere que vivas así; pero no lo crees. Si los hombres creyeran realmente en el amor infinito de Dios, ¡qué cambio se produciría! ¿Que es el amor? Es un deseo de comunicarse por el bien del objeto amado, lo opuesto al egoísmo; como leemos en 1 Cor. XIII. "El amor no busca lo suyo". Así, la madre está dispuesta a sacrificarse por el bien de su hijo. Así que Dios en Su amor está siempre dispuesto a impartir bendiciones; y Él es omnipotente en Su amor. Esto es verdad, mis amigos; Dios es omnipotente en amor, y está haciendo todo lo posible para llenar cada corazón en esta casa. "Pero si Dios está realmente ansioso por hacer eso, y si Él es Todopoderoso, ¿por qué no lo hace ahora?" Debes recordar que Dios te ha dado una voluntad, y mediante el ejercicio de esa voluntad, puedes obstaculizar a Dios y permanecer contento, como el hijo mayor, con la vida baja de la incredulidad. Venid, ahora, y veamos la causa de la diferencia entre la alta y bendita provisión de Dios para Sus hijos, y la baja y triste experiencia de muchos de nosotros en la incredulidad que desconfía de Él y lo entristece.

4. EL CAMINO DE LA RESTAURACIÓN: ¿CÓMO SE LLEVARÁ A CABO?

Todos conocemos la parábola del hijo pródigo; y cuántos sermones se han predicado sobre el arrepentimiento, de esa parábola. Se nos dice que "volvió en sí y dijo: Me levantaré e iré a mi padre, y le diré: Padre, he pecado contra el cielo y ante ti". En la predicación, hablamos de esto como el primer paso en una vida cambiada, como conversión, como arrepentimiento, confesión, regreso a Dios. Pero, como este es el primer paso para el hijo pródigo, debemos recordar que este es también el paso que deben dar Sus hijos descarriados, todos los noventa y nueve "que no necesitan arrepentimiento", o piensan que no lo necesitan. A aquellos cristianos que no entienden cuán equivocada es su baja vida religiosa, se les debe enseñar que esto es pecado— incredulidad; y que es tan necesario que sean llevados al arrepentimiento como el hijo pródigo. Habéis oído mucho sobre la predicación del arrepentimiento a los inconversos; pero quiero tratar de predicarlo a los hijos de Dios. Tenemos una imagen de tantos hijos de Dios en ese hermano mayor. Lo que el padre le dijo, para hacer considerar el amor que le tenía, así como amaba al hermano pródigo, así nos lo dice Dios en nuestro contentamiento con una vida tan baja: - "Debes arrepentirte y creer que te amo, y todo lo que tengo es tuyo". Él dice: "Por tu incredulidad, me has deshonrado, viviendo diez, veinte o treinta años, y nunca creyendo lo que era vivir en la bienaventuranza de Mi amor. Debes confesar el mal que Me has hecho en esto, y ser quebrantado en contrición de corazón tan verdaderamente como el hijo pródigo".

Hay muchos hijos de Dios que necesitan confesar, que aunque son Sus hijos, nunca han creído que las promesas de Dios son verdaderas, que Él está dispuesto a llenar sus corazones todo el día con Su bendita presencia. ¿Has creído esto? Si no lo hacéis, toda nuestra enseñanza no os servirá de nada. ¿No dirás: "Con la ayuda de Dios, comenzaré ahora una nueva vida de fe, y no descansaré hasta que sepa lo que significa esa vida. Creeré que estoy en todo momento en la presencia del Padre, y todo que tiene es mío?"

Que el Señor Dios obre esta convicción en los corazones de todos los creyentes fríos. ¿Alguna vez has escuchado la expresión, "una convicción para la santificación?" Ya sabes, el hombre inconverso necesita una convicción antes de la conversión. De la misma manera, el cristiano de mente oscura necesita convicción antes, y para la santificación, antes de llegar a una percepción real de la bienaventuranza espiritual. Debe ser condenado por segunda vez debido a su vida pecaminosa de duda, temperamento y falta de amor. Debe ser quebrantado bajo esa convicción; entonces hay esperanza para él. ¡Que el Padre de misericordia les conceda a todos esa profunda contrición, para que puedan ser conducidos a la bienaventuranza de Su presencia, y disfruten de la plenitud de Su poder y amor!

La vida cristiana más profunda - Capítulo 3
tercero ¿CARNAL O ESPIRITUAL?

"Y Pedro salió y lloró amargamente". --Lucas 22:62.
Estas palabras indican el punto dc inflexión en la vida de Pedro: una crisis. A menudo hay una pregunta sobre la vida de santidad. ¿Creces en eso? o entras en ella ser una crisis de repente? Pedro había estado creciendo durante tres años bajo el entrenamiento de Cristo, pero había crecido terriblemente hacia abajo, porque el fin de su crecimiento fue negar a Jesús. Y entonces vino una crisis. Después de la crisis, fue un hombre cambiado, y luego comenzó a crecer correctamente. De hecho, debemos crecer en la gracia, pero antes de que podamos crecer en la gracia, debemos ser corregidos.

Tú sabes cuáles fueron las dos mitades de la vida de Pedro. En la Palabra de Dios leemos muy a menudo acerca de la diferencia entre el cristiano carnal y el espiritual. La palabra "carnal" proviene de la palabra latina para carne. En Romanos viii, y en Gal. v., se nos enseña que la carne y el Espíritu de Dios son los dos poderes opuestos por los cuales somos dominados o gobernados, y se nos enseña que un verdadero creyente puede permitirse ser gobernado por la carne. Eso es lo que Pablo escribe a los Corintios. En el capítulo 3, los primeros cuatro versículos, les dice cuatro veces: "Vosotros sois carnales, y no espirituales". Y así un creyente puede permitir que la carne tenga tanto poder sobre él que se vuelve "carnal". Cada objeto se nombra de acuerdo con su característica más destacada. Si un hombre es un niño en Cristo y tiene un poco del Espíritu Santo y mucho de la carne, se le llama carnal, porque la carne es su señal principal. Si cede, como lo hicieron los corintios, a la contienda, el temperamento, la división y la envidia, es un cristiano carnal. Es cristiano, pero carnal. Pero si se entrega enteramente al Espíritu Santo para que Él (el Espíritu Santo) pueda librar del mal genio, de la envidia y de la contienda, respirando una disposición celestial; y puede mortificar las obras del cuerpo; entonces la Palabra de Dios lo llama un hombre "espiritual", un verdadero cristiano espiritual.

Ahora, estos dos estilos están notablemente ilustrados en la vida de Pedro. El texto es la crisis y el punto de inflexión en el que comienza a pasar de un lado al otro.
El mensaje que quiero traerles es este: que la gran mayoría de los cristianos, ¡ay!, no son hombres espirituales, y que pueden llegar a ser hombres espirituales por la gracia de Dios. Quiero llegar a todos los que tal vez tengan hambre y anhelen una vida mejor, y les pregunten qué les pasa si no la tienen, para señalarles que lo que está mal es solo una cosa: dejar que la carne gobierne en ustedes, y confiando en el poder de la carne para haceros bien.

Hay una vida mejor, una vida en el poder del Espíritu Santo. Entonces, quiero decirles una tercera cosa. Lo primero es importante, cuida la vida carnal y confiesa si estás en ella. La segunda verdad es muy bendita, hay una vida espiritual; creer que es una posibilidad. Pero la tercera verdad es la más importante: puedes estar a un paso de salir del estado carnal al estado espiritual. ¡Que Dios te lo revele ahora a través de la historia del Apóstol Pedro!

Míralo, en primer lugar, en el estado carnal. ¿Cuáles son las marcas del estado carnal en él? Voluntad propia, complacencia propia, confianza en uno mismo. Solo recuerda, cuando Cristo dijo a los discípulos en Cesarea de Filipo: "El Hijo del Hombre debe ser crucificado", Pedro le dijo: "¡Señor, eso nunca podrá ser!" Y Cristo tuvo que decirle: "¡Aléjate de mí, Satanás!" Querido lector, ¡qué cosa tan terrible para Pedro! No podía entender lo que era un Cristo sufriente. ¡Y Pedro era tan obstinado y seguro de sí mismo que se atrevió a contradecir y reprender a Cristo! ¡Solo piénsalo! Entonces, recuerdan, cómo Pedro y los otros discípulos estaban discutiendo más de una vez sobre quién sería el principal: exaltación propia, autocomplacencia; todos querían el asiento principal en el Reino de Dios. Por otra parte, recuerda la última noche, cuando Cristo le advirtió a Pedro que Satanás había querido zarandearlo y que lo negaría; y Pedro dijo dos veces: "Señor, si todos te niegan, estoy listo para ir a la cárcel ya la muerte". ¡Qué confianza en sí mismo! Estaba seguro de que su corazón estaba bien. Amaba a Jesús, pero confiaba en sí mismo. "¡Nunca negaré a mi Señor! ¿No ven que toda la vida de Pedro es confianza carnal en sí mismo? sólo la vida de la carne. Pedro amaba a Jesús. Dios le había enseñado por el Espíritu Santo. Cristo había dicho: "No te lo reveló la carne ni la sangre, sino mi Padre que está en los cielos". Dios le había enseñado que Cristo era el Hijo de Dios; pero con todo eso, Pedro estaba simplemente bajo el poder de la carne; y por eso Cristo dijo en Getsemaní: "El espíritu está dispuesto pero la carne es débil". poder de la carne, no podéis velar conmigo". Querido lector, ¿a qué condujo todo esto? La carne no solo condujo a los pecados que he mencionado, sino por último a la más triste de las cosas, a la negación real de Pedro de Jesús. .Tres veces dijo la mentira, y una vez con un juramento, "No conozco al hombre. Negó a su bendito Señor. A eso se refiere la vida de la carne. Ese es Pedro.

Ahora, mire en segundo lugar a Pedro después de que se convirtió en un hombre espiritual. Cristo le había enseñado mucho a Pedro. Creo que, si cuentas con cuidado, encontrarás unas siete u ocho veces, Cristo les había hablado a los discípulos sobre la humildad; Tomó a un niño y lo puso en medio de ellos; Él había dicho: "El que se enaltece será abatido, y el que se humilla será enaltecido; lo había dicho tres o cuatro veces; en la última cena les había lavado los pies; pero no todos le habían enseñado a Pedro la humildad.

Todos Las instrucciones de Cristo fueron en vano. Recuérdalo ahora. Un hombre que no es espiritual, aunque pueda leer su Biblia, aunque pueda estudiar la Palabra de Dios, no puede vencer el pecado, porque no está viviendo la vida del Espíritu Santo. Dios tiene ordenó, que el hombre no puede vivir una vida cristiana correcta a menos que esté lleno del Espíritu Santo. ¿Se sorprenden de lo que digo? ¿Han estado acostumbrados a pensar: "Llenos del Espíritu Santo, eso es lo que los apóstoles habían dicho?" ser en el día de Pentecostés; así tenían que ser los mártires y los ministros; pero que todo hombre esté lleno del Espíritu Santo, eso es demasiado alto"? Les digo solemnemente que, a menos que crean eso, nunca llegarán a ser cristianos cabales. Debo estar lleno del Espíritu Santo si quiero serlo. un cristiano de todo corazón.

Luego, observe qué cambio tuvo lugar en Pedro. El Señor Jesús lo llevó hasta Pentecostés, el Espíritu Santo descendió sobre él del cielo, ¿y qué sucedió? El viejo Peter se había ido y era un nuevo Peter. Simplemente lea su epístola y observe la nota clave de la epístola. "A través del sufrimiento a la gloria". Pedro, que había dicho: "Por supuesto, Señor, nunca puedes sufrir ni ser crucificado"; Pedro, quien, para ahorrarse sufrimiento o vergüenza, había negado a Cristo, Pedro se vuelve tan cambiado que cuando escribe su epístola, el pensamiento principal es el mismo pensamiento de Cristo: "El sufrimiento es el camino a la gloria". ¿No ves que el Espíritu Santo había cambiado a Pedro?

Y mira otros aspectos. Mira a Pedro. Era tan débil que una mujer podría asustarlo para que negara a Cristo; pero cuando vino el Espíritu Santo, fue valiente, valiente, valiente para confesar a su Señor a toda costa, estuvo listo para ir a la cárcel ya la muerte, por causa de Cristo. El Espíritu Santo había cambiado al hombre. Mire sus puntos de vista sobre la verdad divina. No podía entender lo que Cristo le enseñaba, no podía asimilarlo. Era imposible antes de la muerte de Cristo; pero en el día de Pentecostés, ¡cómo puede exponer la palabra de Dios como un hombre espiritual! Les digo, amados, cuando el Espíritu Santo viene sobre un hombre, éste se convierte en un hombre espiritual, y en lugar de negar a su Señor, se niega a sí mismo, solo recuerden eso. En el capítulo dieciséis de Mateo cuando Pedro había dicho: "Señor, aunque esté lejos de ti, nunca sucederá que seas crucificado", Cristo le dijo: "Pedro, no sólo seré crucificado yo, sino que tendrás ser crucificado también. Si alguno ha de ser mi discípulo, tome su cruz para morir en ella, niéguese a sí mismo, y sígame". ¿Cómo obedeció Pedro ese mandato? ¡Él fue y negó a Jesús! Mientras un hombre, un cristiano, está bajo el poder de la carne, está negando continuamente a Jesús. Siempre debes hacer una de las dos, debes negarte a ti mismo o debes negar a Jesús, y, ¡ay!, Pedro negó a su Señor en lugar de negarse a sí mismo. Por otro lado, cuando el Espíritu Santo descendió sobre él, no pudo negar a su Señor, pero sí pudo negarse a sí mismo, y alabó a Dios por el privilegio de sufrir por Cristo.

Ahora bien, ¿cómo se produjo el cambio? Las palabras de mi texto nos dicen: "Y saliendo Pedro, lloró amargamente".

¿Qué significa eso? Significa esto, que el Señor llevó a Pedro a llegar al final de sí mismo, a ver lo que había en su corazón, y con su confianza en sí mismo a caer en el pecado más profundo del que un hijo de Dios podría ser culpable;-- públicamente, con juramento, de negar a su Señor Jesús! Cuando Pedro estaba allí en ese gran pecado, el amoroso Jesús lo miró, y esa mirada, llena de amoroso reproche, amorosa piedad, atravesó como una flecha el corazón de Pedro, y salió y lloró amargamente. ¡Alabado sea Dios, ese fue el final del seguro de sí mismo Pedro! ¡Alabado sea Dios, ese fue el punto de inflexión de su vida! Salió con una vergüenza que ninguna lengua puede expresar. Despertó como de un sueño a la terrible realidad "He ayudado a crucificar al bendito Hijo de Dios". Nadie puede imaginar por lo que Pedro debe haber pasado ese viernes, sábado y domingo por la mañana. Pero, bendito sea Dios, en ese domingo Jesús se reveló a Pedro, no sabemos cómo, pero "se le vio a Simón"; luego, por la tarde, vino a él con los otros discípulos y sopló paz y el Espíritu Santo sobre él; y luego, más tarde, saben cómo el Señor le preguntó: "Simón, hijo de Jonás, ¿me amas?" - tres veces, hasta que Pedro se entristeció y dijo: "Señor, tú sabes todas las cosas, tú sabes que Te amo a ti." ¿Qué fue lo que produjo la transición del amor de la carne al amor del Espíritu? Os digo que ese fue el principio: "Pedro salió y lloró amargamente", con el corazón quebrantado, con un corazón que daría cualquier cosa por mostrar su amor a Jesús. Con un corazón que había aprendido a renunciar a toda confianza en sí mismo, Pedro estaba preparado para recibir la bendición del Espíritu Santo.

Y, ahora, puedes ver fácilmente la aplicación de esta historia. ¿No hay muchos viviendo simplemente la vida de Pedro, del Pedro seguro de sí mismo como era? ¿No hay muchos que se lamentan bajo la conciencia: "Soy tan infiel a mi Señor, no tengo poder contra la carne, no puedo vencer mi temperamento, cedo al igual que Pedro al temor del hombre, de la compañía, porque ¿La gente puede influir en mí y obligarme a hacer cosas que no quiero hacer, y no tengo poder para resistirme? Las circunstancias se apoderan de mí, y luego digo y hago cosas de las que me avergüenzo. ¿No hay más de uno que, en respuesta a la pregunta: "¿Estás viviendo como un hombre lleno del Espíritu, devoto de Jesús, siguiéndolo, dándolo todo completamente por Él?", debe decir con tristeza: " Dios sabe que no lo soy. Por desgracia, mi corazón lo sabe". Tú lo dices, y yo vengo, y te presiono con la pregunta: ¿No es tu posición, tu carácter y tu conducta exactamente como la de Pedro? Como Pedro, amas a Jesús, como Pedro sabes que Él es el Cristo de Dios, como Pedro eres muy celoso en trabajar para Él. Pedro había echado fuera demonios en Su nombre, y había predicado el evangelio, y había sanado a los enfermos. Como Pedro, has tratado de trabajar para Jesús; pero ¡ay! debajo de todo, ¿no hay algo que surge continuamente? Oh, cristiano, ¿qué es? Oro, y trato, y anhelo vivir una vida santa, pero la carne es demasiado fuerte, y el pecado me supera, y continuamente estoy complaciéndome a mí mismo en lugar de negarlo, y negando a Jesús en lugar de complacerlo. . Venid todos los que estéis dispuestos a hacer esa confesión, y dejad que os pida que miréis en silencio la otra vida que os es posible.

Así como el Señor Jesús le dio el Espíritu Santo a Pedro, Él está dispuesto a dárselo a usted. ¿Estás dispuesto a recibirlo? ¿Estás dispuesto a entregarte por completo como un vaso vacío e indefenso, para recibir el poder del Espíritu Santo, para vivir, habitar y obrar en ti todos los días? Querido creyente, Dios ha preparado una vida tan hermosa y tan bendecida para cada uno de nosotros, y Dios como Padre está esperando ver por qué no vienes a Él y dejas que Él te llene del Espíritu Santo. ¿Estás dispuesto a ello? Estoy seguro de que algunos lo son. Hay algunos que han dicho a menudo: "Oh Dios, ¿por qué no puedo vivir esa vida? ¿Por qué no puedo vivir cada hora de comunión ininterrumpida con Dios? ¿Por qué no puedo disfrutar lo que mi Padre me ha dado?" mí, todas las riquezas de su gracia? Es por mí que me las dio, y ¿por qué no puedo disfrutarlas?" Hay quienes dicen: "¿Por qué no puedo permanecer en Cristo cada día, cada hora y cada momento? ¿Por qué no puedo tener la luz del amor de mi Padre llenando mi corazón todo el día? Dime , sierva de Dios, ¿qué me puede ayudar?"

Puedo decirte una cosa que te ayudará. ¿Qué ayudó a Pedro? "Pedro salió y lloró amargamente". Debe venir con nosotros a una convicción de pecado; debe venir con nosotros a un arrepentimiento sincero y sincero, o nunca podremos entrar en una vida mejor. Debemos dejar de quejarnos y confesar: "Sí, mi vida no es lo que debería ser, y trataré de hacerlo mejor". Eso no te ayudará. ¿Qué te ayudará? Esto, - que desciendes desesperado a yacer a los pies de Jesús, y que comienzas con una vergüenza muy real y amarga a hacer confesión: "¡Señor Jesús, ten compasión de mí! Durante estos muchos años he sido un cristiano, pero hay tantos pecados de los que no me he limpiado

yo mismo, temperamento, orgullo, celos, envidia, palabras ásperas, juicios desagradables, pensamientos implacables". Uno debe decir: "Hay un amigo a quien nunca he perdonado por lo que ha dicho". Otro debe decir: "Hay un enemigo que no me agrada, no puedo decir que puedo amarlo". Otro debe decir: "Hay cosas en mi negocio que no me gustaría que salieran a la luz del hombre". Otro debe decir: "Soy llevado cautivo por la ley del pecado y de la muerte". Oh, cristianos, vengan y hagan una confesión con vergüenza y digan: "He sido comprado con la Sangre, he sido lavado con la Sangre, pero piensen en la vida que he estado viviendo ! Me avergüenzo de ello." Inclínate ante Dios y pídele por medio del Espíritu Santo que te haga sentir más profundamente avergonzado, y que obre en ti esa contrición divina. Te ruego que des el paso de inmediato. "Pedro salió y lloró amargamente, y esa fue su salvación; sí, ese fue el punto de inflexión de su vida. ¿Y no nos postraremos sobre nuestros rostros ante Dios, y haremos confesión, y nos arrodillaremos bajo el peso de la terrible carga, y diremos: "Sé que soy creyente, pero no estoy viviendo como debería para la gloria de mi Dios. Estoy bajo el poder de la carne y de toda la confianza en mí mismo, la obstinación y la satisfacción propia que marcan mi vida".

Queridos cristianos, ¿no anheláis acercaros a Dios? ¿No darías cualquier cosa por caminar en estrecha comunión con Jesús todos los días? ¿No considerarías como una perla de gran precio tener la luz y el amor de Dios brillando en ti todo el día? Oh, ven y postrarte y hacer confesión de pecado; y, si lo haces, Jesús vendrá a tu encuentro y te preguntará: "¿Me amas?" Y, si dices: "Sí, Señor", muy pronto te preguntará de nuevo: "¿Me amas?"; y si dices: "Sí, Señor", de nuevo, te preguntará por tercera vez: "¿Me amas?". ¿Yo?" - y tu corazón se llenará de una tristeza indescriptible, y tu corazón se quebrantará y magullará aún más por la pregunta, y dirás: "Señor, no he vivido como debí, pero aun así Te amo y me entrego a Ti". Oh, amados, que Dios nos dé la gracia ahora, para que, con Pedro, podamos salir y, si es necesario, llorar amargamente. Si no lloramos amargamente, no vamos a forzar las lágrimas, ¿no suspiramos profundamente, nos inclinamos humildemente y clamamos con mucho fervor: "Oh Dios, revélame la vida carnal en la que he estado vida: revélame lo que me ha impedido tener mi vida llena del Espíritu Santo"? ¿No clamaremos: "Señor, quebranta mi corazón hasta la desesperación total y, oh!, llévame a la impotencia para esperar el poder divino, el poder del Espíritu Santo, para que tome posesión y me llene con una nueva vida entregada toda a Jesús?"

La vida cristiana más profunda - Capítulo 4
IV. FUERA Y DENTRO

Y nos sacó de allí para introducirnos, para darnos la tierra que juró a nuestros padres" (Deuteronomio 6:23).

He hablado de la crisis que sobreviene en la vida del hombre que ve que su experiencia cristiana es baja y carnal, y que desea entrar en la vida plena de Dios. Algunos cristianos no entienden que debería haber tal crisis. Piensan que deben, desde el día de su conversión, seguir creciendo y progresando. No tengo objeciones a eso, si han crecido como deberían. Si su vida ha sido tan fuerte bajo el poder del Espíritu Santo que han crecido como deben crecer los verdaderos creyentes, ciertamente no tengo ninguna objeción a esto. Pero quiero tratar con aquellos cristianos cuya vida desde la conversión ha sido un gran fracaso, y que lo sienten por no haber sido llenos del Espíritu, como es su bendito privilegio. Quiero decir para su aliento, que al dar un paso, pueden salir a la vida de descanso, victoria y comunión con Dios a la que las promesas de Dios los invitan.

Mire al hijo mayor en la parábola. ¿Cuánto tiempo le habría llevado salir de ese estado de ceguera y esclavitud a la condición plena de filiación? Creyendo en el amor de su padre, podría haber salido en esa misma hora. Si hubiera sido poderosamente convencido de su culpa en su incredulidad, y hubiera confesado como su hermano pródigo: "He pecado", habría llegado en ese mismo momento a favor de la felicidad del hijo en el hogar de su padre. No se habría detenido por tener mucho que aprender y mucho que hacer; pero en un momento toda su relación habría cambiado.

Recuerde también lo que vimos en el caso de Pedro. En un momento, la mirada de Jesús lo quebró y le vino el reflejo terriblemente amargo de su pecado, debido a su confianza egoísta y carnal, una contrición y reflexión que sentó las bases de su nueva y mejor vida con Jesús. La palabra de Dios saca a relucir la idea de la entrada del cristiano a la vida nueva y mejor por la historia de la entrada del pueblo de Israel en la tierra de Canaán.

En nuestro texto, tenemos estas palabras: - "Dios nos sacó de allí (Egipto), para introducirnos" en Canaán. Hay dos pasos: uno era sacarlos; y el otro los estaba trayendo. Así que en la vida del creyente, normalmente hay dos pasos completamente separados el uno del otro: sacarlo del pecado y del mundo; y el llevarlo a un estado de completo descanso después. Era la intención de Dios que Israel entrara en la tierra de Canaán desde Cades-Barnea, inmediatamente después de haber hecho Su pacto con ellos en Sinaí. Pero no estaban listos para entrar de inmediato, a causa de su pecado, incredulidad y desobediencia. Tuvieron que vagar después de eso durante cuarenta años en el desierto. Ahora, mire cómo Dios guió al pueblo. En Egipto, hubo una gran crisis, donde primero tuvieron que pasar por el Mar Rojo, que es figura de conversión; y cuando entraron en Canaán, hubo, por así decirlo, una segunda conversión al pasar por el Jordán. En nuestra conversión, llegamos a la libertad, fuera de la esclavitud de Egipto; pero, cuando fallamos en usar nuestra libertad a causa de la incredulidad y la desobediencia, vagamos en el desierto por un período más largo o más corto antes de entrar en la Canaán de la victoria, el descanso y la abundancia. Así Dios hace por Su Israel dos cosas:—Él los saca de Egipto; y Él los condujo a Canaán.

Mi mensaje, entonces, es hacerle esta pregunta al creyente: - Ya que sabes que te has convertido y que Dios te ha sacado de Egipto, ¿has entrado ya en la tierra de Canaán? Si no, ¿estás dispuesto a que te lleve a la libertad y el descanso más plenos provistos para Su pueblo? Sacó a Israel de Egipto con mano poderosa, y la misma mano poderosa nos sacó a nosotros de nuestra tierra de servidumbre; con la misma mano poderosa, llevó a su antiguo pueblo al descanso, y también con esa mano puede llevarnos a nuestro verdadero descanso. El mismo Dios que nos perdonó y nos regeneró está esperando perfeccionar Su amor en nosotros, si confiamos en Él. ¿Hay muchos corazones que dicen: "Creo que Dios me sacó de la esclavitud hace veinte, treinta o cuarenta años; pero, ¡ay!, no puedo decir que haya sido llevado a la tierra feliz del descanso y la victoria? "

¡Cuán glorioso fue el resto de Canaán después de todo el vagar por el desierto! Y así es con el cristiano que llega a la Canaán mejor prometida del descanso, cuando viene a dejar todo su cargo con el Señor Jesús: sus responsabilidades, ansiedades y preocupaciones; su única obra es entregar la custodia de su alma en la mano de Jesús cada día y hora. y el Señor puede guardar y dar la victoria sobre todo enemigo. Jesús se ha comprometido no solo a limpiar nuestro pecado y llevarnos al cielo, sino también a mantenernos en nuestra vida diaria.
Vuelvo a preguntar: ¿Tienes hambre de liberarte del pecado y su poder? ¿Alguien que anhela obtener una victoria completa sobre su temperamento, su orgullo y todas sus malas inclinaciones? interponerse entre ellos y su Dios?-- ¿Deseando caminar bajo la luz del sol del amoroso favor de Dios? El mismo Dios que te sacó del Egipto de las tinieblas está listo y es capaz de traerte también a la Canaán del descanso.

Y ahora viene de nuevo la pregunta: ¿Cuál es el camino por el cual Dios me llevará a este reposo? ¿Qué se necesita de mi parte para que Dios realmente me lleve a la tierra feliz? Doy la respuesta en primer lugar haciendo otra pregunta: ¿Estás dispuesto a abandonar tus vagabundeos por el desierto? Si decís "No queremos dejar nuestro andar, donde hemos tenido tantos indicios maravillosos de la presencia de Dios entre nosotros; tantas pruebas notables del cuidado y de la bondad Divina, como la del antiguo pueblo de Dios, que tuvo la una columna para guiarlos, y el maná que les fue dado cada día durante cuarenta años, Moisés y Aarón para guiarlos y aconsejarlos. El desierto es para nosotros, a causa de estas cosas, una especie de lugar sagrado, y no queremos dejarlo. ." Si los hijos de Israel le hubieran dicho algo así a Josué, él les hubiera dicho (y todos hubiésemos dicho): - "¡Oh, insensatos! Es el mismo Dios que os dio la columna de nube y las otras bendiciones en el desierto, el que os enseña cómo entrar en la tierra que mana leche y miel. Y así puedo hablarte de la misma manera; Les traigo el mensaje de que Aquel que los ha llevado tan lejos en su viaje y les ha dado tantas bendiciones hasta ahora, es el Dios que los llevará a Canaán de completa victoria y descanso.

Entonces, la primera pregunta que te haría es:

¿ESTÁS LISTO PARA DEJAR EL SALVAJE?

Ustedes saben que la marca de la vida de Israel en el desierto, la causa de todos sus problemas allí, fue la incredulidad. No creían que Dios pudiera llevarlos a la tierra prometida. Y luego siguieron muchos pecados y fracasos: lujuria, idolatría, murmuración, etc. Esa ha sido, quizás, su vida, amados; no crees que Dios cumplirá Su palabra. No crees en la posibilidad de una comunión ininterrumpida con Él y una asociación ilimitada. Por eso te hiciste desobediente y no viviste como un niño haciendo la voluntad de Dios, porque no creíste que Dios te pudiera dar la victoria sobre el pecado. ¿Estás dispuesto ahora a dejar esa vida en el desierto? A veces estás, tal vez, disfrutando de la comunión con Dios, ya veces estás separado de Él; a veces tenéis cercanía con Él, y otras veces gran distancia de Él; a veces tienes la voluntad de caminar cerca de Él, pero a veces incluso hay falta de voluntad. ¿Vas a entregarle ahora toda tu vida a Él? ¿Vas a acercarte a Él y decirle: "Dios mío, no quiero hacer nada que te desagrade; quiero que me guardes de toda mundanalidad, de todo placer propio; te quiero, oh Dios, para ayudarme a vivir como Pedro después de Pentecostés, lleno del Espíritu Santo, y no como Pedro carnal".

Amado, ¿estás dispuesto a decir esto? ¿Estás dispuesto a renunciar a tus pecados, a caminar con Dios continuamente, a someterte completamente a la voluntad de Dios, y no tener voluntad propia aparte de Su voluntad? ¿Vas a vivir una vida perfecta? Espero que lo estés, porque creo en una vida así; - quizás no en el sentido en que entiendes "perfección"-- entera libertad del mal y de toda inclinación hacia él, porque mientras vivamos en la carne, la carne codiciará contra el Espíritu y el Espíritu contra la carne; sino la perfección de la que se habla en el Antiguo Testamento practicada por algunos de los santos de Dios, de quienes se dice que "servieron al Señor con corazón perfecto". ¿Qué es esta perfección? Un estado en el que vuestros corazones estarán puestos en perfecta integridad sin ninguna reserva, y vuestra voluntad completamente subordinada a la voluntad de Dios. ¿Estás dispuesto a tal perfección, con todo tu corazón apartado del mundo y entregado solo a Dios? ¿Vas a decir: "No, no espero que alguna vez renuncie a mi voluntad propia"? Es el diablo tentándote a pensar que será demasiado difícil para ti. ¡Oh! Suplicaría a los hijos de Dios que miren la voluntad de Dios, tan llena de bendición, de santidad, de amor; ¿No abandonarás tu voluntad culpable por la bendita voluntad de Dios? Un hombre puede hacerlo en un momento cuando llega a ver que Dios puede cambiar su voluntad por él. Entonces podrá despedirse de su antiguo testamento, como lo hizo Pedro cuando salió y lloró amargamente, y cuando el Espíritu Santo llenó su alma el día de Pentecostés. Josué "siguió totalmente al Señor su Dios". De hecho, fracasó ante el enemigo en Hai, porque confió demasiado en la agencia humana, y no lo suficiente en Dios; y fracasó de la misma manera cuando hizo un pacto con los gabaonitas; pero aun así, su espíritu y poder diferían mucho de los del pueblo cuya incredulidad los llevó ante sus enemigos y los mantuvo en el desierto. Estemos dispuestos a servir enteramente al Señor nuestro Dios, y "no hagamos provisión para la carne para satisfacer sus deseos". Creamos en el amor y el poder de Dios para guardarnos día a día, y no pongamos "la confianza en la carne".

Luego viene el segundo paso:--

"Debo creer que tal vida en la tierra de Canaán es una vida posible".

Sí, muchos dirán: "¡Ah! ¡Cuánto daría yo por salir de la vida del desierto! Pero no puedo creer que sea posible vivir en esta comunión constante con Dios. Tú no conoces mis dificultades, mis preocupaciones y perplejidades de negocios; tengo toda clase de personas con las que asociarme; he salido por la mañana reforzado por la comunión con Dios en oración, pero la presión de los negocios antes de la noche ha expulsado de mi corazón todo ese calor de amor que sentía. tenía, y el mundo se ha metido y ha vuelto el corazón tan frío como antes". Pero debemos recordar nuevamente qué fue lo que mantuvo a Israel fuera de Canaán. Cuando Caleb y Josué dijeron: "Somos capaces de vencer al enemigo", los diez espías y los seiscientos mil respondieron: "No podemos hacerlo; son demasiado fuertes para nosotros". Cuídese, querido lector, que no repitamos su pecado, y provoquemos a Dios como lo hicieron estos incrédulos. Él dice que es posible llevarnos a la tierra del descanso y la paz; y lo creo porque El lo ha dicho, y porque

El lo hará si en El confío. Tu temperamento puede ser terrible; tu orgullo puede haberte atado cien veces; sus tentaciones pueden "rodearlos como abejas", pero hay victoria para ustedes si confían en las promesas de Dios.

Mirando de nuevo a Pedro. Había fallado una y otra vez, y fue de mal en peor hasta que llegó a negar a Cristo con juramentos. ¡Pero qué cambio se apoderó de él! Simplemente estudie la primera epístola de Pedro, y verá que la misma vida de Cristo había entrado en él. Muestra el espíritu de verdadera humildad, tan diferente de su antigua confianza en sí mismo; y gloriarse en la voluntad de Dios en vez de en la suya propia. Se había rendido por completo a Cristo y confiaba enteramente en él. Ven, por lo tanto, hoy y dile a Dios: "Así cambiaste al egoísta y orgulloso Pedro, y puedes cambiarme a mí de la misma manera". Sí, Dios puede traerte a Canaán, la tierra de reposo. Ya conoces la primera mitad de la octava de Romanos. ¿Habéis notado las expresiones que se encuentran allí: "La ley del espíritu de vida en Cristo Jesús me ha librado de la ley del pecado y de la muerte". Andar según el espíritu; Ser conforme al espíritu; Estar en el Espíritu; Tener el Espíritu morando en nosotros. Por el Espíritu para mortificar las obras de la carne; Ser guiado por el Espíritu; Tener una mentalidad espiritual. Todas estas son bendiciones que vienen cuando nos comprometemos completamente a vivir en el Espíritu. Si vivimos conforme al Espíritu, tenemos la misma naturaleza del Espíritu en nosotros. Si vivimos en el Espíritu, seremos guiados por Él cada día y cada momento. ¿Qué pasaría si abrieras tu corazón hoy para ser lleno del Espíritu Santo? ¿No sería capaz de mantenerte en cada momento en el dulce descanso de Dios? y Su brazo poderoso no les daría una victoria completa sobre el pecado y la tentación de todo tipo, y les haría capaces de vivir en comunión perpetua con el Padre y con Su Hijo, Jesucristo? ¡Seguramente! Este, entonces, es el segundo paso; esta es la

vida bendita que Dios ha provisto para nosotros. Primero, Dios nos sacó de Egipto; en segundo lugar, nos lleva a Canaán. Luego viene--
En tercer lugar, la pregunta,

¿CÓMO NOS HACE DIOS ENTRAR?

Conduciéndonos a un acto muy definido, a saber, el de encomendarnos completamente a Él; encomendándonos a Él, para que nos lleve a la tierra de reposo y nos guarde.
Recuerdas que el Jordán en el tiempo de la siega se desbordó. Los cientos de miles de Israel estaban al lado del río de Canaán. Les dijeron que mañana Dios haría cosas maravillosas por ellos. La trompeta sonaba y los sacerdotes tomaban el arca, el símbolo de la presencia de Dios, y pasaban delante del pueblo. Pero allí yacía el río crecido todavía. Si todavía hubiera niños incrédulos entre la gente, dirían: "¡Qué tontos, intentar cruzar ahora! Este no es el momento de intentar vadear el río, porque ahora tiene veinte pies de profundidad". Pero el pueblo creyente se reunió detrás de los sacerdotes con el arca. Obedecieron la orden de Josué de avanzar; pero no sabían lo que Dios iba a hacer? Los sacerdotes caminaron directo al agua, y los corazones de algunos comenzaron a temblar. Quizá preguntarían: "¿Dónde está la vara de Moisés?" Pero, mientras los sacerdotes caminaban de frente y se metían en el agua, las aguas subieron por la parte superior hasta un alto muro, y fluyeron por el otro lado, y se hizo un paso despejado para todo el campamento. Ahora, fue Dios quien hizo esto por el pueblo; y fue porque Josué y el pueblo creyeron y obedecieron a Dios. El mismo Dios lo hará hoy, si creemos y confiamos en Él.

¿Me estoy dirigiendo a un alma que está diciendo: - Recuerdo cómo Dios me sacó por primera vez de la tierra de la servidumbre. Yo estaba en completa oscuridad de alma y estaba profundamente preocupado. Al principio no creía que Dios pudiera sacarme y que pudiera convertirme en un hijo de Dios. Pero, al fin, Dios me tomó y me llevó a confiar en Jesús, y me sacó a salvo." Amigo, ahora tienes al mismo Dios que te sacó de la esclavitud con mano alta; y puede llevarte al lugar Míralo a Él y di: "Oh Dios, pon fin a mi vida en el desierto, mi vida pecaminosa e incrédula, una vida de aflicción por Ti. ¡Oh, llévame hoy a la tierra de la victoria, el descanso y la bendición!" ¿Es esta la oración de vuestros corazones, queridos amigos? ¿Vais a entregaros a Él para que haga esto por vosotros? ¿Podéis confiar en Él que Él Él puede y está dispuesto a hacerlo por Ud. Él puede llevarlo a través del río crecido en este mismo momento, sí, en este mismo momento.

Y Él puede hacer más: Después de que Israel había cruzado el río, el Capitán del ejército del Señor tuvo que venir y animar a Josué, prometiendo hacerse cargo del ejército y permanecer con ellos. Necesitas el poder del Espíritu de Dios para que te capacite para vencer el pecado y la tentación. Necesitas vivir en Su comunión, en Su comunión inquebrantable, sin la cual no puedes resistir ni vencer. Si te vas a aventurar hoy, di por fe: "Dios mío, sé que Jesucristo está dispuesto a ser el Capitán de mi salvación, y a conquistar todo enemigo por mí, Él me guardará por fe y por Su Espíritu Santo". y aunque esté oscuro para mí, y como si las aguas fueran a pasar sobre mi alma, y aunque mi condición parezca desesperada, caminaré hacia adelante, porque Dios me va a traer hoy, y voy a seguir Él. Dios mío, te sigo ahora a la tierra prometida".

Tal vez algunos hayan entrado ya, y los ángeles los hayan visto, mientras leían estas solemnes palabras. ¿Hay alguien que todavía dude porque las aguas del Jordán parecen amenazantes e infranqueables?

¡Oh! ven, alma amada; ven enseguida, y no dudes.

La vida cristiana más profunda - Capítulo 5
V. LA BENDICIÓN ASEGURADA

"Sed llenos del Espíritu."—Efesios, 5:18.

Puedo tener algo de aire, un poco de aire, en mis pulmones, pero no lo suficiente para mantener una vida saludable y vigorosa. Pero cada uno busca tener bien llenos sus pulmones de aire, y el beneficio de ello se sentirá en su sangre ya través de todo su ser. Y así nos llega la palabra de Dios, y dice: "Cristianos, no os contentéis con pensar que tenéis el Espíritu, o que tenéis un poco del Espíritu; sino, si queréis tener una vida sana, sed" lleno del Espíritu". ¿Es esa tu vida? ¿O estás listo para clamar: "Ay, no sé lo que es ser lleno del Espíritu, pero es lo que anhelo". a tal el camino para llegar a esta gran y preciosa bendición que está destinada a cada uno de nosotros.

Antes de hablar más al respecto, permítanme señalar un malentendido que prevalece. Las personas a menudo ven el ser "llenos del Espíritu" como algo que viene con una poderosa agitación de las emociones, una especie de gloria celestial que los cubre, algo que pueden sentir fuerte y poderosamente; pero ese no es siempre el caso. Hace poco estuve en las Cataratas del Niágara. Noté, y me dijeron, que el agua estaba inusualmente baja. Supongamos que el río estuviera doblemente lleno, ¿cómo verías esa plenitud en las Cataratas? En el aumento del volumen de agua que se vierte sobre la catarata, y su tremendo ruido. Pero ve a otra parte del río, o al lago, donde se encuentra la misma plenitud, y hay perfecta quietud y placidez, la subida del agua es suave y gradual, y apenas puedes notar que hay alguna perturbación. mientras el lago se llena. Y así puede ser con un hijo de Dios. A uno le viene con poderosa emoción y con una bendita conciencia: "¡Dios me ha tocado!" Para otros viene en una suave llenura de todo el ser con la presencia y el poder de Dios por Su Espíritu. No quiero establecer la forma en que vendrá a ti, pero quiero que simplemente tomes tu lugar delante de Dios y digas: "Padre mío, sea lo que sea que signifique, eso es lo que quiero". Si vienes y te entregas como un vaso vacío y confías en Dios para que te llene, Dios hará Su propia obra.

Y ahora, la simple pregunta en cuanto a los pasos por los cuales podemos llegar a ser "llenos del Espíritu". Señalaré cuatro pasos en el camino por el cual un hombre puede alcanzar esta maravillosa bendición. Debe decir, (1), "Debo tenerlo", luego, (2), "Puedo tenerlo", y, luego, (3) "Lo tendré", y luego, por último, Gracias a Dios, "Lo tendré".

1. La primera palabra que un hombre debe comenzar a decir es: "Debo tenerlo". Debe sentir: "Es un mandato de Dios, y no puedo vivir vacío del Espíritu sin desobedecer a Dios". Es un mandato aquí en este texto: "No os embriaguéis con vino, sino sed llenos del Espíritu". Así como un hombre no se atreve a emborracharse, si es cristiano, tanto debe ser lleno del Espíritu. Dios lo quiere, y oh, que todos puedan decir: "¡Debo, si quiero agradar a Dios, debo ser lleno del Espíritu!"

Me temo que hay una autosatisfacción terrible, terrible entre muchos cristianos, están contentos con su bajo nivel de vida. Piensan que tienen el Espíritu porque están convertidos, pero saben muy poco del gozo del Espíritu Santo y del poder santificador del Espíritu. Saben muy poco de la comunión del Espíritu que los une a Dios ya Jesús. Saben muy poco del poder del Espíritu para testificar de Dios y, sin embargo, están contentos; y uno dice: "Oh, es sólo para cristianos eminentes". Una joven amiga muy querida me dijo una vez, mientras hablaba con ella (era una sobrina mía), "Oh, tío Andrew, no puedo tratar de hacerme mejor que los cristianos que me rodean. ¿No sería así? que ser presuntuoso?" Y le dije: "Hija mía, no debes preguntar qué son los cristianos que te rodean, sino que debes guiarte por lo que Dios dice". Desde entonces me ha confesado cuán amargamente avergonzada se ha vuelto de esa expresión, y cómo acudió a Dios en busca de Su bendición. Oh, amigos, no os contentéis con esa vida medio cristiana que muchos de vosotros estáis viviendo, sino decid: "Dios lo quiere, Dios lo manda, debo ser lleno del Espíritu".

Y mira no solo el mandato de Dios, sino mira la necesidad de tu propia alma. Eres padre y quieres que tus hijos sean bendecidos y convertidos, y te quejas de que no tienes poder para bendecirlos. Tú dices: "Mi hogar debe estar lleno del Espíritu de Dios". Te quejas de tu propia alma, de tiempos de tinieblas y de flaqueza; te quejas de descuido y divagación. Un joven ministro me dijo una vez: "Oh, ¿por qué tengo tanto deleite en el estudio y tan poco en la oración?", y mi respuesta fue: "Mi hermano, tu corazón debe llenarse de amor por Dios. y Jesús, y entonces os deleitaréis en la oración". A veces te quejas de que no puedes orar. Oras tan poco que no sabes qué orar, algo te saca del armario. Es porque estás viviendo una vida, tratando de vivir una vida, sin estar lleno del Espíritu. Oh, piensa en las necesidades de la iglesia que te rodea. Eres un maestro de escuela dominical; usted está tratando de enseñar una clase de diez o doce niños, ninguno de ellos, quizás, convertido, y salen de debajo de usted sin convertirse; estás tratando de hacer una obra celestial en el poder de la carne y la tierra. Los maestros de la Escuela Dominical empiezan a decir: "Debo estar lleno del Espíritu de Dios, o debo abandonar el cargo de esas almas jóvenes; no puedo enseñarles".

O piensa en la necesidad del mundo. Si enviaras misioneros llenos del Espíritu Santo, ¡qué bendición sería ! ¿Por qué muchos misioneros se quejan en el campo extranjero: "Allí aprendí lo débil y lo inepto que soy?" Es porque las iglesias de las que proceden no están llenas del Espíritu Santo. Alguien me dijo en Inglaterra hace unas semanas: "Hablan mucho sobre el movimiento de voluntarios y más misioneros; pero queremos algo más, queremos misioneros llenos del Espíritu Santo". Si la iglesia va a estar bien, y el campo misionero ha de estar bien, cada uno de nosotros debe comenzar por sí mismo. Debe comenzar contigo. Comience con usted mismo y diga: "Oh Dios, por amor a ti; oh Dios, por amor a tu iglesia; oh Dios, por amor al mundo, ¡ayúdame! Debo ser lleno del Espíritu Santo".

¡Qué locura sería para un hombre que había perdido un pulmón y medio y apenas tenía un cuarto de pulmón para hacer el trabajo de dos, esperar ser un hombre fuerte y trabajar duro y vivir en cualquier lugar! ¡clima! ¡Y qué locura que un hombre espere vivir—Dios le ha dicho que no puede vivir—una vida cristiana plena, a menos que esté lleno del Espíritu Santo! ¡Y qué locura para un hombre que sólo tiene una pequeña gota del río del agua de la vida esperar vivir y tener poder con Dios y los hombres! Jesús quiere que vengamos y recibamos el cumplimiento de la promesa: "El que cree en mí, ríos de agua correrán de él". Oh, comiencen a decir: "Si voy a vivir una vida correcta, si en cada parte de mi vida y conducta diarias glorifico a mi Dios, debo tener el Espíritu Santo, debo estar lleno del Espíritu". ¿Vas a decir eso? Hablar durante meses y meses no ayudará. Sométase a Dios, y como un acto de sumisión diga: "Señor, lo confieso, debo ser lleno, debo ser lleno; ¡ayúdame!" Y Dios te ayudará.

Y, luego viene el segundo paso, puedo estar lleno. El primero tenía referencia al deber; el segundo tiene referencia al privilegio: puedo estar lleno. ¡Pobre de mí! Son tantos los que se han acostumbrado a su bajo estado que no creen que puedan, que puedan, en realidad, llenarse. ¿Y qué derecho tengo yo para decir que debéis poner estas palabras en vuestros labios? Mi derecho es este: Dios quiere niños sanos. Digo hoy un niño de seis meses, tan hermoso y regordete como se puede desear que sea un niño, y con qué deleite lo miraron los ojos del padre y de la madre, y cuánto me alegré de ver un niño sano. niño. Y, oh; ¿Piensas que Dios en el Cielo no se preocupa por Sus hijos, y que Dios quiere que algunos de Sus hijos vivan una vida enfermiza? ¡Te digo que es mentira! Dios quiere que cada hijo suyo sea un cristiano saludable; pero no puedes ser un cristiano saludable a menos que estés lleno del Espíritu de Dios. Amados, nos hemos acostumbrado a un estilo de vida, y vemos buenos cristianos, como los llamamos, hombres y mujeres serios, llenos de defectos; y pensamos: "Bueno, eso es humano; ese hombre pierde los estribos, y ese hombre no es tan amable como debería ser, y no se puede confiar siempre en la palabra de ese hombre como debería ser el caso; pero... pero... Y en la vida diaria miramos a los cristianos y pensamos: "Bueno, si son muy fieles en ir a la iglesia y en dar a la causa de Dios, y en asistir a la reunión de oración, y en tener oraciones familiares, y en su profesión". Por supuesto, damos gracias a Dios por ellos y decimos: "Ojalá hubiera más", pero nos olvidamos de preguntar: "¿Qué quiere Dios?". Oh, que podamos ver que "es para mí y para todos los demás". Mi hermano, mi hermana, hay un Dios en el Cielo que ha estado anhelando estos últimos años, mientras que ustedes nunca pensaron en ello, para llenarlos con el Espíritu Santo. Dios anhela dar la plenitud del Espíritu a cada hijo suyo.

Eran pobres efesios paganos, recientemente sacados del paganismo, a quienes Pablo escribió esta carta, gente entre quienes todavía había hurto y mentira, porque acababan de salir del paganismo; pero Pablo dijo a cada uno de ellos: "Sed llenos del Espíritu". Dios está listo para hacerlo; Dios quiere hacerlo. Oh, no escuchéis las tentaciones del demonio, "Esto es sólo para algunas personas eminentes, un cristiano que tiene mucho tiempo libre para dedicarlo a la oración y a buscarla, un hombre de temperamento receptivo, - ese es el hombre que debe ser lleno del Espíritu. ¿Quién hay que se atreva a decir: "No puedo ser lleno del Espíritu". ¿Quién se atreverá a decir eso? Si alguno de ustedes habla así es porque no están dispuestos a renunciar al pecado. No piensen que no pueden ser llenos del Espíritu porque Dios no está dispuesto a dárselo. ¿No prometió el Señor Jesús el Espíritu? ¿No es el Espíritu Santo la mejor parte de Su salvación? ¿Piensas que Él da la mitad de la salvación a cualquiera de Sus redimidos? ¿No es Su promesa para todos: "El que cree en mí, ríos de agua correrán de él"? Esto es más que plenitud, esto es desbordamiento; y esto Jesús lo ha prometido a todos los que creen en Él. Oh, dejen a un lado sus temores, sus dudas y sus vacilaciones, y digan de inmediato: "Puedo ser lleno del Espíritu; Puedo ser lleno del Espíritu. No hay nada en el cielo, ni en la tierra, ni en el infierno que pueda impedirlo, porque Dios lo ha prometido y Dios está esperando para hacerlo por mí". ¿Estás listo para decir: "Puedo, puedo, puedo ser lleno del Espíritu , porque Dios lo ha prometido, y Dios lo dará".

Y luego llegamos al tercer paso, cuando un hombre dice: "Lo tendré, debo tenerlo, puedo tenerlo, lo tendré". Ya sabes lo que esto significa en las cosas ordinarias, "Lo tendré", y él va y hace todo lo que se debe hacer para obtener el permiso. Muy a menudo viene un hombre y quiere comprar algo, y lo desea; pero desear no es querer. Quiero comprar ese caballo, y un señor me pide $200 por él, pero yo no quiero dar más de $180. Lo deseo, lo deseo mucho, y puedo ir y decir: "Dámelo por los $ 180; y él dice: "No, $ 200". Me encanta el caballo, es justo lo que quiero. pero no estoy dispuesto a dar los $200; y al final dice: "Bueno, debes darme una respuesta; Puedo conseguir otro comprador", y al final digo: "No, no lo aceptaré; Lo quiero mucho, lo anhelo, pero no daré el precio".

Queridos amigos, ¿van a decir: "Tendré esta bendición"? ¿Qué significa eso? Significa, en primer lugar, por supuesto, que vas a mirar a tu alrededor en tu vida, y si ves algo malo allí, significa que vas a confesárselo a Jesús y decir: "Señor, lo arrojo a la basura". Tus pies; puede estar arraigado en mi corazón, pero te lo daré, no lo puedo sacar, pero Jesús, Tú que limpias el pecado, te lo doy". Que sea temperamento u orgullo; sea el dinero, la lujuria o el placer; sea el temor del hombre; sea cualquier cosa; pero, oh, dile a Cristo de inmediato: "Tendré esta bendición a toda costa". Oh, entrega todo pecado a Jesús.

Y significa no sólo renunciar a todo pecado, sino, lo que es más profundo que el pecado, y más difícil de alcanzar, significa renunciar a ti mismo, a ti mismo, con tu voluntad, y tu placer, y tu honor, y todo. que tienes, y diciendo: "Jesús, desde este momento voy a entregarme a mí mismo, para que por tu Espíritu Santo tomes posesión de mí, y para que por tu Espíritu puedas sacar todo lo que es pecaminoso y tomar todo el mando de a mí." Esto parece difícil mientras Satanás ciega, y nos hace pensar que sería difícil renunciar a todo eso; pero si Dios abre nuestros ojos por un minuto para ver qué bendición celestial, qué riquezas celestiales y qué gloria celestial es ser llenos del Espíritu del corazón de Jesús, entonces diremos: "Daré cualquier cosa, cualquier cosa". , CUALQUIER COSA menos yo tendré la bendición".
Y luego, significa que debes simplemente arrojarte a Sus pies y decir: "Señor, tendré la bendición".
Ah, Satanás a menudo nos tienta y dice: "Supongamos que Dios te pidiera eso, ¿estarías dispuesto a dártelo?", y nos asusta. Pero cuántos han encontrado, y han podido contarlo, que cuando una vez han dicho: "¡Señor, cualquier cosa y todo!" la luz y la alegría del cielo llenaron sus corazones.

El año pasado en Johannesburgo, los campos auríferos de Sudáfrica, en una reunión de la tarde tuvimos un día de testimonio, y una mujer se levantó y nos contó cómo su pastor hace dos meses había realizado un servicio de consagración en una carpa, y él había hablado enérgicamente. acerca de la consagración, y había dicho: "Ahora, si Dios enviara a tu esposo a China, o si Dios te pidiera que te fueras a Estados Unidos, ¿estarías dispuesto a hacerlo? Debes entregarte por completo". Y la mujer dijo, y su rostro resplandeció cuando habló, cuando, al final de la reunión, él pidió que se levantaran los que estaban dispuestos a dejarlo todo para ser llenos del Espíritu, ella dijo: "El La lucha fue terrible, Dios puede quitarme a mi esposo o a mis hijos, y ¿estoy lista para eso? Oh, Jesús es muy precioso, pero no puedo decir que lo dejaré todo. Pero le diré que sí quiero hacer ella."--y por fin ella se puso de pie. Ella dijo que se fue a su casa esa noche en medio de una lucha terrible, y que no podía dormir, porque el pensamiento era: "Le dije a Jesús todo, ¿y podría dejar a mi esposo o hijo?" La lucha continuó hasta la medianoche, "pero", dijo ella, "no quise soltarme; le dije a Jesús: 'todo, pero lléname de ti mismo'". Y el gozo del Espíritu Santo descendió sobre ella, y su La ministra que se sentó allí me dijo después que el testimonio era verdadero, y que durante los dos meses su vida había sido de un brillo extraordinario y de un gozo celestial.

Oh, ¿algún lector se siente tentado a decir: "No puedo renunciar a todo"? Te tomo de la mano, hermano mío, hermana mía, y te llevo a Jesús crucificado, y le digo: "Míralo, cómo te amó en el Calvario, míralo". ¡Solo mira a Jesús! Él ofrece en realidad llenar vuestro corazón con Su Espíritu Santo, con el Espíritu de Su amor y de Su plenitud, y de Su poder, en realidad para llenar vuestro corazón del Espíritu Santo; ¿Y te atreves a decir: "Tengo miedo"? ¿Te atreves a decir: "No puedo hacer eso por Jesús"? ¿O no clamará tu corazón, a Sus pies, "Señor Jesús, cualquier cosa, pero debo ser lleno de Tu Espíritu!" ¿No has orado a menudo por la presencia y la cercanía permanente y el amor de Jesús para llenarte? Pero eso no puede ser hasta que estés lleno del Espíritu Santo. Oh, ven y di, en vista de cualquier sacrificio: "¡Lo tendré, con la ayuda de Dios! ¡No en mi fuerza, sino con la ayuda de Dios, lo tendré!"

Y luego viene mi último punto. Di: "Lo tendré". Alabado sea Dios que un hombre se atreva a decir eso: "Lo tendré". Sí, cuando un hombre ha tomado una decisión; cuando un hombre ha sido llevado a una convicción y tristeza por su vida pecaminosa; cuando un hombre, como Pedro, ha llorado amargamente o ha suspirado profundamente delante de Dios: "¡Oh, mi Señor, qué vida he estado viviendo!"; cuando un hombre se ha sentido miserable al pensar: "No estoy viviendo el una vida mejor, la vida de Jesús, la vida del Espíritu"; cuando un hombre comienza a sentir eso, y cuando viene y se rinde, y se entrega a Dios y reclama la promesa: "Señor, puedo tenerla; es para mí,"--¿qué piensas tú? ¿No tiene derecho a decir: "Lo tendré"? Sí, amados, y les doy a cada uno de ustedes ese mensaje de Dios, que si están dispuestos, y si están listos, Dios está dispuesto y listo para cerrar el trato de una vez. ¡Sí, puedes tenerlo ahora, ahora! sin ningún estallido de sentimiento, sin ninguna inundación del corazón con luz, puedes tenerlo. A algunos les llega de esa manera pero a muchos no. Como una transacción tranquila de la voluntad entregada, puedes levantar tu corazón con fe y decir: "Oh Dios, aquí me entrego como un vaso vacío para ser lleno del Espíritu Santo. Me entrego de una vez por todas y para siempre". ."Hecho está, la gran transacción está hecha." Puedes decirlo ahora si tomas tu lugar delante de Dios.

Oh, ministros del evangelio, ¿nunca habéis sentido la necesidad de ser llenos del Espíritu Santo? Tal vez tu corazón te dice que no sabes nada de esa bendición. Oh, obreros de Cristo, ¿nunca habéis sentido la necesidad de "debo ser lleno del Espíritu Santo"? Oh, hijos de Dios, ¿nunca habéis sentido surgir dentro de vosotros una esperanza, "puedo tener esta bendición, que escucho de otros"? ¿No darás el paso y dirás: "Lo tendré"? Dilo, no con tus propias fuerzas, sino con desesperación. No importa, aunque parezca que el corazón está completamente frío y cerrado, no importa; sino como un acto de obediencia y de entrega, como un acto de la voluntad, echaos delante de Jesús y confiad en Él. "Lo tendré, porque ahora me entrego en los brazos de mi Señor Jesús, lo tendré, porque es el deleite de Jesús dar el Espíritu Santo del Padre, en el corazón de todos. Lo tendré porque creo en Jesús, y Él me prometió que del que cree correrán ríos de agua viva. ¡Lo tendré! ¡Lo tendré! Me aferraré a los pies de Jesús, me quedaré en el trono de Dios; lo tendré, porque Dios es fiel, y Dios ha

La vida cristiana más profunda - Capítulo 6
VI. LA PRESENCIA DE CRISTO

"Pero luego Jesús les habló diciendo: ¡Tened buen ánimo, soy yo, no temáis!"—Mat. 14:27.

Todo lo que hemos tenido acerca de la obra del bendito Espíritu depende de lo que pensemos de Jesús, porque es de Cristo Jesús que el Espíritu viene a nosotros; es a Cristo Jesús a quien el Espíritu siempre nos lleva; y la única necesidad de la vida cristiana día tras día y hora tras hora es esta: la presencia del Hijo de Dios. Dios es nuestra salvación. Si tengo a Cristo conmigo y Cristo en mí, tengo plena salvación. hemos hablado de

la vida de fracaso y de la carne, sobre la vida de incredulidad y desobediencia, sobre la vida de altibajos, la vida desértica de tristeza y de dolor; pero hemos oído, y hemos creído, hay liberación. Bendito sea Dios, Él nos sacó de Egipto, para poder llevarnos a Canaán, al mismo descanso de Dios y de Jesucristo. Él es nuestra paz, Él es nuestro descanso. Oh, si pudiera tener la presencia de Jesús como la victoria sobre cada pecado: la presencia de Jesús como la fortaleza para cada deber, entonces mi vida estará a pleno sol de la comunión inquebrantable de Dios, y la palabra se cumplirá para mí en la más bendita experiencia: "Hijo, tú siempre estás conmigo, y todo lo que tengo es tuyo", y mi corazón responderá: "Padre, nunca lo supe, pero es verdad, yo estoy siempre contigo y todo lo que tienes es mío". Dios le ha dado todo lo que tiene a Cristo, y anhela que Cristo nos tenga a usted ya mí por completo. Vengo a cada corazón hambriento y digo: "Si quieres vivir para la gloria de Dios, busca una cosa, reclamar, creer que la presencia de Jesús puede estar contigo en cada momento de tu vida.

Quiero hablar de la presencia de Jesús tal como se presenta ante nosotros en esa bendita historia del caminar de Cristo sobre el mar. Ven y mira conmigo algunos puntos que se nos sugieren.

1. Pensar, primero, en la presencia de Cristo perdido. Sabes que los discípulos amaban a Cristo, se aferraban a Él y, con todas sus fallas, se deleitaban en Él. ¿Pero qué pasó? El Maestro subió a la montaña a orar y los envió a través del mar solos sin Él; vino una tormenta, y se afanaron, remaron y trabajaron, pero el viento estaba en contra de ellos, no progresaron, estaban en peligro de perecer, y cómo sus corazones decían: "¡Oh, si el Maestro estuviera aquí!" Pero Su presencia se había ido. Lo extrañaron. Una vez antes, habían estado en medio de una tormenta, y Cristo había dicho: "Paz, enmudece", y todo estaba bien; pero aquí están en la oscuridad, el peligro y los problemas terribles, y sin Cristo para ayudarlos. Ah, ¿no es esa la vida de muchos creyentes a veces? entro en tinieblas, he cometido pecado, la nube está sobre mí, extraño el rostro de Jesús; y durante días y días trabajo, me preocupo y trabajo; pero todo es en vano, porque echo de menos la presencia de Cristo. Oh, amados, escribamos eso, - la presencia de Jesús perdida es la causa de todas nuestras miserias y fracasos.

2. Mire el segundo paso: la presencia de Jesús temida. Estaban anhelando la presencia de Cristo, y Cristo vino después de la medianoche: Él vino caminando sobre el agua en medio de las olas; pero ellos no lo reconocieron y gritaron de miedo: "¡Es un espíritu!" Su amado Señor se acercaba, y ellos no lo conocían. Ellos temían Su acercamiento. Y, ah, cuántas veces he visto a un creyente temeroso de la llegada de Cristo, clamando por Él, anhelándolo y, sin embargo, temiendo Su venida. ¿Y por qué? Porque Cristo vino de una manera que ellos no esperaban.

Tal vez algunos han estado diciendo: "¡Ay, ay! Me temo que nunca podré tener la presencia permanente de Cristo". Habéis oído lo que hemos dicho acerca de una vida en el Espíritu: habéis oído lo que hemos dicho acerca de permanecer siempre en la presencia de Dios y en Su comunión, y habéis tenido miedo de ello, miedo de ello; y habéis dicho: "Es demasiado alto y demasiado difícil". Has temido la misma enseñanza que iba a ayudarte. Jesús vino a ti en la enseñanza, y no reconociste Su amor.

O, tal vez, Él vino de una manera que te hizo temer Su presencia. Quizás Dios te ha estado hablando de algún pecado. Está el pecado del temperamento, o el pecado de la falta de amor, o el pecado de la falta de perdón, o el pecado de la mundanalidad, el compromiso y la comunión con el mundo, ese amor al hombre y el honor del hombre, ese temor al hombre y la opinión del hombre, o ese pecado. ese orgullo y confianza en uno mismo. Dios te ha estado hablando al respecto y, sin embargo, te has asustado. Era Jesús queriendo acercarte, pero tuviste miedo. No ves cómo puedes renunciar a todo eso, no estás listo para decir: "Con cualquier sacrificio me quitarán eso de mí, y lo dejaré", y mientras Dios y Cristo venían cerca de bendecirte, le tenías miedo.

Oh, creyentes, en otras ocasiones Cristo ha venido a vosotros con aflicción, y quizás habéis dicho: "Si quiero ser enteramente santo, sé que tendré que ser afligido, y tengo miedo de la aflicción", y habéis temía el pensamiento: "Cristo puede venir a mí en la aflicción". ¡La presencia de Cristo es temible! Oh, amados, quiero deciros que todo es un concepto erróneo. Los discípulos no tenían por qué temer que ese "espíritu" viniera allí, porque era Cristo mismo; y, cuando la palabra de Dios se acerque a vosotros y os toque el corazón, recordad que es Cristo de cuya boca sale la espada de dos filos. Es Cristo en Su amor viniendo a cortar el pecado, para que Él pueda llenar tu corazón con la bendición del amor de Dios. Cuidado con temer la presencia de Cristo.

3. Luego viene el tercer pensamiento: la presencia de Cristo revelada. ¡Dios bendiga! Cuando Cristo escuchó cómo lloraban, pronunció las palabras del texto: "Tened buen ánimo, soy yo, no temáis". ¡Ah, qué alegría trajeron esas palabras a esos corazones! Ahí está Jesús, aparece ese objeto oscuro, esa forma temida. Es nuestro bendito Señor mismo. Y, queridos amigos, el objetivo del Maestro, ya sea por aflicción o de otra manera, es prepararse para recibir la presencia de Cristo, y a través de todo esto, Jesús dice: "Soy yo, no temáis". ¡La presencia de Cristo revelada! Quiero decirte que el Hijo de Dios, oh creyente, anhela revelarse a ti. ¡Escuchar! ¡Escuchar! ¡ESCUCHAR! ¿Hay algún corazón anhelante? Jesús dice: "Tened buen ánimo, soy yo, no temáis".

Oh, amada; Dios nos ha dado a Cristo. ¿Y Dios quiere que yo tenga a Cristo en todo momento? Sin duda. Dios quiere que la presencia de Cristo sea el gozo de cada hora de mi vida y, si hay algo seguro, Cristo puede revelarse a mí en cada momento. ¿Estás dispuesto a venir y reclamar este privilegio? Él puede revelarse a sí mismo. Yo no te lo puedo revelar; no lo podéis asir; pero Él puede brillar en tu corazón. ¿Cómo puedo ver la luz del sol mañana por la mañana, si estoy a salvo? La luz del sol se revelará. ¿Cómo puedo conocer a Cristo? Cristo puede revelarse a sí mismo. Y, antes de continuar, te ruego que pongas tu corazón en esto y que ofrezcas la humilde oración: "Señor, ahora revélate a mí, para que nunca te pierda de vista. Dame a entender que a través de las densas tinieblas vienes a darte a conocer". Que ningún corazón dude, por oscuro que sea, a medianoche, cualquiera que sea la medianoche que haya en el alma, a medianoche, en la oscuridad, Cristo puede revelarse. Ah, gracias a Dios, muchas veces después de una vida de diez y veinte años de amanecer, después de una vida de diez y veinte años de lucha, ahora en la luz, ahora en la oscuridad, llega un momento en que Jesús está dispuesto a dar Él mismo para nosotros, nunca más para separarse. ¡Dios nos conceda esa presencia de Jesús!

4. Y ahora viene el cuarto pensamiento: La presencia de Jesús perdida, fue el primero; la presencia de Jesús temida, fue la segunda; la presencia de Jesús revelada, fue la tercera; la presencia de Jesús deseada, es la cuarta. ¿Qué pasó? Pedro escuchó al Señor, y allá estaba Jesús, a unas 30, 40, 50 yardas de distancia, e hizo como si los hubiera pasado; y Pedro, - en un capítulo anterior hablé de Pedro, mostrando qué terrible fracaso y carnalidad había en él, - pero, bendito sea el Señor, el corazón de Pedro estaba bien con Cristo, y quería reclamar su presencia, y él dijo: "Señor, si eres Tú, mándame ir sobre el agua hacia Ti". Sí, Peter no podía descansar; quería estar lo más cerca posible de Cristo. Vio a Cristo caminando sobre el agua; recordó que Cristo había dicho: "Sígueme"; recordaba cómo Cristo, con la corriente milagrosa de los peces, había probado que era Señor del mar, y de las aguas, y recordaba cómo Cristo había calmado la tempestad; y, sin argumentar ni reflexionar, de repente dijo: "Ahí está mi Señor manifestándose de una manera nueva; allí está mi Señor ejerciendo un poder nuevo y sobrenatural, y puedo ir a mi Señor, Él puede hacerme camina por donde Él camina". Quería caminar como Cristo, quería caminar cerca de Cristo. Él no dijo: "Señor, déjame caminar aquí alrededor del mar", sino que dijo: "Señor, déjame ir a Ti".

Amigos, ¿no les gustaría tener la presencia de Cristo de esta manera? No es que Cristo descienda, eso es lo que muchos cristianos quieren; quieren seguir en su andar pecaminoso, quieren seguir en su andar mundano, quieren seguir en su antigua vida, y quieren que Cristo descienda a ellos con su consuelo, su presencia y su amor; pero eso no puede ser. Si voy a tener la presencia de Cristo, debo caminar como él caminó. Su andar era sobrenatural. Caminó en el amor y en el poder de Dios. La mayoría de la gente camina de acuerdo con las circunstancias en las que se encuentra, y la mayoría de la gente dice: "Estoy dependiendo de las circunstancias para mi religión. Cientos de veces escuchas a la gente decir: "Mis circunstancias me impiden disfrutar de una comunión ininterrumpida con Jesús". Las circunstancias que se encontraron acerca de Cristo El viento y las olas, y Cristo caminó triunfante sobre las circunstancias, y Pedro dijo: "Como mi Señor, puedo triunfar sobre todas las circunstancias: todo lo que me rodea es nada, si tengo a Jesús". Él anhelaba la presencia de Cristo. Quiera Dios que, al mirar la vida de Cristo en la tierra, al mirar cómo Cristo caminó y venció las olas, cada uno de nosotros pudiera decir: "Quiero caminar como Jesús". Si ese es el deseo de tu corazón, puedes esperar la presencia de Jesús; pero mientras quieras caminar en un nivel más bajo que Cristo, mientras quieras tener un poco del mundo y un poco de obstinación. , no esperes tener la presencia de Cristo Cerca de Cristo, y como Cristo, las dos cosas van juntas. ¿Has asimilado eso? Pedro quería caminar como Cristo para poder acercarse a Cristo; y esto es lo que quiero ofrecer a cada uno de vosotros. Quiero decirle al creyente más débil: "Con la presencia de Dios puedes tener la presencia y el compañerismo de Cristo todo el día, toda tu vida". Quiero traerles esa promesa, pero debo darles la condición de Dios: anden como Cristo, y siempre permanecerán cerca de Cristo. La presencia de Cristo te invita a venir y tener una comunión ininterrumpida con Él.

5. Luego viene el siguiente pensamiento. Acabamos de tener la presencia de Cristo deseada, y mi siguiente pensamiento

es: la presencia de Cristo confiada. El Señor Jesús dijo: "Ven", ¿y qué hizo Pedro? Salió del bote. ¿Cómo se atrevió a hacerlo contra todas las leyes de la naturaleza? ¿Cómo se atrevió a hacerlo? Buscó a Cristo, escuchó la voz de Cristo, confió en la presencia y el poder de Cristo, y en la fe de Cristo dijo: "Puedo caminar sobre el agua", y salió de la barca. Aquí está el punto de inflexión; aquí está la crisis. Pedro vio a Cristo en la manifestación de un poder sobrenatural, y creyó que ese poder sobrenatural podía obrar en él y que podía vivir una vida sobrenatural. Él creía que esto se aplicaba a caminar sobre el mar; y aquí reside todo el secreto de la vida de fe. Cristo tenía poder sobrenatural: el poder del cielo, el poder de la santidad, el poder de la comunión con Dios, y Cristo puede darme la gracia para vivir como Él vivió. Si, como Pedro, miro a Cristo y le digo: "Señor, habla la palabra, y vendré", y si escucho a Cristo decir: "Ven", yo también tendré poder para caminar sobre las olas.

¿Habéis visto alguna vez un símbolo más hermoso y más instructivo de la vida cristiana? Una vez prediqué sobre esto hace muchos años, y el pensamiento que llenó mi corazón fue este: la vida cristiana comparada con Pedro caminando sobre las olas, nada tan difícil e imposible sin Cristo, nada tan bendito y seguro con Cristo. Esa es la vida cristiana, imposible sin la cercanía de Cristo, más segura y bendita, por difícil que sea, si sólo tengo la presencia de Cristo. Creyentes, en estas páginas hemos tratado de llamarlos a una vida mejor en el Espíritu, a una vida en comunión con Dios. Solo hay una cosa que puede capacitarte para vivirla: debes tener al Señor Jesús sosteniendo tu mano cada minuto del día. "¿Pero puede ser eso?" usted pregunta. Sí puede. "Tengo tanto en qué pensar. A veces, durante cuatro o cinco horas del día, tengo que entrar en el centro de los negocios y tener unos diez hombres a mi alrededor, cada uno reclamando mi atención. ¿Cómo puedo, cómo puedo siempre? tener la presencia de Jesús?" Amados, porque Jesús es vuestro Dios y os ama maravillosamente, y es capaz de haceros más clara su presencia que la de diez hombres que os rodean. Si te tomas el tiempo por la mañana y entras en tu pacto cada mañana con Él: "Mi Señor Jesús, nada puede satisfacerme sino Tu presencia permanente", Él te lo dará, seguramente te lo dará. Oh, Pedro confió en la presencia de Cristo, y dijo: "Si Cristo me llama, puedo caminar sobre las olas hacia Él". ¿Confiaremos en la presencia de Cristo? Caminar a través de todas las circunstancias y tentaciones de la vida es exactamente como caminar sobre el agua: no tienes suelo firme bajo tus pies, no sabes cuán fuertes pueden venir las tentaciones de Satanás; pero crea que Dios quiere que camine en una vida sobrenatural por encima del poder humano. Dios quiere que vivas una vida en Cristo Jesús. ¿Quieres vivir esa vida? Ven entonces y di: "Jesús, he oído Tu promesa de que Tu presencia irá conmigo. Tú has dicho: "Mi presencia irá contigo", y, Señor, lo reclamo; confío en Ti.

6. Ahora, el sexto paso en esta maravillosa historia. La presencia de Cristo olvidada. Pedro se bajó de la barca y comenzó a caminar hacia el Señor Jesús con los ojos fijos en Él. Él confiaba en la presencia de Cristo, y caminó audazmente sobre las olas; pero de repente apartó sus ojos de Jesús, y de inmediato comenzó a hundirse, y allí estaba Pedro, su camino de fe había llegado a su fin; todos empapados y ahogándose y llorando, "¡Señor, ayúdame!" Hay algunos de ustedes que dicen en sus corazones, lo sé: "Ah, eso es lo que sucederá con sus cristianos de vida superior". Hay gente que dice: "Nunca puedes vivir esa vida; no hables de eso; siempre debes estar fallando". Pedro siempre fracasó antes de Pentecostés. Fue porque el Espíritu Santo aún no había venido, y por lo tanto su experiencia nos enseña que mientras Pedro todavía estaba en la vida de la carne, él fallaría de una forma u otra. Pero, gracias a Dios,

había Uno para sacarlo de su fracaso; y nuestro último punto será probar que a partir de ese fracaso llegó a una unión más estrecha con Jesús que nunca antes, y a una dependencia más profunda. Pero escucha, primero, mientras te hablo de este fracaso.

Alguien puede decir: "He estado tratando de decir, 'Señor, lo viviré;' pero, dime, supongamos que llega el fracaso, ¿entonces qué?" Aprende de Peter lo que debes hacer. ¿Qué hizo Pedro? Todo lo contrario de lo que hace la mayoría. ¿Qué hizo cuando comenzó a hundirse? En ese mismo momento, sin una sola palabra de auto-reproche o auto-condena, exclamó: "¡Señor, ayúdame!" Desearía poder enseñarle eso a cada cristiano. Recuerdo el momento de mi vida espiritual cuando eso se hizo claro para mí; porque hasta ese tiempo, cuando fracasé, mi único pensamiento fue reprocharme y condenarme, y pensé que eso me haría bien. Descubrí que no me hacía bien; y aprendo de Pedro que mi trabajo es, en el mismo momento en que fracaso, decir: "¡Jesús, Maestro, ayúdame!" y en el mismo momento en que digo eso, Jesús me ayuda. Recuerde, el fracaso no es una imposibilidad. Puedo concebir a más de un cristiano que dijo: "Señor, reclamo la plenitud del Espíritu Santo. Quiero vivir cada hora de cada día lleno del Espíritu Santo"; y puedo concebir que un alma honesta que dijo eso con una fe temblorosa, sin embargo, puede haber caído; Quiero decirle a esa alma, no te desanimes. Si llega el fracaso, de inmediato, sin esperar, apela a Jesús. Él siempre está listo para escuchar, y en el mismo momento en que te das cuenta de que hay un temperamento, una palabra apresurada o algún otro mal, de inmediato el Jesús viviente está cerca, tan lleno de gracia y tan poderoso. Apela a Él y habrá ayuda de inmediato. Si aprendes a hacer esto, Jesús te levantará y te guiará por un camino en el que Su fuerza te protegerá del fracaso.

7.Y luego viene mi último pensamiento. La presencia de Jesús se olvidó mientras Pedro miraba las olas; pero ahora, finalmente, tenemos la presencia de Jesús restaurada. Sí, Cristo extendió Su mano para salvarlo. Posiblemente, porque Pedro era un hombre muy orgulloso y seguro de sí mismo, posiblemente tuvo que hundirse allí para enseñarle que su fe no podía salvarlo, sino que era el poder de Cristo. Dios quiere que aprendamos la lección de que cuando caemos podemos clamar a Jesús, y de inmediato Él extiende Su mano. Recuerde, Peter caminó de regreso al bote sin volver a hundirse. ¿Por qué? Porque Cristo estaba muy cerca de él. Recuerda que es muy posible, si usas tu fracaso correctamente, estar mucho más cerca de Cristo después que antes. Úsalo bien, te digo. Es decir, ven y reconoce: "En mí no hay nada, pero voy a confiar en mi Señor sin límites". Deja que cada fracaso te enseñe a aferrarte de nuevo a Cristo, y Él demostrará ser un Ayudador poderoso y amoroso. ¡La presencia de Jesús restaurada! Sí, Cristo lo tomó de la mano y lo ayudó, y no sé si caminaron tomados de la mano esos cuarenta o cincuenta metros de regreso a la barca, o si Cristo permitió que Pedro caminara a su lado; pero esto lo sé, estaban muy cerca el uno del otro, y fue la cercanía de su Señor lo que lo fortaleció.

Recuerda lo que ha sucedido desde que sucedió con Pedro. Se ha erigido la cruz, se ha derramado la sangre, se ha abierto el sepulcro, se ha cumplido la resurrección, se ha abierto el cielo y el Espíritu
del Exaltado ha descendido. Cree que es posible que la presencia de Jesús esté con nosotros todos los días y todo el camino. Tu Dios te ha dado a Cristo, y Él quiere darte a Cristo en tu corazón de tal manera que Su presencia esté contigo en cada momento de tu vida.
¿Quién está dispuesto a alzar los ojos y el corazón y exclamar: "Quiero vivir según la norma de Dios"? ¿Quién está dispuesto? ¿Quién está dispuesto a arrojarse en los

brazos de Jesús ya vivir una vida de fe victoriosa sobre los vientos y las olas, sobre las circunstancias y las dificultades? ¿Quién está dispuesto a decir esto: "Señor, mándame ir a Ti sobre el agua?" ¿Está dispuesto? ¡Escuchar! Jesús dice: "Ven". ¿Saldrás en este momento? Allá está la barca, la antigua vida que Pedro había estado llevando; había estado familiarizado con el mar desde su niñez, y ese barco era un lugar muy sagrado; Cristo se había sentado a su lado allí; Cristo había predicado desde aquella barca, desde aquella barca de Pedro, Cristo había dado la maravillosa pesca de peces; era una barca muy sagrada; pero Pedro lo dejó para llegar a un lugar aún más sagrado, caminar con Jesús sobre el agua, una experiencia nueva y divina. Tu vida cristiana puede ser algo muy sagrado; puede decir: "Cristo me salvó por Su sangre, Él me ha dado muchas experiencias de gracia; Dios ha probado Su gracia en mi corazón", pero confiesa: "No tengo la verdadera vida de compañerismo permanente; los vientos y muchas veces me espantan las olas, y me hundo. Oh, sal del bote de las experiencias pasadas de una vez; salid de la barca de las circunstancias exteriores; sal de la barca, y camina sobre la palabra de Cristo, y cree: "Con Jesús puedo caminar sobre el agua". Cuando Pedro estaba en la barca, ¿qué tenía él entre él y el fondo del mar? Un par de tablones; pero cuando salió al agua, ¿qué tenía entre él y el mar? No una tabla, sino la palabra de Jesús Todopoderoso. ¿Vendrás, y sin ninguna experiencia, descansarás en la palabra de Jesús: "He aquí, yo estoy contigo siempre"? ¿Descansarás en Su palabra: "Tened buen ánimo; no temáis, soy yo"? Cada momento Jesús vive en el cielo; a cada momento por Su Espíritu Jesús susurra esa palabra; y cada momento Él vive para hacerlo realidad. ¡Acéptalo ahora, acéptalo ahora! Mi Señor Jesús está a la altura de cada emergencia. Mi Señor Jesús puede satisfacer las necesidades de cada alma. Todo mi corazón dice: "¡Él puede, Él puede hacerlo, Él lo hará, Él lo hará!" Oh, vengan, creyentes, y reclamemos con la mayor deliberación, con la mayor tranquilidad, con el mayor descanso, reclamemos, reclamemos, reclamemos, RECLAMOS.

La vida cristiana más profunda - Capítulo 7
VIII. UNA PALABRA A LOS TRABAJADORES

Hace algún tiempo leí esta expresión en un autor antiguo:--
"El primer deber de un clérigo es pedir humildemente a Dios
que todo lo que quiere que se haga en sus oyentes, primero
se haga verdadera y plenamente en sí mismo". Estas
palabras se han quedado grabadas en mí desde entonces.
¡Qué solemne aplicación es esta al tema que ocupó nuestra
atención en los capítulos anteriores: el vivir y obrar bajo la
plenitud del Espíritu Santo! Y, sin embargo, si entendemos
correctamente nuestra vocación, cada uno de nosotros
tendrá que decir: Esa es la única cosa de la que todo
depende. ¿De qué sirve decir a los hombres para que sean
llenos del Espíritu de Dios, si cuando nos preguntan: "¿Lo
ha hecho Dios por vosotros?" tenemos que responder: "No,
no lo ha hecho"? ¿De qué me sirve decirles a los hombres
que Jesucristo puede morar dentro de nosotros en todo
momento y guardarnos del pecado y de la transgresión real,
y que la presencia permanente de Dios puede ser nuestra
porción todo el día, si no espero primero en Dios? hacerlo
de verdad y en plenitud día a día?

Mira al Señor Jesucristo; fue del mismo Cristo, cuando
había recibido el Espíritu Santo del cielo, que Juan el
Bautista dijo que "bautizaría con el Espíritu Santo". Sólo
puedo comunicar a los demás lo que Dios me ha impartido.
Si mi vida como ministro es una vida en la que la carne aún
prevalece en gran medida, si mi vida es una vida en la que
contristo al Espíritu de Dios, no puedo esperar sino que mi
pueblo reciba por medio de mí una clase de vida muy
mezclada. . Pero si la vida de Dios mora en mí, y estoy lleno
de Su poder, entonces puedo esperar que la vida que sale de
mí sea infundida también en mis oyentes.

Nos hemos referido a la necesidad de que todo creyente sea lleno del Espíritu; y qué hay de mayor interés para nosotros ahora, o que pueda ocupar mejor nuestra atención, que considerar en oración cómo podemos hacer que nuestras congregaciones crean que esto es posible; y ¿cómo podemos llevar a cada creyente a buscarlo por sí mismo, esperarlo y aceptarlo, para vivirlo? Pero, hermanos, el mensaje debe venir de nosotros como testimonio de nuestra experiencia personal, por la gracia de Dios. El mismo escritor a quien aludí, dice en otra parte: "La primera tarea de un clérigo, cuando ve a los hombres despertados y llevados a Cristo, es inducirlos a conocer el Espíritu Santo". ¡Cuan cierto! ¿No encontramos esto a lo largo de la palabra de Dios? Juan el Bautista predicó a Cristo como el "Cordero de Dios que quita el pecado del mundo"; leemos en Mateo que también dijo que Cristo "bautizaría en Espíritu Santo y fuego". En el evangelio de Juan, leemos que al Bautista se le dijo que sobre Quien viera descender y permanecer el Espíritu, Él sería quien bautizaría con el Espíritu. Así Juan el Bautista condujo al pueblo desde Cristo a la expectativa del Espíritu Santo para sí mismos. ¿Y qué hizo Jesús? Durante tres años estuvo con sus discípulos, enseñándoles e instruyéndolos; pero cuando estaba a punto de irse, en su discurso de despedida de la última noche, ¿cuál fue su gran promesa a los discípulos? "Yo rogaré al Padre, y os dará otro Consolador, el Espíritu de verdad". Él había prometido previamente a los que creyeran en Él, que de ellos brotarían "ríos de agua viva"; que el evangelista explica en el sentido del Espíritu Santo: - "Así habló el del Espíritu". Pero esta promesa solo se cumpliría después de que Cristo "fuera glorificado". Cristo señala al Espíritu Santo como el único fruto de ser glorificado. El Cristo glorificado conduce al Espíritu Santo. Así, en el discurso de despedida, Cristo lleva a los discípulos a esperar el Espíritu como la gran bendición del Padre. Por otra parte, cuando Cristo vino y se paró en el escabel de Su trono celestial, en el Monte de los Olivos, listo para ascender, ¿cuáles fueron Sus palabras? "Recibiréis poder cuando haya venido sobre vosotros el Espíritu Santo, y me seréis testigos". La obra constante de Cristo fue enseñar a sus discípulos a esperar el Espíritu Santo. Mire a través del Libro de los Hechos, verá lo mismo. Pedro en el día de Pentecostés predicó que Cristo fue exaltado, y que había recibido del Padre la promesa del Espíritu Santo; y así le dijo al pueblo; "Arrepentíos y bautícese en el nombre de Jesucristo para perdón de los pecados, y recibiréis el don del Espíritu Santo". Entonces, cuando creo en Jesús resucitado, ascendido y glorificado, recibiré el Espíritu Santo.

Fíjense nuevamente, después que Felipe hubo predicado el evangelio en Samaria, hombres y mujeres se habían convertido, y había gran gozo en la ciudad. El Espíritu Santo había estado obrando, pero todavía faltaba algo; Pedro y Juan bajaron de Jerusalén, oraron por los convertidos, les impusieron las manos, "y recibieron el Espíritu Santo". Entonces tuvieron la posesión consciente y el disfrute del Espíritu; pero hasta que llegó eso estaban incompletos. Pablo fue convertido por el gran poder de Jesús que se le apareció en el camino a Damasco; y, sin embargo, tuvo que ir a Ananías para recibir el Espíritu Santo.

Por otra parte, leemos que cuando Pedro fue a predicar a Cornelio, mientras predicaba a Cristo, "el Espíritu Santo cayó sobre todos los que oían la palabra"; lo cual Pedro tomó como señal de que estos gentiles eran uno con los judíos en el favor de Dios, teniendo el mismo bautismo.

Y así podríamos pasar por muchas de las Epístolas, donde encontramos que se enseña la misma verdad. Mire esa maravillosa epístola a los Romanos. La doctrina de la justificación por la fe se establece en los primeros cinco capítulos. Luego, en la sexta y séptima, aunque el creyente es representado como muerto al pecado y a la ley, y casado con Cristo, sin embargo, una terrible lucha continúa en el corazón del hombre regenerado mientras no tenga a Dios el pleno poder de la Espíritu Santo. Pero en el octavo capítulo, es la "ley del Espíritu de vida en Cristo Jesús" la que nos hace libres de "la ley del pecado y de la muerte". Entonces "no estamos en la carne, sino en el Espíritu", con el Espíritu de Dios morando en nosotros. Toda la enseñanza conduce al Espíritu Santo.

Mira de nuevo la epístola a los Gálatas. Siempre hablamos de esta epístola como la gran fuente de instrucción sobre la doctrina de la justificación por la fe: pero ¿alguna vez has notado cómo la doctrina del Espíritu Santo ocupa un lugar muy destacado allí? Pablo pregunta a la iglesia de Galacia: --"¿Recibisteis el Espíritu por las obras de la ley, o por el oír con fe?" Fue el oír de la fe lo que los condujo al pleno disfrute del poder del Espíritu. Si buscaban ser justificados por las obras de la ley, habían "caído de la gracia". "Porque nosotros por el Espíritu aguardamos la esperanza de la justicia por la fe". Y luego, al final del quinto capítulo, se nos dice: "Si vivimos en el Espíritu, andemos en el Espíritu".

De nuevo, si vamos a las epístolas a los corintios, encontramos a Pablo preguntando a los cristianos en Corinto: "¿No sabéis que vuestro cuerpo es templo del Espíritu Santo que está en vosotros?" Si examinamos la epístola a los Efesios, encontramos que la doctrina del Espíritu Santo se menciona doce veces. Es el Espíritu que sella al pueblo de Dios; "Fuisteis sellados con el Espíritu Santo de la promesa". Él los ilumina; "Para que Dios dé el Espíritu de sabiduría y de revelación en el conocimiento de Él". A través de Cristo, tanto judíos como gentiles "tienen acceso por un solo Espíritu al Padre". Son "juntos edificados para morada de Dios en el Espíritu". Son "fortalecidos con poder por su Espíritu en el hombre interior". Con "toda humildad y mansedumbre, con longanimidad, soportándoos unos a otros en amor", "procurad conservar la unidad del

Espíritu en el vínculo de la paz". Al no "contristar al Espíritu Santo de Dios", preservamos nuestro sellamiento hasta el "día de la redención". Siendo "llenos del Espíritu", "cantamos y alabamos al Señor en nuestro corazón", y así lo glorificamos. Simplemente estudie estas epístolas cuidadosamente, y encontrará que lo que digo es verdad: que el apóstol Pablo se esfuerza mucho para guiar a los cristianos al Espíritu Santo como la consumación de la vida cristiana.

Fue el Espíritu Santo Quien fue dado a la iglesia en Pentecostés; y es el Espíritu Santo quien da bendiciones pentecostales ahora. Es este poder, dado para bendecir a los hombres, el que forjó una vida, un amor y un sacrificio tan maravillosos en la iglesia primitiva; y es esto lo que nos hace mirar hacia atrás a esos días como la parte más hermosa de la historia de la Iglesia. Y es el mismo Espíritu de poder el que debe morar en el corazón de todos los creyentes de nuestros días para dar a la Iglesia su verdadera posición. Pidámosle entonces a Dios, que todo ministro y obrero cristiano sea investido del poder del Espíritu Santo; para que nos escudriñe y nos pruebe, y nos capacite para responder sinceramente a la pregunta: "¿He conocido la morada y la llenura del Espíritu Santo que Dios quiere que tenga? Que cada uno de nosotros se pregunte a sí mismo: "¿Es mi gran estudio para conocer el Espíritu Santo que mora en mí, para que pueda ayudar a otros a ceder a la misma morada del Espíritu Santo; y que Él pueda revelar a Cristo completamente en Su divino poder salvador y guardador?" ¿No tendrán todos que confesar: "Señor, he entendido muy poco esto; He manifestado muy poco esto en mi obra y predicación"? Amados hermanos, "El primer deber de todo clérigo es pedir humildemente a Dios que todo lo que quiere que se haga en sus oyentes, primero se haga plena y verdaderamente en sí mismo". la segunda cosa es su deber hacia aquellos que son despertados y llevados a Cristo, para conducirlos al pleno conocimiento de la presencia y la morada del Espíritu Santo.

Ahora bien, si en verdad hemos de llegar a estar en plena armonía con estos dos grandes principios, entonces se nos plantean algunas cuestiones adicionales de la más profunda importancia. Y la primera pregunta es: "¿Por qué en la iglesia de Cristo hay tan poco reconocimiento práctico del poder del Espíritu Santo?" No os hablo, hermanos, como si pensara que no sois sanos en doctrina sobre este punto. Les hablo creyendo en el Espíritu Santo como la tercera persona en la siempre bendita Trinidad. Pero les hablo con confianza como a aquellos que admitirán fácilmente que la verdad o la presencia y el poder del Espíritu Santo no son reconocidos en la iglesia como deberían ser. Entonces la pregunta es, ¿Por qué no es tan reconocida? Respondo por su espiritualidad. Es una de las verdades más difíciles de comprender en la Biblia para la mente humana. Dios se ha revelado a Sí mismo en la creación a lo largo de todo el universo. Él se ha revelado a sí mismo en Cristo encarnado, ¡y qué tema de estudio es la forma de la persona, la palabra y las obras de Cristo! Pero la misteriosa morada del Espíritu Santo, escondida en lo más profundo de la vida del creyente, ¡cuánto menos fácil de comprender!

En los primeros días pentecostales de la iglesia, este conocimiento era intuitivo; ellos poseían el Espíritu en poder. Pero poco después, el espíritu del mundo comenzó a infiltrarse en la iglesia y la dominó. A esto le siguió la oscuridad más profunda de la formalidad y la superstición en la Iglesia Católica Romana, cuando el espíritu del mundo triunfó por completo en lo que se llamó impropiamente la Iglesia de Cristo. La Reforma en los días de Lutero restauró la verdad de la justificación por la fe en Cristo; pero la doctrina del Espíritu Santo no obtuvo entonces el lugar que le corresponde, porque Dios no revela toda la verdad de una sola vez. Gran parte del espíritu del mundo aún quedaba en las iglesias reformadas; pero ahora Dios está despertando a la iglesia para que se esfuerce por obtener una idea bíblica más completa del lugar y el poder del Espíritu Santo. Por medio de libros, discusiones y convenciones, muchos corazones están siendo conmovidos.

Hermanos, es nuestro privilegio participar en este gran movimiento; y comprometámonos en la obra con más fervor que nunca. Que cada uno de nosotros diga que mi gran obra es, al predicar a Cristo, llevar a los hombres al reconocimiento del Espíritu Santo, el único que puede glorificar a Cristo. Puedo tratar de glorificar a Cristo en mi predicación, pero de nada servirá sin el Espíritu de Dios. Puedo exhortar a los hombres a la práctica de la santidad y de todas las virtudes cristianas, pero toda mi persuasión servirá de muy poco a menos que los ayude a creer que deben tener el Espíritu Santo morando en ellos en todo momento, capacitándolos para vivir la vida de Cristo. La gran razón por la cual el Espíritu Santo fue dado del cielo fue para manifestarnos la presencia de Cristo Jesús. Mientras Jesús estaba encarnado, sus discípulos estaban demasiado bajo el poder de la carne para permitir que Cristo se alojara en sus corazones. Era necesario, dijo, que se fuera, para que viniera el Espíritu; y prometió a los que le amaban y guardaban sus mandamientos, que vendría con el Espíritu, y también vendría el Padre, y haría su morada con ellos. Por lo tanto, la gran obra del Espíritu Santo es revelar al Padre y al Hijo en los corazones del pueblo de Dios. Si creemos y enseñamos a los hombres que el Espíritu Santo puede hacer de Cristo una realidad para ellos en todo momento, los hombres aprenderán a creer y aceptar la presencia y el poder de Cristo, de los cuales ahora saben muy poco.

Entonces se presenta otra pregunta, a saber, ¿qué debemos esperar cuando el Espíritu Santo es debidamente reconocido y recibido? Hago esta pregunta porque con frecuencia he notado algo con considerable interés y, puedo decir, con cierta ansiedad. A veces escucho a hombres orar fervientemente por el bautismo del Espíritu Santo para que Él les dé poder para su obra. Amados hermanos, necesitamos este poder, no solo para el trabajo, sino para nuestra vida diaria. Recuerde, debemos tenerlo todo el tiempo. En los tiempos del Antiguo Testamento, el Espíritu vino con poder sobre los profetas y otros hombres inspirados; pero no habitó permanentemente en ellos. De la misma manera, en la iglesia de los Corintios, el Espíritu Santo vino con poder para obrar dones milagrosos, y sin embargo, ellos tenían solo una pequeña medida de Su gracia santificadora. Recordarás las luchas carnales, las envidias y las divisiones que había. Tenían dones de conocimiento y sabiduría, etc.; ¡pero Ay! el orgullo, la falta de amor y otros pecados estropearon tristemente el carácter de muchos de ellos. ¿Y qué nos enseña esto? Que un hombre puede tener un gran don de poder para el trabajo, pero muy poco del Espíritu que mora en él. En 1 Cor. xiii., se nos recuerda que aunque tengamos una fe que movería montañas, si no tenemos amor, nada somos. Debemos tener el amor que trae la humildad y el sacrificio de Jesús. No pongamos en primer lugar los dones que podamos poseer; si lo hacemos, tendremos muy poca bendición. Pero debemos buscar, en primer lugar, que el Espíritu de Dios venga como luz y poder de santidad del Jesús que mora en nosotros. Deja que la primera obra del Espíritu Santo sea humillarte profundamente en el mismo polvo, para que toda tu vida sea una espera tierna y con el corazón quebrantado en Dios, en la conciencia de la misericordia que viene de lo alto.

No busques grandes regalos; hay algo más profundo que necesitas. No basta que un árbol arroje sus ramas al cielo, y se cubra densamente de hojas; pero queremos que sus raíces penetren profundamente en el suelo. Que el pensamiento de que el Espíritu Santo esté en nosotros, y nuestra esperanza de ser llenos del Espíritu, nos acompañe siempre con un corazón quebrantado y contrito. Inclinémonos muy profundamente ante Dios, esperando que su gracia nos llene y nos santifique. No queremos un poder que Dios nos permita usar, mientras nuestra parte interior no está santificada. Queremos que Dios nos dé plena posesión de sí mismo. A su debido tiempo, puede llegar el regalo especial; pero primero y ahora queremos que el poder del Espíritu Santo obre en nosotros algo mucho más poderoso y eficaz que cualquier don de ese tipo. Debemos buscar, por tanto, no sólo un bautismo de poder, sino un bautismo de santidad; debemos buscar que la naturaleza interna sea santificada por la morada de Jesús, y luego vendrá otro poder según sea necesario.

Hay una tercera pregunta:--Supongamos que alguien me dice:--"Me he entregado para ser lleno del Espíritu, y no siento que haya ninguna diferencia en mi condición; no hay cambio de experiencia que puedo hablar.
¿Qué debo pensar entonces? ¿No debo pensar que mi entrega no fue honesta?" No, no pienses eso. "Pero ¿cómo ¿entonces? ¿Dios no da respuesta?" Amado, Dios da una respuesta, pero eso no siempre es dentro de ciertos meses. o años. Entonces, ¿qué quieres que haga? Conserva la posición que has tomado ante Dios, y mantenla cada día. Di: "Oh Dios, me he dado a mí mismo para ser llenado, aquí soy un vaso vacío, confiando y esperando ser llenado por Ti". Tome esa posición todos los días y cada hora. Pídele a Dios que lo escriba en tu corazón. Entrega a Dios un vaso vacío y consagrado para que Él lo llene con el Espíritu Santo. Toma esa posición constantemente. Puede ser que no estés completamente preparado. Pídele a Dios que te limpie; para daros la gracia de apartaros de todo lo pecaminoso, de la incredulidad o de cualquier obstáculo que haya. Luego toma tu posición ante Dios y di: "Dios mío, eres fiel; he hecho un

pacto contigo para que tu Espíritu Santo me llene, y creo que lo cumplirás". Hermanos, digo por mí mismo, y por cada ministro del evangelio, y por cada colaborador, hombre o mujer, que si nos presentamos ante Dios con una entrega total, en una actitud valiente y creyente, la promesa de Dios debe cumplirse.

Si me preguntaran por mi propia experiencia, diría esto: que ha habido momentos en los que apenas sabía qué pensar de la respuesta de Dios a mi oración en este asunto; pero he encontrado mi gozo y mi fuerza para tomar y mantener mi posición, y decir: "Dios mío, me he entregado a Ti. Fue Tu propia gracia la que me llevó a Cristo; y me presento ante Ti con confianza. que guardarás tu pacto conmigo hasta el fin. Yo soy el vaso vacío, tú eres el Dios que todo lo llena". Dios es fiel, y Él da la bendición prometida en Su propio tiempo y método. Amados, por el amor de Dios, contentaos con nada menos que la plena salud y la plena vida espiritual. "Sed llenos del Espíritu".
Permítanme volver ahora a las dos expresiones con las que comencé: "el primer deber de todo clérigo es pedir humildemente a Dios que todo lo que quiere que se haga en aquellos que escuchan su predicación, se haga primero verdadera y plenamente en sí mismo". Hermanos, les pregunto, ¿no es el anhelo de sus corazones tener una congregación de creyentes llenos del Espíritu Santo? ¿No es vuestra incesante oración por la Iglesia de Cristo, en la que ministrais, que el Espíritu de santidad, el mismo Espíritu del Hijo de Dios, el espíritu de no mundanalidad y de mente celestial, la posea; y que el Espíritu de victoria y de poder sobre el pecado llene a sus hijos? Si estás dispuesto a que eso suceda, tu primer deber es tenerlo tú mismo.

Y luego la segunda oración: - "el primer deber de todo clérigo es guiar a los que han sido traídos a Cristo para que sean completamente llenos del Espíritu Santo". ¿Cómo puedo hacer mi trabajo con éxito? Puedo concebir qué privilegio es ser guiado por el Espíritu de Dios en todo lo que estoy haciendo. Al estudiar mi Biblia, orar, visitar, organizar o lo que sea que esté haciendo, Dios está dispuesto a guiarme por Su Espíritu Santo. A veces se convierte en una experiencia humillante para mí el no estar alerta y no esperar la bendición; cuando ese es el caso, Dios puede traerme de regreso. Pero también está la bendita experiencia de la mano guiadora de Dios, a menudo a través de la oscuridad profunda, por Su Espíritu Santo. Caminemos entre la gente como hombres de Dios, para que no solo prediquemos acerca de un libro, y lo que creemos con nuestro corazón que es verdad, sino que podamos predicar lo que somos y lo que tenemos en nuestra propia experiencia. Jesús nos llama testigos de Él; ¿qué significa eso? El Espíritu Santo hizo descender al cielo de los hombres una participación en la gloria y el gozo del Cristo exaltado. Pedro y los demás que hablaron con Él fueron llenos de este Espíritu celestial; y así Cristo habló en ellos, y realizó la obra por ellos. Oh hermanos, si ustedes y yo somos de Cristo, debemos tomar nuestro lugar y reclamar nuestro privilegio. Somos testigos de la verdad en la que creemos, testigos de la realidad de lo que Jesús hace y lo que Él es, por Su presencia en nuestras propias almas. Si estamos dispuestos a ser tales testigos de Cristo, vayamos a nuestro Dios; hagamos confesión y rindámonos, y por fe reclamemos lo que Dios tiene para nosotros como ministros del evangelio y obreros en Su servicio. Dios será fiel. Incluso en este mismo momento, Él tocará nuestros corazones con una profunda conciencia de Su fidelidad y de Su presencia; y Él dará a cada hambriento y confiado lo que continuamente necesitamos.

La Vida Cristiana Más Profunda - Capítulo – 8 - Consagración

CONSAGRACIÓN

"Pero, ¿quién soy yo, y cuál es mi pueblo, para que podamos ofrecer tan de buena gana de esta manera? porque todo viene de ti, y de lo tuyo te damos".

Poder ofrecer cualquier cosa a Dios es un misterio perfecto. La consagración es un milagro de gracia. "Todas las cosas proceden de ti, y de lo tuyo te damos". En estas palabras hay cuatro pensamientos muy preciosos que quiero tratar de aclararles: -

1. Dios es el Dueño de todo, y nos lo da todo.

2. No tenemos nada sino lo que recibimos, pero todo lo que necesitamos lo podemos recibir de Dios.

3. Es nuestro privilegio y honor devolverle a Dios lo que recibimos de Él.

4. Dios tiene un doble gozo en Sus posesiones cuando recibe de nosotros lo que nos dio.

Y cuando aplico esto a mi vida, a mi cuerpo, a mi riqueza, propiedad, a todo mi ser con todos sus poderes, entonces entiendo lo que debe ser la Consagración.

1. Es la gloria de Dios, y Su misma naturaleza, estar siempre DANDO. Dios es el dueño de todo. No hay poder, ni riquezas, ni bondad, ni amor, fuera de Dios. Es la naturaleza misma de Dios, que Él no vive para sí mismo, sino para sus criaturas. El suyo es un amor que siempre se deleita en dar. Aquí llegamos al primer paso en la consagración. Debo ver que todo lo que tengo me lo da Él; Debo aprender a creer en

Dios como el gran Dueño y Dador de todo. Déjame sostener eso rápido. No tengo sino lo que real y definitivamente pertenece a Dios. Así como la gente dice, "este dinero en mi bolsa me pertenece", así Dios es el Propietario de todo. Es de Él y sólo de Él. Y es su vida y deleite estar siempre dando. Oh, toma ese precioso pensamiento: no hay nada que Dios tenga que Él no quiera dar. Es Su naturaleza, y por lo tanto, cuando Dios te pide algo, primero debe dártelo Él mismo, y lo hará. Nunca tengas miedo de lo que Dios te pida; porque Dios sólo pide lo Suyo; lo que Él os pida que le deis, Él mismo os lo dará primero. ¡El Poseedor, Dueño y Dador de todo! Este es nuestro Dios. Puedes aplicar esto a ti mismo y tus poderes a todo lo que eres y tienes. Estúdialo, créelo, vive en él, cada día, cada hora, cada momento.

2. Así como es la naturaleza y la gloria de Dios estar siempre dando, es la naturaleza y la gloria del hombre estar siempre recibiendo. ¿Para qué nos hizo Dios? Hemos sido hechos para ser cada uno de nosotros un vaso en el que Dios pueda derramar Su vida, Su belleza, Su felicidad, Su amor. Fuimos creados para ser cada uno un receptáculo y una reserva de vida y bendición celestiales divinas, tanto como Dios pueda poner en nosotros. ¿Hemos entendido esto, que nuestra gran obra, el objeto de nuestra creación, es estar siempre recibiendo? Si entramos completamente en esto, nos enseñará algunas cosas preciosas. Una cosa: la absoluta locura de ser orgulloso o engreído. ¡Qué idea! Supongamos que tomara prestado un vestido muy hermoso y anduviera alardeando de él como si fuera mío, usted podría decir: "¡Qué tonto!" Y aquí está el Dios Eterno que posee todo lo que tenemos; ¿Nos atreveremos a exaltarnos a causa de lo que es todo suyo? Entonces, ¡qué bendita lección nos enseñará cuál es nuestra posición! Tengo que ver con un Dios cuya naturaleza es estar siempre dando, y la mía estar siempre recibiendo. Así como la cerradura y la llave encajan, Dios el Dador y yo el receptor encajamos el uno en

el otro. Cuantas veces nos preocupamos por las cosas, y por orar por ellas, en lugar de volver a la raíz de las cosas y decir: "Señor, sólo anhelo ser el receptáculo de lo que significa para mí la Voluntad de Dios, del poder y los dones y el amor y el Espíritu de Dios". ¿Qué puede ser más simple? Ven como un receptáculo: limpio, vaciado y humilde. Ven, y entonces Dios se deleitará en darte. Si puedo decirlo con reverencia, Él no puede evitarlo; es Su promesa, Su naturaleza. La bendición está siempre fluyendo de Él. Ya sabes cómo el agua siempre fluye hacia los lugares más bajos. Si fuéramos vacíos y bajos, nada más que receptáculos, ¡qué vida tan bendita podríamos vivir! Día tras día simplemente alabándolo - Tú das y yo acepto. Tú otorgas y yo me regocijo en recibir. Cuántas decenas de miles de personas han dicho esta mañana: "¡Qué hermoso día! ¡Abramos las ventanas de par en par y dejemos entrar la luz del sol con su calor y alegría!" Que nuestros corazones aprendan cada momento a beber de la luz y el sol del amor de Dios.

"¿Quién soy yo, y cuál es mi pueblo, para que podamos ofrecer tan voluntariamente de esta manera? Porque todo viene de ti, y de lo tuyo te hemos dado".

3. Si Dios da todo y yo recibo todo, entonces el tercer pensamiento es muy simple: debo devolver todo de nuevo. Qué privilegio que por tenerme en una relación amorosa y agradecida con Él, y darme la dicha de agradarle y servirle, el Dios Eterno me diga: "Ven ahora y devuélveme todo lo que te doy". Y sin embargo, la gente dice: "Oh, ¿pero debo devolver todo? Hermano, ¿no sabes que no hay felicidad ni bienaventuranza excepto en dar a Dios! David lo sintió. Dijo: "Señor, qué privilegio inefable es ¡Es que se te permita devolverte lo que es tuyo!" Sólo para recibir y luego devolver con amor a Él como Dios, lo que Él da. ¿Sabes para qué te necesita Dios? La gente dice: "¿No ¿Dios nos da a todos buenos dones para que los disfrutemos?" Pero, ¿sabe

usted que la realidad del disfrute está en devolverlo? Solo mire a Jesús: Dios le dio un cuerpo maravilloso. Lo mantuvo santo y lo entregó como sacrificio a Dios, esta es la belleza de tener un cuerpo, Dios te ha dado un alma, esta es la belleza de tener un alma, puedes devolvérsela a Dios, la gente habla de la dificultad que encuentran al tener una voluntad tan fuerte. Nunca se puede tener una voluntad demasiado fuerte, pero el problema es que no entregamos esa voluntad fuerte a Dios, para convertirla en un vaso en el que Dios pueda derramar y derramará Su Espíritu, a fin de prepararlo para prestar un servicio espléndido a Dios. Él mismo.

Ya hemos tenido los tres pensamientos: Dios da todo; recibo todo; renuncio a todo. ¿Harás esto ahora? ¿No dirá todo corazón: "Dios mío, enséñame a renunciar a todo?" Toma tu cabeza, tu mente con todo su poder de hablar, tu propiedad, tu corazón con sus afectos, lo mejor y lo más secreto, toma oro y plata, todo, y ponlo a los pies de Dios y di: "Señor, aquí es el pacto entre tú y yo. Tú te delcitas en darlo todo, y yo me deleito en devolverlo todo". Dios nos enseñe eso. Si se aprendiera esa sencilla lección, se pondría fin a tantos problemas para descubrir la Voluntad de Dios, y se pondría fin a todas nuestras reticencias, porque estaría escrito, no en nuestras frentes, sino en nuestros corazones: " Dios puede hacer conmigo lo que le plazca, yo le pertenezco con todo lo que tengo". En lugar de decirle siempre a Dios: "Da, da, da", debemos decir: "Sí, Señor, tú das, tú amas dar y yo amo devolver". Pruebe esa vida y descubra si no es la vida más elevada.

4. Dios da todo, yo recibo todo, yo doy todo. Ahora viene el cuarto pensamiento: Dios se regocija en lo que le damos. No soy sólo yo quien es el que recibe y el que da, sino que Dios es el Dador y el Recibidor también, y, puedo decirlo con reverencia, tiene más placer en recibir a cambio que incluso

en dar. Con nuestra poca fe, a menudo pensamos que regresan a Dios nuevamente todos contaminados. Dios dice: "No, vuelven hermosos y glorificados"; la entrega del amado hijo suyo, con sus aspiraciones y acciones de gracias, lo lleva a Dios con nuevo valor y belleza. ¡Ay! hijo de Dios, no sabes cuán precioso es el regalo que traes a tu Padre, a sus ojos. ¿No he visto a una madre dar un trozo de torta, y el niño viene y le ofrece un trozo para que lo comparta con ella? ¡Cómo valora el regalo! Y vuestro Dios, oh, mis amigos, vuestro Dios, Su corazón, el corazón de amor de Su Padre, anhela, anhela, anhela que vosotros le deis todo. No es una demanda. Es una demanda, pero no es una demanda de un Maestro duro, es la llamada de un Padre amoroso, que sabe que cada regalo que traigas a Dios te unirá más a Él, y cada entrega que hagas abrirá tu corazón. más amplio para obtener más de sus dones espirituales. ¡Ay, amigos! un regalo a Dios tiene a su vista un valor infinito. Le deleita. Él ve el trabajo de Su alma y está satisfecho. Y te trae bendiciones inefables. Estos son los pensamientos que sugiere nuestro texto; Ahora viene la aplicación práctica. ¿Cuáles son las lecciones? Aquí aprendemos cuáles son las verdaderas disposiciones de la vida cristiana.

Ser y permanecer en continua dependencia de Dios. Conviértete en nada, comienza a comprender que no eres más que un vaso de barro en el que Dios hará brillar el tesoro de Su amor. Bienaventurado el hombre que sabe lo que es ser nada, ser sólo un vaso vacío apto para el uso de Dios. Trabajad, dice el Apóstol, porque es Dios quien en vosotros obra el querer y el hacer. Hermanos, vengan y tomen esta noche el lugar de una profunda, profunda dependencia de Dios. Y luego tome el lugar de la confianza y la expectativa de un niño. Cuenta con tu Dios para que haga por ti todo lo que puedas desear de Él. Honra a Dios como un Dios que da generosamente. Honra a Dios y cree que Él no te pide nada sino lo que primero te va a dar. Y luego vienen la alabanza, la rendición y la consagración. ¡Alábenlo por ello! Que cada sacrificio a Él sea una ofrenda de acción de gracias. ¿Qué vamos a consagrar? Ante todo nuestra vida. Tal vez haya hombres y mujeres, hombres y mujeres jóvenes, cuyos corazones están preguntando: "¿Qué quieres que haga, que diga que seré un misionero?" No, de hecho, no te pido que hagas esto. Trata con Dios, ven a Él y di: "Señor de todo, te pertenezco, estoy absolutamente a tu disposición". Entregaos vosotros mismos. Puede haber muchos que no puedan ir como Misioneros, pero oh, venid, entréguense a Dios de todos modos para ser consagrados a la obra de Su Reino. Inclinémonos ante Él. Démosle todas nuestras facultades, nuestra cabeza para pensar en su Reino, nuestro corazón para salir en amor por los hombres, y por más débiles que seáis, venid y decid: "Señor, aquí estoy, para vivir y morir por Tu Reino. Algunos hablan y oran acerca de la llenura del Espíritu Santo. Que oren más y crean más. Pero recuerda que el Espíritu Santo vino para preparar a los hombres para que sean mensajeros del Reino, y no puedes esperar ser lleno del Espíritu a menos que quieres vivir para el Reino de Cristo. No puedes esperar que todo el amor y la paz y la alegría del cielo entren en tu vida y sean tus tesoros, a menos que los entregues absolutamente al Reino de Dios, y los poseas y los uses solo para Él. "Es el alma totalmente entregada a Dios la que recibirá en su vaciamiento la plenitud del Espíritu Santo. Queridos amigos, debemos consagrarnos no sólo nosotros mismos, en cuerpo y alma, sino todo lo que tenemos. Algunos de ustedes pueden tener hijos; tal vez tienes un hijo único, y la sola idea de dejarlo te aterra, cuídate, cuídate, Dios merece tu confianza, tu amor y tu entrega. te lo suplico; toma a tus hijos y dile a Jesús: "Cualquier cosa, Señor, que te agrade". Educad a vuestros hijos para Jesús. Dios te ayude a hacerlo. Puede que no los acepte todos, pero aceptará el testamento, y habrá una rica bendición en tu alma por ello. Luego está el dinero. Cuando escucho peticiones de dinero de todas las Sociedades;

cuando escucho cálculos de lo que los cristianos de Inglaterra gastan en placeres, y la pequeña cantidad que dan para las misiones, digo que hay algo terrible en ello. ¡Hijos de Dios con tanta riqueza y comodidad, y regalando una porción tan pequeña! ¡Alabado sea Dios por cada excepción! Pero hay muchos que dan muy poco, que nunca dan tanto que les cueste algo, y lo sienten. ¡Ay, amigos! nuestra dádiva debe ser proporcional a la dádiva de Dios. Él te da todo. Tomemos esto en nuestra oración de consagración: "Señor, tómalo todo, cada centavo que poseo. Todo es tuyo". Digamos a menudo: "Todo es suyo". Es posible que no sepa cuánto debe dar. Renuncia a todo, pon todo en Sus manos, y Él te enseñará si esperas.

Hemos escuchado este precioso mensaje de boca de David. Los cristianos del siglo XIX, ¿hemos aprendido a conocer a nuestro Dios que está dispuesto a darlo todo? Dios nos ayude a.
Y luego el segundo mensaje. No tenemos nada que no recibamos, y podemos recibirlo todo si estamos dispuestos a pararnos ante Dios y tomarlo.
En tercer lugar. Todo lo que has recibido de Dios devuélvelo. Trae una doble bendición a tu propia alma.
Por cuartos. Todo lo que Dios recibe de nosotros viene a Él en el Cielo y le da gozo y felicidad infinitos, cuando ve que Su objetivo ha sido alcanzado. Vengamos en el espíritu de David, con el espíritu de Jesucristo en nosotros. Recemos nuestra Oración de Consagración. Y que el Espíritu Santo nos dé a cada uno de nosotros la gracia de pensar y decir lo correcto

3. LA VIDA DE ORACIÓN COMO AYUDA PARA SU CONSECUCIÓN

La vida de oración - Capítulo 1
Capítulo 1 - El pecado y la causa de la falta de oración

Si la conciencia ha de hacer su obra, y el corazón contrito ha de sentir su miseria, es necesario que cada individuo mencione su pecado por su nombre. La confesión debe ser severamente personal. En una reunión de ministros, probablemente no haya un solo pecado que cada uno de nosotros deba reconocer con mayor vergüenza -'Culpable, muy culpable'- que el pecado de la falta de oración.

Entonces, ¿qué es lo que hace que la falta de oración sea un pecado tan grande? Al principio se considera simplemente como una debilidad. Se habla tanto de falta de tiempo y distracciones de todo tipo que no se reconoce la profunda culpabilidad de la situación. Que sea nuestro sincero deseo que, en el futuro, el pecado de la falta de oración sea verdaderamente pecaminoso para nosotros. Considerar

1. Que reproche es para Dios

Está el Dios santo y gloriosísimo que nos invita a acercarnos a él, a conversar con él, a pedirle las cosas que necesitamos y a experimentar la bendición que hay en la comunión con él. Él lo ha creado para que podamos encontrar nuestra mayor gloria y salvación.

¿Qué uso hacemos de este privilegio celestial? ¡Cuántos hay que dedican sólo cinco minutos a la oración! Dicen que no tienen tiempo y que les falta el deseo del corazón de orar; ¡no saben pasar media hora con Dios! No es que no oren en absoluto; rezan todos los días, pero no tienen alegría en la oración, como muestra de comunión con Dios que muestra que Dios es todo para ellos.

Si un amigo viene a visitarlos, tienen tiempo, hacen tiempo, aun a costa de sacrificio, por el placer de conversar con él. Sí, tienen tiempo para todo lo que realmente les interesa, ¡pero no tienen tiempo para practicar la comunión con Dios y deleitarse en él! Encuentran tiempo para una criatura que puede estar al servicio de ellos; pero pasa día tras día, mes tras mes, y no hay tiempo para pasar una hora con Dios.

¿No comienzan nuestros corazones a reconocer qué deshonra, qué desprecio hacia Dios es esto, que me atreva a decir que no puedo encontrar tiempo para tener comunión con él? Si este pecado comienza a aparecernos claramente, ¿no clamaremos con profunda vergüenza: '¡Ay de mí, que estoy perdido, oh Dios! sé misericordioso conmigo, y perdona este terrible pecado de falta de oración.' Considere más

2. Es la causa de una vida espiritual deficiente

Es una prueba de que, en su mayor parte, nuestra vida todavía está bajo el poder de 'la carne'. La oración es el pulso de la vida; por ella el médico puede decir cuál es la condición del corazón. El pecado de la falta de oración es una prueba para el cristiano o ministro común de que la vida de Dios en el alma está en una enfermedad y debilidad mortales.

Mucho se dice y se hacen muchas quejas sobre la debilidad de la Iglesia para cumplir su llamado, para ejercer influencia sobre sus miembros, para librarlos del poder del mundo y llevarlos a una vida de santa consagración a Dios. Mucho se habla también de su indiferencia hacia los millones de paganos que Cristo le confió para que les hiciera conocer su amor y salvación. ¿Cuál es la razón por la que muchos miles de obreros cristianos en el mundo no tienen mayor influencia? Nada excepto esto: la falta de oración de su servicio. En medio de todo su celo en el estudio y en el trabajo de la Iglesia, de toda su fidelidad en la predicación y conversación con la gente, les falta esa oración incesante que lleva consigo la promesa segura del Espíritu y el poder de en las alturas. ¡No es más que el pecado de la falta de oración lo que es la causa de la falta de una vida espiritual poderosa! Considere más

3. La terrible pérdida que sufre la Iglesia a causa de la falta de oración del ministro

Es tarea de un ministro preparar a los creyentes para una vida de oración; pero ¿cómo puede hacer esto un líder si él mismo comprende poco el arte de conversar con Dios y de recibir del Espíritu Santo, cada día, desde el cielo, abundante gracia para sí mismo y para su obra? Un ministro no puede dirigir a una congregación más alto que él mismo. No puede con entusiasmo señalar un camino, o explicar una obra, en la que él mismo no camina o vive.

¡Cuántos miles de cristianos hay que no saben casi nada de la bienaventuranza de la oración en comunión con Dios! ¡Cuántos hay que saben algo de ella y anhelan un mayor aumento de este conocimiento, pero en la predicación de la Palabra no se les insta persistentemente a continuar hasta que obtengan la bendición! La razón es simple y únicamente que el ministro entiende tan poco sobre el secreto de la oración poderosa y no da a la oración el lugar en su servicio que, en la naturaleza del caso y en la voluntad de Dios, es indispensablemente necesario . ¡Oh, qué diferencia deberíamos notar en nuestras congregaciones si los ministros pudieran ser llevados a ver en su justa luz el pecado de la falta de oración y fueran librados de él! Una vez más considere

4. La imposibilidad de predicar el evangelio a todos los hombres -como Cristo nos manda que lo hagamos- mientras este pecado no sea vencido y echado fuera.

Muchos sienten que la gran necesidad de las misiones es la obtención de hombres y mujeres que se entreguen al Señor para luchar en oración por la salvación de las almas. También se ha dicho que Dios está ansioso y es capaz de liberar y bendecir al mundo que ha redimido, si su pueblo estuviera dispuesto, si estuviera listo, para clamar a él día y noche. Pero, ¿cómo pueden las congregaciones ser llevadas a eso a menos que primero viene un cambio completo en los ministros y que empiezan a ver que lo indispensable no es la predicación, ni la visita pastoral, ni el trabajo de la iglesia, sino la comunión con Dios en oración hasta que sean revestidos de poder de lo alto?

¡Oh, que todo pensamiento, obra y expectativa acerca del reino nos impulse a reconocer el pecado de la falta de oración! ¡Dios nos ayude a desarraigarlo! ¡Dios nos libre de ella por la sangre y el poder de Cristo Jesús! Dios enseñe a todo ministro de la Palabra a ver qué lugar glorioso puede ocupar si antes que nada es librado de esta raíz de males; para que con valentía y alegría, con fe y perseverancia, pueda seguir adelante con su Dios!

¡El pecado de la falta de oración! El Señor puso la carga de esto tan pesadamente en nuestros corazones que no descansaremos hasta que sea quitado de nosotros a través del nombre y el poder de Jesús Él hará que esto sea posible para nosotros.

Un testigo de América

En 1898, había dos miembros del Presbiterio de Nueva York que asistieron a la Conferencia de Northfield para la profundización de la vida espiritual. Volvieron a su trabajo con el fuego de un nuevo entusiasmo. Se esforzaron por lograr un avivamiento en todo el Presbiterio. En una reunión que celebraron, se guió al presidente para que hiciera a los hermanos una pregunta sobre su vida de oración: 'Hermanos', dijo, 'hagamos confesión hoy ante Dios y entre nosotros. Nos hará bien. ¿Levantarán la mano todos los que pasan media hora todos los días con Dios en relación con su obra?' Se levantó una mano. Hizo otra petición: 'Todos los que pasen así quince minutos levanten la mano'. Ni la mitad de las manos se levantaron. Luego dijo: '¡La oración, la fuerza de trabajo de la Iglesia de Cristo, y la mitad de los obreros apenas la utilizan! Todos los que dedican cinco minutos levantan la mano. Todas las manos se levantaron. Pero un hombre llegó más tarde con la confesión de que no estaba muy seguro de si pasaba cinco minutos en oración todos los días. 'Es', dijo, 'una terrible revelación del poco tiempo que paso con Dios'.

La causa de la falta de oración

En una reunión de oración de ancianos, un hermano hizo la pregunta: '¿Cuál es, entonces, la causa de tanta falta de oración? ¿No es incredulidad?

La respuesta fue: 'Ciertamente; pero luego viene la pregunta ¿cuál es la causa de esa incredulidad?' Cuando los discípulos le preguntaron al Señor Jesús: '¿Por qué no pudimos echar fuera al diablo?' Su respuesta fue: 'Por tu incredulidad'. Fue más allá y dijo: 'Pero este género no sale sino con oración y ayuno' (Mateo 17:19-21). Si la vida no es de abnegación, de ayuno, es decir, de dejar ir el mundo; de la oración, es decir, echando mano del cielo, no se puede ejercer la fe. Una vida vivida según la carne y no según el Espíritu: en esto encontramos el origen de la falta de oración de la que nos quejamos. Cuando salíamos de la reunión un hermano me dijo: 'Ésa es toda la dificultad; queremos orar en el Espíritu y al mismo tiempo andar según la carne, y esto es imposible.' Si uno está enfermo y desea curarse, es de suma importancia que se descubra la verdadera causa de la enfermedad. Este es siempre el primer paso hacia la recuperación. Si no se reconoce la causa particular y se dirige la atención a causas subordinadas, oa causas supuestas pero no reales, la curación está fuera de cuestión. De la misma manera, es de suma importancia para nosotros obtener una comprensión correcta de la causa de la triste condición de muerte y fracaso en la oración en la cámara interior, que debería ser un lugar tan bendito para nosotros. Procuremos darnos cuenta plenamente de cuál es la raíz de este mal.

Las Escrituras nos enseñan que sólo hay dos condiciones posibles para el cristiano. Uno es un andar según el Espíritu, el otro un andar según 'la carne'. Estos dos poderes están en conflicto irreconciliable entre sí. Así sucede, en el caso de la mayoría de los cristianos, que, mientras damos gracias a Dios por haber nacido de nuevo a través del Espíritu y haber recibido la vida de Dios, sin embargo, su vida ordinaria diaria no es vivida según el Espíritu, sino según 'la carne'. Pablo escribe a los Gálatas: '¿Tan necios sois? ¿Habiendo comenzado por el Espíritu, ahora os perfeccionáis por la carne?' (Gálatas 3.3). Su servicio consistía en actuaciones externas carnales. No entendieron que cuando se permite que 'la carne' influya en su servicio a Dios, pronto resulta en pecado abierto.

De modo que no sólo menciona los pecados graves como obra de 'la carne', como el adulterio, el asesinato, la embriaguez; pero también los pecados más comunes de la vida diaria: ira, contienda, discordia; y da la exhortación: 'Andad en el Espíritu, y no satisfagáis los deseos de la carne... Si vivimos en el Espíritu, andemos también en el Espíritu' (Gál. 5:16, 25). El Espíritu debe ser honrado no sólo como autor de una nueva vida, sino también como líder y director de todo nuestro andar. De lo contrario, somos lo que el apóstol llama 'carnales'.

La mayoría de los cristianos tienen poca comprensión de este asunto. No tienen un conocimiento real de la profunda pecaminosidad e impiedad de esa naturaleza carnal que les pertenece ya la que inconscientemente ceden. 'Dios... condenó al pecado en la carne' (Rom. 8,3) - en la cruz de Cristo. 'Los que son de Cristo han crucificado la carne con los afectos y concupiscencias' (Gál. 5:24). 'La carne' no puede ser mejorada o santificada. 'La mente carnal es enemistad contra Dios; porque no está sujeto a la ley de Dios, ni tampoco puede estarlo' (Rom. 8.7). No hay forma de tratar con 'la carne' excepto como Cristo la trató, llevándola a la cruz. 'Nuestro viejo hombre está crucificado con él' (Rom 6,6); así también lo crucificamos por fe, y lo consideramos y lo tratamos diariamente como una cosa maldita que encuentra su lugar legítimo en la cruz maldita.
Es triste considerar cuántos cristianos hay que rara vez piensan o hablan con seriedad acerca de las profundidades y pecaminosidad inconmensurable de 'la carne' - 'En mí (es decir, en mi carne) no mora el bien' (Rom. 7:18). El hombre que verdaderamente cree esto bien puede exclamar: 'Veo otra ley en mis miembros... que me lleva cautivo a la ley del

pecado... ¡Oh, miserable de mí! ¿Quién me librará de este cuerpo de muerte?' (Romanos 7:23, 24). Dichoso el que puede ir más allá y decir: 'Doy gracias a Dios, por Jesucristo nuestro Señor... Porque la ley del Espíritu de vida en Cristo Jesús me ha librado de la ley del pecado y de la muerte' (Rom. 7,25). ; 8.2).
¡Ojalá pudiéramos entender los consejos de la gracia de Dios para nosotros! 'La carne' en la cruz - el Espíritu en el corazón y controlando la vida.

Esta vida espiritual es muy poco comprendida o buscada; sin embargo, es literalmente lo que Dios ha prometido y cumplirá en aquellos que incondicionalmente se entreguen a él para este propósito.

Aquí entonces tenemos la raíz profunda del mal como causa de una vida sin oración. 'La carne' puede decir oraciones bastante bien, llamándose a sí misma religiosa por hacerlo y así satisfacer la conciencia. Pero 'la carne' no tiene deseo ni fuerza para la oración que se esfuerza por un conocimiento íntimo de Dios; que se regocija en la comunión con él; y que sigue apoderándose de su fuerza. Entonces, finalmente, se llega a esto, 'la carne' debe ser negada y crucificada.

El cristiano que todavía es carnal no tiene disposición ni fuerza para seguir a Dios. Descansa satisfecho con la oración del hábito o la costumbre; pero la gloria, la bienaventuranza de la oración secreta es algo oculto para él, hasta que algún día sus ojos se abren y comienza a ver que 'la carne', en su disposición a alejarse de Dios, es el archienemigo que hace poderoso oración imposible para él.

Una vez, en una conferencia, hablé sobre el tema de la oración y usé fuertes expresiones sobre la enemistad de 'la carne' como causa de la falta de oración. Después del discurso, la esposa del ministro dijo que pensaba que yo había hablado demasiado fuerte. También tuvo que llorar por muy poco deseo de oración, pero sabía que su corazón estaba sinceramente puesto en buscar a Dios. Le mostré lo que dice la palabra de Dios acerca de 'la carne', y que todo lo que impide la recepción del Espíritu no es más que una obra secreta de 'la carne'. Adán fue creado para tener comunión con Dios y la disfrutó antes de su caída. Sin embargo, después de la caída vino inmediatamente una profunda aversión a Dios, y huyó de él. Esta aversión incurable es la característica de la naturaleza no regenerada y la causa principal de nuestra falta de voluntad para entregarnos a la comunión con Dios en oración. Al día siguiente me dijo que Dios le había abierto los ojos; ella confesó que la enemistad y falta de voluntad de 'la carne' era el obstáculo oculto en su defectuosa vida de oración.

Hermanos míos, no busquen encontrar en las circunstancias la explicación de esta falta de oración por la que nos lamentamos; búscala donde la palabra de Dios declara que está, en la aversión oculta del corazón a un Dios santo.

Cuando un cristiano no se entrega enteramente a la dirección del Espíritu -y esta es ciertamente la voluntad de Dios y la obra de su gracia- vive, sin saberlo, bajo el poder de 'la carne'. Esta vida de 'la carne' se manifiesta de muchas maneras diferentes. Se manifiesta en la precipitación de espíritu, o en la ira que tan inesperadamente surge en ti, en la falta de amor que tantas veces te has reprochado; en el placer que se encuentra en comer y beber, sobre el cual a veces su conciencia lo ha reprendido; en esa búsqueda de tu propia voluntad y honor, esa confianza en tu propia sabiduría y poder, ese placer en el mundo, del que a veces te avergüenzas ante Dios. Todo esto es vida 'según la carne'. 'Aún sois carnales' (1 Con 3,3) ese texto, quizás, os inquiete a veces; no tenéis plena paz y gozo en Dios.

Te ruego que te tomes un tiempo y des una respuesta a la pregunta: ¿No he encontrado aquí la causa de mi falta de oración, de mi impotencia para efectuar algún cambio en el asunto? Vivo en el Espíritu, he nacido de nuevo, pero no ando en el Espíritu -'la carne' se enseñorea de mí. La vida carnal no puede posiblemente orar en el espíritu y el poder. Dios perdoname. La vida carnal es evidentemente la causa de mi triste y vergonzosa falta de oración.

El centro de la tormenta en el campo de batalla.

Se hizo mención en la conferencia de la expresión 'posición estratégica' usada tan a menudo en referencia a la gran contienda entre el reino de los cielos y los poderes de las tinieblas.

Cuando un general elige el lugar desde el cual pretende atacar al enemigo, presta mayor atención a aquellos puntos que considera más importantes en la lucha. Así, en el campo de batalla de Waterloo había una granja que Wellington vio de inmediato que era la clave de la situación. No escatimó a sus tropas en sus esfuerzos por mantener ese punto: la victoria dependía de ello. Así que en realidad sucedió. Es lo mismo en el conflicto entre el creyente y los poderes de las tinieblas. La cámara interior es el lugar donde se obtiene la victoria decisiva.

El enemigo usa todo su poder para llevar al cristiano y sobre todo al ministro, a descuidar la oración. Sabe que por admirable que sea el sermón, por atractivo que sea el servicio, por fiel que sea la visita pastoral, ninguna de estas cosas puede dañarlo a él ni a su reino si se descuida la oración. Cuando la Iglesia se cierre al poder de la cámara interior, y los soldados del Señor hayan recibido de rodillas 'el poder de lo alto', entonces los poderes de las tinieblas serán sacudidos y las almas serán liberadas. En la Iglesia, en el campo misionero, con el ministro y su congregación, todo depende del fiel ejercicio del poder de la oración.

En la semana de la conferencia encontré lo siguiente en The Christian:

Dos personas se pelean por un punto determinado. Los llamamos Christian y Apollyon. Apollyon nota que Christian tiene cierta arma que le daría una victoria segura. Se encuentran en una lucha mortal y Apollyon decide quitarle el arma a su oponente y destruirla. Por el momento, la causa principal de la contienda se ha vuelto subordinada; el gran punto ahora es ¿quién se hará con el arma de la que todo depende? Es de vital importancia hacerse con eso.

Así es en el conflicto entre Satanás y el creyente. El hijo de Dios puede conquistar todo por medio de la oración. ¿Es de extrañar que Satanás haga todo lo posible para arrebatarle esa arma al cristiano, o para impedirle que la use?

¿Cómo ahora Satanás obstaculiza la oración? Por la tentación de posponerlo o acortarlo, trayendo pensamientos errantes y toda clase de distracciones; a través de la incredulidad y la desesperanza. Feliz es el héroe de la oración que, a pesar de todo, se preocupa por mantenerse firme y usar su arma. Como nuestro Señor en Getsemaní, cuanto más violentamente atacaba el enemigo, más fervientemente oraba y no cesaba hasta haber obtenido la victoria. Después de nombrar todas las demás partes de la armadura, Pablo añade: 'con toda oración y ruego en el Espíritu' (Efesios 6:18). Sin la oración, el yelmo de la salvación, y el escudo de la fe, y la espada del Espíritu que es la palabra de Dios, no tienen poder. Todo depende de la oración. ¡Dios, enséñanos a creer y mantener esto rápido!

La vida de oración - Capítulo 2
Capítulo 2 - La lucha contra la falta de oración

Tan pronto como el cristiano se convence de su pecado en este asunto, su primer pensamiento es que debe comenzar a esforzarse, con la ayuda de Dios, para obtener la victoria sobre él. Pero, ¡ay!, pronto experimenta que su esfuerzo vale poco, y el pensamiento desalentador lo invade, como una ola, de que esa vida no es para él: ¡no puede continuar siendo fiel! En conferencias sobre el tema de la oración, celebradas durante el pasado
años, muchos ministros han dicho abiertamente que les parecía imposible alcanzar una vida tan estricta.

Recientemente recibí una carta de un ministro, muy conocido por su capacidad y devoción, en la que escribe: 'En lo que a mí respecta, no parece que me ayude mucho oír hablar de la vida de oración, de la extenuante esfuerzo para el que debemos prepararnos, y sobre todo el tiempo, las molestias y el esfuerzo interminable que nos costará. Estas cosas me desalientan, las he oído tantas veces. Los he puesto a prueba una y otra vez, y el resultado siempre ha sido tristemente decepcionante. No me ayuda que me digan: "Debes orar más, y vigilarte más de cerca, y convertirte por completo en un cristiano más ferviente.

Mi respuesta a él fue la siguiente: 'Creo que en todo lo que hablé en la conferencia o en otros lugares, nunca he mencionado el esfuerzo o la lucha, porque estoy completamente convencido de que nuestros esfuerzos son inútiles a menos que primero aprendamos cómo permanecer en Cristo por una fe sencilla.

Mi corresponsal dijo además: 'El mensaje que necesito es este: "Procura que tu relación con tu Salvador viviente sea lo que debe ser. Vive en su presencia, regocíjate en su amor, descansa en él" . no se dará, si sólo se entiende correctamente. 'Asegúrense de que su relación con el Salvador viviente sea lo que debe ser'. Pero esto es precisamente lo que ciertamente hará posible que uno viva la vida de oración.

No debemos consolarnos con la idea de estar en una relación correcta con el Señor Jesús mientras el pecado de la falta de oración tiene poder sobre nosotros, y mientras nosotros, junto con toda la Iglesia, tenemos que quejarnos de nuestra vida débil que nos hace incapaces de orar por nosotros, por la Iglesia, o por las misiones, como se debe. Pero si reconocemos, en primer lugar, que una relación correcta con el Señor Jesús, sobre todo, incluye la oración, tanto con el deseo como con el poder de orar según la voluntad de Dios, entonces tenemos algo que nos da derecho a regocijarnos. en él y descansar en él.

He relatado este incidente para señalar cómo, naturalmente, el desánimo será el resultado del esfuerzo propio y cerrará así toda esperanza de mejora o victoria. Y ésta es, en efecto, la condición de muchos cristianos cuando son llamados a perseverar en la oración como intercesores. Sienten que ciertamente es algo completamente fuera de su alcance: no tienen el poder para el autosacrificio y la consagración necesarios para tal oración; se encogen ante el esfuerzo y la lucha que, según suponen, los hará infelices. Han intentado con el poder de la carne conquistar la carne, algo totalmente imposible. Se han esforzado por Beelzebub para expulsar a Beelzebub y esto nunca puede suceder. Es solo Jesús quien puede someter a la carne y al diablo.

Hemos hablado de una lucha que ciertamente resultará en desilusión y desánimo. Este es el esfuerzo hecho en nuestras propias fuerzas. Pero hay otra lucha que ciertamente conducirá a la victoria. La Escritura habla de 'la buena batalla de la fe', es decir, una lucha que brota y se lleva a cabo por la fe. Debemos tener conceptos correctos acerca de la fe y mantenernos firmes en nuestra fe. Jesucristo es siempre el autor y consumador de la fe. Es cuando entramos en una relación correcta con él que podemos estar seguros de la ayuda y el poder que otorga. Solo, entonces, tan seriamente como debemos, en primer lugar. di: 'No te esfuerces en tu propia fuerza; echaos a los pies del Señor Jesús, y esperad en él con la confianza segura de que está con vosotros y obra en vosotros'; así nosotros, en segundo lugar, decimos: 'Esfuérzate en la oración; deja que la fe llene tu corazón, y serás fuerte en el Señor, y en el poder de su fuerza.'

Una ilustración nos ayudará a entender esto. Una mujer cristiana devota que dirigía una gran clase bíblica con celo y éxito una vez tuvo problemas con su ministro. En sus primeros años había disfrutado de muchas bendiciones en la cámara interior, en comunión con el Señor y su palabra. Pero esto se había ido perdiendo gradualmente y, por mucho que hiciera, no podía hacerlo bien. El Señor había bendecido su trabajo, pero el gozo se había ido de su vida. El ministro le preguntó qué había hecho ella para recuperar la bienaventuranza perdida. 'He hecho todo', dijo ella, 'que se me ocurre, pero todo en vano.'

Luego le preguntó acerca de su experiencia en relación con su conversión. Ella dio una respuesta inmediata y clara: 'Al principio no ahorré esfuerzos en mi intento de ser mejor y liberarme del pecado, pero todo fue inútil. Por fin comencé a comprender que debo dejar de lado todos mis esfuerzos y simplemente confiar en el Señor Jesús para que me conceda su vida y su paz, y lo hizo.'

'Entonces, ¿por qué', dijo el ministro, 'no intentas esto de nuevo? Mientras vas a tu cámara interior, por más frío y oscuro que sea tu corazón, no intentes con tus propias fuerzas forzarte a adoptar la actitud correcta. Inclínate ante él, y dile que ve en qué triste estado te encuentras que tu única esperanza está en él. Confía en él con la confianza de un niño para que tenga misericordia de ti y espera en él. En tal confianza estás en una relación correcta con él. Tú no tienes nada, él lo tiene todo. Tiempo después le dijo al ministro que su consejo la había ayudado; había aprendido que la fe en el amor del Señor Jesús es el único método para entrar en comunión con Dios en oración.

¿No comienzas a ver, mi lector, que hay dos tipos de guerra: la primera cuando buscamos conquistar la falta de oración con nuestras propias fuerzas? En ese caso, mi consejo para ti es: 'Abandona tu inquietud y tu esfuerzo; caed impotentes a los pies del Señor Jesús; él hablará la palabra, y vuestra alma vivirá.' Si has hecho esto, entonces, en segundo lugar, viene el mensaje: 'Esto no es más que el comienzo de todo. Requerirá un profundo fervor, y el ejercicio de todo su poder, y una vigilancia de todo el corazón, ansioso por detectar el menor retroceso. Sobre todo, requerirá una entrega a una vida de autosacrificio que Dios realmente desea ver en nosotros y que Él hará por nosotros.'

La vida de oración - Capítulo 3
Capítulo 3 - Cómo ser librado de la falta de oración; Cómo puede continuar la liberación

La mayor piedra de tropiezo en el camino de la victoria sobre la falta de oración es el sentimiento secreto de que nunca obtendremos la bendición de ser librados de ella. A menudo nos hemos esforzado en esta dirección, pero en vano. El viejo hábito y el poder de la carne, nuestro entorno con sus atractivos, han sido demasiado fuertes para nosotros. ¿De qué sirve intentar lo que nuestro corazón nos asegura que está fuera de nuestro alcance? El cambio necesario en toda la vida es demasiado grande y demasiado difícil. Si se formula la pregunta: '¿Es posible un cambio?' nuestro corazón que suspira dice: '¡Ay, para mí es completamente imposible!' ¿Sabes por qué viene esa respuesta? Es simplemente porque habéis recibido la llamada a la oración como voz de Moisés y como mandato de la ley. Moisés y su ley nunca le han dado a nadie el poder de obedecer.

¿Realmente anhelas tener el coraje de creer que la liberación de una vida sin oración es posible para ti y puede convertirse en una realidad? Entonces debéis aprender la gran lección de que tal liberación está incluida en la redención que es en Cristo Jesús, que es una de las bendiciones del Nuevo Pacto que Dios mismo os impartirá por medio de Cristo Jesús. A medida que empieces a entender esto, encontrarás que la exhortación, 'Orad sin cesar', transmite un nuevo significado. En vuestro corazón comienza a brotar la esperanza de que el Espíritu -que os ha sido concedido para gritar constantemente: 'Abba, Padre'- os hará posible una verdadera vida de oración. Entonces escucharéis, no con espíritu de desánimo, sino con el gozo de la esperanza, la voz que os llama al arrepentimiento.

Muchos se han vuelto a su cámara interior, bajo la amarga acusación de haber orado tan poco, y han decidido que el futuro vivirá de una manera diferente. Sin embargo, ninguna bendición ha venido, no había la fuerza para continuar fiel, y el llamado al arrepentimiento no tenía poder, porque sus ojos no estaban fijos en el Señor Jesús. Si tan solo hubiera entendido, habría dicho: 'Señor, ves cuán frío y oscuro es mi corazón: sé que debo orar, pero siento que no puedo hacerlo; Me falta la urgencia y el deseo de orar.'

No sabía que en ese momento el Señor Jesús en su tierno amor lo miraba desde arriba y le decía: 'No puedes orar; sientes que todo es frío y oscuro: ¿por qué no te entregas en mis manos? Cree solamente que estoy listo para ayudarte en la oración; Anhelo mucho derramar mi amor en tu corazón, para que tú, en la conciencia de tu debilidad, puedas confiar en mí para otorgarte la gracia de la oración. Así como os limpiaré de todos los demás pecados, así también os libraré del pecado de la falta de oración, sólo que no busquéis la victoria en vuestras propias fuerzas. Inclínate ante mí como quien espera todo de su Salvador. Que tu alma guarde silencio ante mí por muy triste que sientas tu estado. Ten por seguro que te enseñaré a rezar.

Muchos reconocerán: 'Veo mi error; No había pensado que el Señor Jesús debe librarme y limpiarme también de este pecado. No había entendido que él estaba conmigo todos los días en la cámara interior, en su gran amor listo para guardarme y bendecirme, sin importar cuán pecador y culpable me sintiera. No había supuesto que así como dará todas las demás gracias en respuesta a la oración, así, sobre todo y ante todo, dará la gracia de un corazón orante. ¡Qué locura pensar que todas las demás bendiciones deben provenir de él, pero que la oración, de la cual depende todo lo demás, debe obtenerse mediante el esfuerzo personal! Gracias a Dios empiezo a comprender: el Señor Jesús mismo está en la cámara interior cuidándome y haciéndose responsable de enseñarme cómo acercarme al Padre. Sólo esto exige: que yo, con la confianza de un niño, lo atienda y lo glorifique.

Hermanos, ¿no hemos olvidado seriamente esta verdad? De una vida espiritual defectuosa no se puede esperar nada mejor que una vida de oración defectuosa. Es vano para nosotros, con nuestra vida espiritual defectuosa, esforzarnos por orar más o mejor. Es un imposible. Nada menos es necesario que experimentemos que el que está en Cristo Jesús es una nueva criatura: las cosas viejas pasaron; he aquí, todas las cosas son hechas nuevas.' Esto es literalmente cierto para el hombre que comprende y experimenta lo que es estar en Jesucristo.

Toda nuestra relación con el Señor Jesús debe ser algo nuevo. Debo creer en su amor infinito, que realmente anhela tener comunión conmigo en cada momento y mantenerme en el goce de su comunión. Debo creer en su poder divino, que ha vencido al pecado y verdaderamente me guardará de él. Debo creer en aquel que, como el gran intercesor, por medio del Espíritu, inspirará a cada miembro de su cuerpo la alegría y la fuerza para la comunión con Dios en la oración. Mi vida de oración debe estar enteramente bajo el control de Cristo y su amor. Entonces, por primera vez, la oración se convertirá en lo que realmente es, el soplo natural y gozoso de la vida espiritual, por el cual la atmósfera celestial se inhala y luego se exhala en la oración.

¿No veis que, así como esta fe nos posee, la llamada a una vida de oración que agrada a Dios será una llamada bienvenida? El clamor, 'Arrepentíos del pecado de la falta de oración', no será respondido por un suspiro de impotencia, o por la falta de voluntad de la carne. La voz del Padre se escuchará cuando ponga ante nosotros una puerta abierta y nos reciba en una comunión bendita con él. La oración por la ayuda del Espíritu para orar ya no será por temor a un esfuerzo demasiado grande para nuestro poder; será simplemente caer en completa debilidad a los pies del Señor Jesús, para encontrar allí que la victoria viene a través del poder y el amor que fluyen de su rostro.

Si surge la pregunta en nuestra mente: '¿Esto continuará?' y llega el temor: 'Tú sabes cuántas veces has probado y has sido decepcionado', la fe encontrará su fuerza, no en el pensamiento de lo que harás o harás, sino en la fidelidad inmutable y el amor de Cristo, quien nuevamente ha socorrido y os aseguró que los que en él esperan no serán avergonzados.

Si aún quedan temores y vacilaciones, les ruego por las misericordias de Dios en Jesucristo, y por la inefable fidelidad de su tierno amor, que se atrevan a arrojarse a sus pies. Solo cree con todo tu corazón que hay liberación del pecado de la falta de oración. "Si confesamos nuestros pecados, él es fiel y justo para perdonar nuestros pecados, y limpiarnos de toda maldad" (1 Juan 1.9). En su sangre y gracia hay completa liberación de toda injusticia y de toda falta de oración. ¡Alabado sea su nombre por los siglos!

Cómo puede continuar la liberación de la falta de oración

Lo que hemos dicho acerca de la liberación del pecado de falta de oración también tiene aplicación como respuesta a la pregunta: '¿Cómo se puede mantener la experiencia de la liberación?' La redención no se nos concede por partes, o como algo de lo que podamos hacer uso de vez en cuando.

Se otorga como una plenitud de gracia almacenada en el Señor Jesús, que se puede disfrutar en una nueva comunión con él cada día. Es tan necesario que esta gran verdad se lleve a casa y se fije en nuestras mentes que la mencionaré una vez más. Nada puede preservaros del descuido, ni haceros posible perseverar en la oración viva y poderosa, sino una íntima comunión diaria con Jesús nuestro Señor. Dijo a sus discípulos: 'Creéis en Dios, creed también en mí... Creedme que yo soy en el Padre, y el Padre en mí... El que cree en mí, las obras que yo hago, él las hará. también; y mayores obras que estas hará hacer' (Juan 14.1, 11, 12).

El Señor quiso enseñar a sus discípulos que todo lo que habían aprendido del Antiguo Testamento acerca del poder, la santidad y el amor de Dios ahora debía serle transferido. No deben creer meramente en ciertos documentos escritos sino en él personalmente. Deben creer que él estaba en el Padre, y el Padre en él, en tal sentido que tenían una sola vida, una sola gloria. Todo lo que sabían acerca de Cristo lo encontrarían en Dios. Puso mucho énfasis en esto porque era solo a través de tal fe en él y en su gloria divina que podían hacer las obras que él hizo, o incluso obras mayores. Esta fe les llevaría a saber que así como Cristo y el Padre son uno, así también ellos estaban en Cristo y Cristo estaba en ellos.

Es esta relación íntima, espiritual, personal e ininterrumpida con el Señor Jesús la que se manifiesta poderosamente en nuestra vida, y especialmente en nuestra vida de oración. Consideremos esto y veamos lo que significa: que todos los atributos gloriosos de Dios están en nuestro Señor Jesucristo. Pensar en-

1. La omnipresencia de Dios

Dios llena el mundo y cada momento está presente en todo. Así como con el Padre, así ahora nuestro Señor Jesús está presente en todas partes, sobre todo con cada uno de sus redimidos. Esta es una de las lecciones más grandes y más importantes que nuestra fe debe aprender. Podemos entender esto claramente del ejemplo de los discípulos de nuestro Señor. ¿Cuál fue el privilegio peculiar de los discípulos, que siempre estaban en comunión con él? Fue un disfrute ininterrumpido de la presencia del Señor Jesús. Fue por esto que estaban tan tristes al pensar en su muerte. Se verían privados de esa presencia. Ya no estaría con ellos. ¿Cómo, bajo estas circunstancias, los consoló el Señor Jesús? Él prometió que el Espíritu Santo del cielo obraría en ellos un sentido de la plenitud de su vida y de su presencia personal de tal manera que estaría aún más íntimamente cerca y tendría una comunión más ininterrumpida con ellos que la que experimentaron mientras estuvo en la tierra. .

Esta gran promesa es ahora la herencia de cada creyente, aunque muchos de ellos saben poco al respecto. Jesucristo, en su personalidad divina, en ese amor eterno que lo llevó a la cruz, anhela tener comunión con nosotros en cada momento del día y mantenernos en el disfrute de esa comunión. Esto debe ser explicado a cada nuevo converso: 'El Señor os ama para teneros cerca de él sin interrupción, para que tengáis experiencia de su amor'. Esto es lo que debe aprender todo creyente que ha sentido su impotencia para una vida de oración, de obediencia y de santidad. Sólo esto nos dará poder como intercesores para conquistar el mundo y ganar almas para nuestro Señor.

2. La omnipotencia de Dios

¡Qué maravilloso es el poder de Dios! Lo vemos en la creación; lo vemos en las maravillas de la redención registradas en el Antiguo Testamento. Lo vemos en las obras maravillosas de Cristo que el Padre hizo en él, y sobre todo en su resurrección de entre los muertos. Estamos llamados a creer en el Hijo, como creemos en el Padre. Sí, el Señor Jesús que, en su amor, está tan indeciblemente cerca de nosotros, es el todopoderoso para quien nada es imposible. Cualquier cosa que pueda haber en nuestros corazones o carne, que no se someta a nosotros, él puede conquistar y lo hará. Todo lo que está prometido en la palabra de Dios, todo lo que es nuestra herencia como hijos de la Nueva Alianza, el todopoderoso Jesús nos lo puede dar. Si me inclino ante él en mi cámara interior, entonces estoy en contacto con el poder eterno e inmutable de Dios. Si me encomiendo por un día al Señor Jesús, entonces puedo estar seguro de que es su eterno poder omnipotente el que me ha tomado bajo su protección y que hará todo por mí.

¡Oh, si tomáramos tiempo para la cámara interior para que podamos experimentar en plena realidad la presencia de este Jesús todopoderoso! ¡Qué bienaventuranza sería la nuestra por medio de la fe! Una comunión ininterrumpida con un Señor omnipresente y todopoderoso.

3. El santo amor de Dios

Esto significa que Él, de todo corazón, ofrece todos sus atributos divinos para nuestro servicio y está dispuesto a impartirse a nosotros. Cristo es la revelación de su amor. Él es el Hijo de su amor, el don de su amor, el poder de su amor; y este Jesús, que ha buscado en la cruz dar una prueba abrumadora de su amor en su muerte y derramamiento de sangre, para hacernos imposible no creer en ese amor, este Jesús es el que viene a nuestro encuentro. en la cámara interior, y da la seguridad positiva de que la comunión ininterrumpida con él es nuestra herencia y, a través de él, se convertirá en nuestra experiencia. El santo amor de Dios que sacrificó todo para vencer el pecado y reducirlo a la nada, viene a nosotros en Cristo para salvarnos de todo pecado.

Hermanos, tomen tiempo para reflexionar sobre esa palabra de nuestro Señor: 'Creéis en Dios, creed también en mí'... Creedme que yo estoy en el Padre... y vosotros en mí, y yo en vosotros' (Juan 14, 1, 11, 20). Ese es el secreto de la vida de oración. Tómese un tiempo en la cámara interior para inclinarse y adorar; y espéralo hasta que se descubra, y tome posesión de ti, y salga contigo para mostrar cómo un hombre puede vivir y caminar en comunión permanente con un Señor invisible.

¿Anhelas saber cómo puedes experimentar siempre la liberación del pecado de la falta de oración? Aquí tienes el secreto. Creed en el Hijo de Dios, dadle tiempo en el aposento interior para que se manifieste en su cercanía siempre presente, como el eterno y todopoderoso, el amor eterno que vela por vosotros. Experimentaréis lo que, hasta ahora, tal vez no sabíais: que no ha entrado en el corazón del hombre lo que Dios puede hacer por los que le aman.

Capítulo 4 - La Bendición de la Victoria; La vida más abundante

Si ahora somos librados del pecado de la falta de oración y comprendemos cómo se puede continuar experimentando esta liberación, ¿cuál será el fruto de nuestra libertad? El que ve esto correctamente, con renovado fervor y perseverancia, buscará esta libertad. Su vida y experiencia ciertamente serán una evidencia de que ha obtenido algo de un valor indescriptible. Él será un testigo vivo de la bendición que ha traído la victoria. Considerar -

1. La bienaventuranza de la comunión ininterrumpida con Dios

Piensa en la confianza en el Padre que tomará el lugar del reproche y la autocondena que fue la característica anterior de nuestras vidas. Piensa en la profunda conciencia de que la gracia omnipotente de Dios ha obrado algo en nosotros, para probar que realmente llevamos su imagen y somos aptos para una vida de comunión con él y preparados para glorificarlo. Pensad cómo nosotros, a pesar de nuestra convicción de nuestra nada, podemos vivir como verdaderos hijos de un Rey, en comunión con su Padre, y podemos manifestar algo del carácter de nuestro Señor Jesús en la santa comunión con su Padre que tuvo cuando estuvo en la tierra. . Piensa cómo en la cámara interior la hora de la oración puede convertirse en el momento más feliz de todo lo que hacemos por nosotros, y cómo Dios puede usarnos para participar en la realización de sus planes y convertirnos en fuentes de bendición para el mundo que nos rodea. a nosotros.

2. El poder que podemos tener para la obra a la que somos llamados

El predicador aprenderá a recibir su mensaje realmente de Dios, por el poder del Espíritu Santo, ya entregarlo con ese poder a la congregación. Sabrá dónde puede llenarse del amor y del celo que le permitirán, en sus rondas de visitas pastorales, encontrar y ayudar a cada uno en un espíritu de tierna compasión. Podrá decir con Pablo: 'Todo lo puedo en Cristo que me fortalece' (Fel 4,13). 'Somos más que vencedores por medio de aquel que nos amó' (Rom. 8.37). 'Somos embajadores de Cristo... os rogamos en lugar de Cristo, reconciliaos con Dios' (2 Cor. 5:20). Estos no son sueños vanos o fantasías de una imaginación tonta. Dios nos ha dado a Pablo una ilustración, para que, aunque podamos diferir de él en dones o llamamiento, sin embargo, en la experiencia interna podamos conocer la suficiencia total de la gracia que puede hacer todas las cosas como lo hizo por él.

3. La perspectiva que se abre ante nosotros para el futuro

Esto es consagrarnos a participar como intercesores en la gran obra de llevar en nuestro corazón la necesidad de la Iglesia y del mundo. Pablo buscó despertar a los hombres para que rezaran todos los santos, y nos dice qué conflicto tuvo con los que aún no habían visto su rostro. En su presencia personal estaba sujeto a las condiciones de tiempo y lugar, pero en el Espíritu tenía poder en el nombre de Cristo para orar bendiciendo a los que aún no habían oído hablar del Salvador.

Además de su vida en relación con los hombres aquí en la tierra, lejos o cerca, vivió otra vida celestial, una vida de amor y de un maravilloso poder en la oración que ejerció continuamente. Difícilmente podemos formarnos una concepción del poder que Dios otorgará, si tan solo nos liberamos del pecado de la falta de oración y oramos con la audacia que alcanza el cielo y trae bendiciones en el nombre todopoderoso de Cristo.

¡Qué perspectiva! ¡Ministro y misioneros traídos por la gracia de Dios a orar, digamos el doble que antes, con doble fe y alegría! ¡Qué diferencia haría en la predicación, en la reunión de oración, en la comunión con los demás! ¡Qué dulce poder descendería en un aposento interior, santificado por la comunión con Dios y su amor en Cristo! ¡Qué influencia se ejercería sobre los creyentes, al impulsarlos a la obra de intercesión! ¡Cuán grandemente se sentiría esta influencia en la Iglesia y entre los paganos! ¡Qué poder podría ejercerse sobre los ministros de otras iglesias, y quién sabe cómo Dios podría usarnos para su Iglesia en todo el mundo! ¿No vale la pena sacrificarlo todo y suplicar a Dios sin cesar para que nos dé la victoria real y plena sobre la falta de oración que nos ha cubierto de tanta vergüenza?

¿Por qué escribo ahora estas cosas y ensalzo tanto la bienaventuranza de la victoria sobre 'el pecado que nos acosa tan fácilmente' y que tan terriblemente nos ha robado el poder que Dios ha destinado para nosotros? Puedo dar una respuesta. Sé muy bien los bajos pensamientos que tenemos acerca de las promesas y el poder de Dios y cuán propensos somos siempre a retroceder, a limitar el poder de Dios y a considerar que es imposible que Él haga cosas mayores de las que hemos visto. Es algo glorioso llegar a conocer a Dios de una manera nueva en el aposento interior. Eso, sin embargo, es sólo el comienzo. Todavía es algo más grande y más glorioso conocer a Dios como el Todopoderoso y esperar en su Espíritu para abrir de par en par nuestro corazón y nuestra mente para recibir las cosas grandes, las cosas nuevas que Él realmente anhela dar a los que esperan en Él.

El objeto de Dios es alentar la fe y hacer ver a sus hijos y siervos que deben esforzarse por entender y confiar en la inefable grandeza y omnipotencia de Dios, para que puedan tomar literalmente y con espíritu infantil esta palabra: 'Al que es poderoso para hacer todas las cosas mucho más abundantemente de lo que pedimos o entendemos... sea la gloria... por todos los siglos» (Efesios 3,20, 21). ¡Oh, que supiéramos qué Dios tan grande y glorioso tenemos!

Alguien puede preguntar: '¿No puede esta nota de victoria segura convertirse en una trampa y llevar a la frivolidad y al orgullo?' Indudablemente. Lo que es lo más alto y lo mejor en la tierra siempre está sujeto a abuso. ¿Cómo, entonces, podemos salvarnos de esto? Por nada tan seguro como por la verdadera oración, que nos pone realmente en contacto con Dios. La santidad de Dios, buscada en la oración persistente, cubrirá nuestra pecaminosidad. La omnipotencia y grandeza de Dios nos hará sentir nuestra nada. La comunión con Dios en Jesucristo nos llevará a la experiencia de que no hay nada bueno en nosotros, y que podemos tener comunión con Dios solo cuando nuestra fe se convierte en una humillación de nosotros mismos como Cristo se humilló a sí mismo, y vivimos verdaderamente en él como él está en el Padre.

La oración no es simplemente acudir a Dios para pedirle algo. Es sobre todo comunión con Dios y estar bajo el poder de su santidad y amor, hasta que él tome posesión de nosotros y estampa toda nuestra naturaleza con la humildad de Cristo, que es el secreto de toda verdadera adoración.
Sí, es en Cristo Jesús que nos acercamos al Padre, como los que han muerto con Cristo y han acabado enteramente con su propia vida, como aquellos en quienes vive y a quienes

Él permite decir: 'Cristo vive en m. Lo que nosotros hemos dicho acerca de la obra que el Señor Jesús hace en nosotros para librarnos de la falta de oración es verdad no sólo del comienzo de la vida de oración, y del gozo que nos produce una nueva experiencia del poder de orar, es verdad para toda vida de oración todo el día mucho 'Por medio de él' tenemos acceso al Padre. En esto siempre, como en toda la vida espiritual, 'Cristo es todo'. "A nadie vieron sino a Jesús solamente" (Mat. 17,8).

¡Que Dios nos fortalezca para creer que hay una victoria segura preparada para nosotros, y que la bendición será lo que el corazón del hombre no ha concebido! Dios hará esto por aquellos que lo aman.

Esto no nos llega a todos a la vez. Dios tiene mucha paciencia con sus hijos. Él nos acompaña en nuestro lento progreso con paternal paciencia. Que cada hijo de Dios se regocije en todo lo que promete la palabra de Dios. Cuanto más fuerte sea nuestra fe, más fervientemente perseveraremos hasta el fin.

La vida más abundante

Nuestro Señor pronunció esta palabra acerca de la vida más abundante cuando dijo que había venido a dar su vida por sus ovejas: 'Yo he venido para que tengan vida, y para que la tengan en abundancia' (Juan 10. 10) . Un hombre puede tener vida y, sin embargo, por falta de alimento o por enfermedad, puede no haber abundancia de vida o poder. Esta fue la distinción entre el Antiguo Testamento y el Nuevo. En el primero había ciertamente vida, bajo la ley, pero no la abundancia de gracia del Nuevo Testamento. Cristo había dado vida a sus discípulos, pero ellos podían recibir la vida abundante solo a través de su resurrección y el don del Espíritu Santo.

Todos los verdaderos cristianos han recibido la vida de Cristo. La mayor parte de ellos, sin embargo, no sabe nada acerca de la vida más abundante que él está dispuesto a otorgar. Pablo habla constantemente de esto. Dice de sí mismo que la gracia de Dios fue 'sobreabundante' (1 Tim. 1:14). 'Todo lo puedo en Cristo que me fortalece' (Filipenses 4.13). 'Gracias sean dadas a Dios, que siempre nos hace triunfar en Cristo' (2. Cor. 2.14). 'Somos más que vencedores por medio de aquel que nos amó' (Rom. 8.37).

Hemos hablado del pecado de la falta de oración, y los medios de liberación, y cómo mantenerse libre de ese pecado. Lo dicho sobre estos puntos está todo incluido en aquella expresión de Cristo: 'Yo he venido para que tengan vida, y para que la tengan en abundancia'. Es de suma importancia para nosotros entender esta vida más abundante, que podamos ver claramente que para una verdadera vida de oración es necesario nada menos que debemos caminar en una experiencia cada vez mayor de esa vida desbordante.

Es posible que comencemos este conflicto contra la falta de oración en dependencia de Cristo, y buscando en Él para ser asistidos y guardados en ello, y aun así ser desilusionados. Este es el caso cuando la falta de oración es vista como el único pecado contra el cual debemos luchar. Debe ser reconocido como parte de toda la vida de la carne y como íntimamente relacionado con otros pecados que brotan de la misma fuente. Olvidamos que toda la carne con todos sus afectos, ya sea que se manifieste en el cuerpo o en el alma, debe ser considerada como crucificada y entregada a la muerte. No debemos estar satisfechos con una vida débil, sino que debemos buscar una vida abundante. Debemos entregarnos enteramente, para que el Espíritu se posesione plenamente de nosotros, manifestando esa vida en nosotros de modo que se produzca una transformación total en nuestro ser espiritual, por la cual se reconozca el dominio total de Cristo y del Espíritu.

¿Qué es, entonces, lo que constituye peculiarmente esta vida abundante? No podemos repetirlo con demasiada frecuencia, o establecerlo de diferentes maneras con demasiada frecuencia: la vida abundante es nada menos que el Jesús pleno que tiene el dominio total sobre todo nuestro ser, a través del poder del Espíritu Santo. A medida que el Espíritu dé a conocer en nosotros la plenitud de Cristo y la vida abundante que él da, será principalmente en tres aspectos:

1. Como el crucificado

No simplemente como el que murió por nosotros, para expiar nuestros pecados; sino como aquel que nos tomó consigo en la cruz para morir con él, y que ahora obra en nosotros el poder de su cruz y de su muerte. Tienes la verdadera comunión con Cristo cuando puedes decir: 'He sido crucificado con Cristo - él, el crucificado, vive en mí.' Los sentimientos y la disposición que había en él, su humildad y obediencia hasta la muerte de cruz, a esto se refirió cuando dijo del Espíritu Santo: 'Tomará de lo mío, y os lo hará saber'. (Juan 16,15) - no como instrucción, sino como participación infantil de la misma vida que estaba en él.
¿Queréis que el Espíritu Santo tome plena posesión de vosotros, para hacer morar en vosotros al Cristo crucificado? Entiende entonces, que este es precisamente el fin para el cual ha sido dado, y esto ciertamente lo cumplirá en todos los que se entregan a él.

2. Como el resucitado

La Escritura menciona con frecuencia la resurrección en relación con el poder maravilloso de Dios, por el cual Cristo resucitó de entre los muertos; y de donde viene la seguridad de 'la supereminente grandeza de su poder para con nosotros los que creemos, según la operación de la potencia de su poder, la cual operó en Cristo, cuando le resucitó de los muertos' (Efesios 1:19, 20). No pase apresuradamente de estas palabras. Regrese y léalos una vez más, y aprenda la gran lección de que, por muy débil y débil que se sienta, la omnipotencia de Dios está obrando en usted; y, si creéis , os dará en la vida diaria una participación en la resurrección de su Hijo.

Sí, el Espíritu Santo puede llenarte del gozo y la victoria de la resurrección de Cristo, como poder de tu vida diaria, aquí en medio de las pruebas y tentaciones de este mundo. Deja que la cruz te humille hasta la muerte. Dios obrará la vida celestial en ti a través de su Espíritu. ¡Ah, qué poco hemos entendido que es enteramente obra del Espíritu Santo hacernos partícipes de Cristo crucificado y resucitado, y conformarnos a su vida y muerte!

3. Como el glorificado

Cristo glorificado es el que bautiza con el Espíritu Santo. Cuando el mismo Señor Jesús fue bautizado con el Espíritu, fue porque se humilló y se ofreció a sí mismo para participar en el bautismo de arrepentimiento de Juan, un bautismo para los pecadores, en el Jordán. Aun así, cuando asumió la obra de la redención, recibió el Espíritu Santo que lo capacitó para su obra desde ese momento hasta que en la cruz 'se ofreció a sí mismo sin mancha a Dios' (Heb. 9:14). ¿Queréis que este Cristo glorificado os bautice con el Espíritu Santo?

Ofrécete, pues, a él para su servicio, para promover su gran obra de hacer conocer a los pecadores el amor del Padre.

¡Dios nos ayude a comprender qué gran cosa es recibir el Espíritu Santo con poder del Jesús glorificado! Significa una disposición, un anhelo del alma, de trabajar por él y, si es necesario, de sufrir por él. Has conocido y amado a tu Señor, y has trabajado para él, y has tenido bendición en esa obra; pero el Señor tiene más que eso para otorgar. Él puede obrar en nosotros, y en nuestros hermanos que nos rodean, y en los ministros de la iglesia, por el poder del Espíritu Santo, como para llenar nuestros corazones con admiración y adoración.

¿Te has apoderado de él, mi lector? La vida abundante no es ni más ni menos que la vida plena de Cristo como el crucificado, el resucitado, el glorificado, que bautiza con el Espíritu Santo y se revela en nuestros corazones y vidas como Señor de todo en nosotros.

No hace mucho leí una expresión: 'Vive en lo que debe ser'. 'No vivas en tu imaginación humana de lo que es posible. Vive en la palabra - en el amor y la fidelidad infinita del Señor Jesús. Aunque es lenta y con muchos tropiezos, la fe que siempre le agradece no por las experiencias, sino por las promesas en las que puede confiar, sigue fortaleciéndose, creciendo aún en la bendita seguridad de que Dios mismo perfeccionará su obra en nosotros.

La vida de oración - Capítulo 5
Capítulo 5 - El ejemplo de Nuestro Señor

La conexión entre la vida de oración y la vida del Espíritu es estrecha e indisoluble. No es simplemente que recibimos el Espíritu a través de la oración, sino que la vida del Espíritu requiere, como algo indispensable, una vida de oración continua. Sólo puedo ser guiado continuamente por el Espíritu si me entrego continuamente a la oración.

Esto fue muy evidente en la vida de nuestro Señor. Un estudio de su vida nos dará una visión maravillosa del poder y la santidad de la oración. Considere su bautismo. Fue cuando fue bautizado y oró que el cielo se abrió y el Espíritu Santo descendió sobre él. Dios deseaba coronar la entrega de Cristo de sí mismo al bautismo del pecador en el Jordán (que era también una entrega de sí mismo a la muerte del pecador), con el don del Espíritu para la obra que debía realizar. Pero esto no podría haber sucedido si él no hubiera orado. En la comunión de adoración, se le concedió el Espíritu para que lo guiara al desierto para pasar allí cuarenta días en oración y ayuno. Vaya a Marcos 1.32-35: 'Y por la tarde, cuando se puso el sol, le trajeron todos los que estaban enfermos y los endemoniados. Y toda la ciudad estaba reunida a la puerta... Y levantándose muy de mañana, siendo aún muy oscuro, salió y se fue a un lugar desierto, y allí oraba.'

El trabajo del día y de la noche lo había agotado. Al sanar a los enfermos y expulsar demonios, había salido poder de él. Mientras los demás aún dormían, él se fue a orar ya renovar sus fuerzas en la comunión con su Padre, tenía necesidad de esto, de lo contrario no habría estado preparado para el nuevo día. La santa obra de liberar almas exige una constante renovación a través de la comunión con Dios.

Piense de nuevo en el llamamiento de los apóstoles como se da en Lucas 6.12,13-. 'Y aconteció en aquellos días, que salió a un monte a orar, y pasó toda la noche orando a Dios. Y cuando se hizo de día, llamó a sí a sus discípulos; y de ellos escogió a doce, a los cuales también llamó apóstoles. ¿No está claro que si alguien desea hacer la obra de Dios, debe tomar tiempo para tener comunión con él, para recibir su sabiduría y poder? La dependencia y el desamparo de los que esto es una evidencia, abren el camino y dan a Dios la oportunidad de revelar su poder. ¡Cuán grande fue la importancia de la elección de los apóstoles para la obra de Cristo, para la Iglesia primitiva y para todos los tiempos! Tenía la bendición y el sello de Dios; el sello de la oración estaba en él.

Lea Lucas 9.18, 20: 'Y aconteció que estando él solo orando, estaban con él sus discípulos; y les preguntó, diciendo: ¿Quién dice el pueblo que soy yo? ... Respondiendo Pedro, dijo: El Cristo de Dios.' El Señor había orado para que el Padre les revelara quién era. Fue en respuesta a la oración que 'escogió a doce, a quienes también llamó apóstoles'. Y cuando Pedro dijo: 'El Cristo de Dios', el Señor le dijo: 'No te lo reveló carne ni sangre, sino mi Padre que está en los cielos' (Mt. 16:17). Esta gran confesión fue fruto de la oración.

Lea más Lucas 9.28-35: 'Tomó a Pedro, Juan y Santiago, y subió a una montaña a orar. Y mientras oraba, la apariencia de su semblante se alteró... Y salió una voz de la nube, que decía: Este es mi Hijo amado: escúchenlo.' Cristo había deseado que, para el fortalecimiento de su fe, Dios les diera la seguridad del cielo de que él era el Hijo de Dios. Oración obtenida por el mismo Señor Jesús, así como por sus discípulos, lo sucedido en el Monte de la Transfiguración.
¿No se hace aún más claro que lo que Dios quiere realizar en la tierra necesita la oración como condición

indispensable? Y solo hay un camino para Cristo y los creyentes. Un corazón y una boca abiertos hacia el cielo en oración de fe ciertamente no serán avergonzados.

Léase Lucas 11. 1-13: 'Estando él orando en cierto llano, cuando cesó, uno de sus discípulos le dijo: Señor, enséñanos a orar...' Y entonces les dirigió aquella oración inagotable: ' Padre nuestro que estás en los cielos'. En esto mostró lo que estaba pasando en su corazón, cuando oró para que el nombre de Dios sea santificado, y venga su reino, y se haga su voluntad, y todo esto 'en la tierra como en el cielo'. ¿Cómo sucederá esto? A través de la oración. Esta oración ha sido pronunciada a través de los siglos por incontables millones, para su indecible consuelo. Pero no olvides esto: nació de la oración de nuestro Señor Jesús. Había estado orando, y por lo tanto pudo dar esa gloriosa respuesta.

Lea Juan 14.16: 'Yo rogaré al Padre, y él os dará otro Consolador. 'Toda la dispensación del Nuevo Testamento, con el maravilloso derramamiento del Espíritu Santo, es el resultado de la oración del Señor Jesús. Es como si Dios hubiera impreso en el don del Espíritu Santo este sello: en respuesta a la oración del Señor Jesús, y luego de sus discípulos, el Espíritu Santo seguramente vendrá. Pero será en respuesta a la oración como la de nuestro Señor, en la que se tomó un tiempo para estar a solas con Dios y en esa oración se ofreció totalmente a Dios.

¡Lea Juan 17, la oración sacerdotal, santísima! Aquí el Hijo ora primero por sí mismo, para que el Padre lo glorifique dándole poder para la cruz, resucitándolo de entre los muertos, poniéndolo a su diestra. Estas grandes cosas no podrían suceder sino a través de la oración. La oración tenía poder para obtenerlos.

Después oró por sus discípulos, para que el Padre los preservara del mal, los guardara del mundo y los santificara. Y luego, además, oró por todos los que por la palabra de ellos pudieran creer en él, para que todos fueran uno en el amor, así como el Padre y el Hijo eran uno. Esta oración nos da una idea de la maravillosa relación entre el Padre y el Hijo, y nos enseña que todas las bendiciones del cielo vienen continuamente a través de la oración de aquel que está en la mano de Dios y siempre ora por nosotros. Pero nos enseña, también, que todas estas bendiciones deben ser igualmente deseadas y solicitadas por nosotros. Toda la naturaleza y la gloria de las bendiciones de Dios consisten en esto: deben obtenerse en respuesta a la oración, por corazones enteramente entregados a él y corazones que creen en el poder de la oración.

Ahora llegamos al caso más notable de todos. En Getsemaní vemos que nuestro Señor, según su costumbre constante, consultaba y arreglaba con el Padre la obra que tenía que hacer en la tierra. Primero le rogó en agonía y sudor sanguinolento que dejara pasar la copa de él; cuando entendió que esto no podía ser, entonces oró para tener fuerzas para beberlo, y se entregó con las palabras: 'Hágase tu voluntad'. Supo hacer frente al enemigo lleno de valor y en el poder de Dios se entregó a la muerte de cruz. Él había orado.

Oh, ¿por qué los hijos de Dios tienen tan poca fe en la gloria de la oración, como el gran poder para sujetar nuestra propia voluntad a la de Dios, así como para llevar a cabo con confianza la obra de Dios a pesar de nuestra gran ¿debilidad? Ojalá pudiéramos aprender de nuestro Señor Jesús lo imposible que es caminar con Dios, obtener la bendición o dirección de Dios, o hacer su obra con gozo y fruto, aparte de una comunión estrecha e ininterrumpida con él, que es siempre una fuente viva de vida espiritual. ¡y poder!

Que todo cristiano reflexione sobre este sencillo estudio de la vida de oración de nuestro Señor Jesús y se esfuerce por aprender de la Palabra de Dios, con la oración y la dirección del Espíritu Santo, qué es la vida que el Señor Jesucristo le da y sostiene en él. . No es otra cosa que una vida de oración diaria. Que cada ministro reconozca especialmente cuán enteramente vano es intentar hacer la obra de nuestro Señor de otra manera que en la que él la hizo. Comencemos, como obreros, a creer que somos liberados de los asuntos ordinarios del mundo, para que, sobre todo, tengamos tiempo, en el nombre de nuestro Salvador, y con su Espíritu, y en unidad con él, para pedir para y obtener bendición para el mundo.

La vida de oración - Capítulo 6
Capítulo 6 - El Espíritu Santo y la oración

¿No es triste que nuestros pensamientos sobre el Espíritu Santo estén tan a menudo acompañados de dolor y auto-reproche? Sin embargo, lleva el nombre de Consolador, y se nos da para guiarnos a encontrar en Cristo nuestro principal deleite y gozo. Pero hay algo aún más triste: el que habita en nosotros para consolarnos, muchas veces es afligido por nosotros porque no le permitimos realizar su obra de amor. ¡Qué causa de dolor indecible para el Espíritu Santo toda esta falta de oración en la Iglesia! Es también la causa de la baja vitalidad y la absoluta impotencia que tan a menudo se encuentran en nosotros, porque no estamos preparados para permitir que el Espíritu Santo nos guíe.

¡Quiera Dios que nuestra meditación sobre la obra del Espíritu Santo sea motivo de regocijo y de fortalecimiento de nuestra fe!

El Espíritu Santo es 'el Espíritu de oración'. Se le llama definitivamente con este nombre en Zacarías 12, 10: 'Espíritu de gracia y de oración. 'Dos veces en las epístolas de Pablo hay una notable referencia a él en el asunto de la oración. 'Habéis recibido el Espíritu de adopción, por el cual clamamos: Abba, Padre' (Rom. 8:15). 'Dios ha enviado a vuestros corazones el Espíritu de su Hijo, que clama: Abba, Padre' (Gál. 4,6). ¿Has meditado alguna vez en estas palabras: 'Abba, Padre'? En ese nombre nuestro Salvador ofreció su mayor oración al Padre, acompañada de toda la entrega y sacrificio de su vida y amor. El Espíritu Santo es dado con el propósito expreso de enseñarnos, desde el mismo comienzo de nuestra vida cristiana en adelante, a pronunciar esa palabra con la confianza y la entrega de un niño. En uno de estos pasajes leemos: 'Lloramos'; en el otro:

'Llora'. Qué maravillosa combinación de la cooperación divina y humana en la oración. Qué prueba de que Dios -si se me permite decirlo- se ha esforzado al máximo para que la oración sea tan natural y eficaz como si fuera el grito de un hijo a un Padre terrenal, cuando dice: 'Abba, Padre'.

¿No es una prueba de que el Espíritu Santo es en gran medida un extraño en la Iglesia, cuando la oración, para la cual Dios ha hecho tales provisiones, es considerada como una tarea y una carga? ¿Y no nos enseña esto a buscar la raíz profunda de la falta de oración en nuestra ignorancia y desobediencia al instructor divino a quien el Padre ha comisionado para enseñarnos a orar?

Si deseamos comprender esta verdad aún más claramente, debemos notar lo que está escrito en Romanos 8:26, 27: 'Así también el Espíritu nos ayuda en nuestras debilidades; porque qué hemos de pedir como conviene, no lo sabemos; pero el Espíritu mismo intercede. por nosotros con gemidos indecibles. Y el que escudriña los corazones sabe cuál es la intención del Espíritu, porque conforme a la voluntad de Dios intercede por los santos.' ¿No queda claro por esto que el cristiano, abandonado a sí mismo, no sabe orar; o cómo debe orar; y que Dios se ha rebajado a salir al encuentro de nosotros en esta impotencia nuestra, dándonos el mismo Espíritu Santo para que ruegue por nosotros; y que su operación es más profunda que nuestro pensamiento o sentimiento, pero es notada y respondida por Dios?

Nuestra primera obra, por lo tanto, debe ser venir a la presencia de Dios no con nuestras oraciones ignorantes, no con muchas palabras y pensamientos, sino con la confianza de que la obra divina del Espíritu Santo se lleva a cabo dentro de nosotros. Esta confianza alentará la reverencia y la quietud, y también nos capacitará, dependiendo de la ayuda que nos dé el Espíritu, para presentar nuestros deseos y necesidades del corazón ante Dios. La gran lección de toda oración es: procura, ante todo, comprometerte bajo la dirección del Espíritu Santo y, con entera dependencia de Él, darle el primer lugar; porque por medio de él tu oración tendrá un valor que no puedes imaginar, y por medio de él también aprenderás a expresar tus deseos en el nombre de Cristo.

¡Qué protección sería esta fe contra la muerte y el desánimo en la cámara interior! ¡Solo piénsalo!

En toda oración interviene el Dios uno y trino, el Padre que escucha; el Hijo en cuyo nombre oramos; el Espíritu que ora por nosotros y en nosotros. ¡Cuán importante es que estemos en una relación correcta con el Espíritu Santo y entendamos su obra!

Los siguientes puntos exigen una seria consideración.

1. Creemos firmemente, como realidad divina, que el Espíritu del Hijo de Dios, el Espíritu Santo, está en nosotros. No imagines que sabes esto y no tienes necesidad de considerarlo. Es un pensamiento tan grande y divino que puede entrar en nuestros corazones y ser retenido allí sólo por el mismo Espíritu Santo. 'El Espíritu mismo da testimonio a nuestro - espíritu' (Rom. 8.16). Nuestra posición debe ser la de reconocer con plena seguridad de fe que nuestro corazón es su templo, sí, que él mora dentro de nosotros y gobierna el alma y el cuerpo. Agradezcamos a Dios de todo corazón cada vez que oramos, que tenemos su Espíritu en nosotros para enseñarnos a orar. La acción de gracias atraerá nuestros corazones hacia Dios y nos mantendrá comprometidos con él; quitará nuestra atención de nosotros mismos y le dará lugar al Espíritu en nuestros corazones.

Oh, no es de extrañar que no hayamos orado, y que hayamos sentido que este trabajo es demasiado pesado para nosotros, si hemos buscado tener comunión con el Dios eterno aparte de su Espíritu, quien revela al Padre y al Hijo.

2. En la práctica de esta fe en la certeza de que el Espíritu habita y obra en nosotros, debe estar también la comprensión de todo lo que él quiere realizar en nosotros. Su trabajo en la oración está íntimamente relacionado con sus otros trabajos. Hemos visto en un capítulo anterior que su primera y mayor obra es revelar a Cristo en su amor y poder omnipresentes. De modo que el Espíritu Santo en la oración nos recordará constantemente a Cristo, a su sangre y a su nombre, como la base segura para que seamos escuchados.

Él, además, como 'el Espíritu de santidad', nos enseñará a reconocer, odiar y acabar con el pecado. Él es 'el Espíritu de luz y sabiduría' que nos conduce al secreto celestial de la gracia desbordante de Dios. Él es 'el Espíritu de amor y de poder' que nos enseña a dar testimonio de Cristo ya trabajar por las almas con tierna piedad. Cuanto más asocie todas estas bendiciones con el Espíritu, más convencido estaré de su deidad y estaré más dispuesto a encomendarme a su guía, mientras me entrego a la oración. ¡Qué vida diferente sería la mía si conociera al Espíritu como Espíritu de oración! Todavía hay otra cosa que necesito aprender constantemente de nuevo, que...

3. El Espíritu desea tener plena posesión de mi vida. Oramos por más del Espíritu, y oramos bien, si junto a esta oración ponemos la verdad de que el Espíritu quiere más de mí. El Espíritu me poseería por completo. Así como mi alma tiene todo mi cuerpo por morada y servicio, así el Espíritu Santo quiere tener mi cuerpo y mi alma como su morada, enteramente bajo su control. Nadie puede continuar mucho tiempo y con fervor en la oración sin comenzar a percibir que el Espíritu conduce suavemente a una consagración completamente nueva, de la que antes no sabía nada. 'Te busco con todo mi corazón.' El Espíritu hará de tales palabras cada vez más el lema de nuestra vida. Él hará que

reconozcamos que lo que queda en nosotros de doble ánimo es verdaderamente pecaminoso. Revelará a Cristo como el todopoderoso libertador de todo pecado, que siempre está cerca para defendernos. Así nos guiará en la oración, para olvidarnos de nosotros mismos y hacernos dispuestos a ofrecernos para ser formados como intercesores, a quienes Dios pueda confiar la realización de sus designios, y que día y noche clamen a él para que vengue a su iglesia de su adversario.

¡Dios nos ayude a conocer el Espíritu ya reverenciarlo como Espíritu de oración!

La vida de oración - Capítulo 7
Capítulo 7 - Pecado -vs- La Santidad de Dios

Para comprender la gracia, para comprender correctamente a Cristo, debemos comprender qué es el pecado. ¿Y de qué otra manera podemos llegar a este entendimiento sino a través de la luz de Dios y su palabra?

Ven conmigo al principio de la Biblia. Ved allí al hombre creado por Dios, a su imagen, y pronunciado por su creador como muy bueno. Entonces entró el pecado, como rebelión contra Dios. Adán fue expulsado del paraíso y llevado junto con millones de generaciones siguientes bajo maldición y ruina. Esa fue la obra del pecado. Aquí aprendemos su naturaleza y poder.

Vaya más adelante y vea el arca de Noé en Ararat. Tan terrible se había vuelto la impiedad entre los hombres, que Dios no vio nada más que destruir al hombre de sobre la tierra. Esa fue la obra del pecado.

Ven una vez más conmigo al Sinaí. Dios deseaba establecer su pacto con una nueva nación, con el pueblo de Israel. Pero debido a la pecaminosidad del hombre, sólo podía hacer esto apareciendo en la oscuridad y en un relámpago tan terrible que Moisés dijo: 'Tengo mucho miedo y tiemblo' (Heb. 12:2 1). Y antes del final de la entrega de la ley vino ese terrible mensaje: 'Maldito todo aquel que no permaneciere en todas las cosas que están escritas en el libro de la ley, para hacerlas' (Gálatas 3: 10). Fue el pecado lo que lo hizo necesario.

Venid una vez más conmigo, y esta vez al Calvario Allí ved lo que es el pecado, y el odio y la enemistad con que el mundo echó fuera y crucificó al Hijo de Dios. Allí el pecado alcanzó su clímax. Allí Cristo fue, por Dios mismo, hecho pecado, y se convirtió en maldición, como la única manera de destruir el pecado. En la agonía en que oró en Getsemaní, para no beber la terrible copa, y en la agonía en que en la cruz, en la profunda oscuridad del abandono, exclamó: 'Dios mío, Dios mío, ¿por qué has ¿Me has abandonado? obtenemos al menos una vaga idea de la maldición y el sufrimiento indescriptible que trae el pecado. Si algo puede hacernos odiar y detestar el pecado, es Cristo en la cruz.

Venid una vez más conmigo al tribunal del Gran Día, y ved el abismo de tinieblas sin fondo en el que innumerables almas serán sumergidas bajo la sentencia: 'Apartaos de mí, malditos, al fuego eterno' (Mateo 25:41). Oh, ¿no ablandarán estas palabras nuestros corazones y nos llenarán de un horror al pecado que nunca olvidaremos, para que podamos odiarlo con un odio perfecto?

Y ahora, ¿hay algo más que pueda ayudarnos a entender qué es el pecado? Sí hay. Vuelva sus ojos hacia adentro, y mire su propio corazón, y vea el pecado allí. Recuerda que todo lo que ya has visto sobre el odio y la impiedad del pecado debería enseñarte lo que significa el pecado en tu propio corazón: toda la enemistad contra Dios, toda la ruina de los hombres, toda su naturaleza interna de odio, yacen ocultos en el pecado. habéis cometido, culpa de toda transgresión contra Dios. Y cuando te acuerdas de que eres un hijo de Dios, y sin embargo cometes pecado y le permites a veces satisfacer sus deseos, ¿no es apropiado que grites con vergüenza: '¡Ay de mí, a causa de mi pecado'? 'Apártate de mí; porque soy un hombre pecador, oh Señor' (Lucas 5:8).

Un gran poder del pecado es que ciega a los hombres para que no reconozcan su verdadero carácter. Incluso el cristiano mismo encuentra una excusa en el pensamiento de que nunca podrá ser perfecto y que el pecado diario es una necesidad. Está tan acostumbrado a la idea de pecar que casi ha perdido el poder y la capacidad de llorar por el pecado. Y, sin embargo, no puede haber un progreso real en la gracia aparte de una mayor conciencia del pecado y la culpa de cada transgresión contra Dios. Y no puede haber una pregunta más importante que esta: '¿Cómo puedo recuperar la ternura perdida de la conciencia y estar realmente preparado para ofrecer a Dios el sacrificio de un corazón quebrantado?'

Las Escrituras nos enseñan el camino. Que el cristiano recuerde lo que Dios piensa sobre el pecado: el odio con el que su santidad arde contra él, el solemne sacrificio que hizo para vencer el pecado y librarnos de él. Que permanezca en la presencia de Dios hasta que su santidad brille sobre él, y clame con Isaías: '¡Ay de mí! porque estoy perdido' (Isaías 6.5).

Que se acuerde de la cruz, y de lo que allí tuvo que sufrir el amor de Cristo, por el dolor indecible que le causó el pecado; y pregunte si esto no le enseñará a escuchar la voz que dice: 'Oh, no hagas esta cosa abominable que aborrezco'

(Jeremías 44.4). Que se tome un tiempo, para que la sangre y el amor de la cruz ejerzan toda su influencia sobre él, y que piense en el pecado nada menos que como dar la mano a Satanás ya su poder. ¿No es este un terrible resultado de nuestra falta de oración, y de nuestra breve y precipitada tardanza ante Dios, que el verdadero conocimiento del pecado casi se pierde?

Piense el creyente no sólo en lo que la redención le ha costado a Cristo, sino también en el hecho de que Cristo le es ofrecido, por el Espíritu Santo, como don de gracia inconcebible, por quien el perdón divino y la purificación y la renovación se han apoderado de él. ; y que se pregunte con qué recompensa debe ser retribuido tal amor. Si tan solo se tomara tiempo para permanecer en la presencia de Dios y hacer tales preguntas, el Espíritu de Dios llevaría a cabo su obra de convicción de pecado en nosotros y nos enseñaría a tomar un punto de vista completamente nuevo y nos daría una nueva visión del pecado. Comenzaría a surgir en nuestros corazones el pensamiento de que hemos sido redimidos en verdad, para que en el poder de Cristo podamos vivir todos los días como socios en la gran victoria que Cristo obtuvo sobre el pecado en la cruz, y manifestarla en nuestro caminar.

¿Que piensas tu? ¿No empiezas a ver que el pecado de la falta de oración ha tenido un efecto más terrible de lo que suponías al principio? Es por esta conversación apresurada y superficial con Dios que el sentido del pecado es tan débil y que ningún motivo tiene poder para ayudarte a odiar y huir del pecado como debes. Nada, nada excepto la comunión oculta, humilde y constante con Dios puede enseñarte, como hijo de Dios, a odiar el pecado como Dios quiere que lo odies. Nada, nada sino la cercanía constante y el poder incesante del Cristo vivo pueden haceros posible comprender correctamente lo que es el pecado y detestarlo. Y sin esta comprensión más profunda del pecado, no se pensará en apropiarse de la victoria que se os ha hecho posible en Cristo Jesús, y que el Espíritu obrará en vosotros.

¡A mi Dios, hazme conocer mi pecado y enséñame a permanecer delante de ti y esperar en ti hasta que tu Espíritu haga que algo de tu santidad descanse sobre mí! ¡Oh Dios mío, hazme conocer mi pecado, y deja que esto me lleve a escuchar la promesa: 'El que permanece en él, no peca', ya esperar el cumplimiento de Ti!

La Santidad de Dios

Con frecuencia se ha dicho que la concepción del pecado y de la santidad de Dios se ha perdido en la Iglesia. En la cámara interior tenemos el lugar donde podemos unirnos nuevamente para darle a la santidad de Dios la posición que debe tener en nuestra fe y vida. Si no sabe cómo pasar media hora en oración, tome el tema de la santidad de Dios. Inclínate ante él. Date tiempo, y dale también a Dios tiempo, para que él y tú os pongáis en contacto el uno con el otro. Es una gran obra, pero llena de grandes bendiciones.

Si quieres fortalecerte en la práctica de esta santa presencia, toma la santa palabra. Tomemos, por ejemplo, el libro de Levítico y observe cómo Dios da siete veces la orden: 'Sed santos, porque yo soy santo' (11.44, 45; 19.2; 20.7, 26; 21.8; 22.32). Aún más frecuente es la expresión: 'Yo soy el Señor que os santifico'. Este gran pensamiento se toma en el Nuevo Testamento. Pedro dice (1 Pedro 1. 15, 16): 'Sed santos en toda forma de conducta; porque escrito está: Sed santos; porque yo soy santo.' Pablo escribe en su primera epístola (1 Tes. 3.13; 4.7; 5.24): 'Él afirme vuestros corazones irreprensibles en la santidad... No nos llamó Dios a inmundicia, sino a santidad... Fiel es el que os llama , quien también lo hará.'

Nada sino el conocimiento de Dios, como el santo, nos hará santos. ¿Y cómo vamos a obtener ese conocimiento de Dios, sino en la cámara interior? Es algo totalmente imposible a menos que nos tomemos el tiempo y permitamos que la santidad de Dios brille sobre nosotros. ¿Cómo puede un hombre en la tierra obtener un conocimiento íntimo de otro hombre de notable sabiduría, si no se asocia con él y se coloca bajo su influencia? ¿Y cómo puede Dios mismo santificarnos, si no tomamos tiempo para ser llevados bajo el poder de la gloria de su santidad? En ninguna parte podemos llegar a conocer la santidad de Dios y estar bajo su influencia y poder, excepto en la cámara interior. Bien se ha dicho: 'Ningún hombre puede esperar progresar en la santidad si no está a menudo y por mucho tiempo a solas con Dios'.

¿Y qué es ahora esta santidad de Dios? Es el más alto, el más glorioso y el más abarcador de todos los atributos de Dios. La santidad es la palabra más profunda de la Biblia. Es una palabra que está en casa en el cielo. Tanto el Antiguo como el Nuevo Testamento nos dicen esto. Isaías escuchó a los serafines con rostros velados gritar: 'Santo, santo, santo, es el Señor de los ejércitos' (6.3). Juan escuchó a los cuatro seres vivientes decir: 'Santo, santo, santo, Señor Dios Todopoderoso' (Ap. 4. 8). Esta es la máxima expresión de la gloria de Dios en el cielo, por seres que viven en su presencia inmediata y se inclinan ante él. ¿Y nos atrevemos a imaginar que nosotros, al pensar, leer y soportar, podemos comprender o llegar a ser partícipes de la santidad de Dios? ¡Qué locura! Oh, que podamos comenzar a agradecer a Dios que tenemos un lugar en la cámara interior, un lugar donde podemos estar a solas con él, y tomar tiempo para la oración: 'Que tu santidad, oh Señor, brille más y más en nuestro corazones, para que lleguen a ser santos.'

Y que nuestros corazones se avergüencen profundamente de nuestra falta de oración, a través de la cual hemos hecho imposible que Dios nos imparta su santidad. Roguemos fervientemente a Dios que nos perdone este pecado, y que nos seduzca por su gracia celestial, y nos fortalezca para tener comunión con él, el Dios santo.

He dicho que el significado de las palabras, 'La santidad de Dios', no se expresa fácilmente. Pero podemos comenzar diciendo que implican la aversión y el odio indecibles con los que Dios considera el pecado. Y si queréis entender lo que eso significa, recordad que prefirió ver morir a su Hijo, antes que reinase el pecado. Piensa en el Hijo de Dios, que entregó su vida antes que actuar en lo más mínimo contra la voluntad del Padre. Aún más, tenía tal odio por el pecado que prefería morir a que los hombres fueran retenidos en su poder. Eso es algo de la santidad de Dios, que es una promesa de que Él hará todo por nosotros, por ti y por mí, para librarnos del pecado. La santidad es el fuego de Dios que consumirá el pecado en nosotros y nos hará sacrificios santos, puros y aceptables delante de él. Fue por eso que el Espíritu descendió como fuego. Él es el Espíritu de la santidad de Dios, el Espíritu de santificación en nosotros.

Oh, piensa en la santidad de Dios, e inclínate humildemente ante él, hasta que tu corazón esté lleno de la seguridad de lo que el santo hará por ti. Tómese una semana, si es necesario, para leer y releer las palabras de Dios sobre esta gran verdad, hasta que su corazón tenga la convicción: 'Esta es la gloria del aposento interior, conversar con Dios el santo; inclinarnos con profunda humildad y vergüenza ante él, porque lo hemos despreciado tanto a él ya su amor por nuestra falta de oración.' Allí recibiremos la seguridad de que Él nos acogerá nuevamente en comunión consigo mismo. Nadie puede esperar comprender y recibir la santidad de Dios si no está a menudo y por mucho tiempo a solas con Dios.

Alguien ha dicho que la santidad de Dios es la expresión de la distancia indecible por la que Él en su justicia está separado de nosotros, y sin embargo también de la cercanía indecible en la que Él en su amor anhela tener comunión con nosotros y habitar en nosotros. Inclínate con humilde reverencia, mientras piensas en la distancia inconmensurable entre tú y Dios. Inclínate con confianza infantil en el indecible deseo de su amor de unirse a ti en la más profunda intimidad; y confíen en él para revelar algo de su santidad al alma que tiene sed de él y espera en él y está tranquila ante él.

Note cómo los dos lados de la santidad de Dios están unidos en la cruz. Tan terrible fue la aversión y la ira de Dios contra nuestro pecado que Cristo quedó en la oscuridad, porque Dios, cuando el pecado fue puesto sobre él, tuvo que esconder su rostro de él. Y, sin embargo, era tan profundo el amor de Dios hacia nosotros y deseó tanto estar unido a nosotros que no perdonó a su Hijo, sino que lo entregó a sufrimientos indecibles, para que pudiera recibirnos, en unión con Cristo, en su santidad, y estrecharnos a su corazón como sus hijos amados. De este sufrimiento dijo nuestro Señor Jesús: 'Yo me santifico a mí mismo, para que también ellos sean santificados en la verdad' (Juan 17,19). Así él se hizo de Dios nuestra santificación, y nosotros somos santos en él.

Os suplico que no tengáis en poco la gracia que tenéis de un Dios santo que anhela santificaros. No penséis poco en la voz de Dios que os llama a dedicarle tiempo en la quietud del aposento interior, para que haga reposar sobre vosotros su santidad. Que sea tu ocupación todos los días, en el secreto de la cámara interior, encontrarte con el Dios santo. Se le pagará por el problema que le puede costar. La recompensa será segura y abundante. Aprenderás a odiar el pecado ya considerarlo como maldito y vencido. 'Mi nueva naturaleza te dará un horror al pecado. El Jesús viviente, el Dios santo, será, como vencedor, vuestro poder y vuestra fuerza; y comenzarás a creer la gran promesa contenida en 1 Tesalonicenses 5:23, 24: 'El mismo Dios de paz os santifique por completo... Fiel es el que os llama, el cual también lo hará'.

La vida de oración - Capítulo 8
Capítulo 8 Obediencia; La vida victoriosa

En oposición al pecado está la obediencia. 'Porque así como por la desobediencia de un hombre los muchos fueron constituidos pecadores, así también por la obediencia de uno los muchos serán constituidos justos... Vosotros vinisteis a ser servidores de la justicia' (Rom. 5.19; 6.18). En relación con todo lo que se ha dicho sobre el pecado, la vida nueva y la recepción del Espíritu Santo, siempre debemos dar a la obediencia el lugar que Dios le ha asignado.

Fue porque Cristo se humilló a sí mismo y se hizo obediente hasta la muerte, sí, la muerte de cruz, que Dios lo exaltó tan alto. Y Pablo, en este sentido, nos exhorta: 'Haga en vosotros este sentir que hubo también en Cristo Jesús' (Fil. 2,5). Vemos, sobre todo, que la obediencia de Cristo, que tanto agradó a Dios, debe convertirse realmente en la característica de nuestro carácter y de todo nuestro caminar. Así como un siervo sabe que primero debe obedecer a su amo en todas las cosas, así la entrega a una obediencia implícita e incondicional debe convertirse en la característica esencial de nuestras vidas.

¡Qué poco entienden esto los cristianos! ¡Cuántos hay que se dejan engañar y se quedan satisfechos con el pensamiento de que el pecado es una necesidad, que hay que pecar todos los días! Sería difícil decir cuán grande es el daño causado por este error. Es una de las causas principales por las que se reconoce tan poco el pecado de la desobediencia. Yo mismo he oído a cristianos, hablando de la causa de la oscuridad y la debilidad, decir, medio riéndose: 'Sí, es simplemente desobediencia otra vez'. Tratamos de deshacernos lo más rápido posible de un siervo que es habitualmente desobediente, pero no se considera algo extraordinario que un hijo de Dios deba ser desobediente todos los días. La desobediencia se reconoce a diario y, sin embargo, nadie se aparta de ella.

¿No tenemos aquí la razón por la que se ofrece tanta oración pidiendo el poder del Espíritu Santo y, sin embargo, llegan tan pocas respuestas? ¿No vemos en Hechos 5:32 que Dios ha dado su Espíritu Santo a los que le obedecen? Todo hijo de Dios ha recibido el Espíritu Santo. Si usa la medida del Espíritu Santo que tiene, con el propósito definido de ser obediente al máximo, entonces Dios puede y lo favorecerá con más manifestaciones del poder del Espíritu. Pero si permite que la desobediencia tome la delantera, día tras día, no debe preguntarse si su oración por más del Espíritu queda sin respuesta.

Ya hemos dicho que no debemos olvidar que el Espíritu desea poseer más de nosotros. ¿Cómo podemos entregarnos por completo a él sino siendo obedientes? La Escritura dice que debemos ser guiados por el Espíritu, que debemos caminar por el Espíritu. Mi relación correcta con el Espíritu Santo es que me dejo guiar y gobernar por él. La obediencia es el gran factor en toda nuestra relación con Dios. 'Obedeced mi voz, y yo seré vuestro Dios' (Jeremías 7,23; 11,4).

Note cómo el Señor Jesús, en la última noche, al dar su gran promesa sobre el Espíritu Santo, pone énfasis en este punto. 'Si me amáis, guardad mis mandamientos. Y yo rogaré al Padre, y os dará otro Consolador' (Juan 14.15, 16). La obediencia era esencial como preparación para la recepción del Espíritu. Y este pensamiento lo repite a menudo. 'El que tiene mis mandamientos, y los guarda, ése es el que me ama; y el que me ama, será amado por mi Padre, y yo le amaré, y me manifestaré a él' (Juan 14.21). Así también en el versículo 23: 'El que me ama, mis palabras guardará; y mi Padre lo amará, y vendremos a él, y haremos morada con él' . 'Si permanecéis en mí, y mis palabras permanecen en vosotros, pedid todo lo que queráis, y os será hecho' (15.7). 'Si guardáis mis mandamientos, permaneceréis en mi amor' (versículo 10). 'Vosotros sois mis amigos, si hacéis lo que yo os mando' (versículo 14).

¿Pueden las palabras declarar de manera más clara o impresionante que toda la vida, en la nueva dispensación, después de la resurrección de Cristo, depende de la obediencia? Ese es el Espíritu de Cristo. Vivió no para hacer su propia voluntad, sino la voluntad del Padre. Y no puede con su Espíritu hacer un hogar permanente en el corazón de alguien que no se entrega por completo a una vida de obediencia.

¡Ay, cuán pocos son los que verdaderamente se preocupan por esta desobediencia! Qué poco se cree que Cristo realmente pide y espera esto de nosotros porque se ha comprometido a hacérnoslo posible. ¿Cuánto se manifiesta en la oración, o en el andar, o en lo profundo de la vida del alma, que realmente nos esforzamos por ser agradables al Señor en todas las cosas? Decimos muy poco con respecto a nuestra desobediencia. Me arrepentiré de mi pecado.

Pero, ¿es realmente posible la obediencia? Es cierto para el hombre que cree que Cristo Jesús es su santificación y confía en él.

Así como es imposible para un hombre cuyos ojos aún no han sido abiertos ver que Cristo puede perdonar su pecado de una vez, así es también con la fe en la certeza de que hay en Cristo una promesa segura de poder para realizar todo lo que Dios deseos de su hijo. Así como, a través de la fe, encontramos la plenitud del perdón; así, a través de un nuevo acto de fe, se obtiene una verdadera liberación del dominio del pecado que tan fácilmente nos ha asediado, y la bendición permanente de la experiencia continua del poder protector de Cristo se vuelve nuestra. Esta fe obtiene una nueva percepción de las promesas cuyo significado no se entendía antes: 'El Dios de paz... os haga perfectos en toda obra buena para que hagáis su voluntad, haciendo él en vosotros lo que es agradable delante de él, por medio de Jesucristo ' (Heb. 13.20, 21). 'A aquel que es poderoso para guardaros sin caída... sea gloria y majestad' (Judas 24, 25). 'Procurad hacer firme vuestra vocación y elección; porque haciendo estas cosas, no caeréis jamás' (2 Pedro 1. 10). 'A fin de que él afirme vuestros corazones irreprensibles en la santidad' (1 Tes. 3:13). 'Pero fiel es el Señor, que os afirmará y os guardará del mal' (2 Tes. 3,3).

Cuando el alma comprende que el cumplimiento de estas y otras promesas está asegurado para nosotros en Cristo, y que, tan ciertamente como en él se nos asegura el perdón de los pecados, así también se nos asegura el poder contra nuevos o frescos ataques del pecado. . Entonces, por primera vez, se aprende correctamente la lección de que la fe puede confiar con confianza en un Cristo pleno y en su protección permanente.

Esta fe arroja una luz completamente nueva sobre la vida de obediencia. Cristo se considera a sí mismo responsable de obrar esto en mí en cada momento si tan solo confío en él para ello. Entonces empiezo a comprender la importante frase con la que Pablo comienza y cierra su epístola a los Romanos (Rom 1,5; 16,26): 'La obediencia de la fe'. La fe me lleva al Señor Jesús, no sólo para obtener el perdón de los pecados, sino también para que goce en todo momento del poder que me hará posible, como hijo de Dios, permanecer en él y ser contado entre sus hijos obedientes, de los cuales está escrito que, como aquel que los llamó es santo, así también ellos pueden ser santos en toda forma de conversación. Todo depende de si creo o no en Cristo todo, con la plenitud de su gracia, que él será, no de vez en cuando sino en todo momento, la fuerza de mi vida. Tal fe conducirá a una obediencia que me permitirá 'andar como es digno del Señor, agradándole en todo, fructificando en toda buena obra... fortalecidos con todo poder, según la potencia de su gloria' (Col. 1.10, 11).

El alma que se alimenta de tales promesas experimentará ahora, en lugar de la desobediencia del propio esfuerzo, lo que significa la obediencia de la fe. Todas estas promesas tienen su medida, su certeza y su fuerza en el Cristo vivo.

la vida victoriosa

En el capítulo sobre 'La Vida Más Abundante', vimos el asunto principalmente desde el punto de vista de nuestro Señor Jesús. Vimos que se encuentra en él, el crucificado, el resucitado y el glorificado que bautiza con el Espíritu Santo, todo lo que es necesario para una vida de gracia abundante. Al hablar de la vida victoriosa, ahora veremos el asunto desde otro punto de vista. Queremos ver cómo un cristiano puede vivir realmente como un vencedor. Ya hemos dicho muchas veces que la vida de oración no es algo que se pueda mejorar por sí mismo. Está tan íntimamente ligada a toda la vida espiritual que sólo cuando toda esa vida (previamente marcada por la falta de oración) se renueva y santifica, la oración puede tener el lugar de poder que le corresponde. No debemos conformarnos con menos que la vida victoriosa a la que Dios llama a sus hijos.

Recuerdas cómo nuestro Señor, en las siete epístolas del Apocalipsis de Juan, concluye con una promesa a los vencedores. Tómese la molestia de repasar ese siete veces repetido 'el que venciere'; y noten qué promesas indescriptiblemente gloriosas se dan allí. Y se dieron incluso a iglesias como Éfeso, que había perdido su primer amor; y

Sardis, a quien se le dijo: 'Tienes nombre de que vives, y estás muerto' (Apoc. 3:1); y Laodicea, con su tibieza y su autosatisfacción, como prueba de que, si tan solo se arrepintieran, podrían ganar la corona de la victoria. El llamado llega a cada cristiano a luchar por la corona. Es imposible ser un cristiano sano, más imposible aún ser un predicador en el poder de Dios, si no se sacrifica todo para alcanzar la victoria.

La respuesta a la pregunta de cómo lo alcanzamos es simple. Todo está en Cristo. 'Gracias sean dadas a Dios, que siempre nos hace triunfar en Cristo' (2 Cor. 2.14). 'En todas estas cosas somos más que vencedores por medio de aquel que nos amó' (Rom. 8.37). Todo depende de nuestra relación correcta con Cristo, nuestra entrega total, fe perfecta y comunión inquebrantable con él. Pero deseas saber cómo alcanzar todo esto. Escuche una vez más las instrucciones sencillas sobre el camino por el cual puede ser suyo el disfrute pleno de lo que está preparado para usted en Cristo. Estos son: un nuevo descubrimiento del pecado; una nueva entrega a Cristo; una nueva fe en el poder que os hará posible perseverar.

1. Un nuevo descubrimiento del pecado

En Romanos 3, encuentras descrito el conocimiento del pecado que es necesario, en el arrepentimiento, para el perdón 'Para que toda boca se cierre, y todo el mundo sea culpable delante de Dios' (versículo 19). Allí tomaste tu posición, reconociste tu pecado más o menos conscientemente, y lo confesaste, y obtuviste misericordia. Pero si quieres llevar una vida victoriosa, se necesita algo más. Esto viene con la experiencia de que en ti, es decir, en tu carne, 'no mora el bien' (Rom. 7:18). Te deleitas en la ley de Dios según el hombre interior, pero ves otra ley en tus miembros que te lleva cautivo a la ley del pecado y te obliga a gritar: '¡Miserable de mí! ¿Quién me librará de este cuerpo de muerte?' (versículo 24). No es, como lo fue en la conversión, cuando pensaste en tus pocos o muchos pecados. Este trabajo va mucho más profundo. Descubres que, como cristiano, no tienes poder para hacer el bien que deseas hacer. Debes ser llevado a una percepción nueva y más profunda del pecado de tu naturaleza y de tu absoluta debilidad, aunque seas cristiano, para vivir como debes. Y aprenderás a clamar: '¿Quién me librará? ¿Yo, hombre miserable, un prisionero atado bajo la ley del pecado?'

La respuesta a esta pregunta es: 'Doy gracias a Dios por Jesucristo nuestro Señor' (Rom. 7,25). Luego sigue la revelación de lo que hay en Cristo. No es solo como se da en Romanos 3. Es más: estoy en Cristo Jesús, y 'la ley del Espíritu de vida en Cristo Jesús me ha librado de la ley del pecado y de la muerte', (Rom. 8.2) bajo el cual estaba obligado. Es la experiencia de que la ley o poder de la vida del Espíritu en Cristo me ha hecho libre y ahora me llama, en un nuevo sentido y por una nueva entrega, a reconocer a Cristo como el dador de la victoria.

2. Una nueva entrega a Cristo

Puede que hayas usado estas palabras 'entrega' y 'consagración' muchas veces, pero sin entender correctamente lo que significan. Así como la enseñanza de Romanos 7 te ha llevado a un sentido completo de la desesperanza de llevar una verdadera vida cristiana, o una verdadera vida de oración, por tus propios esfuerzos, así sientes que el Señor Jesús debe llevarte, por su propio poder, de una manera completamente nueva; y debe tomar posesión de vosotros, por su Espíritu, en una medida completamente nueva. Esto solo puede preservarte de pecar constantemente de nuevo. Esto solo puede hacerte realmente victorioso. Esto te lleva a apartar la mirada de ti mismo, a liberarte realmente de ti mismo, ya esperarlo todo del Señor Jesús.

Si empezamos a entender esto, estamos preparados para admitir que en nuestra naturaleza no hay nada bueno, que está bajo maldición, y está clavada con Cristo en su cruz. Llegamos a ver lo que Pablo quiere decir cuando dice que estamos muertos al pecado por la muerte de Cristo. Así obtenemos una parte de la gloriosa vida de resurrección que hay en él. Tal percepción nos anima a creer que Cristo, a través de su vida en nosotros, a través de su continua morada, puede guardarnos. Así como, en nuestra conversión, no tuvimos descanso hasta que supimos que nos había recibido, así ahora sentimos la necesidad de acercarnos a él, para recibir de él la seguridad de que realmente se ha comprometido a guardarnos por el poder de su vida resucitada. . Y sentimos entonces que debe haber un acto tan definido como su recepción de nosotros en la conversión, por el cual nos da la seguridad de la victoria. Y aunque nos parezca demasiado grande y demasiado, sin embargo, el hombre que se arroja, sin súplica, en los brazos de Cristo, experimentará que ciertamente nos recibe en una comunión tal que nos hará, desde el principio en adelante. , 'más que vencedores'.

3. Una nueva fe en el poder que os permitirá perseverar en vuestra entrega

Has oído hablar de Keswick y de la verdad que representa. Es que Cristo está preparado para tomar sobre sí mismo el cuidado y la preservación de nuestras vidas todos los días, y durante todo el día, si confiamos en que Él lo hará. En el testimonio dado por muchos, se enfatiza este pensamiento. Nos han dicho que se sentían llamados a una nueva entrega, a una entera consagración de la vida a Cristo, llegando hasta las cosas más pequeñas, pero les impedía el miedo al fracaso. La sed de santidad, de una comunión ininterrumpida con Jesús, de una vida de obediencia perseverante como la de un niño, los atraía por un camino. Pero surgió la pregunta: '¿Seguiré siendo fiel?' Y a esta pregunta no hubo respuesta, hasta que creyeron que la rendición debía hacerse, no en su propia fuerza, sino en un poder que fue otorgado por un Señor glorificado. No sólo los guardará para el futuro, sino que primero debe hacer posible para ellos la entrega de la fe que espera esa gracia futura. Fue en el poder del mismo Cristo que pudieron presentarse a él.

¡Oh cristiano, cree solamente que hay una vida victoriosa! Cristo, el vencedor, es vuestro Señor, que emprenderá por vosotros en todo y os capacitará para hacer todo lo que el Padre espera de vosotros. Ten buen ánimo. ¿No confiarás en Aquel que ha dado su vida por ti y ha perdonado tus pecados para hacer esta gran obra por ti? Solo atrévete, en su poder, a entregarte a la vida de aquellos que están guardados del pecado por el poder de Dios. Junto con la más profunda convicción de que no hay nada bueno en ti, confiesa que ves en el Señor Jesús todo el bien del que tienes necesidad, para la vida de un hijo de Dios; y comenzar literalmente a vivir 'por la fe del Hijo de Dios, que me amó y se entregó a sí mismo por mí' (Gál. 2,20).

Permítanme, para su aliento, dar el testimonio del obispo Monte, un hombre de profunda humildad y tierna piedad. Cuando oyó hablar por primera vez de Keswick, tenía miedo del "perfeccionismo" y no quería tener nada que ver con eso. Inesperadamente, durante unas vacaciones en Escocia, entró en contacto con unos amigos en una pequeña convención. Allí escuchó un discurso por el cual se convenció de cuán enteramente la enseñanza estaba de acuerdo con las Escrituras. No había ninguna palabra acerca de la impecabilidad en la carne o en el hombre. Fue una presentación de cómo Jesús puede guardar del pecado a un hombre con una naturaleza pecaminosa. La luz brilló en su corazón. Aquel que siempre había sido tenido por un cristiano tierno, entra ahora en contacto con una nueva experiencia de lo que Cristo está dispuesto a hacer por quien se entrega enteramente a él. Escuche lo que dice en el texto: 'Todo lo puedo en Cristo que me fortalece' (Filipenses 4:13). Me atrevo a decir que es posible para aquellos que realmente están dispuestos a contar con el poder del Señor, para guardar y vencer, llevar una vida en la que sus promesas se toman tal como son y se descubre que son verdaderas. Es posible echar todos nuestros cuidados sobre él diariamente, y disfrutar de una profunda paz al hacerlo. Es posible purificar los pensamientos y las imaginaciones de nuestro corazón en el sentido más profundo de la palabra, a través de la fe. Es posible ver la voluntad de Dios en todo, y recibirla, no con suspiros, sino con cantos. Es posible, en la vida interior de deseo y sentimiento, dejar de lado toda amargura, ira, ira y maledicencia, todos los días y todas las horas. Es posible, refugiándose por completo en el poder divino, volverse fuerte por completo; y donde antes estaba nuestra mayor debilidad, para encontrar que las cosas que antes perturbaban todas nuestras resoluciones de ser pacientes, o puros, o humildes, brindan hoy una oportunidad, por medio de Aquel que nos amó y obra en nosotros un acuerdo con su voluntad, y un sentido bendito de su presencia y su poder para hacer que el pecado sea impotente. Estas cosas son posibilidades divinas, y debido a que son su obra, la verdadera experiencia de ellas siempre hará que nos inclinemos más a sus pies y aprendamos a tener sed y anhelar más. No podemos estar satisfechos con nada menos que - cada día, cada hora, cada momento, en Cristo, a través del poder del Espíritu Santo - para caminar con Dios.'

Gracias a Dios, una vida de victoria es segura para aquellos que tienen un conocimiento de su ruina interior y están desesperanzados en sí mismos, pero que, en 'la confianza de la desesperación', han mirado a Jesús, y, con fe en su poder para hacer el acto de entrega posible para ellos, lo han hecho, en su poder, y ahora confían solo en él cada día y cada hora.

La vida de oración - Capítulo 9
Capítulo 9 Sugerencias: para la cámara interior; Tiempo

En la conferencia, un hermano que había confesado seriamente su descuido de la oración, pero que pudo, más tarde, declarar que sus ojos habían sido abiertos para ver que el Señor realmente suplió la gracia para todo lo que requería de nosotros, preguntó si algunas pistas no se pudo dar en cuanto a la mejor manera de pasar el tiempo provechosamente en la cámara interior. Entonces no hubo oportunidad de dar una respuesta. Quizás lo siguiente pensamientos pueden ser de ayuda:

1. Al entrar en la cámara interior, que tu primera obra sea agradecer a Dios por el amor inefable que te invita a acercarte a él y conversar libremente con él. Si tienes el corazón y la cabeza fríos, recuerda que la religión no es cuestión de sentimientos, sino que tiene que ver primero con la voluntad. Eleva tu corazón a Dios y dale las gracias por la seguridad que tienes de que te mira y te bendecirá. Mediante tal acto de fe honras a Dios y apartas a tu alma de estar ocupada consigo misma. Pensad también en la gracia gloriosa del Señor Jesús, que está dispuesto a enseñaros a orar ya daros la disposición para ello. Piensa, también, en el Espíritu Santo que fue dado a propósito para gritar, 'Abba, Padre', en tu corazón, y para ayudar en tu debilidad en la oración. Cinco minutos dedicados así fortalecerán su fe para su trabajo en la cámara interior. Una vez más les digo, comiencen con un acto de acción de gracias y alabanza a Dios por la cámara interior y la promesa de bendición allí.

2. Debes prepararte para la oración mediante el estudio de la Biblia en oración. La gran razón por la que la cámara interior no es atractiva es que la gente no sabe cómo orar.

Su stock de palabras pronto se agota y no saben qué más decir, porque olvidan que la oración no es un soliloquio, donde todo viene de un lado; pero es un diálogo, donde el hijo de Dios escucha lo que dice el Padre, y le responde, y luego pide las cosas que necesita.

Lea algunos versículos de la Biblia. No te preocupes por las dificultades contenidas en ellos. Puede considerarlos más adelante; pero toma lo que entiendas, aplícalo a ti mismo, y pídele al Padre que haga su palabra luz y poder en tu corazón. Así tendréis material suficiente para la oración de la palabra que os hable el Padre; también tendrás la libertad de pedir las cosas que necesites. Sigan así, y la cámara interior se convertirá finalmente, no en un lugar donde suspiran y luchan solamente, sino en uno de comunión viva con el Padre que está en los cielos. El estudio de la Biblia con oración es indispensable para una oración poderosa.

3. Cuando hayas recibido así la palabra en tu corazón, vuélvete a la oración. Pero no lo intentes precipitadamente o sin pensar, como si supieras muy bien cómo orar. La oración con nuestras propias fuerzas no trae bendición. Toma tiempo para presentarte con reverencia y en quietud ante Dios. Recuerda su grandeza y santidad y amor. Piensa en lo que deseas pedirle. No te conformes con repasar las mismas cosas todos los días. Ningún hijo sigue diciendo lo mismo día tras día a su padre terrenal.

El conversar con el Padre está matizado por las necesidades del día. Que tu oración sea algo definido, que surja ya sea de la palabra que has leído, o de las necesidades reales del alma que anhelas satisfacer. Que tu oración sea tan definida que puedas decir al salir: 'Yo sé lo que le he pedido a mi Padre, y espero una respuesta'. A veces es un buen plan tomar una hoja de papel y escribir por lo que desea orar. Puede guardar ese papel durante una semana o más, y repetir las oraciones hasta que surja alguna nueva necesidad.

4. Lo que se ha dicho es en referencia a sus propias necesidades. Pero sabéis que se nos permite orar para que podamos ayudar también en las necesidades de los demás. Una gran razón por la que la oración en el aposento interior no trae más gozo y bendición es que es demasiado egoísta, y el egoísmo es la muerte de la oración.

Recuerda a tu familia; tu congregación, con sus intereses; tu propio barrio; y la iglesia a la que perteneces. Dejad que vuestro corazón se ensanche y asumáis los intereses de las misiones y de la iglesia en todo el mundo. Conviértete en un intercesor y experimentarás por primera vez la bendición de la oración, al descubrir que Dios te usará para compartir su bendición con otros a través de la oración. Comenzarás a sentir que hay algo por lo que vale la pena vivir, cuando descubras que tienes algo que decirle a Dios, y que Él desde el cielo hará cosas en respuesta a tus oraciones que de otro modo no se habrían hecho.

Un niño puede pedirle pan a su padre. Un hijo adulto conversa con él sobre todos los intereses de su negocio y sobre sus propósitos posteriores. Un hijo de Dios débil ora sólo por sí mismo, pero un hombre adulto en Cristo sabe cómo consultar con Dios sobre lo que debe suceder en el reino. Deje que su lista de oración lleve los nombres de aquellos por quienes ora: su ministro y todos los demás ministros, y los diferentes asuntos misioneros con los que está conectado. Así la cámara interior se convertirá realmente en una maravilla de la bondad de Dios y en una fuente de gran gozo. Se convertirá en el lugar más bendito de la tierra. Es una gran cosa decirlo, pero es la simple verdad, que Dios hará de ella un Betel, donde sus ángeles subirán y descenderán, y donde clamaréis: 'El Señor será mi Dios'. Lo hará también Peniel, donde veréis el rostro de

Dios, como príncipe de Dios, como quien luchó con el ángel y lo venció.

5. No olvides el estrecho vínculo entre la cámara interior y el mundo exterior. La actitud de la cámara interior debe permanecer con nosotros todo el día. El objeto de la cámara interior es unirnos a Dios para que podamos tenerlo siempre con nosotros. El pecado, la irreflexión y el ceder a la carne o al mundo nos inhabilitan para la cámara interior y traen una nube sobre el alma. Si has tropezado o caído, vuelve a la cámara interior; deja que tu primera obra sea invocar la sangre de Jesús y reclamar limpieza por ella. No descanses hasta que por la confesión te hayas arrepentido y quitado tu pecado. Permitan que la sangre preciosa les dé realmente una nueva libertad para acercarse a Dios. Recuerda que las raíces de tu vida en la cámara interior se expanden en cuerpo y alma para manifestarse en la vida empresarial. Que la 'obediencia de la fe', en la que oráis en secreto, os gobierne constantemente. La cámara interior está destinada a unir al hombre con Dios, a suministrarle el poder de Dios, a permitirle vivir solo para Dios. Gracias a Dios por la cámara interior y por la vida bendita que nos permitirá experimentar y nutrir allí.

Tiempo

Antes de la creación del mundo el tiempo no existía. Dios vivió en la eternidad de una manera que poco entendemos. Con la creación comenzó el tiempo y todo fue puesto bajo su poder. Dios ha puesto a todas las criaturas vivientes bajo una ley de crecimiento lento. Piense en el tiempo que le toma a un niño convertirse en un hombre en cuerpo y mente. En el aprendizaje, en la sabiduría, en los negocios, en la artesanía y en la política, todo depende de alguna manera de la paciencia y la perseverancia. Todo necesita tiempo.

Es lo mismo en la religión. No puede haber conversación con un Dios santo, ni comunión entre el cielo y la tierra, ni poder para la salvación de las almas de los demás, a menos que se le dedique mucho tiempo. Así como es necesario que un niño coma y aprenda todos los días durante largos años, así la vida de la gracia depende enteramente del tiempo que los hombres estén dispuestos a dedicarle día a día.

El ministro es designado por Dios para enseñar y ayudar a los que están ocupados en las ocupaciones ordinarias de la vida a encontrar tiempo y usarlo correctamente para la preservación de la vida espiritual. El ministro no puede hacer esto a menos que él mismo tenga una experiencia viva de una vida de oración. Su vocación más alta no es la predicación, ni la oratoria, ni la visita parroquial, sino la de cultivar diariamente la vida de Dios, y ser testigo de lo que el Señor le enseña y realiza en él.

¿No fue así con el Señor Jesús? ¿Por qué él, que no tenía pecado que confesar, a veces debe pasar toda la noche en oración a Dios? Porque la vida divina debía fortalecerse en la relación con su Padre. Su experiencia de una vida en la que dedicó tiempo a la comunión con Dios le ha permitido compartir esa vida con nosotros.

¡Oh, que cada ministro comprendiera que ha recibido su tiempo de Dios con una servidumbre! Dios debe tener por comunión consigo mismo lo primero y lo mejor de vuestro tiempo. Sin esto, su predicación y trabajo tienen poco poder. Aquí en la tierra puedo gastar mi tiempo por el dinero o el aprendizaje que recibo a cambio. El ministro puede cambiar su tiempo por el poder divino y las bendiciones espirituales que se obtienen del cielo. Eso, y nada más, lo convierte en un hombre de Dios y asegura que su predicación será en la demostración del Espíritu y poder.

La vida de oración - Capítulo 10
Capítulo 10 El ejemplo de Pablo

Sed imitadores de mí, así como yo también lo soy de Cristo.' 1 Corintios 11. 1

1. Pablo era un ministro que oraba mucho por su congregación
Leamos sus palabras con oración y calma para que podamos escuchar la voz del Espíritu.

'Noche y día orando mucho para que... perfeccionemos lo que falta en vuestra fe... El Señor os haga crecer... a fin de que confirme vuestros corazones irreprensibles en la santidad' (1 Tes. 3.10- 13). 'El mismo Dios de paz os santifique por completo' (I Tes. 5,23).

¡Qué alimento para la meditación!

'Ahora nuestro Señor Jesucristo mismo... consuele vuestros corazones, y os confirme en toda buena palabra y obra' (2 Tes. 2:16, 17).
'Sin cesar, os hago mención siempre en mis oraciones; Haciendo petición... para que os imparta algún don espiritual, a fin de que seáis confirmados' (Rom. 1.9-11).

'El deseo de mi corazón y mi oración a Dios por Israel es que sean salvos' (Rom. 10. 1).

'Yo... no ceso... de haceros mención en mis oraciones; para que Dios... os dé espíritu de sabiduría y de revelación en el conocimiento de él... a fin de que sepáis... cuál es la supereminente grandeza de su poder para con nosotros los que creemos' (Efesios 1. 16-19).

'Por esta causa doblo mis rodillas ante el Padre... para que os conceda... ser fortalecidos con poder por su Espíritu en el hombre interior; que Cristo habite en vuestros corazones por la fe; para que arraigados... en amor... seáis llenos de toda la plenitud de Dios' (Efesios 3:14-19).

'Siempre en cada oración mía por todos vosotros, pidiendo con gozo... ruego que vuestro amor abunde aún más y más... que seáis sinceros... llenos de frutos de justicia' (Fil. 1.4, 9-11).

'Pero mi Dios suplirá todas vuestras necesidades conforme a sus riquezas en gloria en Cristo Jesús' (Filipenses 4:19).
'Nosotros... no cesamos de orar por vosotros, y de desear que seáis llenos del conocimiento de su voluntad... para que andéis como es digno del Señor... fortalecidos con todo poder de acuerdo con el poder de su gloria ' (Col. 1.911).
'Ojalá supierais qué gran conflicto tengo por vosotros... cuantos no han visto mi rostro en carne; para que sus corazones sean consolados, unidos en amor' (Col. 2.1, 2).

¡Qué estudio para la cámara interior! Estos pasajes nos enseñan que la oración incesante formaba una gran parte del servicio de Pablo en el evangelio; vemos el alto objetivo espiritual que se puso delante de sí mismo, en su obra a favor de los creyentes; y el amor tierno y abnegado con el que siempre siguió pensando en la Iglesia y sus necesidades. Pidámosle a Dios que nos lleve a cada uno de nosotros, ya todos los ministros de su palabra, a una vida de la que tal oración sea el manantial sano y natural. Tendremos que volver una y otra vez a estas páginas si realmente queremos ser llevados por el Espíritu a la vida apostólica que Dios nos ha dado como ejemplo.

2. Pablo era un ministro que le pedía a su congregación que orara mucho Lea de nuevo con atención en oración:

'Os ruego, hermanos, por el Señor Jesucristo, y por el amor del Espíritu, que luchéis conmigo en vuestras oraciones a Dios por mí; para que pueda ser librado de los que no creen en Judea' (Rom. 15.30,31). 'Nosotros... confiamos... en Dios... que él todavía nos librará; Vosotros también ayudándoos con la oración por nosotros' (2 Cor. 1.9-11).

'Orando en todo tiempo, con toda oración y súplica en el Espíritu, y velando en ello con toda perseverancia y súplica por todos los santos; y por mí, para que me sea dada palabra, para que abra mi boca con denuedo para dar a conocer el misterio del evangelio... como debo hablar' (Efesios 6:18-20).

'Porque sé que esto se convertirá en mi salvación, a través de vuestra oración, y la provisión del Espíritu de Jesucristo' (Filipenses 1. 19).

'Continuad en oración, y velad en ella con acción de gracias, orando también por nosotros, que Dios nos abra la puerta de la palabra, para hablar... como debo hablar' (Col. 4.2-4).

'Por lo demás, hermanos, orad por nosotros, para que la palabra del Señor fluya libremente y sea glorificada, como lo es con vosotros' (2 Tes. 3, 1).

¡Qué profunda percepción tuvo Pablo en cuanto a la unidad del cuerpo de Cristo y la relación de los miembros unos con otros! Es cuando permitimos que el Espíritu Santo obre poderosamente en nosotros que él nos revelará esta verdad, y nosotros también tendremos esta percepción. Qué vislumbre nos da del poder de la vida espiritual entre estos cristianos, por la forma en que consideró que en Roma, Corinto, Éfeso, Colosas y Filipos, había hombres y mujeres en quienes podía confiar. ¡Por la oración que alcanzaría el cielo y tendría poder con Dios! Y qué lección para todos los ministros, llevarlos a preguntarse si realmente aprecian la unidad del cuerpo en su justo valor; si se esfuerzan por formar cristianos como intercesores; ¡y si en verdad entienden que Pablo tenía esa confianza porque él mismo era tan fuerte en la oración por la congregación! Aprendamos la lección y roguemos a Dios que los ministros y las congregaciones crezcan juntos en la gracia de la oración, para que todo su servicio y vida cristiana sea testigo de que el Espíritu de oración los gobierna. Entonces podemos estar seguros de que Dios vengará a sus propios escogidos que claman a él día y noche.

Ministros del Espíritu

¿Cuál es el significado de la expresión: el ministro del evangelio es un ministro del Espíritu (ver 2 Cor. 3.6, 8)? Significa:

1. Que el predicador está completamente bajo el poder y control del Espíritu, para que pueda ser guiado y usado por el Espíritu como quiera.

2. Muchos oran por el -Espíritu, para que puedan hacer uso de él y de su poder para su obra. Esto es ciertamente incorrecto. Es él quien debe usarte. Tu relación con él debe ser de profunda dependencia y completa sumisión. El Espíritu debe tenerte enteramente, y siempre, y en todas las cosas bajo su poder.

3. Hay muchos que piensan que deben predicar solamente la palabra, y que el Espíritu hará que la palabra sea fecunda. No entienden que es el Espíritu en ya través del predicador quien traerá la palabra al corazón. No debo contentarme con orar a Dios para que bendiga, por obra de su Espíritu, la palabra que predico. El Señor quiere que yo sea lleno del Espíritu: entonces hablaré correctamente y mi predicación será en la manifestación del Espíritu y poder.

4. Vemos esto en el día de Pentecostés. Fueron llenos del Espíritu y comenzaron a hablar, y hablaron con poder por el Espíritu que estaba en ellos.

5. Así aprendemos cuál debe ser la relación del ministro hacia el Espíritu. Debe tener una fuerte creencia de que el Espíritu está en él, que el Espíritu le enseñará en su vida diaria y lo fortalecerá para dar testimonio del Señor Jesús en su predicación y visita; debe vivir en oración incesante para ser guardado y fortalecido por el poder del Espíritu.

6. Cuando el Señor prometió a los Apóstoles que recibirían poder cuando el Espíritu Santo viniera sobre ellos y les ordenara esperarlo, fue como si les hubiera dicho: «No oséis predicar sin este poder». Es la preparación indispensable para su trabajo. Todo depende de ello.

7. ¿Cuál es entonces la lección que podemos aprender de la frase 'ministros del Espíritu'? ¡Ay, qué poco hemos entendido esto! ¡Qué poco hemos vivido en él! ¡Cuán poco hemos experimentado del poder del Espíritu Santo! ¿Qué debemos hacer entonces? Debe haber una profunda confesión de culpa, que hemos ofendido tan constantemente al Espíritu, porque no hemos vivido diariamente como sus ministros; y una entrega sencilla como la de un niño a su guía con la confianza segura de que el Señor obrará un cambio en nosotros; y además, la comunión diaria con el Señor Jesús en oración incesante. Él derramará sobre nosotros el Espíritu Santo como ríos de agua viva.

La vida de oración - Capítulo 11
Capítulo 11 - La Palabra y la Oración; predicación y oración; De todo corazón

Poca palabra con poca oración es muerte para la vida espiritual. Mucha de la palabra con poca oración da una vida enfermiza. Mucha oración con poco de la palabra da más vida, pero sin constancia. Una medida completa de la palabra y la oración cada día da una vida sana y poderosa. Piensa en el Señor Jesús. En su juventud y madurez atesoró la palabra en su corazón. En la tentación en el desierto, y en cada oportunidad que se le presentó, hasta que clamó en la cruz en la muerte: 'Dios mío, Dios mío, ¿por qué me has desamparado?' (Mateo 27.46).

Mostró que la palabra de Dios llenaba su corazón. Y en su vida de oración manifestó dos cosas: primero, que la palabra nos da materia para la oración y nos anima a esperar todo de Dios. La segunda es que sólo mediante la oración podemos vivir una vida tal que cada palabra de Dios pueda cumplirse en nosotros. ¿Y cómo podemos entonces llegar a esto, para que la palabra y la oración tengan cada una su derecho indiviso sobre nosotros? Solo hay una respuesta. Nuestras vidas deben ser completamente transformadas. Debemos conseguir una vida nueva, saludable y celestial, en la que el hambre de la palabra de Dios y la sed de Dios se expresen en la oración con tanta naturalidad como las necesidades de nuestra vida terrenal. Cada manifestación del poder de la carne en nosotros y la debilidad de nuestra vida espiritual debe llevarnos a la convicción de que Dios, a través de la operación poderosa de su Espíritu Santo, obrará una vida nueva y fuerte en nosotros.

¡Oh, que comprendiéramos que el Espíritu Santo es esencialmente el Espíritu de la palabra y el Espíritu de la oración! Él hará que la palabra se convierta en un gozo y una luz en nuestras almas, y seguramente también nos ayudará en la oración a conocer la mente y la voluntad de Dios, y encontrar en ella nuestro deleite. Si nosotros como ministros queremos explicar estas cosas y preparar al pueblo de Dios para la herencia que les está preparada, entonces debemos comprometernos desde este momento en adelante a la dirección del Espíritu Santo; debe, en la fe de lo que hará en nosotros, apropiarse de la vida celestial de Cristo como la vivió aquí en la tierra, con cierta expectativa de que el Espíritu, que lo llenó con la palabra y la oración, también hará esa obra en nosotros, Sí, creamos que el Espíritu que está en nosotros es el Espíritu del Señor Jesús, y que está en nosotros para hacernos verdaderamente partícipes de su vida. Si creemos firmemente en esto y ponemos nuestro corazón en ello, entonces se producirá un cambio en nuestra relación con la palabra y la oración tal como no hubiéramos creído posible. Créalo firmemente; esperalo seguro.

Estamos familiarizados con la visión del valle de los huesos secos. Sabemos que el Señor dijo al profeta: 'Profetiza sobre estos huesos... He aquí, yo haré entrar espíritu en vosotros, y viviréis' (Ezequiel 37.4, 5). Y sabemos cómo, cuando hubo hecho esto, hubo un ruido, y el hueso se juntó con el hueso, y la carne se levantó, y la piel los cubrió, pero no había aliento en ellos. El profetizar hasta los huesos - la predicación de la palabra de Dios - tuvo una poderosa influencia. Era el comienzo del gran milagro que estaba a punto de ocurrir, y allí yacía todo un ejército de hombres recién formados. Era el comienzo de la obra de la vida en ellos, pero allí no había espíritu.

Cómo entonces el Señor dijo al profeta: 'Profetiza al viento... Así ha dicho el Señor Dios; Ven de los cuatro vientos, oh aliento, y sopla sobre estos muertos, para que vivan' (versículo 9). Y cuando el profeta hubo hecho esto, vino sobre ellos el Espíritu, y vivieron y se levantaron sobre sus pies, un ejército muy grande. Profetizar hasta los huesos, es decir, predicar, ha realizado una gran obra. Allí yacían los hermosos cuerpos nuevos. Pero el profetizar al Espíritu, 'Ven, oh Espíritu', es decir, la oración, logró algo mucho más maravilloso. El poder del Espíritu se reveló a través de la oración.

¿No es el trabajo de nuestros ministros principalmente este profetizar para secar los huesos al dar a conocer las promesas de Dios? Esto es seguido a veces por grandes resultados. Todo lo que pertenece a la forma de la piedad ha sido perfeccionado; una congregación descuidada se vuelve regular y devota, pero sigue siendo cierto en su mayor parte: 'No hay vida en ellos. 'La predicación debe ser seguida por la oración. El predicador debe llegar a ver que su predicación es comparativamente impotente para traer una nueva vida hasta que comienza a tomar tiempo para orar y, de acuerdo con la enseñanza de la palabra de Dios, se esfuerza, trabaja y continúa en oración, y no descansa, y no da descanso a Dios, hasta que otorgue el Espíritu con poder sobreabundante.

¿No sientes que un cambio debe venir en nuestro trabajo? Debemos aprender de Pedro a continuar en oración en nuestro ministerio de la palabra. Así como somos celosos predicadores, debemos ser celosos en la oración. Debemos, con todas nuestras fuerzas, constantemente como Pablo, orar sin cesar. Para la oración: 'Venid, soplad sobre estos muertos' (Ezequiel 37,9), la respuesta es segura.

De todo corazón

La experiencia nos enseña que si alguien se dedica a una obra en la que no está de todo corazón, rara vez tendrá éxito. Solo piense en un estudiante, en su maestro, en un hombre de negocios o en un guerrero. El que no se entrega de todo corazón a su vocación no tiene posibilidades de éxito. Y esto es aún más cierto de la religión, y sobre todo de la alta y santa tarea de relacionarse en la oración con un Dios santo y de agradarle siempre bien. Es por esto que Dios ha dicho tan impresionantemente: 'Me buscaréis y me hallaréis, porque me buscaréis de todo vuestro corazón' (Jeremías 29:13).

Como también más de uno de los siervos de Dios ha dicho: 'Te busco con todo mi corazón.' ¿Habéis pensado alguna vez cuántos cristianos hay de los que está demasiado claro que no buscan a Dios con todo el corazón? Cuando estaban en problemas por sus pecados, parecían buscar a Dios con todo el corazón. Pero cuando supieron que habían sido perdonados se podía ver por sus vidas que eran religiosos, es verdad pero nadie pensaría: 'Este hombre se ha entregado de todo corazón para seguir a Dios, y para servirle como el supremo obra de su vida.

¿Cómo es contigo? ¿Qué dice tu corazón? Mientras que usted, como ministro, por ejemplo, se ha entregado con devoción de todo corazón a cumplir fiel y celosamente su oficio, ¿no reconocerá tal vez: 'Temo, o más bien estoy convencido, que mi vida de oración insatisfactoria debe atribuirse a nada más que no he vivido con una entrega de todo corazón de todo lo que en la tierra pudiera impedirme en la comunión con Dios.' ¡Qué pregunta tan profundamente importante para considerar en la cámara interior y darle la respuesta a Dios! ¡Qué importante llegar a una respuesta clara y decirlo todo delante de Dios! La falta de oración no se puede superar como algo aislado. Está en la relación más cercana al estado del corazón. La verdadera oración depende de un corazón indiviso.

Pero no puedo darme ese corazón indiviso que me permita decir: 'Busco a Dios con todo mi corazón'. No, eso es imposible para ti, pero Dios lo hará. 'Les daré un corazón para que me conozcan' (Jeremías 24,7). 'Yo... la escribiré [mi ley] [como poder de vida] en sus corazones' (Jer. 31.33; Heb. 8. 10). Tales promesas sirven para despertar el deseo. Por débil que sea el deseo, si existe la sincera determinación de luchar por lo que Dios nos ofrece, entonces él mismo obrará en nuestros corazones tanto el querer como el hacer. Es la gran obra del Espíritu Santo en nosotros hacernos dispuestos y capacitarnos para buscar a Dios con todo el corazón. Que no se halle en nosotros confusión en el rostro porque, mientras nos hemos entregado a tantas cosas terrenales con todo nuestro corazón y fuerzas, sin embargo, si algo se dice acerca de la comunión con nuestro Dios glorioso, nos afecta tan poco que no lo hemos buscado. él con todo el corazón.

La vida de oración - Capítulo 12

Capítulo 12 - 'Sígueme'; La Santa Trinidad; Vida y Oración; perseverancia en la oración; carnal o espiritual

El Señor no habló estas palabras a todos los que creían en él, o que esperaban ser bendecidos por él, sino a aquellos a quienes él haría pescadores de hombres. Lo dijo no sólo en la primera llamada de los apóstoles, sino también más tarde a Pedro: 'Desde ahora serás pescador de hombres' (Lc 5, 10). El santo arte de ganar almas, de amarlas y salvarlas, sólo puede aprenderse en una relación íntima y persistente con Cristo. Qué

¡lección para ministros y para obreros cristianos y otros! Esta relación fue el gran y peculiar privilegio de sus discípulos. El Señor los escogió para que estuvieran siempre con él y cerca de él. Leemos de la elección de los doce apóstoles en Marcos 3.14: 'Y ordenó a doce, para que estuvieran con él, y para enviarlos a predicar. 'Así también nuestro Señor dijo en la última noche (Juan 15.27): 'Y vosotros también daréis testimonio, porque habéis estado conmigo desde el principio.'

Este hecho fue notado por extraños. Así, por ejemplo, la mujer que le dijo a Pedro: 'Este también estaba con Jesús' (Mt 26,71). Así en el Sanedrín: 'Se dieron cuenta de que habían estado con Jesús' (Hch 4,13). La característica principal y la calificación indispensable para el hombre que dará testimonio de Cristo es que ha estado con él. La comunión continua con Cristo es la única escuela para la formación de ministros del Espíritu Santo. ¡Qué lección para todos los ministros! Sólo quien, como Caleb, sigue plenamente al Señor, tendrá poder para enseñar a otras almas el arte de seguir a Jesús. ¡Pero qué gracia inefable que el mismo Señor Jesús nos formase a su semejanza, para que otros puedan aprender de nosotros! Entonces podríamos decir con Pablo a nuestros conversos: 'Habéis hecho seguidores nuestros, y del Señor...' (I Tes. 1. 6), 'Sed imitadores de mí, así como yo también lo soy de Cristo' (1 Co 11,1).

Nunca hubo un maestro que se preocupara tanto por sus alumnos como lo hará Jesucristo con nosotros que predicamos su palabra. Él no escatimará dolores; ningún tiempo será demasiado precioso o demasiado largo para él. En el amor que lo llevó a la cruz, quiso tener relaciones, conversar con nosotros, moldearnos, santificarnos y hacernos aptos para su santo servicio. ¿Nos atrevemos todavía a quejarnos de que es demasiado para nosotros pasar tanto tiempo en oración? ¿No nos entregaremos enteramente al amor que lo entregó todo por nosotros, y consideraremos que nuestra mayor felicidad ahora es tener comunión con él diariamente? Oh, todos ustedes que anhelan bendición en su ministerio, él los llama a estar con él. Que ésta sea la mayor alegría de vuestra vida; será la preparación más segura para la bendición en vuestro servicio. Oh mi Señor, atráeme, ayúdame, abrázame y enséñame cómo vivir diariamente en tu comunión por fe.

La Santa Trinidad

1. Dios es una fuente siempre fluyente de puro amor y bienaventuranza.

2. Cristo es el depósito donde la plenitud de Dios se hizo visible como gracia, y se ha abierto para nosotros.

3. El Espíritu Santo es la corriente de agua viva que brota de debajo del trono de Dios y del Cordero.

4. Los redimidos, los hijos creyentes de Dios, son los canales a través de los cuales el amor del Padre, la gracia de Cristo y la operación poderosa del Espíritu son traídos a la tierra, para ser impartidos allí a otros.

5. ¡Qué impresión obtenemos aquí de la maravillosa asociación en la que Dios nos toma, como dispensadores de la gracia de Dios! La oración, cuando oramos principalmente por nosotros mismos, no es más que el comienzo de la vida de oración. la gloria de
la oración es que tengamos poder como intercesores para traer la gracia de Cristo, y el poder energizante del Espíritu, sobre aquellas almas que todavía están en tinieblas.

6. Cuanto más seguro esté el canal conectado con el depósito, más seguro será que el agua fluya sin obstáculos a través de él. Cuanto más nos ocupemos en oración con la plenitud de Cristo y con el Espíritu que procede de él, y cuanto más firmemente permanezcamos en comunión con él, tanto más felices y fuertes serán nuestras vidas. Esto, sin embargo, es todavía sólo una preparación para la realidad. Cuanto más nos entreguemos a la comunión y conversemos con el Dios trino, más pronto recibiremos el valor y la capacidad de orar para bendecir las almas, los ministros y la Iglesia que nos rodea.

7. ¿Eres verdaderamente un canal que está siempre abierto, para que el agua fluya a través de ti hacia los sedientos en la tierra seca? ¿Te has ofrecido sin reservas a Dios, para convertirte en portador de las operaciones vigorizantes del Espíritu Santo?

8. ¿No es, quizás, porque has pensado sólo en ti mismo en la oración que has experimentado tan poco del poder de la oración? ¿Comprendes que la nueva vida de oración en la

que has entrado en el Señor Jesús puede ser sostenida y fortalecida sólo por la intercesión en la que trabajas por las almas que te rodean, para llevarlas a conocer al Señor? ¡Oh, medite en esto: Dios, una fuente de amor y bendición que fluye siempre, y yo, su hijo, un canal vivo a través del cual todos los días el Espíritu y la vida pueden ser traídos a la tierra!

Vida y Oración

Nuestra vida tiene una gran influencia en nuestra oración, así como nuestra oración influye en nuestra vida. Toda la vida del hombre es una oración continua, a la naturaleza o al mundo, para satisfacer sus necesidades y hacerlo feliz. Esta oración y deseo naturales pueden ser tan fuertes en un hombre que también ora a Dios que las palabras de oración que pronuncia su boca no pueden ser escuchadas. Dios no puede a veces escuchar la oración de tus labios porque los deseos de tu corazón por el mundo claman a él mucho más fuerte y fuerte.

La vida ejerce una poderosa influencia sobre la oración. Una vida mundana, una vida egoísta, hace que la oración sea impotente y una respuesta imposible. Con muchos cristianos hay un conflicto entre la vida y la oración, y la vida tiene la ventaja. Pero la oración también puede ejercer una poderosa influencia sobre la vida. Si me entrego enteramente a Dios en la oración, entonces la oración puede conquistar la vida de la carne y el pecado. Toda la vida puede estar bajo el control de la oración. La oración puede cambiar y renovar toda la vida, porque la oración llama y recibe al Señor Jesús y al Espíritu Santo para purificar y santificar la vida.

Muchos piensan que deben, con su vida espiritual defectuosa, esforzarse para orar más. No comprenden que sólo en la medida en que se fortalece la vida espiritual puede aumentar la vida de oración. La oración y la vida están inseparablemente conectadas. ¿Qué opinas? ¿Qué tiene más influencia sobre ti, la oración de cinco o diez minutos, o todo el día dedicado a los deseos del mundo? Que no te sorprenda si tus oraciones no son contestadas. La razón puede estar fácilmente aquí; vuestra vida y vuestra oración están en pugna entre sí; tu corazón está más dedicado a la vida que a la oración. Aprende esta gran lección: mi oración debe regir toda mi vida. Lo que pido a Dios en oración no se decide en cinco o diez minutos. Debo aprender a decir: 'He orado con todo mi corazón. 'Lo que deseo de Dios debe realmente llenar mi corazón todo el día; entonces el camino está abierto para una cierta respuesta.

¡Oh, la sacralidad y el poder de la oración, si toma posesión del corazón y de la vida! Lo mantiene a uno constantemente en comunión con Dios. Entonces podemos decir literalmente: 'En ti espero todo el día' (Sal. 25,5). Tengamos cuidado de considerar no sólo la duración del tiempo que pasamos con Dios en oración, sino el poder con el que nuestra oración toma posesión de toda nuestra vida.

Perseverancia en la Oración

'No es razón', dijo Pedro, 'que dejemos la palabra de Dios y sirvamos las mesas' (Hechos 6.2). Para esa obra se escogían diáconos. Y esta palabra de Pedro sirve para todos los tiempos y para todos los que son apartados como ministros. 'Sino que nos dedicaremos continuamente a la oración y al ministerio de la palabra' (Hch 6,4). El Dr. Alexander Whyte, en un discurso, dijo una vez: 'Pienso que a veces, cuando mi salario me es pagado tan fiel y puntualmente: los diáconos han cumplido fielmente su parte del acuerdo; ¿he sido tan fiel en mi parte, en perseverar en la oración y en el ministerio de la palabra?' Otro ministro ha dicho: '¡Cuán sorprendida estaría la gente si propusiera dividir mi tiempo entre estos dos por igual, una mitad dedicada a la oración, la otra al ministerio de la palabra!'

Note, en el caso de Pedro, lo que significó la perseverancia en la oración. Subió al techo a orar. Allí, en oración, recibió instrucción celestial en cuanto a su obra entre los paganos. Allí le llegó el mensaje de Cornelio. Allí, el Espíritu Santo le dijo: 'He aquí, tres hombres te buscan. Levántate, pues, y desciende, y ve con ellos' (Hechos 10. 19-20). Y de allí fue a Cesarea, donde el Espíritu fue tan inesperadamente derramado sobre los paganos. Todo esto es para enseñarnos que es a través de la oración que Dios dará la instrucción de su Espíritu para hacernos comprender su voluntad, para hacernos saber con quién debemos hablar, para darnos la seguridad de que su Espíritu hará poderosa su palabra. a traves de nosotros.

¿Alguna vez has pensado seriamente por qué tienes un salario y una casa parroquial, y estás libre de la necesidad de ocuparte de los asuntos terrenales? No es otra cosa sino que debéis continuar en la oración y en el ministerio de la palabra. Esa será tu sabiduría y poder. Ese será el secreto de un bendito servicio del evangelio.

Con razón hay quejas acerca de la vida espiritual ineficaz en el ministro y la congregación, mientras que lo que es de primordial importancia, la perseverancia en la oración, no ocupa el lugar que le corresponde: el primer lugar.

Pedro pudo hablar y actuar como lo hizo porque estaba lleno del Espíritu. No nos contentemos con nada menos que la entrega y la apropiación indivisa y sincera del Espíritu, como líder y Señor de nuestras vidas. Nada menos nos ayudará. Entonces, por primera vez, podremos decir que Dios 'nos ha hecho ministros capaces... de su Espíritu' (2 Cor. 3,6).

¿Carnal o Espiritual?

Hay una gran diferencia entre esos dos estados que es poco comprendida o ponderada. El cristiano que 'anda en el Espíritu' y ha 'crucificado la carne' (Gál. 5,24) es espiritual. El cristiano que anda según la carne y desea agradar a la carne es carnal (ver Rom 13,14). Los Gálatas, que habían comenzado en el Espíritu, estaban terminando en la carne. Sin embargo, había entre ellos algunos miembros espirituales que podían restaurar el descarrío con mansedumbre.

¡Qué diferencia entre el cristiano carnal y el espiritual (I Cor. 3.1-3)! Con el cristiano carnal puede haber mucha religión y mucho celo por Dios y por el servicio de Dios. Pero es en su mayor parte en el poder humano. Con lo espiritual, por otro lado, hay una completa sujeción a la dirección del Espíritu, un profundo sentido de debilidad y una completa dependencia de la obra de Cristo; es una vida de comunión permanente con Cristo, forjada por el Espíritu.
.

¡Qué importante es para mí averiguar y reconocer claramente ante Dios si soy espiritual o carnal! Un ministro puede ser muy fiel en su ortodoxia, y ser sumamente celoso en su servicio, y sin embargo serlo, principalmente, en el poder de la sabiduría y el celo humanos. Y una de las señales de esto es que hay poco placer o perseverancia en la comunión con Cristo a través de la oración. El amor a la oración es una de las marcas del Espíritu.

¡Qué cambio es necesario para que un cristiano que es principalmente carnal se vuelva verdaderamente espiritual! Al principio no puede entender lo que debe suceder, o cómo puede llegar a suceder. Cuanto más cae sobre él la verdad, más se convence de que es imposible, a menos que Dios lo haga. Sin embargo, creer verdaderamente que Dios lo hará requiere oración ferviente. El retiro tranquilo y la meditación son indispensables, junto con la muerte de toda confianza en nosotros mismos. Pero a lo largo de este camino siempre llega la fe de que Dios puede, Dios quiere, Dios lo hará. El alma que se aferra sinceramente al Señor Jesús será guiada por el Espíritu a esta fe.

¿Cómo podréis decir a los demás: Hermanos, no pude hablaros como a espirituales, sino como a carnales, como a niños en Cristo? (1 Co. 3. 1). Es imposible a menos que usted mismo tenga la experiencia de haber pasado de un estado a otro. Pero Dios te enseñará. Perseverar en la oración y la fe.

La vida de oración - Capítulo 13
Capítulo 13 - George Müller; Hudson Taylor; Luz de la cámara interior

Así como Dios dio al apóstol Pablo como ejemplo en su vida de oración para los cristianos de todos los tiempos, también ha dado a George Mueller en estos últimos días como prueba para su iglesia de cuán literal y maravillosamente todavía escucha la oración. No es solo que le dio durante su vida más de un millón de libras esterlinas para mantener sus orfanatos, sino que el Sr. Mueller también declaró que creía que el Señor le había dado más

de treinta mil almas en respuesta a la oración. Y eso no sólo de entre los huérfanos, sino también de muchos otros por los que (en algunos casos durante cincuenta años) había orado fielmente todos los días, en la fe firme de que se salvarían. Cuando se le preguntó por qué razón creía tan firmemente en esto, su respuesta fue: 'Hay cinco condiciones que siempre me esfuerzo por cumplir, al observar las cuales tengo la seguridad de la respuesta a mi oración:

1. No tengo la menor duda porque estoy seguro de que es voluntad del Señor salvarlos, porque él quiere que todos los hombres se salven y lleguen al conocimiento de la verdad (cf. 1 Tim. 2,4); y tenemos la seguridad 'de que si pedimos alguna cosa conforme a su voluntad, él nos oye' (1 Juan 5.14).

2. Nunca he suplicado por su salvación en mi propio nombre, sino en el bendito nombre de mi precioso Señor Jesús, y solo por sus méritos (ver Juan 14.14).

3. Siempre creí firmemente en la disponibilidad de Dios para escuchar mis oraciones (ver Mc 11,24).

4. No soy consciente de haber cedido a ningún pecado, porque 'si en mi corazón he mirado a la iniquidad, el Señor no me escuchará' cuando clamo (Sal 66,18).

5. He perseverado en la oración de fe por más de cincuenta y dos años para algunos, y continuaré hasta que llegue la respuesta: '¿No ha de vengar Dios a sus escogidos que claman a él día y noche?' (Lucas 18.7).

Lleven estos pensamientos a sus corazones y practiquen la oración de acuerdo con estas reglas. Que la oración no sea sólo la expresión de vuestros deseos, sino también una comunión con Dios, hasta que sepamos por fe que nuestra oración es escuchada. La forma en que caminó George Mueller es el camino nuevo y vivo hacia el trono de la gracia, que está abierto para todos nosotros.

hudson taylor

Cuando Hudson Taylor, siendo un hombre joven, se entregó sin reservas al Señor, le vino una fuerte convicción de que Dios lo enviaría a China. Había leído sobre George Mueller y cómo Dios había respondido a sus oraciones por su propio sostén y el de sus huérfanos, y comenzó a pedirle al Señor que le enseñara a él también a confiar en él. Sintió que si quería ir a China con tal fe, primero debía comenzar a vivir por fe en Inglaterra. Le pidió al Señor que le permitiera hacer esto. Tenía un puesto como dispensador de un médico, y le pidió a Dios que lo ayudara a no pedir su salario, sino dejar que Dios moviera el corazón del médico para pagarle en el momento adecuado. El médico era un hombre de buen corazón, pero muy irregular en el pago. Esto le costó a Taylor muchos problemas y luchas en oración porque creía, al igual que George Mueller, que la palabra, 'No debáis nada a nadie' (Rom. 13.8), debía tomarse literalmente, y que no se debía incurrir en deuda.

Así que aprendió la gran lección de mover a los hombres a través de Dios: un pensamiento de profundo significado, que más tarde se convirtió en una bendición indescriptiblemente grande para él en su trabajo en China. Se basó en eso: en la conversión de los chinos, en el despertar de los cristianos para dar dinero para el sostenimiento de la obra, en encontrar misioneros adecuados que mantuvieran como regla de conducta de la fe que debemos dar a conocer nuestros deseos a Dios. en oración y luego confiar en Dios para mover a los hombres a hacer lo que él hubiera hecho.

Después de haber estado algunos años en China, oró para que Dios le diera veinticuatro misioneros, dos para cada una de las once provincias y Mongolia, cada una con millones de almas y sin misionero. Dios lo hizo. Pero no había ninguna sociedad para enviarlos. De hecho, había aprendido a confiar en Dios para su propio sostén, pero no se atrevía a asumir la responsabilidad de los veinticuatro, si es posible que no tuvieran suficiente fe. Esto le costó un conflicto severo, y se enfermó gravemente, hasta que finalmente vio que Dios podía cuidar de los veinticuatro tan fácilmente como de sí mismo. Lo emprendió con una fe alegre. Y así Dios lo guió, a través de muchas pruebas severas de fe, a confiar plenamente en él. Ahora, estos veinticuatro han aumentado, con el transcurso del tiempo, a mil misioneros que dependen totalmente del apoyo de Dios. Otras sociedades misioneras han reconocido cuánto han aprendido de Hudson Taylor, como hombre que declaró y obedeció esta ley. La fe puede confiar en Dios para mover a los hombres a hacer lo que sus hijos le han pedido en oración.

Lea el libro, Los primeros años de Hudson Taylor por el Dr. y la Sra. Howard Taylor. En él se encontrará un tesoro de pensamiento espiritual y experiencia acerca de un caminar cercano con Dios en el aposento interior y en la obra misionera.

Luz de la cámara interior

'Pero tú, cuando ores, entra en tu aposento, y cerrada la puerta, ora a tu Padre que está en secreto; y tu Padre que ve en lo secreto te recompensará en público' (Mateo 6.6).

Nuestro Señor había hablado de la oración de los hipócritas que desean ser vistos por los hombres y también de la oración de los paganos que confían en la multitud de sus palabras. No entienden que la oración no tiene valor a menos que se dirija a un Dios personal que ve y escucha. En el texto nuestro Señor nos enseña una lección maravillosa acerca de la inestimable bendición que el cristiano puede tener en su cámara interior. Si queremos entender la lección correctamente, debemos notar la luz que la cámara interior arroja sobre

1. El maravilloso amor de Dios

Pensad en Dios, en su grandeza, en su santidad, en su inefable gloria, y luego en el inestimable privilegio al que invita a sus hijos, para que cada uno de ellos, por pecador o débil que sea, en cada hora del día, tenga acceso a él y conversar con él todo el tiempo que desee. Si entra en su cámara interior, entonces Dios está listo para salir a su encuentro, tener comunión con él, darle el gozo y la fuerza que necesita con la seguridad viva en su corazón de que está con él y emprenderá por él en todo. . Además promete que lo enriquecerá en su vida exterior y trabajará con aquellas cosas que ha pedido en secreto. ¿No deberíamos gritar de alegría? ¡Qué honor! ¡Qué salvación! ¡Qué suministro tan desbordante para cada necesidad!

Uno puede estar en la mayor angustia, o puede haber caído en el pecado más profundo, o puede que en el curso ordinario de la vida desee bendiciones temporales o espirituales; puede desear orar por sí mismo o por los que le pertenecen, o por su congregación o iglesia; puede incluso llegar a ser un intercesor por todo el mundo - la promesa para el aposento interior lo cubre todo: 'Orad a vuestro Padre que está en lo secreto; él te recompensará abiertamente.'

Bien podríamos suponer que no habría lugar en la tierra tan atractivo para el hijo de Dios como la cámara interior prometida con la presencia de Dios, donde puede tener una relación sin obstáculos con el Padre. La felicidad de un hijo en la tierra si goza del amor de su padre; la felicidad de un amigo al encontrarse con un amado benefactor; la felicidad de un súbdito que tiene libre acceso a su rey y puede quedarse con él todo el tiempo que quiera; estos son como nada comparados con esta promesa celestial. En la cámara interior puedes conversar con tu Dios tanto tiempo y tan íntimamente como desees; puedes confiar en su presencia y compañerismo.

¡Oh, el maravilloso amor de Dios en el don de una cámara interior santificada por tal promesa! Agradezcamos a Dios todos los días de nuestra vida por ello como don de su maravilloso amor. En este mundo pecaminoso, no pudo idear nada más adecuado para nuestras necesidades que una fuente de inefable bendición.

2. La profunda pecaminosidad del hombre

Podríamos haber pensado que todo hijo de Dios se habría aprovechado con alegría de tal invitación. ¡Pero mira! ¿Cuál es la respuesta? Llega un clamor de todas las tierras de que la oración en la cámara interior es, como regla general, descuidada por aquellos que se llaman a sí mismos creyentes. Muchos no hacen uso de ella; van a la iglesia, confiesan a Cristo, pero saben poco del trato personal con Dios. Muchos hacen poco uso de ella, pero con espíritu de prisa, y más por costumbre, o por tranquilidad de conciencia, de modo que no pueden hablar de ningún gozo o bendición en ella. Y, lo que es más triste, muchos que saben algo de su bienaventuranza confiesan que saben poco de la comunión fiel, regular y feliz con el Padre, todo el día, como algo tan necesario como el pan de cada día.

Oh, ¿qué es, entonces, lo que hace que la cámara interior sea tan impotente? ¿No es la profunda pecaminosidad del hombre y la aversión de su naturaleza caída hacia Dios lo que hace que el mundo con su comunión sea más atractivo que estar a solas con el Padre celestial?

¿No es que los cristianos sí creen en la palabra de Dios, donde esa palabra declara que 'la carne' que está en ellos, 'es enemistad contra Dios', y que andan demasiado en pos de 'la carne', de modo que el Espíritu no puede fortalecerlos para la oración? ¿No es que los cristianos se dejan privar por Satanás del uso del arma de la oración, de modo que son impotentes para vencerlo? ¡Oh, la profunda pecaminosidad del hombre! No tenemos mayor prueba de ello que esto a pesar de que se hace al amor inefable que nos ha dado la cámara interior.

Y lo que es aún más triste es que incluso los ministros de Cristo reconocen que saben que oran demasiado poco. La palabra les dice que su único poder está en la oración: sólo por eso, pero por eso ciertamente, pueden ser revestidos de poder de lo alto para su obra. Pero parece que el poder del mundo y de la carne los ha hechizado. Mientras dedican tiempo y manifiestan celo a su trabajo, se descuida lo que es más necesario de todo, y no hay ganas ni fuerzas de oración para obtener el don indispensable del Espíritu Santo para hacer fecundo su trabajo. Dios nos dé gracia para comprender a la luz de la cámara interior la profunda pecaminosidad de nuestra naturaleza.

3. La gloriosa gracia de Cristo Jesús

¿No hay, entonces, ninguna esperanza de cambio? ¿Debe ser siempre así? ¿O hay algún medio de recuperación? ¡Gracias a Dios! Hay.

El hombre por quien Dios nos ha dado a conocer el mensaje del aposento no es otro que nuestro Señor Jesucristo, que nos salva de nuestros pecados. Él es capaz y está dispuesto a librarnos de este pecado, y nos librará. Él no se ha comprometido a redimirnos de todos nuestros otros pecados y nos ha dejado lidiar con el pecado de la falta de oración con nuestras propias fuerzas. No, en esto también podemos acercarnos a él y clamar: 'Señor, si quieres, puedes hacerme limpio' (Mateo 8.2). 'Señor, yo creo; ayuda mi incredulidad' (Marcos 9.24).

¿Quiere saber cómo puede experimentar esta liberación? Nada menos que por el conocido camino por el cual todo pecador debe venir a Cristo. Comience por reconocer, por confesar ante él, de manera infantil y

manera simple, el pecado de descuidar y profanar la cámara interior. Inclínate ante él con profunda vergüenza y tristeza. Dile que tu corazón te ha engañado con la idea de que podías orar como debías. Dile que a causa de la debilidad de 'la carne', y el poder del mundo, y la confianza en ti mismo, has sido descarriado y que no tienes fuerzas para hacerlo mejor. Que esto se haga de corazón. No puedes por tu resolución y esfuerzo arreglar las cosas.

Ven en tu pecado y debilidad al aposento interior, y comienza a dar gracias a Dios, como nunca le has dado gracias, porque la gracia del Señor Jesús seguramente te permitirá conversar con tu Padre como un niño debe hacerlo. Entrega de nuevo al Señor Jesús todo tu pecado y miseria, así como toda tu vida y voluntad, para que él pueda limpiarte y tomar posesión de ti y gobernarte como suyo.

Aunque vuestro corazón esté frío y muerto, perseverad en el ejercicio de la fe de que Cristo es un Salvador todopoderoso y fiel. Puede estar seguro de que la liberación vendrá. Espéralo, y comenzarás a comprender que la cámara interior es la revelación de la gracia gloriosa del Señor Jesús, que hace posible que uno haga lo que no podía hacer por sí mismo; es decir, tener comunión con Dios y experimentar que se reciben el deseo y el poder que capacitan al hombre para andar con Dios.

La vida de oración - Capítulo 14
Capítulo 14 El Espíritu de la Cruz en Nuestro Señor

Buscáis a veces la operación del Espíritu, con objeto de obtener más poder para la obra, más amor en la vida, más santidad en el corazón, más luz en la Escritura o en nuestro camino. Y, sin embargo, todos estos dones solo están subordinados a lo que es el gran propósito de Dios. El Padre ha otorgado el Espíritu al Hijo, y el Hijo nos lo ha dado a nosotros, con el único gran objetivo de revelar y glorificar al mismo Cristo Jesús en nosotros.

El Cristo celestial debe convertirse para nosotros en una verdadera personalidad viva, siempre con nosotros y en nosotros. Nuestra vida en la tierra debe vivirse todos los días en la comunión ininterrumpida y santa de nuestro Señor Jesús en el cielo. Esta debe ser la primera y más grande obra del Espíritu Santo en los creyentes, que conozcan y experimenten a Cristo como la vida de su vida. Dios desea que seamos fortalecidos con poder por su Espíritu en el hombre interior, que Cristo habite en nuestros corazones por la fe, y que seamos llenos de su amor hasta toda la plenitud de Dios.

Este fue el secreto de la alegría de los primeros discípulos. Habían recibido al Señor Jesús, a quien temían haber perdido, como el Cristo celestial en sus corazones.

Y esta fue su preparación para Pentecostés: estaban enteramente ocupados con él. Él era literalmente su todo. Sus corazones estaban vacíos de todo, para que el Espíritu los llenara de Cristo. En la plenitud del Espíritu tenían poder para una vida y un servicio como el Señor deseaba. ¿Es este, ahora, con nosotros, el gran objeto en nuestros deseos, en nuestras oraciones, en nuestra experiencia? 'Mi Señor, enséñanos a saber que la bendición por la cual hemos orado tan fervientemente puede ser preservada y aumentada de ninguna otra manera que a través de la comunión íntima con Cristo en la cámara interior, cada día practicada y cultivada.

Y, sin embargo, me ha parecido que había un secreto aún más profundo de Pentecostés por descubrir. Llegó el pensamiento de que tal vez nuestra concepción del Señor Jesús en el cielo era limitada. Pensamos en él en el esplendor, la gloria del trono de Dios. Pensemos también en el amor inescrutable que lo movió a entregarse por nosotros. Pero olvidamos demasiado a menudo que, sobre todo, es como el crucificado fue conocido aquí en la tierra; y que, sobre todo, es como el crucificado que tiene su lugar en el trono de Dios. 'Y he aquí, en medio del trono... estaba de pie un Cordero como inmolado' (Ap. 5.6).

Sí, es como el crucificado que es objeto del eterno beneplácito del Padre y del culto de toda la creación. Y es, por tanto, de primera importancia que nosotros aquí en la tierra lo conozcamos y tengamos experiencia de él como el crucificado, para que podamos hacer ver a los hombres cuál es su carácter y el nuestro, y cuál es el poder que puede hacer ellos participantes de la salvación.

Siento profundamente que, como la cruz es la máxima gloria de Cristo, y como el Espíritu Santo no ha hecho ni puede hacer nada más grande o más glorioso que cuando "por el Espíritu eterno se ofreció a sí mismo sin mancha a Dios" (Heb. 9:14).); así que es evidente que el Espíritu Santo no puede hacer nada más grande o más glorioso por nosotros que llevarnos a la comunión de esa cruz, y obrar también en nosotros el mismo espíritu de la cruz que se vio en nuestro Señor Jesús. En una palabra, surgió la pregunta de si no era esta la verdadera razón por la cual nuestras oraciones por la poderosa operación del Espíritu Santo no podían ser respondidas, porque habíamos buscado muy poco para recibir el Espíritu, a fin de que pudiéramos conocer y llegar a ser como el Cristo glorificado en la comunión de su cruz. ¿No tenemos aquí el secreto más profundo de Pentecostés? El Espíritu viene a nosotros desde la cruz, donde fortaleció a Cristo para ofrecerse a sí mismo a Dios. Viene del Padre, que miró con indecible beneplácito la humillación y la obediencia y el sacrificio de Cristo, como la prueba más alta de su entrega a él. Viene de Cristo, que por la cruz fue preparado para recibir del Padre la plenitud del Espíritu, para compartirlo con el mundo. Viene a revelar a Cristo a nuestros corazones, como el Cordero inmolado, en medio del trono, para que lo adoremos en la tierra como lo hacen ellos en el cielo. Él viene, principalmente, para impartirnos la vida de Cristo crucificado, para que podamos decir verdaderamente: 'Estoy crucificado con Cristo; sin embargo, vivo; pero no yo, sino que Cristo vive en mí' (Gálatas 2:20).

Para entender este secreto de alguna manera, primero debemos meditar sobre cuál es el significado y cuál es el valor de la cruz.

La mente que había en el Cristo crucificado

La cruz debe verse necesariamente desde dos puntos de vista. Primero, la obra que ha realizado: el perdón y la conquista del pecado. Este es el primer mensaje con el que la cruz llega al pecador. Le proclama la liberación libre y total del poder del pecado. Y luego el segundo, el espíritu o disposición que allí se manifestó. Esto lo encontramos expresado en Filipenses 2,8: 'Se humilló a sí mismo, haciéndose obediente hasta la muerte, y muerte de cruz'. Aquí vemos la humillación propia al lugar más bajo que se puede encontrar bajo la carga de nuestro pecado y maldición; obediencia hasta lo sumo a toda la voluntad de

Dios; abnegación hasta la muerte de cruz estas tres palabras nos revelan la santa perfección de su persona y de su obra. Por eso Dios lo ha exaltado tan grandemente. Fue el espíritu de la cruz lo que lo hizo objeto de la complacencia de su Padre, de la adoración de los ángeles, del amor y la confianza de todos los redimidos. La humillación de Cristo, su obediencia a la voluntad de Dios hasta la muerte, su sacrificio de sí mismo hasta la muerte de cruz, todo esto hizo que él fuera 'el Cordero, como inmolado, de pie en medio de el trono'.

El espíritu de la cruz en nosotros

Todo lo que Cristo fue, lo fue por nosotros y desea llegar a ser en nosotros. El espíritu de la cruz era su bienaventuranza y gloria. Debería ser esto aún más para nosotros. Él desea manifestar su semejanza en nosotros y darnos una parte completa de todo lo que es suyo. Así Pablo escribe las palabras que tantas veces hemos citado: 'Haga en vosotros este sentir que hubo también en Cristo Jesús' (Flp 2,5). En otro lugar escribe: 'Tenemos la mente de Cristo' (1 Cor. 2,16). La comunión de la cruz no es sólo un deber santo para nosotros, sino un privilegio inefablemente bendito, que el mismo Espíritu Santo hará nuestro según la promesa: "Tomará de lo mío, y os lo hará saber" (Juan 16,15).); 'Él glorificará
mí' (Juan 16.14). El Espíritu Santo forjó esta disposición en Cristo y también la obrará en nosotros.

La vida de oración - Capítulo 15
Capítulo 15 Tomar la cruz

Entonces el Señor les dijo a sus discípulos que debían tomar la cruz para seguirlo, ellos podían tener poca comprensión de su significado. Deseaba despertarlos a un pensamiento serio y así prepararlos para el momento en que lo verían cargando su cruz. Desde el Jordán, donde se había presentado para ser bautizado y contado entre los pecadores, en adelante, llevó la cruz siempre en su corazón. Es decir, siempre fue consciente de que la sentencia de muerte, a causa del pecado, recaía sobre él, y que debía soportarla hasta el final. Mientras los discípulos pensaban en esto y se preguntaban qué quería decir con eso, una cosa solo los ayudó: era el pensamiento de un hombre que fue sentenciado a muerte y llevó su cruz al lugar señalado.

Cristo había dicho al mismo tiempo: "El que pierda su vida por causa de mí, la hallará" (Mt 10,39). Les enseñó que debían odiar su propia vida. Su naturaleza era tan pecaminosa que nada menos que la muerte podía suplir su necesidad; no merecía nada menos que la muerte. De modo que gradualmente llegó a ellos la convicción de que tomar la cruz significaba: 'Debo sentir que mi vida está bajo sentencia de muerte, y que bajo la conciencia de esta sentencia debo entregar constantemente mi carne, mi naturaleza pecaminosa, a muerte.' Así que lentamente se prepararon para ver más adelante que la cruz que Cristo había llevado era el único poder para librar verdaderamente del pecado, y que primero debían recibir de él el verdadero espíritu de la cruz. Deben aprender de él lo que significa la humillación propia en su debilidad e indignidad; cuál fue la obediencia que crucificó su propia voluntad en todas las cosas, tanto en lo más grande como en lo más pequeño; cuál era la abnegación que no buscaba agradar a la carne ni al mundo. 'Toma tu cruz y sígueme' (ver Mt 16,24; Mc 8,34; 10,21; Lc 9,23) - esa fue la palabra con la que Jesús preparó a sus discípulos para el gran pensamiento de que su mente y su disposición se hicieran suyas, que su cruz pudiera de hecho se vuelven suyos.

Crucificado con Cristo

La lección que el Señor deseaba que sus discípulos aprendieran de su declaración acerca de tomar la cruz y perder la vida encuentra su expresión en las palabras de Pablo, después de que Cristo murió en la cruz y fue exaltado en lo alto, y el Espíritu había sido derramado. Pablo dice: 'Estoy crucificado con Cristo'; 'Pero lejos esté de mí gloriarme, sino en la cruz de nuestro Señor Jesucristo, por quien el mundo me es crucificado a mí, y yo al mundo' (Gál. 2,20; 6,14). Deseaba que cada creyente viviera para probar que estaba crucificado con Cristo. Ha querido que comprendiésemos que el Cristo que viene a morar en nuestros corazones es el Cristo crucificado, que él mismo, por su vida, nos impartirá el verdadero pensamiento de la cruz. Nos dice que 'nuestro viejo hombre está crucificado con él' (Rom. 6,6). Más aún, que 'los que son de Cristo han crucificado la carne' (Gál. 5:24). Cuando recibieron por la fe a Cristo crucificado, entregaron la carne a la sentencia de muerte que fue ejecutada en su totalidad en el Calvario. Pablo dice 'hemos sido plantados juntamente en la semejanza de su muerte' (Rom. 6.5), y que por lo tanto debemos reconocer que estamos muertos al pecado en Cristo Jesús.

Estas palabras del Espíritu Santo, por medio de Pablo, nos enseñan que debemos permanecer constantemente en la comunión de la cruz, en comunión con el Señor Jesús crucificado y viviente. Es el alma que vive siempre bajo el amparo, el amparo y la liberación de la cruz la única que puede esperar gloriarse constantemente en Cristo Jesús y en su cercanía permanente.

La comunión de la cruz

Hay muchos que ponen su esperanza de salvación en la redención de la cruz que entienden poco acerca de la comunión de la cruz. Confían en lo que la cruz les ha comprado, en el perdón de los pecados y en la paz con Dios; pero a menudo pueden vivir por mucho tiempo sin tener comunión con el Señor mismo. No saben lo que significa esforzarse cada día por la comunión del corazón con el Señor crucificado tal como se le ve en el cielo -'Un Cordero en medio del trono'. ¡Oh, que esta visión pueda ejercer su poder espiritual sobre nosotros, que realmente podamos experimentar cada día que tan verdaderamente como el Cordero es visto allí en el trono, así podemos tener el poder y la experiencia de su presencia aquí!

¿Es posible? Sin duda lo es. ¿Por qué sucedió ese gran milagro, y por qué el Espíritu Santo fue dado desde el cielo, si no fuera para hacer que Jesús glorificado -'el Cordero que estaba de pie, como inmolado, en medio del trono'- estuviera presente con nosotros aquí en nuestro mundo terrenal? ¿alrededores? Tratemos de hacer esto más claro en nuestras meditaciones posteriores.

La vida de oración - Capítulo 16
capitulo 16
El Espíritu Santo y la Cruz

El Espíritu Santo siempre nos lleva a la cruz. Así fue con Cristo. El Espíritu le enseñó y le permitió ofrecerse a sí mismo sin mancha a Dios.

Así fue con los discípulos. El Espíritu, del que estaban llenos, los llevó a predicar a Cristo como el crucificado. Más tarde los llevó a la gloria en la comunión de la cruz cuando fueron considerados dignos de sufrir por causa de Cristo.

Y la cruz los dirigió de nuevo al Espíritu. Cuando Cristo hubo llevado la cruz, recibió el Espíritu del Padre para ser derramado. Cuando los tres mil se inclinaron ante el crucificado, recibieron la promesa del Espíritu Santo. Cuando los discípulos se regocijaron en su experiencia de la comunión de la cruz, recibieron de nuevo el Espíritu Santo. La unión entre el Espíritu y la cruz es indisoluble; se pertenecen inseparablemente el uno al otro. Vemos esto especialmente en las epístolas de Pablo. 'Jesucristo ha sido evidentemente presentado, crucificado entre vosotros... ¿Recibisteis el Espíritu por las obras de la ley, o por el oír con fe?' (Gálatas 3.1, 2).

'Cristo nos ha redimido de la maldición de la ley... para que por la fe recibamos la promesa del Espíritu' (Gálatas 3:13, 14). 'Dios envió a su Hijo... para redimir a los que estaban bajo la ley... y... envió el Espíritu de su Hijo a vuestros corazones' (Gálatas 4:4-6). 'Y los que son de Cristo han crucificado la carne... . Si vivimos en el Espíritu, andemos también en el Espíritu' (Gál. 5:24, 25). 'Vosotros también habéis muerto a la ley por el cuerpo de Cristo... para que sirvamos en novedad de espíritu' (Rom. 7:4-6). 'Porque la ley del Espíritu de vida en Cristo Jesús me ha librado de la ley del pecado y de la muerte. Porque... Dios... condenó al pecado en la carne, para que la justicia de la ley se cumpliese en nosotros, que no andamos conforme a la carne, sino conforme al Espíritu' (Rom. 8:24).

En todo y siempre el Espíritu y la cruz son inseparables. Sí, incluso en el cielo. El Cordero, como inmolado, de pie en medio del trono tenía 'siete ojos, que son los siete Espíritus de Dios enviados por toda la tierra' (Ap. 5:6). Nuevamente: 'Me mostró un río puro de agua de vida, resplandeciente como el cristal [¿Es esto otro que el Espíritu Santo?] que salía del trono de Dios y del Cordero' (Ap. 22. 1). Cuando Moisés golpeó la roca, el agua brotó e Israel bebió. Cuando Cristo la Roca fue realmente herido y tomó su lugar como el Cordero inmolado en el trono de Dios, fluyó de debajo del trono la plenitud del Espíritu Santo para todo el mundo.

¡Qué insensatez es orar por la llenura del Espíritu si no nos hemos colocado primero bajo el pleno poder de la cruz! Solo piensa en los ciento veinte discípulos. La crucifixión de Cristo había tocado, partido y tomado posesión de todo su corazón. No podían hablar ni pensar en otra cosa, y cuando el crucificado les mostró las manos y los pies, les dijo: 'Recibid el Espíritu Santo' (Juan 20,22). Y así también, con el corazón lleno del Cristo crucificado, ahora recibido arriba en el cielo, estaban preparados para ser llenos del Espíritu. Se atrevieron a proclamar al pueblo: 'Arrepentíos y creed en el crucificado'; y ellos también recibieron el Espíritu Santo.

Cristo se entregó por completo a la cruz. Los discípulos también hicieron lo mismo. La cruz exige esto también de nosotros; tendría toda nuestra vida. Cumplir con esta demanda requiere nada menos que un poderoso acto de la voluntad, para el cual no somos aptos, y un poderoso acto de Dios del que puede estar seguro quien se arroja, en impotencia, pero sin reservas en Dios.

El Espíritu y la Cruz

¿Por qué no hay más hombres y mujeres que puedan testificar, en el gozo de sus corazones, que el Espíritu de Dios se ha apoderado de ellos y les ha dado nuevo poder para testificar por él? Sin embargo, surge con mayor urgencia la pregunta desgarradora a la que se debe dar una respuesta: ¿qué es lo que impide? El Padre que está en los cielos está más dispuesto que un padre terrenal a dar pan a su hijo, y sin embargo surge el clamor: '¿Está afligido el Espíritu? ¿Es éste su trabajo?

Muchos reconocerán que el obstáculo radica indudablemente en el hecho de que la Iglesia está demasiado dominada por la carne y el mundo. Entienden muy poco del poder penetrante de la cruz de Cristo. Sucede, pues, que el Espíritu no tiene vasos en los que pueda derramar su plenitud.

Muchos se quejan de que el tema es demasiado alto o demasiado profundo para ellos. Esta es una prueba de lo poco que nos hemos apropiado y puesto en práctica la enseñanza de Pablo y Cristo sobre la cruz. Os traigo un mensaje de alegría. El Espíritu que está en ti, aunque sea en una medida limitada, está preparado para tomarte bajo su enseñanza, para conducirte a la cruz, y por su instrucción celestial para hacerte ahora algo de lo que el Cristo crucificado quiere hacer por ti y por ti. en ti.

Pero luego quiere que te tomes un tiempo para revelarte los misterios celestiales. Quiere hacerte ver cómo el descuido de la cámara interior ha impedido la comunión con Cristo, el conocimiento de la cruz y las operaciones poderosas del

Espíritu. Él te enseñará lo que significa negarse a sí mismo, tomar su cruz, perder la vida y seguirlo.

A pesar de todo lo que has sentido por tu ignorancia y falta de comprensión espiritual y comunión con la cruz, él es capaz y está dispuesto a acogerte bajo su enseñanza y darte a conocer el secreto de la vida espiritual por encima de todas tus expectativas. .

Empezar por el principio. Sé fiel en la cámara interior. Agradécele que puedes contar con él para encontrarte allí. Aunque todo parezca frío, oscuro y tenso, inclínate en silencio ante el amoroso Señor Jesús, que tanto te anhela. Da gracias al Padre que te ha dado el Espíritu. Y tened la seguridad de que todo lo que aún no sabéis, y todavía debéis saber, sobre 'la carne', y 'el mundo', y la cruz, el Espíritu de Cristo, que está en vosotros, os lo hará saber. ¡Oh alma, sólo cree que esta bendición es para ti! Cristo te pertenece enteramente. Él anhela obtener la posesión total de ti. Él puede y te poseerá a través del Espíritu Santo. Pero para esto, el tiempo es necesario. Oh, dale tiempo en la cámara interior todos los días. Puedes estar seguro de que Él cumplirá su promesa en ti. 'El que tiene mis mandamientos, y los guarda, ése es el que me ama; y el que me ama, será amado por mi Padre, y yo le amaré, y me manifestaré a él' (Juan 14.21).

Persevera, además de todo lo que pides para ti, en la oración por tu congregación, tu iglesia, tu ministro; para todos los creyentes; por toda la Iglesia de Dios, para que Dios los fortalezca con poder por medio de su Espíritu, para que Cristo habite en sus corazones por la fe. ¡Bendito tiempo cuando llega la respuesta! Continuar en oración. El Espíritu revelará y glorificará a Cristo y su amor, Cristo y su cruz 'como el Cordero inmolado de pie en medio del trono'.

La cruz y la carne

Estos dos son enemigos mortales. La cruz desea condenar y dar muerte a 'la carne'. 'La carne' desea desechar y conquistar la cruz. Muchos, al oír hablar de la cruz como la preparación indispensable para la plenitud del Espíritu Santo, descubrirán qué hay en ellos que aún debe ser crucificado. Debemos entender que toda nuestra naturaleza está sentenciada a muerte y debe morir por la cruz, para que la vida nueva en Cristo pueda reinar en nosotros. Debemos obtener una comprensión tal de la condición caída de nuestra naturaleza y su enemistad contra Dios que estemos dispuestos, más aún, deseosos, de ser completamente libres de ella.

Debemos aprender a decir con Pablo: 'En mí (es decir, en mi carne) no mora el bien' (Rom. 7,18). 'La mente carnal es enemistad contra Dios, porque no se sujeta a la ley de Dios, ni tampoco puede' (Rom. 8.7). Es su esencia misma odiar a Dios y su santa ley. Esta es la maravilla de la redención, que Cristo cargó en la cruz el juicio y la maldición de Dios sobre 'la carne', y la clavó para siempre en el madero maldito. Si un hombre solo cree en la palabra de Dios acerca de esta 'mente maldita de la carne', y luego anhela ser librado de ella, aprende a amar la cruz como su libertador del poder del enemigo.

'Nuestro viejo hombre está crucificado' con Cristo, y nuestra única esperanza es recibir esto por fe y retenerlo. 'Los que son de Cristo han crucificado la carne' (Gal. 5.24). Ellos han declarado voluntariamente que diariamente considerarán 'la carne' que está en ellos como enemiga de Dios, enemiga de Cristo, enemiga de la salvación de su alma, y la tratarán como si hubiera recibido su merecida recompensa al ser clavada en el cruz.

Esta es una parte de la redención eterna que Cristo nos ha traído. No es algo que podamos captar con nuestro entendimiento o lograr con nuestra fuerza. Es algo que el mismo Señor Jesús nos dará si estamos dispuestos a permanecer en su comunión día tras día, ya recibir todo de él. Es algo que el Espíritu Santo nos enseñará, y nos lo impartirá como experiencia, y nos mostrará cómo puede dar la victoria en el poder de la cruz sobre todo lo que es de la carne.

La cruz y el mundo

Lo que es la carne en el círculo más pequeño de mi propia persona, eso es el mundo en el círculo más grande de la humanidad. 'La carne' y 'el mundo' son dos manifestaciones del mismo 'dios de este mundo que es servido por ambos. Cuando la cruz trata con 'la carne' como maldita, inmediatamente descubrimos cuál es la naturaleza y el poder del mundo. 'Ellos... me aborrecieron a mí ya mi Padre' (Juan 15.24). La prueba de esto fue que crucificaron a Cristo. Pero Cristo obtuvo la victoria en la cruz y nos liberó del poder del 'mundo'. Y ahora podemos decir: 'Pero lejos esté de mí gloriarme, sino en la cruz de nuestro Señor Jesucristo, por quien el mundo me es crucificado a mí, y yo al mundo' (Gál. 4,14).

La cruz era para Pablo cada día una realidad santa, tanto en lo que tenía que sufrir del mundo como en la victoria que la cruz le daba constantemente. Juan también escribe: 'El mundo entero está en la maldad' (1 Juan 5.19). '¿Quién es el que vence al mundo, sino el que cree que Jesús es el Hijo de Dios? Este es el que vino por agua y sangre, Jesucristo... Y el Espíritu es el que da testimonio, porque el Espíritu es la verdad' (1 Juan 5.5, 6). Contra los dos grandes poderes del dios de este mundo, Dios nos ha dado dos grandes poderes del cielo, a saber, la cruz y el Espíritu. mayor victoria con sus manos y pies clavados en la cruz.

La vida de oración - Capítulo 17
Capítulo 17 Un testimonio y un epílogo Un testimonio

En las siguientes citas de Starlight, de G. Sterrenberg, la gran verdad sobre la cruz se expresa en palabras sencillas y poderosas. Léanse especialmente los capítulos sobre 'La comunión de la cruz' y 'El Espíritu Santo y la cruz'.

Nuestra Cabeza, Cristo, ocupó el lugar más bajo en la cruz, y así nos ha señalado a Sus miembros el lugar más bajo. El resplandor de la gloria de Dios (Heb. 1,3) se convirtió en lo desechado de los hombres (Isa. 53,3). Desde entonces el único derecho que tenemos es ser los últimos y los más bajos. Cuando reclamamos algo más, todavía no hemos entendido correctamente la cruz.

Buscamos una vida superior; la encontraremos si nos sumergimos más profundamente en la comunión de la cruz con nuestro Señor. Dios le ha dado al Crucificado el lugar más alto (Ap. 5). ¿No haremos lo mismo? Hacemos esto cuando de hora en hora actuamos como los que están crucificados con él (Gál. 2:19, 20). Así honramos al Señor crucificado.

Anhelamos la victoria total. Encontramos esto a medida que entramos más plenamente en la comunión de Su cruz. El Cordero obtuvo Su Todopoderoso solo mientras permanezcamos bajo la sombra de la cruz. La cruz debe ser nuestro hogar. Sólo allí estamos cobijados. Primero entendemos nuestra propia cruz cuando hemos entendido la suya. Y deseamos acercarnos tanto a ella que no sólo la vemos sino que la tocamos, sí, más aún que tomamos la cruz, y así se convierte, como ha dicho alguien, en una cruz interior. Entonces la cruz se afirma en nosotros, y experimentamos su poder, que se manifiesta especialmente en esto, en que no desmayamos bajo ella, sino que la llevamos con alegría.

¿Qué sería de Jesús sin su cruz? Sus pies traspasados han herido la cabeza del enemigo, y Sus manos traspasadas lo han despojado por completo (Mateo 12:29). ¿Qué somos sin la cruz? No sueltes la cruz, sino mantenla firme. ¿Creemos que podemos ir por otro camino que el que Él recorrió? Muchos no pueden progresar porque no quieren tomar la cruz.

Epílogo

¡Una sola palabra al lector sobre la disposición mental a la que apela este libro! No es suficiente que uno comprenda y se apropie del pensamiento del escritor, y luego se regocije por la nueva percepción que ha obtenido y el placer que ha traído el conocimiento. Hay algo más que es de gran importancia. Debo entregarme a la verdad para estar listo, con una
voluntad indivisa, para realizar inmediatamente todo lo que aprenderé que es la voluntad de Dios.

En un libro como este, que trata sobre la vida de oración y la comunión oculta con Dios, es indispensable que estemos preparados para recibir y obedecer todo lo que vemos que es conforme a la palabra y voluntad de Dios. Donde falta esta disposición, el conocimiento sólo sirve para hacer que el corazón sea menos capaz de recibir una vida más plena. Satanás se esfuerza por dominar la cámara interior del cristiano porque sabe que si ha habido infidelidad en la oración, el testimonio traerá muy poca pérdida a su reino. El poder espiritual para guiar a los no salvos al Señor, o para edificar a los hijos de Dios, no se experimentará bajo ella. Ha faltado la oración perseverante, a través de la cual sólo viene este poder.

La gran pregunta viva ha estado ante muchos: ¿realmente nos pondremos a recuperar el arma de la oración creyente que Satanás, en cierta medida, nos ha quitado? Pongamos ante nosotros la grave importancia de este conflicto. En cuanto a cada ministro, todo depende de si es o no un hombre de oración, uno que en la cámara interior debe ser revestido cada día con el poder de lo alto. Nosotros, en común con la iglesia en todo el mundo, tenemos que quejarnos de que la oración no tiene el lugar que debería tener en nuestro servicio a Dios, según la voluntad y la promesa de Dios y según la necesidad del ministro y la congregación y iglesia.

La consagración pública que muchos creyentes han sido inducidos a hacer de sí mismos en las conferencias no es cosa fácil. E incluso cuando se da el paso, la vieja costumbre y el poder de la carne tenderán a anularlo. El poder de la fe aún no es vigoroso. Costará luchas y sacrificios vencer al diablo en el nombre de Cristo. Nuestras iglesias son el campo de batalla donde Satanás desplegará todo su poder para impedir que seamos hombres de oración, poderosos en el Señor para obtener la victoria en el cielo y en la tierra. ¡Cuánto depende de esto para nosotros, para nuestras congregaciones y para el reino!

No se sorprenda si digo que es con temor y temblor, y no sin mucha oración, que he escrito lo que confío ayudará a animar a los hermanos en el conflicto. Es con un profundo sentimiento de indignidad que me aventuro a ofrecerme como guía del aposento interior, que es el camino de la santidad y de la comunión con Dios.

No te extrañes de que le haya pedido al Señor que le dé a este libro un lugar en algunos aposentos interiores, y que pueda ayudar al lector, para que, al ver cuál es la voluntad de Dios, inmediatamente se entregue a hacerla. de eso En la guerra, todo depende de que cada soldado sea obediente a la palabra de mando, aunque le cueste la vida. En nuestra lucha con Satanás no venceremos a menos que cada uno de nosotros se mantenga listo incluso en la lectura de este sencillo libro, para decir de corazón: 'Lo que Dios dice, haré; y si veo que algo está de acuerdo con su voluntad, inmediatamente lo recibiré y actuaré en consecuencia.'

No os extrañéis que haya escrito este testimonio para recordar a los hermanos que todo depende del espíritu de entrega a la obediencia inmediata, en el que leemos todo lo dicho según la palabra de Dios. Dios conceda que, en su gran gracia, este libro sea un vínculo de compañerismo por el cual podamos pensar y ayudarnos unos a otros, y fortalecernos unos a otros para el conflicto en la oración mediante la cual el enemigo puede ser vencido y la vida de Dios puede ser salvada. sea gloriosamente revelado!

4. Con Cristo en la Escuela de Oración

Con Cristo en la Escuela de Oración - Prefacio

Si todas las promesas conectadas con el mandamiento, 'PERMANECEN EN MÍ', no hay ninguna más alta, y ninguna que traiga antes la confesión, 'No que ya lo haya alcanzado, o que ya sea perfecto,' que esto: 'Si ustedes permanecen en mí, pedid todo lo que queráis, y os será hecho.' El poder con Dios es el logro más elevado de la vida de permanencia plena.

Y de todos los rasgos de una vida COMO CRISTO, no hay ninguno más elevado y glorioso que la conformidad con Él en la obra que ahora lo compromete sin cesar en la presencia del Padre: Su intercesión que todo lo prevalece. Cuanto más permanezcamos en Él y crezcamos a Su semejanza, Su vida sacerdotal obrará poderosamente en nosotros, y nuestra vida llegará a ser lo que es la Suya, una vida que siempre suplica y prevalece a favor de los hombres.

'Nos has hecho reyes y sacerdotes para Dios.' Tanto en el rey como en el sacerdote lo principal es el poder, la influencia, la bendición. En el rey es el poder que desciende; en el sacerdote, el poder elevándose hacia arriba, prevaleciendo con Dios. En nuestro bendito Sacerdote-Rey, Jesucristo, el poder real se basa en el sacerdocio 'Él puede salvar hasta lo sumo, porque vive siempre para interceder'. En nosotros, sus sacerdotes y reyes, no es de otra manera: es en la intercesión que la Iglesia debe encontrar y ejercer su más alto poder, que cada miembro de la Iglesia debe probar su descendencia de Israel, quien como un príncipe tenía el poder con Dios y con los hombres, y venció.

Es bajo una profunda impresión de que el lugar y el poder de la oración en la vida cristiana se entiende muy poco, que este libro ha sido escrito. Estoy seguro de que mientras consideremos la oración principalmente como el medio para mantener nuestra propia vida cristiana, no sabremos completamente lo que debe ser. Pero cuando aprendamos a considerarlo como la parte más alta del trabajo que se nos ha confiado, la raíz y la fuerza de todo otro trabajo, veremos que no hay nada que necesitemos tanto estudiar y practicar como el arte de orar rectamente. Si he tenido éxito en señalar la enseñanza progresiva de nuestro Señor con respecto a la oración, y la clara referencia que las maravillosas promesas de la última noche (Juan xiv. 16) tienen a las obras que debemos hacer en Su Nombre, a las obras mayores, y para dar mucho fruto, todos admitiremos que sólo cuando la Iglesia se entrega a esta santa obra de intercesión podemos esperar que el poder de Cristo se manifieste a favor de ella. Es mi oración que Dios pueda usar este librito para hacer más claro a algunos de Sus hijos el lugar maravilloso de poder e influencia que Él espera que ellos ocupen, y que también espera un mundo cansado.

En conexión con esto hay otra verdad que me ha llegado con maravillosa claridad mientras estudiaba la enseñanza de Jesús sobre la oración. Es esto: que el Padre espera escuchar toda oración de fe, para darnos todo lo que queramos y todo lo que pidamos en el nombre de Jesús. Nos hemos acostumbrado tanto a limitar el amor maravilloso y las grandes promesas de nuestro Dios, que no podemos leer las declaraciones más simples y claras de nuestro Señor sin las cláusulas calificativas por las cuales las protegemos y las exponemos. Si hay algo que creo que la Iglesia necesita aprender, es que Dios quiere que la oración tenga una respuesta, y que no ha entrado en el corazón del hombre concebir lo que Dios hará por Su hijo que se da a sí mismo para creer que su oración será escuchada. Dios escucha la oración; esta es una verdad universalmente admitida, pero de la cual muy pocos entienden el significado, o experimentan el poder. Si lo que he escrito mueve a mi lector a ir a las palabras del Maestro, y tomar sus maravillosas promesas simple y literalmente tal como están, mi objetivo ha sido alcanzado.

Y luego sólo una cosa más. Miles han encontrado en estos últimos años una bendición indescriptible al aprender cuán completamente Cristo es nuestra vida, y cómo Él se compromete a ser y hacer en nosotros todo lo que necesitamos. No sé si ya hemos aprendido a aplicar esta verdad a nuestra vida de oración. Muchos se quejan de que no tienen el poder de orar con fe, de orar la oración eficaz que puede mucho. El mensaje que quisiera traerles es que el bendito Jesús está esperando, anhelando, enseñarles esto. Cristo es nuestra vida: en el cielo vive siempre para orar; Su vida en nosotros es una vida de oración constante, si confiamos en Él para ello. Cristo nos enseña a orar no sólo con el ejemplo, con la instrucción, con el mandato, con las promesas, sino mostrándonos a Sí Mismo, el Intercesor eterno, como nuestra Vida. Es cuando creemos esto, y vamos y permanecemos en Él para nuestra vida de oración también, que nuestros temores de no poder orar correctamente se desvanecerán, y confiaremos gozosa y triunfalmente en nuestro Señor para que nos enseñe a orar, a ser Él mismo la vida y el poder de nuestra oración. Que Dios abra nuestros ojos para ver cuál es el santo ministerio de la intercesión al que, como su sacerdocio real, hemos sido apartados. Que Él nos dé un corazón grande y fuerte para creer la poderosa influencia que nuestras oraciones pueden ejercer. Y que todo temor en cuanto a que seamos capaces de cumplir nuestra vocación se desvanezca cuando veamos a Jesús, viviendo siempre para orar, viviendo en nosotros para orar, y siendo garantía de nuestra vida de oración.

ANDREW MURRAY WELLINGTON, 28 de octubre de 1895

Con Cristo en la Escuela de Oración - Capítulo 1 - PRIMERA LECCIÓN

'Señor, enséñanos a orar;' O, El Único Maestro.
'Y aconteció que estando él orando en cierto lugar, cuando terminó, uno de sus discípulos le dijo: Señor, enséñanos a orar.'—Lucas xi. 1.
LOS discípulos habían estado con Cristo y lo habían visto orar. Habían aprendido a entender algo de la conexión entre Su vida maravillosa en público y Su vida secreta de oración. Habían aprendido a creer en Él como Maestro en el arte de la oración; nadie podía orar como Él. Y así vinieron a Él con la petición, 'Señor, enséñanos a orar.' Y años después nos habrían dicho que había pocas cosas más maravillosas o bendecidas que Él les enseñó que Sus lecciones sobre la oración.

Y ahora todavía sucede, estando Él orando en cierto lugar, que los discípulos que lo ven así ocupado sienten la necesidad de repetir la misma petición: 'Señor, enséñanos a orar.' A medida que crecemos en la vida cristiana, el pensamiento y la fe del Amado Maestro en Su infalible intercesión se vuelve cada vez más precioso, y la esperanza de ser como Cristo en Su intercesión gana un atractivo antes desconocido. Y cuando lo vemos orar, y recordamos que no hay nadie que pueda orar como Él, y nadie que pueda enseñar como Él, sentimos que la petición de los discípulos: 'Señor, enséñanos a orar', es justo lo que necesitamos. Y cuando pensamos en todo lo que Él es y tiene, en cómo Él mismo es nuestro, en cómo Él mismo es nuestra vida, nos sentimos seguros de que no tenemos más que pedir, y estará encantado de llevarnos a una comunión más íntima con Él. , y enséñanos a orar como Él ora.

¡Venid, hermanos míos! ¿No deberíamos ir al Bendito Maestro y pedirle que inscriba nuestros nombres también de nuevo en esa escuela que Él siempre mantiene abierta para aquellos que anhelan continuar sus estudios en el arte Divino de la oración y la intercesión? Sí, digamos hoy mismo al Maestro, como se decía antaño: 'Señor, enséñanos a orar'. Mientras meditamos, encontraremos que cada palabra de la petición que presentamos está llena de significado.

'Señor, enséñanos a orar.' Sí, para orar. Esto es lo que necesitamos que nos enseñen. Aunque en sus comienzos la oración es tan simple que el niño más débil puede orar, sin embargo, es al mismo tiempo la obra más alta y sagrada a la que el hombre puede elevarse. Es comunión con el Invisible y el Más Santo. Los poderes del mundo eterno han sido puestos a su disposición. Es la esencia misma de la verdadera religión, el canal de todas las bendiciones, el secreto del poder y la vida. No sólo por nosotros, sino por los demás, por la Iglesia, por el mundo, es a la oración que Dios le ha dado el derecho de apoderarse de Él y de Su fuerza. Es en la oración que las promesas esperan su cumplimiento, el reino su venida, la gloria de Dios su plena revelación. Y para esta obra bendita, qué perezosos e incapaces somos. Sólo el Espíritu de Dios puede capacitarnos para hacerlo correctamente. Con qué rapidez somos engañados para descansar en la forma, mientras falta el poder. Nuestra educación temprana, la enseñanza de la

Iglesia, la influencia de los hábitos, la excitación de las emociones, con qué facilidad conducen a la oración que no tiene poder espiritual y sirve de poco. La oración verdadera, que se apodera de la fuerza de Dios, que sirve para mucho, a la que las puertas del cielo están realmente abiertas de par en par. ¿Quién no clamaría, oh, si alguien me enseñara a orar así?

Jesús ha abierto una escuela, en la cual entrena a sus redimidos, que especialmente lo desean, para tener poder en la oración. ¡No entraremos en ella con la petición, Señor! ¡Es justo esto lo que necesitamos que nos enseñen! Oh, enséñanos a orar.

'Señor, enséñanos a orar.' Sí, nosotros, Señor. Hemos leído en Ellos Palabra con qué poder solía orar tu pueblo creyente de la antigüedad, y qué grandes prodigios se hicieron en respuesta a sus oraciones. Y si esto sucedió bajo el Antiguo Pacto, en el tiempo de preparación, cuánto más ahora, en estos días de cumplimiento, darás a Tu pueblo esta señal segura de Tu presencia en medio de ellos. Hemos escuchado las promesas dadas a Tus apóstoles sobre el poder de la oración en Tu nombre, y hemos visto cuán gloriosamente experimentaron su verdad: sabemos con certeza que ellos también pueden volverse fieles a nosotros. Escuchamos continuamente, incluso en estos días, qué gloriosas señales de Tu poder todavía les das a aquellos que confían plenamente en Ti. ¡Caballero! todos estos son hombres de pasiones similares a las nuestras; enséñanos a orar también. Las promesas son para nosotros, los poderes y dones del mundo celestial son para nosotros. Oh, enséñanos a orar para que podamos recibir abundantemente. A nosotros también nos has confiado Tu obra, también de nuestra oración depende la venida de Tu reino, también en nuestra oración Tú puedes glorificar Tu nombre; 'Señor, enséñanos a orar.' Sí, nosotros, Señor; nos ofrecemos como aprendices; ciertamente seremos enseñados por Ti.

'Señor, enséñanos a orar.'

'Señor, enséñanos a orar.' Sí, ahora sentimos la necesidad de que se nos enseñe a orar. Al principio no hay obra que parezca tan sencilla; después, ninguna que sea más difícil; y la confesión nos es forzada: No sabemos orar como conviene. Es verdad que tenemos la Palabra de Dios, con sus promesas claras y seguras; pero el pecado ha oscurecido tanto nuestra mente, que no siempre sabemos cómo aplicar la palabra. En las cosas espirituales no siempre buscamos las cosas más necesarias, ni dejamos de orar según la ley del santuario. En las cosas temporales somos aún menos capaces de valernos de la maravillosa libertad que nuestro Padre nos ha dado para pedir lo que necesitamos. E incluso cuando sabemos qué pedir, cuánto se necesita todavía para que la oración sea aceptable. Debe ser para la gloria de Dios, con total entrega a Su voluntad, con plena seguridad de fe, en el nombre de Jesús, y con una perseverancia que, si es necesario, se niega a negar. Todo esto hay que aprenderlo. Sólo se puede aprender en la escuela de mucha oración, porque la práctica hace al maestro. En medio de la dolorosa conciencia de la ignorancia y la indignidad, en la lucha entre creer y dudar, se aprende el arte celestial de la oración eficaz. Porque, aun cuando no lo recordemos, hay Uno, el Principiante y el Consumador de la fe y de la oración, que vela por nuestra oración, y cuida de que en todos los que para ella confían en Él, sea su educación en la escuela de la oración. llevado a la perfección. Dejemos que el trasfondo profundo de toda nuestra oración sea la capacidad de enseñanza que proviene de un sentido de ignorancia y de la fe en Él como un maestro perfecto, y podemos estar seguros de que seremos enseñados, aprenderemos a orar con poder. Sí, podemos estar seguros de ello, Él enseña a orar.

'Señor, enséñanos a orar.' Nadie puede enseñar como Jesús, nadie sino Jesús; por eso le invocamos: 'Señor, enséñanos a orar.' Un alumno necesita un maestro, que conozca su trabajo, que tenga el don de enseñar, que con paciencia y amor descienda a las necesidades del alumno. ¡Bendito sea Dios! Jesús es todo esto y mucho más. Él sabe lo que es la oración. Es Jesús, orando Él mismo, quien enseña a orar. Él sabe lo que es la oración. Lo aprendió en medio de las pruebas y lágrimas de su vida terrenal. En el cielo sigue siendo Su obra amada: Su vida allí es la oración. Nada lo deleita más que encontrar a aquellos a quienes puede llevar consigo a la presencia del Padre, a quienes puede revestir de poder para orar por la bendición de Dios sobre quienes los rodean, a quienes puede preparar para que sean sus colaboradores en la intercesión por la cual el reino ha de ser revelado en la tierra. Sabe enseñar. Ahora por la urgencia de la necesidad sentida, luego por la confianza que inspira la alegría. Aquí por la enseñanza de la Palabra, allá por el testimonio de otro creyente que sabe lo que es hacer oír la oración. Por Su Espíritu Santo, Él tiene acceso a nuestro corazón, y nos enseña a orar mostrándonos el pecado que impide la oración, o dándonos la seguridad de que agradamos a Dios. Enseña, no sólo dando pensamientos sobre qué pedir o cómo pedir, sino insuflándonos el mismo espíritu de oración, viviendo dentro de nosotros como el Gran Intercesor. De hecho, podemos decir con la mayor alegría: '¿Quién enseña como él?' Jesús nunca enseñó a sus discípulos cómo predicar, solo cómo orar. No habló mucho de lo que se necesitaba para predicar bien, pero mucho de orar bien. Saber hablar con Dios es más que saber hablar con el hombre. No el poder con los hombres, sino el poder con Dios es lo primero. A Jesús le encanta enseñarnos a orar.

¡Qué os parece, amados condiscípulos míos! ¿No sería justo lo que necesitamos, pedirle al Maestro por un mes que nos dé un curso de lecciones especiales sobre el arte de la oración? Mientras meditamos en las palabras que pronunció en la tierra, entreguémonos a su enseñanza con la plena confianza de que, con tal maestro, progresaremos. Tomemos tiempo no solo para meditar, sino para orar, para permanecer al pie del trono y entrenarnos para la obra de intercesión. Hagámoslo con la certeza de que, en medio de nuestros balbuceos y temores, Él está llevando a cabo Su obra de la manera más hermosa. Él soplará Su propia vida, que es toda oración, en nosotros. Al hacernos partícipes de su justicia y de su vida, lo hará de su intercesión. también. Como miembros de Su cuerpo, como sacerdocio santo, tomaremos parte en Su obra sacerdotal de rogar y prevalecer ante Dios por los hombres. Sí, digamos con la mayor alegría, por ignorantes y débiles que seamos: 'Señor, enséñanos a orar'.

'SEÑOR, ENSEÑANOS A ORAR.'

¡Bendito Señor! Quien siempre vive para orar, Tú también puedes enseñarme a orar, a mí también a vivir siempre para orar. En esto te gusta hacerme partícipe de tu gloria en el cielo, que ore sin cesar y permanezca siempre como sacerdote en la presencia de mi Dios.

¡Señor Jesus! Os pido en este día que inscribáis mi nombre entre los que confiesan no saber orar como deben, y especialmente os pido un curso de enseñanza en la oración. ¡Caballero! enséñame a permanecer contigo en la escuela, y dame tiempo para entrenarme. Que un sentido profundo de mi ignorancia, del maravilloso privilegio y poder de la oración, de la necesidad del Espíritu Santo como Espíritu de oración, me lleve a desechar mis pensamientos de lo que creo saber, y me haga arrodillarme ante Ti. en verdadera docilidad y pobreza de espíritu.

Y lléname, Señor, de la confianza de que con un maestro como Tú aprenderé a orar. En la seguridad de que tengo como maestro a Jesús, que siempre ora al Padre, y con su oración gobierna los destinos de su Iglesia y del mundo, no temeré. Tanto como necesito saber de los misterios del mundo de la oración, Tú me los revelarás. Y cuando no sepa, Tú me enseñarás a ser fuerte en la fe, dando gloria a Dios. ¡Bendito Señor! No avergonzarás a Tu erudito que confía en Ti, ni, por Tu gracia, a Ti tampoco. Amén.

Con Cristo en la Escuela de Oración - Capítulo 2 - SEGUNDA LECCIÓN

'En espíritu y en verdad.' O, Los Verdaderos Adoradores.
Viene la hora, y ahora es, en que los verdaderos adoradores adorarán al Padre en espíritu y en verdad: porque a los tales busca el Padre para que sean sus adoradores. Dios es Espíritu; y los que le adoran, es necesario que le adoren en espíritu y en verdad.'—Juan iv. 23, 24.

ESTAS palabras de Jesús a la mujer de Samaria son Su primera enseñanza registrada sobre el tema de la oración. Nos dan algunos primeros vistazos maravillosos al mundo de la oración. El Padre busca adoradores: nuestra adoración satisface Su corazón amoroso y es un gozo para Él. Él busca verdaderos adoradores, pero encuentra muchos que no son como Él los quiere. La verdadera adoración es la que es en espíritu y en verdad. El Hijo ha venido para abrir el camino a este culto en espíritu y en verdad, y enseñárnoslo.
Y así, una de nuestras primeras lecciones en la escuela de oración debe ser comprender qué es orar en espíritu y en verdad, y saber cómo podemos alcanzarlo.

A la mujer de Samaria nuestro Señor le habló de un culto triple. Primero está la adoración ignorante de los samaritanos: 'Vosotros adoráis lo que no conocéis'. El segundo, la adoración inteligente del judío, teniendo el verdadero conocimiento de Dios: 'Adoramos lo que conocemos; porque la salvación es de los judíos.' Y luego el nuevo culto espiritual que Él mismo ha venido a introducir: 'Viene la hora, y es ahora, cuando los verdaderos adoradores adorarán al Padre en espíritu y en verdad'. De la conexión es evidente que las palabras 'en espíritu y en verdad' no significan, como se piensa a menudo, con fervor, desde el corazón, con sinceridad. Los samaritanos tenían los cinco libros de Moisés y algún conocimiento de Dios; sin duda hubo más de uno entre ellos que honesta y fervientemente buscó a Dios en oración. Los judíos tenían la verdadera y completa revelación de Dios en Su palabra, tal como se ha dado hasta ahora; había entre ellos hombres piadosos, que invocaban a Dios con todo su corazón. Y, sin embargo, no 'en espíritu y en verdad', en el pleno sentido de las palabras. Jesús dice, 'La hora viene, y ahora es;' es sólo en Él ya través de Él que la adoración de Dios será en espíritu y en verdad.

Entre los cristianos todavía se encuentran las tres clases de adoradores. Algunos que en su ignorancia apenas saben lo que piden: oran fervientemente y sin embargo reciben muy poco. Hay otros que tienen un conocimiento más correcto, que tratan de orar con toda su mente y corazón, y a menudo oran con el mayor fervor, y sin embargo no alcanzan la plena bienaventuranza de la adoración en espíritu y en verdad. Es a esta tercera clase a la que debemos pedirle a nuestro Señor Jesús que nos lleve; debemos aprender de Él cómo adorar en espíritu y en verdad. Esto solo es adoración espiritual; esto nos convierte en adoradores como el Padre busca. En la oración todo dependerá de que entendamos bien y practiquemos el culto en espíritu y en verdad.

'Dios es Espíritu, y los que le adoran, en espíritu y en verdad es necesario que le adoren.' El primer pensamiento sugerido aquí por el Maestro es que debe haber armonía entre Dios y Sus adoradores; tal como Dios es, debe ser su adoración. Esto está de acuerdo con un principio que prevalece en todo el universo: buscamos la correspondencia entre un objeto y el órgano al que se revela o se entrega. El ojo tiene una aptitud interior para la luz, el oído para el sonido. El hombre que verdaderamente adoraría a Dios, encontraría, conocería, poseería y disfrutaría a Dios, debe estar en armonía con Él, debe tener la capacidad de recibirlo. Debido a que Dios es

Espíritu, debemos adorar en espíritu. Como es Dios, así es Su adorador.

¿Y eso qué quiere decir? La mujer había preguntado a nuestro Señor si Samaria o Jerusalén era el verdadero lugar de culto. Él responde que en adelante la adoración ya no se limitará a un lugar determinado: 'Mujer, créeme, la hora viene cuando ni en este monte ni en Jerusalén adoraréis al Padre.' Así como Dios es Espíritu, no limitado por el espacio o el tiempo, sino en su infinita perfección siempre y en todas partes el mismo, así su adoración ya no estaría limitada por el lugar o la forma, sino espiritual como Dios mismo es espiritual. Una lección de profunda importancia. Cuánto sufre nuestro cristianismo por esto, que está confinado a ciertos tiempos y lugares. Un hombre que busca orar fervientemente en la iglesia o en el aposento, pasa la mayor parte de la semana o del día con un espíritu completamente diferente al que tenía en la oración. Su adoración fue la obra de un lugar u hora fijos, no de todo su ser. Dios es Espíritu: Él es el Eterno e Inmutable; lo que Él es, Él es siempre y en verdad. Nuestra adoración también debe ser en espíritu y en verdad: Su adoración debe ser el espíritu de nuestra vida; nuestra vida debe ser adoración en espíritu como Dios es Espíritu.

'Dios es Espíritu; y los que le adoran, en espíritu y en verdad es necesario que adoren.' El segundo pensamiento que nos viene es que la adoración en el espíritu debe venir de Dios mismo. Dios es Espíritu: sólo Él tiene Espíritu para dar. Para esto envió a su Hijo, para prepararnos para tal adoración espiritual, dándonos el Espíritu Santo. Es de Su propia obra que Jesús habla cuando dice dos veces: 'La hora viene', y luego agrega, 'y es ahora'. Vino a bautizar con el Espíritu Santo; el Espíritu no podía fluir hasta que Él fuera glorificado (Juan i. 33, vii. 37, 38, xvi. 7). Fue cuando hubo puesto fin al pecado, y entrando en el Lugar Santísimo con su sangre, y habiendo recibido allí a favor nuestro el Espíritu Santo (Hch. 2:33), pudo enviarlo a nosotros como el Espíritu de el padre. Fue cuando Cristo nos redimió, y nosotros en Él recibimos la posición de hijos, que el Padre envió el Espíritu de Su Hijo a nuestros corazones para clamar, 'Abba, Padre.' La adoración en espíritu es la adoración del Padre en el Espíritu de Cristo, el Espíritu de Filiación.

Esta es la razón por la que Jesús usa aquí el nombre de Padre. Nunca encontramos a uno de los santos del Antiguo Testamento apropiándose personalmente del nombre de niño o llamando a Dios su Padre. El culto al Padre sólo es posible para aquellos a quienes les ha sido dado el Espíritu del Hijo. La adoración en espíritu sólo es posible para aquellos a quienes el Hijo ha revelado al Padre, y que han recibido el espíritu de Filiación. Es sólo Cristo quien abre el camino y enseña el culto en espíritu.

Y en verdad Eso no quiere decir sólo, en la sinceridad. Tampoco significa solamente, de acuerdo con la verdad de la Palabra de Dios. La expresión tiene un significado profundo y divino. Jesús es 'el unigénito del Padre, lleno de gracia y de verdad'. 'La ley fue dada por Moisés; la gracia y la verdad vinieron por Jesucristo.' Jesús dice: 'Yo soy la verdad y la vida'. En el Antiguo Testamento todo era sombra y promesa; Jesús trajo y da la realidad, la sustancia, de las cosas esperadas. En Él, las bendiciones y los poderes de la vida eterna son nuestra verdadera posesión y experiencia. Jesús está lleno de gracia y de verdad; el Espíritu Santo es el Espíritu de verdad; a través de Él la gracia que está en Jesús es nuestra en hecho y verdad, una comunicación positiva de la vida Divina. Y así la adoración en espíritu es adoración en verdad; verdadera comunión viva con Dios, verdadera correspondencia y armonía entre el Padre, que es Espíritu, y el hijo que ora en el espíritu.

Lo que Jesús le dijo a la mujer de Samaria, ella no pudo entender de inmediato. Se necesitaba Pentecostés para revelar todo su significado. Apenas estamos preparados en nuestra primera entrada en la escuela de oración para captar tal enseñanza. Lo entenderemos mejor más adelante. Comencemos solamente y tomemos la lección como Él la da. Somos carnales y no podemos traer a Dios la adoración que Él busca. Pero Jesús vino a dar el Espíritu: nos lo ha dado a nosotros. Que la disposición en que nos pongamos para orar sea la que nos han enseñado las palabras de Cristo. Que haya una profunda confesión de nuestra incapacidad para llevar a Dios la adoración que le agrada; la docilidad infantil que espera en Él para instruirnos; la fe sencilla que se entrega al soplo del Espíritu. Sobre todo, retengamos la bendita verdad —descubriremos que el Señor tiene más que decirnos al respecto— que el conocimiento de la Paternidad de Dios, la revelación de Su infinita Paternidad en nuestros corazones, la fe en el infinito el amor que nos da a su Hijo ya su Espíritu para hacernos hijos, es precisamente el secreto de la oración en espíritu y en verdad. Este es el camino nuevo y vivo que Cristo abrió para nosotros. Tener a Cristo el Hijo, y el Espíritu del Hijo, morando dentro de nosotros, y revelando al Padre, esto nos convierte en verdaderos adoradores espirituales.

'SEÑOR, ENSEÑANOS A ORAR.'

¡Bendito Señor! Adoro el amor con que enseñaste a una mujer que te había negado un vaso de agua lo que debe ser el culto a Dios. Me regocijo en la seguridad de que no instruirás menos ahora a Tu discípulo, que viene a Ti con un corazón que anhela orar en espíritu y en verdad. ¡Oh mi Santo Maestro! enséñame este bendito secreto.

Enséñame que la adoración en espíritu y en verdad no es del hombre, sino que sólo viene de Ti; que no es sólo una cosa de tiempos y estaciones, sino el fluir de una vida en Ti. Enséñame a acercarme a Dios en la oración bajo la impresión profunda de mi ignorancia y de no tener nada en mí mismo que ofrecerle, y al mismo tiempo de la provisión que Tú, mi Salvador, haces para el soplo del Espíritu en mis balbuceos de niño. Te bendigo porque en Ti soy un niño, y tengo la libertad de acceso de un niño; que en Ti tengo el espíritu de Filiación y de adoración en verdad. Enséñame, sobre todo, Hijo Bendito del Padre, cómo es la revelación del Padre que da confianza en la oración; y que la Paternidad infinita del Corazón de Dios sea mi alegría y fuerza para una vida de oración y de adoración. Amén.

Con Cristo en la Escuela de Oración - Capítulo 3
TERCERA LECCIÓN.

'Orad a vuestro Padre, que está en secreto'; O, A solas con Dios.

'Pero tú, cuando ores, entra en tu aposento, y cerrada la puerta, ora a tu Padre que está en lo secreto, y tu Padre que ve en lo secreto te recompensará'—Mat. vi. 6.

DESPUÉS de que Jesús llamó a sus primeros discípulos, les dio su primera enseñanza pública en el Sermón del Monte. Allí les explicó el reino de Dios, sus leyes y su vida. En ese reino Dios no sólo es Rey, sino Padre, no sólo da todo, sino que Él mismo es todo. Sólo en el conocimiento y la comunión de Él está su bienaventuranza. Por lo tanto, se dio por sentado que la revelación de la oración y la vida de oración eran parte de Su enseñanza acerca del Nuevo Reino que Él vino a establecer. Moisés no dio ni mandato ni regulación con respecto a la oración: incluso los profetas dicen poco directamente sobre el deber de la oración; es Cristo quien enseña a orar.

Y lo primero que el Señor enseña a sus discípulos es que deben tener un lugar secreto para la oración; cada uno debe tener algún lugar solitario donde pueda estar a solas con su Dios. Todo maestro debe tener un salón de clases. Hemos aprendido a conocer y aceptar a Jesús como nuestro único maestro en la escuela de oración. Él ya nos enseñó en Samaria que la adoración ya no está confinada a tiempos y lugares; que el culto, verdadero culto espiritual, es cosa del espíritu y de la vida; todo el hombre debe ser en toda su vida adoración en espíritu y en verdad. Y, sin embargo, quiere que cada uno escoja por sí mismo el lugar fijo donde pueda encontrarse con él diariamente. Esa cámara interior, ese lugar solitario, es el aula de la escuela de Jesús. Ese lugar puede estar en cualquier parte; ese lugar puede cambiar de día en día si tenemos que cambiar de morada; pero ese lugar secreto debe existir, con el tiempo de quietud en que el discípulo se pone en presencia del Maestro, para ser por Él preparado para adorar al Padre. Sólo allí, pero allí con toda seguridad, Jesús viene a nosotros para enseñarnos a orar.

Un maestro siempre está ansioso de que su salón de clases sea brillante y atractivo, lleno de la luz y el aire del cielo, un lugar donde los alumnos anhelan venir y aman quedarse. En Sus primeras palabras sobre la oración en el Sermón de la Montaña, Jesús busca poner la cámara interior ante nosotros en su luz más atractiva. Si escuchamos atentamente, pronto notamos qué es lo principal que Él tiene que decirnos acerca de nuestra demora allí. Tres veces usa el nombre de Padre: 'Ora a tu Padre'; 'Tu Padre te recompensará;' 'Vuestro Padre sabe de qué cosas tenéis necesidad.' Lo primero en la oración de clausura es: Debo encontrarme con mi Padre. La luz que brilla en el aposento debe ser: la luz del rostro del Padre. El aire fresco del cielo con el que Jesús quiere que se llene, la atmósfera en la que debo respirar y orar, es: el amor del Padre de Dios, la paternidad infinita de Dios. Así, cada pensamiento o petición que exhalemos será una confianza sencilla, sincera, infantil, en el Padre. Así nos enseña a orar el Maestro: nos lleva a la presencia viva del Padre. Lo que rezamos allí debe valer. Escuchemos atentamente para escuchar lo que el Señor tiene que decirnos.

Primero, 'Orad a vuestro Padre que está en lo secreto'. Dios es un Dios que se esconde al ojo carnal. Mientras que en nuestra adoración a Dios estemos principalmente ocupados con nuestros propios pensamientos y ejercicios, no nos encontraremos con Aquel que es un Espíritu, el Invisible. Pero al hombre que se aparta de todo lo que es del mundo y del hombre, y se dispone a esperar sólo en Dios, el Padre se le revelará. A medida que abandone y abandone y se aparte del mundo y de la vida del mundo, y se entregue para ser conducido por Cristo al secreto de la presencia de Dios, la luz del amor del Padre se levantará sobre él. El secreto de la cámara interior y la puerta cerrada, la separación total de todo lo que nos rodea, es una imagen y, por lo tanto, una ayuda para ese santuario espiritual interior, el secreto del tabernáculo de Dios, detrás del velo, donde nuestro espíritu verdaderamente entra en contacto con el Invisible. Y así se nos enseña, desde el mismo comienzo de nuestra búsqueda del secreto de la oración eficaz, a recordar que es en la cámara interior, donde estamos a solas con el Padre, donde aprenderemos a orar correctamente. El Padre está en lo secreto: con estas palabras Jesús nos enseña dónde nos espera, dónde siempre se le encuentra. Los cristianos a menudo se quejan de que la oración privada no es lo que debería ser. Se sienten débiles y pecadores, el corazón es frío y oscuro; es como si tuvieran muy poco para orar, y en ese poco no hay fe ni gozo. Están desalentados y alejados de la oración por el pensamiento de que no pueden venir al Padre como deben o como desean. ¡Hijo de Dios! escucha a tu profesor. Él te dice que cuando vas a la oración privada tu primer pensamiento debe ser: El Padre está en lo secreto, el Padre allí me espera. Solo porque tu corazón está frío y sin oración, llévate a la presencia del Padre amoroso. Como un padre se compadece de sus hijos, así el Señor se compadece de vosotros. No estéis pensando en lo poco que tenéis para traer a Dios, sino en lo mucho que Él os quiere dar. Simplemente colóquese frente a Su rostro y mire hacia arriba; piensa en Su amor, Su maravilloso, tierno y compasivo amor. Sólo dile cuán pecaminoso y frío y oscuro es todo: es el corazón amoroso del Padre quien dará luz y calor al tuyo. O haz lo que dice Jesús: Sólo cierra la puerta, y ora a tu Padre que está en secreto. ¿No es maravilloso? poder ir a solas con Dios, el Dios infinito. Y luego mirar hacia arriba y decir: ¡Padre mío!

'Y tu Padre, que ve en lo secreto, te recompensará.' Aquí Jesús nos asegura que la oración secreta no puede ser estéril: su bendición se manifestará en nuestra vida. Sólo tenemos que en secreto, a solas con Dios, confiarle nuestra vida ante los hombres; Él nos recompensará abiertamente; Él se encargará de que la respuesta a la oración se manifieste en Su bendición sobre nosotros. Nuestro Señor nos enseñaría así que así como la Paternidad y la Fidelidad infinitas son aquello con lo que Dios se encuentra con nosotros en lo secreto, así de nuestra parte debe haber la sencillez infantil de la fe, la confianza de que nuestra oración sí trae una bendición. 'El que viene a Dios debe creer que El es galardonador de los que lo buscan.' No del sentimiento fuerte o ferviente con que rezo depende la bendición del aposento, sino del amor y del poder del Padre a quien allí confío mis necesidades. Y por eso el Maestro tiene un solo deseo: Acuérdate que tu Padre está, y ve y oye en lo secreto; ve allí y quédate allí, y ve de allí otra vez en la confianza: Él recompensará. Confía en Él por eso; depended de Él: la oración al Padre no puede ser vana; Él te recompensará abiertamente.

Aún más para confirmar esta fe en el amor paternal de Dios, Cristo dice una tercera palabra: 'Vuestro Padre sabe de qué cosas tenéis necesidad antes que vosotros le pidáis'. A primera vista podría parecer como si este pensamiento hiciera menos necesaria la oración: Dios sabe mucho mejor que nosotros lo que necesitamos. Pero a medida que obtengamos una comprensión más profunda de lo que realmente es la oración, esta verdad ayudará mucho a fortalecer nuestra fe. Nos enseñará que no necesitamos, como los paganos, con la multitud y urgencia de nuestras palabras, obligar a un Dios que no está dispuesto a escucharnos. Conducirá a una santa reflexión y silencio en la oración al sugerir la pregunta: ¿Mi Padre realmente sabe que necesito esto? Una vez que hayamos sido guiados por el Espíritu a la certeza de que nuestra petición es algo que, según la Palabra, sí necesitamos para la gloria de Dios, nos dará una maravillosa confianza para decir: Mi Padre sabe que lo necesito y debo hacerlo. tenerlo. Y si hay alguna demora en la respuesta, nos enseñará en tranquila perseverancia a aguantar: ¡PADRE! SABES QUE LO NECESITO. Oh bendita libertad y sencillez de niño que Cristo nuestro Maestro quisiera cultivar en nosotros, a medida que nos acercamos a Dios: miremos hacia el Padre hasta que su Espíritu lo obre en nosotros. A veces en nuestras oraciones, cuando estemos en peligro de estar tan ocupados con nuestras fervientes y urgentes peticiones, como para olvidar que el Padre sabe y escucha, permanezcamos quietos y digamos en voz baja: Mi Padre ve, mi Padre escucha, mi Padre sabe; ayudará a nuestra fe a tomar la respuesta y decir: Sabemos que tenemos las peticiones que le hemos hecho.

Y ahora, todos ustedes que han entrado de nuevo en la escuela de Cristo para que se les enseñe a orar, tomen estas lecciones, practíquenlas y confíen en Él para perfeccionarlos en ellas. Morad mucho en la cámara interior, con la puerta cerrada, encerrada de los hombres, encerrada con Dios; es allí que el Padre os espera, es allí que Jesús os enseñará a orar. Estar a solas en secreto con EL PADRE: este sea vuestro mayor gozo. Tener la certeza de que EL PADRE premiará abiertamente la oración secreta, para que no quede sin bendición: esta sea vuestra fortaleza día a día. Y saber que EL PADRE sabe que necesitan lo que piden; esta sea vuestra libertad para satisfacer toda necesidad, con la certeza de que vuestro Dios os la suplirá conforme a sus riquezas en gloria en Cristo Jesús.

'SEÑOR, ENSEÑANOS A ORAR.'

¡Bendito Salvador! con todo mi corazón te bendigo por la designación de la cámara interior, como la escuela donde te encuentras a solas con cada uno de tus alumnos, y les revelas al Padre. ¡Oh mi señor! fortalece mi fe en el tierno amor y la bondad del Padre, que cada vez que me sienta pecador o atribulado, el primer pensamiento instintivo pueda ser ir a donde sé que el Padre me espera, y donde la oración nunca puede quedar sin bendición. Que el pensamiento de que Él conoce mi necesidad antes de que yo pida, me lleve, con gran tranquilidad de fe, a confiar en que Él dará lo que Su hijo requiere. Oh, deja que el lugar de la oración secreta se convierta para mí en el lugar más amado de la tierra.

¡Y, Señor! escúchame mientras oro para que Tú bendigas en todas partes los aposentos de Tu pueblo creyente. Deja que tu maravillosa revelación de la ternura de un Padre libere a todos los jóvenes cristianos de todo pensamiento de la oración secreta como un deber o una carga, y los lleve a considerarla como el mayor privilegio de su vida, un gozo y una bendición. Haz volver a todos los que están desanimados, porque no pueden encontrar de qué traerte en oración. Oh, dales a entender que solo tienen que venir con su vacío a Aquel que tiene todo para dar, y se deleita en hacerlo. No, lo que tienen que traer al Padre, sino lo que el Padre espera para darles, sea su único pensamiento.

Y bendice especialmente la cámara interior de todos Tus siervos que están trabajando para Ti, como el lugar donde se les revela la verdad de Dios y la gracia de Dios, donde son ungidos diariamente con aceite fresco, donde se renuevan sus fuerzas y se reciben las bendiciones. en la fe, con la cual han de bendecir a sus semejantes. Señor, acércanos a todos en el armario más cerca de ti y del Padre. Amén.

Con Cristo en la Escuela de Oración - Capítulo 4
CUARTA LECCIÓN

'De esta manera orad;' O, La Oración Modelo.
'Vosotros, pues, oraréis así: Padre nuestro que estás en los cielos.'—Mat. vi. 9.

TODO maestro conoce el poder del ejemplo. No sólo le dice al niño qué hacer y cómo hacerlo, sino que le muestra cómo se puede hacer realmente. En condescendencia a nuestra debilidad, nuestro Maestro celestial nos ha dado las mismas palabras que debemos llevar con nosotros a medida que nos acercamos a nuestro Padre. Tenemos en ellos una forma de oración en la que se respira el frescor y la plenitud de la Vida Eterna. Tan simple que el niño puede cecear, tan divinamente rico que comprende todo lo que Dios puede dar.

Una forma de oración que se convierte en modelo e inspiración para todas las demás oraciones y, sin embargo, siempre nos atrae hacia sí misma como la expresión más profunda de nuestras almas ante nuestro Dios.

'¡Padre nuestro que estás en los cielos!' Para apreciar correctamente esta palabra de adoración, debo recordar que ninguno de los santos en las Escrituras se ha atrevido jamás a dirigirse a Dios como su Padre. La invocación nos sitúa inmediatamente en el centro de la maravillosa revelación que el Hijo vino a hacer de su Padre como Padre también nuestro. Comprende el misterio de la redención: Cristo librándonos de la maldición para que podamos convertirnos en hijos de Dios. El misterio de la regeneración: el Espíritu en el nuevo nacimiento dándonos la nueva vida. Y el misterio de la fe: antes de que la redención se lleve a cabo o se entienda, la palabra se da en los labios de los discípulos para prepararlos para la bendita experiencia que aún está por venir. Las palabras son la clave de toda la oración, de toda oración. Se necesita tiempo, se necesita vida para estudiarlos; tomará una eternidad entenderlos completamente. El conocimiento del amor del Padre de Dios es la primera y más simple, pero también la última y más alta lección en la escuela de oración. Es en la relación personal con el Dios viviente, y en la comunión personal consciente de amor con Él mismo, que comienza la oración. Es en el conocimiento de la Paternidad de Dios, revelado por el Espíritu Santo, donde se encontrará el poder de la oración para arraigar y crecer. En la infinita ternura y piedad y paciencia del Padre infinito, en su amorosa disponibilidad para escuchar y ayudar, la vida de oración tiene su alegría. O tomemos tiempo, hasta que el Espíritu nos haya hecho estas palabras espíritu y verdad, llenando el corazón y la vida: 'Padre nuestro que estás en los cielos'. Entonces estamos verdaderamente detrás del velo, en el lugar secreto de poder donde la oración siempre prevalece.

'Santificado sea tu nombre.' Hay algo aquí que nos llama la atención de inmediato. Mientras que normalmente primero llevamos nuestras propias necesidades a Dios en oración, y luego pensamos en lo que pertenece a Dios y Sus intereses, el Maestro invierte el orden. Primero, Tu nombre, Tu reino, Tu voluntad; entonces, danos, perdónanos, guíanos, líbranos. La lección es más importante de lo que pensamos. En la verdadera adoración el Padre debe ser primero, debe ser todo. Cuanto antes aprenda a olvidarme de mí mismo en el deseo de que ÉL sea glorificado, más rica será la bendición que me traerá la oración. Nadie pierde jamás por lo que sacrifica por el Padre.

Esto debe influir en toda nuestra oración. Hay dos clases de oración: personal e intercesora. Este último ocupa ordinariamente la menor parte de nuestro tiempo y energía. Esto puede no ser. Cristo ha abierto la escuela de oración especialmente para entrenar intercesores para la gran obra de hacer descender, por medio de su fe y oración, las bendiciones de Su obra y amor sobre el mundo que los rodea. No puede haber un crecimiento profundo en la oración a menos que este sea nuestro objetivo. El niño pequeño puede pedir al padre sólo lo que necesita para sí mismo; y, sin embargo, pronto aprende a decir: Da algo para la hermana también. Pero el hijo adulto, que sólo vive para el interés del padre y se hace cargo de los negocios del padre, pide más y obtiene todo lo que se le pide. Y Jesús nos instruirá en la vida bendita de consagración y servicio, en la que todos nuestros intereses están subordinados al Nombre, al Reino ya la Voluntad del Padre. ¡Oh, vivamos para esto, y permitamos, en cada acto de adoración, al Padre Nuestro! allí sigue en el mismo aliento Tu Nombre, Tu Reino, Tu Voluntad; por esto miramos hacia arriba y anhelamos.

'Santificado sea tu nombre.' ¿Qué nombre? Este nuevo nombre de Padre. La palabra Santo es la palabra central del Antiguo Testamento; el nombre Padre de lo Nuevo. En este nombre del Amor se revela ahora toda la santidad y la gloria de Dios. ¿Y cómo ha de ser santificado el nombre? Por Dios mismo: 'Santificaré mi gran nombre que habéis profanado.' Nuestra oración debe ser que en nosotros, en todos los hijos de Dios, en presencia del mundo, Dios mismo revele la santidad, el poder divino, la gloria escondida del nombre de Padre. El Espíritu del Padre es el Espíritu Santo: sólo cuando nos entregamos a Él para ser guiados, el nombre será santificado en nuestras oraciones y en nuestras vidas. Aprendamos la oración: 'Padre nuestro, santificado sea tu nombre'.

'Venga tu reino.' El Padre es Rey y tiene un reino. El hijo y heredero de un rey no tiene mayor ambición que la gloria del reino de su padre. En tiempo de guerra o peligro esto se convierte en su pasión; no puede pensar en otra cosa. Los hijos del Padre están aquí en territorio enemigo, donde el reino, que está en los cielos, aún no se ha manifestado plenamente. Qué más natural que eso, cuando aprenden a santificar el nombre del Padre, deben anhelar y clamar con profundo entusiasmo: 'Venga tu reino'. La venida del reino es el gran acontecimiento del que depende la revelación de la gloria del Padre, la bienaventuranza de sus hijos, la salvación del mundo. En nuestras oraciones también espera la venida del reino. ¿No nos uniremos al profundo grito de anhelo de los redimidos: 'Venga tu reino'? Aprendámoslo en la escuela de Jesús.

'Hágase tu voluntad, como en el cielo, así en la tierra.' Esta petición se aplica con demasiada frecuencia únicamente al sufrimiento de la voluntad de Dios. En el cielo se hace la voluntad de Dios, y el Maestro enseña al niño a pedir que se haga en la tierra como en el cielo: con espíritu de sumisión adoradora y de pronta obediencia. Porque la voluntad de Dios es la gloria del cielo, el hacerla es la bienaventuranza del cielo. A medida que se hace la voluntad, el reino de los cielos entra en el corazón. Y donde la fe ha aceptado el amor del Padre, la obediencia acepta la voluntad del Padre. La entrega y la oración por una vida de obediencia celestial es el espíritu de la oración infantil.

'Danos hoy nuestro pan de cada día.' Cuando el hijo se ha entregado primero al Padre en el cuidado de su Nombre, de su Reino y de su Voluntad, tiene plena libertad para pedir el pan de cada día. Un amo cuida la comida de su sirviente, un general de sus soldados, un padre de su hijo. ¿Y el Padre que está en los cielos no cuidará del hijo que en oración se ha entregado a sí mismo a sus intereses? En verdad podemos decir con plena confianza: Padre, vivo para tu honor y tu obra; Sé que te preocupas por mí. La consagración a Dios ya su voluntad da maravillosa libertad en la oración por las cosas temporales: toda la vida terrena está entregada al cuidado amoroso del Padre.

'Y perdónanos nuestras deudas, como también nosotros hemos perdonado a nuestros deudores.' Así como el pan es la primera necesidad del cuerpo, así también el perdón para el alma. Y la provisión para uno es tan segura como para el otro. Somos niños pero también pecadores; nuestro derecho de acceso a la presencia del Padre se lo debemos a la sangre preciosa y al perdón que ella nos ha ganado. Cuidémonos de que la oración de perdón se convierta en una formalidad: sólo se perdona realmente lo que realmente se confiesa. Aceptemos con fe el perdón prometido: como realidad espiritual, transacción actual entre Dios y nosotros, es la entrada en todo el amor del Padre y en todos los privilegios de los hijos. Tal perdón, como una experiencia viva, es imposible sin un espíritu perdonador hacia los demás: como perdonado expresa la relación del hijo de Dios hacia el cielo, así perdonando hacia la tierra. En cada oración al Padre debo poder decir que no conozco a nadie a quien no ame de corazón.

'Y no nos dejes caer en la tentación, mas líbranos del maligno.' Nuestro pan de cada día, el perdón de nuestros pecados, y luego el ser guardados de todo pecado y del poder del maligno, en estas tres peticiones está comprendida toda nuestra necesidad personal. La oración por el pan y el perdón debe ir acompañada de la entrega de vivir en todas las cosas en santa obediencia a la voluntad del Padre, y la oración de fe en que todo sea guardado por el poder del Espíritu que mora en nosotros del poder del maligno.

¡Hijos de Dios! es así como Jesús quiere que oremos al Padre en el cielo. Oh, permite que Su Nombre, Reino y Voluntad tengan el primer lugar en nuestro amor; Su amor

proveedor, perdonador y protector será nuestra porción segura. Así la oración nos conducirá a la verdadera vida del niño: el Padre todo para el niño, el Padre todo para el niño. Comprenderemos cómo el Padre y el hijo, el Tuyo y el Nuestro, son todos uno, y cómo el corazón que comienza su oración con el PENSAMIENTO devoto de Dios, tendrá el poder en la fe para pronunciar el NUESTRO también. Tal oración será, de hecho, la comunión y el intercambio de amor, llevándonos siempre de vuelta a la confianza y adoración a Aquel que no es sólo el Principio sino el Fin: 'PORQUE TUYO ES EL REINO, Y EL PODER, Y LA GLORIA, PORQUE SIEMPRE, AMEN.' Hijo del Padre, enséñanos a orar, 'PADRE NUESTRO'.
'SEÑOR, ENSEÑANOS A ORAR.'

Oh Tú que eres el Hijo unigénito, enséñanos, te suplicamos, a orar, 'PADRE NUESTRO'. Te damos gracias, Señor, por estas Benditas Palabras Vivientes que nos has dado. Te damos gracias por los millones que en ellos han aprendido a conocer y adorar al Padre, y por lo que han sido para nosotros. ¡Caballero! es como si necesitáramos días y semanas en Tu escuela con cada petición por separado; tan profundas y llenas son. Pero te buscamos para que nos lleves más profundamente en su significado: hazlo, te lo rogamos, por Tu Nombre; Tu nombre es Hijo del Padre.

¡Caballero! Tú dijiste una vez: 'Nadie conoce al Padre sino el Hijo, y aquel a quien el Hijo se lo quiera revelar'. Y otra vez: 'Les he dado a conocer tu nombre, y lo daré a conocer, para que el amor con que me has amado esté en ellos.' ¡Señor Jesús! revelarnos al Padre. Que Su nombre, Su infinito Padre-amor, el amor con que Te amó, según Tu oración, SEA EN NOSOTROS. Entonces diremos correctamente, '¡PADRE NUESTRO!' Entonces comprenderemos Tu enseñanza, y el primer soplo espontáneo de nuestro corazón será: 'Padre nuestro, Tu Nombre, Tu Reino, Tu Voluntad'. Y llevaremos nuestras necesidades y nuestros pecados y nuestras tentaciones a Él con la confianza de que el amor de tal Padre cuida de todos.

¡Bendito Señor! somos Tus eruditos, confiamos en Ti; enséñanos a orar, 'PADRE NUESTRO'. Amén.

Con Cristo en la Escuela de Oración - Capítulo 5
QUINTA LECCIÓN

'Pedid, y se os dará; O, La certeza de la respuesta a la oración.
'Pedid, y se os dará; Busca y encontrarás; llamad, y se os abrirá; porque todo el que pide, recibe, y el que busca, halla; y al que llama, se le abrirá,'—Mat. vii. 7, 8.
'Pedís, y no recibís, porque pedís mal.'—Sant. IV. 3.

NUESTRO Señor vuelve aquí en el Sermón de la Montaña por segunda vez para hablar de la oración. La primera vez había hablado del Padre que se encuentra en lo secreto y recompensa en público, y nos había dado la oración modelo (Mat. vi. 5-15). Aquí Él quiere enseñarnos lo que en toda la Escritura se considera lo más importante en la oración: la seguridad de que la oración será escuchada y contestada. Observa cómo usa palabras que significan casi lo mismo, y cada vez repite la promesa para que
claramente: 'Recibiréis, hallaréis, se os abrirá'; y luego da como base para tal seguridad la ley del reino: 'El que pide, recibe; el que busca, encuentra; al que llama, se le abre.' No podemos dejar de sentir cómo en esta repetición séxtuple Él quiere grabar profundamente en nuestras mentes esta única verdad, que podemos y debemos esperar con la mayor confianza una respuesta a nuestra oración. Junto a la revelación del amor del Padre, no hay, en todo el curso de la escuela de oración, una lección más importante que esta: Todo el que pide, recibe.

En las tres palabras que usa el Señor, pedir, buscar, llamar, se ha buscado una diferencia de significado. Si tal era Su propósito, entonces el primero, PEDIR, se refiere a los dones por los que oramos. Pero puedo pedir y recibir el regalo sin el Dador. BUSCAR es la palabra que la Escritura usa para referirse a Dios mismo; Cristo me asegura que puedo encontrarme a Sí mismo. Pero no basta encontrar a Dios en el momento de la necesidad, sin llegar a una comunión permanente: LLAMANDO habla de admisión a morar con Él y en Él. Pedir y recibir el don llevaría, pues, a buscar y encontrar al Dador, y esto de nuevo a tocar y abrir la puerta de la casa y del amor del Padre. Una cosa es segura: el Señor sí quiere que contemos con toda seguridad en que pedir, buscar, llamar, no puede ser en vano: recibir respuesta, encontrar a Dios, el corazón abierto y la casa de Dios, son el fruto cierto de la oración.

Que el Señor haya considerado necesario en tantas formas repetir la verdad, es una lección de profunda importancia. Prueba que Él conoce nuestro corazón, cómo la duda y la desconfianza hacia Dios son naturales en nosotros, y cuán fácilmente nos inclinamos a descansar en la oración como una obra religiosa sin respuesta. Él sabe también cómo, aun cuando creemos que Dios es el Oidor de la oración, creer en la oración que se aferra a la promesa es algo espiritual, demasiado elevado y difícil para el discípulo a medias. Él, por lo tanto, desde el mismo comienzo de Su instrucción a aquellos que quieren aprender a orar, busca inculcar esta verdad en lo profundo de sus corazones: la oración vale mucho; Pide y recibirás; todo el que pide, recibe. Esta es la ley eterna fija del reino: si pides y no recibes, debe ser porque hay algo mal o que falta en la oración. Esperar; deja que la Palabra y el Espíritu te enseñen a orar correctamente, pero no dejes ir la confianza que Él busca despertar: Todo el que pide, recibe.

'Pedid, y se os dará'. Cristo no tiene estímulo más poderoso para perseverar en la oración en su escuela que éste. Como un niño tiene que demostrar que una suma es correcta, la prueba de que hemos orado correctamente es la respuesta. Si pedimos y no recibimos, es porque no hemos aprendido a orar correctamente. Que cada estudiante en la escuela de Cristo, por lo tanto, tome la palabra del Maestro con toda sencillez: Todo el que pide, recibe. Tenía buenas razones para hablar tan incondicionalmente. Guardémonos de debilitar la Palabra con nuestra sabiduría humana. Cuando Él nos diga cosas celestiales, creamos en Él: Su Palabra se explicará por sí misma al que la cree plenamente. Si surgen preguntas y dificultades, no busquemos resolverlas antes de aceptar la Palabra. No; encomendémoslas todas a Él: Suya es resolverlas: nuestra obra es primero y plenamente aceptar y retener Su promesa. Que en nuestro aposento interior, también en el aposento interior de nuestro corazón, se inscriba con letras de luz la Palabra: Todo el que pide, recibe.

Según esta enseñanza del Maestro, la oración consta de dos partes, tiene dos lados, uno humano y otro Divino. Lo humano es pedir, lo Divino es dar. O, para mirar a ambos desde el lado humano, está el pedir y el recibir, las dos mitades que forman un todo. Es como si nos dijera que no debemos quedarnos sin respuesta, porque es la voluntad de Dios, la regla en la familia del Padre: toda petición infantil creyente es concedida. Si no llega ninguna respuesta, no debemos sentarnos en la pereza que se llama a sí misma resignación, y suponer que no es la voluntad de Dios dar una respuesta. No; debe haber algo en la oración que no sea como Dios la quiere, infantil y creyente; debemos buscar la gracia de orar para que llegue la respuesta. Es mucho más fácil para la carne someterse sin la respuesta que dejarse escudriñar y purificar por el Espíritu, hasta que haya aprendido a hacer la oración de fe.

Es una de las marcas terribles del estado enfermizo de la vida cristiana en estos días, que hay tantos que descansan contentos sin la experiencia clara de la respuesta a la oración. Oran diariamente, piden muchas cosas y confían en que algunas de ellas serán escuchadas, pero saben poco de la respuesta directa y definitiva a la oración como regla de la vida diaria. Y esto es lo que quiere el Padre: busca el trato diario con sus hijos escuchando y concediendo sus peticiones. quiere que yo venga a Él día a día con distintas peticiones; Él quiere día a día hacer por mí lo que le pido. Fue en Su respuesta a la oración que los santos de la antigüedad aprendieron a conocer a Dios como el Viviente, y fueron movidos a alabar y amar (Sal. 34, lxvi, 19, cxvi, 1). Nuestro Maestro espera para imprimir esto en nuestra mente: la oración y su respuesta, el niño que pide y el padre que da, se pertenecen el uno al otro.

Puede haber casos en los que la respuesta sea una negativa, porque la petición no es conforme a la Palabra de Dios, como cuando Moisés pidió entrar en Canaán. Pero aun así, había una respuesta: Dios no dejó a Su siervo en la incertidumbre en cuanto a Su voluntad. Los dioses de los paganos son mudos y no pueden hablar. Nuestro Padre le hace saber a Su hijo cuando no puede darle lo que pide, y retira su petición, así como lo hizo el Hijo en Getsemaní. Tanto Moisés el siervo como Cristo el Hijo sabían que lo que pedían no era conforme a lo que el Señor había dicho: su oración era la humilde súplica de si no era posible cambiar la decisión. Dios enseñará a aquellos que son dóciles y le dará tiempo, por Su Palabra y Espíritu, ya sea que su pedido esté de acuerdo con Su voluntad o no. Retiremos la petición, si no está de acuerdo con la mente de Dios, o perseveremos hasta que llegue la respuesta. La oración está designada para obtener la respuesta. Es en la oración y en su respuesta que se produce el intercambio de amor entre el Padre y su hijo.

Cuán profundo debe ser el alejamiento de nuestro corazón de Dios, que nos resulta tan difícil comprender tales promesas. Incluso mientras aceptamos las palabras y creemos en su verdad, la fe del corazón, que las tiene plenamente y se regocija en ellas, llega muy lentamente. Es porque nuestra vida espiritual todavía es muy débil, y la capacidad para tomar los pensamientos de Dios es muy débil. Pero miremos a Jesús para que nos enseñe como nadie más que Él puede enseñar. Si tomamos Sus palabras con sencillez, y confiamos en Él por medio de Su Espíritu para que las convierta en vida y poder dentro de nosotros, entrarán de tal manera en nuestro ser interior, que la realidad Divina espiritual de la verdad que contienen ciertamente tomará posesión de nosotros, y no estaremos contentos hasta que cada petición que ofrecemos llegue al cielo con las propias palabras de Jesús: 'Pedid, y se os dará'.

¡Amados condiscípulos en la escuela de Jesús! pongámonos a aprender bien esta lección. Tomemos estas palabras tal como fueron pronunciadas. No permitamos que la razón humana debilite su fuerza. Aceptémoslos como Jesús los da, y creámoslos. Él nos enseñará a su debido tiempo cómo comprenderlos plenamente: comencemos por creerlos implícitamente. Tomemos tiempo, cada vez que oramos, para escuchar Su voz: Todo el que pide, recibe. No hagamos de las débiles experiencias de nuestra incredulidad la medida de lo que nuestra fe puede esperar. Procuremos, no sólo en nuestros momentos de oración, sino en todo momento, aferrarnos a la gozosa seguridad: la oración del hombre en la tierra y la respuesta de Dios en el cielo están destinadas la una a la otra. Confiemos en Jesús para que nos enseñe a orar para que llegue la respuesta. Él lo hará, si retenemos la palabra que Él da hoy: 'Pedid, y se os dará'.

'SEÑOR, ENSEÑANOS A ORAR.'

¡Oh Señor Jesús! enséñame a entender y creer lo que ahora me has prometido. No te está oculto, oh mi Señor, con qué razonamientos mi corazón busca satisfacerse, cuando no llega ninguna respuesta. Está el pensamiento de que mi oración no está en armonía con el consejo secreto del Padre; que quizás hay algo mejor que me darías; o que la oración como comunión con Dios es bendición suficiente sin una respuesta. Y sin embargo, mi bendito Señor, encuentro en Tus enseñanzas sobre la oración que Tú no hablaste de estas cosas, sino que las dijiste tan claramente, que la oración puede y debe esperar una respuesta. Tú nos aseguras que ésta es la comunión de un hijo con el Padre: el hijo pide y el Padre da.

¡Bendito Señor! Tus palabras son fieles y verdaderas. Debe ser, porque oro mal, que mi experiencia de oración contestada no es más clara. Debe ser, porque vivo demasiado poco en el Espíritu, que mi oración es demasiado pequeña en el Espíritu, y que falta el poder para la oración de fe.

¡Caballero! enséñame a orar. ¡Señor Jesus! Confío en Ti para ello; enséñame a orar con fe. ¡Caballero! enséñame esta lección de hoy: Todo el que pide, recibe. Amén.

Con Cristo en la Escuela de Oración - Capítulo 6
LECCIÓN SEXTA.
'¿Cuánto más?' O, La Paternidad Infinita de Dios.

'¿O qué hombre hay de vosotros, que si su hijo le pide un pan, le dará una piedra; ¿O si le pide un pescado, le dará una serpiente? Pues si vosotros, siendo malos, sabéis dar buenas dádivas a vuestros hijos, ¿cuánto más vuestro Padre que está en los cielos dará buenas cosas a los que se las pidan?
¿Él?'—Mat. vii. 9-11

EN estas palabras nuestro Señor continúa confirmando lo que había dicho acerca de la certeza de una respuesta a la oración. Para despejar toda duda y mostrarnos sobre qué terreno seguro descansa Su promesa, Él apela a lo que todos han visto y experimentado aquí en la tierra. Todos somos niños y sabemos lo que esperábamos de nuestros padres. Somos padres, o los vemos continuamente; y en todas partes lo consideramos como lo más natural que puede haber, que un padre escuche a su hijo. Y el Señor nos pide que miremos hacia arriba de los padres terrenales, de los cuales los mejores son malos, y que calculemos CUÁNTO MÁS el Padre celestial dará buenas dádivas a los que se lo pidan. Jesús quiere llevarnos a ver que tanto más grande que Dios es que el hombre pecador, tanto mayor debe ser nuestra seguridad de que Él, más seguramente que cualquier padre terrenal, concederá nuestras peticiones infantiles. Cuanto más grande es Dios que el hombre, tanto más seguro es que la oración será escuchada con el Padre en el cielo que con un padre en la tierra.

Tan simple e inteligible como es esta parábola, tan profunda y espiritual es la enseñanza que contiene. El Señor quiere recordarnos que la oración de un hijo debe su influencia enteramente a la relación que tiene con el padre. La oración puede ejercer esa influencia sólo cuando el hijo está realmente viviendo en esa relación, en el hogar, en el amor, en el servicio del Padre. El poder de la promesa, 'Pedid, y se os dará', radica en la relación amorosa entre nosotros como hijos y el Padre en el cielo; cuando vivimos y caminamos en esa relación, la oración de fe y su respuesta serán el resultado natural. Y entonces, la lección que tenemos hoy en la escuela de oración es esta: Vive como un hijo de Dios, entonces podrás orar como un niño, y como un niño seguramente serás escuchado.

¿Y cuál es la verdadera vida infantil? La respuesta se puede encontrar en cualquier hogar. El hijo que por preferencia abandona la casa del padre, que no encuentra placer en la presencia y el amor y la obediencia del padre, y todavía piensa en pedir y obtener lo que quiere, seguramente será decepcionado. Por el contrario, aquel para quien el trato y la voluntad y el honor y el amor del padre son el gozo de su vida, encontrará que es el gozo del padre conceder sus peticiones. La Escritura dice: 'Todos los que son guiados por el Espíritu de Dios, éstos son hijos de Dios': el privilegio infantil de pedirlo todo es inseparable de la vida infantil bajo la dirección del Espíritu. El que se deja guiar por el Espíritu en su vida, será guiado por Él también en sus oraciones. Y encontrará que dar como un Padre es la respuesta Divina a una vida como la de un niño.

Para ver en qué consiste este vivir infantil, en el que tienen su fundamento el pedir y el creer infantiles, basta fijarse en lo que enseña nuestro Señor en el Sermón de la Montaña del Padre y de sus hijos. En él, las promesas de oración están incrustadas en los preceptos de vida; los dos son inseparables. Forman un todo; y sólo puede contar con el cumplimiento de la promesa quien acepta también todo lo que el Señor ha relacionado con ella. Es como si al pronunciar la palabra 'Pedid y se os dará', Él dice: Doy estas promesas a aquellos a quienes en las bienaventuranzas he representado en su pobreza y pureza infantiles, y de quienes he dicho: 'Ellos seréis llamados hijos de Dios' (Mt. v. 3-9): a los hijos, que 'haced que vuestra luz brille delante de los hombres, para que glorifiquen a vuestro Padre que está en los cielos:' a los que andan en amor, 'para que seáis hijos de vuestro Padre que está en los cielos', y que buscan ser perfectos 'así como vuestro Padre que está en los cielos es perfecto' (v. 45): a aquellos cuyo ayuno, oración y limosna (vi. 1-18) no es delante de los hombres, sino 'delante de vuestro Padre que ve en lo secreto;' que perdonan 'como vuestro Padre os perdona a vosotros' (vi. 15); que confían en el Padre celestial en toda necesidad terrenal, buscando primero el reino de Dios y su justicia (vi. 26-32); que no sólo dicen: Señor, Señor, sino que hacen la voluntad de mi Padre que está en los cielos (vii. 21). Así son los hijos del Padre, y así es la vida en el amor y servicio del Padre; en una vida de niño así, las oraciones contestadas son seguras y abundantes.

Pero, ¿no desalentará tal enseñanza al débil? Si somos los primeros en responder a este retrato de un niño, ¿no deben muchos renunciar a toda esperanza de obtener respuestas a la oración? La dificultad desaparece si pensamos de nuevo en el bendito nombre de padre e hijo. Un niño es débil; hay una gran diferencia entre los niños en edad y don. El Señor no exige de nosotros un perfecto cumplimiento de la ley; no, sino sólo la entrega infantil y de todo corazón para vivir como un niño con Él en la obediencia y la verdad. Nada mas. Pero también, nada menos. El Padre debe tener todo el corazón. Cuando esto se da, y Él ve al niño con un propósito honesto y una voluntad constante buscando en todo ser y vivir como un niño, entonces nuestra oración contará para

Él como la oración de un niño. Que cualquiera comience a estudiar el Sermón de la Montaña con sencillez y honestidad y lo tome como guía en la vida, y encontrará, a pesar de la debilidad y el fracaso, una libertad cada vez mayor para reclamar el cumplimiento de sus promesas con respecto a la oración . A nombre del padre y del hijo tiene la prenda de que sus peticiones serán concedidas.

Este es el pensamiento principal en el que Jesús se detiene aquí, y que Él quiere que todos Sus eruditos asuman. Él quiere que veamos que el secreto de la oración eficaz es: tener el corazón lleno del amor del Padre de Dios. No es suficiente que sepamos que Dios es un Padre: Él quiere que nos tomemos un tiempo para comprender plenamente lo que ese nombre implica. Debemos tomar el mejor padre terrenal que conocemos; debemos pensar en la ternura y el amor con que atiende la petición de su hijo, el amor y la alegría con que concede todo deseo razonable; debemos entonces, mientras pensamos en la adoración adorante del Amor infinito y la Paternidad de Dios, considerar con cuánta más ternura y alegría Él nos ve venir a Él, y nos da lo que pedimos correctamente. Y luego, cuando vemos cuánto esta aritmética divina está más allá de nuestra comprensión, y sentimos cuán imposible es para nosotros aprehender la disposición de Dios para escucharnos, entonces Él quiere que vengamos y abramos nuestro corazón para que el Espíritu Santo derrame la sabiduría de Dios. Padre-amor allí. Hagámoslo no sólo cuando queramos orar, sino entreguemos corazón y vida para morar en ese amor. El niño que sólo quiere conocer el amor del padre cuando tiene algo que preguntar, se decepcionará. Pero el que deja que Dios sea Padre siempre y en todo, el que quiere vivir toda su vida en la presencia y el amor del Padre, el que deja que Dios en toda la grandeza de su amor sea un Padre para él, ¡oh! experimentará gloriosamente que una vida en la paternidad infinita de Dios y las continuas respuestas a la oración son inseparables.

¡Amado condiscípulo! comenzamos a ver cuál es la razón por la que sabemos tan poco de las respuestas diarias a la oración, y cuál es la principal lección que el Señor tiene para nosotros en Su escuela. Todo es en el nombre del Padre. Pensamos en una visión nueva y más profunda de algunos de los misterios del mundo de la oración como lo que deberíamos obtener en la escuela de Cristo; Nos dice que la primera es la lección más alta; debemos aprender a decir bien, '¡Abba, Padre!' 'Padre nuestro que estás en los cielos.' El que puede decir esto, tiene la llave de toda oración. En toda la compasión con que un padre escucha a su hijo débil o enfermizo, en toda la alegría con que escucha a su hijo tartamudo, en toda la dulce paciencia con que soporta a un hijo desconsiderado, debemos, como en tantos espejos , estudien el corazón de nuestro Padre, hasta que cada oración sea elevada sobre la fe de esta palabra divina: '¿Cuánto más vuestro Padre celestial dará buenas dádivas a los que le pidan?'

'SEÑOR, ENSÉÑANOS A ORAR.'

¡Bendito Señor! Tú sabes que esta, aunque sea una de las primeras, más sencillas y más gloriosas lecciones de Tu escuela, es para nuestros corazones una de las más difíciles de aprender: sabemos tan poco del amor del Padre. ¡Caballero! enséñanos a vivir con el Padre para que Su amor sea para nosotros más cercano, más claro, más querido que el amor de cualquier padre terrenal, Y que la seguridad de que Él escuche nuestra oración sea mucho mayor que la confianza en un padre terrenal, como los cielos son más altos que la tierra, como Dios es infinitamente más grande que el hombre. ¡Caballero! muéstranos que es sólo nuestra distancia no infantil del Padre lo que impide la respuesta a la oración, y condúcenos a la verdadera vida de los hijos de Dios. ¡Señor Jesus! es el amor paterno el que despierta la confianza infantil. Oh, revélanos al Padre, y Su tierno y compasivo amor, para que seamos como niños, y experimentemos cómo en la vida del niño reside el poder de la oración.

¡Bendito Hijo de Dios! el Padre te ama y te ha dado todas las cosas. Y Tú amas al Padre, y has hecho todas las cosas que Él te mandó, y por lo tanto tienes el poder de pedir todas las cosas. ¡Caballero! danos tu propio Espíritu, el Espíritu del Hijo. Haznos niños, como lo fuiste tú en la tierra. Y que cada oración se respire en la fe de que así como el cielo es más alto que la tierra, así el amor del Padre de Dios, y su disposición para darnos lo que pedimos, supera todo lo que podemos pensar o concebir. Amén.

NOTA 1

'Tu Padre que está en los cielos.' ¡Pobre de mí! hablamos de él sólo como la expresión de un homenaje reverencial. Pensamos en él como una figura prestada de una vida terrenal, y solo en un significado vago y superficial para ser usado por Dios. Tenemos miedo de tomar a Dios como nuestro propio padre tierno y compasivo. Es un maestro de escuela, o casi más, y sabe menos de nosotros: un inspector, que no sabe nada de nosotros excepto a través de nuestras lecciones. Sus ojos no están puestos en el erudito, sino en el libro, y todos por igual deben alcanzar el estándar.

Ahora abre los oídos del corazón, tímido hijo de Dios; déjalo ir hundiéndose hasta lo más profundo del alma. Aquí está el punto de partida de la santidad, en el amor, la paciencia y la piedad de nuestro Padre celestial. No tenemos que aprender a ser santos como una dura lección en la escuela, para que podamos hacer que Dios piense bien de nosotros; debemos aprenderlo en casa con el Padre para ayudarnos. Dios no os ama porque sois buenos, sino porque Él es vuestro Padre. La

Cruz de Cristo no hace que Dios nos ame; es el resultado y la medida de Su amor por nosotros. Él ama a todos Sus hijos, al más torpe, al más torpe, al peor de Sus hijos. Su amor está detrás de todo, y debemos tomar eso como la base sólida de nuestra vida religiosa, no creciendo en eso, sino creciendo fuera de eso.

Debemos comenzar allí o nuestro comienzo se convertirá en nada. Agarra esto poderosamente. Debemos salir de nosotros mismos en busca de alguna esperanza, o alguna fuerza, o alguna confianza. ¡Y qué esperanza, qué fuerza, qué confianza la nuestra ahora que empezamos aquí, vuestro Padre que está en los cielos!

Necesitamos adentrarnos en la ternura y la ayuda que se encuentran en estas palabras, y descansar en ellas: tu Padre. Háblalas a ti mismo hasta que sintamos algo de la maravillosa verdad. Significa que estoy ligado a Dios por la más estrecha y tierna relación; que tengo derecho a Su amor y Su poder y Su bendición, como nada más podría darme. ¡Oh, la audacia con la que podemos acercarnos! ¡Oh, las grandes cosas que tenemos derecho a pedir! Su padre. Significa que todo Su infinito amor y paciencia y sabiduría se inclinan sobre mí para ayudarme. En esta relación reside no sólo la posibilidad de la santidad; hay infinitamente más que eso.

Aquí estamos para comenzar, en el amor paciente de nuestro Padre. Piensa en cómo Él nos conoce aparte y por nosotros mismos, en todas nuestras peculiaridades, y en todas nuestras debilidades y dificultades. El maestro juzga por el resultado, pero nuestro Padre juzga por el esfuerzo. El fracaso no siempre significa culpa. Sabe cuánto cuestan las cosas, y las pesa donde otros sólo miden. SU PADRE. Piensa en la gran importancia que su amor da a los pobres comienzos de los pequeños, por torpes y sin sentido que puedan ser para los demás. Todo esto radica en esta bendita relación e infinitamente más. No temas tomarlo todo como tuyo.

1De Pensamientos sobre la santidad, por Mark Guy Pearse. Lo que se dice tan bellamente del conocimiento de la Paternidad de Dios como punto de partida de la santidad no es menos cierto de la oración.

Con Cristo en la Escuela de Oración - Capítulo 7
LECCIÓN SÉPTIMA.
'Cuánto más el Espíritu Santo; O bien, el regalo integral.

'Pues si vosotros, siendo malos, sabéis dar buenas dádivas a vuestros hijos, ¿cuánto más el Padre celestial dará el Espíritu Santo a los que se lo pidan?'—Lucas xi. 13

EN el Sermón de la Montaña, el Señor ya había dado expresión a Su maravilloso ¿CUÁNTO MÁS? Aquí en Lucas, donde repite la pregunta, hay una diferencia. En vez de hablar, como entonces de dar buenas dádivas, dice: '¿Cuánto más el Padre celestial dará EL ESPÍRITU SANTO?' Nos enseña así que el principal y el mejor de estos dones es el Espíritu Santo, o más bien, que en este don están comprendidos todos los demás. El Espíritu Santo es el primero de los dones del Padre, y el que Él más se complace en dar. El Espíritu Santo es, por tanto, el don que debemos buscar primero y principalmente.

El valor indescriptible de este regalo lo podemos entender fácilmente. Jesús habló del Espíritu como 'la promesa del Padre'; la única promesa en la que se revela la Paternidad de Dios. El mejor regalo que un padre bueno y sabio puede otorgar a un hijo en la tierra es su propio espíritu. Este es el gran objetivo de un padre en la educación: reproducir en su hijo su propia disposición y carácter. Si el niño ha de conocer y comprender a su padre; si, al crecer, ha de entrar en toda su voluntad y planes; si ha de tener su mayor gozo en el padre, y el padre en él, debe ser uno en mente y espíritu con él. Y así es imposible concebir que Dios le conceda a su hijo un don mayor que este, su propio Espíritu. Dios es lo que es a través de Su Espíritu; el Espíritu es la vida misma de Dios. Solo piense lo que significa: Dios dando Su propio Espíritu a Su hijo en la tierra.

¿O no fue esta la gloria de Jesús como Hijo sobre la tierra, que el Espíritu del Padre estaba en Él? En Su bautismo en el Jordán, las dos cosas estaban unidas: la voz, que lo proclamaba Hijo Amado, y el Espíritu, que descendía sobre Él. Y así el apóstol dice de nosotros: 'Por cuanto sois hijos, Dios envió a vuestros corazones el Espíritu de su Hijo, que clama: Abba, Padre'. Un rey busca en toda la educación de su hijo despertar en él un espíritu real. Nuestro Padre que está en los cielos desea educarnos como hijos suyos para la vida santa y celestial en la que mora, y para ello nos da, desde lo más profundo de su corazón, su propio Espíritu. Este fue el único objetivo de Jesús cuando, después de haber hecho expiación con su propia sangre, entró por nosotros en la presencia de Dios, para obtenernos y enviarnos a morar en nosotros, el Espíritu Santo. Como Espíritu del Padre y del Hijo, toda la vida y el amor del Padre y del Hijo están en Él; y, descendiendo a nosotros, nos eleva a su comunión. Como Espíritu del Padre, derrama en nuestros corazones el amor del Padre, con el que amó al Hijo, y nos enseña a vivir en él. Como Espíritu del Hijo, Él insufla en nosotros la libertad, la devoción y la obediencia de los niños en las que el Hijo vivió sobre la tierra. El Padre no puede otorgar un don más alto o más maravilloso que este: Su propio Espíritu Santo, el Espíritu de filiación.

Esta verdad sugiere naturalmente la idea de que este primer y principal don de Dios debe ser el primer y principal objeto de toda oración. Para cada necesidad de la vida espiritual esto es lo único necesario, el Espíritu Santo. Toda la plenitud está en Jesús; la plenitud de gracia y de verdad, de la cual recibimos gracia por gracia. El Espíritu Santo es el portador designado, cuya obra especial es hacer que Jesús y todo lo que hay en Él para nosotros sea nuestro en apropiación personal, en una bendita experiencia. Él es el Espíritu de vida en Cristo Jesús; tan maravillosa como es la vida, tan maravillosa es la provisión por la cual tal agente se provee para comunicárnosla. Si nos sometemos enteramente a la disposición del Espíritu y le permitimos hacer lo que quiera con nosotros, manifestará la vida de Cristo en nosotros. Lo hará con un poder divino, manteniendo la vida de Cristo en nosotros en una continuidad ininterrumpida. Seguramente, si hay una oración que debe llevarnos al trono del Padre y mantenernos allí, es esta: que el Espíritu Santo, que hemos recibido como hijos, fluya dentro y fuera de nosotros con mayor plenitud.

En la variedad de los dones que el Espíritu tiene para dispensar, Él satisface todas las necesidades del creyente. Solo piensa en los nombres que lleva. El Espíritu de gracia, para revelar e impartir toda la gracia que hay en Jesús. El Espíritu de fe, enseñándonos a comenzar y continuar y aumentar en el creer siempre. ¡El Espíritu de adopción y de seguridad, que testimonia que somos hijos de Dios, e inspira al confiado y confiado Abba, Padre! El Espíritu de verdad, para conducir a toda verdad, para hacer nuestra cada palabra de Dios con obras y en verdad. el Espíritu de oración, por quien hablamos con el Padre; oración que debe ser escuchada. El Espíritu de juicio y ardor, para escudriñar el corazón y convencer de pecado. El Espíritu de santidad, manifestando y comunicando la santa presencia del Padre en nosotros. El Espíritu de poder, por quien somos fuertes para testificar con valentía y trabajar con eficacia en el servicio del Padre. Espíritu de gloria, prenda de nuestra herencia, preparación y anticipo de la gloria venidera. Seguramente el hijo de Dios sólo necesita una cosa para poder vivir realmente como un niño: ser lleno de este Espíritu.

Y ahora, la lección que Jesús nos enseña hoy en Su escuela es esta: Que el Padre simplemente anhela dárnoslo a nosotros si le pedimos en la dependencia infantil de lo que Él dice: 'Si sabéis dar buenas dádivas a vuestros Hijitos, CUÁNTO MÁS vuestro Padre celestial dará cl Espíritu Santo a los que se lo pidan.' En las palabras de la promesa de Dios, 'Derramaré mi Espíritu abundantemente;' y de Su mandato, 'Sed llenos del Espíritu', tenemos la medida de lo que Dios está dispuesto a dar, y de lo que podemos obtener. Como hijos de Dios, ya hemos recibido el Espíritu. Pero todavía necesitamos pedir y orar por Sus dones y operaciones especiales cuando los requerimos. Y no sólo esto, sino para que Él mismo tome completa y entera posesión; por Su incesante guía momentánea. Así como el pámpano, ya lleno de la savia de la vid, está siempre clamando por el flujo continuo y creciente de esa savia, para que lleve su fruto a la perfección, así el creyente, gozándose en la posesión del Espíritu, siempre tiene sed. y llora por más. Y lo que el gran Maestro quiere que aprendamos es que nada menos que la promesa de Dios y el mandato de Dios pueden ser la medida de nuestra expectativa y nuestra oración; debemos ser llenos abundantemente. Él quiere que pidamos esto con la seguridad de que el maravilloso CUÁNTO MÁS del amor del Padre de Dios es la promesa que, cuando pedimos, ciertamente recibimos.

Ahora creamos esto. Mientras oramos para ser llenos del Espíritu, no busquemos la respuesta en nuestros sentimientos. Todas las bendiciones espirituales deben ser recibidas, es decir, aceptadas o tomadas con fe.1 Déjame creer, el Padre da el Espíritu Santo a Su hijo que ora. Incluso ahora, mientras oro, debo decir con fe: tengo lo que pido, la plenitud del Espíritu es mía. Sigamos firmes en esta fe. Por la fuerza de la Palabra de Dios sabemos que tenemos lo que pedimos. Con acción de gracias por haber sido oídos, con acción de gracias por lo que hemos recibido y tomado y ahora tenemos como nuestro, sigamos firmes en la oración de fe para que la bendición, que ya nos ha sido dada, y que retenemos en la fe, sea abrirse paso y llenar todo nuestro ser. Es en tal acción de gracias y oración creyente, que nuestra alma se abre para que el Espíritu tome posesión total e imperturbable. Es tal oración que no solo pide y espera, sino que recibe y sostiene, la que hereda la bendición completa. En toda nuestra oración recordemos la lección que el Salvador nos quiere enseñar este día, que si hay una cosa en la tierra de la que podemos estar seguros, es esta, que el Padre desea tenernos llenos de Su Espíritu, que Él se deleita en darnos su Espíritu.

Y una vez que hemos aprendido así a creer por nosotros mismos, y a sacar cada día del tesoro que tenemos en el cielo, ¡qué libertad y poder para orar por la efusión del Espíritu sobre la Iglesia de Dios, sobre toda carne, sobre los individuos , o en esfuerzos especiales! El que una vez ha aprendido a conocer al Padre en la oración por sí mismo, aprende también a orar con la mayor confianza por los demás. El Padre da el Espíritu Santo a los que le piden, no menos, sino más, cuando piden por los demás.

'SEÑOR, ENSEÑANOS A ORAR.'
¡Padre en el cielo! Tú enviaste a Tu Hijo para revelarte a nosotros, Tu Padre-amor, y todo lo que ese amor tiene para nosotros. Y Él nos ha enseñado que el don sobre todos los dones que Tú otorgarías en respuesta a la oración es el Espíritu Santo.

¡Oh Padre mío! Vengo a Ti con esta oración; no hay nada que desearía —no puedo decirlo, deseo— tanto como ser lleno del Espíritu, el Espíritu Santo. Las bendiciones que Él trae son tan inefables y justo lo que necesito. Él derrama Tu amor en el corazón y lo llena de Ti mismo. Anhelo esto. Él infunde en mí la mente y la vida de Cristo, para que viva como Él, en y para el amor del Padre. Anhelo esto. Él inviste con poder desde lo alto para todo mi andar y obra. Anhelo esto. ¡Oh Padre! Te suplico, dame hoy la plenitud de Tu Espíritu.

¡Padre! Te pido esto, apoyándome en las palabras de mi Señor: 'CUÁNTO MÁS EL ESPÍRITU SANTO'. Creo que Tú escuchas mi oración; Recibo ahora lo que pido; ¡Padre! Lo reclamo y lo tomo: la plenitud de Tu Espíritu es mía. Recibo el regalo este día nuevamente como un regalo de fe; en la fe considero que mi Padre obra por medio del Espíritu todo lo que ha prometido. El Padre se deleita en soplar Su Espíritu en Su hijo que espera mientras permanece en comunión consigo mismo. Amén.

1 La palabra griega para recibir y tomar es la misma. Cuando Jesús dijo: 'Todo el que pide, recibe', usó el mismo verbo que en el
Cena, 'Tomar, comer', o en la mañana de la resurrección, 'Recibir', aceptar, tomar, 'el Espíritu Santo'. Recibir no solo implica el otorgamiento de Dios, sino también nuestra aceptación.

Con Cristo en la Escuela de Oración - Capítulo 8
LECCIÓN OCTAVA.
'Por su importunidad;' O la audacia de los amigos de Dios

'Y les dijo: ¿Quién de vosotros tendrá un amigo, y irá a él a medianoche, y le dirá: Amigo, préstame tres panes; porque un amigo mío ha venido a mí de un viaje, y no tengo nada que ponerle delante' y él desde adentro responderá y dirá: No me molestes: la puerta ya está cerrada, y mis hijos están conmigo en la cama; No puedo levantarme, y dártelos. Os digo que aunque no se levante a dárselo por ser su amigo, sin embargo, por su importunidad se levantará y le dará todo lo que necesite.'—Lucas xi. 5-8.

LA primera enseñanza a Sus discípulos fue dada por nuestro Señor en el Sermón del Monte. Fue cerca de un año después que los discípulos le pidieron a Jesús que les enseñara a orar. En respuesta, les dio por segunda vez el Padrenuestro, enseñándoles así qué orar. Luego habla de cómo deben orar y repite lo que antes dijo sobre la Paternidad de Dios y la certeza de una respuesta. Pero en medio añade la hermosa parábola del amigo a medianoche, para enseñarles el doble lección, que Dios no sólo quiere que oremos por nosotros mismos, sino también por los que perecen a nuestro alrededor, y que en tal intercesión es a menudo necesaria una gran valentía de súplica, y siempre lícita, sí, agradable a Dios.

La parábola es un almacén perfecto de instrucción con respecto a la verdadera intercesión. Está, en primer lugar, el amor que busca ayudar a los necesitados que nos rodean: 'mi amigo ha venido a mí'. Luego la necesidad que apremia al grito 'No tengo nada que poner delante de él'. Luego sigue la confianza de que se debe tener ayuda: '¿Quién de ustedes tendrá un amigo y dirá: Amigo, préstame tres panes?' Luego viene la negativa inesperada: 'No puedo levantarme y darte'. Luego otra vez la perseverancia que no acepta rechazos: 'por su importunidad'. Y por último, la recompensa de tal oración: 'le dará todo lo que necesite'. Una exposición maravillosa del camino de la oración y la fe en el que tantas veces se ha buscado y encontrado la bendición de Dios.

Limitémonos al pensamiento principal: la oración como llamamiento a la amistad de Dios; y encontraremos que se sugieren especialmente dos lecciones. El uno, que si somos amigos de Dios, y venimos como tales a Él, debemos probarnos a nosotros mismos como amigos de los necesitados; La amistad de Dios con nosotros y la nuestra con los demás van de la mano. La otra, que cuando lleguemos así podamos usar la mayor libertad para reclamar una respuesta.

Hay un doble uso de la oración: uno, para obtener fuerza y bendición para la propia vida; la otra, la más alta, la verdadera gloria de la oración, por la cual Cristo nos ha acogido en su comunión y enseñanza, es la intercesión, donde la oración es el poder real que un hijo de Dios ejerce en el cielo a favor de los demás e incluso del reino. Lo vemos en las Escrituras, cómo fue en intercesión por otros que Abraham y Moisés, Samuel y Elías, con todos los hombres santos de la antigüedad, probaron que tenían poder con Dios y prevalecieron. Es cuando nos damos a nosotros mismos para ser una bendición que podemos contar especialmente con la bendición de Dios. Cuando nos acercamos a Dios como amigo de los pobres y de los que mueren, podemos contar con su amistad; el justo que es amigo de los pobres es muy especialmente amigo de Dios. Esto da una maravillosa libertad en la oración. ¡Caballero!

Tengo un amigo necesitado a quien debo ayudar. Como amigo me he comprometido a ayudarlo. En Ti tengo un Amigo, cuyas bondades y riquezas sé infinitas: estoy seguro de que me darás lo que pido. Si yo, siendo malo, estoy dispuesto a hacer por mi amigo lo que puedo, ¿cuánto más Tú, oh mi Amigo celestial, harás ahora por Tu amigo lo que él pide?

Podría surgir la pregunta, si la Paternidad de Dios no da tal confianza en la oración, que el pensamiento de Su Amistad difícilmente puede enseñarnos algo más: un padre es más que un amigo. Y sin embargo, si lo consideramos, esta súplica de la amistad de Dios nos abre nuevas maravillas. Que un hijo obtenga lo que le pide a su padre parece tan perfectamente natural que casi consideramos que es un deber del padre dar. Pero con un amigo es como si la amabilidad fuera más libre, dependiente, no de la naturaleza, sino de la simpatía y el carácter. Y entonces la relación de un hijo es más bien de perfecta dependencia; dos amigos están más cerca del mismo nivel. Y así nuestro Señor, al tratar de revelarnos el misterio espiritual de la oración, quisiera que nos acercáramos a Dios también en esta relación, como aquellos a quienes Él ha reconocido como Sus amigos, cuya mente y vida están en simpatía con la Suya.

Pero entonces debemos vivir como Sus amigos. Todavía soy un niño, incluso cuando soy un vagabundo; pero la amistad depende de la conducta. Vosotros sois mis amigos si hacéis lo que yo os mando. 'Tú ves que la fe obró con sus obras, y por las obras la fe fue perfeccionada; y se cumplió la Escritura que dice: Y Abraham creyó a Dios, y fue llamado amigo de Dios. Es el Espíritu, 'el mismo Espíritu', que nos guía y que también da testimonio de nuestra aceptación con Dios; 'así también,' el mismo Espíritu nos ayuda en la oración. Es una vida de amigo de Dios que da la maravillosa libertad de decir: tengo un amigo a quien puedo acudir incluso a medianoche. Y cuánto más cuando voy en el mismo espíritu de esa simpatía, manifestándome la misma bondad que busco en Dios, buscando ayudar a mi amigo como quiero que Dios me ayude a mí. Cuando vengo a Dios en oración, Él siempre mira cuál es el objetivo de mi petición. Si es meramente para mi propia comodidad o alegría busco Su gracia, no la recibo. Pero si puedo decir que es para que Él sea glorificado al impartir Sus bendiciones a otros, no lo pediré en vano. O si pido por otros, pero quiero esperar hasta que Dios me haya hecho tan rico que no sea un sacrificio o un acto de fe ayudarlos, no lo obtendré. Pero si puedo decir que ya he emprendido por mi amigo necesitado, que en mi pobreza ya he comenzado la obra de amor, porque sé que tenía un amigo que me ayudaría, mi oración será escuchada. Oh, no sabemos cuánto vale la súplica: la amistad de la tierra mirando en su necesidad a la amistad del cielo: 'Él le dará todo lo que necesite'.

Pero no siempre a la vez. Lo único por lo cual el hombre puede honrar y disfrutar a su Dios es la fe. La intercesión es parte de la escuela de formación de la fe. Allí se prueba nuestra amistad con los hombres y con Dios. Allí se ve si mi amistad con los necesitados es tan real, que tomaré tiempo y sacrificaré mi descanso, irá hasta la medianoche y no cesará hasta que les haya obtenido lo que necesito. Allí se ve si mi amistad con Dios es tan clara que puedo confiar en que Él no me rechazará y, por lo tanto, seguiré orando hasta que me dé.

¡Oh, qué profundo misterio celestial es este de la oración perseverante! El Dios que ha prometido, que anhela, cuyo propósito fijo es dar la bendición, la detiene. Es para Él un asunto de tan profunda importancia que Sus amigos en la tierra conozcan y confíen plenamente en su Amigo rico en el cielo, que Él los entrena, en la escuela de la respuesta tardía, para descubrir cómo su perseverancia realmente prevalece, y qué el gran poder que pueden ejercer en el cielo, si se esfuerzan por hacerlo. Hay una fe que ve la promesa, la abraza y, sin embargo, no la recibe (Heb. 11:13, 39). Es cuando la respuesta a la oración no llega, y la promesa en la que confiamos más firmemente parece no tener efecto, que tiene lugar la prueba de la fe, más preciosa que el oro. Es en esta prueba que la fe que ha abrazado la promesa es purificada y fortalecida y preparada en comunión personal y santa con el Dios vivo, para ver la gloria de Dios. Toma y retiene la promesa hasta que ha recibido el cumplimiento de lo que había reclamado en una verdad viva en el Dios invisible pero vivo.

Anímese todo hijo de Dios que busque hacer la obra del amor al servicio de su Padre. El padre con su hijo, el maestro con su clase, el visitante con su distrito, el lector de la Biblia con su círculo, el predicador con sus oyentes, cada uno que en su pequeño círculo ha aceptado y está llevando la carga del hambre, almas que perecen, que todos tomen valor. Nada nos resulta tan extraño al principio como que Dios realmente requiera oración perseverante, que haya una verdadera necesidad espiritual de importunidad. Para enseñárnoslo, el Maestro utiliza esta parábola casi extraña. Si la hostilidad de un amigo terrenal egoísta puede ser conquistada por la importunidad, ¿cuánto más servirá con el Amigo celestial, que ama tanto dar, pero se ve frenado por nuestra ineptitud espiritual, nuestra incapacidad para poseer lo que Él tiene para dar? . Oh, démosle gracias porque al demorar Su respuesta Él nos está educando para nuestra verdadera posición y el ejercicio de todo nuestro poder con Él, entrenándonos para vivir con Él en la comunión de la fe y la confianza indudables, para ser verdaderamente amigos de Él. Dios. Y aferrémonos a la cuerda triple que no se puede romper: el amigo hambriento que necesita la ayuda, y el amigo que ora buscando la ayuda, y el Amigo Poderoso, que ama dar tanto como necesita.

'SEÑOR, ENSEÑANOS A ORAR.'

¡Oh mi Bendito Señor y Maestro! Debo acudir a Ti en oración. Tu enseñanza es tan gloriosa y, sin embargo, demasiado elevada para que yo la comprenda. Debo confesar que mi corazón es demasiado pequeño para aceptar estos pensamientos de la maravillosa audacia que puedo usar con Tu Padre como mi Amigo. ¡Señor Jesus! Confío en Ti para que me des Tu Espíritu con Tu Palabra, y hagas que la Palabra sea viva y poderosa en mi corazón. Deseo guardar Tu Palabra de este día: 'Por su importunidad le dará todo lo que necesite.'

¡Caballero! enséñame más a conocer el poder de la oración perseverante. Sé que en ella el Padre se adapta a nuestra necesidad de tiempo para que la vida interior alcance su crecimiento y madurez, para que su gracia sea realmente asimilada y hecha nuestra. Sé que Él desearía así entrenarnos para el ejercicio de esa fe fuerte que no lo deja ir incluso ante la aparente desilusión. Sé que Él quiere elevarnos a esa maravillosa libertad, en la que comprendemos cómo Él realmente ha hecho que la dispensación de Su don dependa de nuestra oración. ¡Caballero! Yo sé esto: Oh, enséñame a verlo en espíritu y en verdad.

Y que ahora sea el gozo de mi vida convertirme en limosnero de mi Amigo Rico en el cielo, para cuidar de todos los hambrientos y moribundos, incluso a medianoche, porque conozco a MI AMIGO, que siempre da al que persevera, a causa de su importunidad, cuantas necesite. Amén.

Con Cristo en la Escuela de Oración - Capítulo 9
LECCIÓN NOVENA.
'Ruega al Señor de la cosecha;' O bien, la oración proporciona obreros.

Entonces dijo a sus discípulos: A la verdad la mies es mucha, mas los obreros pocos. Rogad, pues, al Señor de la mies, que envíe obreros a su mies.'—Mat. ix. 37-38.

EL Señor enseñaba frecuentemente a Sus discípulos que debían orar, y cómo; pero rara vez qué orar. Esto lo dejó a su sentido de necesidad, ya la dirección del Espíritu. Pero aquí tenemos una cosa que les ordena expresamente recordar: en vista de la abundante cosecha y la necesidad de segadores, deben clamar al Señor de la cosecha para que envíe obreros. Así como en la parábola del amigo a medianoche, quiere que entiendan que la oración no es para ser egoístas; así que aquí está el poder a través del cual la bendición puede llegar a otros. El Padre es Señor de la mies; cuando oramos por el Espíritu Santo, debemos orar para que Él prepare y envíe obreros para la obra.

Extraño, ¿no es así, que Él les pida a Sus discípulos que oren por esto? ¿Y no podría orar Él mismo? ¿Y no valdría más una oración de Él que mil de ellos? Y Dios, el Señor de la mies, ¿no vio la necesidad? ¿Y no enviaría Él, en Su propio tiempo, obreros sin su oración? Tales preguntas nos llevan a los misterios más profundos de la oración y su poder en el Reino de Dios. La respuesta a tales preguntas nos convencerá de que la oración es en verdad un poder, del cual en verdad depende la recolección de la cosecha y la venida del Reino.

La oración no es una forma ni un espectáculo. El Señor Jesús mismo era la verdad; todo lo que dijo fue la verdad más profunda. Fue cuando (véase el versículo 36) 'vio la multitud, y tuvo compasión de ellos, porque estaban dispersos como ovejas que no tienen pastor', que llamó a los discípulos a orar para que se enviaran obreros entre ellos, a ellos. Lo hizo porque realmente creía que la oración de ellos era necesaria y ayudaría. El velo que tanto nos oculta el mundo invisible era maravillosamente transparente para la santa alma humana de Jesús. Había mirado larga y profundamente en la conexión oculta de causa y efecto en el mundo de los espíritus. Él había marcado en la Palabra de Dios cómo, cuando Dios llamó a hombres como Abraham y Moisés, Josué y Samuel y Daniel, y les dio autoridad sobre los hombres en Su nombre, al mismo tiempo les había dado autoridad y derecho para llamar en los poderes de cielo en su ayuda cuando los necesitaban. Él sabía que a estos hombres de antaño, ya Él mismo por un tiempo, aquí en la tierra, la obra de Dios le había sido encomendada, así que ahora estaba a punto de pasar a manos de Sus discípulos. Sabía que cuando esta obra les fuera encomendada a ellos, no sería un mero asunto de forma o apariencia, sino que de ellos, y de su fidelidad o infidelidad, dependería realmente el éxito de la obra. Como un solo individuo, dentro de las limitaciones de un cuerpo humano y una vida humana, Jesús siente cuán poco puede lograr una breve visita entre estas ovejas descarriadas que ve a su alrededor, y anhela ayuda para cuidarlas adecuadamente. Y así Él les dice a Sus discípulos ahora que comiencen y oren, y, cuando hayan asumido el trabajo de Él en la tierra, que hagan de esta una de las principales peticiones en su oración: Que el Señor de la mies mismo envíe obreros a la tierra. Su cosecha. El Dios que les confió el trabajo y lo hizo depender en gran medida de ellos, les da autoridad para solicitarle obreros que los ayuden, y hace que el suministro dependa de su oración.

Qué poco sienten y lloran realmente los cristianos la necesidad de trabajadores en los campos del mundo tan blancos para la cosecha. Y cuán poco creen que nuestra fuente de trabajo depende de la oración, que la oración realmente proveerá 'tantos como él necesite'. No es que la escasez de mano de obra no sea conocida o discutida. No es que a veces no se hagan esfuerzos para suplir la necesidad. Pero cuán poco se lleva realmente la carga de las ovejas que vagan sin un Pastor en la fe de que el Dueño de la mies, en respuesta a la oración, enviará a los trabajadores, y en la solemne convicción de que sin esta oración los campos estarán listos para la siega. ser dejado perecer. Y sin embargo es así. Tan maravillosa es la entrega de Su obra en manos de Su Iglesia, tan dependiente se ha hecho el Señor de ellos como Su cuerpo, a través del cual únicamente Su obra puede realizarse, tan real es el poder que el Señor da a Su pueblo para que lo ejerza. en el cielo y en la tierra, que el número de los trabajadores y la medida de la cosecha realmente depende de su oración.

¡Pensamiento solemne! ¡Oh, por qué no obedecemos más de todo corazón el mandato del Maestro y clamamos más fervientemente por obreros! Hay dos razones para esto. Una es: Echamos de menos la compasión de Jesús, que dio lugar a esta petición de oración. Cuando los creyentes aprendan que amar a su prójimo como a sí mismos, que vivir enteramente para la gloria de Dios en sus semejantes, es el primer mandamiento del Padre para sus redimidos, aceptarán a los que perecen como el encargo que les ha confiado su Señor. . Y, aceptándolos no sólo como un campo de trabajo, sino como objetos de amoroso cuidado e interés, no pasará mucho tiempo antes de que la compasión hacia los que perecen sin esperanza toque su corazón, y el clamor suba con un fervor hasta entonces desconocido: Señor ! Enviar trabajadores. La otra razón para el descuido del mandato, la falta de fe, se hará sentir entonces, pero será superada cuando nuestra piedad implore ayuda. Creemos muy poco en el poder de la oración para producir resultados definitivos. No vivimos lo suficientemente cerca de Dios, y no estamos lo suficientemente entregados por completo a Su servicio y Reino, para ser capaces de tener la confianza de que Él lo dará en respuesta a nuestra oración. Oh, oremos por una vida tan una con Cristo, que Su compasión fluya en nosotros, y Su Espíritu pueda asegurarnos que nuestra oración vale.

Tal oración pedirá y obtendrá una doble bendición. Habrá primero el deseo del aumento de los hombres enteramente entregados al servicio de Dios. Es una mancha terrible sobre la Iglesia de Cristo que haya momentos en que realmente no se puedan encontrar hombres para el servicio del Maestro como ministros, misioneros o maestros de la Palabra de Dios. A medida que los hijos de Dios hagan de esto un asunto de súplica para su propio círculo o Iglesia, se les dará. El Señor Jesús es ahora el Señor de la cosecha. Él ha sido exaltado para otorgar dones: los dones del Espíritu. Sus principales dones son hombres llenos del Espíritu. Pero el suministro y distribución de los regalos depende de la cooperación de la cabeza y los miembros. Es justo que la oración conduzca a tal cooperación; los suplicantes creyentes serán incitados a encontrar los hombres y los medios para la obra.

La otra bendición a pedir no será menor. Todo creyente es un trabajador; ninguno de los hijos de Dios que no haya sido redimido para el servicio, y no tenga su obra esperando. Debe ser nuestra oración que el Señor llene a todo Su pueblo con el espíritu de devoción, para que ninguno se encuentre ocioso en la viña. Dondequiera que haya una queja por la falta de ayudantes, o de ayudantes aptos en la obra de Dios, la oración tiene la promesa de un suministro. No hay escuela dominical o visitas al distrito, ni lectura de la Biblia ni trabajo de rescate, donde Dios no está listo y no puede proveer. Puede tomar tiempo e importunidad, pero el mandato de Cristo de pedirle al Dueño de la mies es la garantía de que la oración será escuchada: 'Os digo que se levantará y le dará todo lo que necesite'.

¡Solemne, bendito pensamiento! este poder nos ha sido dado en oración para proveer en la necesidad del mundo, para asegurar a los siervos para la obra de Dios. El Señor de la mies oirá. Cristo, que nos llamó tan especialmente a orar así, apoyará nuestras oraciones ofrecidas en su nombre e interés. Apartemos tiempo y entreguémonos a esta parte de nuestra obra de intercesión. Nos llevará a la comunión de ese corazón compasivo suyo que lo llevó a pedir nuestras oraciones. Nos elevará a la percepción de nuestra posición real, como aquellos cuya voluntad cuenta para algo con el gran Dios en el avance de Su Reino. Nos hará sentir cuán realmente somos colaboradores de Dios en la tierra, a quienes se les ha confiado una participación en su obra con absoluta seriedad. Nos hará partícipes del sufrimiento del alma, pero también de la satisfacción del alma de Jesús, ya que sabemos cómo, en respuesta a nuestra oración, se ha dado una bendición que de otro modo no habría llegado.

'SEÑOR, ENSEÑANOS A ORAR.'

¡Bendito Señor! Tú nos has dado este día otra vez otra de Tus maravillosas lecciones para aprender. Te pedimos humildemente, oh, danos ver bien las realidades espirituales de las que has estado hablando. Está la mies que es tan grande y perecedera, mientras espera a que los discípulos adormecidos den la señal para que vengan los trabajadores. Señor, enséñanos a mirarlo con un corazón movido de compasión y piedad. Están los obreros, tan pocos. Señor, muéstranos cuán terrible es el pecado de la falta de oración y fe, del cual esta es la señal. Y allí está el Señor de la cosecha, tan capaz y listo para enviarlos. Señor, muéstranos cómo Él realmente espera la oración a la que ha vinculado Su respuesta. Y están los discípulos, a quienes se les ha dado la comisión de orar: Señor, muéstranos cómo puedes derramar tu Espíritu y soplar sobre ellos, para que tu compasión y la fe en tu promesa los despierte a la oración incesante y prevaleciente. .

¡Oh nuestro Señor! no podemos entender cómo puedes confiar tal trabajo y dar tal poder a hombres tan perezosos e infieles. Te damos gracias por todos aquellos a quienes enseñas a clamar día y noche para que se envíen obreros. Señor, sopla Tu propio Espíritu sobre todos Tus hijos, para que aprendan a vivir solo para esta única cosa: el Reino y la gloria de su Señor, y se despierten completamente a la fe de lo que su oración puede lograr. Y que todos nuestros corazones en esta, como en cada petición, estén llenos de la seguridad de que la oración, ofrecida con fe amorosa en el Dios vivo, traerá respuesta cierta y abundante. Amén.

Con Cristo en la Escuela de Oración - Capítulo 10
DÉCIMA LECCIÓN.
¿Qué quieres?
O bien, la Oración debe ser Definitiva.

'Y Jesús le respondió, y dijo: ¿Qué quieres que te haga?'—Mark x. 51; Lucas xviii. 41.

EL ciego había estado clamando en voz alta, y mucho, 'Tú, Hijo de David, ten piedad de mí.' El clamor había llegado al oído del Señor; Sabía lo que quería y estaba dispuesto a dárselo. Pero antes de hacerlo, le pregunta: '¿Qué quieres que te haga?' Quiere oír de sus propios labios, no sólo la petición general de misericordia, sino la expresión clara de cuál era su deseo. Hasta que no lo hable, no está curado.

Todavía hay muchos suplicantes a quienes el Señor hace la misma pregunta, y que no pueden, hasta que haya sido respondida, obtener la ayuda que pide. Nuestras oraciones no deben ser un llamamiento vago a Su misericordia, un grito indefinido de bendición, sino la expresión clara de una necesidad definida. No es que su amoroso corazón no entienda nuestro clamor, o no esté listo para escuchar. Pero Él lo desea por nuestro propio bien. Tal oración definida nos enseña a conocer mejor nuestras propias necesidades. Exige tiempo, reflexión y autoescrutinio para descubrir cuál es realmente nuestra mayor necesidad. Nos escudriña y nos pone a prueba en cuanto a si nuestros deseos son honestos y reales, tal como estamos dispuestos a perseverar en ellos. Nos lleva a juzgar si nuestros deseos están de acuerdo con la Palabra de Dios, y si realmente creemos que seremos recibir las cosas que pedimos. Nos ayuda a esperar la respuesta especial y marcarla cuando llega.

Y, sin embargo, cuánto de nuestra oración es vaga y sin sentido. Algunos claman por misericordia, pero no se toman la molestia de saber lo que la misericordia debe hacer por ellos. Otros piden, quizás, ser librados del pecado, pero no comienzan por traer ningún pecado por nombre del cual se pueda reclamar la liberación. Aún otros oran por la bendición de Dios sobre quienes los rodean, por el derramamiento del Espíritu de Dios sobre su tierra o el mundo, y sin embargo no tienen un campo especial donde esperar y esperar ver la respuesta. A todos dice el Señor: ¿Y ahora qué es lo que realmente queréis y esperáis que haga? Cada cristiano tiene poderes limitados, y como debe tener su propio campo especial de trabajo en el que trabaja, así también con sus oraciones. Cada creyente tiene su propio círculo, su familia, sus amigos, sus vecinos. Si tuviera que tomar uno o más de estos por su nombre, encontraría que esto realmente lo lleva a la escuela de entrenamiento de la fe, y lo lleva a un trato personal y directo con su Dios. Es cuando en asuntos tan distintos hemos reclamado y recibido respuestas con fe, que nuestras oraciones más generales serán creyentes y eficaces.

Todos sabemos con qué sorpresa todo el mundo civilizado se enteró de la forma en que las tropas entrenadas fueron rechazadas por los bóers de Transvaal en Majuba. ¿Y a qué debieron su éxito? En los ejércitos de Europa, el soldado dispara contra el enemigo que se encuentra en grandes masas, y nunca piensa en buscar un objetivo para cada bala. En la caza, el Boer había aprendido una lección diferente: su ojo experto sabía enviar cada bala en su mensaje especial, para buscar y encontrar a su hombre. Tal objetivo también debe triunfar en el mundo espiritual. Mientras en la oración derramemos nuestro corazón en una multitud de peticiones, sin tomarnos el tiempo para ver si cada petición se envía con el propósito y la expectativa de obtener una respuesta, no muchas alcanzarán la meta. Pero si, como en el silencio del alma nos inclinamos ante el Señor, nos hiciéramos preguntas como estas: ¿Cuál es ahora realmente mi deseo? ¿Lo deseo con fe, esperando recibirlo? ¿Estoy ahora listo para ponerlo y dejarlo en el seno del Padre? ¿Es una cosa decidida entre Dios y yo que debo tener la respuesta? debemos aprender a orar para que Dios vea y sepamos lo que realmente esperamos.

Es por esto, entre otras razones, que el Señor nos advierte contra las vanas repeticiones de los gentiles, que creen ser oídos por su mucha oración. A menudo oímos oraciones de gran fervor y fervor, en las que se derraman una multitud de peticiones, pero a las que el Salvador indudablemente respondería: "¿Qué quieres que te haga?" Si estoy en una tierra extraña, en interés del negocio que posee mi padre, ciertamente escribiría dos tipos diferentes de cartas. Habrá cartas de familia que den expresión a todas las relaciones a las que incita el afecto; y habrá cartas comerciales, con pedidos de lo que necesito. Y puede haber cartas en las que se encuentren ambos. Las respuestas corresponderán a las letras. A cada frase de las cartas que contienen las noticias de la familia no espero una respuesta especial. Pero para cada pedido que envío, confío en recibir una respuesta si se ha enviado el artículo deseado. En nuestro trato con Dios, el elemento comercial no debe faltar. Con nuestra expresión de necesidad y pecado, de amor, fe y consagración, debe haber una declaración precisa de lo que pedimos y esperamos recibir; es en la respuesta que el Padre ama darnos la señal de Su aprobación y aceptación.

Pero la palabra del Maestro nos enseña más. Él no dice: ¿Qué deseas? pero, ¿qué quieres? A menudo se desea una cosa sin desearla. Deseo tener cierto artículo, pero encuentro el precio demasiado alto; Resuelvo no tomarlo; Deseo, pero no quiero tenerlo. El perezoso desea ser rico, pero no lo quiere. Muchos quieren salvarse, pero perecen porque no lo quieren. La voluntad gobierna todo el corazón y la vida; si realmente quiero tener algo que esté a mi alcance, no descanso hasta tenerlo. Y así, cuando Jesús nos dice: '¿Qué quieres?' Pregunta si es nuestro propósito tener lo que pedimos a cualquier precio, por grande que sea el sacrificio. ¿De veras quieres que, aunque Él lo demore mucho, no calles hasta que Él te oiga? ¡Pobre de mí! cuántas oraciones son deseos, enviados por un corto tiempo y luego olvidados, o enviados año tras año como una cuestión de deber, mientras descansamos contentos con la oración sin respuesta.

Pero, se puede preguntar, ¿no es mejor dar a conocer nuestros deseos a Dios, y luego dejar que Él decida qué es lo mejor, sin buscar hacer valer nuestra voluntad? De ninguna manera. Esta es la esencia misma de la oración de fe, en la que Jesús trató de instruir a sus discípulos, que no solo dé a conocer su deseo y luego deje la decisión a Dios. Esa sería la oración de sumisión, para los casos en los que no podemos conocer la voluntad de Dios. Pero la oración de fe, al encontrar la voluntad de Dios en alguna promesa de la Palabra, ruega por eso hasta que llegue. En Mateo (ix. 28) leemos que Jesús le dijo al ciego: '¿Crees que puedo hacer esto?' Aquí, en Marcos, Él dice: '¿Qué quieres que yo haga?' En ambos casos dijo que la fe los había salvado. Y así también le dijo a la mujer sirofenicia: 'Grande es tu fe: hágase contigo como quieres'. La fe no es más que el propósito de la voluntad que se apoya en la palabra de Dios y dice: debo tenerla. Creer verdaderamente es querer firmemente.

Pero, ¿no está tal voluntad en desacuerdo con nuestra dependencia de Dios y nuestra sumisión a Él? De ninguna manera; es más bien la verdadera sumisión la que honra a Dios. Sólo cuando el hijo ha entregado su propia voluntad en completa entrega al Padre, recibe del Padre la libertad y el poder de querer lo que quiere. Pero, una vez que el

435

creyente ha aceptado la voluntad de Dios, como se revela a través de la Palabra y el Espíritu, como su voluntad también, entonces es la voluntad de Dios que Su hijo use esta voluntad renovada en Su servicio. La voluntad es el poder supremo del alma; la gracia quiere sobre todo santificar y restaurar esta voluntad, uno de los principales rasgos de la imagen de Dios, para su pleno y libre ejercicio. Como un hijo, que sólo vive para los intereses de su padre, que no busca lo suyo sino la voluntad de su padre, a quien el padre le confía sus asuntos, así Dios le habla a Su hijo con toda verdad: '¿Qué quieres?' Es a menudo pereza espiritual que, bajo la apariencia de humildad, profesa no tener voluntad, porque teme el problema de buscar la voluntad de Dios o, cuando la encuentra, la lucha de reclamarla en la fe. La verdadera humildad está siempre acompañada de una fe fuerte, que sólo busca saber qué está de acuerdo con la voluntad de Dios, y luego afirma con denuedo el cumplimiento de la promesa: "Pediréis todo lo que queráis, y os será hecho". '

'SEÑOR, ENSEÑANOS A ORAR.'

¡Señor Jesus! enséñame a orar con todo mi corazón y todas mis fuerzas, para que no haya duda contigo ni conmigo de lo que te he pedido. Que sepa lo que deseo de tal manera que, así como mis peticiones están registradas en el cielo, también pueda registrarlas en la tierra, y anotar cada respuesta a medida que llega. Y que mi fe en lo que Tu Palabra ha prometido sea tan clara que el Espíritu pueda realmente obrar en mí la libertad de querer que venga. ¡Caballero! renueva, fortalece, santifica en todo mi voluntad para la obra de la oración eficaz.

¡Bendito Salvador! Te suplico que me reveles la maravillosa condescendencia que nos muestras, pidiéndonos así que digamos lo que queremos que Tú hagas, y prometiéndonos hacer lo que queramos. ¡Hijo de Dios! No puedo entenderlo;

Sólo puedo creer que en verdad nos has redimido totalmente para ti, y buscas hacer de la voluntad, como nuestra parte más noble, tu más eficiente servidor. ¡Caballero! Te entrego mi voluntad sin reservas, como el poder a través del cual Tu Espíritu ha de gobernar todo mi ser. Que Él tome posesión de él, que lo guíe a la verdad de Tus promesas, y que lo haga tan fuerte en la oración que siempre pueda oír Tu voz que dice: ' Grande es tu fe: hágase contigo como tú quieres'. Amén.

Con Cristo en la Escuela de Oración - Capítulo 11
LECCIÓN DÉCIMA PRIMERA.
'Creed que habéis recibido;' O, La Fe que Requiere.

'Por tanto os digo: Todas las cosas que oréis y pidáis, creed que las habéis recibido, y las tendréis.'—Mark xi. 24

ESO una promesa! tan grande, tan Divino, que nuestros pequeños corazones no pueden asimilarlo, y de todas las formas posibles buscan limitarlo a lo que creemos seguro o probable; en lugar de permitirle, en su poder y energía vivificadores, tal como Él los dio, entrar y ensanchar nuestros corazones a la medida de lo que Su amor y poder están realmente dispuestos a hacer por nosotros. La fe está muy lejos de ser una mera convicción de la verdad de la palabra de Dios, o una conclusión extraída de ciertas premisas. Es el oído que ha oído a Dios decir lo que hará, el ojo que lo ha visto haciéndolo, y, por tanto, donde hay verdadera fe, es imposible pero la respuesta debe venir. Si solo nos aseguramos de que hagamos lo único que Él nos pide mientras oramos: CREE que lo has recibido; Él se asegurará de que Él haga lo que ha prometido: 'Vosotros los tendréis'. La nota clave de la oración de Salomón (2 Crónicas vi. 4), 'Bendito sea el Señor Dios de Israel, que con Sus manos cumplió lo que habló con Su boca a mi padre David', es la nota clave de toda oración verdadera: la adoración gozosa de un Dios cuya mano asegura siempre el cumplimiento de lo que su boca ha dicho. Con este espíritu escuchemos la promesa que hace Jesús; cada parte de ella tiene su mensaje Divino.

Todo lo que sea. A esta primera palabra, nuestra sabiduría humana comienza inmediatamente a dudar y a preguntarse: ¿esto seguramente no puede ser literalmente cierto? Pero si no es así, ¿por qué lo dijo el Maestro, usando la expresión más fuerte que pudo encontrar: 'Todas las cosas en absoluto'. Y no es que esta fuera la única vez que habló así; ¿No es Él quien también dijo: 'Si puedes creer, TODAS LAS COSAS son posibles para el que cree;' 'Si tenéis fe, NADA os será imposible.' La fe es tan enteramente la obra del Espíritu de Dios a través de Su palabra en el corazón preparado del discípulo creyente, que es imposible que no llegue el cumplimiento; la fe es prenda y precursora de la respuesta venidera. Sí, 'TODAS LAS COSAS que pidiereis en oración creyendo, las recibiréis'. La tendencia de la razón humana es interponerse aquí, y con ciertas cláusulas calificativas, 'si es conveniente', 'si es conforme a la voluntad de Dios', para quebrantar la fuerza de una afirmación que parece peligrosa. Oh, cuidémonos de tratar así las palabras del Maestro. Su promesa es literalmente cierta. Él quiere que Sus tantas veces repetidas 'TODAS LAS COSAS' entren en nuestros corazones y nos revelen cuán poderoso es el poder de la fe, cuán verdaderamente la Cabeza llama a los miembros a compartir con Él en Su poder, cuán totalmente nuestro Padre pone Su poder en la disposición del niño que confía plenamente en Él. En este 'todas las cosas' la fe ha de tener su alimento y su fuerza: a medida que la debilitamos, debilitamos la fe. El TODO es incondicional: la única condición es lo que está implícito en el creer. Antes de que podamos creer debemos averiguar y saber cuál es la voluntad de Dios. Creer es el ejercicio de un alma entregada y entregada a la influencia de la Palabra y del Espíritu; pero una vez que creemos, nada será imposible. Dios no permita que tratemos de hacer descender Sus TODAS LAS COSAS al nivel de lo que creemos posible. Tomemos ahora simplemente el 'TODO' de Cristo como la medida y la esperanza de nuestra fe: es una semilla-palabra que, si se

439

toma tal como Él la da, y se guarda en el corazón, se desarrollará y arraigará, llenará nuestra vida en plenitud, y den fruto en abundancia.

'Todas las cosas que oréis y pidáis.' Es en la oración que estas 'todas las cosas' deben ser traídas a Dios, para ser pedidas y recibidas de Él. La fe que los acoge es fruto de la oración. En un aspecto debe haber fe antes de que pueda haber oración; en otro la fe es el resultado y el crecimiento de la oración. Es en la presencia personal del Salvador, en la relación con Él, que la fe se eleva para captar lo que al principio parecía demasiado alto. Es en la oración que elevamos nuestro deseo a la luz de la Santa Voluntad de Dios, que se prueban nuestros motivos y se prueba si pedimos en verdad en el nombre de Jesús, y sólo para la gloria de Dios. Es en la oración que esperamos que la dirección del Espíritu nos muestre si estamos pidiendo lo correcto y con el espíritu correcto. Es en la oración que tomamos conciencia de nuestra falta de fe, que somos llevados a decir al Padre que creemos, y que probamos la realidad de nuestra fe por la confianza con la que perseveramos. Es en la oración que Jesús enseña e inspira la fe. El que espera para orar, o se desanima en la oración, porque aún no siente la fe necesaria para obtener la respuesta, nunca aprenderá a creer. El que comienza a orar y pedir encontrará que el Espíritu de fe se da en ninguna parte con tanta seguridad como al pie del Trono.

'Creed que lo habéis recibido.' Está claro que lo que debemos creer es que recibimos las mismas cosas que pedimos. El Salvador no insinúa que debido a que el Padre sabe lo que es mejor, puede darnos algo más. La misma montaña que la fe ordena partir es arrojada al mar. Hay una oración en la que, en todo, damos a conocer nuestras peticiones con oración y súplica, y la recompensa es la dulce paz de Dios guardando el corazón y la mente. Esta es la oración de confianza. Tiene referencia a cosas de las cuales no podemos saber si Dios nos las va a dar. Como hijos damos a conocer nuestros deseos en las innumerables cosas de la vida diaria, y dejamos al Padre dar o no dar como mejor le parezca. Pero la oración de fe de la que habla Jesús es algo diferente, algo más elevado. Cuando, sea en los mayores intereses de la obra del Maestro, sea en las menores preocupaciones de nuestra vida diaria, el alma es llevada a ver cómo no hay nada que honre tanto al Padre como la fe que está segura de que Él hará lo que Él tiene dicho al darnos cualquier cosa que le pidamos, y toma su posición en la promesa tal como la trajo a casa el Espíritu, puede saber con toda certeza que recibe exactamente lo que pide. Vea cuán claramente el Señor nos presenta esto en el versículo 23: 'Cualquiera que no dudare en su corazón, sino creyere que será hecho lo que dice'. Esta es la bendición de la oración de fe de la que habla Jesús.

'Creed que lo habéis recibido.' Esta es la palabra de importancia central, cuyo significado a menudo se malinterpreta. ¡Cree que has recibido! ahora, mientras oras, lo que pides. Sólo puede ser más tarde que lo tengas en la experiencia personal, que verás lo que crees; pero ahora, sin ver, debéis creer que os ha sido dado por el Padre que está en los cielos. Recibir o aceptar una respuesta a la oración es como recibir o aceptar a Jesús o al perdón, una cosa espiritual, un acto de fe aparte de todo sentimiento. Cuando vengo a suplicar perdón, creo que Jesús en el cielo es por mí, y así lo recibo o lo tomo. Cuando vengo a suplicar algún don especial, que sea conforme a la palabra de Dios, creo que lo que pido me es dado: creo que lo tengo, lo tengo en la fe; Doy gracias a Dios que es mío. 'Si sabemos que él nos oye en cualquier cosa que le pidamos, sabemos que tenemos las peticiones que le hemos hecho.'

'Y vosotros los tendréis.' Es decir, el don que primero retenemos en la fe como se nos ha otorgado en el cielo también llegará a ser nuestro en nuestra experiencia personal. Pero, ¿será necesario orar más si una vez que sabemos que hemos sido escuchados y recibido lo que pedimos? Hay casos en los que tal oración no será necesaria, en los que la bendición está lista para irrumpir de inmediato, si mantenemos firme nuestra confianza y probamos nuestra fe alabando por lo que hemos recibido, frente a nuestra falta de confianza. sin embargo, teniéndolo en la experiencia. Hay otros casos en los que la fe que ha recibido necesita ser aún más probada y fortalecida en la oración perseverante. Dios solo sabe cuándo todo dentro y alrededor de nosotros está completamente maduro para la manifestación de la bendición que se le ha dado a la fe. Elías sabía con certeza que vendría lluvia; Dios lo había prometido; y sin embargo tuvo que orar las siete veces. Y esa oración no fue un espectáculo ni un juego; una intensa realidad espiritual en el corazón de aquel que yacía suplicando allí, y en el cielo arriba donde tenía su obra eficaz para hacer. Es 'a través de la fe y la paciencia que heredamos las promesas'. La fe dice con toda confianza, lo he recibido. La paciencia persevera en la oración hasta que el don otorgado en el cielo se vea en la tierra. 'Creed que lo habéis recibido, y lo tendréis'. Entre lo recibido en el cielo y lo recibido en la tierra, creer: creer, alabanza y oración es el vínculo.

Y ahora, recuerda una cosa más: es Jesús quien dijo esto. Al ver el cielo así abierto para nosotros, y al Padre en el Trono ofreciéndose para darnos todo lo que pidamos con fe, nuestros corazones se sienten llenos de vergüenza porque nos hemos aprovechado tan poco de nuestro privilegio, y llenos de temor de que nuestra fe débil todavía fallan en captar lo que está tan claramente puesto a nuestro alcance. Hay una cosa que nos debe hacer fuertes y llenos de esperanza: es Jesús quien nos ha traído este mensaje del

Padre. Él mismo, cuando estuvo en la tierra, vivió la vida de fe y oración. Fue cuando los discípulos expresaron su sorpresa por lo que había hecho con la higuera, que les dijo que la misma vida que Él llevaba podría ser de ellos; que no solo podían mandar a la higuera, sino a la misma montaña, y esta debía obedecer. Y Él es nuestra vida: todo lo que Él fue en la tierra lo es ahora en nosotros; todo lo que enseña lo da realmente. Él mismo es el Autor y el Perfeccionador de nuestra fe: Él da el espíritu de fe; no tengamos miedo de que tal fe no sea para nosotros. Está destinado a todo hijo del Padre; está al alcance de cada uno que sea como un niño, entregándose a la Voluntad y al Amor del Padre, confiando en la Palabra y el Poder del Padre. ¡Querido hermano cristiano! que el pensamiento de que esta palabra viene a través de Jesús, el Hijo, nuestro Hermano, nos dé coraje, y que nuestra respuesta sea: Sí, Bendito Señor, creemos Tu Palabra, creemos que recibimos.

'SEÑOR, ENSEÑANOS A ORAR.'
¡Bendito Señor! Tú viniste del Padre para mostrarnos todo Su amor y todos los tesoros de bendición que el amor está esperando para otorgarnos. ¡Caballero! Hoy has vuelto a abrir las puertas de par en par, y nos has dado tales promesas en cuanto a nuestra libertad en la oración, que debemos avergonzarnos de que nuestros pobres corazones hayan asimilado tan poco. Ha sido demasiado grande para que lo creamos.

¡Caballero! ahora te admiramos para que nos enseñes a tomar, guardar y usar esta preciosa palabra tuya: 'Todas las cosas que pidáis, creed que las habéis recibido'. ¡Bendito Jesús! es en ti mismo en quien nuestra fe debe estar enraizada para que se fortalezca. Tu obra nos ha librado totalmente del poder del pecado y abierto el camino al Padre; Tu Amor siempre anhela llevarnos a la plena comunión de Tu gloria y poder; Tu Espíritu hacia arriba en una vida de perfecta fe y confianza; estamos seguros de que en Tu enseñanza aprenderemos a hacer la oración de fe. Tú nos entrenarás a orar para que creamos que recibimos, para creer que realmente tenemos lo que pedimos. ¡Caballero! enséñame a conocerte y confiar y amarte, a vivir y permanecer en Ti, que todas mis oraciones se eleven y lleguen ante Dios en Ti, y que mi alma tenga en Ti la seguridad de que soy escuchada. Amén.

Con Cristo en la Escuela de Oración - Capítulo 12

LECCIÓN DUODÉCIMA.

'Tener fe en Dios;'

O, El secreto de la oración creyente.

'Respondiendo Jesús, les dijo: Tened fe en Dios. De cierto os digo, que cualquiera que no dudare en su corazón, sino creyere que será hecho lo que él dice; él lo tendrá. Por tanto os digo que todas las cosas que oréis y pidiereis, creed que las habéis recibido, y
los tendrá.'—Mark xi. 22-24.

LA promesa de respuesta a la oración que formó nuestra lección de ayer es una de las más maravillosas de toda la Escritura. En cuántos corazones ha planteado la pregunta: ¿Cómo puedo alcanzar la fe que sabe que recibe todo lo que pide?

Es esta pregunta que nuestro Señor respondería hoy. Antes de dar esa maravillosa promesa a sus discípulos, pronunció otra palabra, en la que señala dónde surge la fe en la respuesta a la oración y encuentra siempre su fuerza. TENGAN FE EN DIOS: esta palabra precede a la otra, Tengan fe en la promesa de una respuesta a la oración. El poder de creer en una promesa depende enteramente, pero únicamente, de la fe en el que hace la promesa. La confianza en la persona engendra confianza en su palabra. Es solo donde vivimos y nos asociamos con Dios en una relación personal y amorosa, donde DIOS MISMO es todo para nosotros, donde todo nuestro ser está continuamente abierto y expuesto a las poderosas influencias que están obrando, donde Su Santa Presencia es revelada, que se desarrollará la capacidad para creer que Él da todo lo que le pedimos.

Esta conexión entre la fe en Dios y la fe en su promesa se nos aclarará si pensamos en lo que realmente es la fe. A menudo se compara con la mano o la boca, por la cual tomamos y nos apropiamos de lo que se nos ofrece. Pero es importante que comprendamos que la fe es también el oído con el que escucho lo prometido, el ojo con el que veo lo que se me ofrece. De esto depende el poder de tomar. Debo escuchar a la persona que me da la promesa: el mismo tono de su voz me da valor para creer. Debo verlo: a la luz de sus ojos y semblante, todo temor en cuanto a mi derecho a tomar desaparece. El valor de la promesa depende del que hace la promesa: es de mi conocimiento de lo que es el que hace la promesa de lo que depende la fe en la promesa.

Es por esta razón que Jesús, antes de dar esa maravillosa oración-promesa, primero dice: 'TENGAN FE EN DIOS'. Es decir, deja que tu ojo esté abierto al Dios Vivo, y míralo, viendo al que es Invisible. Es a través del ojo que me entrego a la influencia de lo que está delante de mí; Simplemente dejo que entre, que ejerza su influencia, que deje su impresión en mi mente. Entonces, creer en Dios es solo mirar a Dios y lo que Él es, permitiéndole revelar Su presencia, dándole tiempo y entregando todo el ser para recibir la impresión completa de lo que Él es como Dios, el alma abierta para recibir y regocijarse en la sombra de su amor. Sí, la fe es el ojo al que Dios muestra lo que es y hace: a través de la fe, la luz de su presencia y las obras de su gran poder afluyen al alma. Así como lo que veo vive en mí, así también por la fe Dios vive en mí.

Y así también la fe es el oído a través del cual se escucha siempre la voz de Dios y se mantiene el trato con Él. Es a través del Espíritu Santo que el Padre nos habla; el Hijo es la Palabra, la sustancia de lo que Dios dice; el Espíritu es la voz viva. Esto lo necesita el hijo de Dios para conducirlo y guiarlo; la voz secreta del cielo debe enseñarle, como le enseñó a Jesús, qué decir y qué hacer. Un oído abierto hacia Dios, es decir, un corazón creyente que espera en Él, para escuchar lo que Él dice, lo escuchará hablar. Las palabras de Dios no serán sólo palabras de un Libro, sino que, saliendo de la boca de Dios, serán espíritu y verdad, vida y poder. Traerán hechos y experiencias vivas que de otro modo no serían más que pensamientos. A través de este oído abierto, el alma permanece bajo la influencia de la vida y el poder de Dios mismo. Así como las palabras que escucho entran en la mente y moran y obran allí, así por medio de la fe Dios entra en el corazón, y mora y obra allí.

Cuando la fe esté ahora en pleno ejercicio como ojo y oído, como la facultad del alma por la cual vemos y oímos a Dios, entonces podrá ejercer todo su poder como mano y boca, por la cual nos apropiamos de Dios y su bendición. El poder de recepción dependerá enteramente del poder de percepción espiritual. Por esta razón Jesús dijo, antes de dar la promesa de que Dios contestaría la oración de fe: 'TENGAN FE EN DIOS.' La fe es simplemente entrega: me entrego a la impresión que me producen las noticias que escucho. Por la fe me entrego al Dios vivo. Su gloria y amor llenan mi corazón y tienen dominio sobre mi vida. La fe es comunión; Me entrego a la influencia del amigo que me hace una promesa y me vinculo a él por ella. Y es cuando entramos en esta comunión viva con Dios mismo, en una fe que siempre lo ve y lo escucha, que se vuelve fácil y natural creer en Su promesa en cuanto a la oración. La fe en la promesa es fruto de la fe en el que hace la promesa: la oración de fe está enraizada en la vida de fe. Y así la fe que ora con eficacia es ciertamente un don de Dios. No como algo que Él otorga o infunde de inmediato, sino en un sentido mucho más profundo y verdadero, como la bendita disposición o hábito del alma que se forja y crece en nosotros en una vida de relación con Él. Seguramente para quien conoce bien a su Padre, y vive en constante relación íntima con Él, es cosa sencilla creer en la promesa de que Él hará la voluntad de Su hijo que vive en unión consigo mismo.

Debido a que muchos de los hijos de Dios no entienden esta conexión entre la vida de fe y la oración de fe, su experiencia del poder de la oración es tan limitada. Cuando desean fervientemente obtener una respuesta de Dios, fijan todo su corazón en la promesa y hacen todo lo posible por aferrarse a ella con fe. Cuando no tienen éxito, están dispuestos a perder la esperanza; la promesa es verdadera, pero está más allá de su poder aferrarse a ella con fe. Escuchen la lección que Jesús nos enseña este día: TENGAN FE EN DIOS, el Dios Vivo: que la fe mire a Dios más que lo prometido: es su amor, su poder, su presencia viva despertará y obrará la fe. Un médico diría a alguien que pide algún medio para tener más fuerza en sus brazos y manos para agarrar y sujetar, que toda su constitución debe ser edificada y fortalecida. Así que la cura de una fe débil se encuentra únicamente en el fortalecimiento de toda nuestra vida espiritual por medio del trato con Dios. Aprende a creer en Dios, a agarrarte de Dios, a dejar que Dios tome posesión de tu vida, y te será fácil agarrarte de la promesa. El que conoce y confía en Dios encuentra fácil confiar también en la promesa.

Solo observe cuán claramente esto se manifiesta en los santos de la antigüedad. Cada exhibición especial del poder de la fe fue el fruto de una revelación especial de Dios. Véanlo en Abraham: 'Y vino palabra de Jehová a Abram, diciendo: No temas, Abram; Yo soy tu escudo. Y lo sacó fuera, y dijo. . . Y LE CREYÓ AL SEÑOR.' Y más adelante otra vez: 'El Señor se le apareció y le dijo: Yo soy el Dios Todopoderoso. Y Abram se postró sobre su rostro, y Dios habló con él, diciendo: En cuanto a mí, he aquí, mi pacto es contigo.' Fue la revelación de Dios mismo la que le dio a la promesa su poder vivo para entrar en el corazón y obrar la fe. Debido a que conocían a Dios, estos hombres de fe no podían hacer otra cosa que confiar en Su promesa. La promesa de Dios será para nosotros lo que Dios mismo es. Es el hombre que camina delante del Señor, y se postra sobre su rostro para escuchar mientras el Dios vivo le habla, quien realmente recibirá la promesa. Aunque tenemos las promesas de Dios en la Biblia, con plena libertad para tomarlas, falta el poder espiritual, excepto cuando Dios mismo nos las hable. Y Él habla a los que caminan y viven con Él. Por lo tanto, TENGAN FE EN DIOS: que la fe sea todo ojo y oído, la entrega para dejar que Dios haga Su plena impresión, y se revele plenamente en el alma. Considera como una de las principales bendiciones de la oración ejercitar la fe en Dios, como el Dios vivo y poderoso que espera cumplir en nosotros todo el beneplácito de su voluntad, y la obra de la fe con poder. Ved en Él al Dios del Amor, cuyo deleite es bendecirse y darse a Sí mismo. En tal adoración de fe en Dios, el poder llegará rápidamente a creer también en la promesa: 'TODO LO QUE PIDÉIS, CREE QUE LO RECIBÉIS'. Sí, procura que con fe hagas tuyo a Dios; la promesa será tuya también.

Preciosas lecciones que Jesús tiene para enseñarnos este día. Buscamos los dones de Dios: Dios quiere darse primero a nosotros. Pensamos en la oración como el poder de atraer buenos dones del cielo; Jesús como medio para acercarnos a Dios. Queremos pararnos en la puerta y llorar; Jesús quiere que primero entremos y nos demos cuenta de que somos amigos e hijos. Aceptemos la enseñanza. Que cada experiencia de la pequeñez de nuestra fe en la oración nos impulse primero a tener y ejercer más fe en el Dios vivo, y en tal fe a entregarnos a Él. Un corazón lleno de Dios tiene poder para la oración de fe. La fe en Dios engendra fe en la promesa, también en la promesa de una respuesta a la oración.

Por lo tanto, hijo de Dios, tómate un tiempo, tómate un tiempo, para inclinarte ante Él, para esperar que Él se revele. Toma tiempo, y deja que tu alma en santa reverencia y adoración ejerza y exprese su fe en el Infinito, y mientras Él se imparte y toma posesión de ti, la oración de fe coronará tu fe en Dios.

'SEÑOR, ENSEÑANOS A ORAR.'

¡Oh Dios mío! Creo en Ti. Creo en Ti como el Padre, Infinito en Tu Amor y Poder. Y como Hijo, mi Redentor y mi Vida. Y como Espíritu Santo, Consolador y Guía y Fortaleza. Tres-Uno Dios, tengo fe en Ti. Sé y estoy seguro de que todo lo que eres Tú eres para mí, que todo lo que has prometido lo cumplirás.

¡Señor Jesus! aumentar esta fe. Enséñame a tomar tiempo, esperar y adorar en la Santa Presencia hasta que mi fe comprenda todo lo que hay en mi Dios para mí. Que lo vea como la Fuente de toda Vida, obrando con Fuerza Omnipotente para cumplir Su voluntad en el mundo y en mí. Que lo vea en su amor anhelando encontrar y cumplir mis deseos. Que tome posesión de mi corazón y de mi vida para que por la fe sólo Dios pueda habitar allí. ¡Señor Jesús, ayúdame! con todo mi corazón creería en Dios. Que la fe en Dios me llene cada momento.

¡Oh mi bendito Salvador! cómo Tu Iglesia puede glorificarte, cómo puede cumplir esa obra de intercesión por la que debe venir Tu reino, a menos que toda nuestra vida sea FE EN DIOS. ¡Bendito Señor! habla Tu Palabra, 'TEN FE EN DIOS,' hasta lo más profundo de nuestras almas.

Con Cristo en la Escuela de Oración - Capítulo 13
LECCIÓN DECIMOTERCERA.
'Oración y ayuno'; O, La cura de la incredulidad.

Entonces se acercaron los discípulos a Jesús, aparte, y dijeron: ¿Por qué no pudimos echarle fuera? Y Jesús les dijo: Por vuestra incredulidad; porque de cierto os digo, que si tuviereis fe como un grano de mostaza, nada os será imposible. Pero este género no sale sino con oración y ayuno'—Mat. xvii. 19-21.

ENTONCES los discípulos vieron a Jesús expulsar el espíritu maligno del epiléptico a quien 'no podían curar', le preguntaron al Maestro por la causa de su fracaso. Él les había dado 'poder y autoridad sobre todos los demonios, y para curar todas las enfermedades'. A menudo habían ejercido ese poder y con alegría contaron cómo los demonios estaban sujetos a ellos. Y, sin embargo, ahora, mientras Él estaba en el Monte, habían fracasado por completo. Se había probado que no había nada en la voluntad de Dios o en la naturaleza del caso que hiciera imposible la liberación: por mandato de Cristo, el espíritu maligno había salido. De su expresión, '¿Por qué no podríamos?' es evidente que así lo habían querido y buscado; probablemente habían usado el nombre del Maestro e invocaron al espíritu maligno para que saliera. Sus esfuerzos habían sido en vano, y en presencia de la multitud, habían sido avergonzados. '¿Por qué no podríamos?' La respuesta de Cristo fue directa y sencilla: 'Por vuestra incredulidad'. La causa de Su éxito y de su fracaso no se debió a que Él tuviera un poder especial al que ellos no tenían acceso. No; la razón no estaba lejos de buscar. Les había enseñado tantas veces que hay un poder, el de la fe, ante el cual, en el reino de las tinieblas, como en el reino de Dios, todo debe inclinarse; en el mundo espiritual el fracaso tiene una sola causa, la falta de fe. La fe es la única condición en la que todo el poder divino puede entrar en el hombre y obrar a través de él. Es la susceptibilidad de lo invisible: la voluntad del hombre cedida y moldeada por la voluntad de Dios. El poder que habían recibido para echar fuera demonios, no lo tenían como un don o posesión permanente; el poder estaba en Cristo, para ser recibido, retenido y usado solo por fe, fe viva en sí mismo. Si hubieran estado llenos de fe en Él como Señor y Conquistador en el mundo de los espíritus, si hubieran estado llenos de fe en Él por haberles dado autoridad para expulsar en Su nombre, esta fe les habría dado la victoria. 'Por vuestra incredulidad' fue, para siempre, la explicación y reprensión del Maestro de la impotencia y el fracaso de Su Iglesia.

Pero tal falta de fe también debe tener una causa. Bien podrían haber preguntado los discípulos: '¿Y por qué no pudimos creer? Nuestra fe ha echado fuera demonios antes de esto: ¿por qué ahora hemos fallado en creer? 'El Maestro procede a decirles antes de que pregunten: 'Esta especie no sale sino con ayuno y oración'. Así como la fe es la más simple, así es el más alto ejercicio de la vida espiritual, donde nuestro espíritu se entrega en perfecta receptividad al Espíritu de Dios y así se fortalece a su más alta actividad. Esta fe depende enteramente del estado de la vida espiritual; sólo cuando esto es fuerte y en plena salud, cuando el Espíritu de Dios tiene plena influencia en nuestra vida, existe el poder de la fe para realizar sus obras poderosas. Y por eso Jesús añade: 'Pero este género no sale sino con ayuno y oración.' La fe que puede vencer la obstinada resistencia que acaban de ver en este espíritu maligno, les dice Jesús, no es posible excepto para los hombres que viven en una comunión muy estrecha con Dios y en una separación muy especial del mundo, en oración y ayuno. Y así Él nos enseña dos lecciones con respecto a la oración de profunda importancia. Uno, que la fe necesita una vida de oración en la que crecer y mantenerse fuerte. La otra, que la oración necesita del ayuno para su pleno y perfecto desarrollo.

La fe necesita una vida de oración para su pleno crecimiento. En todas las diferentes partes de la vida espiritual hay una unión tan estrecha, una acción y una reacción tan incesantes, que cada una puede ser a la vez causa y efecto. Así es con la fe. No puede haber verdadera oración sin fe; alguna medida de fe debe preceder a la oración. Y, sin embargo, la oración es también el camino hacia más fe; no puede haber grados más altos de fe excepto a través de mucha oración. Esta es la lección que Jesús enseña aquí. No hay nada que necesite tanto para crecer como nuestra fe. 'Vuestra fe crece sobremanera', se dice de una Iglesia. Cuando Jesús pronunció las palabras: 'Conforme a vuestra fe os sea hecho', anunció la ley del reino, que nos dice que no todos tienen el mismo grado de fe, que la misma persona no tiene siempre el mismo grado, y que la medida de la fe siempre debe determinar la medida del poder y de la bendición. Si queremos saber dónde y cómo debe crecer nuestra fe, el Maestro nos señala el trono de Dios. Es en la oración, en el ejercicio de la fe que tengo, en la comunión con el Dios vivo, que la fe puede aumentar. La fe sólo puede vivir alimentándose de lo Divino, de Dios mismo.

Es en la adoración adorante de Dios, la espera en Él y por Él, el silencio profundo del alma que se entrega a Dios para revelarse, que se desarrollará la capacidad de conocer y confiar en Dios. Es cuando tomamos Su palabra del Libro Bendito y se la traemos a Él, pidiéndole que nos la hable con Su voz viva y amorosa, que el poder vendrá completamente para creer y recibir la palabra como la propia palabra de Dios para nosotros. Es en la oración, en el contacto vivo con Dios en la fe viva, que la fe, el poder de confiar en Dios, y en esa confianza, aceptar todo lo que Él dice, aceptar cada posibilidad que Él ha ofrecido a nuestra fe, se fortalecerá en nosotros. Muchos cristianos no pueden entender lo que significa tanta oración de la que a veces se habla: no pueden formarse una idea, ni sienten la necesidad, de pasar horas con Dios. Pero lo que dice el Maestro, la experiencia de Su pueblo lo ha confirmado: los hombres de fe fuerte son hombres de mucha oración.

Esto nos lleva de nuevo a la lección que aprendimos cuando Jesús, antes de decirnos que creamos que recibimos lo que pedimos, primero dijo: 'Tengan fe en Dios'. Es Dios, el Dios vivo, en quien nuestra fe debe echar raíces profundas y anchas; entonces será fuerte para remover montañas y echar fuera demonios. 'Si tenéis fe, nada os será imposible'. ¡Oh! si nos entregamos a la obra que Dios tiene para nosotros en el mundo, poniéndonos en contacto con las montañas y los demonios que hay que desechar y echar fuera, pronto comprenderemos la necesidad que hay de mucha fe, y de mucha oración, como el único suelo en el que se puede cultivar la fe. Cristo Jesús es nuestra vida, también la vida de nuestra fe. Es Su vida en nosotros lo que nos fortalece y nos hace simples para creer. Es en la muerte a uno mismo que implica mucha oración, en una unión más estrecha con Jesús, que el espíritu de fe vendrá en poder. La fe necesita de la oración para su pleno crecimiento.

Y la oración necesita del ayuno para su pleno desarrollo: esta es la segunda lección. La oración es la única mano con la que agarramos lo invisible; el ayuno, el otro, con el que soltamos y desechamos lo visible. En nada está el hombre más íntimamente relacionado con el mundo de los sentidos que en su necesidad de alimento y en su disfrute. Fue el fruto, bueno para comer, con el que el hombre fue tentado y cayó en el Paraíso. Fue con pan hecho de piedras que Jesús, cuando tenía hambre, fue tentado en el desierto, y con el ayuno triunfó. El cuerpo ha sido redimido para ser templo del Espíritu Santo; es tanto en el cuerpo como en el espíritu, es muy especial, dice la Escritura, que al comer y beber debemos glorificar a Dios. Es de temer que haya muchos cristianos para quienes este comer para la gloria de Dios no se haya convertido todavía en una realidad espiritual. Y el primer pensamiento sugerido por las palabras de Jesús con respecto al ayuno y la oración es que sólo en una vida de moderación, templanza y abnegación habrá el corazón o la fuerza para orar mucho.

Pero también está su significado más literal. La tristeza y la ansiedad no pueden comer: la alegría celebra sus fiestas comiendo y bebiendo. Pueden venir tiempos de intenso deseo, cuando se siente fuertemente cómo el cuerpo, con sus apetitos, por lícitos que sean, estorban aún al espíritu en su batalla con los poderes de las tinieblas, y se siente la necesidad de someterlo. Somos criaturas de los sentidos: nuestra mente es ayudada por lo que nos llega encarnado en forma concreta; el ayuno ayuda a expresar, profundizar y confirmar la resolución de que estamos dispuestos a sacrificar cualquier cosa, a sacrificarnos a nosotros mismos, a alcanzar lo que buscamos para el reino de Dios. Y Aquel que aceptó el ayuno y el sacrificio del Hijo, sabe valorar y aceptar y recompensar con poder espiritual al alma que así está dispuesta a darlo todo por Cristo y su reino.

Y luego sigue una aplicación aún más amplia. La oración es la búsqueda de Dios y lo invisible; el ayuno, el dejar ir todo lo que es de lo visible y temporal. Mientras que los cristianos ordinarios imaginan que todo lo que no está positivamente prohibido y es pecaminoso les es lícito, y buscan retener tanto como sea posible de este mundo, con sus propiedades, su literatura, sus goces, el alma verdaderamente consagrada es como el soldado que lleva sólo lo que necesita para la guerra. Despojándose de todo peso, así como del pecado que lo acosa fácilmente, temeroso de enredarse en los asuntos de esta vida, busca llevar una vida nazarea, como alguien especialmente apartado para el Señor y su servicio. Sin tal separación voluntaria, incluso de lo que es lícito, nadie alcanzará el poder en la oración: este género no sale sino con el ayuno y la oración.

¡Discípulos de Jesús! que habéis pedido al Maestro que os enseñe a orar, venid ahora y aceptad sus lecciones. Él te dice que la oración es el camino a la fe, una fe fuerte, que puede echar fuera demonios. Él os dice: 'Si tenéis fe, nada os será imposible;' dejad que esta gloriosa promesa os anime a orar mucho. ¿El premio no vale el precio? ¿No dejaremos todo para seguir a Jesús en el camino que Él nos abre aquí; ¿No deberíamos, si es necesario, ayunar? ¿No haremos nada que ni el cuerpo ni el mundo que nos rodea nos estorben en la gran obra de nuestra vida, teniendo relaciones con nuestro Dios en oración, para que lleguemos a ser hombres de fe, a quienes Él pueda usar en Su obra de salvar al mundo? .
'SEÑOR, ENSEÑANOS A ORAR.'
¡Oh Señor Jesús! ¡Cuán continuamente tienes que reprendernos por nuestra incredulidad! ¡Qué extraña debe parecerte esta terrible incapacidad de confiar en nuestro Padre y en sus promesas! ¡Caballero! deja que Tu reprensión, con su búsqueda, 'Por tu incredulidad', se hunda en lo más profundo de nuestros corazones, y nos revele cuánto del pecado y el sufrimiento que nos rodea es nuestra culpa. Y luego enséñanos, Bendito Señor, que hay un lugar donde se puede aprender y ganar la fe, incluso en la oración y el ayuno que conducen a una comunión viva y permanente contigo mismo y con el Padre.

¡Oh Salvador! Tú mismo eres el Autor y el Perfeccionador de nuestra fe; enséñanos lo que es dejarte vivir en nosotros por tu Espíritu Santo. ¡Caballero! nuestros esfuerzos y oraciones por la gracia de creer han sido tan inútiles. Sabemos por qué fue: buscábamos en nosotros la fuerza para ser dada por Ti, enséñanos el misterio de Tu vida en nosotros, y cómo Tú, por Tu Espíritu, te comprometes a vivir en nosotros la vida de la fe, para cuidar de es que nuestra fe no fallará. Oh, veamos que nuestra fe sea simplemente una parte de esa maravillosa vida de oración que Tú das en aquellos que esperan su preparación para el ministerio de la intercesión, no sólo en palabra y pensamiento, sino en la Santa Unción que Tú das, el influjo del Espíritu de tu propia vida. Y enséñanos cómo, en ayuno y oración, podemos crecer hasta la fe para la cual nada será imposible. Amén.

NOTA

En el momento en que Blumhardt estaba pasando por su terrible conflicto con los espíritus malignos en aquellos que estaban poseídos y buscaba expulsarlos mediante la oración, a menudo se preguntaba qué era lo que impedía la respuesta. Un día, un amigo, a quien le había hablado de su problema, dirigió su atención a las palabras de nuestro Señor sobre el ayuno. Blumhardt resolvió entregarse al ayuno, a veces durante más de treinta horas. De la reflexión y la experiencia obtuvo la convicción de que tiene más importancia de lo que generalmente se piensa. Él dice: 'En la medida en que el ayuno es ante Dios, una prueba práctica de que lo que pedimos es para nosotros un asunto de verdadero y apremiante interés, y en la medida en que en un alto grado fortalece la intensidad y el poder de la oración, y se vuelve la incesante expresión práctica de una oración sin palabras, podía creer que no sería sin eficacia, sobre todo porque las palabras del Maestro se referían a un caso como el presente. Lo intenté, sin decírselo a nadie, y en verdad el conflicto posterior se alivió extraordinariamente con él. Podía hablar con mucha más tranquilidad y decisión. No necesitaba estar tanto tiempo presente con el enfermo; y sentí que podía influir sin estar presente.'

Con Cristo en la Escuela de Oración - Capítulo 14

LECCIÓN DÉCIMA CUARTA.

'Cuando estéis orando, perdonad;' O, Oración y Amor.

'Y cuando estéis orando, perdonad, si tenéis algo contra alguno; para que también vuestro Padre que está en los cielos os perdone vuestras ofensas.'—Mark xi. 25

ESTAS palabras siguen inmediatamente a la gran oración-promesa: 'Todas las cosas que oréis, creed que las habéis recibido, y las tendréis'. Ya hemos visto cómo las palabras que precedieron a esa promesa, 'Tened fe en Dios', nos enseñaron que en la oración todo depende de que nuestra relación con Dios sea clara; estas palabras que siguen nos recuerdan que nuestra relación con los semejantes también debe ser clara. El amor a Dios y el amor al prójimo son inseparables: la oración del corazón, que no está bien con Dios por un lado, o con los hombres por el otro, no puede prevalecer. La fe y el amor son esenciales el uno para el otro.

Encontramos que este es un pensamiento al que nuestro Señor expresó con frecuencia. En el Sermón de la Montaña (Mat. v. 23, 24), al hablar del sexto mandamiento, enseña a sus discípulos cuán imposible es la adoración aceptable al Padre si todo no va bien con el hermano: 'Si ofrecieres tu ofrenda en el altar, y allí te acuerdas de que tu hermano tiene algo contra ti, deja allí tu ofrenda delante del altar, y vete; primero reconcíliate con tu hermano, y luego ven y presenta tu ofrenda.' Y así más tarde, al hablar de la oración a Dios, después de habernos enseñado a orar: 'Perdónanos nuestras deudas, como también nosotros hemos perdonado a nuestros deudores', añadió al final de la oración: 'Si no perdonáis a los hombres sus ofensas , ni vuestro Padre os perdonará vuestras ofensas. Al final de la parábola del siervo despiadado Él aplica Su enseñanza en las palabras: 'Así también mi Padre Celestial hará con vosotros, si no perdonáis cada uno a su hermano de vuestro corazón.' Y así aquí, al lado de la higuera seca, donde Él habla del maravilloso poder de la fe y la oración de fe, Él de repente, aparentemente sin conexión, introduce el pensamiento, 'Cuando estéis orando, perdonad, si algo tenéis contra nadie; para que también vuestro Padre que está en los cielos os perdone vuestras ofensas.' Es como si el Señor hubiera aprendido durante su vida en Nazaret y después que la desobediencia a la ley del amor a los hombres era el gran pecado incluso de la gente que oraba, y la gran causa de la debilidad de su oración. Y es como si quisiera conducirnos a su propia bendita experiencia de que nada da tanta libertad de acceso y tanto poder en creer como la conciencia que nos hemos dado en amor y compasión, por aquellos a quienes Dios ama.

La primera lección que se enseña aquí es la de una disposición perdonadora. Oramos: 'Perdona, así como nosotros hemos perdonado'. La Escritura dice: 'Perdonáos unos a otros, así como también Dios os perdonó a vosotros en Cristo'. El perdón pleno y gratuito de Dios ha de ser la regla nuestra con los hombres. De lo contrario, nuestro perdón a regañadientes, a medias, que no es perdón en absoluto, será el gobierno de Dios con nosotros. Cada oración se basa en nuestra fe en la gracia perdonadora de Dios. Si Dios tratara con nosotros después de nuestros pecados, ninguna oración podría ser escuchada. El perdón abre la puerta a todo el amor y la bendición de Dios: porque Dios ha perdonado todos nuestros pecados, nuestra oración puede prevalecer para obtener todo lo que necesitamos. La base profunda y segura de la respuesta a la oración es el amor perdonador de Dios. Cuando ha tomado posesión del corazón, oramos con fe. Pero también, cuando se ha apoderado del corazón, vivimos en el amor. El carácter perdonador de Dios, revelado en Su amor por nosotros, se convierte en un carácter en nosotros; como el poder de Su amor perdonador derramado y morando dentro de nosotros, perdonamos así como Él perdona. Si se nos hace un daño o una injusticia grande y grave, buscamos ante todo poseer un carácter divino; ser resguardado de un sentido de honor herido, de un deseo de mantener nuestros derechos, o de recompensar al ofensor como se lo ha merecido. En las pequeñas molestias de la vida diaria, estamos atentos para no excusar el temperamento precipitado, la palabra aguda, el juicio rápido, con el pensamiento de que no queremos hacer daño, que no mantenemos la ira por mucho tiempo, o que sería demasiado. mucho que esperar de la débil naturaleza humana, que debemos realmente perdonar de la manera en que lo hacen Dios y Cristo. No, tomamos el mandato literalmente, 'Así como Cristo perdonó, así también vosotros.' La sangre que limpia la conciencia de obras muertas, limpia también del egoísmo; el amor que revela es el amor que perdona, que se apodera de nosotros y fluye a través de nosotros hacia los demás. Nuestro amor perdonador por los hombres es la evidencia de la realidad del amor perdonador de Dios en nosotros, y por tanto la condición de la oración de fe.

Hay una segunda lección, más general: nuestra vida diaria en el mundo se convierte en la prueba de nuestra relación con Dios en la oración. Cuán a menudo el cristiano, cuando viene a orar, hace todo lo posible por cultivar ciertos estados de ánimo que cree que serán agradables. No comprende, u olvida, que la vida no consiste en tantos pedazos sueltos, de los cuales ahora uno, luego otro, pueden ser tomados. La vida es un todo, y el marco piadoso de la hora de oración es juzgado por Dios desde el marco ordinario de la vida diaria, de la cual la hora de oración es sólo una pequeña parte. No el sentimiento que invoco, sino el tono de mi vida durante el día, es el criterio de Dios de lo que realmente soy y deseo. Mi acercamiento a Dios es de una sola pieza con mi relación con los hombres y la tierra: el fracaso aquí causará el fracaso allá. Y eso no sólo cuando existe la clara conciencia de algo malo entre mi prójimo y yo; pero la corriente ordinaria de mi pensar y juzgar, los pensamientos y palabras sin amor que dejo pasar desapercibidos, pueden estorbar mi oración. La oración eficaz de la fe brota de una vida entregada a la voluntad y al amor de Dios. No según lo que trato de ser cuando rezo, sino lo que soy cuando no rezo, es mi oración tratada por Dios.

Podemos reunir estos pensamientos en una tercera lección: en nuestra vida con los hombres lo único de lo que todo depende es el amor. El espíritu de perdón es el espíritu de amor. Porque Dios es amor, perdona: sólo cuando moramos en el amor podemos perdonar como Dios perdona. En el amor a los hermanos tenemos la evidencia del amor al Padre, la base de la confianza ante Dios y la seguridad de que nuestra oración será escuchada (1 Juan 4:20, 3:18-21, 23). 'Amemos de hecho y de verdad; por la presente aseguraremos nuestro corazón delante de Él. Si nuestro corazón no nos reprende, confianza tenemos en Dios, y todo lo que pidamos, lo recibiremos de Él.' Ni la fe ni el trabajo aprovecharán si no tenemos amor; es el amor que une a Dios, es el amor que prueba la realidad de la fe. Tan esencial como en la palabra que precede a la gran oración-promesa de Marcos xi. 24, 'Tened fe en Dios', es este que le sigue, 'Tened amor a los hombres'. Las relaciones correctas con el Dios vivo que está sobre mí y los hombres vivos que me rodean son las condiciones de la oración eficaz.

Este amor es de especial importancia cuando trabajamos por ellos y oramos por ellos. A veces nos entregamos a trabajar por Cristo, por celo por su causa, como la llamamos, o por nuestra propia salud espiritual, sin entregarnos en amor personal y abnegado por aquellos cuyas almas buscamos. Con razón nuestra fe es débil y no vence. Mirar a cada desdichado, por más antipático que sea, a la luz del tierno amor de Jesús Pastor que busca a los perdidos; ver en él a Jesucristo y acogerlo, por Jesús, en un corazón que ama de verdad, éste, éste es el secreto de la oración creyente y del esfuerzo triunfante. Jesús, al hablar del perdón, habla del amor como su raíz. Así como en el Sermón de la Montaña conectó su enseñanza y promesas sobre la oración con el llamado a ser misericordioso, como el Padre que está en los cielos es misericordioso (Mt. v. 7, 9, 22, 38-48), así lo vemos aquí: una vida amorosa es la condición de la oración creyente.

Se ha dicho: No hay nada más penetrante que la oración de fe, o incluso el esfuerzo honesto de orar con fe. Oh, no desviemos el borde de ese autoexamen por el pensamiento de que Dios no escucha nuestra oración por razones que sólo Él conoce. De ninguna manera. 'Vosotros pedís y no recibís, porque pedís mal.' Que esa palabra de Dios nos busque. Preguntémonos si nuestra oración es realmente la expresión de una vida enteramente entregada a la voluntad de Dios y al amor del hombre. El amor es el único suelo en el que la fe puede echar raíces y prosperar. Mientras levanta sus brazos y abre su corazón hacia el cielo, el Padre mira siempre para ver si los tiene abiertos también hacia los malos y los indignos. En ese amor, no ciertamente el amor del logro perfecto, sino el amor del propósito fijo y la obediencia sincera, sólo la fe puede obtener la bendición. Es el que se da a sí mismo para dejar que el amor de Dios habite en él, y en la práctica de la vida cotidiana para amar como Dios ama, quien tendrá el poder de creer en el Amor que escucha cada una de sus oraciones. Es el Cordero, que está en medio del trono: es el amor sufriente y tolerante que prevalece con Dios en la oración. El misericordioso alcanzará misericordia; los mansos heredarán la tierra.

'SEÑOR, ENSEÑANOS A ORAR.'

¡Bendito Padre! Tú eres Amor, y sólo el que permanece en amor permanece en Ti y en comunión contigo. El Hijo Bendito me ha enseñado este día nuevamente cuán profundamente cierto es esto de mi comunión contigo en la oración. ¡Oh Dios mío! que tu amor, derramado en mi corazón por el Espíritu Santo, sea en mí una fuente de amor para todos los que me rodean, para que de una vida de amor brote el poder de la oración creyente. ¡Oh Padre mío! concédeme por el Espíritu Santo que esta sea mi experiencia, que una vida en amor a todos los que me rodean sea la puerta a una vida en el amor de mi Dios. Y dame especialmente encontrar en el gozo con que perdono día tras día a quien me ofende, la prueba de que Tu perdón para mí es un poder y una vida.

¡Señor Jesus! mi Bendito Maestro! enséñame a perdonar y a amar. Permite que el poder de Tu sangre haga el perdón de mis pecados una realidad tal, que el perdón, como Tú lo muestras a mí y a mí a los demás, sea el mismo gozo del cielo. Muéstrame todo lo que en mi trato con los semejantes pueda obstaculizar mi comunión con Dios, para que mi vida diaria en mi propio hogar y en la sociedad sea la escuela en la que se reúnen la fuerza y la confianza para la oración de fe. Amén.

Con Cristo en la Escuela de Oración - Capítulo 15

LECCIÓN DÉCIMA QUINTA. 'Si dos están de acuerdo;' O el poder de la oración unida

'Otra vez os digo, que si dos de vosotros se pusieren de acuerdo en la tierra acerca de cualquier cosa que pidieren, les será hecho por mi Padre que está en los cielos. Porque donde están dos o tres reunidos en mi Nombre, allí estoy yo en medio de ellos.—Mat. xviii. 19, 20.

UNA de las primeras lecciones de nuestro Señor en Su escuela de oración fue: No ser visto de los hombres. Entra en tu cámara interior; estar a solas con el Padre. Cuando Él nos ha enseñado así que el significado de la oración es el contacto personal e individual con Dios, Él viene con una segunda lección: Usted tiene necesidad no sólo de la oración solitaria secreta, sino también de la oración pública unida. Y Él nos da una promesa muy especial por la oración unida de dos o tres que están de acuerdo en lo que piden. Como un árbol tiene su raíz escondida en la tierra y su tallo creciendo hacia la luz del sol, así la oración necesita igualmente para su pleno desarrollo el secreto secreto en el que el alma se encuentra solo con Dios, y la comunión pública con aquellos que encuentran en el nombre de Dios. Jesús su lugar común de reunión.

La razón por la que esto debe ser así es clara. El vínculo que une al hombre con sus semejantes no es menos real y estrecho que el que lo une a Dios: es uno con ellos. La gracia renueva no sólo nuestra relación con Dios sino también con el hombre. No sólo aprendemos a decir 'Padre mío', sino 'Padre nuestro'. Nada sería más antinatural que los hijos de una familia siempre encontraran a su padre por separado, pero nunca en la expresión unida de sus deseos o de su amor. Los creyentes no son solo miembros de una familia, sino incluso de un solo cuerpo. Así como cada miembro del cuerpo depende del otro, y la acción plena del espíritu que habita en el cuerpo depende de la unión y cooperación de todos, así los cristianos no pueden alcanzar la bendición plena que Dios está dispuesto a otorgar a través de su Espíritu, sino a medida que la buscan y la reciben en comunión unos con otros. Es en la unión y comunión de los creyentes que el Espíritu puede manifestar todo su poder. Fue a los ciento veinte que permanecían juntos en un mismo lugar y oraban unánimes, que el Espíritu descendió del trono del Señor glorificado.

Las marcas de la verdadera oración unida nos son dadas en estas palabras de nuestro Señor. El primero es el acuerdo en cuanto a la cosa pedida. No solo debe haber un consentimiento general para estar de acuerdo con cualquier cosa que otro pueda pedir: debe haber algo especial, materia de deseo unido distinto; el acuerdo debe ser, como toda oración, en espíritu y en verdad. En tal acuerdo, nos quedará muy claro qué es exactamente lo que estamos pidiendo, si podemos pedir con confianza de acuerdo con la voluntad de Dios y si estamos listos para creer que hemos recibido lo que pedimos.

La segunda marca es la reunión en, o en, el Nombre de Jesús. Después tendremos mucho más que aprender acerca de la necesidad y el poder del Nombre de Jesús en la oración; aquí nuestro Señor nos enseña que el Nombre debe ser el centro de unión donde se reúnen los creyentes, el vínculo de unión que los hace uno, así como un hogar contiene y une a todos los que están en él. 'El Nombre del Señor es una torre fuerte; el justo corre a él y escapa.' Ese Nombre es una realidad tal para aquellos que lo entienden y lo creen, que encontrarse dentro de él es tenerlo a Sí mismo presente. El amor y la unidad de sus discípulos tienen para Jesús una atracción infinita: 'Donde dos o tres están reunidos en mi Nombre, allí estoy yo en medio de ellos'. Es la presencia viva de Jesús, en la comunión de sus discípulos amantes que oran, lo que da poder a la oración unida.

La tercera marca es, la respuesta segura: 'Les será hecho por mi Padre.' Una reunión de oración para mantener el compañerismo religioso, o para buscar nuestra propia edificación, puede tener su utilidad; este no era el punto de vista del Salvador en su designación. Lo dijo como un medio de asegurar una respuesta especial a la oración. Una reunión de oración sin una respuesta reconocida a la oración debería ser una anomalía. Cuando alguno de nosotros tiene deseos claros con respecto a los cuales nos sentimos demasiado débiles para ejercer la fe necesaria, debemos buscar la fuerza en la ayuda de los demás. En la unidad de la fe y del amor y del Espíritu, el poder del Nombre y la Presencia de Jesús actúa más libremente y la respuesta llega más segura. La señal de que ha habido una verdadera oración unida es el fruto, la respuesta, la recepción de lo que hemos pedido: 'Os digo que les será hecho por mi Padre que está en los cielos'.

Qué privilegio indescriptible es este de la oración unida, y qué poder podría ser. Si el esposo y la esposa creyentes supieran que estaban unidos en el Nombre de Jesús para experimentar Su presencia y poder en oración unida (1 Pedro); si los amigos creyeran en la poderosa ayuda que dos o tres orando en concierto pueden darse el uno al otro; si en toda reunión de oración estuviera en primer plano la reunión en el Nombre, la fe en la Presencia y la espera de la respuesta; si en toda Iglesia unida la oración eficaz fuera considerada como uno de los propósitos principales por los cuales se unen, el más alto ejercicio de su poder como Iglesia; si en la Iglesia universal la venida del reino, la venida del Rey mismo, primero en la poderosa efusión de su

Espíritu Santo, luego en su propia persona gloriosa, fuera realmente materia de un incesante clamor unido a Dios; ¡oh, quién puede decir qué bendición podría venir a, ya través de, aquellos que así acordaron probar a Dios en el cumplimiento de su promesa.

En el apóstol Pablo vemos muy claramente la realidad de su fe en el poder de la oración unida. A los Romanos escribe (xv. 30): 'Os ruego, hermanos, por el amor del Espíritu, que luchéis conmigo en vuestra oración a Dios por mí.' Él espera en respuesta ser librado de sus enemigos y ser prosperado en su obra. A los Corintios (2 Cor. i. 11), 'Dios aún nos librará, ayudándonos también vosotros con vuestras súplicas;' su oración es tener una verdadera participación en su liberación. A los Efesios escribe: 'Con toda oración y ruego orando en todo tiempo en el Espíritu por todos los santos y por mí, para que se me dé palabra'. Su poder y éxito en su ministerio lo hace depender de sus oraciones. Con los Filipenses (i. 19) espera que sus pruebas se conviertan en su salvación y el progreso del evangelio 'por vuestras súplicas y la provisión del espíritu de Jesucristo'; A los Colosenses (iv. 3) añade al mandato de continuar firmes en la oración: 'Sin orar también por nosotros, para que Dios nos abra una puerta para la palabra'. Y a los Tesalonicenses (2 Tesalonicenses 3:1) escribe: "Por lo demás, hermanos, orad por nosotros, para que la palabra del Señor corra y sea glorificada, y seamos librados de los hombres irracionales". Es evidente en todas partes que Pablo se sentía miembro de un cuerpo, de cuya simpatía y cooperación dependía, y que contaba con las oraciones de estas Iglesias para ganar para él lo que de otro modo no se le podría dar. Las oraciones de la Iglesia eran para él un factor real en la obra del reino, como el poder de Dios.

¿Quién puede decir qué poder podría desarrollar y ejercer una Iglesia, si se dedicara a la obra de oración de día y de noche por la venida del reino, por el poder de Dios sobre sus siervos y su palabra, por la glorificación de Dios en la salvación de los almas? La mayoría de las iglesias piensan que sus miembros están reunidos en uno simplemente para cuidarse y edificarse unos a otros. No saben que Dios gobierna el mundo por las oraciones de Sus santos; que la oración es el poder por el cual se vence a Satanás; que por la oración la Iglesia en la tierra tiene disposición de los poderes del mundo celestial. No recuerdan que Jesús, por Su promesa, consagró cada asamblea en Su Nombre para ser una puerta del cielo, donde Su Presencia se siente, y Su Poder se experimenta en el Padre cumpliendo sus deseos.

No podemos agradecer suficientemente a Dios la bendita semana de oración unida, con la que la cristiandad de nuestros días abre cada año. Como prueba de nuestra unidad y de nuestra fe en el poder de la oración unida, como escuela de formación para la ampliación de nuestros corazones a fin de abarcar todas las necesidades de la Iglesia universal, como ayuda para la oración unida y perseverante, tiene un valor indecible. . Pero muy especialmente como estímulo a la unión continua en la oración en los círculos menores, su bendición ha sido grande. Y será aún mayor, a medida que el pueblo de Dios reconozca lo que es, reunirse todos como uno en el Nombre de Jesús para tener Su presencia en medio de un cuerpo, todos unidos en el Espíritu Santo, y con valentía reclamar la promesa de que se hará del Padre lo que se ponen de acuerdo en pedir.

'SEÑOR, ENSEÑANOS A ORAR'
¡Bendito Señor! que en Tu oración sumo sacerdotal pediste con tanto fervor la unidad de Tu pueblo, enséñanos cómo Tú nos invitas y nos exhortas a esta unidad por Tu preciosa promesa dada a la oración unida. Es cuando somos uno en amor y deseo que nuestra fe tiene Tu presencia y la respuesta del Padre.

¡Oh Padre! Oramos por Tu pueblo, y por cada pequeño círculo de aquellos que se reúnen, para que sean uno. Quitad, oramos, todo egoísmo e interés propio, toda estrechez de corazón y distanciamiento, por los cuales se obstaculiza esa unidad. Echa fuera el espíritu del mundo y de la carne, por lo cual tu promesa pierde todo su poder. Oh, deja que el pensamiento de Tu presencia y el favor del Padre nos acerquen a todos.

Concede especialmente Bendito Señor, que Tu Iglesia pueda creer que es por el poder de la oración unida que puede atar y desatar en el cielo; que Satanás puede ser expulsado; que las almas pueden salvarse; que las montañas pueden ser removidas; que el reino puede ser apresurado. ¡Y concede, buen Señor! que en el círculo con el que rezo, la oración de la Iglesia sea en verdad el poder a través del cual Tu Nombre y Tu Palabra sean glorificados. Amén.

Con Cristo en la Escuela de Oración - Capítulo 16
LECCIÓN DÉCIMA SEXTA.
'Rápidamente, aunque demorando mucho;' O, El poder de la oración perseverante.

'Y les refirió una parábola acerca de la necesidad de orar siempre, y no desmayar. . . . Y dijo el Señor: Oíd lo que dice el juez injusto. ¿Y Dios no vengará a sus escogidos, que claman a él día y noche, y él es paciente con ellos? Yo os digo que Él hará
vengarlos pronto.'—Lucas xviii. 108.

EN todos los misterios del mundo de la oración, la necesidad de la oración perseverante es una de las más grandes. Que el Señor, que es tan amoroso y anhela bendecir, deba ser suplicado una y otra vez, a veces año tras año, antes de que llegue la respuesta, no podemos comprenderlo fácilmente. Es también una de las mayores dificultades prácticas en el ejercicio de la oración creyente. Cuando, después de una súplica perseverante, nuestra oración queda sin respuesta, a menudo es más fácil para nuestra carne perezosa, y tiene toda la apariencia de sumisión piadosa, pensar que ahora debemos dejar de orar, porque Dios puede tener Su razón secreta para retener Su respuesta. a nuestra petición.

Es solo por la fe que se supera la dificultad. Una vez que la fe ha tomado su posición sobre la palabra de Dios y el Nombre de Jesús, y se ha rendido a la dirección del Espíritu para buscar la voluntad y el honor de Dios únicamente en su oración, no necesita desanimarse por la demora. Sabe por las Escrituras que el poder de la oración creyente es simplemente irresistible; la verdadera fe nunca puede ser defraudada. Sabe cómo, así como el agua, para ejercer el poder irresistible que puede tener, debe ser recogida y acumulada, hasta que la corriente pueda descender con toda su fuerza, debe haber muchas veces un amontonamiento de oración, hasta que Dios ve que la medida está lleno, y llega la respuesta. Sabe cómo, así como el labrador tiene que dar sus diez mil pasos, y sembrar sus diez mil semillas, cada una parte de la preparación de la última siega, así es necesaria la oración perseverante tantas veces repetida, toda trabajando en alguna bendición deseada. Sabe con certeza que ni una sola oración de fe puede dejar de tener efecto en el cielo, sino que tiene su influencia y es atesorada para producir una respuesta a su debido tiempo para aquel que persevera hasta el fin. Sabe que no se trata de pensamientos o posibilidades humanas, sino de la palabra del Dios vivo. Y así como Abraham a lo largo de tantos años 'en esperanza creyó contra esperanza', y luego 'por la fe y la paciencia heredó la promesa', cuenta que la longanimidad del Señor es salvación, esperando y apresurándose a la venida de su Señor para cumplir su promesa.

Para capacitarnos, cuando la respuesta a nuestra oración no llega de inmediato, para combinar la paciencia tranquila y la confianza gozosa en nuestra oración perseverante, debemos tratar especialmente de comprender las dos palabras en las que nuestro Señor establece el carácter y la conducta, no de el juez injusto, sino de nuestro Dios y Padre hacia aquellos a quienes Él permite clamar a Él día y noche: 'Él es paciente con ellos; Él los vengará rápidamente.

Él los vengará rápidamente, dice el Maestro. La bendición está toda preparada; Él no sólo está dispuesto sino muy ansioso por darles lo que piden; el amor eterno arde con el deseo anhelante de revelarse plenamente a su amado y de satisfacer sus necesidades. Dios no demorará ni un momento más de lo absolutamente necesario; Él hará todo lo que esté a su alcance para apresurar y acelerar la respuesta.

Pero ¿por qué, si esto es cierto y Su poder es infinito, a menudo dura tanto con la respuesta a la oración? ¿Y por qué los propios elegidos de Dios, en medio del sufrimiento y el conflicto, deben llorar día y noche con tanta frecuencia? 'Él es paciente con ellos.' '¡Mirad! el labrador espera el precioso fruto de la tierra, siendo paciente sobre él, hasta que reciba la lluvia temprana y tardía.' El labrador ciertamente anhela su cosecha, pero sabe que debe tener su tiempo completo de sol y lluvia, y tiene mucha paciencia. Un niño tantas veces quiere recoger la fruta a medio madurar; el labrador sabe esperar hasta el momento adecuado. El hombre, también en su naturaleza espiritual, está bajo la ley del crecimiento gradual que reina en toda vida creada. Es sólo en el camino del desarrollo que puede alcanzar su destino divino. Y es el Padre, en cuyas manos están los tiempos y las sazones, el único que conoce el momento en que el alma o la Iglesia madura a esa plenitud de fe en la que realmente puede tomar y conservar la bendición. Como un padre que anhela tener a su único hijo en casa de la escuela y, sin embargo, espera pacientemente hasta que se complete el tiempo de formación, así es con Dios y Sus hijos: Él es el que sufre y responde rápidamente.

La intuición de esta verdad lleva al creyente a cultivar las disposiciones correspondientes: la paciencia y la fe, la espera y la prisa, son el secreto de su perseverancia. Por la fe en la promesa de Dios, sabemos que tenemos las peticiones que le hemos hecho. La fe toma y retiene la respuesta en la promesa, como una posesión espiritual invisible, se regocija en ella y alaba por ella. Pero hay una diferencia entre la fe que así retiene la palabra y sabe que tiene la respuesta, y la fe más clara, plena y madura que obtiene la promesa como una experiencia presente. Es en la oración perseverante, no incrédula, sino confiada y alabadora, que el alma crece en esa unión plena con su Señor en la que puede entrar en posesión de la bendición en Él. Puede haber en los que nos rodean, puede haber en ese gran sistema del ser del que somos parte, puede haber en el gobierno de Dios, cosas que tienen que ser corregidas a través de nuestra oración, antes de que la respuesta pueda llegar plenamente: la fe. que, según el mandato, ha creído que ha recibido, puede dejar que Dios se tome su tiempo: sabe que ha prevalecido y debe prevalecer. Con perseverancia tranquila, persistente y resuelta continúa en oración y acción de gracias hasta que venga la bendición. Y así vemos combinado lo que a primera vista parece tan contradictorio; la fe que se regocija en la respuesta del Dios invisible como una posesión presente, con la paciencia que clama día y noche hasta que se manifieste. La prontitud de la longanimidad de Dios se encuentra con la fe triunfante pero paciente de su hijo que espera.

Nuestro gran peligro en esta escuela de la respuesta tardía es la tentación de pensar que, después de todo, puede que no sea la voluntad de Dios darnos lo que pedimos. Si nuestra oración es conforme a la palabra de Dios y bajo la dirección del Espíritu, no nos dejemos llevar por estos temores. Aprendamos a darle tiempo a Dios. Dios necesita tiempo con nosotros. Si sólo le damos tiempo, es decir, tiempo en la comunión diaria con Él, para que Él ejerza toda la influencia de Su presencia sobre nosotros, y tiempo, día tras día, en el curso de nuestra espera, para que la fe probar su realidad y para llenar todo nuestro ser, Él mismo nos conducirá de la fe a la visión; veremos la gloria de Dios. Que ninguna demora sacuda nuestra fe. De la fe vale: primero la hierba, luego la espiga, luego el grano lleno en la espiga. Cada oración de fe acerca un paso más a la victoria final. Cada oración de fe ayuda a madurar el fruto y nos acerca a él; llena la medida de la oración y de la fe que sólo Dios conoce; vence los obstáculos en el mundo invisible; acelera el final. ¡Hijo de Dios! dale tiempo al Padre. Él es paciente por ti. Quiere que la bendición sea abundante, plena y segura; dale tiempo, mientras lloras día y noche. Sólo recuerda la palabra: 'Os digo que pronto los vengará'.

La bendición de una oración tan perseverante es inefable. No hay nada tan escudriñador como la oración de fe. Te enseña a descubrir y confesar, ya abandonar todo lo que impide la venida de la bendición; todo lo que allí puede no estar de acuerdo con la voluntad del Padre. Conduce a una comunión más estrecha con Aquel que es el único que puede enseñar a orar, a una entrega más completa para acercarse sin otra cubierta que la de la sangre y el Espíritu. Llama a una permanencia más cercana y más sencilla sólo en Cristo. ¡Cristiano! dale tiempo a Dios. Él perfeccionará lo que te concierne. 'Paciencia, prontamente', esta es la consigna de Dios al entrar por las puertas de la oración: sea también la tuya.

Que sea así tanto si rezas por ti mismo como por los demás. Todo trabajo, corporal o mental, necesita tiempo y esfuerzo: debemos entregarnos a él. La naturaleza descubre sus secretos y entrega sus tesoros sólo al trabajo diligente y reflexivo. Por poco que podamos entenderlo, en la agricultura espiritual es lo mismo: la semilla que sembramos en el suelo del cielo, los esfuerzos que hacemos y la influencia que buscamos ejercer en el mundo de arriba, necesitan todo nuestro ser: nosotros debemos entregarnos a la oración. Pero mantengamos la gran confianza de que a su tiempo segaremos, si no desmayamos.

Y aprendamos especialmente la lección mientras oramos por la Iglesia de Cristo. Ella es en verdad como la viuda pobre, en ausencia de su Señor, aparentemente a merced de su adversario, impotente para obtener reparación. Cuando oremos por Su Iglesia o cualquier parte de ella, bajo el poder del mundo, pidiéndole que la visite con la poderosa obra de

Su Espíritu y la prepare para Su venida, oremos con fe segura: la oración ayuda, orar siempre y no desmayar traerá la respuesta. Sólo dale tiempo a Dios. Y luego seguir llorando día y noche. 'Oíd lo que dice el juez injusto. ¿Y Dios no vengará a sus escogidos, que claman a él día y noche, y él es paciente con ellos? Yo os digo que pronto se vengará de ellos.'

'SEÑOR, ENSÉÑANOS A ORAR.'

¡Oh Señor mi Dios! enséñame ahora a conocer Tu camino, ya comprender con fe lo que Tu Amado Hijo ha enseñado: 'Él los vengará pronto'. Que Tu tierno amor, y el deleite que tienes en escuchar y bendecir a Tus hijos, me lleve implícitamente a aceptar Tu promesa, que recibimos lo que creemos, que tenemos las peticiones que hacemos, y que la respuesta se verá a su debido tiempo. . ¡Caballero! entendemos las estaciones en la naturaleza, y sabemos esperar con paciencia el fruto que anhelamos; oh, llénanos con la seguridad de que ni un momento más de lo necesario te demorarás, y que la fe apresurará la respuesta.

¡Bendito Maestro! Tú has dicho que es señal de los elegidos de Dios que lloren día y noche. Oh, enséñanos a entender esto. Tú sabes con qué rapidez nos desmayamos y cansamos. Es como si la Divina Majestad estuviera tan fuera de la necesidad o del alcance de la súplica continua, que no nos conviene ser demasiado inoportunos. ¡Oh Señor! enséñame cuán real es el trabajo de la oración. Sé cómo aquí en la tierra, cuando he fracasado en una empresa, a menudo puedo tener éxito con un esfuerzo renovado y más continuo, dedicando más tiempo y pensamiento: muéstrame cómo, entregándome más enteramente a la oración, vivir en la oración, Obtendré lo que pido. Y sobre todo, ¡oh mi bendito Maestro! Autor y consumador de la fe, que por tu gracia toda mi vida sea de fe en el Hijo de Dios que me amó y se entregó a sí mismo por mí, en quien mi oración es aceptada, en quien tengo la certeza de la respuesta, en quien ¡nosotros seremos la respuesta! en esta fe oraré siempre y no desmayaré. Amén.

NOTA

A algunos les parece que la necesidad de perseverar en la oración importuna está en desacuerdo con la fe que sabe que ha recibido lo que pide (Marcos 11:24). Uno de los misterios de la vida divina es la armonía entre lo gradual y lo súbito, la posesión plena inmediata y la apropiación lenta e imperfecta. Y así aquí la oración perseverante parece ser la escuela en la que el alma se fortalece para la audacia de la fe. Y con la diversidad de operaciones del Espíritu, puede haber algunos en quienes la fe toma más la forma de una espera persistente; mientras que a otros, la acción de gracias triunfante les parece la única expresión adecuada de la seguridad de haber sido escuchados.

En la vida de Blumhardt se ilustra de manera notable la necesidad de la oración perseverante y el aumento gradual de una mayor facilidad para obtener respuesta. Se habían presentado quejas contra él por descuidar su obra como ministro del evangelio y dedicarse a la curación de los enfermos; y especialmente su curación no autorizada de los enfermos pertenecientes a otras congregaciones. En su defensa escribe: 'Simplemente me aventuré a hacer lo que corresponde a quien tiene la carga de las almas, ya orar según el mandato del Señor en Santiago i. 6, 7. De ninguna manera confié en mi propio poder, ni imaginé que tenía algún don que otros no tenían. Pero esto es cierto, me pongo a trabajar como un ministro del evangelio, que tiene derecho a orar. Pero pronto descubrí que las puertas del cielo no estaban totalmente abiertas para mí. A menudo me inclinaba a retirarme desesperado. Pero la vista de los enfermos, que no podían encontrar ayuda en ninguna parte, no me dio descanso. Pensé en la palabra del Señor: "Pedid, y se os dará" (Lc 11, 9, 10). Y además, pensé que si la Iglesia y sus ministros, por la incredulidad, la pereza y la desobediencia, habían perdido lo necesario para vencer el poder de Satanás, era precisamente para tales tiempos de escasez y hambre que el Señor había dicho la parábola. del amigo a medianoche y sus tres panes. Sentí que no era digno así a medianoche, en un momento de gran oscuridad, de presentarme ante Dios como Su amigo y pedirle a un miembro de mi congregación lo que necesitaba. Y sin embargo, para dejarlo desatendido, yo tampoco podía. Y así seguí llamando, como dice la parábola, o como han dicho algunos, con gran presunción y tentando a Dios. Sea como fuere, no podía dejar a mi invitado desatendido. En ese momento la parábola de la viuda se volvió muy preciosa para mí. Vi que la Iglesia era la viuda, y yo era un ministro de la Iglesia. tenía derecho a ser su vocero contra el adversario; pero por mucho tiempo el Señor no quiso. No pedí nada más que los tres panes; lo que necesitaba para mi invitado. Por fin el Señor escuchó al inoportuno mendigo y me ayudó. ¿Estaba mal de mi parte orar así? Seguramente las dos parábolas deben ser aplicables en alguna parte, y ¿dónde se concibió mayor necesidad?

¿Y cuál fue el fruto de mi oración? El amigo que al principio no estaba dispuesto, no dijo: Ve ahora; Yo mismo le daré a tu amigo lo que necesita; no te requiero; pero me lo dio como Su amigo, para dárselo a mi invitado. Así que usé los tres panes y me sobraron. Pero el suministro era pequeño y llegaron nuevos invitados; porque vieron que yo tenía un corazón para ayudarlos, y que me tomaría la molestia incluso a medianoche para ir a mi amigo. Cuando los pedí también, obtuve lo necesario de nuevo, y hubo de nuevo de sobra. ¿Cómo podía ayudar a que los necesitados vinieran continuamente a mi casa? ¿Había de endurecerme y decir: ¿Qué vienes a mí? hay casas grandes y mejores en la ciudad, ve allí. Su respuesta fue: Estimado señor, no podemos ir allí. Hemos estado allí: les dio mucha pena despedirnos con tanta hambre, pero no pudieron comprometerse a ir a pedirle a un amigo lo que queríamos. Ve y tráenos pan porque sufrimos mucho dolor. ¿Qué puedo hacer? Dijeron la verdad, y su sufrimiento tocó mi corazón. Por mucho trabajo que me costara, fui cada vez más y conseguí los tres panes. A menudo obtenía lo que pedía mucho más rápido que al principio, y también mucho más abundantemente. Pero a todos no les gustó este pan, así que algunos se fueron de mi casa con hambre.'1

En sus primeras luchas con los espíritus malignos, le tomó más de dieciocho meses de oración y trabajo antes de obtener la victoria final. Después tuvo tal facilidad para acceder al trono, y estuvo en una comunicación tan cercana con el mundo invisible, que a menudo, con cartas que llegaban pidiendo oración por los enfermos, podía, después de solo mirar hacia arriba por un momento, obtener la respuesta como a si serían sanados.

1 De Johann Christophe Blumhardt, Ein Lebenabild von F. Etindel.

Con Cristo en la Escuela de Oración - Capítulo 17
LECCIÓN DÉCIMA SÉPTIMA.
'Sé que siempre me escuchas;' O Oración en armonía con el ser de Dios.

'Padre, te agradezco que me hayas oído. Y supe que siempre me escuchas.'—Juan xi. 41, 42.

'Tú eres mi Hijo; hoy te he engendrado. Pídeme, y te daré'.—Sal. ii. 7, 8.

EN el Nuevo Testamento encontramos una distinción hecha entre fe y conocimiento. 'A uno le es dada, por medio del Espíritu, la palabra de sabiduría; a otro, palabra de ciencia, según el mismo Espíritu; a otra fe, en el mismo Espíritu.' En un niño o en un cristiano ingenuo puede haber mucha fe con poco conocimiento. La sencillez infantil acepta la verdad sin dificultad, y a menudo se preocupa poco por dar a sí misma oa los demás otra razón de su fe que esta: Dios ha dicho. Pero es la voluntad de Dios que le amemos y le sirvamos, no sólo con todo el corazón sino también con toda la mente; que debemos crecer en una percepción de la sabiduría Divina y la belleza de todos Sus caminos, palabras y obras. Sólo así el creyente podrá acercarse plenamente y adorar correctamente la gloria de la gracia de Dios; y sólo así nuestro corazón puede aprehender inteligentemente los tesoros de sabiduría y conocimiento que hay en la redención, y estar preparado para entrar de lleno en la nota más alta del cántico que se eleva ante el trono: 'Oh profundidad de las riquezas tanto de la sabiduría y el conocimiento de Dios!'

En nuestra vida de oración esta verdad tiene su plena aplicación. Mientras que la oración y la fe son tan simples que el converso recién nacido puede orar con poder, la verdadera ciencia cristiana encuentra en la doctrina de la oración algunos de sus problemas más profundos. ¿Hasta qué punto es una realidad el poder de la oración? Si es así, ¿cómo puede Dios conceder a la oración un poder tan grande? ¿Cómo armonizar la acción de la oración con la voluntad y los decretos de Dios? ¿Cómo pueden reconciliarse la soberanía de Dios y nuestra voluntad, la libertad de Dios y la nuestra? Éstas y otras preguntas similares son temas aptos para la meditación y la investigación cristianas. Cuanto más sincera y reverentemente nos acerquemos a tales misterios, más nos postraremos con admiración y admiración para alabar a Aquel que en la oración ha dado tal poder al hombre.

Una de las dificultades secretas con respecto a la oración, que, aunque no expresada, a menudo realmente obstaculiza la oración, se deriva de la perfección de Dios, en su absoluta independencia de todo lo que está fuera de Él. ¿No es Él el Ser Infinito, que se debe lo que es sólo a Sí Mismo, que se determina a Sí Mismo, y cuya sabia y santa voluntad ha determinado todo lo que ha de ser? ¿Cómo puede la oración influir en Él, o ser movido por la oración a hacer lo que de otro modo no se haría? ¿No es la promesa de una respuesta a la oración simplemente una condescendencia a nuestra debilidad? ¿Es lo que se dice del poder —el poder de gran provecho— de la oración algo más que una acomodación a nuestro modo de pensar, porque la Deidad nunca puede depender de ninguna acción externa para sus actos? ¿Y no es la bendición de la oración simplemente la influencia que ejerce sobre nosotros?

Al buscar una respuesta a tales preguntas, encontramos la clave en el ser mismo de Dios, en el misterio de la Santísima Trinidad. Si Dios fuera una sola Persona, encerrada en Sí mismo, no podría haber ningún pensamiento de cercanía a Él o de influencia sobre Él. Pero en Dios hay tres Personas.

En Dios tenemos al Padre y al Hijo, que tienen en el Espíritu Santo su vínculo vivo de unidad y comunión. Cuando el Amor eterno engendró al Hijo, y el Padre le dio al Hijo como Segunda Persona un lugar junto a Él como Su Igual y Su Consejero, se abrió un camino para la oración y su influencia en la vida más íntima de la Deidad misma. Así como en la tierra, así en el cielo toda la relación entre el Padre y el Hijo es de dar y recibir. Y si ese tomar ha de ser tan voluntario y autodeterminado como el dar, debe haber por parte del Hijo un pedir y recibir. En la santa comunión de las Divinas Personas, este pedir al Hijo fue una de las grandes operaciones de la Vida Tres Veces Bendita de Dios. Por eso lo tenemos en el Salmo ii: 'Hoy te he engendrado; pídeme y te daré'. El Padre le dio al Hijo el lugar y el poder para actuar sobre Él. La petición del Hijo no fue un mero espectáculo o sombra, sino uno de esos movimientos vitales en los que el amor del Padre y del Hijo se encuentran y se completan. El Padre había determinado que no estuviera solo en sus consejos: había un Hijo de cuyo pedir y aceptar debía depender su cumplimiento. Y así había en el mismo Ser y Vida de Dios una pregunta de cuál oración en la tierra sería el reflejo y el desbordamiento. No fue sin incluir esto que Jesús dijo: "Sabía que siempre me escuchas". Así como la Filiación de Jesús en la tierra no puede separarse de Su Filiación en el cielo, así también Su oración en la tierra es la continuación y la contrapartida de Su petición en el cielo. La oración de Cristo Jesús hombre es el nexo entre la eterna petición del Hijo unigénito en el seno del Padre y la oración de los hombres sobre la tierra. La oración tiene su origen y su fuente más profunda en el mismo Ser de Dios. En el seno de la Deidad nunca se hace nada sin la oración, la petición del Hijo y la entrega del Padre.

Esto puede ayudarnos un poco a comprender cómo la oración del hombre, viniendo a través del Hijo, puede tener efecto sobre Dios. Los decretos de Dios no son decisiones tomadas por Él sin referencia al Hijo, o Su petición, o la petición que debe ser enviada a través de Él. De ninguna manera. El Señor Jesús es el Primogénito, la Cabeza y Heredero de todas las cosas: todas las cosas fueron creadas por Él y para Él, y todas las cosas en Él subsisten. En los consejos del Padre, el Hijo, como Representante de toda la creación, tuvo siempre voz; en los decretos del propósito eterno siempre quedó lugar para la libertad del Hijo como Mediador e Intercesor, y así para las peticiones de todos los que se acercan al Padre en el Hijo.

Y si viene el pensamiento de que esta libertad y poder del Hijo para actuar sobre el Padre está en desacuerdo con la inmutabilidad de los decretos divinos, no olvidemos que no hay con Dios como con el hombre, un pasado por el cual Él es irrevocablemente atado. Dios no vive en el tiempo con su pasado y futuro; las distinciones de tiempo no tienen referencia a Aquel que habita la Eternidad. Y la Eternidad es un Ahora siempre presente, en el que el pasado nunca es pasado, y el futuro siempre presente. Para hacer frente a nuestra debilidad humana, la Escritura debe hablar de decretos pasados y de un futuro venidero. En realidad, la inmutabilidad del consejo de Dios está siempre en perfecta armonía con Su libertad para hacer lo que Él quiera. No así las oraciones del Hijo y Su pueblo fueron tomadas en los decretos eternos que su efecto debería ser sólo aparente; sino que el corazón del Padre se mantiene abierto y libre para escuchar toda oración que se eleva por medio del Hijo, y que Dios sí se deja decidir por la oración para hacer lo que de otro modo no habría hecho.

Esta perfecta armonía y unión de la Soberanía Divina y la libertad humana es para nosotros un misterio insondable, porque Dios como EL ETERNO trasciende todos nuestros pensamientos. Pero sea nuestro consuelo y fortaleza el estar seguros de que en la comunión eterna del Padre y del Hijo, la fuerza de la oración tiene su origen y certeza, y que por nuestra unión con el Hijo, nuestra oración es asumida y puede tener su influencia en la vida interior de la Santísima Trinidad. Los decretos de Dios no son un armazón de hierro contra el cual la libertad del hombre trataría de luchar en vano. No. Dios mismo es el Amor vivo, que en su Hijo como hombre ha entrado en la más tierna relación con todo lo humano, que por el Espíritu Santo toma todo lo humano en la vida divina del amor, y se mantiene libre para da a cada oración humana su lugar en Su gobierno del mundo.

Es a la luz del alba de tales pensamientos que la doctrina de la Santísima Trinidad ya no es una especulación abstracta, sino la manifestación viva de la forma en que fue posible que el hombre sea llevado a la comunión con Dios, y su oración convertirse en un factor real en el gobierno de Dios en esta tierra. Y podemos, como en la distancia, vislumbrar la luz que desde el mundo eterno resplandece en palabras como estas: 'A TRAVÉS DE ÉL tenemos acceso POR UN SOLO ESPÍRITU al PADRE'.

'SEÑOR, ENSÉÑANOS A ORAR.'

¡Dios eterno! el Tres-Uno y Tres Veces Santo! con profunda reverencia adoraría con rostro velado ante el santo misterio de Tu Divino Ser. Y si te placere, oh gloriosísimo Dios, desvelar algo de ese misterio, me inclinaría con temor y temblor, para no pecar contra ti, mientras medito en tu gloria.

¡Padre! Te agradezco que lleves este nombre no sólo como el Padre de tus hijos aquí en la tierra, sino como habiendo subsistido desde la eternidad como el Padre con tu Hijo unigénito. Te agradezco que como Padre puedas escuchar nuestra oración, porque desde la eternidad has dado lugar en tus consejos a la petición de tu Hijo. Te doy gracias porque hemos visto en Él en la tierra, cuál fue la bendita relación que tuvo contigo en el cielo; y cómo desde la eternidad en todos Tus consejos y decretos había dejado espacio para Su oración y sus respuestas. Y te agradezco sobre todo que a través de Su verdadera naturaleza humana en Tu trono arriba, y a través de Tu Espíritu Santo en nuestra naturaleza humana aquí abajo, se ha abierto un camino por el cual todo grito humano de necesidad puede ser recogido y tocado en el la Vida y el Amor de Dios, y recibe en respuesta todo lo que te pida.

¡Bendito Jesús! en quien como Hijo se ha abierto el camino de la oración, y nos das seguridad de la respuesta, te suplicamos, enseña a tu pueblo a orar. Oh, que cada día sea el signo de nuestra filiación, que, como Tú, sepamos que el Padre siempre nos escucha. Amén.

archivo:///T|/Web%20Pages/Chip/E-Books/christ/Murray/school/school_17.htm   (2   de   3)18/12/2004 9:59:16 a. m.

Con Cristo en la Escuela de Oración - Capítulo 17
NOTA.
'"Dios escucha la oración". Esta visión más simple de la oración se toma a lo largo de las Escrituras. No se detiene en la influencia refleja de la oración en nuestro corazón y en nuestra vida, aunque muestra abundantemente la conexión entre la oración como acto y la oración como estado. Más bien fija con gran precisión el objetivo o propósito real de la oración, para obtener bendiciones, dones, liberaciones de Dios. 'Pedid y se os dará', dice Jesús.

"Por verdadera y valiosa que sea la reflexión de que Dios, previendo y preordenando todas las cosas, también ha previsto y preordenado nuestras oraciones como eslabones en la cadena de eventos, de causa y efecto, como un poder real, sin embargo, estamos convencidos de que esto no es la luz en la que la mente puede encontrar paz en este gran tema, ni pensamos que aquí está el poder atractivo para atraernos a la oración. Sentimos más bien que tal reflexión desvía la atención del Objetivo, impulso, vida y fuerza de la oración. El Dios viviente, contemporáneo y no meramente eterno,1 el viviente, misericordioso, santo, Dios manifestándose al alma, Dios diciendo: "Buscad mi rostro"; este es el imán que nos atrae, solo esto puede abrir el corazón y los labios. . .

'En Jesucristo, el Hijo de Dios, tenemos la solución completa de la dificultad. Él oró en la tierra, y no meramente como hombre, sino como el Hijo de Dios encarnado. Su oración en la tierra es sólo la manifestación de Su oración desde toda la eternidad, cuando en el consejo Divino fue constituido como el Cristo. . . . El Hijo fue designado para ser heredero de todas las cosas. Desde toda la eternidad el Hijo de Dios fue el Camino, el Mediador. Él estuvo, para usar nuestro lenguaje imperfecto, desde la eternidad hablando al Padre en nombre del mundo'.—SAPHIR, The Hidden Life, cap. vi. Véase también El Padrenuestro, pág. 12

1 ¿No debería ser más bien contemporánea, porque eterna, en el sentido propio de esta última palabra?

Con Cristo en la Escuela de Oración - Capítulo 18
LECCIÓN DÉCIMA OCTAVA.
'¿De quién es esta imagen?'
O, Oración en Armonía con el Destino del Hombre.

'Él les dijo: ¿De quién es esta imagen y esta inscripción?—Mat. XXI. 20

'Y dijo Dios: Hagamos al hombre a nuestra imagen, conforme a nuestra semejanza.'—Gén. i. 26

¿DE QUIÉN es esta imagen? Fue por esta pregunta que Jesús frustró a sus enemigos, cuando pensaban prenderlo, y resolvió el asunto del deber con respecto al tributo. La pregunta y el principio que implica son de aplicación universal. En ninguna parte más verdaderamente que en el hombre mismo. La imagen que lleva decide su destino. Llevando la imagen de Dios, pertenece a Dios: la oración a Dios es para lo que fue creado. La oración es parte de la maravillosa semejanza que tiene con Su Divino original; del profundo misterio de la comunión de amor en que el Tres-Uno tiene su bienaventuranza, la oración es imagen y semejanza terrena.

Cuanto más meditamos sobre lo que es la oración y el maravilloso poder que tiene con Dios, más nos sentimos obligados a preguntar quién y qué es el hombre, para que se le haya asignado tal lugar en los consejos de Dios. El pecado lo ha degradado tanto, que de lo que es ahora no podemos formarnos una idea de lo que estaba destinado a ser. Debemos regresar al propio registro de Dios de la creación del hombre para descubrir allí cuál fue el propósito de Dios y cuáles fueron las capacidades con las que el hombre fue dotado para el cumplimiento de ese propósito.

El destino del hombre aparece claramente en el lenguaje de Dios en la creación. Era para llenar, para someter, para tener dominio sobre la tierra y todo lo que había en ella. Las tres expresiones nos muestran que el hombre estaba destinado, como representante de Dios, a gobernar aquí en la tierra. Como virrey de Dios, debía ocupar el lugar de Dios: él mismo sujeto a Dios, debía mantener todo lo demás en sujeción a Él. Era la voluntad de Dios que todo lo que había que hacer en la tierra se hiciera a través de él: la historia de la tierra debía estar enteramente en sus manos.

De acuerdo con tal destino estaba la posición que debía ocupar y el poder a su disposición. Cuando un soberano terrenal envía a un virrey a una provincia lejana, se entiende que aconseja sobre la política a adoptar, y que ese consejo se cumple: que está en libertad de solicitar tropas y los demás medios necesarios para llevar la política o el mantenimiento de la dignidad del imperio. Si no se aprueba su política, se le llama para dejar paso a alguien que comprenda mejor los deseos de su soberano; mientras se confíe en él, se llevará a cabo su consejo. Como representante de Dios, el hombre debía haber gobernado; todo debía haberse hecho bajo su voluntad y gobierno; siguiendo su consejo y a petición suya, el cielo debía haber derramado su bendición sobre la tierra. Su oración debía haber sido el canal maravilloso, aunque simple y más natural, en el que se mantuviera la relación entre el Rey en el cielo y Su fiel servidor, como señor de este mundo. Los destinos del mundo fueron entregados al poder de los deseos, la voluntad, la oración del hombre.

Con el pecado, todo esto sufrió un cambio terrible: la caída del hombre puso a toda la creación bajo la maldición. Con la redención se vio el comienzo de una restauración gloriosa. Tan pronto como Dios comenzó en Abraham a formar para Sí mismo un pueblo del cual saldrían reyes, sí, el Gran Rey, vemos qué poder tiene la oración del siervo fiel de Dios para decidir los destinos de aquellos que entran en contacto con él. . En Abraham vemos cómo la oración no es sólo, ni principalmente, el medio de obtener bendición para nosotros mismos, sino que es el ejercicio de su prerrogativa real para influir en los destinos de los hombres y la voluntad de Dios que los gobierna. Ni una sola vez encontramos a Abraham orando por sí mismo. Su oración por Sodoma y Lot, por Abimelec, por Ismael, prueba qué poder tiene un hombre, que es amigo de Dios, para hacer la historia de los que le rodean.

Este había sido el destino del hombre desde el principio. La Escritura no solo nos dice esto, sino que también nos enseña cómo fue que Dios pudo confiarle al hombre un llamado tan alto. Fue porque Él lo había creado a Su propia imagen y semejanza. La regla exterior no le estaba encomendada sin la idoneidad interior: el llevar la imagen de Dios en tener dominio, en ser señor de todo, tenía su raíz en la semejanza interior, en su naturaleza. Hubo un acuerdo interior y armonía entre Dios y el hombre, y una incipiente semejanza con Dios, que le dio al hombre una verdadera idoneidad para ser el mediador entre Dios y su mundo, porque debía ser profeta, sacerdote y rey, para interpretar la voluntad de Dios, para representan las necesidades de la naturaleza, para recibir y dispensar la generosidad de Dios. Fue al llevar la imagen de Dios que pudo llevar el gobierno de Dios; en verdad era tan parecido a Dios, tan capaz de participar en los propósitos de Dios y de llevar a cabo sus planes, que Dios podía confiarle el maravilloso privilegio de pedir y obtener lo que el mundo pudiera necesitar. Y aunque el pecado ha frustrado por un tiempo los planes de Dios, la oración sigue siendo lo que hubiera sido si el hombre nunca hubiera caído: la prueba de la semejanza del hombre con Dios, el vehículo de su relación con el Infinito Invisible, el poder que se le permite sostener el mano que sostiene los destinos del universo. La oración no es simplemente el grito del suplicante de misericordia; es la más alta manifestación de su voluntad por el hombre, sabiendo que es de origen divino, creado y capaz de ser, en libertad de rey, el ejecutor de los consejos del Eterno.

Lo que el pecado destruyó, la gracia lo restauró. Lo que el primer Adán perdió, el segundo lo ha recuperado. En Cristo el hombre recupera su posición original, y la Iglesia, permaneciendo en Cristo, hereda la promesa: 'Pedid lo que queráis, y os será hecho'. Tal promesa de ninguna manera, en primer lugar, se refiere a la gracia o bendición que necesitamos para nosotros mismos. Tiene referencia a nuestra posición como sarmientos fructíferos de la Vid Celestial, que, como Él, sólo vivimos para la obra y gloria del Padre. Es para aquellos que permanecen en Él, que se han abandonado a sí mismos para hacer morada en Él con Su vida de obediencia y abnegación, que han perdido su vida y la han encontrado en Él, que ahora están enteramente entregados a los intereses del Padre y de su reino. Estos son los que entienden cómo su nueva creación los ha devuelto a su destino original, les ha restaurado la imagen y semejanza de Dios, y con ello el poder de tener dominio. Los tales tienen ciertamente el poder, cada uno en su propio círculo, para obtener y dispensar los poderes del cielo aquí en la tierra. Con santa audacia pueden dar a conocer lo que quieren: viven como sacerdotes en la presencia de Dios; como reyes, los poderes del mundo venidero comienzan a estar a su disposición. 1 Entran en el cumplimiento de la promesa: 'Pedid todo lo que queráis, os será hecho'.

¡Iglesia del Dios vivo! tu vocación es más alta y más santa de lo que crees. A través de tus miembros, como reyes y sacerdotes para Dios, Dios gobernaría el mundo; sus oraciones otorgan y retienen la bendición del cielo. En sus elegidos que no sólo se contentan con ser salvos, sino que se entregan por completo, para que el Padre cumpla por ellos, como por el Hijo, todo su consejo glorioso, en estos sus elegidos, que claman a él día y noche, Dios probaría cuán maravilloso era el destino original del hombre. Como portador de la imagen de Dios en la tierra, la tierra en verdad fue entregada en sus manos. Cuando él cayó, todos cayeron con él: toda la creación gime y sufre dolores de parto a una. Pero ahora está redimido; ha comenzado la restauración de la dignidad original. De hecho, es el propósito de Dios que el cumplimiento de su propósito eterno y la venida de su reino dependan de aquellos de su pueblo que, permaneciendo en Cristo, estén listos para asumir su posición en Él, su Cabeza, el gran Sacerdote. -Rey, y en sus oraciones son lo suficientemente audaces para decir lo que quieren que su Dios haga. Como portador de la imagen y representante de Dios en la tierra, el hombre redimido tiene que determinar con sus oraciones la historia de esta tierra. El hombre fue creado, y ahora nuevamente ha sido redimido, para orar, y por su oración para tener dominio.

'SEÑOR, ENSEÑANOS A ORAR.'

¡Caballero! ¿Qué es el hombre, para que te acuerdes de él? y el hijo del hombre, para que lo visites? porque lo has hecho un poco menor que los ángeles, y lo has coronado de gloria y de honra. Le hiciste señorear sobre la obra de tus manos; todo lo pusiste debajo de sus pies. ¡Oh Señor nuestro Señor, cuán grande es Tu nombre en toda la tierra!

¡Señor Dios! cuán bajo ha hundido el pecado al hombre. Y cuán terriblemente ha oscurecido su mente, que ni siquiera conoce su destino Divino, ser Tu siervo y representante. ¡Pobre de mí! que aun Tu pueblo, cuando sus ojos son

491

abiertos, están tan poco preparados para aceptar su llamado y buscar tener poder con Dios, que puedan tener poder con los hombres también para bendecirlos.

¡Señor Jesus! es en Ti que el Padre ha coronado de nuevo al hombre con gloria y honor, y ha abierto el camino para que seamos lo que Él quiere que seamos. ¡Oh Señor, ten piedad de tu pueblo, y visita tu heredad! Trabaja poderosamente en Tu Iglesia, y enseña a Tus discípulos creyentes a salir en su real sacerdocio y en el poder de la oración, a los cuales Tú has dado tan maravillosas promesas, para servir a Tu reino, para tener dominio sobre las naciones, y hacer el nombre de Dios glorioso en la tierra. Amén.

1 'Dios busca sacerdotes entre los hijos de los hombres. Un sacerdocio humano es una de las partes esenciales de Su plan eterno. Gobernar la creación por el hombre es Su diseño; llevar a cabo la adoración de la creación por parte del hombre no es menos parte de Su diseño. "El sacerdocio es el vínculo designado entre el cielo y
tierra, el canal de comunicación entre el pecador y Dios. Tal sacerdocio, en lo que se refiere a la expiación, está en manos del Hijo de Dios solamente; en cuanto ha de ser medio de comunicación entre el Creador y la criatura, está también en manos de los hombres redimidos, de la Iglesia de Dios. 'Dios está buscando reyes. No fuera de las filas de los ángeles. El hombre caído debe proporcionarle los gobernantes de Su universo. Las manos humanas deben empuñar el cetro, las cabezas humanas deben llevar la corona.—The Rasgado Velo, por el Dr. H. Bonar.

Con Cristo en la Escuela de Oración - Capítulo 19
LECCIÓN DÉCIMA NOVENA.
'¡Voy al Padre!'
O, Poder para orar y trabajar.

'De cierto, de cierto os digo: El que en mí cree, las obras que yo hago, él también las hará; y mayores obras que estas hará; porque voy a mi Padre. Y todo lo que pidiereis en mi Nombre, lo haré.'—John
xiv. 12, 13.

SI el Salvador abrió Su ministerio público con Sus discípulos con el Sermón de la Montaña, así lo cierra con el Discurso de despedida que nos preservó Juan. En ambos habla más de una vez de la oración. Pero con una diferencia. En el Sermón de la Montaña se trata de discípulos que acaban de entrar en Su escuela, que apenas saben que Dios es su Padre, y cuya oración se refiere principalmente a sus necesidades personales. En Su discurso de clausura, se dirige a los discípulos cuyo tiempo de formación ha llegado a su fin y que están listos como Sus mensajeros para ocupar Su lugar y Su obra. En el primero, la lección principal es: Sé como un niño, ora con fe y confía en el Padre que Él te dará todos los buenos dones. Aquí Él señala algo más elevado: ahora son sus amigos a quienes les ha dado a conocer todo lo que ha oído del Padre; Sus mensajeros, que han entrado en Sus planes, y en cuyas manos se ha de confiar el cuidado de Su obra y reino en la tierra. Ellos ahora deben salir y hacer Sus obras, y en el poder de Su próxima exaltación, obras aún mayores: la oración debe ser ahora el canal a través del cual ese poder será recibido para su obra. Con la ascensión de Cristo al Padre comienza una nueva época tanto para su trabajo como para su oración.

Vea cuán claramente esta conexión surge en nuestro texto. Como Su cuerpo aquí en la tierra, como aquellos que son uno con Él en el cielo, ahora deben hacer obras mayores que las que Él había hecho; su éxito y sus victorias serán mayores que las de Él. Él menciona dos razones para esto. El uno, porque había de ir al Padre, para recibir todo poder; el otro, porque ahora pueden pedir y esperar todo en Su Nombre. 'Porque voy al Padre, y—notad esto y—y todo lo que pidáis, lo haré.' Su ida al Padre traería así la doble bendición: pedirían y recibirían todo en Su Nombre, y como consecuencia, harían las obras mayores. Esta primera mención de la oración en las palabras de despedida de nuestro Salvador nos enseña dos lecciones muy importantes. El que quiera hacer las obras de Jesús debe orar en Su Nombre. El que oraría en Su Nombre debe obrar en Su Nombre.

El que quiere trabajar debe orar: es en la oración que se obtiene el poder para trabajar. El que con fe quiere hacer las obras que Jesús hizo, debe orar en Su Nombre. Mientras Jesús estuvo aquí en la tierra, Él mismo hizo las obras más grandes: los demonios que los discípulos no podían expulsar, huían a Su palabra. Cuando fue al Padre, ya no estaba aquí en el cuerpo para trabajar directamente. Los discípulos eran ahora Su cuerpo: toda Su obra desde el trono en el cielo aquí en la tierra debía y podía hacerse a través de ellos. Uno podría haber pensado que ahora que Él mismo estaba dejando la escena y que solo podía trabajar a través de comisionados, las obras podrían ser menos y más débiles. Él nos asegura lo contrario: De cierto, de cierto os digo: El que en mí cree, las obras que yo hago, él también las hará, y hará obras mayores.' Su muerte cercana iba a ser un verdadero quebrantamiento y fin del poder del pecado; con la resurrección los poderes de la Vida Eterna iban tan verdaderamente a tomar posesión del cuerpo humano ya obtener supremacía sobre la vida humana; con Su ascensión iba a recibir el poder de comunicar el Espíritu Santo tan plenamente a los Suyos; la unión, la unicidad entre Él en el trono y ellos en la tierra, iba a ser tan intensa y divinamente perfecta, que Él la entendía como la verdad literal: 'Obras mayores que estas hará, porque yo voy al Padre'. Y el problema demostró cuán cierto era. Mientras que Jesús, durante tres años de trabajo personal en la tierra, reunió a poco más de quinientos discípulos, y la mayoría de ellos tan débiles que no eran más que un pequeño crédito para su causa, a hombres como Pedro y Pablo se les dio manifiestamente el hacer más grande. cosas que Él había hecho. Desde el trono Él pudo hacer a través de ellos lo que Él mismo en Su humillación aún no podía hacer.

Pero hay una condición: 'El que cree en mí, hará mayores obras, porque yo voy al Padre; y todo lo que pidiereis en mi Nombre, lo haré.' Su ir al Padre le daría un nuevo poder para escuchar la oración. Para hacer las obras mayores, se necesitaban dos cosas: Su ida al Padre para recibir todo poder, nuestra oración en Su Nombre para recibir todo poder de Él nuevamente. Al pedirle al Padre, Él recibe y nos otorga el poder de la nueva dispensación para las obras mayores; a medida que creemos y pedimos en Su Nombre, el poder viene y toma posesión de nosotros para hacer las obras mayores.

¡Pobre de mí! cuánto trabajo hay en la obra de Dios, en la cual poco o nada se ve del poder para hacer algo semejante a las obras de Cristo, para no hablar de obras mayores. Sólo puede haber una razón: el creer en Él, la oración de fe en Su Nombre, esto es mucha carencia. Oh, que cada trabajador y líder en la iglesia o escuela, en el trabajo de filantropía doméstica o misiones en el extranjero pueda aprender la lección: La oración en el Nombre de Jesús es la manera de compartir el gran poder que Jesús ha recibido del Padre.

por Su pueblo, y es sólo en este poder que el que cree puede hacer las obras más grandes. A toda queja sobre debilidad o ineptitud, sobre dificultades o falta de éxito, Jesús da esta única respuesta: 'El que en mí cree, hará mayores obras, porque yo voy al Padre, y todo lo que pidáis en mi nombre, eso haré. Debemos entender que lo primero y principal para todo aquel que quiera hacer la obra de Jesús, es creer, y así vincularse a Él, el Todopoderoso, y luego orar la oración de fe en Su Nombre. Sin esto nuestro trabajo es humano y carnal; puede tener algún uso para refrenar el pecado, o preparar el camino para la bendición, pero falta el verdadero poder. El trabajo eficaz necesita primero la oración eficaz.

Y ahora la segunda lección: El que ora debe trabajar. Es para el poder de obrar que la oración tiene tan grandes promesas: es trabajando que se obtendrá el poder para la oración eficaz de la fe. En estas palabras de despedida de nuestro bendito Señor encontramos que Él no menos de seis veces (Juan xiv. 13, 14, xv. 7, 16, xvi. 23, 24) repite esas promesas de oración ilimitadas que tan a menudo han despertado nuestra ansiedad. cuestionamientos en cuanto a su verdadero significado: 'cualquier cosa', 'cualquier cosa', 'lo que queráis', 'pedid y se os dará'. Cuántos creyentes los han leído con gozo y esperanza, y con profunda seriedad de alma han tratado de suplicarlos por su propia necesidad. Y ha salido decepcionado. La sencilla razón era esta: había arrancado la promesa de su entorno. El Señor dio la maravillosa promesa del uso gratuito de Su Nombre con el Padre en relación con la realización de Sus obras. Es al discípulo que se entrega enteramente a vivir por la obra y el reino de Jesús, por su voluntad y honor, a quien le llegará el poder de apropiarse de la promesa. El que de buena gana se aferra a la promesa cuando quiere algo muy especial para sí mismo, se sentirá defraudado, porque haría de Jesús el servidor de su propia comodidad. Mas al que procura hacer la oración eficaz de fe, porque la necesita para la obra del Maestro, le será dado aprenderla; porque se ha hecho siervo de los intereses de su Señor. La oración no sólo enseña y fortalece para el trabajo: el trabajo enseña y fortalece para orar.

Esto está en perfecta armonía con lo que es bueno tanto en el mundo natural como en el espiritual. A todo el que tiene, se le dará; o, El que es fiel en lo poco, también es fiel en lo mucho. Con la pequeña medida de gracia ya recibida, entreguémonos al Maestro para su obra: el trabajo será para nosotros una verdadera escuela de oración. Cuando Moisés tuvo que hacerse cargo por completo de un pueblo rebelde, sintió la necesidad, pero también el coraje, de hablar con denuedo a Dios y de pedirle grandes cosas (Ex. xxxiii. 12, 15, 18). A medida que te entregues por completo a Dios para Su obra, sentirás que nada menos que estas grandes promesas es lo que necesitas, que nada menos es lo que puedes esperar con mayor confianza.

¡Creyente en Jesús! Estás llamado, estás destinado a hacer las obras de Jesús, y obras aún mayores, porque Él ha ido al Padre para recibir el poder de hacerlas en ti y a través de ti.

Todo lo que pidáis en mi Nombre, lo haré. Entrégate y vive para hacer las obras de Cristo y aprenderás a orar para obtener maravillosas respuestas a la oración. Entrégate, y vive, a orar y aprenderás a hacer las obras que Él hizo, y obras mayores. Con discípulos llenos de fe en Él mismo y valientes en la oración para pedir grandes cosas, Cristo puede conquistar el mundo.

'SEÑOR, ENSEÑANOS A ORAR.'

¡Oh mi señor! Este día he vuelto a escuchar palabras Tuyas que superan mi comprensión. Y, sin embargo, no puedo hacer otra cosa que tomarlos y guardarlos como Tu regalo para mí también con la fe de un niño. Tú has dicho que en virtud de Tu ida al Padre, el que en Ti cree, hará las obras que Tú has hecho, y obras mayores. ¡Caballero! Te adoro como el Glorificado y espero el cumplimiento de Tu promesa. Que toda mi vida sea una de continuar creyendo en Ti. Así purifica y santifica mi corazón, hazlo tan tiernamente susceptible de Ti y de Tu amor, que creer en Ti sea la misma vida que respira.

Y Tú has dicho que en virtud de Tu ida al Padre, todo lo que pidamos, Tú lo harás. Desde Tu trono de poder Tú harías que Tu pueblo compartiera el poder que Te ha sido dado, y trabajarías a través de ellos como los miembros de Tu cuerpo, en respuesta a sus oraciones de fe en Tu Nombre. Poder en la oración contigo, y poder en el trabajo con los hombres, es lo que Tú has prometido a Tu pueblo ya mí también.

¡Bendito Señor! Perdónanos a todos por haber creído tan poco en Ti y en Tu promesa, y haber probado tan poco Tu fidelidad al cumplirla. Oh, perdónanos que hayamos honrado tan poco Tu Nombre que todo lo prevalece en el cielo o en la tierra.

¡Caballero! Enséñame a orar para que pueda probar que Tu Nombre es en verdad todopoderoso con Dios y los hombres y los demonios. Sí, enséñame a trabajar y a orar de tal manera que puedas glorificarte en mí como el Omnipotente, y hacer Tu gran obra a través de mí también. Amén.

Con Cristo en la Escuela de Oración - Capítulo 20
LECCIÓN VIGÉSIMA.
'Para que el Padre sea glorificado;' O, El fin principal de la oración.

Voy al Padre. Y todo lo que pidiereis en mi Nombre, lo haré, para que el Padre sea glorificado en el Hijo.'—Juan xiv. 13

PARA QUE el Padre sea glorificado en el Hijo: es con este fin que Jesús en Su trono en gloria hará todo lo que le pidamos en Su Nombre. Cada respuesta a la oración que Él da tendrá este como su objeto: cuando no hay perspectiva de que se obtenga este objeto, Él no responderá. Se sigue naturalmente que esto debe ser con nosotros, como con Jesús, el elemento esencial de nuestras peticiones: la gloria del Padre debe ser el objetivo y el fin, el alma y la vida misma de nuestra oración.

Así fue con Jesús cuando estuvo en la tierra. 'No busco mi propio honor: busco el honor del que me envió;' en tales palabras tenemos la nota clave de Su vida. En las primeras palabras de la oración sumo sacerdotal Él la pronuncia: ¡Padre! Glorifica a Tu hijo, para que Tu Hijo te glorifique a Ti. 'Te he glorificado en la tierra; glorifícame contigo mismo.' El terreno sobre el cual Él pide ser elevado a la gloria que tenía con el Padre, es el doble: Él lo ha glorificado en la tierra; Él todavía lo glorificará en el cielo. Lo que Él pide es sólo para permitirle glorificar más al Padre. Es cuando entramos en simpatía con Jesús en este punto, y lo gratificamos al hacer de la gloria del Padre nuestro objeto principal en la oración también, que nuestra oración no puede dejar de tener una respuesta. No hay nada de lo que el Hijo Amado haya dicho más claramente que glorificará al

Padre que esto, El hacer lo que le pedimos; Por lo tanto, no dejará escapar ninguna oportunidad de asegurar este objeto . Hagamos nuestro su objetivo: que la gloria del Padre sea el vínculo entre nuestro pedir y su hacer: tal oración debe prevalecer.1

Esta palabra de Jesús viene ciertamente como una espada aguda de dos filos, penetrante hasta dividir el alma y el espíritu, y rápida para discernir los pensamientos y las intenciones del corazón. Jesús en Sus oraciones en la tierra, en Su intercesión en el cielo, en Su promesa de una respuesta a nuestras oraciones desde allí, hace de esto Su primer objetivo: la gloria de Su Padre. ¿Es así con nosotros también? ¿O no son, en gran medida, el interés propio y la voluntad propia los motivos más fuertes que nos impulsan a orar? O, si no podemos ver que este es el caso, ¿no tenemos que reconocer que el anhelo claro y consciente de la gloria del Padre no es lo que anima nuestras oraciones? Y, sin embargo, debe ser así.

No como si el creyente no lo deseara a veces. Pero tiene que llorar lo poco que ha logrado. Y él también sabe la razón de su fracaso. Lo fue, porque la separación entre el espíritu de la vida diaria y el espíritu de la hora de oración era demasiado grande. Empezamos a ver que el deseo por la gloria del Padre no es algo que podamos despertar y presentar a nuestro Señor cuando nos preparamos para orar. ¡No! sólo cuando toda la vida, en todas sus partes, se entrega a la gloria de Dios, podemos realmente orar también a su gloria. 'Haced todo para la gloria de Dios' y 'Pedid todo para la gloria de Dios', estos dos mandatos gemelos son inseparables: la obediencia al primero es el secreto de la gracia para el segundo. Una vida para la gloria de Dios es la condición de las oraciones que Jesús puede responder, 'para que el Padre sea glorificado'.

Esta exigencia en relación con la oración prevaleciente —que debe ser para la gloria de Dios— no es más que correcta y natural. No hay glorioso sino el Señor: no hay gloria sino la Suya, y la que Él pone sobre Sus criaturas. La creación existe para mostrar Su gloria; todo lo que no es para su gloria es pecado, tinieblas y muerte: sólo en la glorificación de Dios las criaturas pueden encontrar la gloria. Lo que hizo el Hijo del hombre, de entregarse enteramente, toda su vida, para glorificar al Padre, no es más que el simple deber de todo redimido. Y la recompensa de Cristo será suya también. Porque se entregó tan enteramente a la gloria del Padre, el Padre lo coronó de gloria y de honra, poniendo el reino en sus manos, con poder para pedir lo que quisiera y, como intercesor, para contestar nuestras oraciones. Y así como nos convertimos en uno con Cristo en esto, y como nuestra oración es parte de una vida totalmente entregada a la gloria de Dios, el Salvador podrá glorificar al Padre por nosotros mediante el cumplimiento de la promesa: 'Todo lo que pidiereis, Lo haré.'

A tal vida, con la gloria de Dios como nuestro único objetivo, no podemos alcanzarla por ningún esfuerzo propio. Sólo en el hombre Cristo Jesús se puede ver tal vida: en Él se encuentra para nosotros. ¡Sí, bendito sea Dios! Su vida es nuestra vida; Él se entregó por nosotros; Él mismo es ahora nuestra vida. El descubrimiento, la confesión y la negación del yo, usurpando el lugar de Dios, del egoísmo y la confianza en uno mismo, es esencial y, sin embargo, es lo que no podemos lograr con nuestras propias fuerzas. Es la venida y morada, la Presencia y la Regla en el corazón, de nuestro Señor Jesús, quien glorificó al Padre en la tierra, y ahora es glorificado con Él, para que desde allí pueda glorificarlo en nosotros; es Jesús mismo viniendo , quien puede echar fuera toda glorificación propia, y darnos en cambio Su propia vida y Espíritu que glorifica a Dios. Es Jesús, que anhela glorificar al Padre al escuchar nuestras oraciones, quien nos enseñará a vivir ya orar para la gloria de Dios.

¿Y qué motivo, qué poder hay que pueda impulsar nuestro corazón perezoso a entregarse a nuestro Señor para obrar esto en nosotros? Seguramente no se necesita más que una vista de cuán glorioso, cuán solo digno de gloria es el Padre. Que nuestra fe aprenda a inclinarse ante Él en la adoración en adoración, a atribuirle solo a Él el reino, el poder y la gloria, para rendirnos a morar en Su luz como el siempre bendito, siempre amoroso. Seguramente seremos impulsados a decir: 'Sólo a Él sea la gloria'. Y miraremos a nuestro Señor Jesús con una nueva intensidad de deseo por una vida que se niega a ver o buscar nada más que la gloria de Dios. Cuando hay poca oración que pueda ser contestada, el Padre no es glorificado. Es un deber, para la gloria de Dios, vivir y orar para que nuestra oración sea respondida. Por la gloria de Dios, aprendamos a orar bien.

Qué humillante pensamiento que tan a menudo hay oración ferviente por un hijo o un amigo, por un trabajo o un círculo, en el que el pensamiento de nuestro gozo o nuestro placer era mucho más fuerte que cualquier anhelo por la gloria de Dios. No es de extrañar que haya tantas oraciones sin respuesta: aquí tenemos el secreto. Dios no sería glorificado cuando esa gloria no fuera nuestro objetivo. El que ore la oración de fe, tendrá que entregarse a vivir literalmente para que el Padre en todas las cosas sea glorificado en él. Este debe ser su objetivo: sin esto no puede haber oración de fe. '¿Cómo podéis creer,' dijo Jesús, 'que recibís la gloria unos de otros, y la gloria que viene del único Dios que no buscáis?' Toda búsqueda de la propia gloria con los hombres hace imposible la fe: es el profundo, intenso sacrificio de uno mismo que renuncia a su propia gloria, y busca la gloria de Dios solamente, lo que despierta en el alma esa susceptibilidad espiritual de lo Divino, que es fe. La entrega a Dios para buscar Su gloria, y la expectativa de que Él mostrará Su gloria al escucharnos, son una en la raíz: El que busca la gloria de Dios la verá en la respuesta a su oración, y solo él.

¿Y cómo, preguntamos de nuevo, lo alcanzaremos? Comencemos con la confesión. Cuán poco ha sido la gloria de Dios una pasión que todo lo absorbe; qué poco han estado llenas de ella nuestras vidas y nuestras oraciones. Qué poco hemos vivido a semejanza del Hijo y en simpatía con Él, sólo para Dios y su gloria. Dediquemos tiempo, hasta que el Espíritu Santo nos lo descubra, y veamos cuán faltos hemos sido en esto. El verdadero conocimiento y la confesión del pecado son el camino seguro hacia la liberación.

Y luego miremos a Jesús. En Él podemos ver con qué muerte podemos glorificar a Dios. En la muerte lo glorificó; por la muerte fue glorificado con él. Es muriendo, estando muertos para nosotros mismos y viviendo para Dios, que podemos glorificarlo. Y esto, esta muerte a uno mismo, esta vida para la gloria de Dios, es lo que Jesús da y vive en cada uno que puede confiar en Él para ello. Que nada menos que estos: el deseo, la decisión de vivir solo para la gloria del Padre, tal como lo hizo Cristo; la aceptación de Él con su vida y fuerza obrando en nosotros; la seguridad gozosa de que podemos vivir para la gloria de Dios, porque Cristo vive en nosotros; sea éste el espíritu de nuestra vida diaria. Jesús es garantía de nuestro vivir así; el Espíritu Santo es dado, y está esperando para que sea nuestra experiencia, si confiamos en Él y le permitimos; ¡Oh, no nos detengamos por la incredulidad, sino que tomemos con confianza como nuestra consigna: Todo para la gloria de Dios! El Padre acepta la voluntad, el sacrificio es agradable; el Espíritu Santo nos sellará por dentro con la conciencia, estamos viviendo para Dios y su gloria.

Y entonces, qué tranquila paz y qué poder habrá en nuestras oraciones, ya que nos conocemos a nosotros mismos por su gracia, en perfecta armonía con Aquel que nos dice, cuando promete hacer lo que le pedimos: 'Para que el Padre sea glorificado en el Hijo.' Con todo nuestro ser conscientemente rendido a la inspiración de la Palabra y el Espíritu, nuestros deseos ya no serán nuestros sino los de Él; su fin principal la gloria de Dios. Con creciente libertad podremos decir en la oración: ¡Padre! Tú lo sabes, lo pedimos sólo para Tu gloria. Y la condición de oración-respuesta, en lugar de ser como una montaña que no podemos escalar, sólo nos dará la mayor confianza de que seremos escuchados, porque hemos visto que la oración no tiene mayor belleza o bienaventuranza que esta, que glorifica a la Padre. Y el precioso privilegio de la oración será doblemente precioso porque nos pone en perfecta sintonía con el Hijo amado en la maravillosa asociación que Él propone: 'Vosotros pedís, y yo pido, que el Padre sea glorificado en el Hijo'.

'SEÑOR, ENSEÑANOS A ORAR.'

¡Bendito Señor Jesús! Vengo de nuevo a Ti. Cada lección que me das me convence más profundamente de lo poco que sé orar correctamente. Pero cada lección también me inspira la esperanza de que Tú me vas a enseñar, que me estás enseñando no sólo a saber lo que debe ser la oración, sino a orar realmente como debo. ¡Oh mi señor! Miro con valentía a Ti, el Gran Intercesor, que oraste y escuchaste la oración, sólo para que el Padre sea glorificado, para que me enseñes también a vivir y a orar para la gloria de Dios.

¡Salvador! Con este fin me entrego a Ti otra vez. no sería nada. Me he entregado, como ya crucificado contigo, a la muerte. Por el Espíritu sus obras son mortificadas y muertas; Tu vida y Tu amor del Padre se están apoderando de mí. Un nuevo anhelo comienza a llenar mi alma, que cada día, cada hora, que en cada oración la gloria del Padre sea todo para mí. ¡Oh mi señor! Estoy en Tu escuela para aprender esto: enséñamelo Tú.

Y Tú, el Dios de la gloria, el Padre de la gloria, mi Dios y mi Padre, un niño que ha visto que Tu gloria es verdaderamente la única por la que vale la pena vivir. ¡Oh Señor! Muéstrame tu gloria. Que me eclipse. Deja que llene el templo de mi corazón. Permíteme morar en él como revelado en Cristo. Y cumple Tú mismo en mí Tu beneplácito, que Tu hijo encuentre su gloria buscando la gloria de su Padre. Amén.

1 Véase en la nota sobre George Muller, al final de este volumen, cómo fue llevado a hacer de la gloria de Dios su primer objetivo.

Con Cristo en la Escuela de Oración - Capítulo 21
LECCIÓN VIGÉSIMA PRIMERA.
'Si permanecéis en mí;'
O La Condición Todo Incluido.

'Si permanecéis en mí, y mis palabras permanecen en vosotros, pedid todo lo que queráis, y os será hecho.'—Juan xv. 7.

EN toda relación de Dios con nosotros, la promesa y sus condiciones son inseparables. Si cumplimos las condiciones, Él cumple la promesa. Lo que Él debe ser para nosotros depende de lo que estemos dispuestos a ser para Él. 'Acérquense a Dios, y Él se acercará a ustedes.' Y así en la oración la promesa ilimitada, Pedid todo lo que queráis, tiene su única condición simple y natural, si permanecéis en mí. Es Cristo a quien el Padre siempre escucha; Dios está en Cristo, y sólo se puede alcanzar estando en Él; estar EN ÉL es el camino para que nuestra oración sea escuchada; PERMANECIENDO total y completamente EN ÉL, tenemos el derecho de pedir todo lo que queramos, y la promesa de que nos será hecho.

Cuando comparamos esta promesa con las experiencias de la mayoría de los creyentes, nos sorprende una terrible discrepancia. ¿Quién puede contar las innumerables oraciones que se elevan y no obtienen respuesta? La causa debe ser que no cumplimos la condición, o Dios no cumple la promesa. Los creyentes tampoco están dispuestos a admitir y, por lo tanto, han ideado una forma de escapar del dilema. Pusieron en la promesa la cláusula de calificación que nuestro Salvador no puso allí, si es la voluntad de Dios; y así mantener tanto la integridad de Dios como la suya propia. ¡Oh, si tan solo la aceptaran y la mantuvieran tal como está, confiando en Cristo para vindicar Su verdad, cómo el Espíritu de Dios los guiaría a ver la propiedad divina de tal promesa para aquellos que realmente permanecen en Cristo en el sentido en que Lo dice en serio, y confesar que el fracaso en el cumplimiento de la condición es la única explicación suficiente de la oración no contestada. Y cómo el Espíritu Santo entonces haría de nuestra debilidad en la oración uno de los motivos más poderosos para impulsarnos a descubrir el secreto y obtener la bendición de permanecer plenamente en Cristo.

'Si permanecéis en mí.' A medida que un cristiano crece en la gracia y en el conocimiento del Señor Jesús, a menudo se sorprende al ver cómo crecen también las palabras de Dios, en el significado nuevo y más profundo con el que le llegan. Puede recordar el día en que le fue abierta una palabra de Dios y se regocijó en la bendición que había encontrado en ella. Después de un tiempo, una experiencia más profunda le dio un nuevo significado, y fue como si nunca hubiera visto lo que contenía. Y, sin embargo, una vez más, a medida que avanzaba en la vida cristiana, la misma palabra volvió a presentarse ante él como un gran misterio, hasta que de nuevo el Espíritu Santo lo condujo aún más profundamente a su plenitud divina. Una de estas palabras siempre crecientes, nunca agotadas, que nos abren paso a paso la plenitud de la vida Divina, es el precioso 'Permaneced en mí' del Maestro. Así como la unión del pámpano con la vid es una unión de crecimiento, crecimiento y aumento sin cesar, así nuestra permanencia en Cristo es un proceso de vida en el que la vida divina toma posesión cada vez más plena y completa de nosotros. El creyente joven y débil puede estar realmente permaneciendo en Cristo hasta la medida de su luz; es él quien alcanza la plena permanencia en el sentido en que el Maestro entendió las palabras, quien hereda todas las promesas relacionadas con ello.

En la vida creciente de permanecer en Cristo, la primera etapa es la de la fe. A medida que el creyente ve que, con toda su debilidad, el mandamiento es realmente para él, su gran objetivo es simplemente creer que, como sabe que está en Cristo, así ahora, a pesar de la infidelidad y el fracaso, permanecer en Cristo es su objetivo inmediato. deber, y una bendición a su alcance. Está especialmente ocupado con el amor, el poder y la fidelidad del Salvador: siente que su única necesidad es creer.

No pasa mucho tiempo antes de que vea que se necesita algo más. La obediencia y la fe deben ir juntas. No como si a la fe que tiene se le debe agregar la obediencia, sino que la fe se debe manifestar en la obediencia. La fe es obediencia en casa y mirando al Maestro: la obediencia es fe saliendo a hacer Su voluntad. Ve cómo ha estado más ocupado con el privilegio y las bendiciones de esta permanencia que con sus deberes y su fruto. Ha habido mucho del yo y de la voluntad propia que ha pasado desapercibido o tolerado: la paz que, como un discípulo joven y débil, podía disfrutar al creer se aleja de él; es en la obediencia práctica que se debe mantener la permanencia: 'Si guardáis mis mandamientos, permaneceréis en mi amor.' Como antes, su gran objetivo fue a través de la mente, y la verdad de la que se apoderó, para dejar que el corazón descanse en Cristo y sus promesas; así que ahora, en esta etapa, el principal esfuerzo es lograr que su voluntad se una con la voluntad de su Señor, y que el corazón y la vida estén enteramente bajo Su dominio.

Y, sin embargo, es como si algo faltara. La voluntad y el corazón están del lado de Cristo; obedece y ama a su Señor. Pero aun así, ¿por qué la naturaleza carnal tiene todavía tanto poder, que los movimientos espontáneos y las emociones del ser más íntimo no son lo que deberían ser? La voluntad no aprueba ni permite, pero aquí hay una región fuera del control de la voluntad. Y por qué también, aun cuando no hay tanto de comisión positiva para condenar, por qué tanto de omisión, la deficiencia de esa belleza de la santidad, ese celo de amor, esa conformidad con Jesús y su muerte, en la que la vida de uno mismo está perdido, y que seguramente está implícito en la permanencia, como lo quiso decir el Maestro? Seguramente debe haber algo en nuestra permanencia en Cristo y Cristo en nosotros, que él aún no ha experimentado.

Es tan. La fe y la obediencia no son más que el camino de la bendición. Antes de darnos la parábola de la vid y los sarmientos, Jesús había dicho muy claramente cuál es la bendición plena a la que deben conducir la fe y la obediencia. Tres veces había dicho: 'Si me amáis, guardad mis mandamientos', y habló de la triple bendición con la que coronaría tal amor obediente. El Espíritu Santo vendría del Padre; el Hijo se manifestaría; el Padre y el Hijo vendrían y harían su morada. Es a medida que nuestra fe crece en obediencia, y en obediencia y amor todo nuestro ser sale y se aferra a Cristo, que nuestra vida interior se abre, y se forma la capacidad interior de recibir la vida, el espíritu, del glorificado. Jesús, como unión distinta y consciente con Cristo y con el Padre. La palabra se cumple en nosotros: 'En aquel día sabréis que yo estoy en mi Padre y vosotros en mí, y yo en vosotros.' Entendemos cómo, así como Cristo es en Dios, y Dios en Cristo, uno juntos no sólo en la voluntad y en el amor, sino en la identidad de naturaleza y vida, porque existen el uno en el otro, así también nosotros somos en Cristo y Cristo en nosotros. , en unión no sólo de voluntad y amor, sino también de vida y naturaleza.

Fue después que Jesús hubo hablado de nosotros así por el Espíritu Santo sabiendo que Él está en el Padre, y así también nosotros en Él y Él en nosotros, que Él dijo: 'Permaneced en mí, y yo en vosotros. Aceptar, consentir en recibir aquella vida divina de unión conmigo mismo, en virtud de la cual, como vosotros permanecéis en mí, yo también habito en vosotros, como yo habito en el Padre. Para que tu vida sea la mía y la mía la tuya. Esta es la verdadera permanencia, el ocupar la posición en la que Cristo puede venir y morar; permaneciendo tanto en Él que el alma se ha apartado de sí misma para descubrir que Él ha tomado el lugar y se ha convertido en nuestra vida. Es el devenir como niños pequeños que no tienen cuidado, y encuentran su felicidad en confiar y obedecer al amor que ha hecho todo por ellos.

A aquellos que así lo cumplen, les llega la promesa como herencia legítima: Pidan todo lo que quieran. No puede ser de otra manera. Cristo tiene plena posesión de Ellos. Cristo habita en su amor, su voluntad, su vida. No sólo se ha renunciado a su voluntad; Cristo ha entrado en ella, y mora y respira en ella por Su Espíritu. Aquel a quien el Padre siempre escucha, ora en ellos; oran en Él: lo que pidan les será hecho.

¡Amado hermano creyente! Confesemos que es porque no permanecemos en Cristo como Él quiere que la Iglesia sea tan impotente ante la infidelidad y la mundanalidad y el paganismo, en medio de los cuales el Señor puede hacerla más que vencedora. . Creamos que Él quiere decir lo que promete, y aceptemos la condenación que implica la confesión.

Pero no nos desanimemos. La permanencia del pámpano en la Vid es una vida de crecimiento incesante. La permanencia, como la quiso decir el Maestro, está a nuestro alcance, porque Él vive para dárnosla. Preparémonos para considerar todas las cosas como pérdida, y decir: 'No como si ya lo hubiera alcanzado; Yo sigo después, si es que puedo asir aquello para lo cual también soy asido de Cristo Jesús.' No nos ocupemos tanto de la permanencia, sino de Aquel a quien nos une la permanencia, y Su plenitud. Que sea Él, el Cristo entero, en su obediencia y humillación, en su exaltación y poder, en quien se mueva y actúe nuestra alma; Él mismo cumplirá su promesa en nosotros.

Y luego, mientras permanecemos y crecemos cada vez más en la plena permanencia, ejerzamos nuestro derecho, la voluntad de entrar en toda la voluntad de Dios. Obedeciendo lo que manda esa voluntad, reclamemos lo que promete. Rindámonos a la enseñanza del Espíritu Santo, para mostrarnos a cada uno de nosotros, según su crecimiento y medida, cuál es la voluntad de Dios que podemos reclamar en la oración. Y descansemos contentos con nada menos que la experiencia personal de lo que Jesús dio cuando dijo: 'Si permanecéis en mí, pedid todo lo que queráis, os será hecho'.

'¡Señor, enséñanos a orar!'
¡Amado Señor! enséñame a tomar esta promesa de nuevo en toda su sencillez, y a estar seguro de que la única medida de Tu santa dádiva es nuestra santa voluntad. ¡Caballero! Que cada palabra de esta Tu promesa se haga de nuevo viva y poderosa en mi alma.
Tú dices: ¡Permaneced en mí! Oh mi Maestro, mi Vida, mi Todo, yo permanezco en Ti. Dame Tú para crecer en toda Tu plenitud. No es el esfuerzo de la fe, buscando aferrarme a Ti, ni siquiera el reposo de la fe, confiando en Ti para que me guardes; no es la obediencia de la voluntad, ni el guardar los mandamientos; pero eres Tú mismo viviendo en mí y en el Padre, el único que puede satisfacerme. Eres Tu mismo, mi Señor, ya no más delante de mí y por encima de mí, sino uno conmigo, y que permanece en mí; es esto lo que necesito, es esto lo que busco. Es por esto por lo que confío en Ti.
Tú dices: ¡Pide lo que quieras! ¡Caballero! Sé que la vida de permanencia plena y profunda renovará, santificará y fortalecerá tanto la voluntad que tendré la luz y la libertad

para pedir grandes cosas. ¡Caballero! que mi voluntad, muerta en tu muerte, viva en tu vida, sea audaz y amplia en sus peticiones.

Tú dices: Se hará. Oh Tú que eres el Amén, el Testigo Fiel y Verdadero, dame en Ti mismo la gozosa confianza de que harás esta palabra aún más maravillosamente verdadera para mí que nunca, porque no ha entrado en el corazón del hombre para concebir lo que Dios ha hecho. preparado para los que le aman. Amén.

NOTA

En una cuidadosa comparación de lo que encontramos principalmente en libros o sermones sobre la oración y la enseñanza del Maestro, encontraremos una gran diferencia: la importancia asignada a la respuesta a la oración no es la misma. En el primero encontramos mucho sobre la bendición de la oración como ejercicio espiritual aunque no haya respuesta, y sobre las razones por las que debemos contentarnos sin ella. La comunión de Dios debe ser más para nosotros que el don que pedimos; La sabiduría de Dios sólo sabe lo que es mejor; Dios puede otorgar algo mejor que lo que retiene. Aunque esta enseñanza parece muy elevada y espiritual, es notable que no encontremos nada de ella con nuestro Señor. Cuanto más cuidadosamente reunimos todo lo que Él dijo sobre la oración, más claro se vuelve que Él deseaba que pensáramos en la oración simplemente como el medio para un fin, y que la respuesta debía ser la prueba de que nosotros y nuestra oración somos aceptables para los demás. Padre en el cielo. No es que Cristo quiera que consideremos los dones de mayor valor que la comunión y el favor del Padre. De ninguna manera. Pero el Padre quiere que la respuesta sea la señal de Su favor y de la realidad de nuestra comunión con Él. 'Hoy tu siervo sabe que he hallado gracia ante tus ojos, mi señor, oh rey, en cuanto el rey ha cumplido la petición de su siervo.'

Una vida marcada por la respuesta diaria a la oración es la prueba de nuestra madurez espiritual; que en verdad hemos alcanzado la verdadera permanencia en Cristo; que nuestra voluntad es verdaderamente una con la voluntad de Dios; que nuestra fe se ha fortalecido para ver y tomar lo que Dios ha preparado para nosotros; que el Nombre de Cristo y Su naturaleza han tomado plena posesión de nosotros; y que hemos sido hallados aptos para tomar un lugar entre aquellos a quienes Dios admite Sus consejos, y según cuya oración Él gobierna el mundo. Estos son aquellos en quienes se ha restaurado algo de la dignidad original del hombre, en quienes, al permanecer en Cristo, Su poder como Intercesor que todo prevalece puede manifestarse, en quienes se manifiesta la gloria de Su Nombre. La oración es muy bendecida; la respuesta es más bienaventurada aún, como la respuesta del Padre de que nuestra oración, nuestra fe, nuestra voluntad, son verdaderamente como Él quiere que sean.

Hago estas observaciones con el único deseo de llevar a mis propios lectores a reunir todo lo que Cristo ha dicho sobre la oración, y a dejarse llevar por la plena impresión de la verdad de que cuando la oración es lo que debe ser, o más bien cuando somos lo que debemos ser, permaneciendo en Cristo, la respuesta debe esperarse. Nos sacará de esos refugios donde nos hemos consolado con oraciones sin respuesta. Nos descubrirá el lugar de poder que Cristo ha asignado a su Iglesia, y que tan poco ocupa. Revelará la terrible debilidad de nuestra vida espiritual como la causa de que no sepamos orar con denuedo en el Nombre de Cristo. Nos impulsará poderosamente a elevarnos a una vida en plena unión con Cristo y en la plenitud del Espíritu, como el secreto de la oración eficaz. Y así nos conducirá a darnos cuenta de nuestro destino: 'En aquel día: De cierto, de cierto os digo, que si algo pidiereis al Padre, os lo dará en mi

Nombre: pedid, y se os dará , para que vuestro gozo sea cumplido.' La oración que está realmente, espiritualmente, en unión con Jesús, siempre es contestada.

Con Cristo en la Escuela de Oración - Capítulo 22
LECCIÓN VIGÉSIMA SEGUNDA.
'Mis palabras en ti.' O, La Palabra y la Oración.

'Si permanecéis en mí, y mis palabras permanecen en vosotros, pedid todo lo que queráis, y os será hecho.'—Juan xv. 7.

LA conexión vital entre la palabra y la oración es una de las lecciones más simples y tempranas de la vida cristiana. Como dijo aquel pagano recién convertido: Yo oro, yo le hablo a mi padre; Yo leo, mi Padre me habla. Antes de la oración, es la palabra de Dios la que me prepara para ella al revelarme lo que el Padre me ha mandado a pedir. En la oración, es la palabra de Dios la que me fortalece dando a mi fe su garantía y su súplica. Y después de la oración, es la palabra de Dios la que me trae la respuesta cuando he orado, porque en ella el Espíritu me da a oír la voz del Padre. La oración no es monólogo sino diálogo; La voz de Dios en respuesta a la mía en su parte más esencial. Escuchar la voz de Dios es el secreto de la seguridad de que Él escuchará la mía. 'Inclinad vuestro oído, y escuchad;' 'Escúchame'; Escucha mi voz; son palabras que Dios dirige al hombre así como el hombre a Dios. Su escucha dependerá de la nuestra; la entrada que Sus palabras encuentren conmigo, será la medida del poder de mis palabras con Él. Lo que las palabras de Dios son para mí, es la prueba de lo que Él mismo es para mí, y por lo tanto de la rectitud de mi deseo por Él en oración.

os será hecho'. La profunda importancia de esta verdad se hace evidente si notamos la otra expresión de la que ésta ha tomado el lugar. Más de una vez Jesús había dicho: "Permaneced en mí y yo en vosotros". Su permanencia en nosotros fue el complemento y la corona de nuestra permanencia en Él. Pero aquí, en lugar de 'Vosotros en mí y yo en vosotros', Él dice, 'Vosotros en mí y mis palabras en vosotros'. Sus palabras permanentes son el equivalente de Él mismo permanente.

Qué vista se abre aquí para nosotros del lugar que las palabras de Dios en Cristo deben tener en nuestra vida espiritual, y especialmente en nuestra oración. En las palabras de un hombre se revela a sí mismo. En sus promesas se entrega a sí mismo, se une al que recibe su promesa. En sus mandatos expone su voluntad, busca hacerse dueño de aquel cuya obediencia reclama, para guiarlo y utilizarlo como si fuera parte de sí mismo. Es a través de nuestras palabras que el espíritu tiene comunión con el espíritu, que el espíritu de un hombre pasa y se transfiere a otro. Es a través de las palabras de un hombre, escuchadas y aceptadas, retenidas y obedecidas, que él puede impartirse a otro. Pero todo ello en un sentido muy relativo y limitado.

Pero cuando Dios, el Ser infinito, en quien todo es vida y poder, espíritu y verdad, en el sentido más profundo de las palabras, cuando Dios se expresa en Sus palabras, Él se da a Sí mismo, Su Amor y Su Vida. , Su Voluntad y Su Poder, a quien recibe estas palabras, en una realidad que pasa por la comprensión. En cada promesa Él se pone a sí mismo en nuestro poder para asir y poseer; en cada mandato se pone en nuestro poder para que compartamos con Él Su Voluntad, Su Santidad, Su Perfección. En la Palabra de Dios, Dios se nos da a SÍ MISMO; Su Palabra es nada menos que el Hijo Eterno, Cristo Jesús. Y así, todas las palabras de Cristo son palabras de Dios, llenas de una vida y un poder vivificantes divinos. 'Las palabras que yo os he hablado, son espíritu y son vida.'

Los que han hecho de los sordomudos su estudio, nos dicen cuánto depende la facultad de hablar de la de oír, y cómo a la pérdida de audición en los niños le sigue también la de hablar. Esto es cierto en un sentido más amplio: como oímos, así hablamos. Esto es cierto en el sentido más elevado de nuestra relación con Dios. Ofrecer una oración, dar expresión a ciertos deseos y apelar a ciertas promesas, es algo fácil, y puede ser aprendido del hombre por la sabiduría humana. Pero orar en el Espíritu, hablar palabras que alcancen y toquen a Dios, que afecten e influyan en los poderes del mundo invisible, tal oración, tal hablar, depende enteramente de que escuchemos la voz de Dios. En la medida en que escuchemos la voz y el lenguaje que Dios habla, y en las palabras de Dios recibamos Sus pensamientos, Su mente, Su vida, en nuestro corazón, aprenderemos a hablar en la voz y el lenguaje que Dios escucha. Es el oído del que aprende, despertado mañana tras mañana, el que prepara la lengua del que aprende, para hablar a Dios como a los hombres, como conviene (Isa. 1. 4).

Este escuchar la voz de Dios es algo más que el estudio reflexivo de la Palabra. Puede haber un estudio y conocimiento de la Palabra, en el cual hay muy poca comunión real con el Dios viviente. Pero también hay una lectura de la Palabra, en la misma presencia del Padre, y bajo la dirección del Espíritu, en la que la Palabra viene a nosotros en poder vivo de Dios mismo; es para nosotros la voz misma del Padre, una verdadera comunión personal con Él mismo. Es la voz viva de Dios que entra en el corazón, que trae bendición y fuerza, y despierta la respuesta de una fe viva que llega de nuevo al corazón de Dios.

De este oír la voz depende el poder tanto para obedecer como para creer. Lo principal es, no saber lo que Dios ha dicho que debemos hacer, sino que Dios mismo nos lo dice. No es la ley, ni el libro, ni el conocimiento de lo que es correcto, lo que obra la obediencia, sino la influencia personal de Dios y Su comunión viviente. Y aun así no es el conocimiento de lo que Dios ha prometido, sino la presencia de Dios mismo como Prometedor, lo que despierta la fe y la confianza en la oración. Es solo en la presencia plena de Dios que la desobediencia y la incredulidad se vuelven imposibles.

'Si permanecéis en mí, y mis palabras permanecen en vosotros, pedid todo lo que queréis, os será hecho'. Vemos lo que esto significa. En las palabras el Salvador se da a sí mismo. Debemos tener las palabras en nosotros, asumidas en nuestra voluntad y vida, reproducidas en nuestra disposición y conducta. Debemos tenerlas morando en nosotros: toda nuestra vida una continua exposición de las palabras que están dentro, y llenándonos; las palabras revelando a Cristo por dentro, y nuestra vida revelándolo por fuera. Cuando las palabras de Cristo entren en nuestro corazón, se conviertan en nuestra vida y lo influyan, nuestras palabras entrarán en Su corazón y lo influirán. Mi oración dependerá de mi vida; lo que las palabras de Dios son para mí y en mí, mis palabras serán para Dios y en Dios. Si hago lo que Dios dice, Dios hará lo que digo.

¡Cuán bien entendieron los santos del Antiguo Testamento esta conexión entre las palabras de Dios y las nuestras, y cuán realmente la oración con ellos fue la respuesta amorosa a lo que habían oído hablar a Dios! Si la palabra era una promesa, contaban con que Dios haría lo que había dicho. 'Haz como has dicho;' 'Porque Tú, Señor, lo has dicho;' 'Conforme a Tu promesa;' 'Conforme a Tu palabra;' en tales expresiones mostraron que lo que Dios habló en la promesa fue la raíz y la vida de lo que hablaron en oración. Si la palabra era un mandato, simplemente hicieron lo que el Señor les había dicho: 'Entonces Abram se fue como el Señor había dicho'. Su vida era comunión con Dios, el intercambio de palabra y pensamiento. Lo que Dios habló, ellos lo oyeron y lo hicieron; lo que hablaron Dios lo oyó y lo hizo. En cada palabra que nos dice, Cristo entero se da a sí mismo para cumplirla por nosotros. Por cada palabra Él pide no menos que demos todo el hombre para guardar esa palabra, y para recibir su cumplimiento.

'Si mis palabras permanecen en vosotros;' la condición es simple y clara. En Sus palabras se revela Su voluntad. Como las palabras permanecen en mí, Su voluntad me gobierna; mi voluntad se convierte en la vasija vacía que llena Su voluntad, el instrumento voluntario que Su voluntad maneja; Él llena mi ser interior. En el ejercicio de la obediencia y de la fe, mi voluntad se fortalece cada vez más y llega a una armonía interior más profunda con Él. Él puede confiar plenamente en que no querrá nada más que lo que Él quiere; Él no tiene miedo de dar la promesa: 'Si mis palabras permanecen en vosotros, pedid todo lo que queráis, os será hecho'. A todos los que lo crean y actúen en consecuencia, Él lo hará literalmente verdadero.

¡Discípulos de Cristo! ¿No se nos hace cada vez más claro que mientras hemos estado excusando nuestras oraciones sin respuesta, nuestra impotencia en la oración, con una fantasiosa sumisión a la sabiduría y voluntad de Dios, la verdadera razón ha sido que nuestra propia vida débil ha sido la causa de nuestras débiles oraciones. Nada puede hacer a los hombres fuertes sino la palabra que viene a nosotros de la boca de Dios: por eso debemos vivir. Es la palabra de Cristo, amada, vivida, que permanece en nosotros, haciéndose por la obediencia y la acción parte de nuestro ser, la que nos hace uno con Cristo, la que nos capacita espiritualmente para tocar, para asir a Dios. Todo lo que es del mundo pasa; el que hace la voluntad de Dios permanece para siempre. Oh, entreguemos el corazón y la vida a las palabras de Cristo, las palabras en las que Él se entrega siempre, el Salvador viviente personal, y Su promesa será nuestra rica experiencia: 'Si permanecéis en mí, y mis palabras permanecen en vosotros, pedid todo lo que queráis, y os será hecho.'

'¡Señor, enséñanos a orar!'
¡Bendito Señor! Tu lección de este día me ha vuelto a descubrir mi locura. Veo cómo es que mi oración no ha sido más creyente y prevaleciente. Estaba más ocupado en hablarte a Ti que en que Tú me hablaras a mí. No entendí que el secreto de la fe es este: no puede haber tanta fe como la que hay de la Palabra Viva que mora en el alma.
Y Tu palabra me había enseñado tan claramente: Sea todo hombre pronto para oír, tardo para hablar; no se apresure tu corazón a proferir nada delante de Dios. Señor, enséñame que es sólo con Tu palabra acogida en mi vida que mis palabras pueden ser acogidas en Tu corazón; que Tu palabra, si es un poder vivo dentro de mí, será un poder vivo contigo; lo que tu boca ha dicho, tu mano lo hará.

¡Caballero! líbrame de la oreja incircuncisa. Dame el oído abierto del aprendiz, despierto mañana tras mañana para escuchar la voz del Padre. Así como sólo dijiste lo que escuchaste, que mi hablar sea el eco de Tu hablarme. 'Cuando Moisés entró en el tabernáculo para hablar con Él, oyó la voz de Uno que le hablaba desde el propiciatorio.' Señor, que así sea conmigo también. Que una vida y un carácter que lleven la única marca, que Tus palabras permanezcan y se vean en ella, sean la preparación para la bendición plena: 'Pedid todo lo que queráis, y os será hecho'. Amén.

Con Cristo en la Escuela de Oración - Capítulo 23
LECCIÓN VIGÉSIMA TERCERA.
'Haced fruto, para que el Padre os dé lo que pidáis;' O, Obediencia el Camino al Poder en la Oración.

'Vosotros no me elegisteis a mí, sino que yo os elegí a vosotros y os puse para que vayáis y deis fruto, y vuestro fruto permanezca: para que todo lo que pidáis al Padre en mi nombre, os lo dará'. Juan XV. dieciséis.
'La oración ferviente y eficaz del justo puede mucho.'— James. v.
dieciséis.

LA promesa de que el Padre nos dará todo lo que pidamos se renueva aquí una vez más, de tal manera que nos muestra a quién se le debe conceder tan maravillosa influencia en la cámara del consejo del Altísimo. 'Yo os elegí', dice el Maestro, 'y os designé para que vayáis y deis fruto, y vuestro fruto permanezca'; y luego añade, al final 'que todo lo que vosotros,' los fructíferos, 'pidiereis al Padre en mi nombre, él os lo dará'. Esto es
nada sino la expresión más completa de lo que Él había dicho en las palabras, 'Si permanecéis en mí.' Él había hablado del objeto de esta permanencia como el dar 'fruto', 'más fruto', 'mucho fruto'; en esto había que glorificar a Dios, y ver la marca del discipulado. No es de extrañar que Él ahora agregue que donde la realidad de la permanencia se ve en el fruto abundante y permanente, esta sería la calificación para orar a fin de obtener lo que pedimos. La

entera consagración al cumplimiento de nuestro llamado es la condición de la oración eficaz, es la clave para las bendiciones ilimitadas de las maravillosas promesas de oración de Cristo.

Hay cristianos que temen que tal declaración esté en desacuerdo con la doctrina de la gracia gratuita. Pero seguramente no de gracia gratuita bien entendida, ni con tantas declaraciones expresas de la bendita palabra de Dios. Tomemos las palabras de San Juan (1 Juan iii. 22): 'Amemos de hecho y de verdad; por la presente aseguraremos nuestro corazón delante de Él. Y cualquier cosa que pidamos, la recibimos de él, porque guardamos sus mandamientos y hacemos las cosas que son agradables delante de él". ;' es decir, de un hombre de quien, según la definición del Espíritu Santo, se puede decir: 'El que hace justicia, es justo como él es justo'. Note el espíritu de muchos de los Salmos, con su llamamiento confiado a la integridad y rectitud del suplicante. en Sal. xviii, David dice: 'El Señor me recompensó conforme a mi justicia; conforme a la limpieza de mis manos me ha recompensado. . . . Fui recto delante de El, y me guardé de mi iniquidad; por tanto, el Señor me ha recompensado conforme a mi justicia.' (Sal. xviii. 20-26. Ver también Sal. vii. 3-5, xv. 1, 2, xviii. 3, 6, xxvi. 1-6, cxix. 121, 153.) Si consideramos cuidadosamente tales declaraciones a la luz del Nuevo Testamento, los encontraremos en perfecta armonía con la enseñanza explícita de las palabras de despedida del Salvador: 'Si guardáis mis mandamientos, permaneceréis en mi amor'; Vosotros sois mis amigos si hacéis lo que os mando. De hecho, la palabra tiene un significado literal: 'Os he puesto para que vayáis y deis fruto, para que,' entonces, 'cualquier cosa que pidáis al Padre en mi nombre, os lo dará'.

Procuremos entrar en el espíritu de lo que aquí nos enseña el Salvador. Existe el peligro en nuestra religión evangélica de mirar demasiado lo que ofrece desde un lado, como una cierta experiencia que se obtiene en la oración y la fe. Hay otro lado que la palabra de Dios pone muy fuerte, el de la obediencia como único camino a la bendición. Lo que necesitamos es darnos cuenta de que en nuestra relación con el Ser Infinito al que llamamos Dios que nos ha creado y redimido, el primer sentimiento que debe animarnos es el de sujeción: la entrega a su supremacía, a su gloria, a su voluntad, Su placer debe ser el primer y más importante pensamiento de nuestra vida. La pregunta no es cómo vamos a obtener y disfrutar Su favor, porque en esto lo principal puede ser todavía el yo. Pero lo que este Ser en la naturaleza misma de las cosas reclama legítimamente, y de lo que es infinita e indeciblemente digno, es que Su gloria y placer deben ser mi único objetivo. La entrega a su perfecta y bendita voluntad, una vida de servicio y obediencia, es la belleza y el encanto del cielo. Servicio y obediencia, estos fueron los pensamientos que predominaron en la mente del Hijo, cuando habitó en la tierra. El servicio y la obediencia deben convertirse para nosotros en los principales objetos de deseo y fin, más que el descanso o la luz, o la alegría o la fuerza: en ellos encontraremos el camino hacia toda la bienaventuranza superior que nos espera.

Solo noten qué lugar prominente le da el Maestro, no solo en el capítulo 15, en relación con la permanencia, sino en el 14, donde habla de la morada del Dios Tres-Uno. En el versículo 15 lo tenemos: 'Si me amáis, guardad mis mandamientos, y os será dado el Espíritu del Padre. Luego el versículo 21: 'El que tiene mis mandamientos y los guarda, ése es el que me ama;' y tendrá el amor especial de mi Padre descansando sobre él y la manifestación especial de mí mismo. Y luego otra vez, el versículo 23, una de las más altas de todas las promesas preciosas y grandísimas: 'El que me ama, mis palabras guardará, y el Padre y yo vendremos y haremos morada con él'. ¿Podrían las palabras decir más claramente que la obediencia es el camino para que el Espíritu more en nosotros, para que Él revele al Hijo dentro de nosotros y para que Él nos prepare nuevamente para ser la morada, el hogar del Padre? La morada del Dios Tres-Uno es la herencia de los que obedecen. La obediencia y la fe no son más que dos aspectos de un mismo acto: la entrega a Dios ya su voluntad. Así como la fe fortalece para la obediencia, a su vez es fortalecida por ella: la fe se perfecciona por las obras. Es de temer que muchas veces nuestros esfuerzos por creer han sido en vano porque no hemos asumido la única posición en la que es legítima o posible una gran fe, la de la entrega total al honor y la voluntad de Dios. Es el hombre que está enteramente consagrado a Dios ya Su voluntad quien encontrará el poder para reclamar todo lo que Su Dios ha prometido que será para él.

La aplicación de esto en la escuela de oración es muy sencilla, pero muy solemne. 'Os escogí', dice el Maestro, 'y os he puesto para que vayáis y deis fruto', mucho fruto (versículos 5, 8), 'y vuestro fruto permanezca', para que vuestra vida sea de fruto permanente. y fecundidad permanente, 'para que' así, como ramas fructíferas que permanecen en mí, 'cualquier cosa que pidáis al Padre en mi nombre, os lo dará'. ¡Oh, cuántas veces hemos buscado ser capaces de orar la oración eficaz por mucha gracia para dar fruto, y nos hemos maravillado de que la respuesta no viniera! Fue porque estábamos invirtiendo la orden del Maestro. Primero queríamos tener el consuelo, el gozo y la fuerza, para que pudiéramos hacer el trabajo fácilmente y sin ningún sentimiento de dificultad o sacrificio propio. Y Él nos quiso en la fe, sin preguntarnos si nos sentíamos débiles o fuertes, si el trabajo era duro o fácil, en la obediencia de la fe para hacer lo que Él dijo: el camino de la fructificación nos habría llevado al lugar y al poder de la oración prevaleciente. La obediencia es el único camino que conduce a la gloria de Dios. No obediencia en lugar de fe, ni obediencia para suplir las deficiencias de la fe; no, pero la obediencia de la fe da acceso a todas las bendiciones que nuestro Dios tiene para nosotros. El bautismo del Espíritu (xiv. 16), la manifestación del Hijo (xiv. 21), la morada del Padre (xiv. 23), la permanencia en el amor de Cristo (xv. 10), el privilegio de su santa amistad (xv. 14), y el poder de la oración que prevalece sobre todo (xv. 16), todos esperan al obediente.

Llevémonos las lecciones a casa. Ahora sabemos la gran razón por la cual no hemos tenido el poder en la fe para orar de manera prevaleciente. Nuestra vida no fue como debería haber sido: la simple y absoluta obediencia, la perdurable fecundidad, no fue su principal característica. Y con todo nuestro corazón aprobamos el nombramiento divino: hombres a quienes Dios ha de dar tal influencia en el gobierno del mundo, que a petición de ellos hagan lo que de otro modo no hubiera sucedido, hombres cuya voluntad es guiar el camino en los que ha de obrar la voluntad de Dios, deben ser hombres que hayan aprendido ellos mismos la obediencia, cuya lealtad y sumisión a la autoridad deben estar por encima de toda sospecha. Toda nuestra alma aprueba la ley: la obediencia y la fecundidad, camino de la oración imperante. Y con vergüenza reconocemos lo poco que nuestras vidas han llevado todavía este sello.

Entreguémonos para asumir el encargo que nos da el Salvador. Estudiemos Su relación con nosotros como Maestro. No busquemos más cada nuevo día para pensar en primer lugar en el consuelo, la alegría o la bendición. Que el primer pensamiento sea: Yo pertenezco al Maestro. Cada momento y cada movimiento debo actuar como Su propiedad, como una parte de Él mismo, como quien solo busca conocer y hacer Su voluntad. Siervo, esclavo de Jesucristo, sea éste el espíritu que me anime. Si Él dice: 'Ya no os llamaré siervos, sino que os he llamado amigos', aceptemos el lugar de amigos: 'Vosotros sois mis amigos si hacéis las cosas que os mando'.

Lo único que Él nos manda como Sus ramas es dar fruto. Vivamos para bendecir a los demás, para dar testimonio de la vida y el amor que hay en Jesús. En fe y obediencia, demos toda nuestra vida a aquello para lo que Jesús nos eligió y nos designó: dar fruto. A medida que pensemos en que Él nos eligió para esto, y aceptemos nuestro nombramiento como procedente de Aquel que siempre da todo lo que Él demanda, creceremos en la confianza de que una vida de frutos, abundancia y permanencia está a nuestro alcance. Y comprenderemos por qué sólo este dar frutos puede ser el camino hacia el lugar de toda oración prevaleciente. Es el hombre que, en obediencia al Cristo de Dios, va probando que hace lo que su Señor quiere, por quien el Padre hará todo lo que quiera: 'Todo lo que pidamos, lo recibimos, porque guardamos sus mandamientos y lo hacemos. las cosas que son agradables a sus ojos.'

'SEÑOR, ENSEÑANOS A ORAR.'
¡Bendito Maestro! enséñame a comprender plenamente lo que sólo en parte comprendo, que es sólo a través de la voluntad de Dios, aceptada y realizada en obediencia a sus mandatos, que obtenemos el poder de captar su voluntad en sus promesas y apropiarnos plenamente de ellas en nuestros oraciones. Y enséñame que es en el camino de la fructificación donde se puede perfeccionar el crecimiento más profundo de la rama en la Vid, y alcanzamos la unidad perfecta contigo mismo en la que pedimos todo lo que queramos.
¡Oh Señor! Revélanos, te rogamos, cómo con todas las huestes del cielo, y contigo mismo el Hijo en la tierra, y con todos los hombres de fe que te han glorificado en la tierra, la obediencia a Dios es nuestro mayor privilegio, porque da

acceso a la unidad con Él mismo en lo que es Su más alta gloria: Su perfecta voluntad. Y revélanos, te rogamos, cómo al guardar Tus mandamientos y dar fruto según Tu voluntad, nuestra naturaleza espiritual crecerá hasta la plena estatura del hombre perfecto, con poder para pedir y recibir todo lo que queramos.

¡Oh Señor Jesús! Revélate a nosotros, y la realidad de Tu propósito y Tu poder para hacer de estas Tus maravillosas promesas el día a día.

Con Cristo en la Escuela de Oración - Capítulo 24
LECCIÓN VIGÉSIMA CUARTA.
'En mi nombre;'
O, La súplica que todo lo prevalece.

'Todo lo que pidáis en mi Nombre, lo haré. Si algo me pidiereis en mi Nombre, lo haré. para que todo lo que pidiereis al Padre en mi Nombre, os lo conceda. De cierto, de cierto os digo, que si pidiereis algo al Padre, os lo dará en mi Nombre. Hasta ahora nada habéis pedido en mi Nombre: pedid, y se os dará. En aquel día pediréis en mi Nombre.'—Juan xiv. 13, 14, XV. 16, xvi. 23, 24, 26.

HASTA EL MOMENTO los discípulos no habían pedido en el Nombre de Cristo, ni Él mismo había usado nunca la expresión. El enfoque más cercano es, 'reunidos en mi Nombre'. Aquí, en Sus palabras de despedida, Él repite la palabra incesantemente en relación con esas promesas de significado ilimitado, 'Lo que sea', 'Cualquier cosa', 'Lo que queráis', para enseñarles a ellos y a nosotros que Su Nombre es nuestro único, pero también nuestro todo. -Alegato suficiente. El poder de la oración y la respuesta dependen del uso correcto del Nombre.

¿Cuál es el nombre de una persona? Aquella palabra o expresión en la que se nos llama o representa a la persona. Cuando menciono u escucho un nombre, me evoca al hombre completo, lo que sé de él, y también la impresión que me ha causado. El nombre de un rey incluye su honor, su poder, su reino. Su nombre es el símbolo de su poder. Y así, cada nombre de Dios encarna y representa una parte de la gloria del Invisible. Y el Nombre de Cristo es la expresión de todo lo que Él ha hecho y todo lo que Él es y vive para hacer como nuestro Mediador.

¿Y qué es hacer una cosa en nombre de otro? Es venir con el poder y la autoridad de ese otro, como su representante y sustituto. Sabemos cómo tal uso del nombre de otro supone siempre una comunidad de intereses. Nadie daría a otro el libre uso de su nombre sin antes estar seguro de que su honor e interés estaban tan seguros con ese otro como consigo mismo.

¿Y qué es cuando Jesús nos da poder sobre Su Nombre, el libre uso de él, con la seguridad de que todo lo que pidamos en él nos será dado? La comparación ordinaria de una persona dando a otra, en alguna ocasión especial, la libertad de pedir algo en su nombre, se queda corta aquí: Jesús da solemnemente a todos sus discípulos un poder general e ilimitado del libre uso de su nombre en todo momento. veces para todo lo que desean. No podría hacer esto si no supiera que puede confiarnos sus intereses, que su honor estaría seguro en nuestras manos. El libre uso del nombre de otro es siempre señal de gran confianza, de estrecha unión. El que da su nombre a otro se hace a un lado, para dejar que ese otro actúe por él; el que toma el nombre de otro, da el suyo como sin valor. Cuando voy en nombre de otro, me niego a mí mismo, tomo no sólo su nombre, sino a sí mismo y lo que es, en lugar de mí y lo que soy.

Tal uso del nombre de una persona puede ser en virtud de una unión legal. Un comerciante que deja su hogar y negocio, otorga a su secretario principal un poder general, por el cual puede sacar miles de libras esterlinas a nombre del comerciante. El empleado hace esto, no para sí mismo, sino solo en interés del negocio. Es porque el comerciante sabe y confía en él como totalmente dedicado a sus intereses y negocios, que se atreve a poner su nombre y propiedad a su disposición. Cuando el Señor Jesús fue al cielo, dejó Su obra, la administración de Su reino en la tierra, en manos de Sus siervos. Él no podía hacer otra cosa que también darles Su Nombre para sacar todos los suministros que necesitaban para la debida conducción de Su negocio. Y tienen el poder espiritual de valerse del Nombre de Jesús en la medida en que se entregan a vivir sólo para los intereses y la obra del Maestro. El uso del Nombre supone siempre la cesión de nuestros intereses a Aquel a quien representamos.

O tal uso del nombre puede ser en virtud de una unión de por vida. En el caso del comerciante y su dependiente, la unión es temporal. Pero sabemos cómo la unidad de vida en la tierra da unidad de nombre: un hijo tiene el nombre del padre porque tiene su vida. Y a menudo el hijo de un buen padre ha sido honrado o ayudado por otros por causa del nombre que llevaba. Pero esto no duraría mucho si se descubriera que era sólo un nombre y que el carácter del padre era deficiente. El nombre y el carácter o espíritu deben estar en armonía. Cuando tal es el caso, el niño tendrá un doble derecho sobre los amigos del padre: el carácter asegura y aumenta el amor y la estima prestados primero por causa del nombre. Así es con Jesús y el creyente: somos uno, tenemos una vida, un Espíritu con Él; por eso podemos venir en Su Nombre. Nuestro poder al usar ese Nombre, ya sea con Dios, con los hombres o con los demonios, depende de la medida de nuestra unión de vida espiritual. El uso del nombre descansa en la unidad de vida; el Nombre y el Espíritu de Jesús son uno.1

O la unión que faculta al uso del Nombre puede ser la unión del amor. Cuando una novia cuya vida ha sido de pobreza, se une al novio, renuncia a su propio nombre, para ser llamada por el de él, y ahora tiene pleno derecho a usarlo. Ella compra a su nombre, y ese nombre no es rechazado. Y esto se hace porque el novio la ha elegido para sí, contando con ella para cuidar de sus intereses: ahora son uno. Y así el Esposo Celestial no podía hacer menos; habiéndonos amado y hecho uno con Él, ¿qué podría hacer Él sino dar a los que llevan Su Nombre el derecho de presentarlo ante el Padre, o de venir con Él a Él para todo lo que necesiten? Y no hay quien se entregue realmente a vivir en el Nombre de Jesús, que no reciba en medida cada vez mayor la capacidad espiritual de pedir y recibir en ese Nombre lo que quiera. El llevar el nombre de otro supone haber renunciado al mío propio, y con él a mi propia vida independiente; pero entonces, como seguramente, mi posesión de todo lo que hay en el nombre lo he tomado en lugar del mío.

Tales ilustraciones nos muestran cuán defectuosa es la opinión común de un mensajero enviado a preguntar en nombre de otro, o de un culpable que apela en nombre de una garantía. Ningún Jesús mismo está con el Padre; no es un ausente en cuyo nombre venimos. Incluso cuando oramos a Jesús mismo, debe ser en Su Nombre. El nombre representa a la persona; pedir en el Nombre es pedir en plena unión de interés y vida y amor con Él mismo, como quien vive en y para Él. Permita que el Nombre de Jesús solo tenga supremacía indivisa en mi corazón y en mi vida, mi fe crecerá hasta la seguridad de que lo que pido en ese Nombre no puede ser rechazado. El nombre y el poder de pedir van juntos: cuando el Nombre de Jesús se haya convertido en el poder que gobierna mi vida, se verá también su poder en la oración con Dios.

Vemos así que todo depende de nuestra propia relación con el Nombre: el poder que tiene sobre mi vida es el poder que tendrá en mis oraciones. Hay más de una expresión en las Escrituras que nos puede aclarar esto. Cuando dice, 'Hazlo todo en el Nombre del Señor Jesús', vemos como este es la contraparte del otro, 'Pide todo'. Hacerlo todo y pedirlo todo en Su Nombre, van juntos. Cuando leemos: 'Andaremos en el Nombre de nuestro Dios', vemos cómo el poder del Nombre debe gobernar en toda la vida; sólo entonces tendrá poder en la oración. No es a los labios sino a la vida que Dios mira para ver qué es el Nombre para nosotros. Cuando la Escritura habla de 'hombres que han dado su vida por el Nombre del Señor Jesús', o de alguien 'dispuesto a morir por el Nombre del Señor Jesús', vemos cuál debe ser nuestra relación con el Nombre: cuando es todo a mí, todo lo conseguirá para mí. Si le dejo tener todo lo que tengo, me dejará tener todo lo que tiene.

'Cualquier cosa que pidáis en mi Nombre, eso haré.' Jesús quiere decir la promesa literalmente. Los cristianos han tratado de limitarlo: parecía demasiado libre; difícilmente era seguro confiar en el hombre tan incondicionalmente. No entendimos que la palabra 'en mi Nombre' es su propia salvaguarda. Es un poder espiritual que nadie puede usar más allá de la capacidad para la cual vive y actúa en ese Nombre. Al llevar ese Nombre ante los hombres, tenemos poder para usarlo ante Dios. Oh, pidamos al Espíritu Santo de Dios que nos muestre lo que significa el Nombre, y cuál es el uso correcto de él. Es a través del Espíritu que el Nombre, que está sobre todo nombre en el cielo, tomará el lugar de supremacía en nuestro corazón y también en nuestra vida.

¡Discípulos de Jesús! Dejen que las lecciones de este día penetren profundamente en sus corazones. El Maestro dice: Sólo orad en mi Nombre; todo lo que pidáis se os dará. El cielo está abierto para ti; los tesoros y poderes del mundo del espíritu se ponen a vuestra disposición en nombre de los hombres que os rodean. Ven, y aprendamos a orar en el Nombre de Jesús. En cuanto a los discípulos, Él nos dice: 'Hasta ahora no habéis pedido en mi Nombre: pedid, y recibiréis.' Que cada discípulo de Jesús busque valerse de los derechos de su sacerdocio real, y use el poder puesto a su disposición para su círculo y su trabajo. Que los cristianos despierten y escuchen el mensaje: su oración puede obtener lo que de otro modo se retendría, puede lograr lo que de otro modo queda sin hacer. Oh, despierta, y usa el nombre de Jesús para abrir los tesoros del cielo para este mundo que perece. Aprendan como los siervos del Rey a usar Su Nombre: 'TODO LO QUE PIDAN EN MI NOMBRE, ESO LO HARÉ.'

'SEÑOR, ENSEÑANOS A ORAR.'
¡Bendito Señor! Es como si cada lección que me das tuviera tal plenitud y profundidad de significado, que si tan solo pudiera aprender esa, sabría cómo orar correctamente. Este día vuelvo a sentir como si necesitara una sola oración cada día: ¡Señor! Enséñame lo que es orar en Tu Nombre. Enséñame a vivir y actuar, a caminar y hablar, a hacerlo todo en el Nombre de Jesús, que mi oración no pueda ser otra cosa que en ese bendito Nombre también.
¡Y enséñame, Señor! para aferrarse a la preciosa promesa de que TODO lo que pidamos en Tu Nombre, Tú lo harás, el Padre lo dará. Aunque todavía no entiendo completamente, y aún menos he alcanzado completamente, la maravillosa unión que Tú quieres decir cuando dices, EN MI NOMBRE, todavía mantendré firme la promesa hasta que llene mi

corazón con la indudable seguridad: Cualquier cosa en el Nombre de Jesús.

¡Oh mi señor! deja que tu Espíritu Santo me enseñe esto. Tú dijiste de Él: 'El Consolador, a quien el Padre enviará EN MI NOMBRE'. Él sabe lo que es ser enviado del cielo en Tu Nombre, para revelar y honrar el poder de ese Nombre en Tus siervos, para usar solo ese Nombre, y así glorificarte. ¡Señor Jesus! que tu Espíritu habite en mí y me llene. Quisiera, entrego todo mi ser a Su gobierno y dirección. Tu Nombre y Tu Espíritu son uno; por Él Tu Nombre será la fortaleza de mi vida y de mi oración. Entonces podré, por amor de Tu Nombre, abandonar todo, en Tu Nombre hablar a los hombres ya Dios, y probar que este es verdaderamente el Nombre sobre todo nombre.

¡Señor Jesus! Oh, enséñame por Tu Espíritu Santo a orar en Tu Nombre. Amén.

NOTA.

'¿Qué significa orar en el nombre de Cristo? No puede significar simplemente presentarse ante Dios con fe en la mediación del Salvador. Cuando los discípulos le pidieron a Jesús que les enseñara a orar, Él les suministró peticiones. Y después Jesús les dijo: "Hasta ahora nada habéis pedido en mi nombre". Hasta que vino el Espíritu, las siete peticiones del Padrenuestro permanecieron como dormidas dentro de ellos. Cuando por el Espíritu Santo Cristo descendió a sus corazones, desearon las mismas bendiciones que Cristo como nuestro Sumo Sacerdote obtiene para nosotros por Su oración del Padre. Y tales peticiones siempre son respondidas. El Padre siempre está dispuesto a dar lo que Cristo le pide. El Espíritu de Cristo siempre nos enseña e influye para ofrecer las peticiones que Cristo ratifica y presenta al Padre. Por lo tanto, orar en el nombre de Cristo es identificarse con Cristo en cuanto a nuestra justicia, e identificarse con Cristo en nuestros deseos por la morada del Espíritu Santo. Orar en el Espíritu, orar según la voluntad del Padre, orar en el nombre de Cristo, son expresiones idénticas. El Padre mismo nos ama y está dispuesto a escucharnos: dos intercesores, Cristo el Abogado arriba, y el Espíritu Santo, el Abogado interior, son los dones de Su amor.

'Este punto de vista puede parecer al principio menos consolador que uno más frecuente, que se refiere a la oración en el nombre de Cristo principalmente a nuestra confianza en el mérito de Cristo. El defecto de esta opinión es que no combina la intercesión del Salvador con la voluntad del Padre y la ayuda del Espíritu que mora en nosotros en la oración. Tampoco realiza plenamente la mediación de Cristo; porque la mediación consiste no solamente en que por Cristo el Santo Padre pueda considerarme a mí ya mi oración; sino también, en que Cristo mismo presenta mis peticiones como Sus peticiones, deseadas por Él para mí, así como todas las bendiciones son compradas para mí por Su sangre preciosa.

"En toda oración, la única condición esencial es que podamos ofrecerla en el nombre de Jesús, según Su deseo para con nosotros, según la voluntad del Padre, según la enseñanza del Espíritu. Y así orar en el nombre de Cristo es imposible sin autoexamen, sin reflexión, sin abnegación; en resumen, sin la ayuda del Espíritu.'—Saphiv, The Lord's Prayer, pp. 411, 142.

1 'Todo lo que pidáis en mi Nombre', es decir, en mi naturaleza; porque las cosas con Dios se llaman según su naturaleza. Pedimos en el Nombre de Cristo, no cuando al final de alguna petición decimos: 'Esto te pido en el Nombre de Jesucristo', sino cuando oramos según Su naturaleza, la cual
es el amor, que no busca lo suyo propio sino sólo la voluntad de Dios y el bien de todas las criaturas. Tal petición es el

clamor de Su propio Espíritu en nuestros corazones.—
Jukes. El Hombre Nuevo.

Con Cristo en la Escuela de Oración - Capítulo 25
LECCIÓN VIGÉSIMA QUINTA.
'En ese día;'
O, El Espíritu Santo y la Oración.

'En ese día nada me preguntaréis. De cierto, de cierto os digo, que cuanto pidiereis al Padre en mi Nombre, os lo dará. Hasta ahora nada habéis pedido en mi Nombre: pedid, y recibiréis, para que vuestro gozo sea completo. En aquel día pediréis en mi Nombre: y no digo que rogaré al Padre por vosotros, porque el Padre mismo os ama.'—Juan xvi. 23-26.

'Orando en el Espíritu Santo, consérvense en el amor de Dios.'—JUDAS 20, 21.

LAS palabras de Juan (I Juan 2:12-14) a los niños pequeños, a los jóvenes ya los padres sugieren el pensamiento de que a menudo hay en la vida cristiana tres grandes etapas de experiencia. La primera, la del niño recién nacido, con la seguridad y la alegría del perdón. La segunda, la etapa de transición de lucha y crecimiento en conocimiento y fuerza: jóvenes que se fortalecen, la palabra de Dios haciendo su obra en ellos y dándoles la victoria sobre el Maligno. Y luego la etapa final de madurez y maduración: los Padres, que han entrado profundamente en el conocimiento y comunión del Eterno.

En la enseñanza de Cristo sobre la oración parece haber tres etapas en la vida de oración, algo análogas. En el Sermón de la Montaña tenemos la etapa inicial: Su enseñanza está toda contenida en una palabra, Padre. Orad a vuestro Padre, vuestro Padre ve, oye, sabe y recompensará: ¡cuánto más que cualquier padre terrenal! Sólo sé infantil y confiado. Luego viene algo así como la etapa de transición de conflicto y conquista, en palabras como estas: 'Este género no sale sino con ayuno y oración;' '¿No ha de vengar Dios a sus escogidos que claman a él día y noche?' Y luego tenemos en las palabras de despedida, una etapa superior. Los hijos se han hecho hombres: ahora son los amigos del Maestro, de quien Él no tiene secretos, a quien Él dice: 'Todas las cosas que oí de mi Padre, os las he dado a conocer;' ya quien, en el tantas veces repetido 'lo que queráis', Él entrega las llaves del reino. Ahora ha llegado el momento de probar el poder de la oración en Su Nombre.

El contraste entre esta etapa final y las preparatorias anteriores, nuestro Salvador lo marca más claramente en las palabras que hemos de meditar: 'Hasta ahora nada habéis pedido en mi Nombre;' 'En ese día pediréis en mi Nombre. Sabemos lo que significa 'en ese día'. Es el día de la efusión del Espíritu Santo. La gran obra que Cristo iba a hacer en la cruz, el gran poder y la victoria completa que se manifestarían en Su resurrección y ascensión, darían como resultado la venida del cielo, como nunca antes, de la gloria de Dios para morar en los hombres. . El Espíritu de Jesús glorificado había de venir y ser la vida de Sus discípulos. Y una de las marcas de esa maravillosa dispensación del espíritu fue ser un poder en la oración hasta ahora desconocido: la oración en el Nombre de Jesús, pidiendo y obteniendo todo lo que quisieran, será la manifestación de la realidad de la morada del Espíritu.

Para entender cómo la venida del Espíritu Santo fue realmente el comienzo de una nueva época en el mundo de la oración, debemos recordar quién es Él, cuál es Su obra y cuál es el significado de que Él no se dé hasta que Jesús sea glorificado. Es en el Espíritu que Dios existe, porque Él es Espíritu. Es en el Espíritu que el Hijo fue engendrado del Padre: es en la comunión del Espíritu que el Padre y el Hijo son uno. El eterno dar incesante al Hijo, que es prerrogativa del Padre, y el eterno pedir y recibir, que es el derecho y la bienaventuranza del Hijo, es a través del Espíritu que se mantiene esta comunión de vida y de amor. Ha sido así desde toda la eternidad. Es tan especialmente ahora, cuando el Hijo como Mediador siempre vive para orar. La gran obra que Jesús comenzó en la tierra de reconciliar en su propio cuerpo a Dios y al hombre, la continúa en el cielo. Para lograr esto, tomó en Su propia persona el conflicto entre la justicia de Dios y nuestro pecado. En la cruz Él de una vez por todas terminó la lucha en Su propio cuerpo. Y luego ascendió al cielo, para que desde allí pudiera en cada miembro de su cuerpo llevar a cabo la liberación y manifestar la victoria que había obtenido. Es para hacer esto que Él siempre vive para orar; en su incesante intercesión se pone a sí mismo en comunión viva con la oración incesante de sus redimidos. O más bien, es su incesante intercesión la que se muestra en sus oraciones y les da un poder que nunca antes habían tenido.

Y Él hace esto a través del Espíritu Santo. El Espíritu Santo, el Espíritu del Jesús glorificado, no era (Juan vii. 39), no podía ser, hasta que Él hubiera sido glorificado. Este don del Padre era algo distintivamente nuevo, completamente diferente de lo que habían conocido los santos del Antiguo Testamento. La obra que la sangre efectuó en el cielo cuando Cristo entró detrás del velo, fue algo tan verdadero y nuevo, la redención de nuestra naturaleza humana en comunión con Su poder de resurrección y Su exaltación-gloria fue tan intensamente real, la toma de nuestra humanidad en Cristo en la vida del Dios Triuno fue un acontecimiento de una importancia tan inconcebible, que el Espíritu Santo, que debía venir de la humanidad exaltada de

Cristo para testimoniar en nuestros corazones lo que Cristo había realizado, ya no era sólo lo que Él había estado en el Antiguo Testamento. Era literalmente cierto 'el Espíritu Santo aún no existía, porque Cristo aún no había sido glorificado'. Él vino ahora primero como el Espíritu de Jesús glorificado. Así como el Hijo, que era Dios desde la eternidad, entró en una nueva existencia como hombre y volvió al cielo con lo que no tenía antes, así también el Espíritu bendito, que el Hijo, en su ascensión, recibió del Padre (Hechos ii.33) en Su humanidad glorificada, vino a nosotros con una nueva vida, que Él no tenía que comunicar previamente. En el Antiguo Testamento fue invocado como Espíritu de Dios: en Pentecostés descendió como el Espíritu de Jesús glorificado, haciéndonos descender y comunicándonos todo el fruto y el poder de la redención cumplida.

Es en la intercesión de Cristo que se mantiene la continua eficacia y aplicación de Su redención. Y es a través del Espíritu Santo que desciende de Cristo hacia nosotros que somos arrastrados a la gran corriente de Sus oraciones siempre ascendentes. El Espíritu ruega por nosotros sin palabras: en lo profundo de un corazón donde incluso los pensamientos son a veces informes, el Espíritu nos lleva al fluir maravilloso de la vida del Dios Tres-Uno. Por el Espíritu, las oraciones de Cristo se hacen nuestras, y las nuestras se hacen suyas: pedimos lo que queremos, y se nos concede. Entonces entendemos por experiencia, 'Hasta ahora no habéis pedido en mi Nombre. En ese día pediréis en mi Nombre.'

¡Hermano! lo que necesitamos orar en el Nombre de Cristo, pedir que podamos recibir para que nuestro gozo sea completo, es el bautismo de este Espíritu Santo. Esto es más que el Espíritu de Dios bajo el Antiguo Testamento. Esto es más que el Espíritu de conversión y regeneración que tenían los discípulos antes de Pentecostés. Esto es más que el Espíritu con una medida de Su influencia y obra. Este es el Espíritu Santo, el Espíritu del Jesús glorificado en Su poder de exaltación, viniendo sobre nosotros como el Espíritu de Jesús que mora en nosotros, revelando al Hijo y al Padre en nuestro interior . (Juan xiv. 16-23.) Es cuando este Espíritu es el Espíritu no de nuestras horas de oración, sino de toda nuestra vida y caminar, cuando este Espíritu glorifica a Jesús en nosotros, revelándonos la plenitud de su obra, y haciéndonos totalmente uno con Él y como Él, que podemos orar en Su Nombre, porque somos en verdad uno con Él. Entonces es que tenemos esa inmediatez de acceso al Padre de la que Jesús dice: 'No digo que oraré al Padre por vosotros'. ¡Oh! necesitamos entender y creer que ser llenos de esto, el Espíritu del glorificado, es la única necesidad del pueblo creyente de Dios. Entonces nos daremos cuenta de lo que es, 'orar en todo tiempo con toda oración y ruego en el Espíritu', y lo que es, 'orar en el Espíritu Santo, para conservarnos en el amor de Dios'. 'En ese día pediréis en mi Nombre.'

Y así una vez más viene la lección: De lo que vale nuestra oración, depende de lo que somos y de lo que es nuestra vida. Vivir en el Nombre de Cristo es el secreto de orar en el Nombre de Cristo; vivir en el Espíritu que conviene para orar en el Espíritu. Es permanecer en Cristo lo que da el derecho y el poder de pedir lo que queramos: la extensión de la permanencia es la medida exacta del poder en la oración. Es el Espíritu que mora en nosotros el que ora, no siempre con palabras y pensamientos, sino con una respiración y un ser más profundo que la expresión. Tanto como hay del Espíritu de Cristo en nosotros, hay verdadera oración. Nuestras vidas, nuestras vidas, oh deja que nuestras vidas estén llenas de Cristo, y llenas de Su Espíritu, y las promesas maravillosamente ilimitadas a nuestra oración ya no parecerán extrañas. 'Hasta ahora nada habéis pedido en mi Nombre. Pedid y recibiréis, para que vuestro gozo sea completo. En ese día pediréis en mi Nombre. De cierto, de cierto os digo, que todo lo que pidiereis al padre en mi Nombre, os lo dará.'

'SEÑOR, ENSEÑANOS A ORAR.'

¡Oh Dios mío! con santo temor me inclino ante Ti, los Tres en Uno. Nuevamente he visto cómo el misterio de la oración es el misterio de la Santísima Trinidad. Adoro al Padre que siempre escucha, y al Hijo que siempre vive para orar, y al Espíritu Santo, que procede del Padre y del Hijo, para elevarnos a la comunión de ese siempre bienaventurado, que nunca cesa de pedir y recibir. Me inclino, Dios mío, en adoración adoradora, ante la infinita condescendencia que así, por medio del Espíritu Santo, nos lleva a nosotros y a nuestras oraciones a la Vida Divina, ya su comunión de amor.

¡Oh mi bendito Señor Jesús! Enséñame a entender Tu lección, que es el Espíritu que mora en ti, brotando de Ti, uniéndose a Ti, quien es el Espíritu de oración. Enséñame lo que es como un vaso vacío y totalmente consagrado, entregarme a Él siendo mi vida. Enséñame a honrar y confiar en Él, como Persona viva, para dirigir mi vida y mi oración. Enséñame especialmente en la oración a esperar en santo silencio, y dale lugar a Él para que sople en mí su inefable intercesión. Y enséñame que por Él es posible orar sin cesar, y orar sin faltar, porque me hace partícipe de la intercesión incesante e infalible en que Tú, Hijo, te presentas ante el Padre. Sí, Señor, cumple en mí Tu promesa, En ese día pedirás en mi Nombre. De cierto, de cierto os digo, que cuanto pidiereis al Padre en mi Nombre, os lo dará.' Amén.

NOTA.

A menudo se ha comparado la oración con la respiración: basta con hacer plenamente la comparación para ver cuán maravilloso es el lugar que ocupa el Espíritu Santo. Con cada respiración expulsamos el aire impuro que pronto nos causaría la muerte, y volvemos a inhalar el aire fresco al que debemos nuestra vida. Así damos de nosotros, en la confesión de los pecados, en la oración las necesidades y los deseos de nuestro corazón. Y al inspirar de nuevo nuestro aliento, inhalamos el aire fresco de las promesas, el amor y la vida de Dios en Cristo. Hacemos esto a través del Espíritu Santo, que es el aliento de nuestra vida.

Y esto es porque es el aliento de Dios. El Padre lo insufla en nosotros, para unirse a nuestra vida. Y entonces, así como a cada expiración sigue de nuevo la inhalación o aspiración del aliento, así Dios vuelve a inspirar Su aliento, y el Espíritu vuelve a Él cargado con los deseos y necesidades de nuestros corazones. Y así el Espíritu Santo es el soplo de la vida de Dios, y el soplo de la vida nueva en nosotros. Cuando Dios lo exhala, lo recibimos en respuesta a la oración; cuando lo respiramos de nuevo, Él se eleva a Dios cargado con nuestras súplicas. Como el Espíritu de Dios, en quien el Padre y el Hijo son uno, y la intercesión del Hijo llega al Padre, Él es para nosotros el Espíritu de oración. La verdadera oración es la experiencia viva de la verdad de la Santísima Trinidad. El soplo del Espíritu, la intercesión del Hijo, la voluntad del Padre, estos tres se hacen uno en nosotros.

Con Cristo en la Escuela de Oración - Capítulo 26
LECCIÓN VIGÉSIMA SEXTA.
'He orado por ti;' O, Cristo el Intercesor.

'Pero yo he rogado por ti, que tu fe no falte.'—Lucas xxii. 32. 'No os digo que pediré al Padre por vosotros.'—Juan xvi. 26. 'Él vive siempre para interceder.'—Heb. vii. 25

TODO crecimiento en la vida espiritual está conectado con una visión más clara de lo que Jesús es para nosotros. Cuanto más me doy cuenta de que Cristo debe ser todo para mí y en mí, que todo en Cristo es verdaderamente para mí, más aprendo a vivir la vida real de la fe, que, muriendo a sí mismo, vive totalmente en Cristo. La vida cristiana ya no es la vana lucha por vivir bien, sino el descansar en Cristo y encontrar fuerzas en Él como nuestra vida, para pelear la batalla y obtener la victoria de la fe. Esto es especialmente cierto en la vida de oración.

Como también está bajo la sola ley de la fe, y se ve a la luz de la plenitud y la plenitud que hay en Jesús, el creyente entiende que ya no tiene que ser una cuestión de tensión o preocupación ansiosa, sino una experiencia de lo que Cristo hará por él y en él—una participación en esa vida de Cristo que, como en la tierra, así en el cielo, siempre asciende al Padre como oración. Y se pone a orar, no sólo confiando en los méritos de Jesús, o en la intercesión por la que se hacen aceptables nuestras indignas oraciones, sino en esa unión cercana y cercana en virtud de la cual Él ora en nosotros y nosotros en Él.1 toda la salvación es Cristo mismo: se ha dado a sí mismo por nosotros; Él mismo vive en nosotros. Porque Él ora, nosotros también oramos. Así como los discípulos, cuando vieron orar a Jesús, le pidieron que los hiciera partícipes de lo que Él sabía de la oración, así nosotros, ahora que lo vemos como intercesor en el trono, sabemos que nos hace partícipes con Él mismo de la vida de oración.

Cuán claramente sale esto en la última noche de Su vida. En Su oración sumo sacerdotal (Juan xvii.), Él nos muestra cómo y qué tiene que orar al Padre, y orará una vez que haya ascendido al cielo. Y, sin embargo, en Su discurso de despedida también conectó repetidamente Su ida al Padre con su nueva vida de oración. Los dos estarían finalmente conectados: Su entrada en la obra de Su eterna intercesión sería el comienzo y el poder de su nueva vida de oración en Su Nombre. Es la vista de Jesús en Su intercesión lo que nos da poder para orar en Su Nombre: todo derecho y poder de oración es de Cristo; Él nos hace partícipes de su intercesión.

Para entender esto, piensa primero en Su intercesión: Él vive siempre para interceder. La obra de Cristo en la tierra como Sacerdote fue sólo un comienzo. Fue como Aarón Él derramó Su sangre; es como Melquisedec que Él ahora vive detrás del velo para continuar Su obra, según el poder de la vida eterna. Así como Melquisedec es más glorioso que Aarón, es en la obra de intercesión que la expiación tiene su verdadero poder y gloria. 'Es Cristo el que murió; más aún, el que está a la diestra de Dios, el que intercede por nosotros.' Esa intercesión es una realidad intensa, una obra absolutamente necesaria, y sin la cual no puede tener lugar la aplicación continua de la redención. En la encarnación y resurrección de Jesús tuvo lugar la maravillosa reconciliación, por la cual el hombre se hizo partícipe de la vida y bienaventuranza divinas. Pero la verdadera apropiación personal de esta reconciliación en cada uno de sus miembros aquí abajo no puede tener lugar sin el ejercicio incesante de su poder divino por la cabeza en el cielo. En toda conversión y santificación, en toda victoria sobre el pecado y el mundo, hay una manifestación real del poder de Aquel que es poderoso para salvar. Y este ejercicio de su poder sólo se realiza a través de su oración: pide al Padre y recibe del Padre. 'Él es poderoso para salvar perpetuamente, porque vive siempre para interceder'. No hay necesidad de Su pueblo pero Él recibe en intercesión lo que la Divinidad tiene para dar: Su mediación en el trono es tan real e indispensable como en la cruz. Nada sucede sin su intercesión: ocupa todo su tiempo y sus poderes, es su incesante ocupación a la diestra del Padre.

Y participamos no solo de los beneficios de esta Su obra, sino de la obra misma. Esto porque somos Su cuerpo. Cuerpo y miembros son uno: 'La cabeza no puede decir a los pies, no os necesito'. Compartimos con Jesús todo lo que es y tiene: 'La gloria que me diste, yo les he dado.' Somos partícipes de Su vida, Su justicia, Su obra: también compartimos con Él Su intercesión; no es una obra que Él hace sin nosotros.

Hacemos esto porque somos partícipes de Su vida: 'Cristo es nuestra vida;' 'Ya no yo, sino que Cristo vive en mí.' La vida en Él y en nosotros es idéntica, una y la misma. Su vida en nosotros es una vida que siempre ora. Cuando desciende y se apodera de nosotros, no pierde su carácter; en nosotros también es la vida de toda oración, una vida que sin cesar pide y recibe de Dios. Y esto no como si hubiera dos corrientes separadas de oración elevándose hacia arriba, una de Él y otra de Su pueblo. No, pero la vida-unión sustancial es también oración-unión: lo que Él ora pasa por nosotros, lo que nosotros oramos pasa por Él. Él es el ángel con el incensario de oro: 'A ÉL se le dio mucho incienso', el secreto de la oración aceptable, 'para que lo añadiera a las oraciones de todos los santos sobre el altar de oro.' Vivimos, permanecemos en Él, el Intercesor.

El Unigénito es el único que tiene derecho a orar: sólo a Él se dijo: 'Pedid, y se os dará'. Como en todas las demás cosas la plenitud habita en Él, así también la verdadera plenitud de oración; Sólo él tiene el poder de la oración. Y así como el crecimiento de la vida espiritual consiste en la percepción más clara de que todos los tesoros están en Él, y que también nosotros estamos en Él, para recibir en cada momento lo que poseemos en Él, gracia por gracia, así también la vida de oración. también. Nuestra fe en la intercesión de Jesús no debe ser solamente que Él ore en nuestro lugar, cuando nosotros no oramos o no podemos orar, sino que, como Autor de nuestra vida y de nuestra fe, Él nos impulsa a orar al unísono con Él mismo. Nuestra oración debe ser una obra de fe también en este sentido, que como sabemos que Jesús comunica toda su vida en nosotros, también desde esa oración que es sólo suya nos insufla nuestra oración.

Para muchos creyentes fue una nueva época en su vida espiritual cuando se les reveló cuán verdadera y completamente Cristo era su vida, siendo una garantía para que permanecieran fieles y obedientes. Fue entonces cuando empezó realmente a vivir una vida de fe. No menos bendito será el descubrimiento de que Cristo es también la garantía de nuestra vida de oración, el centro y la encarnación de toda oración, para ser comunicada por Él a través del Espíritu Santo a su pueblo. 'Él vive siempre para interceder' como Cabeza del cuerpo, como Guía en ese camino nuevo y vivo que Él ha abierto, como Autor y Perfeccionador de nuestra fe. Él provee en todo para la vida de Sus redimidos, dando Su propia vida en ellos: Él se preocupa por su vida de oración, llevándolos a Su vida de oración celestial, dando y manteniendo Su vida de oración dentro de ellos. 'He orado por ti', no para que tu fe sea inútil, sino 'para que tu fe no falle': nuestra fe y oración de fe está arraigada en la Suya. Es, 'si permanecéis en mí', el Intercesor eterno, y oráis conmigo y en mí: 'pedid todo lo que queráis, y os será hecho'.

El pensamiento de nuestra comunión en la intercesión de Jesús nos recuerda lo que Él nos ha enseñado más de una vez antes, cómo todas estas maravillosas oraciones-promesas tienen como fin y justificación la gloria de Dios en la manifestación de Su reino y la salvación de los pecadores. Mientras oremos sólo o principalmente por nosotros mismos, las promesas de la última noche deben permanecer como un libro sellado para nosotros. Es a las ramas fructíferas de la Vid; es a los discípulos enviados al mundo como el Padre lo envió, para vivir por los hombres que perecen; es a Sus siervos fieles y amigos íntimos que asumen la obra que Él deja atrás, que se han vuelto como su Señor como la semilla, perdiendo su vida para multiplicarla; es a ellos a quienes se les dan las promesas. Averigüemos cada uno cuál es el trabajo, y quiénes son las almas confiadas a nuestras oraciones especiales; hagamos de nuestra intercesión por ellos nuestra vida de comunión con Dios, y no sólo encontraremos que las promesas de poder en la oración se hacen realidad para nosotros, sino que entonces comenzaremos a darnos cuenta de cómo nuestra permanencia en Cristo y Su permanencia en nosotros hace participemos de Su propio gozo de bendecir y salvar a los hombres.

¡Oh admirable intercesión de nuestro Bienaventurado Señor Jesús, a la que no sólo debemos todo, sino en la que somos tomados como socios activos y colaboradores! Ahora entendemos lo que es orar en el Nombre de Jesús, y por qué tiene tanto poder. En Su Nombre, en Su Espíritu, en Sí Mismo, en perfecta unión con Él. ¡Oh intercesión maravillosa, siempre activa y eficaz de Cristo Jesús hombre! ¿Cuándo seremos absorbidos por completo en él y oraremos siempre en él?

'SEÑOR, ENSEÑANOS A ORAR.'

¡Bendito Señor! En humilde adoración me inclinaría de nuevo ante Ti. Toda tu obra de redención ha pasado ahora a la oración; todo lo que ahora te ocupa en mantener y dispensar lo que compraste con tu sangre es solo oración. Siempre vives para orar. Y debido a que somos y permanecemos en Ti, el acceso directo al Padre está siempre abierto, nuestra vida puede ser una de oración incesante, y la respuesta a nuestra oración es segura.

¡Bendito Señor! Tú has invitado a Tu pueblo a ser Tus colaboradores en una vida de oración. Tú te has unido a tu pueblo y lo has hecho partícipe contigo como tu cuerpo en ese ministerio de intercesión por el cual sólo el mundo puede llenarse del fruto de tu redención y de la gloria del Padre. Con más libertad que nunca vengo a Ti, mi Señor, y Te suplico: Enséñame a orar. Tu vida es oración, Tu vida es mía. ¡Caballero! enséñame a orar, en Ti, como Tú.

Y, ¡oh mi Señor! Dame especialmente a saber, como lo prometiste a tus discípulos, que tú eres en el Padre, y yo en ti, y tú en mí. Que el poder unificador del Espíritu Santo haga de mi vida entera una permanencia en Ti y en Tu intercesión, para que mi oración sea su eco, y el Padre me escuche en Ti y Tú en mí. ¡Señor Jesus! que Tu mente en todo esté en mí, y mi vida en todo en Ti. Así estaré preparado para ser el canal a través del cual Tu intercesión derrame su bendición sobre el mundo. Amén.

NOTA.

Cristo señala la nueva época de la oración en el Nombre de Jesús como el tiempo del derramamiento del Espíritu, en el cual los discípulos adquieren una comprensión más esclarecida de la economía de la redención y se vuelven tan claramente conscientes de su unidad con Jesús como de su unidad con el Padre. Su oración en el Nombre de Jesús es ahora directamente al Padre mismo. "No digo que oraré por vosotros, porque el Padre mismo os ama", dice Jesús;

mientras que antes había hablado del tiempo antes de la venida del Espíritu: "Yo rogaré al Padre, y Él os dará el Consolador". Esta oración tiene, pues, como pensamiento central la intuición de nuestro ser unidos a Dios en Cristo como por ambos lados el vínculo vivo de unión entre Dios y nosotros (Juan xvii. 23: "Yo en ellos y Tú en mí"), para que en Jesús contemplamos al Padre como unido a nosotros, ya nosotros mismos como unidos al Padre. Jesucristo debe habernos sido revelado, no sólo a través de la verdad en la mente, sino en nuestra conciencia personal más íntima como la reconciliación personal viva, como Aquel en quien la Paternidad de Dios y el amor del Padre se han unido perfectamente con la naturaleza humana y ésta con Dios. No que con la oración inmediata al Padre se deje de lado la mediación de Cristo; pero ya no se mira como algo externo, existente fuera de nosotros, sino como una existencia espiritual viva real dentro de nosotros, de modo que el Cristo para nosotros, el Mediador, se ha convertido realmente en Cristo en nosotros.

'Cuando la conciencia de esta unidad entre Dios en Cristo y nosotros en Cristo todavía falta, o ha sido oscurecida por el sentimiento de culpa, entonces la oración de fe mira a nuestro Señor como el Abogado, que paga al Padre por nosotros. (Compare Juan xvi. 26 con Juan xiv. 16, 17; ix. 20; Lucas xxi. 32; I Juan ii. 1.) Tomar a Cristo así en oración como Abogado, está de acuerdo con Juan xvi. 26 no es perfectamente lo mismo que la oración en Su Nombre. La intercesión de Cristo está destinada a conducirnos a esa unión de vida interna y autónoma con Él y con el Padre en Él, en virtud de la cual Cristo es Aquel en quien Dios entra en relación inmediata y se une a nosotros, y en quien en todas las circunstancias entramos en relación inmediata con Dios. Así también la oración en el Nombre de Jesús no consiste en nuestra oración por Su mandato: los discípulos habían orado así desde que el Señor les había dado Su

"Padre Nuestro", y sin embargo Él dice: "Hasta ahora no habéis orado en mi Nombre." Sólo cuando la mediación de Cristo se haya convertido, a través de la morada del Espíritu Santo, en vida y poder dentro de nosotros, y así Su mente, tal como encontró expresión en Su palabra y obra, haya tomado posesión y haya llenado nuestra conciencia y voluntad personal, para que en la fe y el amor tengamos a Jesús en nosotros como el Reconciliador que nos ha hecho realmente uno con Dios: sólo entonces Su Nombre, que incluía Su naturaleza y Su obra, se hace verdad y poder en nosotros (no sólo para nosotros), y tenemos en el Nombre de Jesús el acceso libre y directo al Padre que está seguro de ser escuchado. La oración en el Nombre de Jesús es la libertad de un hijo con el Padre, así como Jesús la tuvo como Primogénito. Oramos en el lugar de Jesús, no como si pudiéramos ponernos en Su lugar, sino en la medida en que estamos en Él y Él en nosotros. Vamos directos al Padre, pero solo como el Padre está en Cristo, no como si estuviera separado de Cristo. Dondequiera que el hombre interior no vive en Cristo y no lo tiene presente como el Viviente, donde Su palabra no gobierna en el corazón en su poder del Espíritu, donde Su verdad y vida no se han convertido en la vida de nuestra alma, es vano pensar que una fórmula como "por el bien de Tu amado Hijo" servirá". Christliche Ethik, von Dr. IT Beck, Tubingen, iii. 39.

1 Fíjate en la diferencia entre tener a Cristo como Abogado o Intercesor que está fuera de nosotros, y tenerlo dentro de nosotros, nosotros
permaneciendo en Él y Él en nosotros a través del Espíritu Santo perfeccionando nuestra unión con Él, para que nosotros mismos podamos ir directamente al Padre en Su Nombre, la nota anterior de Beck de Tubinga.

Con Cristo en la Escuela de Oración - Capítulo 27

LECCIÓN VIGÉSIMA SÉPTIMA.

'Padre, lo haré;'

O, Cristo el Sumo Sacerdote

'Padre, aquellos que me has dado, quiero que donde yo estoy, también ellos estén conmigo.'—Juan xvii. 24

EN Su discurso de despedida, Jesús les da a Sus discípulos la revelación completa de lo que sería la Nueva Vida, una vez que el reino de Dios hubiera llegado en poder. En la morada del Espíritu Santo, en unión con Él, la Vid celestial, en su salida para testificar y sufrir por Él, encontrarían su vocación y su bienaventuranza. En medio de la presentación de su nueva vida futura, el Señor había dado repetidamente las promesas más ilimitadas en cuanto al poder que podrían tener sus oraciones. Y ahora para cerrar, Él mismo procede a orar. Para que Sus discípulos tengan el gozo de saber cuál será Su intercesión por ellos en el cielo como Sumo Sacerdote, Él da este precioso legado de Su oración al Padre. Él hace esto al mismo tiempo porque ellos, como sacerdotes, deben participar en Su obra de intercesión, para que ellos y nosotros podamos saber cómo realizar esta santa obra. En la enseñanza de nuestro Señor en esta última noche, hemos aprendido a entender que estas asombrosas oraciones-promesas no han sido dadas en nuestro propio beneficio, sino en el interés del Señor y Su reino: es solo del Señor mismo que podemos aprender lo que debe ser y obtener la oración en Su Nombre. Hemos entendido que orar en Su Nombre es orar en perfecta unidad con Él: la oración sumo sacerdotal enseñará todo lo que la oración en el Nombre de Jesús puede pedir y esperar.

Esta oración se divide ordinariamente en tres partes. Nuestro Señor ora primero por sí mismo (v. 1-5), luego por sus discípulos (6-19), y finalmente por todos los creyentes de todos los tiempos (20-26). El seguidor de Jesús, que se entrega a sí mismo a la obra de intercesión, y que de buena gana probaría cuántas bendiciones puede rezar sobre su círculo en el Nombre de Jesús, con toda humildad se dejará guiar por el Espíritu para estudiar este maravilloso la oración como una de las lecciones más importantes de la escuela de oración.

En primer lugar, Jesús ora por sí mismo, por ser glorificado, para glorificar al Padre. '¡Padre! Glorifica a Tu Hijo. Y ahora, Padre, glorifícame. Y presenta los motivos por los que así ora. Se había concluido un pacto santo entre el Padre y el Hijo en el cielo. El Padre le había prometido poder sobre toda carne como recompensa de Su obra: Él había hecho la obra, había glorificado al Padre, y Su único propósito ahora es glorificarlo aún más. Con suma audacia pide al Padre que le glorifique, para que ahora sea y haga por su pueblo todo lo que ha emprendido.

¡Discípulo de Jesús! aquí tenéis la primera lección de vuestra obra de intercesión sacerdotal, que hay que aprender del ejemplo de vuestro gran Sumo Sacerdote. Orar en el Nombre de Jesús es orar en unidad, en simpatía con Él. Así como el Hijo comenzó Su oración dejando en claro Su relación con el Padre, suplicando Su obra y obediencia y Su deseo de ver al Padre glorificado, así también. Acérquense y comparezcan ante el Padre en Cristo. Alega Su obra terminada. Di que eres uno con él, que confías en él, vive en él. Di que tú también te has entregado para terminar la obra que el Padre te ha dado para hacer, y para vivir solo para Su gloria. Y pide entonces con confianza que el Hijo sea glorificado en ti. Esto es orar en el Nombre, en las mismas palabras, en el Espíritu de Jesús, en unión con Jesús mismo.

Tal oración tiene poder. Si con Jesús glorificas al Padre, el Padre glorificará a Jesús haciendo lo que le pidas en Su Nombre. Sólo cuando tu propia relación personal en este punto, como la de Cristo, sea clara con Dios, cuando lo estés glorificando y buscando todo para Su gloria, que como Cristo, tendrás poder para interceder por los que te rodean.

Nuestro Señor luego ora por el círculo de Sus discípulos. Habla de ellos como aquellos que el Padre le ha dado. Su señal principal es que han recibido la palabra de Cristo. Él dice de ellos que ahora los envía al mundo en Su lugar, así como el Padre se había enviado a Sí mismo. Y dos cosas pide por ellos: que el Padre los guarde del mal, y los santifique por medio de su palabra, porque él mismo se santifica por ellos.

Al igual que el Señor, cada intercesor creyente tiene su propio círculo inmediato por el cual ora primero. Los padres tienen a sus hijos, los maestros a sus alumnos, los pastores a sus rebaños, todos los trabajadores a su cargo especial, todos los creyentes a aquellos cuyo cuidado está en sus corazones. Es de gran importancia que la intercesión sea personal, precisa y definida. Y entonces nuestra primera oración debe ser siempre que ellos puedan recibir la palabra. Pero esta oración no servirá de nada a menos que con nuestro Señor digamos: 'Les he dado tu palabra:' es esto que nos da libertad y poder en la intercesión por las almas. No solo oren por ellos, sino háblenles. Y cuando hayan recibido la palabra, oremos mucho para que sean guardados del mal, para que sean santificados por esa palabra. En lugar de estar sin esperanza o juzgar o renunciar a los que caen, oremos por nuestro círculo, '¡Padre! Guárdalos en Tu Nombre;' 'Santifícalos en tu verdad'. La oración en el Nombre de Jesús vale mucho: 'Se os hará lo que queráis'.

Y luego sigue la oración de nuestro Señor por un círculo aún más amplio. 'No ruego sólo por éstos, sino también por los que creerán por la palabra de ellos.' Su corazón sacerdotal se ensancha para abarcar todos los lugares y todos los tiempos, y ora para que todos los que le pertenecen sean uno en todas partes, como prueba de Dios para el mundo de la divinidad de su misión, y que puedan estar siempre con Él en su gloria Hasta entonces 'para que el amor con que me has amado esté en ellos, y yo en ellos'.

El discípulo de Jesús, que primero ha probado en su propio círculo el poder de la oración, no puede limitarse a sus límites: ora por la Iglesia universal y sus diversas ramas. Ora especialmente por la unidad del Espíritu y del amor. Pide que sea uno en Cristo, como testimonio al mundo de que Cristo, que ha obrado tal prodigio que ha hecho triunfar el amor sobre el egoísmo y la separación, es verdaderamente el Hijo de Dios enviado del cielo. Todo creyente debe orar mucho para que se manifieste la unidad de la Iglesia, no en las organizaciones externas, sino en el espíritu y en la verdad.

Hasta aquí el asunto de la oración. Ahora para su modo. Jesús dice: '¡PADRE! LO HARÉ.' Sobre la base de Su derecho como Hijo, y la promesa que el Padre le hizo, y Su obra terminada, Él podría hacerlo. El Padre le había dicho: 'Pídeme, y te daré'. Él simplemente se valió de la promesa del Padre. Jesús nos ha dado una promesa similar: 'Todo lo que queráis se os hará'. Él me pide en Su Nombre que diga lo que quiero. Permaneciendo en Él, en una unión viva con Él en la que el hombre es nada y Cristo todo, el creyente tiene la libertad de tomar esa palabra de Su Sumo Sacerdote y, en respuesta a la pregunta "¿Qué quieres?" decir: '¡PADRE! YO haré todo lo que Tú has prometido.' Esto no es más que fe verdadera; esto es honrar a Dios: estar seguro de que tal confianza en decir lo que quiero es aceptable para Él. A primera vista, nuestro corazón retrocede ante la expresión; no sentimos ni la libertad ni el poder de hablar así. Es una palabra para la cual sólo en la más entera abnegación de nuestra voluntad se dará gracia, pero para la cual se dará gracia con toda seguridad a todo aquel que pierda su voluntad en la de su Señor. El que pierde su voluntad, la hallará; el que renuncia enteramente a su voluntad, la encontrará nuevamente renovada y fortalecida con una Fuerza Divina. '¡PADRE! YO QUIERO:' esta es la nota clave de la intercesión eterna, siempre activa y omniprevaleciente de nuestro Señor en el cielo. Sólo en unión con Él vale nuestra oración; en unión con Él aprovecha mucho. Si permanecemos en Él, viviendo, y andando, y haciendo todas las cosas en Su Nombre; si venimos y traemos cada petición por separado, probada y tocada por Su Palabra y Su Espíritu, y la arrojamos a la poderosa corriente de intercesión que sube de Él, para ser llevada hacia arriba y presentada ante el Padre, tendremos la plena confianza en que recibimos las peticiones que hacemos: el '¡Padre! Seré insuflado en nosotros por el Espíritu mismo. Nos perderemos en Él y nos convertiremos en nada, para encontrar que en nuestra impotencia tenemos poder y prevaleceremos.

¡Discípulos de Jesús! Llamados a ser como tu Señor en su intercesión sacerdotal, cuando, ¡oh, cuando! ¿Despertaremos a la gloria, más allá de toda concepción, de este nuestro destino para rogar y prevalecer ante Dios por los hombres que perecen? Oh, ¿cuándo nos sacudiremos la pereza que se viste con el pretexto de la humildad, y nos entregaremos por completo al Espíritu de Dios, para que Él llene nuestra voluntad de luz y de poder, para conocer, tomar y poseer todo lo que nuestro Dios está esperando para dar a una voluntad que se aferra a Él.

'SEÑOR, ENSEÑANOS A ORAR.'
¡Oh mi bendito Sumo Sacerdote! ¡Quién soy yo para que me invites así a compartir contigo en tu poder de intercesión prevaleciente! ¡Y por qué, oh mi Señor! ¿Soy tan lento de corazón para entender y creer y ejercer este maravilloso

privilegio por el cual Tú has redimido a Tu pueblo? ¡Oh Señor! da Tu gracia para que esta sea cada vez más la obra de mi vida incesante: orar sin cesar para atraer la bendición del cielo sobre todo lo que me rodea en la tierra.

¡Bendito Señor! Vengo ahora a aceptar este mi llamado. Por esto dejaría todo y te seguiría. En Tus manos entregaría con fe todo mi ser: forma, instruye, inspírame para ser uno de Tu legión de oración, luchadores que velan y luchan en oración, Israels, príncipes de Dios, que tienen poder y prevalecen. Toma posesión de mi corazón y llénalo con el único deseo de la gloria de Dios en la reunión, santificación y unión de aquellos que el Padre te ha dado. Toma mi mente y deja que este sea mi estudio y mi sabiduría, para saber cuándo la oración puede traer una bendición. Tómame por completo y hazme apto como sacerdote para estar siempre delante de Dios y bendecir en Su Nombre.

¡Bendito Señor! Sea aquí, como a través de toda la vida espiritual: Tú todo, yo nada. Y sea aquí mi experiencia también que el que no tiene ni busca nada para sí mismo, lo recibe todo, incluso hasta la maravillosa gracia de compartir contigo en tu ministerio eterno de intercesión. Amén.\

Con Cristo en la Escuela de Oración - Capítulo 28
LECCIÓN VIGÉSIMA OCTAVA.
'¡Padre! No lo que quiero; O, Cristo el Sacrificio.

'Y Él dijo: Abba, Padre, todas las cosas son posibles para Ti; aparta de mí esta copa; pero no lo que yo quiero, sino lo que tú.'—Marcos xiv. 36.

QUE un contraste en el espacio de unas pocas horas! Qué transición de la tranquila elevación de aquél, alzó los ojos al cielo, y dijo: PADRE YO QUIERO, a aquel que cayó al suelo y lloró en agonía. '¡Mi padre! No es lo que quiero. En uno vemos al Sumo Sacerdote detrás del velo en Su intercesión que todo lo prevalece; en el otro, el sacrificio en el altar abriendo el camino a través del velo rasgado. El sumo sacerdote '¡Padre! Lo haré', en orden de tiempo precede al sacrificio '¡Padre!

No lo que quiero; pero esto fue solo por anticipación, para mostrar cuál sería la intercesión una vez que se trajera el sacrificio. En realidad fue esa oración en el altar, '¡Padre! No lo que quiero', en el que la oración ante el trono, '¡Padre! Lo haré', tenía su origen y su poder. Es a partir de la entrega total de Su voluntad en Getsemaní que el Sumo Sacerdote en el trono tiene el poder de pedir lo que Él quiera, tiene el derecho de hacer que Su pueblo también comparta ese poder y pedir lo que quiera.

Para todos los que quieran aprender a orar en la escuela de Jesús, esta lección de Getsemaní es una de las más sagradas y preciosas. A un erudito superficial le puede parecer que le quita el valor de orar con fe. Si aun la súplica ferviente del

Hijo no fuera escuchada, si aun el Amado tuviera que decir: '¡NO LO QUE QUIERO!' cuánto más necesitamos para hablar así. Y así parece imposible que las promesas que el Señor había dado solo unas pocas horas antes, 'TODO LO QUE PEDIRÉIS', 'TODO LO QUE QUERIÉIS', pudieran haber sido entendidas literalmente. Una comprensión más profunda del significado de Getsemaní nos enseñaría que aquí tenemos el terreno seguro y el camino abierto para la seguridad de una respuesta a nuestra oración. Acerquémonos con asombro reverente y adorador, para contemplar este gran espectáculo: el Hijo de Dios ofreciendo así oraciones y súplicas con fuerte clamor y lágrimas, y no obteniendo lo que pide. Él mismo es nuestro Maestro, y nos abrirá el misterio de su santo sacrificio, como se revela en esta maravillosa oración.

Para entender la oración, notemos la infinita diferencia entre lo que nuestro Señor oró hace poco como Real Sumo Sacerdote, y lo que aquí suplica en Su debilidad. Allí fue para la glorificación del Padre que oró, y la glorificación de Sí mismo y de Su pueblo como el cumplimiento de las distintas promesas que le habían sido dadas. preguntó qué sabía que era según la palabra y la voluntad del Padre; Él podría decir audazmente, '¡PADRE! LO HARÉ.' Aquí Él ora por algo con respecto a lo cual la voluntad del Padre aún no está clara para Él. Hasta donde Él sabe, es la voluntad del Padre que Él beba la copa. Él les había dicho a Sus discípulos acerca de la copa que Él debía beber: un poco más tarde Él volvería a decir, 'La copa que mi Padre me ha dado, ¿no la he de beber?' Para esto había venido a esta tierra. Pero cuando, en la indecible agonía del alma que estalló sobre él como el poder de las tinieblas cayó sobre él, y comenzó a gustar las primeras gotas de la muerte como la ira de Dios contra el pecado, su naturaleza humana, al temblar en presencia de la terrible realidad de ser hecho una maldición, dio expresión en este grito de angustia, a su deseo de que, si el propósito de Dios pudiera cumplirse sin ella, él pudiera ser librado de la terrible copa: 'Pase de mí esta copa. ' Ese deseo era la evidencia de la intensa realidad de Su humanidad. El 'No sea como yo quiero' evitó que ese deseo fuera pecaminoso: mientras Él clama suplicante: 'Todas las cosas son posibles para ti', y regresa de nuevo a una oración aún más ferviente para que la copa sea removida, es Su 'repetido tres veces' NO LO QUE QUIERO' que constituye la esencia misma y el valor de Su sacrificio. Había pedido algo de lo que no podía decir: sé que es tu voluntad. Había suplicado el poder y el amor de Dios, y luego lo había retirado en Su final, 'Hágase TU VOLUNTAD'. La oración de que la copa pasara no pudo ser contestada; la oración de sumisión para que se hiciera la voluntad de Dios fue escuchada y gloriosamente respondida en Su victoria primero sobre el temor y luego sobre el poder de la muerte.

Es en esta negación de su voluntad, en esta entrega completa de su voluntad a la voluntad del Padre, que la obediencia de Cristo alcanzó su más alta perfección. Del sacrificio de la voluntad en Getsemaní deriva su valor el sacrificio de la vida en el Calvario. Es aquí, como dice la Escritura, que Él aprendió la obediencia, y llegó a ser autor de salvación eterna para todos los que le obedecen. Fue porque Él allí, en esa oración, se hizo obediente hasta la muerte, y muerte de cruz, que Dios lo exaltó hasta lo sumo, y le dio el poder de pedir lo que quisiera. Fue en ese '¡Padre! No lo que yo quiero', que Él obtuvo el poder para ese otro '¡PADRE! Lo haré.' Fue por la sumisión de Cristo en Getsemaní para que no se hiciera Su voluntad, que aseguró para Su pueblo el derecho de decirles: 'Pedid todo lo que queráis'.

Permítanme volver a mirarlos, los profundos misterios que Getsemaní ofrece a mi vista. Está la primera: el Padre ofrece a Su Bienamado la copa, la copa de la ira. La segunda: el Hijo, siempre tan obediente, retrocede e implora que no tenga que beberlo. La tercera: el Padre no concede al Hijo

Su petición, pero aún así da la copa. Y luego lo último: el Hijo cede su voluntad, se contenta con que no se haga la suya y sale al Calvario a beber la copa. ¡Oh Getsemaní! en ti veo cómo mi Señor pudo darme una seguridad tan ilimitada de una respuesta a mis oraciones. Como mi garantía, Él la ganó para mí, con Su consentimiento para que Su petición quedara sin respuesta.

Esto está en armonía con todo el esquema de la redención. Nuestro Señor siempre gana para nosotros lo contrario de lo que Él sufrió. Estaba obligado a que pudiéramos salir libres. Él fue hecho pecado para que nosotros pudiéramos llegar a ser la justicia de Dios. Él murió para que nosotros pudiéramos vivir. Él cargó con la maldición de Dios para que la bendición de Dios pudiera ser nuestra. Él soportó que Su oración no fuera respondida, para que nuestras oraciones pudieran encontrar una respuesta. Sí, Él dijo: 'No como yo quiero', para poder decirnos: 'Si permanecéis en mí, pedid lo que queráis; os será hecho.'

Sí, 'si permanecéis en mí;' aquí en Getsemaní la palabra adquiere nueva fuerza y profundidad. Cristo es nuestra Cabeza, quien como garantía está en nuestro lugar, y lleva lo que debemos haber llevado para siempre. Habíamos merecido que Dios nos hiciera oídos sordos y nunca escuchara nuestro clamor. Cristo viene, y sufre esto también por nosotros: sufre lo que nosotros habíamos merecido; por nuestros pecados Él sufre bajo el peso de esa oración sin respuesta. Pero ahora sus sufrimientos me valen: lo que él ha llevado, me lo quitan; Su mérito me ha ganado la respuesta a cada oración, si permanezco en Él.

Sí, en Él, mientras se inclina allí en Getsemaní, debo permanecer. Como mi Cabeza, Él no solo sufrió una vez por mí, sino que siempre vive en mí, respirando y obrando Su propio carácter también en mí. El Espíritu eterno, por el cual se ofreció a sí mismo a Dios, es el Espíritu que también habita en mí y me hace partícipe de la misma obediencia y del sacrificio de la voluntad a Dios. Ese Espíritu me enseña a someter mi voluntad enteramente a la voluntad del Padre, a entregarla hasta la muerte, en Cristo para ser muerto a ella. Cualquiera que sea mi propia mente, pensamiento y voluntad, aunque no sea directamente pecaminoso, Él me enseña a temer y huir. Él abre mi oído para esperar con gran mansedumbre y docilidad de alma lo que el Padre tiene día a día para hablar y enseñar. Me descubre cómo la unión con la voluntad de Dios en el amor a ella es unión con Dios mismo; cómo la entrega total a la voluntad de Dios es la pretensión del Padre, el ejemplo del Hijo y la verdadera bienaventuranza del alma. Él conduce mi voluntad a la comunión de la muerte y resurrección de Cristo, mi voluntad muere en Él, para volver a vivir en Él. Él insufla en él, como una voluntad renovada y vivificada, una percepción santa de la voluntad perfecta de Dios, un gozo santo al entregarse para ser un instrumento de esa voluntad, una libertad y un poder santos para aferrarse a la voluntad de Dios para responder a la oración. Con toda mi voluntad aprendo a vivir por los intereses de Dios y de su reino, a ejercer la fuerza de esa voluntad —crucificado pero resucitado— en la naturaleza y en la oración, en la tierra y en el cielo, con los hombres y con Dios. ¡Cuanto más profundamente entro en el 'PADRE! NO LO QUE QUIERO' de Getsemaní, y en Aquel que lo habló, para permanecer en Él, más pleno es mi acceso espiritual al poder de Su '¡PADRE! LO HARÉ. Y el alma experimenta que es la voluntad, que se ha hecho nada para que la voluntad de Dios sea todo, la que ahora se inspira con una fuerza divina para querer realmente lo que Dios quiere, y reclamar lo que le ha sido prometido en el nombre de Cristo.

Oh, escuchemos a Cristo en Getsemaní, cuando Él llama: 'Si permanecéis en mí, pedid todo lo que queráis, y os será hecho'. Siendo uno en mente y espíritu con Él en Su entrega de todo a la voluntad de Dios, viviendo como Él en obediencia y entrega al Padre; esto es permanecer en Él; este es el secreto del poder en la oración.

'SEÑOR, ENSEÑANOS A ORAR.'

¡Bendito Señor Jesús! Getsemaní fue Tu escuela, donde aprendiste a orar ya obedecer. Sigue siendo Tu escuela, a donde Tú diriges a todos Tus discípulos, quienes quisieran aprender a obedecer y a orar como Tú. ¡Caballero! enséñame allí a orar, en la fe de que Tú has expiado y vencido nuestra voluntad propia, y en verdad puedes darnos la gracia para orar como Tú.

¡Oh Cordero de Dios! Quisiera seguirte hasta Getsemaní, allí para volverme uno contigo y permanecer en ti como lo haces hasta la misma muerte, rindiendo tu voluntad al Padre. Contigo, por Ti, en Ti, entrego mi voluntad en absoluta y entera entrega a la voluntad del Padre. Consciente de mi propia debilidad y del poder secreto con el que la voluntad propia se afirmaría y volvería a ocupar su lugar en el trono, reclamo con fe el poder de Tu victoria. Triunfaste sobre ella y me libraste de ella. En Tu muerte viviría diariamente; en tu vida moriría diariamente. Permaneciendo en Ti, que mi voluntad, por el poder de Tu Espíritu eterno, sea sólo el instrumento afinado que cede a cada toque de la voluntad de mi Dios. Con toda mi alma digo contigo y en Ti, '¡Padre! No como yo quiero, sino como tú.'

Y luego, ¡Bendito Señor! Abre mi corazón y el de todo tu pueblo, para recibir plenamente la gloria de la verdad, que una voluntad entregada a Dios es una voluntad aceptada de Dios para ser usada en su servicio, para desear y proponer y determinar y voluntad lo que es conforme a la voluntad de Dios. Una voluntad que, en el poder del Espíritu Santo, el Dios que mora en nosotros, ha de ejercer su prerrogativa real en la oración, para desatar y atar en el cielo y en la tierra, para pedir todo lo que quiera y decir que se hará.

Con Cristo en la Escuela de Oración - Capítulo 29

LECCIÓN VIGÉSIMO NOVENA.

'Si pedimos conforme a Su voluntad; O, Nuestra Audacia en la Oración.

'Y esta es la confianza que tenemos para con El, que si pedimos alguna cosa conforme a Su voluntad, El nos oye. Y si sabemos que él nos oye en cualquier cosa que pidamos, sabemos que tenemos las peticiones que tenemos le pedía.'—I Juan v. 14, 15.

UNO de los mayores obstáculos para creer en la oración es indudablemente este: no saben si lo que piden es conforme a la voluntad de Dios. Mientras tengan dudas sobre este punto, no pueden tener la audacia de preguntar con la seguridad de que ciertamente recibirán. Y pronto empiezan a pensar que, si una vez que han dado a conocer sus peticiones, y no reciben respuesta, es mejor dejar que Dios haga según su beneplácito. Las palabras de Juan, 'Si todo lo que pedimos conforme a su voluntad, él nos oye', como ellos los entienden, hacen imposible la certeza en cuanto a la respuesta a la oración, porque no pueden estar seguros de cuál puede ser realmente la voluntad de Dios. Piensan en la voluntad de Dios como su consejo oculto: ¿cómo debería el hombre ser capaz de sondear cuál puede ser realmente el propósito del Dios omnisapiente?

Esto es exactamente lo contrario de lo que Juan pretendía al escribir así. Quiso despertarnos a la audacia, a la confianza, a la plena seguridad de la fe en la oración. Él dice: 'Esta es la confianza que tenemos para con Él', que podemos decir:

¡Padre! Tú sabes y yo sé que pido según tu voluntad: sé que me escuchas. 'Esta es la confianza, que si pedimos algo conforme a su voluntad, él nos oye.' A este respecto añade inmediatamente: 'Si sabemos que nos oye en cualquier cosa que pidamos, sabemos,' por esta fe que tenemos', que ahora, mientras oramos, recibimos 'la petición', las cosas especiales, ' le hemos pedido.' Juan supone que cuando oramos, primero nos damos cuenta si nuestras oraciones están de acuerdo con la voluntad de Dios. Pueden estar de acuerdo con la voluntad de Dios y, sin embargo, no venir de inmediato, o sin la perseverante oración de fe. Es para darnos valor para perseverar y ser fuertes en la fe, que Él nos dice: Esto nos da valor o confianza en la oración, si pedimos algo conforme a Su voluntad, Él nos oye. Es evidente que si no estamos seguros de que nuestras peticiones sean conforme a su voluntad, no podemos tener el consuelo de lo que dice: 'Sabemos que tenemos las peticiones que le hemos hecho'.

Pero justamente esta es la dificultad. Más de un creyente dice: 'No sé si lo que deseo sea conforme a la voluntad de Dios. La voluntad de Dios es el propósito de Su infinita sabiduría: es imposible para mí saber si Él no considerará otra cosa mejor para mí que lo que deseo, o si no tendrá algunas razones para negarme lo que pido.' Todo el mundo siente cómo con tales pensamientos la oración de fe, de la cual Jesús dijo: 'Cualquiera que crea que estas cosas que él dice se cumplirán, todo lo que dice le será hecho', se convierte en una imposibilidad. Puede haber la oración de sumisión y de confianza en la sabiduría de Dios; no puede haber oración de fe. El gran error aquí es que los hijos de Dios no creen realmente que sea posible conocer la voluntad de Dios. O si creen esto, no se toman el tiempo y la molestia de averiguarlo. Lo que necesitamos es ver claramente de qué manera el Padre lleva a Su hijo que espera y enseña a saber que su petición es conforme a Su voluntad.1 Es a través de la santa palabra de Dios, tomada y guardada en el corazón, la vida. , la voluntad; ya través del Espíritu Santo de Dios, aceptado en Su morada y dirección, aprenderemos a saber que nuestras peticiones son conforme a Su voluntad.

A través de la palabra. Hay una voluntad secreta de Dios, con la que a menudo tememos que nuestras oraciones puedan estar en desacuerdo. No es con esta voluntad de Dios, sino con Su voluntad revelada en Su palabra, que tenemos que hacer en oración. Nuestras nociones de lo que la voluntad secreta puede haber decretado, y de cómo podría hacer imposibles las respuestas a nuestras oraciones, son en su mayoría muy erróneas. La fe de un niño en cuanto a lo que Él está dispuesto a hacer por Sus hijos, simplemente mantiene la seguridad del Padre, que es Su voluntad escuchar la oración y hacer lo que la fe en Su palabra desea y acepta. En la palabra que el Padre ha revelado en promesas generales los grandes principios de Su voluntad con Su pueblo. El niño tiene que tomar la promesa y aplicarla a las circunstancias especiales de Su vida a las que se refiere. Cualquier cosa que pida dentro de los límites de esa voluntad revelada, puede saber que está de acuerdo con la voluntad de Dios, y puede esperar con confianza. En Su palabra, Dios nos ha dado la revelación de Su voluntad y planes con nosotros, con Su pueblo y con el mundo, con las preciosísimas promesas de la gracia y el poder con que por medio de Su pueblo llevará a cabo Sus planes y hará Su trabajo. A medida que la fe se vuelve lo suficientemente fuerte y audaz para reclamar el cumplimiento de la promesa general en el caso especial, podemos tener la seguridad de que nuestras oraciones son escuchadas: están de acuerdo con la voluntad de Dios. Toma las palabras de Juan en el versículo que sigue a nuestro texto como una ilustración: 'Si alguno viere a su hermano cometer un pecado que no sea de muerte, pedirá, y Dios le dará vida'. Tal es la promesa general; y el creyente que aboga sobre la base de esta promesa, ora según la voluntad de Dios, y Juan le daría confianza para saber que tiene la petición que hace.

Pero esta aprehensión de la voluntad de Dios es algo espiritual, y debe ser discernida espiritualmente. No es una cuestión de lógica que podamos argumentarlo: Dios lo ha dicho; Debo tenerlo. Tampoco todos los cristianos tienen el mismo don o llamado. Mientras que la voluntad general revelada en la promesa es la misma para todos, hay para cada uno una voluntad especial diferente según el propósito de Dios. Y en esto está la sabiduría de los santos, en conocer esta especial voluntad de Dios para cada uno de nosotros, según la medida de la gracia que nos ha sido dada, y así pedir en oración precisamente lo que Dios ha preparado y hecho posible para cada uno. Es para comunicar esta sabiduría que el Espíritu Santo habita en nosotros. La aplicación personal de las promesas generales de la palabra a nuestras necesidades personales especiales: es para esto que se nos da la dirección del Espíritu Santo.

Es esta unión de la enseñanza de la palabra y el Espíritu lo que muchos no entienden, por lo que existe una doble dificultad para saber cuál puede ser la voluntad de Dios. Algunos buscan la voluntad de Dios en un sentimiento o convicción interior, y quieren que el Espíritu los guíe sin la palabra. Otros la buscan en la palabra, sin la dirección viva del Espíritu Santo. Los dos deben estar unidos: solo en la palabra, solo en el Espíritu, pero en estos con toda certeza, podemos conocer la voluntad de Dios y aprender a orar de acuerdo con ella. En el corazón la palabra y el Espíritu deben encontrarse: sólo morando en nosotros podemos experimentar su enseñanza. La palabra debe morar, debe permanecer en nosotros: el corazón y la vida deben estar día a día bajo su influencia. No de afuera, sino de adentro, viene la vivificación de la palabra por el Espíritu. Sólo quien se entrega enteramente en toda su vida a la supremacía de la palabra y de la voluntad de Dios, puede esperar en casos especiales discernir lo que esa palabra y voluntad le permitirán pedir audazmente. Y así como con la palabra, así también con el Espíritu: si quiero tener la dirección del Espíritu en la oración para asegurarme cuál es la voluntad de Dios, toda mi vida debe ser entregada a esa dirección; sólo así la mente y el corazón pueden volverse espirituales y capaces de conocer la santa voluntad de Dios. Es el que, por la palabra y el Espíritu, vive en la voluntad de Dios haciéndola, el que sabrá orar según esa voluntad en la confianza de que Él nos escucha.

Ojalá los cristianos pudieran ver el daño incalculable que se hacen a sí mismos al pensar que debido a que posiblemente su oración no está de acuerdo con la voluntad de Dios, deben contentarse sin una respuesta. La palabra de Dios nos dice que la gran razón de la oración sin respuesta es que no oramos correctamente: 'Pedís y no recibís, porque pedís mal'. Al no dar una respuesta, el Padre nos dice que hay algo mal en nuestra oración. Él quiere enseñarnos a descubrirlo y confesarlo, y así educarnos a la verdadera fe y la oración que prevalece. Él sólo puede alcanzar Su objetivo cuando nos lleva a ver que somos culpables por haber retenido la respuesta; nuestro objetivo, o nuestra fe, o nuestra vida no es lo que debería ser. Pero este propósito de Dios se frustra mientras nos contentemos con decir: Es quizás porque mi oración no es conforme a Su voluntad que Él no me escucha. Oh, no echemos más la culpa de nuestras oraciones no contestadas a la voluntad secreta de Dios, sino a nuestra oración equivocada. Que esa palabra, 'No recibáis porque pidáis mal', sea como la lámpara del Señor, escudriñando el corazón y la vida para probar que somos en verdad aquellos a quienes Cristo les dio sus promesas de ciertas respuestas. Creamos que podemos saber si nuestra oración es conforme a la voluntad de Dios. Entreguemos nuestro corazón para que la palabra del Padre more ricamente allí, para que la palabra de Cristo more en nosotros. Vivamos día a día con la unción que nos enseña todas las cosas. Entreguémonos sin reservas al Espíritu Santo mientras nos enseña a permanecer en Cristo, a morar en la presencia del Padre, y pronto comprenderemos cómo el amor del Padre anhela que el hijo conozca su voluntad, y debe, en la confianza de que esa voluntad incluye todo lo que Su poder y amor han prometido hacer, sabed también que Él escucha las peticiones que le hacemos. 'Esta es la confianza que tenemos, que si pedimos alguna cosa conforme a su voluntad, él nos oye.'

'SEÑOR, ENSEÑANOS A ORAR.'

¡Bendito Maestro! Con todo mi corazón te agradezco por esta bendita lección, que el camino hacia una vida llena de respuestas a la oración es a través de la voluntad de Dios. ¡Caballero! Enséñame a conocer esta santísima voluntad viviéndola, amándola y haciéndola siempre. Así aprenderé a ofrecer oraciones de acuerdo con esa voluntad, ya encontrar en su armonía con la bendita voluntad de Dios, mi audacia en la oración y mi confianza en aceptar la respuesta. ¡Padre! es Tu voluntad que Tu hijo goce de Tu presencia y bendición. Es Tu voluntad que todo en la vida de Tu hijo esté de acuerdo con Tu voluntad, y que el Espíritu Santo obre esto en Él. Es tu voluntad que tu hijo viva en la experiencia diaria de distintas respuestas a la oración, para gozar de la comunión viva y directa contigo mismo. Es Tu voluntad que Tu Nombre sea glorificado en ya través de Tus hijos, y que sea en aquellos que confían en Ti. ¡Oh Padre mío! sea esta Tu voluntad mi confianza en todo lo que pida. ¡Bendito Salvador! Enséñame a creer en la gloria de esta voluntad. Esa voluntad es el amor eterno, que con el poder divino realiza su fin en cada voluntad humana que se entrega a él. ¡Caballero! Enséñame esto. Tú puedes hacerme ver cómo cada promesa y cada mandato de la palabra es en verdad la voluntad de Dios, y que Dios mismo me asegura su cumplimiento. Que así la voluntad de Dios se convierta para mí en la roca segura sobre la que descansan siempre mi oración y mi seguridad de una respuesta. Amén.

NOTA

A menudo hay una gran confusión en cuanto a la voluntad de Dios. La gente piensa que lo que Dios quiere tiene que suceder inevitablemente. Este no es el caso. Dios desea mucha bendición para Su pueblo, que nunca les llega. Él lo quiere con mucho fervor, pero ellos no lo quieren, y no puede llegar a ellos. Este es el gran misterio de la creación del hombre con libre albedrío, y también de la renovación de su voluntad en la redención, que Dios ha hecho depender la ejecución de su voluntad, en muchas cosas, de la voluntad del hombre. De la voluntad de Dios revelada en sus promesas, se cumplirá tanto como nuestra fe acepte. La oración es el poder por el cual sucede lo que de otro modo no sucedería. Y la fe, el poder por el cual se decide cuánto de la voluntad de Dios se hará en nosotros. Una vez que Dios le revela a un alma lo que está dispuesto a hacer por ella, la responsabilidad de la ejecución de esa voluntad recae en nosotros.

Algunos temen que esto sea poner demasiado poder en manos del hombre. Pero todo poder está puesto en manos del hombre en Cristo Jesús. La llave de toda oración y de todo poder es Suya, y cuando aprendamos a entender que Él está tanto con nosotros como con el Padre, y que nosotros somos tan uno con Él como Él con el Padre, veremos cuán natural, justo y seguro es que a los que permanecen en Él como Él en el Padre, se les debe dar tal poder. Es Cristo el Hijo quien tiene derecho a pedir lo que quiere: es a través de la permanencia en Él y Su permanencia en nosotros (en una realidad divina de la que tenemos muy poca aprehensión) que Su Espíritu sopla en nosotros lo que Él quiere. pide y obtén a través de nosotros. Oramos en Su Nombre: las oraciones son realmente nuestras y como realmente Suyas.

Otros nuevamente temen que creer que la oración tiene tal poder es limitar la libertad y el amor de Dios. ¡Oh, si supiéramos cómo estamos limitando Su libertad y Su amor al no permitirle actuar de la única manera en que Él elige actuar, ahora que Él nos ha llevado a la comunión con Él, a través de nuestras oraciones y nuestra fe! Un hermano en el ministerio preguntó una vez, mientras hablábamos sobre este tema, si no había peligro de que pensemos que nuestro amor a las almas y nuestra disposición a verlas bendecidas eran para mover el amor de Dios y la disposición de Dios para bendecirlas. Estábamos justo pasando unas grandes tuberías de agua, por las cuales el agua se transportaba por colinas y valles desde un gran arroyo de montaña hasta un pueblo a cierta distancia. Basta con mirar estas tuberías, fue la respuesta; no hicieron que el agua fluyera hacia abajo desde las colinas, ni le dieron su poder de bendición y refrigerio: esta es su misma naturaleza. Todo lo que podían hacer era decidir su dirección: por ella los habitantes del pueblo dijeron que querían la bendición allí. Y así, es la naturaleza misma de Dios amar y bendecir. Hacia abajo y siempre hacia abajo Su amor anhela venir con sus corrientes vivificantes y refrescantes. Pero Él ha dejado que la oración diga de dónde vendrá la bendición. Él se ha comprometido con Su pueblo creyente a llevar el agua viva a los lugares desérticos: la voluntad de Dios de bendecir depende de la voluntad del hombre de decir dónde debe descender la bendición. 'Tal honor tienen Sus santos.' 'Y esta es la confianza que tenemos para con él, que si pedimos alguna cosa conforme a su voluntad, él nos oye. Y si sabemos que él nos oye en cualquier cosa que le pidamos, sabemos que tenemos las peticiones que le hayamos hecho.'

1 Véase esto ilustrado en los extractos de George Muller al final de este volumen.

Con Cristo en la Escuela de Oración - Capítulo 30
LECCIÓN TRIGÉSIMA.
'Un sacerdocio santo;'
O, El Ministerio de Intercesión.

'Un sacerdocio santo, para ofrecer sacrificios espirituales aceptables a Dios por medio de Jesucristo.'—I Pedro ii. 5.

'Y seréis llamados Sacerdotes del Señor.'—Isaías lxi. 6.

EL Espíritu del Señor Dios está sobre mí, porque me ha ungido el Señor.' Estas son las palabras de Jesús en Isaías. Como fruto de Su obra, todos los redimidos son sacerdotes, copartícipes con Él de Su unción con el Espíritu como Sumo Sacerdote. 'Como el ungüento precioso sobre la barba de Aarón, que descendía hasta los bordes de sus vestiduras.' Como todo hijo de Aarón, así todo miembro del cuerpo de Jesús tiene derecho al sacerdocio. Pero no todos lo ejercen: muchos todavía lo ignoran por completo. Y, sin embargo, es el mayor privilegio de un hijo de Dios, la marca de la mayor cercanía y semejanza a Él, 'que vive para orar'. ¿Dudas de que esto sea realmente así? Piensa en lo que constituye el sacerdocio. Está, en primer lugar, la obra del sacerdocio. Esto tiene dos lados, uno hacia Dios, el otro hacia el hombre. 'Todo sacerdote es ordenado por los hombres en lo que a Dios se refiere' (Heb. v. 1); o, como dice Moisés (Deut. x. 8, ver también xxi. 5, xxxiii. 10; Mal. ii. 6): 'El Señor separó a la tribu de Leví, para estar delante del Señor para ministrarle , y para bendecir Su Nombre.' Por un lado, el sacerdote tenía el poder de acercarse a Dios, de morar con Él en Su casa, y de presentar ante Él la sangre del sacrificio o el incienso quemado. Este trabajo no lo hizo, sin embargo, en su propio nombre, sino por el bien del pueblo cuyo representante era. Esta es la otra cara de su obra. Recibió del pueblo sus sacrificios, los presentó ante Dios, y luego salió a bendecir en Su Nombre, a dar la seguridad de Su favor ya enseñarles Su ley.

Un sacerdote es, pues, un hombre que no vive en absoluto para sí mismo. Vive con Dios y para Dios. Su obra es como siervo de Dios para cuidar de Su casa, Su honor y Su adoración, para dar a conocer a los hombres Su amor y Su voluntad. Vive con los hombres y para los hombres (Heb. v. 2). Su obra es descubrir su pecado y necesidad, y traerlo ante Dios, ofrecer sacrificio e incienso en su nombre, obtener perdón y bendición para ellos, y luego salir y bendecirlos en Su Nombre. Este es el supremo llamamiento de todo creyente. 'Tal honor tienen todos Sus santos.' Han sido redimidos con el único propósito de estar en medio de los millones que perecen a su alrededor, los sacerdotes de Dios, quienes conforme a Jesús, el Gran Sumo Sacerdote, deben ser los ministros y administradores de la gracia de Dios a todos los que los rodean. .

Y luego está el andar del sacerdocio, en armonía con su obra. Así como Dios es santo, el sacerdote debía ser especialmente santo. Esto significa no solo estar separado de todo lo inmundo, sino también santo para Dios, siendo apartado y entregado a Dios para Su disposición. La separación del mundo y el apartamiento para Dios se indicaron de muchas maneras.

Se vio en la ropa: las vestiduras sagradas, hechas según el propio orden de Dios, las marcaron como suyas (Ex. xxviii.). Se vio en el mandato en cuanto a su pureza especial y libertad de todo contacto con la muerte y la contaminación (Lev. xi. 22). Mucho de lo que estaba permitido a un israelita ordinario les estaba prohibido. Se vio en el mandato que el sacerdote no debe tener ningún defecto o defecto corporal; la perfección corporal debía ser el tipo de integridad y santidad en el servicio de Dios. Y se vio en el arreglo por el cual las tribus sacerdotales no tendrían herencia con las otras tribus; Dios iba a ser su herencia. Su vida debía ser una vida de fe: apartados para Dios, debían vivir de Él y para Él.

Todo esto es el emblema de lo que debe ser el carácter del sacerdote del Nuevo Testamento. Nuestro poder sacerdotal con Dios depende de nuestra vida y caminar personal. Debemos ser de aquellos de quienes andar en la tierra Jesús dice, 'No han manchado sus vestiduras.'

En la entrega de lo que puede parecer lícito a otros en nuestra separación del mundo, debemos probar que nuestra consagración para ser santos al Señor es de todo corazón y completa. La perfección corporal del sacerdote debe tener su contrapartida en que también nosotros seamos 'sin mancha ni defecto'; 'el hombre de Dios perfecto, enteramente preparado para toda buena obra', 'perfecto e íntegro, sin faltar nada' (Lev. xxi. 17-21; Ef. v. 27; 2 Tim. ii. 7; Jas. i. 4). Y sobre todo, consentimos en renunciar a toda herencia en la tierra; abandonarlo todo y, como Cristo, tener sólo a Dios como nuestra porción: poseer como no poseer, y tenerlo todo sólo para Dios: esto es lo que caracteriza al verdadero sacerdote, al hombre que sólo vive para Dios y para sus semejantes.

Y ahora el camino al sacerdocio. En Aarón Dios había elegido a todos sus hijos para ser sacerdotes: cada uno de ellos era sacerdote por nacimiento. Y, sin embargo, no podía emprender su obra sin un acto especial de ordenanza: su consagración. Todo hijo de Dios es sacerdote a la luz de su nacimiento, su relación de sangre con el Gran Sumo Sacerdote; pero esto no es suficiente: ejercerá su poder sólo en la medida en que acepte y realice su consagración.

Con Aarón y sus hijos sucedió así (Ex. xxix.): Después de lavarse y vestirse, eran ungidos con el aceite santo. Entonces se ofrecían sacrificios y con la sangre se tocaba la oreja derecha, la mano derecha y el pie derecho. Y luego ellos y sus vestidos fueron nuevamente rociados con la sangre y el aceite juntos. Y así es como el hijo de Dios entra más plenamente en lo que LA SANGRE y EL ESPÍRITU de los cuales ya es partícipe, son para él, que el poder del Santo Sacerdocio obrará en él. La sangre quitará todo sentido de indignidad; el Espíritu, todo sentido de ineptitud.

Notemos lo que había de nuevo en la aplicación de la sangre al sacerdote. Si alguna vez como penitente había traído un sacrificio por su pecado, buscando el perdón, la sangre era rociada sobre el altar, pero no sobre su persona. Pero ahora, para la consagración sacerdotal, debía haber un contacto más estrecho con la sangre; la oreja, la mano y el pie fueron puestos bajo su poder por un acto especial, y todo el ser fue tomado posesión y santificado para Dios. Y así, cuando el creyente, que se había contentado con pensar principalmente en la sangre rociada sobre el propiciatorio como lo que necesita para el perdón, es llevado a buscar el acceso sacerdotal completo a Dios, siente la necesidad de una relación más plena y permanente. experiencia del poder de la sangre, como realmente rociando y limpiando el corazón de una mala conciencia, para que no tenga 'más conciencia de pecado' (Heb. x. 2) como limpieza de todo pecado. Y es a medida que llega a gozar de esto, que se despierta la conciencia de su maravilloso derecho al acceso más íntimo a Dios, y de la plena seguridad de que sus intercesiones son aceptables.

Y así como la sangre da el derecho, el Espíritu da el poder, y es apto para la intercesión creyente. Él insufla en nosotros el espíritu sacerdotal, el amor ardiente por el honor de Dios y la salvación de las almas. Él nos hace tan uno con Jesús que la oración en Su Nombre es una realidad. Él nos fortalece para creer en la oración importuna. Cuanto más verdaderamente lleno esté el cristiano del Espíritu de Cristo, más espontánea será su entrega a la vida de intercesión sacerdotal. ¡Amados hermanos cristianos! Dios necesita,

necesita mucho, sacerdotes que puedan acercarse a Él, que vivan en Su presencia, y por su intercesión atraigan las bendiciones de Su gracia sobre los demás. Y el mundo necesita, necesita mucho, sacerdotes que lleven la carga de los que perecen e intercedan por ellos.

¿Estás dispuesto a ofrecerte por esta santa obra? Conocéis la entrega que exige, nada menos que el abandono de todo al estilo de Cristo, para que los propósitos salvíficos del amor de Dios se cumplan entre los hombres. Oh, no seas más de aquellos que están contentos si tienen la salvación, y solo trabajan lo suficiente para mantenerse calientes y animados. Oh, que nada os impida daros a vosotros mismos para ser enteramente y solamente sacerdotes, nada más, nada menos que los sacerdotes del Dios Altísimo. El pensamiento de indignidad, de ineptitud, no tiene por qué detenerte. En la Sangre obra en vosotros la potencia objetiva de la redención perfecta: en el Espíritu está asegurada su plena experiencia personal subjetiva como vida divina. La Sangre proporciona una dignidad infinita para hacer vuestras oraciones más aceptables: El Espíritu proporciona una idoneidad Divina, enseñándoos a orar justamente según la voluntad de Dios. Todo sacerdote sabía que cuando presentaba un sacrificio según la ley del santuario, éste era aceptado: bajo el manto de la Sangre y del Espíritu tenéis la seguridad de que todas las maravillosas promesas de la oración en el Nombre de Jesús se cumplirán en vosotros. . Permaneciendo en unión con el Gran Sumo Sacerdote, 'pediréis todo lo que queráis, y os será hecho'. Tendrás poder para orar la oración eficaz del justo que mucho puede. No sólo os uniréis a la oración general de la Iglesia por el mundo, sino que podréis, en vuestro propio ámbito, asumir en oración vuestro trabajo especial, como sacerdotes, para tramitarlo con Dios, para recibir y conocer la respuesta, y así para bendecir en Su Nombre. Ven, hermano, ven y sé sacerdote, solo sacerdote, todo sacerdote. Busque ahora caminar ante el Señor con plena conciencia de que ha sido apartado para el santo Ministerio de Intercesión. Esta es la verdadera bienaventuranza de la conformidad a la imagen del Hijo de Dios.

'SEÑOR ENSEÑANOS A ORAR.'

Oh Tú, mi bendito Sumo Sacerdote, acepta la consagración en la que mi alma ahora respondería a Tu mensaje.

Yo creo en el SANTO SACERDOCIO DE TUS SANTOS, y que yo también soy sacerdote, con poder para comparecer ante el Padre, y en la oración que vale mucho traer bendición sobre los que perecen a mi alrededor.

Creo en el PODER DE TU PRECIOSA SANGRE para limpiarme de todo pecado, para darme perfecta confianza hacia Dios, y acercarme en la plena seguridad de fe que mi intercesión será escuchada.

Creo en la UNCIÓN DEL ESPÍRITU, que desciende diariamente de Ti, mi Gran Sumo Sacerdote, para santificarme, para llenarme de la conciencia de mi vocación sacerdotal, y de amor a las almas, para enseñarme lo que es según la voluntad de Dios. , y cómo rezar la oración de fe.

Creo que, así como Tú, mi Señor Jesús, eres Tú mismo en todas las cosas de mi vida, así también Tú eres LA GARANTÍA DE MI VIDA DE ORACIÓN, y Tú mismo me llevarás a la comunión de Tu maravillosa obra de intercesión.

En esta fe me entrego este día a mi Dios, como uno de Sus sacerdotes ungidos, para pararme ante Su rostro para interceder a favor de los pecadores, y para salir y bendecir en Su Nombre.

¡Santo Señor Jesús! acepta y sella mi consagración. Sí, Señor, impone Tus manos sobre mí, y Tú mismo conságrame para esta Tu santa obra. Y déjame caminar entre los hombres con la conciencia y el carácter de un sacerdote del Dios Altísimo.

Al que nos amó, y nos lavó de nuestros pecados EN SU PROPIA SANGRE, Y NOS HIZO reyes y sacerdotes para Dios, Su Padre; A ÉL sea la gloria y el dominio por los siglos de los siglos. Amén

Con Cristo en la Escuela de Oración - Capítulo 31
LECCIÓN TRIGÉSIMA PRIMERA.

'Orar sin cesar;' O, Una vida de oración.
'Regocíjate para siempre. Orar sin cesar. Dad gracias en todo.—I Tes. v. 16, 17, 18.

NUESTRO Señor pronunció la parábola de la viuda y el juez injusto para enseñarnos que los hombres deben orar siempre y no desmayar. Como la viuda perseveró en la búsqueda de una cosa definida, la parábola parece referirse a la oración perseverante por alguna bendición, cuando Dios se demora o parece negarse. Las palabras de las Epístolas, que hablan de continuar al instante en la oración, continuar en la oración y velar en lo mismo, de orar siempre en el Espíritu, parecen más referirse a que toda la vida es de oración. A medida que el alma se va llenando del anhelo por la manifestación de la gloria de Dios a nosotros y en nosotros, a través de nosotros y alrededor de nosotros, y con la confianza de que Él escucha las oraciones de Sus hijos; la vida íntima del alma se eleva continuamente en dependencia y fe, en deseo anhelante y espera confiada.

Al final de nuestras meditaciones no será difícil decir lo que se necesita para vivir tal vida de oración. Lo primero es, sin duda, el sacrificio total de la vida por el reino y la gloria de Dios. El que busca orar sin cesar porque quiere ser muy piadoso y bueno, nunca lo alcanzará. Es el olvido de sí mismo y la entrega a vivir para Dios y su honor lo que ensancha el corazón, lo que nos enseña a mirar todo a la luz de Dios y de su voluntad, y lo que instintivamente reconoce en todo lo que nos rodea la necesidad de la ayuda y la ayuda de Dios. bendición, una oportunidad para que Él sea glorificado. Porque todo es pesado y probado por lo único que llena el corazón, la gloria de Dios, y porque el alma ha aprendido que sólo lo que es de Dios puede ser realmente para Él y para su gloria, toda la vida se convierte en un mirar hacia arriba, en un clamando desde lo más profundo del corazón, que Dios pruebe Su poder y amor y así muestre Su gloria. El creyente despierta a la conciencia de que es uno de los centinelas en los muros de Sion, uno de los recordadores del Señor, cuyo llamado realmente toca y mueve al Rey en el cielo a hacer lo que de otro modo no se haría. Entiende cuán real era la exhortación de Pablo, 'orando en todo tiempo con toda oración y súplica en el Espíritu por todos los santos y por mí', y 'continuad en la oración, orando también también por nosotros'. Olvidarse de sí mismo, vivir para Dios y su reino entre los hombres, es el camino para aprender a orar sin cesar.

Esta vida entregada a Dios debe ir acompañada de la profunda confianza en que nuestra oración es eficaz. Hemos visto cómo nuestro Bendito Señor insistió tanto en Sus lecciones de oración como en la fe en el Padre como un Dios que ciertamente hace lo que le pedimos. 'Pide y recibirás;' contar con confianza en una respuesta, es con Él el principio y el fin de su enseñanza (comparar Mateo vii. 8 y Juan xvi. 24). En la medida en que esta seguridad nos domina, y se hace firme que nuestras oraciones dicen y que Dios hace lo que le pedimos, no nos atrevemos a descuidar el uso de este maravilloso poder: el alma se vuelve completamente a Dios, y nuestra vida se convierte en oración. . Vemos que el Señor necesita y toma tiempo, porque nosotros y todo lo que nos rodea somos criaturas del tiempo, bajo la ley del crecimiento; pero sabiendo que no se puede perder ni una sola oración de fe, que a veces hay necesidad de almacenar y acumular oración, que la oración perseverante es irresistible, la oración se convierte en la vivencia tranquila y persistente de nuestra vida de deseo y fe. en la presencia de nuestro Dios. Oh, no permitas que por más tiempo limitemos y debilitemos con nuestros razonamientos tales promesas libres y seguras del Dios vivo, privándolas de su poder, ya nosotros mismos de la maravillosa confianza que deben inspirar. No en Dios, no en Su voluntad secreta, no en las limitaciones de Sus promesas, sino en nosotros, en nosotros mismos está el estorbo; no somos lo que deberíamos ser para obtener la promesa. Abramos todo nuestro corazón a las palabras de la promesa de Dios en toda su sencillez y verdad: nos examinarán y nos humillarán; ellos nos levantarán y nos harán felices y fuertes. Y para la fe que sabe que obtiene lo que pide, la oración no es un trabajo ni una carga, sino un gozo y un triunfo; se convierte en una necesidad y una segunda naturaleza.

Esta unión de fuerte deseo y firme confianza nuevamente no es más que la vida del Espíritu Santo dentro de nosotros. El Espíritu Santo mora en nosotros, se esconde en lo más profundo de nuestro ser y suscita el deseo de lo Invisible y lo Divino, de Dios mismo. Ahora con gemidos indecibles, luego con clara y consciente seguridad; ahora en peticiones especiales distintas para la revelación más profunda de Cristo a nosotros mismos, luego en súplicas por un alma, una obra, la Iglesia o el mundo, es siempre y solo el Espíritu Santo quien saca el corazón a la sed de Dios, a anhelar por haber sido dado a conocer y glorificado. Donde el hijo de Dios realmente vive y camina en el Espíritu, donde no se contenta con permanecer carnal, sino que busca ser espiritual, en todo órgano apto para que el Espíritu Divino revele la vida de Cristo y el mismo Cristo, nunca - intercesión cesante- la vida del Santísimo Hijo no puede dejar de revelarse y repetirse en nuestra experiencia. Porque es el Espíritu de Cristo quien ora en nosotros, nuestra oración debe ser escuchada; porque somos nosotros los que oramos en el Espíritu, se necesita tiempo, y paciencia, y continua renovación de la oración, hasta que todo obstáculo sea vencido, y la armonía entre el Espíritu de Dios y el nuestro sea perfecta.

Pero lo principal que necesitamos para una vida de oración incesante es saber que Jesús nos enseña a orar. Hemos comenzado a entender un poco cuál es Su enseñanza. No la comunicación de nuevos pensamientos o puntos de vista, no el descubrimiento de fallas o errores, no el despertar del deseo y la fe, por muy importante que sea todo esto, sino el llevarnos a la comunión de Su propia vida de oración ante el Padre, esto es por lo que Jesús realmente enseña. Fue la vista de Jesús orando lo que hizo que los discípulos añoraran y pidieran que se les enseñara a orar. Es la fe de Jesús siempre orante, cuyo único poder es el de orar, que nos enseña a orar de verdad. Sabemos por qué: El que ora es nuestra Cabeza y nuestra Vida. Todo lo que Él tiene es nuestro y se nos da cuando nos damos todo a Él. Por Su sangre Él nos lleva a la presencia inmediata de Dios. El santuario interior es nuestro hogar, moramos allí. Y el que vive tan cerca de Dios, y sabe que Él se ha acercado para bendecir a los que están lejos, no puede dejar de orar. Cristo nos hace partícipes consigo mismo de su poder de oración y de su vida de oración. Entendemos entonces que nuestro verdadero objetivo no debe ser trabajar mucho y orar lo suficiente para mantener el trabajo correcto, sino orar mucho y luego trabajar lo suficiente para que el poder y la bendición obtenidos en la oración lleguen a los hombres a través de nosotros. Es Cristo quien siempre vive para orar, quien salva y reina. Él nos comunica su vida de oración: la mantiene en nosotros si confiamos en Él. Él es la garantía de nuestra oración sin cesar. Sí, Cristo enseña a orar mostrándonos cómo lo hace, haciéndolo en nosotros, llevándonos a hacerlo en Él y como Él. Cristo es todo, la vida y también la fuerza para una vida de oración incesante.

Es la vista de esto, la vista del Cristo siempre orante como nuestra vida, lo que nos permite orar sin cesar. Porque su sacerdocio es el poder de una vida eterna, esa vida-resurrección que nunca se desvanece y nunca falla, y porque su vida es nuestra vida, orar sin cesar puede convertirse para nosotros nada menos que en la vida-gozo del ciclo. Por eso dice el Apóstol: 'Alegraos siempre; orar sin cesar; en todo dad gracias.' Suspendida entre el gozo incesante y la alabanza incesante, la oración incesante es la manifestación del poder de la vida eterna, donde Jesús ora siempre. La unión entre la Vid y el pámpano es en verdad una unión de oración. La más alta conformidad con Cristo, la participación más bendita en la gloria de Su vida celestial, es que tomamos parte en Su obra de intercesión: Él y nosotros vivimos siempre para orar. En la experiencia de nuestra unión con Él, orar sin cesar se vuelve una posibilidad, una realidad, la parte más santa y bendita de nuestra santa y bendita comunión con Dios. Tenemos nuestra morada detrás del velo, en la presencia del Padre. Lo que el Padre dice, nosotros lo hacemos; lo que el Hijo dice, el Padre lo hace. Orar sin cesar es la manifestación terrenal del cielo descendido a nosotros, el anticipo de la vida donde no reposan ni de día ni de noche en el canto de alabanza y adoración.

'SEÑOR, ENSEÑANOS A ORAR.'
Oh Padre mío, con todo mi corazón te alabo por esta vida maravillosa de oración incesante, comunión incesante, respuestas incesantes y experiencia incesante de mi unidad con Aquel que siempre vive para orar. ¡Oh Dios mío! mantenme siempre viviendo y caminando en la presencia de tu gloria, para que la oración sea la expresión espontánea de mi vida contigo.
¡Bendito Salvador! con todo mi corazón te alabo porque viniste del cielo para compartir conmigo mis necesidades y clamores, para que pueda compartir contigo en tu

intercesión que todo lo prevalece. Y te agradezco que me hayas llevado a la escuela de oración, para enseñarme la bienaventuranza y el poder de una vida que es toda oración. Y sobre todo, que Tú me has llevado a la comunión de Tu vida de intercesión, para que a través de mí también Tus bendiciones puedan ser dispensadas a quienes me rodean.

¡Espíritu Santo! con profunda reverencia te agradezco por tu obra en mí. ¡Es a través de Ti que soy elevado a una participación en la relación entre el Hijo y el Padre, y entro así en la comunión de la vida y el amor de la Santísima Trinidad Espíritu de Dios! perfecciona Tu obra en mí; llévame a la unión perfecta con Cristo mi Intercesor. Deja que Tu incesante morar haga de mi vida una de incesante intercesión. Y que así mi vida se convierta en una que sea incesantemente para la gloria del Padre y para la bendición de los que me rodean. Amén.

Con Cristo en la Escuela de Oración - George Muller

GEORGE MULLER, Y EL SECRETO DE SU PODER EN LA ORACIÓN

ENTONCES Dios desea enseñar de nuevo a Su Iglesia una verdad que no está siendo entendida ni practicada, Él lo hace principalmente levantando a algún hombre para que sea en palabra y obra un testigo vivo de su bienaventuranza. Y así Dios ha levantado en este siglo diecinueve, entre otros, a George Muller para que sea Su testigo de que Él es verdaderamente el Oidor de la oración. No conozco ninguna manera en que las principales verdades de la palabra de Dios con respecto a la oración puedan ilustrarse y establecerse más eficazmente que una breve reseña de su vida y de lo que dice de sus experiencias de oración.

Nació en Prusia el 25 de septiembre de 1805, por lo que ahora tiene ochenta años. Su vida temprana, incluso después de haber ingresado a la Universidad de Halle como estudiante de teología, fue extremadamente perversa. Guiado por un amigo una tarde, cuando apenas tenía veinte años, a una reunión de oración, quedó profundamente impresionado y poco después conoció al Salvador. No mucho después, comenzó a leer artículos de misioneros y, con el transcurso del tiempo, se ofreció a sí mismo a la Sociedad de Londres para promover el cristianismo entre los judíos. Fue aceptado como estudiante, pero pronto descubrió que no podía someterse en todas las cosas a las reglas de la Sociedad, ya que dejaba muy poca libertad a la dirección del Espíritu Santo. La conexión se disolvió en 1830 por consentimiento mutuo y se convirtió en pastor de una pequeña congregación en Teignmouth. En 1832 fue conducido a Bristol, y fue como pastor de la Capilla Bethesda que fue conducido al Hogar de Huérfanos y a otros trabajos, en relación con los cuales Dios lo ha llevado de manera tan notable a confiar en Su palabra y a experimentar cómo Dios cumple esa palabra. .

Algunos extractos sobre su vida espiritual prepararán el camino para lo que queremos citar especialmente de sus experiencias en referencia a la oración.

'En conexión con esto quisiera mencionar, que el Señor muy misericordiosamente me dio, desde el mismo comienzo de mi vida divina, una medida de sencillez y de disposición infantil en las cosas espirituales, de modo que mientras yo era sumamente ignorante de las Escrituras, y Todavía era vencido de vez en cuando incluso por los pecados externos, sin embargo, pude llevar los asuntos más pequeños al Señor en oración. Y he encontrado que "la piedad aprovecha para todo, pues tiene promesa de esta vida presente y de la venidera". Aunque era muy débil e ignorante, tenía ahora, por la gracia de Dios, algún deseo de beneficiar a otros, y él, que una vez había servido tan fielmente a Satanás, buscaba ahora ganar almas para Cristo.'

Fue en Teignmouth donde fue guiado a saber cómo usar la palabra de Dios, ya confiar en el Espíritu Santo como el Maestro dado por Dios para aclarar esa palabra. El escribe:-
'Dios entonces comenzó a mostrarme que solo la palabra de Dios es nuestra norma de juicio en las cosas espirituales; que sólo puede ser explicado por el Espíritu Santo; y eso en nuestros días, así como en tiempos pasados. Él es el Maestro de Su pueblo. El oficio del Espíritu Santo no lo había entendido experimentalmente antes de ese tiempo.

'Fue mi comienzo a comprender este último punto en particular, que tuvo un gran efecto en mí; porque el Señor me capacitó para ponerlo a prueba por experiencia, dejando a un lado los comentarios y casi cualquier otro libro y simplemente leyendo la palabra de Dios y estudiándola.

El resultado de esto fue que la primera noche que me encerré en mi habitación para dedicarme a la oración y la meditación sobre las Escrituras, aprendí más en unas pocas horas de lo que había aprendido durante un período de varios meses antes.

'Pero la diferencia particular fue que recibí fuerza real para mi alma al hacerlo. Ahora comencé a probar con la prueba de las Escrituras las cosas que había aprendido y visto, y descubrí que solo aquellos principios que resistieron la prueba tenían valor real.'

De la obediencia a la palabra de Dios, escribe lo siguiente, en relación con su bautismo:

'Agradó a Dios, en Su abundante misericordia, llevar mi mente a tal estado, que estuve dispuesto a llevar a cabo en mi vida todo lo que encontrara en las Escrituras. Podría decir: "Haré su voluntad", y creo que fue por eso que vi qué "doctrina es de Dios". acabo de aludir (Juan vii. 17) ha sido para mí un comentario muy notable sobre muchas doctrinas y preceptos de nuestra santísima fe. Por ejemplo: "No resistáis al mal; pero a cualquiera que te hiera en la mejilla derecha, vuélvele también la otra. Y si alguno te demandare por la ley, y te quitare la túnica, déjale también tu capa. Y cualquiera que te obligue a andar una milla, ve con él dos. Al que te pida, dale, y al que quiera tomar de ti prestado, no le rechaces. Amad a vuestros enemigos, bendecid a los que os maldicen, haced bien a los que os aborrecen, y orad por los que os ultrajan y os persiguen" (Mat. v. 39-44). "Vende lo que tienes, y da limosna" (Lucas xii. 33). "No debáis a nadie nada, sino el amaros los unos a los otros" (Rom. xii. 8). Se puede decir: "Ciertamente estos pasajes no pueden tomarse literalmente, porque entonces, ¿cómo podría el pueblo de Dios pasar por el mundo?" El estado mental prescrito en Juan vii. 17 hará que tales objeciones desaparezcan. CUALQUIER QUIEN ESTÉ DISPUESTO A CUMPLIR LITERALMENTE estos mandamientos del Señor, será, creo, guiado conmigo para ver que el tomarlos

LITERALMENTE es la voluntad de Dios. Los que así los tomen, sin duda, a menudo se verán en dificultades, difíciles de soportar para la carne, pero éstos tenderán a hacerles sentir constantemente que son extranjeros y peregrinos aquí, que este mundo no es su hogar, y así arrojarlos más a Dios, quien seguramente nos ayudará a través de cualquier dificultad en la que podemos ser llevados al tratar de actuar en obediencia a Su palabra.'

Esta entrega implícita a la palabra de Dios lo llevó a ciertos puntos de vista y conducta con respecto al dinero, que influyeron poderosamente en su vida futura. Tenían su raíz en la convicción de que el dinero era una mayordomía divina y que, por lo tanto, todo dinero debía recibirse y administrarse en comunión directa con Dios mismo. Esto lo llevó a la adopción de las siguientes cuatro grandes reglas: 1. No recibir ningún salario fijo, tanto porque en su cobro había muchas veces que estaba en desacuerdo con la ofrenda voluntaria con la que se debe mantener el servicio de Dios, y al recibirla existe el peligro de depender más de las fuentes humanas de ingresos que del mismo Dios viviente. 2. Nunca pedir ayuda a ningún ser humano, por grande que sea la necesidad, sino dar a conocer sus necesidades al Dios que ha prometido cuidar de sus siervos y escuchar sus oraciones. 3. Tomar literalmente este mandato (Lucas xii. 33), 'Vende lo que tienes y da limosna', y nunca ahorrar dinero, sino gastar todo lo que Dios le ha confiado en los pobres de Dios, en la obra de Su reino.

4. También para tomar Rom. XIII. 8, 'No debáis nada a nadie', literalmente, y nunca comprar a crédito, ni endeudarse por nada, sino confiar en que Dios proveerá.

Este modo de vida no fue fácil al principio. Pero Muller testifica que fue muy bendecido al hacer que el alma descansara en Dios, y acercándola a una unión más estrecha con Él cuando se inclinaba a recaer. 'Porque no servirá, no es posible, vivir en pecado, y al mismo tiempo, por la comunión con Dios, sacar del cielo todo lo que uno necesita para la vida que ahora es'.

se estableció 'LA INSTITUCIÓN DE CONOCIMIENTO DE LAS ESCRITURAS PARA EL HOGAR Y EL EXTRANJERO' para ayudar en la obra diurna, dominical, misionera y bíblica. De esta Institución, el trabajo del Hogar de Huérfanos, por el cual el Sr. Muller es más conocido, se convirtió en una rama. Fue en 1834 que su corazón fue tocado por el caso de un huérfano llevado a Cristo en una de las escuelas, pero que tuvo que ir a un asilo donde sus necesidades espirituales no serían atendidas. Al encontrarse poco después con una vida de Franke, escribe (20 de noviembre de 1835): 'Hoy me he puesto mucho en el corazón no solo para pensar en el establecimiento de un hogar para huérfanos, sino para ponerlo en práctica. , y he orado mucho al respecto, a fin de averiguar la mente del Señor. Que Dios lo aclare. Y de nuevo, el 25 de noviembre: 'He orado mucho ayer y hoy por el Hogar de Huérfanos, y estoy cada vez más convencido de que es de Dios. Que Él en misericordia me guie. Las tres razones principales son: 1. Que Dios sea glorificado, si Él quisiera proporcionarme los medios, en que se vea que no es cosa vana confiar en Él; y que así se fortalezca la fe de sus hijos. 2. El bienestar espiritual de los niños sin padre y sin madre. 3. Su bienestar temporal.'

Después de algunos meses de oración y espera en Dios, se alquiló una casa, con espacio para treinta niños, y con el tiempo tres más, con un total de 120 niños. El trabajo se llevó a cabo de esta manera durante diez años, los suministros para las necesidades de los huérfanos se pedían y se recibían solo de Dios. A menudo fue un tiempo de gran necesidad y mucha oración, pero se encontró una prueba de fe más preciosa que el oro para alabanza, honra y gloria de Dios. El Señor estaba preparando a Su siervo para cosas mayores. Por Su providencia y Su Espíritu Santo, el Sr.

Muller fue inducido a desear ya esperar en Dios hasta que recibió de Él la promesa segura de £15,000 para un hogar que albergaría a 300 niños. Este primer Hogar se abrió en 1849. En 1858, se abrió un segundo y un tercer Hogar, para 950 huérfanos más, con un costo de 35.000 libras esterlinas. Y en 1869 y 1870, un cuarto y un quinto Hogar, por 850 más, a un gasto de 50.000 libras esterlinas, haciendo el número total de huérfanos 2100.

Además de este trabajo, Dios le ha dado casi tanto como para la construcción de Hogares de Huérfanos y el mantenimiento de los huérfanos, para otros trabajos, el apoyo de escuelas y misiones, Biblia y circulación de tratados. En todo lo que ha recibido de Dios, para ser gastado en Su obra, durante estos cincuenta años, más de un millón de libras esterlinas. Cuán poco sabía, notemos cuidadosamente, que cuando renunció a su pequeño salario de 35 libras esterlinas al año en obediencia a la dirección de la palabra de Dios y del Espíritu Santo, lo que Dios estaba preparando para darle como recompensa por la obediencia y la fe ; y cuán maravillosamente se le iba a cumplir la palabra: 'En lo poco has sido fiel; Te pondré sobre muchas cosas.'

Y estas cosas nos han sucedido por ejemplo. Dios nos llama a ser seguidores de George Muller, así como él lo es de Cristo. Su Dios es nuestro Dios; las mismas promesas son para nosotros; el mismo servicio de amor y fe en el que él trabajó nos está llamando por todos lados. En relación con nuestras lecciones en la escuela de oración, estudiemos la forma en que Dios le dio a George Muller tal poder como un hombre de oración: encontraremos en él la ilustración más notable de algunas de las lecciones que hemos estado estudiando con el palabra bl. Especialmente habremos grabado en nosotros Su primera gran lección, que si venimos a Él de la manera que Él ha señalado, con peticiones definidas, que nos sean dadas a conocer por el Espíritu mediante la palabra, como conforme a la voluntad de Dios, podemos creer con la mayor confianza que cualquier cosa que pidamos se hará.

LA ORACION Y LA PALABRA DE DIOS.

Hemos visto más de una vez que el hecho de que Dios escuche nuestra voz depende de que escuchemos Su voz. (Vea las lecciones 22 y 23). No solo debemos tener una promesa especial para suplicar, cuando hacemos una petición especial, sino que toda nuestra vida debe estar bajo la supremacía de la palabra: la palabra debe morar en nosotros . El testimonio de George Muller sobre este punto es muy instructivo. Nos dice cómo el descubrimiento del verdadero lugar de la palabra de Dios, y la enseñanza del Espíritu con ella, fue el comienzo de una nueva era en su vida espiritual. De él escribe:—

'Ahora bien, la manera bíblica de razonar habría sido: Dios mismo se ha dignado convertirse en autor, y yo ignoro acerca de ese precioso libro que Su Santo Espíritu ha hecho que se escriba por medio de Sus siervos, y contiene lo que yo debo saber, y cuyo conocimiento me conducirá a la verdadera felicidad; por lo tanto, debo leer una y otra vez este libro tan precioso, este libro de libros, con el mayor fervor, con la mayor oración y con mucha meditación; y en esta práctica debo continuar todos los días de mi vida. Porque me di cuenta, aunque lo leí poco, de que apenas sabía nada de él. Pero en lugar de actuar así y ser llevado por mi ignorancia de la palabra de Dios a estudiarla más, mi dificultad para entenderla y el poco gozo que tenía en ella, me hizo descuidar la lectura (porque mucha lectura orante de la palabra no sólo da más conocimiento, sino que aumenta el deleite que tenemos al leerlo); y así, como muchos creyentes, prefiero prácticamente, durante los primeros cuatro años de mi vida divina, las obras de los hombres no inspirados a los oráculos del Dios vivo. La consecuencia fue que permanecí como un bebé, tanto en conocimiento como en gracia. En conocimiento, digo;

porque todo verdadero conocimiento debe derivarse, por el Espíritu, de la palabra. Y como descuidé la palabra, estuve por casi cuatro años tan ignorante, que no supe claramente ni aun los puntos fundamentales de nuestra santa fe. Y esta falta de conocimiento lamentablemente me impidió caminar firmemente en los caminos de Dios. Porque cuando agradó al Señor en agosto de 1829 llevarme realmente a las Escrituras, mi vida y mi caminar se hicieron muy diferentes. Y aunque desde entonces me he quedado muy por debajo de lo que podría y debería ser, sin embargo, por la gracia de Dios, se me ha permitido vivir mucho más cerca de Él que antes. Si algún creyente lee esto que prácticamente prefiere otros libros a las Sagradas Escrituras, y que disfruta de los escritos de los hombres mucho más que de la palabra de Dios, que sea advertido por mi pérdida. Consideraré que este libro ha sido el medio de hacer mucho bien, si le place al Señor, a través de su instrumento, inducir a algunos de Su pueblo a no descuidar más las Sagradas Escrituras, sino a darles la preferencia que hasta ahora les han otorgado. sobre los escritos de los hombres.

'Antes de dejar este tema, solo agregaría: Si el lector entiende muy poco de la palabra de Dios, debe leerla mucho; porque el Espíritu explica la palabra por la palabra. Y si disfruta con la lectura de la palabra poco, justamente por eso debe leerla mucho; porque la lectura frecuente de las Escrituras crea un deleite en ellas, de modo que cuanto más las leemos, más deseamos hacerlo.

'Sobre todo, debe procurar que se asiente en su propia mente que solo Dios por medio de Su Espíritu puede enseñarle, y que por lo tanto, como Dios será consultado por bendiciones, le corresponde a él buscar la bendición de Dios antes de leer, y también durante la lectura.

'Además, debe tener establecido en su mente que aunque el Espíritu Santo es el mejor y suficiente Maestro, sin embargo, este Maestro no siempre enseña inmediatamente cuando lo deseamos, y que por lo tanto, es posible que tengamos que suplicarle una y otra vez. para la explicación de ciertos pasajes; pero que Él seguramente nos enseñará al final, si en verdad estamos buscando la luz con oración, con paciencia y con miras a la gloria de Dios.' 4

Encontramos en su diario una mención frecuente de que pasaba dos y tres horas en oración por la palabra para la alimentación de su vida espiritual. Como fruto de esto, cuando tuvo necesidad de fuerza y aliento en la oración, las promesas individuales no fueron para él tantos argumentos de un libro para ser usados con Dios, sino palabras vivas que había oído que la voz viva del Padre le decía . , y que ahora podía llevar al Padre en fe viva.

ORACIÓN Y VOLUNTAD DE DIOS.

Una de las mayores dificultades de los jóvenes creyentes es saber cómo pueden saber si lo que desean es conforme a la voluntad de Dios. Considero que es una de las lecciones más preciosas que Dios quiere enseñar a través de la experiencia de George Muller, que Él está dispuesto a dar a conocer cosas de las que Su palabra no dice nada directamente, que son Su voluntad para nosotros, y que podamos pregúntales. La enseñanza del Espíritu, no sin o contra la palabra, sino como algo por encima y más allá de ella, además de ella, sin la cual no podemos ver la voluntad de Dios, es la herencia de todo creyente. Es a través de LA PALABRA, Y SOLAMENTE LA PALABRA, que el Espíritu enseña, aplicando los principios generales o promesas a nuestra necesidad especial. Y es EL ESPÍRITU, Y SOLO EL ESPÍRITU, quien realmente puede hacer de la palabra una luz en nuestro camino, ya sea el camino del deber en nuestro andar diario, o el camino de la fe en nuestro acercamiento a Dios. Tratemos de notar en qué sencillez y facilidad de aprendizaje infantil fue que el descubrimiento de la voluntad de Dios fue tan segura y claramente dado a conocer a Su siervo.

A propósito de la construcción del primer Hogar y de la seguridad que tenía de que era voluntad de Dios, escribe en mayo de 1850, poco después de inaugurado, hablando de las grandes dificultades que había, y de lo poco probable que parecía a la naturaleza que serían eliminados: 'Pero aunque la perspectiva ante mí hubiera sido abrumadora si la hubiera mirado con naturalidad, nunca se me permitió ni por una vez preguntarme cómo terminaría. Porque así como desde el principio estuve seguro de que era la voluntad de Dios que yo fuera a la obra de construir para Él este gran Hogar de Huérfanos, así también desde el principio estuve tan seguro de que todo estaría terminado como si el Hogar ya había sido llenado.'

La forma en que averiguó cuál era la voluntad de Dios, sale a relucir con especial claridad en su relato de la construcción de la segunda Casa; y pido al lector que estudie con cuidado la lección que transmite la narración:—

'Dic. 5, 1850.—Bajo estas circunstancias, sólo puedo orar para que el Señor en su tierna misericordia no permita que Satanás obtenga una ventaja sobre mí. Por la gracia de Dios mi corazón dice: Señor, si pudiera estar seguro de que es Tu voluntad que yo siga adelante en este asunto, lo haría con alegría; y, por otro lado, si pudiera estar seguro de que estos son pensamientos vanos, necios y orgullosos, que no provienen de Ti, los odiaría, por Tu gracia, y los desecharía por completo.

'Mi esperanza está en Dios: Él me ayudará y me enseñará. Sin embargo, a juzgar por sus anteriores tratos conmigo, no me extrañaría ni me sorprendería que me llamara a trabajar aún más extensamente de esta manera.

'Los pensamientos acerca de la ampliación de la obra de Los Huérfanos aún no han surgido debido a la gran cantidad de dinero que ha llegado últimamente; porque últimamente he tenido que esperar unas siete semanas en Dios, mientras entraba poco, muy poco comparativamente, es decir, salía como cuatro veces más de lo que entraba; y, si el Señor no me hubiera enviado previamente grandes sumas, verdaderamente nos hubiésemos angustiado.

'¡Caballero! ¿Cómo puede Tu siervo conocer Tu voluntad en este asunto? ¡Te complacerá enseñarle!

11 de diciembre.—Durante los últimos seis días, desde que escribí lo anterior, he estado, día tras día, esperando en Dios con respecto a este asunto. En general ha estado más o menos todo el día en mi corazón. Cuando he estado despierto por la noche, no ha estado lejos de mis pensamientos. Sin embargo, todo esto sin la menor emoción. Estoy perfectamente tranquilo y silencioso al respecto. Mi alma se regocijaría de seguir adelante en este servicio, si pudiera estar seguro de que el Señor quisiera que lo hiciera; porque entonces, a pesar de las innumerables dificultades, todo estaría bien; y Su Nombre sería magnificado.

'Por otra parte, si tuviera la seguridad de que el Señor querría que yo estuviera satisfecho con mi actual esfera de servicio, y que no debería orar por agrandar la obra, por Su gracia podría, sin esfuerzo, rendirme alegremente a ella. ; porque me ha puesto en tal estado de corazón, que sólo deseo agradarle en este asunto. Además, hasta ahora no he hablado de esto ni siquiera a mi amada esposa, la participante de mis alegrías, tristezas y trabajos durante más de veinte años; ni es probable que lo haga por algún tiempo más; porque prefiero esperar en el Señor tranquilamente, sin conversar sobre este tema, para que así pueda ser guardado más fácilmente, por Su bendición, de ser influenciado. por cosas de fuera. La carga de mi oración con respecto a este asunto es que el Señor no me permita cometer un error y que me enseñe a hacer Su voluntad.

26 de diciembre.—Han transcurrido quince días desde que escribí el párrafo anterior. Todos los días desde entonces he continuado orando sobre este asunto, y eso con una buena dosis de fervor, con la ayuda de Dios. Apenas ha pasado una hora en estos días en que, estando despierto, este asunto no

se me ha presentado más o menos. Pero todo sin siquiera una sombra de emoción. No converso con nadie al respecto. Hasta ahora ni siquiera lo he hecho con mi querida esposa. De esto todavía me abstengo, y trato solo con Dios sobre el asunto, a fin de que ninguna influencia externa y ninguna excitación externa me impidan alcanzar un claro descubrimiento de Su voluntad. Tengo la más plena y pacífica seguridad de que Él me mostrará claramente Su voluntad. Esta tarde he vuelto a tener un tiempo especial y solemne de oración, para buscar conocer la voluntad de Dios. Pero mientras sigo implorando y suplicando al Señor que no permita que me engañe en este asunto, puedo decir que apenas tengo ninguna duda en mi mente en cuanto a cuál será el resultado, incluso que debo seguir adelante. en esta cuestión. Sin embargo, como este es uno de los pasos más trascendentales que he tomado, juzgo que no puedo abordar este asunto con demasiada cautela, oración y deliberación. No tengo prisa por eso. Podría esperar años, por la gracia de Dios, si fuera Su voluntad, incluso antes de dar un solo paso hacia esta cosa, o incluso hablar con alguien al respecto; y, por otra parte, me pondría a trabajar mañana, si el Señor me lo mandara. Esta serenidad mental, este no tener

voluntad propia en el asunto, esto sólo queriendo agradar en ello a mi Padre Celestial, esto sólo buscando Su honra y no mi honra en ello; este estado de corazón, digo, es la más completa seguridad para mí de que mi corazón no está bajo una excitación carnal, y que, si se me ayuda a seguir así, conoceré la voluntad de Dios en su totalidad. Pero, mientras escribo esto, no puedo dejar de agregar al mismo tiempo que ansío el honor y el glorioso privilegio de ser más y más usado por el Señor.

'Deseo que se me permita proporcionar instrucción bíblica a mil huérfanos, en lugar de hacerlo a 300. Deseo exponer las Sagradas Escrituras regularmente a mil huérfanos, en lugar de hacerlo a 300. Deseo que sea aún más manifiesto abundantemente que Dios sigue siendo el Oidor y el

Contestador de la oración, y que Él es el Dios viviente ahora como siempre lo fue y siempre lo será, cuando simplemente, en respuesta a la oración, se haya dignado proporcionarme una casa para 700 huérfanos y con medios para mantenerlos. Esta última consideración es el punto más importante en mi mente. El honor del Señor es el punto principal para mí en todo este asunto; y solo porque este es el caso, si Él fuera más glorificado al no seguir adelante en este asunto, yo, por Su gracia, estaría perfectamente contento de abandonar todos los pensamientos sobre otra Casa Huérfana. Seguramente en tal estado de ánimo, obtenido por el Espíritu Santo, Tú, oh mi Padre Celestial, no permitirás que Tu hijo se equivoque, mucho menos se engañe. Con la ayuda de Dios, continuaré día tras día esperando en Él en oración, con respecto a este asunto, hasta que Él me ordene que actúe.

'Ene. 2, 1851.—Hace una semana escribí el párrafo anterior. Durante esta semana todavía me han ayudado día a día, y más de una vez al día, a buscar la guía del Señor sobre otra Casa Huérfana. La carga de mi oración todavía ha sido que Él, en Su gran misericordia, me impida cometer un error. Durante la última semana, el libro de Proverbios ha llegado en el curso de mi lectura de las Escrituras, y mi corazón ha sido refrescado en referencia a este tema por los siguientes pasajes: "Confía en el Señor con todo tu corazón; y no te apoyes en tu propia prudencia. Reconócelo en todos tus caminos, y él enderezará tus veredas" (Prov. iii. 5, 6). Por la gracia de Dios reconozco al Señor en todos mis caminos, y en esto en particular; Por lo tanto, tengo la cómoda seguridad de que Él dirigirá mis caminos con respecto a esta parte de mi servicio, en cuanto a si estaré ocupado en él o no. Además: "La integridad de los rectos los preservará" (Prov. xi. 3). Por la gracia de Dios soy recto en este negocio. Mi propósito honesto es darle gloria a Dios. Por lo tanto, espero ser guiado correctamente. Además: "Encomienda tus obras al Señor, y tus pensamientos serán afirmados" (Prov. xvi. 3). Encomiendo mis obras al Señor y, por lo tanto, espero que mis pensamientos se establezcan. Mi corazón está llegando cada vez más a una seguridad tranquila, tranquila y firme de que el Señor se dignará usarme aún más en la obra de los huérfanos. Aquí el Señor es Tu siervo.'

Cuando más tarde decidió construir dos casas adicionales, las números 4 y 5, vuelve a escribir así:

Han pasado doce días desde que escribí el último párrafo. Todavía día tras día se me ha permitido esperar en el Señor con referencia a la ampliación de la obra de los huérfanos, y he estado durante todo este período también en perfecta paz, que es el resultado de buscar en esto solo el honor del Señor y la beneficio temporal y espiritual de mis semejantes. Sin un esfuerzo, por Su gracia, podría dejar de lado todos los pensamientos sobre todo este asunto, si tan solo estuviera seguro de que es la voluntad de Dios que así lo haga; y, por otro lado, avanzaría de inmediato, si así lo quisiera. Todavía me he guardado este asunto enteramente para mí. Aunque ya han pasado unas siete semanas, desde que día tras día, más o menos, mi mente se ha ejercitado al respecto, y desde que he estado orando diariamente al respecto, sin embargo, ningún ser humano lo sabe. Hasta ahora ni siquiera se lo he dicho a mi querida esposa para que así, esperando tranquilamente en Dios, no me influya lo que me digan sobre el tema. Esta tarde ha sido especialmente reservada para la oración, rogando una vez más al Señor que no me permita equivocarme en esto, y mucho menos ser engañado por el demonio. También he tratado de dejar pasar por mi mente todas las razones en contra de construir otra Casa de Huérfanos, y todas las razones para hacerlo: y ahora, para mayor claridad y precisión, escríbalas. . .

Sin embargo, por mucho que me pesen las nueve razones anteriores, no me decidirían si no hubiera una más. Es esto. Después de haber meditado durante meses sobre el asunto, y de haberlo examinado en todos sus aspectos y con todas sus dificultades, y luego de haber sido llevado finalmente, después de mucha oración, a decidir sobre esta ampliación, mi mente está en paz. El niño que ha suplicado una y otra vez a su Padre Celestial que no se deje engañar, ni siquiera equivocarse, está en paz, perfectamente en paz con respecto a esta decisión; y tiene así la seguridad de que la decisión a la que se llega, después de mucha oración durante semanas y meses, es la dirección del Espíritu Santo; y por lo tanto se propone seguir adelante, creyendo con certeza que no será confundido, porque confía en Dios. Muchas y grandes pueden ser sus dificultades; miles y diez miles de oraciones pueden haber ascendido a Dios, antes de que se obtenga la respuesta completa; puede requerirse mucho ejercicio de fe y paciencia; pero al final se verá de nuevo, que Su siervo, que confía en Él, no ha sido confundido.'

ORACIÓN Y LA GLORIA DE DIOS.

Hemos buscado más de una vez para hacer cumplir la verdad, que mientras normalmente buscamos las razones por las cuales nuestras oraciones no son escuchadas en lo que pedimos que no está de acuerdo con la voluntad de Dios, las Escrituras nos advierten que encontremos la causa en nosotros mismos, en nuestro no estar en el estado correcto o no pedir con el espíritu correcto. La cosa puede estar en pleno acuerdo con Su voluntad, pero el pedir, el espíritu del suplicante, no; entonces no somos escuchados. Así como la gran raíz de todo pecado es el egoísmo y el egoísmo, así no hay nada que, incluso en nuestros deseos más espirituales, impida tan eficazmente que Dios responda así: oramos por nuestro propio placer o gloria. La oración para tener poder y prevalecer debe pedir la gloria de Dios; y solo puede hacer esto mientras vive para la gloria de Dios.

En George Muller tenemos uno de los casos más notables registrados del Espíritu Santo de Dios guiando a un hombre deliberada y sistemáticamente, al comienzo de un curso de oración, para hacer de la glorificación de Dios su primer y único objetivo. Meditemos bien lo que dice, y aprendamos la lección que Dios quiere enseñarnos a través de él:—

'Constantemente me presentaban casos que probaban que una de las cosas especiales que los hijos de Dios necesitaban en nuestros días era que se fortaleciera su fe.

'Anhelaba, por lo tanto, tener algo que señalar a mis hermanos, como una prueba visible de que nuestro Dios y Padre es el mismo Dios fiel que siempre fue; tan dispuesto como siempre a PROBAR que Él mismo es el DIOS VIVIENTE en nuestros días como antes, a todos los que ponen su confianza en Él.

'Mi espíritu anhelaba ser un instrumento en el fortalecimiento de su fe, dándoles no sólo ejemplos de la palabra de Dios, de su disposición y capacidad para ayudar a todos los que confían en él, sino mostrándoles con pruebas que él es el mismo en nuestro día. Sabía que la palabra de Dios debería ser suficiente, y fue por gracia suficiente para mí; pero aun así consideré que debía ayudar a mis hermanos. "Por tanto, me juzgué obligado a ser siervo de la Iglesia de Cristo, en el punto particular en que había obtenido misericordia; es decir, en ser capaz de tomar a Dios en Su palabra y confiar en ella. El primer objeto de la obra fue, y sigue siendo: que Dios sea magnificado por el hecho de que a los huérfanos bajo mi cuidado se les provee de todo lo que necesitan, sólo con la oración y la fe, sin que nadie se lo pida; por eso se puede ver que Dios TODAVÍA ES FIEL, Y TODAVÍA OYE LA ORACIÓN.

'De nuevo en estos últimos días he orado mucho por la Casa de los Huérfanos, y con frecuencia he examinado mi corazón; que si fuera mi deseo establecerlo en aras de gratificarme a mí mismo, podría descubrirlo. Porque como deseo solamente la gloria del Señor, estaré feliz de ser instruido por los instrumentos de mi hermano, si el asunto no es de Él.

'Cuando comencé la obra de los huérfanos en 1835, mi objetivo principal era la gloria de Dios, dando una demostración práctica de lo que podía lograrse simplemente mediante el instrumento de la oración y la fe, para así beneficiar a la Iglesia en general, y llevar a un mundo descuidado a ver la realidad de las cosas de Dios, mostrándoles en esta obra, que el Dios vivo sigue siendo, como hace 4000 años, el Dios vivo. Este mi objetivo ha sido ampliamente honrado. Multitudes de pecadores se han convertido así, multitudes de hijos de Dios en todas partes del mundo se han beneficiado de esta obra, tal como yo lo había previsto. Pero cuanto mayor fue la obra a medida que creció, mayor ha sido la bendición, otorgada de la misma manera en que busqué la bendición: porque la atención de cientos de miles se ha centrado en la obra; y muchas decenas de miles han venido a verlo. Todo esto me lleva a desear más y más trabajar de esta manera, para dar aún mayor gloria al Nombre del Señor. Que Él pueda ser mirado, magnificado, admirado, confiado en él en todo momento, es mi objetivo en este servicio; y así particularmente en esta pretendida ampliación. Para que se vea cuánto un pobre, por el simple hecho de confiar en Dios, puede realizar con la oración; y que así otros hijos de Dios puedan ser inducidos a llevar a cabo la obra de Dios en dependencia de Él; y que los hijos de Dios puedan ser inducidos a confiar cada vez más en Él en sus posiciones y circunstancias individuales, por lo tanto, soy inducido a esta mayor ampliación.'

ORACIÓN Y CONFIANZA EN DIOS.

Hay otros puntos sobre los que me complacería señalar lo que se encuentra en la narración del Sr. Muller, pero uno más debe ser suficiente. Es la lección de confianza firme e inquebrantable en la promesa de Dios como secreto de la oración perseverante. Si, en sumisión a la enseñanza del Espíritu en la palabra, nos hemos aferrado a la promesa de Dios, y hemos creído que el Padre nos ha oído, no debemos permitir que ninguna demora o apariencias desfavorables nos debiliten en nuestra fe.

'La respuesta completa a mis oraciones diarias estaba lejos de realizarse; sin embargo, hubo abundante aliento otorgado por el Señor, para continuar en oración. Pero supongamos, incluso, que hubiera entrado mucho menos de lo que se recibió, sin embargo, después de haber llegado a la conclusión, sobre la base de las Escrituras, después de mucha oración y autoexamen, debería haber continuado sin vacilar, en el ejercicio de la fe. y paciencia con respecto a este objeto; y así todos los hijos de Dios, una vez satisfechos de que todo lo que presentan ante Dios en oración está de acuerdo con su voluntad, deben continuar creyendo, esperando y perseverando en la oración hasta que se les conceda la bendición. Así estoy ahora yo mismo esperando en Dios por ciertas bendiciones, por las cuales le he suplicado diariamente durante diez años y seis meses sin un día de interrupción. Todavía no se ha dado la respuesta completa acerca de la conversión de ciertos individuos, aunque mientras tanto he recibido muchos miles de respuestas a la oración. también he orado diariamente sin interrupción por la conversión de otros individuos de unos diez años, de otros de seis o siete años, de otros de tres o dos años; y todavía no se ha dado la respuesta acerca de esas personas, mientras que entretanto muchos miles de mis oraciones han sido contestadas, y también almas convertidas, por las cuales había estado orando. Hago especial hincapié en esto para el beneficio de aquellos que pueden suponer que solo necesito pedir a Dios y recibir de inmediato; o que pudiera orar acerca de cualquier cosa, y la respuesta ciertamente vendría. Uno solo puede esperar obtener respuestas a las oraciones que estén de acuerdo con la mente de Dios; y aun así, la paciencia y la fe pueden ser ejercitadas por muchos años, así como son ejercidas las mías, en el asunto a que me he referido; y, sin embargo, continúo diariamente en oración y espero la respuesta, y tan seguramente espero la respuesta, que a menudo le he dado gracias a Dios porque Él seguramente la dará, aunque ahora, durante diecinueve años, he ejercido así la fe y la paciencia. Anímense, queridos cristianos, a entregarse con renovado fervor a la oración, si pueden estar seguros de que piden cosas que son para la gloria de Dios.

'Pero el punto más notable es este, que £ 6, 6 chelines. 6d. de Escocia me suministró, hasta donde ahora se sabe, todos los medios necesarios para la instalación y promoción de las Nuevas Casas para Huérfanos. Seis años y ocho meses he estado día a día, y generalmente varias veces al día, pidiendo al Señor que me diera los medios necesarios para esta ampliación de la obra de los Huérfanos, que, según los cálculos hechos en la primavera de 1861, parecía ser unas cincuenta mil libras: el total de esta cantidad lo había recibido ahora. Alabo y magnifico al Señor por poner en mi corazón esta ampliación de la obra, y por darme valor y fe para ello; y sobre todo, por sostener mi fe día a día sin vacilar. Cuando se recibió la última parte del dinero, no estaba más seguro con respecto al total, que en ese momento no había recibido una sola donación para esta gran suma. Yo estaba al principio, después de haber averiguado una vez Su mente, a través de la más paciente y escudriñadora espera en Dios, tan completamente seguro de que Él lo haría, como si las dos casas, con sus cientos de huérfanos ocupándolas, hubieran sido ya antes que yo. Hago algunos comentarios aquí por el bien de los jóvenes creyentes en relación con este tema: 1. Sean lentos para dar nuevos pasos en el servicio del Señor, o en sus negocios, o en sus familias: sopesen todo bien; sopesad todo a la luz de las Sagradas Escrituras y en el temor de Dios. 2. Procure no tener voluntad propia, a fin de averiguar la mente de Dios, con respecto a cualquier paso que se proponga tomar, para que pueda decir honestamente que está dispuesto a hacer la voluntad de Dios, si Él se complace en instruirlo. tú. 3. Pero cuando hayas descubierto cuál es la voluntad de Dios, busca Su ayuda, y búscala con fervor, con perseverancia, con paciencia, con fe, con expectación; y seguramente lo obtendrás en Su propio tiempo y manera.

'Suponer que tenemos dificultades sólo con el dinero sería un error: ocurren cientos de otras necesidades y de otras dificultades. Es cosa rara que pase un día sin alguna dificultad o alguna necesidad; pero muchas veces son muchas las dificultades y muchas las ganas de ser satisfechas y superadas el mismo día. Todo esto se resuelve con la oración y la fe, nuestro remedio universal; y nunca hemos sido confundidos. La oración paciente, perseverante, creyente, ofrecida a Dios, en el Nombre del Señor Jesús, siempre, tarde o temprano, ha traído la bendición. No desespero, por la gracia de Dios, de obtener alguna bendición, siempre que pueda estar seguro de que será para algún bien real y para la gloria de Dios.

4 Los extractos son de una obra en cuatro volúmenes, The Lord's Dealings with George Muller. J. Nisbet & Co., Londres.

Grandes hazañas – 17

5. ENTREGA ABSOLUTA

Entrega Absoluta - Capítulo 1 - Entrega Absoluta

"Y Ben-hadad rey de Siria reunió todo su ejército; y había treinta y dos reyes con él, y caballos y carros; y subió y sitió a Samaria, y peleó contra ella. Y envió mensajeros a Acab rey de Israel a la ciudad, y le dijo: Así ha dicho Ben-hadad: Tu plata y tu oro son míos; también tus mujeres y tus hijos, aun los mejores, son míos. Y el rey de Israel respondió y dijo: Señor mío, Oh rey, según tu dicho, yo soy tuyo y todo lo que tengo" (I Reyes 20:1-4).

Acab dio lo que Ben-adad le pidió. Quiero usar estas palabras: "Señor mío, oh rey, según tu dicho, yo soy tuyo, y todo lo que tengo", como las palabras de entrega absoluta con las que todo hijo de Dios debe entregarse a su Padre. Lo hemos escuchado antes, pero necesitamos escucharlo muy definitivamente: la condición de la bendición de Dios es la entrega absoluta de todo en Sus manos. ¡Alabado sea el Señor! Si nuestros corazones están dispuestos a eso, no hay fin a lo que Dios hará por nosotros, y a la bendición que Dios otorgará.

Entrega absoluta, déjame decirte de dónde saqué esas palabras. Yo mismo los usé a menudo, y los has escuchado muchas veces. Pero una vez, en Escocia, estaba en una compañía donde hablábamos sobre la condición de la Iglesia de Cristo, y cuál es la gran necesidad de la Iglesia y de los creyentes. Había en nuestra compañía un obrero cristiano piadoso que tiene mucho que hacer en la preparación de otros obreros para Cristo, y le pregunté cuál diría él que era la gran necesidad de la Iglesia: el mensaje que debería predicarse. Respondió con mucha tranquilidad, sencillez y determinación:

"La entrega absoluta a Dios es lo único".

Las palabras me golpearon como nunca antes. Y ese hombre comenzó a contar cómo, en los obreros cristianos con los que tuvo que tratar, encuentra que si son sensatos en ese punto, están dispuestos a ser enseñados y ayudados, y siempre mejoran. Mientras que otros que no son buenos allí, muy a menudo regresan y dejan el trabajo. La condición para obtener la plena bendición de Dios es la entrega absoluta a Él.

Y ahora, deseo por la gracia de Dios daros este mensaje: que vuestro Dios en el cielo conteste las oraciones que habéis ofrecido para bendeciros a vosotros mismos y para bendecir a los que os rodean con esta única demanda: ¿Estáis dispuestos a entregaros absolutamente en sus manos? ¿Cuál será nuestra respuesta? Dios sabe que hay cientos de corazones que lo han dicho, y hay cientos más que anhelan decirlo pero apenas se atreven a hacerlo. Y hay corazones que lo han dicho, pero que han fracasado miserablemente, y que se sienten condenados porque no encontraron el secreto del poder para vivir esa vida. ¡Que Dios tenga una palabra para todos!

Permítanme decir, en primer lugar, que Dios lo reclama de nosotros.

DIOS ESPERA TU ENTREGA

Sí, tiene su fundamento en la naturaleza misma de Dios. Dios no puede hacer otra cosa. ¿Quien es Dios? Él es la Fuente de la vida, la única Fuente de existencia, poder y bondad. En todo el universo no hay nada bueno sino lo que Dios obra. Dios ha creado el sol, la luna, las estrellas, las flores, los árboles y la hierba. ¿No están todos absolutamente rendidos a Dios? ¿No permiten que Dios obre en ellos exactamente lo que Él quiere? Cuando Dios viste el lirio con su belleza, ¿no se rinde, se rinde, se entrega a Dios mientras Él obra en él su belleza? Y los hijos redimidos de Dios, oh, ¿pueden pensar que Dios puede hacer Su obra si sólo se entrega la mitad o una parte de ellos? Dios no puede hacerlo. Dios es vida, amor, bendición, poder y belleza infinita, y Dios se deleita en comunicarse a cada niño que está preparado para recibirlo. Pero ¡ah! esta falta de entrega absoluta es precisamente lo que estorba a Dios. Y ahora Él viene, y como Dios, Él lo reclama.

Tú sabes en la vida diaria lo que es la entrega absoluta. Sabéis que todo tiene que ser entregado a su objeto y servicio especial y definido. Tengo una pluma en el bolsillo, y esa pluma está absolutamente entregada a la única obra de escribir. Esa pluma debe estar absolutamente entregada a mi mano si voy a escribir correctamente con ella. Si otro lo sostiene en parte, no puedo escribir correctamente. Este abrigo me es absolutamente entregado para cubrir mi cuerpo. Este edificio está enteramente destinado a los servicios religiosos. Y ahora, ¿esperas que en tu ser inmortal, en la naturaleza divina que has recibido por regeneración, Dios pueda hacer Su obra, cada día y cada hora, a menos que estés completamente entregado a Él? Dios no puede. El templo de Salomón fue absolutamente rendido a Dios cuando fue dedicado a Él. Y cada uno de nosotros es un templo de Dios, en el cual Dios morará y obrará poderosamente con una condición: entrega absoluta a Él. Dios lo reclama, Dios es digno de ello, y sin él Dios no puede realizar Su bendita obra en nosotros.
Dios no solo lo reclama, sino que Dios mismo lo obrará.

DIOS CUMPLE TU ENTREGA

Estoy seguro de que hay muchos corazones que dicen: "¡Ah, pero esa entrega absoluta implica tanto!" Alguien dice: "Oh, he pasado por tantas pruebas y sufrimientos, y aún me queda mucho de la vida del yo. No me atrevo a abandonarla por completo porque sé que causará muchos problemas y agonía".

¡Pobre de mí! ¡Pobre de mí! que los hijos de Dios tienen tales pensamientos de Él, pensamientos tan crueles. Vengo con un mensaje para aquellos que están temerosos y ansiosos. Dios no les pide que den la entrega perfecta en sus fuerzas, o por el poder de su voluntad; Dios está dispuesto a obrarlo en ti. ¿No leemos: "Dios es el que en vosotros produce así el querer como el hacer, por su buena voluntad" (Filipenses 2:13)? Y eso es lo que debemos buscar: postrarnos ante Dios, hasta que nuestros corazones aprendan a creer que el mismo Dios eterno vendrá para corregir lo que está mal. Él vencerá lo malo y obrará lo que es agradable a Su bendita vista. Dios mismo lo obrará en ti.

Mire a los hombres en el Antiguo Testamento, como Abraham. ¿Crees que fue por casualidad que Dios encontró a ese hombre, el padre de los fieles y el amigo de Dios? ¿Piensas que fue Abraham mismo, aparte de Dios, quien tuvo tal fe y tal obediencia y tal devoción? Sabes que no es así. Dios lo levantó y lo preparó como instrumento para su gloria.

¿No dijo Dios a Faraón: "Para esto te he levantado, para mostrar en ti mi poder" (Éxodo 9:16)?
Y si Dios dijo eso de él, ¿no lo dirá Dios mucho más de cada hijo suyo?

Oh, quiero animarte y quiero que deseches todo temor. Ven con ese débil deseo. Si existe el miedo que dice: "Oh, mi deseo no es lo suficientemente fuerte. No estoy dispuesto para todo lo que pueda venir, y no me siento lo suficientemente valiente como para decir que todo lo puedo conquistar". confía en tu Dios ahora. Di: "Dios mío, quiero que me hagas querer". Si hay algo que te detenga, o algún sacrificio que tengas miedo de hacer, acércate a Dios ahora y demuestra cuán misericordioso es tu Dios. No temas que Él te ordene lo que no te concederá.

Dios viene y se ofrece a obrar en ti esta entrega absoluta. Todas estas búsquedas y anhelos y anhelos que hay en vuestro corazón, os digo, son los atractivos del imán divino, Cristo Jesús. Vivió una vida de entrega absoluta. Él tiene posesión de ti; Él está viviendo en tu corazón por Su Espíritu Santo. Lo has estorbado y estorbado terriblemente, pero Él desea ayudarte a que te apoderes de Él por completo. Y Él viene y te atrae ahora por Su mensaje y palabras. ¿No vendrás y confiarás en Dios para que obre en ti esa entrega absoluta a Sí mismo? ¡Sí, bendito sea Dios! Él puede hacerlo, y lo hará.

Dios no solo lo reclama y lo obra, sino que lo acepta cuando se lo llevamos.

DIOS ACEPTA TU ENTREGA

Dios lo obra en el secreto de nuestro corazón; Dios nos insta por el poder oculto de Su Espíritu Santo a venir y hablar, y tenemos que traer y rendirle a Él esa entrega absoluta. Pero recuerda, cuando vengas y traigas a Dios esa entrega absoluta, puede que, en lo que respecta a tus sentimientos o tu conciencia, sea una cosa de gran imperfección. Puedes dudar y vacilar y decir:

"¿Es absoluto?"

Pero, oh, recuerda que había una vez un hombre a quien Cristo le había dicho: "Si puedes creer, al que cree todo le es posible" (Marcos 9:23). Y su corazón tuvo miedo, y clamó: "Señor, creo, ayuda mi incredulidad" (Marcos 9:24).

Esa fue una fe que triunfó sobre Satanás, y el espíritu maligno fue expulsado. Y si vienes y dices: "Señor, me entrego en absoluta entrega a mi Dios", aunque lo hagas con el corazón tembloroso y con la conciencia: "No siento el poder. No siento la determinación. No siento la seguridad", tendrá éxito. No temas, sino ven, tal como eres. Incluso en medio de tu temblor, el poder del Espíritu Santo obrará.

¿Aún no habéis aprendido la lección de que el Espíritu Santo obra con gran poder, mientras que del lado humano todo parece débil? Mira al Señor Jesucristo en Getsemaní. Leemos que Él, "mediante el Espíritu eterno" (Hebreos 9:14), se ofreció a sí mismo como sacrificio a Dios. El Espíritu Todopoderoso de Dios lo estaba capacitando para hacerlo. Y, sin embargo, ¡cuánta agonía, temor y gran dolor le sobrevinieron, y cómo oró! Externamente, no puedes ver ninguna señal del gran poder del Espíritu, pero el Espíritu de Dios estaba allí. Y aun así, mientras estés débil y luchando y temblando, con fe en la obra oculta del Espíritu de Dios no temas, sino ríndete.

Y cuando te rindas en entrega absoluta, que sea con la fe de que Dios ahora sí lo acepta. Ese es el gran punto, y eso es lo que a menudo se nos pasa por alto: que los creyentes deberían estar así ocupados con Dios en este asunto de la rendición. Ocúpate de Dios. Queremos recibir ayuda, cada uno de nosotros, para que en nuestra vida diaria Dios sea más claro para nosotros, Dios tenga el lugar correcto y sea "todo en todos". Y si vamos a tener eso a lo largo de la vida, comencemos ahora y apartemos la mirada de nosotros mismos y miremos hacia Dios. Que cada uno crea- Yo, pobre gusanito en la tierra y tembloroso hijo de Dios, lleno de fracaso, de pecado y de miedo, me inclino aquí, y nadie sabe lo que pasa por mi corazón. Simplemente digo: "Oh Dios, acepto Tus términos. He suplicado que me bendiga a mí mismo ya los demás. He aceptado Tus términos de entrega absoluta". Mientras tu corazón dice que en profundo silencio, recuerda que hay un Dios presente que toma nota de ello, y lo escribe en Su libro. Hay un Dios presente que en ese mismo momento toma posesión de ti. Puede que no lo sientas, puede que no te des cuenta, pero Dios toma posesión si confías en Él. Dios no solo lo reclama y lo obra y lo acepta cuando lo traigo, sino que Dios lo mantiene.

DIOS MANTIENE TU ENTREGA

Esa es la gran dificultad con muchos. La gente dice: "Muchas veces me he emocionado en una reunión o en una convención, y me he consagrado a Dios.
Pero ha pasado. Sé que puede durar una semana o un mes, pero se desvanece. Después de un tiempo todo se ha ido".
¡Pero escucha! Es porque no creen lo que ahora les voy a decir y recordar. Cuando Dios ha comenzado la obra de entrega absoluta en ti, y cuando Dios ha aceptado tu entrega, entonces Dios se considera obligado a cuidarla y guardarla.

¿Creerás eso?

En este asunto de la entrega están: Dios y 1-1 un gusano, Dios el eterno y omnipotente Jehová. Gusano, ¿tendrás miedo ahora de confiarte a este Dios poderoso? Dios está dispuesto. ¿No crees que Él puede guardarte continuamente, día a día y momento a momento?
Momento a momento me mantengo en Su amor; Momento a momento tengo vida desde arriba.

Si Dios permite que el sol brille sobre ti momento a momento, sin interrupción, ¿no permitirá Dios que su vida brille sobre ti en cada momento? ¿Y por qué no lo has experimentado? Porque no has confiado en Dios para ello, y no te entregas absolutamente a Dios en esa confianza.

Una vida de entrega absoluta tiene sus dificultades. No lo niego. Sí, tiene algo mucho más que dificultades: es una vida que para los hombres es absolutamente imposible. Pero por la gracia de Dios, por el poder de Dios, por el poder del Espíritu Santo que habita en nosotros, es una vida a la que estamos destinados, y una vida que es posible para nosotros, ¡alabado sea Dios! Creamos que Dios lo mantendrá.

Algunos de ustedes han leído las palabras de ese anciano santo que, en su nonagésimo cumpleaños, habló de toda la bondad de Dios para con él, me refiero a George Muller. ¿Cuál dijo que creía que era el secreto de su felicidad y de toda la bendición que Dios le había dado? Dijo que creía que había dos razones. Una era que había sido capacitado por la gracia para mantener una buena conciencia ante Dios día tras día. La otra era que era un amante de la Palabra de Dios. Ah, sí, una buena conciencia es obediencia completa a Dios día a día, y comunión con Dios todos los días en Su Palabra y oración, eso es una vida de entrega absoluta.

Tal vida tiene dos lados: por un lado, entrega absoluta para trabajar lo que Dios quiere que hagas; por otro lado, dejar que Dios haga lo que quiere hacer.
Primero, hacer lo que Dios quiere que hagas.

Entregaos absolutamente a la voluntad de Dios. Sabes algo de esa voluntad; no es suficiente, lejos de todo. Pero di absolutamente al Señor Dios: "Por tu gracia deseo hacer tu voluntad en todo, en cada momento de cada día". Di: "Señor Dios, ni una palabra en mi lengua sino para Tu gloria. Ni un movimiento de mi temperamento sino para Tu gloria. Ni un afecto de amor u odio en mi corazón sino para Tu gloria, y de acuerdo a Tu bendita voluntad. "

Alguien dice: "¿Crees que eso es posible?"

Pregunto: ¿Qué te ha prometido Dios y qué puede hacer Dios para llenar una vasija absolutamente entregada a Él? Oh, Dios quiere bendecirte de una manera más allá de lo que esperas. Desde el principio, ni oído oyó, ni ojo vio, lo que Dios ha preparado para los que en él esperan (I Corintios 2:9). Dios ha preparado cosas inauditas, bendiciones mucho más maravillosas de lo que puedes imaginar, más poderosas de lo que puedes concebir. Son bendiciones divinas. Oh, di ahora:

"Me entrego absolutamente a Dios, a su voluntad, para hacer sólo lo que Dios quiere". Es Dios quien os capacitará para llevar a cabo la entrega.

Y, por otro lado, ven y di: "Me entrego absolutamente a Dios, para que Él obre en mí el querer y el hacer por Su buena voluntad, como Él ha prometido hacer".

Sí, el Dios viviente quiere obrar en Sus hijos de una manera que no podemos entender, pero que la Palabra de Dios ha revelado. Él quiere obrar en nosotros cada momento del día. Dios está dispuesto a mantener nuestra vida. Sólo que nuestra entrega absoluta sea la de una confianza sencilla, infantil e ilimitada.

DIOS BENDICE CUANDO TE RINDES

Esta entrega absoluta a Dios trae maravillosas bendiciones. Lo que Acab le dijo a su enemigo, el rey Ben-adad -"Señor mío, oh rey, conforme a tu palabra soy tuyo, y todo lo que tengo" ¿no lo diremos a nuestro Dios y Padre amoroso? Si lo decimos, la bendición de Dios vendrá sobre nosotros. Dios quiere que estemos separados del mundo. Estamos llamados a salir del mundo que odia a Dios. Salid por Dios, y decid: "Señor, cualquier cosa por Ti". Si dices eso con oración y hablas al oído de Dios, Él lo aceptará y te enseñará lo que significa.

Repito, Dios te bendecirá. Has estado orando por bendición. Pero recuerda, debe haber una rendición absoluta. En cada mesa de té lo ves. ¿Por qué se vierte té en esa taza? Porque está vacío y abandonado por el té. Pero póngale tinta, vinagre o vino, ¿y echarán el té en la vasija? ¿Y puede Dios llenarte, puede Dios bendecirte si no estás absolutamente rendido a Él? No puede. Creamos que Dios tiene maravillosas bendiciones para nosotros si nos ponemos de parte de Dios y decimos, ya sea con una voluntad temblorosa, pero con un corazón creyente:

"Oh Dios, acepto Tus demandas. Soy Tuyo y todo lo que tengo. Entrega absoluta es lo que mi alma Te cede por la gracia divina".

Es posible que no tengan sentimientos de rendición tan fuertes y claros como les gustaría tener, pero humíllense ante Sus ojos y reconozcan que han ofendido al Espíritu Santo por su propia voluntad, confianza en sí mismos y esfuerzo propio. Inclínate humildemente ante Él en la confesión de eso, y pídele que te rompa el corazón y te lleve al polvo ante Él. Luego, mientras te inclinas ante Él, simplemente acepta la enseñanza de Dios de que en tu carne "no mora el bien" (Romanos 7:18), y que nada te ayudará excepto otra vida que debe entrar. Debes negarte a ti mismo de una vez por todas. para todos. Negarse a sí mismo debe ser en todo momento el poder de su vida, y entonces Cristo entrará y tomará posesión de usted.

¿Cuándo fue entregado Pedro? ¿Cuándo se logró el cambio? El cambio comenzó con el llanto de Pedro, y el Espíritu Santo descendió y llenó su corazón.

Dios Padre ama darnos el poder del Espíritu. Tenemos el Espíritu de Dios morando dentro de nosotros. Venimos a Dios confesando eso, y alabando a Dios por ello, y sin embargo confesando cómo hemos ofendido al Espíritu. Y luego doblamos nuestras rodillas ante el Padre para pedirle que nos fortalezca con todo poder por el Espíritu en el hombre interior, y que nos llene con su gran poder. Y a medida que el Espíritu nos revela a Cristo, Cristo viene a vivir en nuestros corazones para siempre, y la vida propia es desechada.

Inclinémonos ante Dios con humildad, y en esa humildad confesemos ante Él el estado de toda la Iglesia. No hay palabras que puedan expresar el triste estado de la Iglesia de Cristo en la tierra. Ojalá tuviera palabras para expresar lo que a veces siento al respecto. Solo piensa en los cristianos que te rodean. No hablo de cristianos nominales, o de cristianos profesantes, pero hablo de cientos y miles de cristianos honestos y fervientes que no están viviendo una vida en el poder de Dios o para Su gloria. ¡Tan poco poder, tan poca devoción o consagración a Dios, tan poca percepción de la verdad de que un cristiano es un hombre totalmente entregado a la voluntad de Dios! Oh, queremos confesar los pecados del pueblo de Dios que nos rodea y humillarnos.

Somos miembros de ese cuerpo enfermizo. La enfermedad del cuerpo nos estorbará y nos quebrará, a menos que vengamos a Dios. Debemos, en confesión, separarnos de la sociedad con la mundanalidad, con frialdad hacia los demás. Debemos entregarnos para ser entera y totalmente para Dios.

¡Cuánta obra cristiana se está haciendo en el espíritu de la carne y en el poder del yo! ¡Cuánto trabajo, día tras día, en el que la energía humana, nuestra voluntad y nuestro pensamiento sobre el trabajo, se manifiesta continuamente, y en el que hay poca espera en Dios y en el poder del Espíritu Santo! Hagamos una confesión. Pero al confesar el estado de la Iglesia, y la debilidad y pecaminosidad del trabajo de Dios entre nosotros, volvamos a nosotros mismos. ¿Quién hay que anhele verdaderamente ser librado del poder de la vida propia, que reconozca verdaderamente que es el poder del yo y de la carne, y que esté dispuesto a echarlo todo a los pies de Cristo? Hay liberación.

Escuché de uno que había sido un cristiano ferviente y que habló sobre el pensamiento "cruel" de la separación y la muerte. Pero tú no piensas eso, ¿verdad? ¿Qué debemos pensar de la separación y la muerte? Esta muerte fue el camino a la gloria de Cristo. Por el gozo puesto delante de Él, soportó la cruz. La cruz fue el lugar de nacimiento de Su gloria eterna. ¿Amas a Cristo? ¿Anhelas estar en Cristo y, sin embargo, no ser como Él? Sea la muerte para vosotros lo más deseable en la tierra, la muerte a vosotros mismos, y la comunión con Cristo. Separación: ¿crees que es difícil ser llamado a ser completamente libre del mundo, y por esa separación estar unido a Dios y su amor, por la separación estar preparado para vivir y caminar con Dios todos los días? Seguramente uno debería decir: "Cualquier cosa que me lleve a la separación, a la muerte, para una vida de plena comunión con Dios y Cristo".

Ven y arroja esta vida propia y carnal a los pies de Jesús. Entonces confía en Él. No os preocupéis de tratar de entender todo acerca de esto, sino venid con la fe viva de que Cristo entrará en vosotros con el poder de Su muerte y el poder de su vida. Entonces el Espíritu Santo traerá a Cristo entero, Cristo crucificado, resucitado y vivo en gloria, a tu corazón.

Entrega Absoluta - Capítulo 2 "EL FRUTO DEL ESPÍRITU ES EL AMOR"

Quiero ver el hecho de una vida llena del Espíritu Santo más desde el lado práctico. Quiero mostrar cómo esta vida se revelará en nuestro andar y conducta diarios.

Según el Antiguo Testamento, usted sabe que el Espíritu Santo a menudo venía sobre los hombres como un Espíritu divino de revelación para revelar los misterios de Dios, o para poder hacer la obra de Dios. Pero Él no habitó en ellos entonces. Ahora, muchos solo quieren el don del Antiguo Testamento de poder para trabajar. Pero saben muy poco del don del Nuevo Testamento del Espíritu que mora en nosotros, animando y renovando toda la vida. Cuando Dios da el Espíritu Santo, Su gran objetivo es la formación de un carácter santo. Es un don de una mente santa y una disposición espiritual, y lo que necesitamos, por encima de todo, es decir:

"Debo tener el Espíritu Santo santificando toda mi vida interior si realmente voy a vivir para la gloria de Dios".
Se podría decir que cuando Cristo prometió el Espíritu a los discípulos, lo hizo para que tuvieran poder para ser testigos. Cierto, pero luego recibieron el Espíritu Santo con tal poder y realidad celestiales que Él tomó posesión de todo su ser de inmediato y los capacitó como hombres santos para hacer la obra con el poder que tenían para hacerla. Cristo habló de poder a los discípulos, pero fue el Espíritu que llenó todo su ser el que obró el poder.

Ahora deseo detenerme en el pasaje que se encuentra en Gálatas 5:22: "El fruto del Espíritu es amor".

Leemos que "El cumplimiento de la ley es el amor'" (Romanos 13:10), y mi deseo es hablar del amor como fruto del Espíritu con un doble objeto. Una es que esta palabra sea un reflector en nuestros corazones y nos dé una prueba para probar todos nuestros pensamientos acerca del Espíritu Santo y toda nuestra experiencia de la vida santa. Probémonos con esta palabra. ¿Ha sido este nuestro hábito diario, buscar ser llenos del Espíritu Santo como Espíritu de amor? "El fruto del Espíritu es amor". ¿Ha sido nuestra experiencia que cuanto más tenemos del Espíritu Santo, más amorosos nos volvemos? Al reclamar el Espíritu Santo, debemos hacer de este el primer objeto de nuestra expectativa. El Espíritu Santo viene como un Espíritu de amor.

¡Oh, si esto fuera cierto en la Iglesia de Cristo, cuán diferente sería su estado! Que Dios nos ayude a captar esta sencilla verdad celestial de que el fruto del Espíritu es un amor que se manifiesta en la vida. Así como el Espíritu Santo toma posesión real de la vida, el corazón se llenará de amor real, divino y universal.

Una de las grandes causas por las que Dios no puede bendecir a Su Iglesia es la falta de amor. Cuando el cuerpo está dividido, no puede haber fuerza. En la época de sus grandes guerras de religión, cuando Holanda se destacó tan noblemente contra España, uno de sus lemas fue: "La unión hace la fuerza". Solo cuando el pueblo de Dios se mantenga como un solo cuerpo, uno ante Dios en la comunión del amor, uno hacia el otro en profundo afecto, uno ante el mundo en un amor que el mundo pueda ver, solo entonces tendrán poder para obtener la bendición que piden de Dios. Recuerda que si un vaso que debería ser un todo se rompe en muchos pedazos, no se puede llenar. Puedes tomar una parte de la vasija y sumergir un poco de agua en ella, pero si quieres que la vasija esté llena, la vasija debe estar entera.

Eso es literalmente cierto de la Iglesia de Cristo. Y si hay algo por lo que todavía debemos orar, es esto: Señor, derrítenos en uno por el poder del Espíritu Santo. Que el Espíritu Santo, que en Pentecostés hizo a todos un solo corazón y una sola alma, haga su bendita obra entre nosotros. Alabado sea Dios, podemos amarnos unos a otros en un amor divino, porque "el fruto del Espíritu es amor". Entréguense al amor y vendrá el Espíritu Santo; Recibid el Espíritu, y Él os enseñará a amar más.

DIOS ES AMOR

Ahora bien, ¿por qué el fruto del Espíritu es el amor? Porque Dios es amor (I Juan 4:8). ¿Y qué significa eso?

Es la misma naturaleza y ser de Dios deleitarse en comunicarse a Sí mismo. Dios no tiene egoísmo; Dios no guarda nada para sí mismo. La naturaleza de Dios es estar siempre dando. Lo ves, en el sol y la luna y las estrellas, en cada flor, en cada pájaro en el aire, en cada pez en el mar. Dios comunica la vida a sus criaturas. Y los ángeles alrededor de su trono, los serafines y querubines que son llamas de fuego, ¿de dónde viene su gloria? Viene de Dios porque es amor, y les imparte parte de su resplandor y de su bienaventuranza. Y nosotros, sus hijos redimidos, Dios se deleita en derramar su amor en nosotros. ¿Por qué? Porque, como dije, Dios no guarda nada para Sí mismo. Desde la eternidad Dios tuvo a su Hijo unigénito, y el Padre le dio todas las cosas, y nada de lo que Dios tenía le fue retenido.

"Dios es amor."

Uno de los antiguos padres de la Iglesia decía que no podemos comprender mejor a la Trinidad que como revelación del amor divino, el Padre, el amoroso, la Fuente del amor, el Hijo, el amado, el Depósito del amor, en quien el amor fue derramado. y el Espíritu, el amor vivo que unió a ambos y luego se desbordó en este mundo. El Espíritu de Pentecostés, el Espíritu del Padre y el Espíritu del Hijo es amor. Y cuando el Espíritu Santo venga a nosotros ya los demás hombres, ¿será menos Espíritu de amor de lo que es en Dios? No puede ser; Él no puede cambiar Su naturaleza. El Espíritu de Dios es amor, y "el fruto del Espíritu es amor".

LA HUMANIDAD NECESITA AMOR

¿Por qué es así? Esa fue la única gran necesidad de la humanidad, eso fue lo que vino a cumplir la redención de Cristo: restaurar el amor a este mundo.

Cuando el hombre pecó, ¿por qué pecó? El egoísmo triunfó: se buscó a sí mismo en lugar de a Dios. ¡Y solo mira! Adán inmediatamente comienza a acusar a la mujer de haberlo descarriado. El amor a Dios se había ido; se perdió el amor al hombre. Mira otra vez: de los dos primeros hijos de Adán, uno se convierte en asesino de su hermano.

¿No nos enseña eso que el pecado le había robado al mundo el amor? ¡Ay! ¡Qué prueba ha sido la historia del mundo de que el amor se ha perdido! Puede haber habido hermosos ejemplos de amor incluso entre los paganos, pero solo como un pequeño remanente de lo que se había perdido. Una de las peores cosas que el pecado hizo por el hombre fue hacerlo egoísta, porque el egoísmo no puede amar.

El Señor Jesucristo descendió del cielo como el Hijo del amor de Dios. "De tal manera amó Dios al mundo que dio a su Hijo unigénito" (Juan 3:16). El Hijo de Dios vino a mostrar lo que es el amor, y vivió una vida de amor aquí en la tierra en comunión con Sus discípulos, en compasión por los pobres y miserables, en amor incluso por Sus enemigos. Y, Él murió la muerte del amor. Y cuando volvió al cielo, ¿a quién envió? El Espíritu de amor, para venir y desterrar el egoísmo, la envidia y el orgullo, y llevar el amor de Dios al corazón de los hombres. "El fruto del Espíritu es amor".

¿Y cuál fue la preparación para la promesa del Espíritu Santo? Conoces esa promesa que se encuentra en el capítulo catorce del Evangelio de Juan. Pero recuerda lo que precede en el capítulo trece. Antes de que Cristo prometiera el Espíritu Santo, dio un mandamiento nuevo, y acerca de ese mandamiento nuevo dijo cosas maravillosas. Una cosa era: "Así como yo os he amado, amaos los unos a los otros". Para ellos, Su amor moribundo sería la única ley de conducta y comunión entre ellos. ¡Qué mensaje para esos pescadores, para esos hombres llenos de orgullo y egoísmo! "Aprended a amaros unos a otros", dijo Cristo, "como yo os he amado". Y por la gracia de Dios lo hicieron. Cuando llegó Pentecostés, eran de un solo corazón y una sola alma. Cristo lo hizo por ellos.

Y ahora nos llama a vivir y caminar en amor. Él exige que aunque un hombre te odie, aún así lo ames. El verdadero amor no puede ser conquistado por nada en el cielo o en la tierra. Cuanto más odio hay, más triunfa el amor a través de todo y muestra su verdadera naturaleza. Este es el amor que Cristo mandó a sus discípulos a ejercer.

¿Qué más dijo? "En esto conocerán todos que sois mis discípulos, si tuviereis amor los unos con los otros" (Juan 13:35).

Todos ustedes saben lo que es llevar una insignia. Y Cristo dijo a sus discípulos en efecto: "Os doy una insignia, y esa insignia es el amor. Esa será vuestra marca. Es lo único en el cielo o en la tierra por la cual los hombres pueden conocerme". ¿No comenzamos a temer que el amor haya huido de la tierra? Eso si le preguntáramos al mundo: "¿Nos has visto llevar la insignia del amor?". el mundo diría: "No, lo que hemos oído de la Iglesia de Cristo es que no hay un lugar donde no haya peleas y separación". Pidámosle a Dios con un solo corazón que podamos llevar la insignia del amor de Jesús. Dios es capaz de darlo.

EL AMOR VENCE AL EGOÍSMO

"El fruto del Espíritu es amor". ¿Por qué? Porque nada más que el amor puede expulsar y vencer nuestro egoísmo.

El yo es la gran maldición, ya sea en su relación con Dios, o con nuestros semejantes en general, o con los hermanos cristianos, pensando en nosotros mismos y buscando lo nuestro. El yo es nuestra mayor maldición. Pero, alabado sea Dios, Cristo vino a redimirnos de nosotros mismos. A veces hablamos de la liberación de la vida propia y agradecemos a Dios por cada palabra que se puede decir al respecto para ayudarnos, pero me temo que algunas personas piensan que la liberación de la vida propia significa que ahora ya no van a tener cualquier. problemas para servir a Dios. Olvidan que la liberación de la vida propia significa ser un vaso rebosante de amor para todos durante todo el día.

Y ahí tienes la razón por la que muchas personas oran por el poder del Espíritu Santo. Consiguen algo, pero ¡oh, tan poco! porque oraron por poder para obrar, y poder por bendición, pero no han orado por poder para liberación total de sí mismos. Eso significa no solo el yo justo en comunión con Dios, sino el yo sin amor en comunión con los hombres. Y hay liberación. "El fruto del Espíritu es amor". Os traigo la gloriosa promesa de Cristo de que Él es capaz de llenar de amor nuestros corazones.

Muchos de nosotros nos esforzamos a veces por amar. Tratamos de obligarnos a amar, y no digo que eso esté mal; es mejor que nada. Pero el final siempre es muy triste. "Fallo continuamente", muchos deben confesar. ¿Y cuál es la razón? La razón es simplemente esta: nunca han aprendido a creer y aceptar la verdad de que el Espíritu Santo puede derramar el amor de Dios en su corazón. ¡Ese bendito texto a menudo ha sido limitado! - "El amor de Dios ha sido derramado en nuestros corazones" (Romanos 5:5). A menudo se ha entendido en este sentido: significa el amor de Dios para mí. ¡Ay, qué limitación! Eso es solo el comienzo. El amor de Dios es siempre el amor de Dios en su totalidad, en su plenitud como poder interior. Es un amor de Dios por mí que salta hacia Él en amor y se desborda hacia mis semejantes en amor: el amor de Dios por mí, y mi amor por Dios, y mi amor por mis semejantes. Los tres son uno; no puedes separarlos.

Cree que el amor de Dios puede ser derramado en tu corazón y mente para que podamos amar todo el día. "¡Ah!" decís, "¡qué poco he entendido eso!"
¿Por qué un cordero es siempre manso? Porque esa es su naturaleza. ¿Le cuesta algún trabajo al cordero ser manso? ¿No por qué no? Es tan hermoso y tierno. ¿Tiene un cordero que estudiar para ser manso? No. ¿Por qué es tan fácil? es su naturaleza. Y un lobo, ¿por qué no le cuesta a un lobo ser cruel y poner sus colmillos en el pobre cordero o en la oveja? Porque esa es su naturaleza. No tiene que hacer acopio de valor; la naturaleza de los lobos es. allá.

¿Y cómo puedo aprender a amar? No puedo aprender a amar hasta que el Espíritu de Dios llene mi corazón con el amor de Dios, y empiezo a anhelar el amor de Dios en un sentido muy diferente al que lo he buscado tan egoístamente: como un consuelo, un gozo, una felicidad y un placer para mi. No lo aprenderé hasta que me dé cuenta de que "Dios es amor", y lo reclamaré y lo recibiré como un poder interior para el autosacrificio. No amaré hasta que empiece a ver que mi gloria, mi bienaventuranza, es ser como Dios y como Cristo, en dar todo en mí por mis semejantes. ¡Que Dios nos enseñe esto! ¡Oh, la divina bienaventuranza del amor con que el Espíritu Santo puede llenar nuestros corazones! "El fruto del Espíritu es amor".

EL AMOR ES UN REGALO DE DIOS

623

Una vez más pregunto, ¿Por qué debe ser así? Y mi respuesta es: Sin esto no podemos vivir la vida cotidiana del amor.

Cuántas veces, cuando hablamos de la vida consagrada, tenemos que hablar de temperamento, y la gente ha dicho a veces: "Haces demasiado el temperamento".

No creo que podamos darle demasiada importancia. Piensa por un momento en un reloj y en lo que significan sus manecillas. Las manecillas me dicen lo que hay dentro del reloj, y si veo que las manecillas se paran, o que las manecillas apuntan mal, o que el reloj va lento o rápido, digo que algo dentro del reloj no funciona bien. Y el temperamento es como la revelación que da el reloj de lo que hay dentro. El temperamento es una prueba de si el amor de Cristo está llenando el corazón o no. Cuántos hay a quienes les resulta más fácil ser santos y felices en la iglesia, o en la reunión de oración, o en el trabajo para el Señor, un trabajo diligente y ferviente, que en la vida diaria con esposa e hijos. ¡A cuántos les resulta más fácil ser santos y felices fuera del hogar que dentro de él! ¿Dónde está el amor de Dios? En Cristo. Dios ha preparado para nosotros una redención maravillosa en Cristo, y anhela hacer algo sobrenatural de nosotros. ¿Hemos aprendido a anhelarlo, pedirlo y esperarlo en su plenitud?

Luego está la lengua! A veces hablamos de la lengua cuando hablamos de una vida mejor y una vida tranquila, pero piensen en la libertad que muchos cristianos dan a sus lenguas. Ellos dicen:

"Tengo derecho a pensar lo que quiera".

Cuando hablan unos de otros, cuando hablan de su prójimo, cuando hablan de otros cristianos, ¡cuántas veces hay comentarios punzantes! Dios me guarde de decir algo que no sea amoroso. Dios cierra mi boca si no debo hablar con tierno amor. Pero lo que estoy diciendo es un hecho. ¡Cuán a menudo se encuentran críticas agudas, juicios agudos,

opiniones precipitadas, palabras sin amor, desprecio mutuo secreto, condenación mutua mutua entre los cristianos que están unidos en el trabajo! Oh, así como el amor de una madre cubre a sus hijos y se deleita en ellos y tiene la más tierna compasión con sus debilidades o fracasos, así debe haber en el corazón de cada creyente un amor maternal hacia cada hermano y hermana en Cristo. ¿Te has apuntado a eso? ¿Lo has buscado? ¿Alguna vez has suplicado por ello? Jesucristo dijo: "Como yo os he amado que también vosotros os amáis a
otro" (Juan 13:34). Y no lo puso entre los otros mandamientos, sino que dijo en efecto: "Ese es un mandamiento nuevo, el único mandamiento: Amaos los unos a los otros como yo os he amado" (Juan 13: 34).

Es en nuestra vida y conducta diarias que el fruto del Espíritu es el amor. De ahí provienen todas las gracias y virtudes en las que se manifiesta el amor: alegría, paz, longanimidad, mansedumbre, bondad, sin brusquedad ni dureza en el tono, sin crueldad ni egoísmo, mansedumbre ante Dios y los hombres. Ves que todas estas son las virtudes más suaves. A menudo he pensado al leer esas palabras en Colosenses: "Vestíos, pues, como escogidos de Dios, santos y amados, de entrañable misericordia, de bondad, de humildad, de mansedumbre, de paciencia" (Colosenses 3:12), que si Si hubiéramos escrito esto, deberíamos haber puesto en primer plano las virtudes fuertes, como el celo, el coraje y la diligencia. Pero necesitamos ver cómo las virtudes más suaves y tiernas están especialmente conectadas con la dependencia del Espíritu Santo. Estas son ciertamente gracias celestiales. Nunca fueron encontrados en el mundo pagano. Se necesitaba que Cristo viniera del cielo para enseñarnos. Tu bienaventuranza es la longanimidad, la mansedumbre, la bondad; tu gloria es la humildad ante Dios. El fruto del Espíritu que Él trajo del cielo del corazón de Cristo crucificado, y que Él da en nuestro corazón, es ante todo amor.

Usted sabe lo que Juan dice: "Nadie ha visto a Dios jamás. Si nos amamos unos a otros, Dios habita en nosotros" (I Juan 4:12). Es decir, no puedo ver a Dios, pero en compensación puedo ver a mi hermano, y si lo amo, Dios habita en mí. ¿Es eso realmente cierto? ¿Que no puedo ver a Dios, sino que debo amar a mi hermano, y Dios morará en mí? Amar a mi hermano es el camino a la verdadera comunión con Dios. Ustedes saben lo que Juan dice además en esa prueba más solemne: "Si alguno dice: Yo amo a Dios, y aborrece a su hermano, es mentiroso; porque el que no ama a su hermano a quien ha visto, ¿cómo puede amar a Dios a quien no ha visto?" (1 Juan 4:20). Hay un hermano, un hombre muy desagradable. Te preocupa cada vez que te encuentras con él. Él es de una disposición totalmente opuesta a la tuya. Eres un hombre de negocios cuidadoso y tienes que asociarte con él en tu negocio. Es muy desordenado, poco profesional. Tu dices:

"No puedo amarlo."

Oh amigo, no has aprendido la lección que Cristo quiso enseñarte sobre todas las cosas. Deja que un hombre sea lo que quiera, debes amarlo. El amor debe ser fruto del Espíritu todo el día y todos los días. ¡Sí, escucha! Si no amas a ese hombre desagradable a quien has visto, ¿cómo puedes amar a Dios a quien no has visto? Puedes engañarte a ti mismo con hermosos pensamientos sobre amar a Dios. Debes probar tu amor a Dios por tu amor a tu hermano; ese es el estándar por el cual Dios juzgará tu amor por Él. Si el amor de Dios está en tu corazón, amarás a tu hermano. El fruto del Espíritu es el amor.

¿Y cuál es la razón por la que el Espíritu Santo de Dios no puede venir con poder? ¿No es posible?

Recuerdas la comparación que usé al hablar del recipiente. Puedo sumergir un poco de agua en un recipiente pequeño, pero si un recipiente debe estar lleno, debe estar intacto. Y los hijos de Dios, dondequiera que se reúnan, a cualquier iglesia, misión o sociedad a la que pertenezcan, deben amarse unos a otros intensamente, o el Espíritu de Dios no puede hacer Su obra. Hablamos de entristecer al Espíritu de Dios por la mundanalidad y el ritualismo y la formalidad y el error y la indiferencia. Pero, les digo, lo único que sobre todo aflige al Espíritu de Dios es esta falta de amor. Que cada corazón se busque a sí mismo y pida que Dios lo busque.

NUESTRO AMOR MUESTRA EL PODER DE DIOS

¿Por qué se nos enseña que "el fruto del Espíritu es amor"? Porque el Espíritu de Dios ha venido para hacer de nuestra vida diaria una exhibición del poder divino y una revelación de lo que Dios puede hacer por sus hijos.

En los capítulos segundo y cuarto de Hechos, leemos que los discípulos eran de un solo corazón y de una sola alma. Durante los tres años que habían caminado con Cristo, nunca habían estado en ese espíritu. Toda la enseñanza de Cristo no pudo hacerlos de un solo corazón y una sola alma. Pero el Espíritu Santo vino del cielo y derramó el amor de Dios en sus corazones, y fueron de un solo corazón y una sola alma. El mismo Espíritu Santo que trajo el amor del cielo a sus corazones también debe llenarnos. Nada menos servirá. Tal como lo hizo Cristo, uno podría predicar el amor durante tres años con la lengua de un ángel, pero eso no enseñaría a ningún hombre a amar a menos que el poder del Espíritu Santo viniera sobre él para traer el amor del cielo a su corazón.

Piensa en la Iglesia en general. ¡Qué divisiones! Piensa en los diferentes cuerpos. Tomemos la cuestión de la santidad, tomemos la cuestión de la sangre purificadora, tomemos la cuestión del bautismo del Espíritu, ¡cuántas diferencias causan entre queridos creyentes tales preguntas! Que haya diferencias de opinión no me preocupa. No tenemos la misma constitución, temperamento y mente. ¡Pero con qué frecuencia el odio, la amargura, el desprecio, la separación y la falta de amor son causados por las verdades más santas de la Palabra de Dios! Nuestras doctrinas, nuestros credos, han sido más importantes que el amor. A menudo pensamos que somos valientes por la verdad y olvidamos el mandato de Dios de decir la verdad en amor. Y así fue en el tiempo de la Reforma entre las iglesias luterana y calvinista. ¡Qué amargura había respecto a la comunión, que debía ser el vínculo de unión entre todos los creyentes! Y así, a través de las edades, las verdades más queridas de Dios se han convertido en montañas que nos han separado.

Si queremos orar con poder, y si queremos esperar que el Espíritu Santo descienda con poder, y si realmente queremos que Dios derrame Su Espíritu, debemos hacer un pacto con Dios de que nos amaremos unos a otros con un amor celestial.

Estas listo para eso? Sólo ese es verdadero amor que es lo suficientemente grande como para abarcar a todos los hijos de Dios, a los más indignos de amor, desagradables, indignos, insoportables y difíciles. Si mi voto de entrega absoluta a Dios fue sincero, entonces debe significar entrega absoluta al amor divino para llenarme. Debo ser un servidor del amor para amar a cada hijo de Dios que me rodea. "El fruto del Espíritu es amor".

Oh, Dios hizo algo maravilloso cuando le dio a Cristo, a Su diestra, el Espíritu Santo para que descendiera del corazón del Padre y Su amor eterno. ¡Y cómo hemos degradado al Espíritu Santo a un mero poder por el cual tenemos que hacer nuestro trabajo! ¡Dios nos perdone! ¡Oh, que el Espíritu Santo sea tenido en honor como un poder para llenarnos con la misma vida y naturaleza de Dios y de Cristo!

LA OBRA CRISTIANA REQUIERE AMOR

"El fruto del Espíritu es amor". Pregunto una vez más, ¿Por qué es así? Y llega la respuesta: Ese es el único poder en el que los cristianos realmente pueden hacer su trabajo. Sí, es amor lo que necesitamos. No solo queremos amor que nos una a los demás, sino que queremos un amor divino en nuestro trabajo por los perdidos que nos rodean. Oh, ¿no emprendemos a menudo una gran cantidad de trabajo, tal como los hombres emprenden el trabajo de la filantropía, por un espíritu natural de compasión por nuestros semejantes? ¿No emprendemos a menudo la obra cristiana porque somos nuestros ministros? o amigo nos llama a ello? ¿Y no hacemos muchas veces la obra cristiana con cierto celo pero sin haber tenido un bautismo de amor? La gente suele preguntar: "¿Qué es el bautismo de fuego?"

He respondido más de una vez: "No conozco fuego como el fuego de Dios, el fuego del amor eterno que consumió el sacrificio en el Calvario". El bautismo de amor es lo que la Iglesia necesita, y para conseguirlo debemos comenzar de inmediato a postrarnos ante Dios en confesión, y suplicar: "Señor, deja que el amor del cielo fluya hacia mi corazón. Estoy dando mi vida para orar y vivir como quien se ha entregado a sí mismo para que el amor eterno more en él y lo llene".

Ali, sí, si el amor de Dios estuviera en nuestros corazones, ¡qué diferencia haría! Hay cientos de creyentes que dicen: "Trabajo para Cristo, y siento que podría trabajar mucho más duro, pero no tengo el don. No sé cómo ni por dónde empezar. No sé qué puedo hacer".

Hermano, hermana, pedid a Dios que os bautice con el Espíritu del amor, y el amor encontrará su camino. El amor es un fuego que arderá a través de cada dificultad. Puede que seas una persona tímida, vacilante, que no puede hablar bien, pero el amor puede quemarlo todo. ¡Dios nos llena de amor! Lo necesitamos para nuestro trabajo.

Has leído muchas historias conmovedoras de amor expresado, y has dicho: ¡Qué hermoso! Escuché uno no hace mucho. Se le había pedido a una señora que hablara en un Hogar de Rescate donde había varias mujeres pobres. Al llegar allí y pasar junto a la ventana con la matrona, vio a una miserable sentada afuera, y preguntó:

"¿Quién es ese?"

La matrona respondió: "Ha estado treinta o cuarenta veces en la casa, y siempre se ha ido otra vez. No se puede hacer nada con ella, es tan baja y dura". Pero la señora dijo: "Ella debe entrar".

La matrona dijo entonces: "Te hemos estado esperando, y la compañía está reunida, y solo tienes una hora para la dirección".

La señora respondió: "No, esto tiene más importancia"; y salió afuera donde estaba sentada la mujer y dijo:

"Mi hermana, ¿qué pasa?"

"No soy tu hermana", fue la respuesta.

La señora le puso la mano encima y le dijo: "Sí, soy tu hermana y te amo"; y así habló hasta que el corazón de la pobre mujer se conmovió.

La conversación duró algún tiempo, y la compañía esperaba pacientemente. Finalmente, la dama llevó a la mujer a la habitación. Allí estaba la pobre, miserable, degradada criatura, llena de vergüenza. No quiso sentarse en una silla, sino que se sentó en un taburete al lado del asiento del orador, y dejó que se recostara contra ella, con sus brazos alrededor del cuello de la pobre mujer, mientras hablaba a la gente reunida. Y ese amor tocó el corazón de la mujer; había encontrado a alguien que la amaba de verdad, y ese amor le daba acceso al amor de Jesús.

¡Alabado sea el Señor! hay amor en la tierra en el corazón de los hijos de Dios; pero ¡oh, que hubiera más!

Oh Dios, bautiza con tierno amor a nuestros ministros, a nuestros misioneros, a nuestros lectores de la Biblia, a nuestros obreros ya nuestras asociaciones de jóvenes y señoritas. ¡Oh, que Dios comenzara con nosotros ahora, y nos bautizara con amor celestial!

EL AMOR INSPIRA LA INTERCESIÓN

Una vez más. Sólo el amor puede prepararnos para la obra de intercesión.

He dicho que el amor debe prepararnos para nuestro trabajo. ¿Sabes cuál es el trabajo más duro y más importante que hay que hacer por este mundo pecaminoso? Es la obra de intercesión, la obra de ir a Dios y tomarse el tiempo para aferrarse a Él.

Un hombre puede ser un cristiano ferviente, un ministro ferviente, y un hombre puede hacer el bien, pero ¡ay! cuántas veces tiene que confesar que sabe poco de lo que es quedarse con Dios. ¡Que Dios nos dé el gran don de un espíritu intercesor, un espíritu de oración y de súplica! Déjame pedirte en el nombre de Jesús que no dejes pasar un día sin orar por todos los santos y por todo el pueblo de Dios. Encuentro que hay cristianos que piensan poco en eso. Encuentro que hay uniones de oración donde oran por los miembros, y no por todos los creyentes. Les ruego que tomen tiempo para orar por la Iglesia de Cristo. Es correcto orar por los paganos, como ya he dicho. Dios nos ayude a orar más por ellos. Es correcto orar por los misioneros y por la obra evangelizadora y por los inconversos. Pero Pablo no le dijo a la gente que orara por los paganos o los inconversos. Pablo les dijo que oraran por los creyentes. Haz de esta tu primera oración todos los días: "Señor, bendice a tus santos en todas partes".

El estado de la Iglesia de Cristo es indescriptiblemente bajo. Oren por el pueblo de Dios para que Él los visite, oren unos por otros, oren por todos los creyentes que están tratando de trabajar para Dios. Deja que el amor llene tu corazón. Pídele a Cristo que derrame amor fresco en ti todos los días. Trate de captar, por el Espíritu Santo de Dios: Estoy apartado para el Espíritu Santo, y el fruto del Espíritu es amor. Dios nos ayude a entenderlo.

Quiera Dios que aprendamos día a día a esperar más tranquilamente en Él. No debemos esperar en Dios solo para nosotros mismos, o el poder para hacerlo pronto se perderá. Pero debemos entregarnos al ministerio y al amor de intercesión, y orar más por el pueblo de Dios en general, por el pueblo de Dios que nos rodea, por el Espíritu de amor en nosotros y en ellos, y por la obra de Dios que somos. conectado con. La respuesta seguramente vendrá, y nuestra espera en Dios será una fuente de bendición y poder incalculables. "El fruto del Espíritu es amor".

¿Tienes una falta de amor que confesar ante Dios? Entonces haz la confesión y di delante de Él: "Oh Señor, mi falta de corazón, mi falta de amor, lo confieso". Y luego, al arrojar esa carencia a Sus pies, cree que la sangre te limpia, que Jesús viene en Su poder poderoso, limpiador y salvador para liberarte, y que Él te dará Su Espíritu Santo. "El Fruto del Espíritu es el amor".

Rendición Absoluta - Capítulo 3
SEPARADOS PARA EL ESPÍRITU SANTO

"Y había en la iglesia que estaba en Antioquía ciertos profetas y maestros; como Bernabé, y Simeón que se llamaba Níger, y Lucio de Cirene, y Manaén... y Saulo.
"Mientras ministraban al Señor y ayunaban, dijo el Espíritu Santo: Apartadme a Bernabé y a Saulo para la obra a que los he llamado.
"Y habiendo ayunado y orado, y les impusieron las manos, los despidieron. Y ellos, enviados por el Espíritu Santo, partieron hacia Seleucia" (Hechos 13:1-4).

En la historia de nuestro texto, encontramos algunos pensamientos preciosos que nos guían hacia lo que Dios quiere de nosotros y lo que Dios haría por nosotros. La gran lección de los versículos citados es esta: El Espíritu Santo es el director de la obra de Dios sobre la tierra. Y lo que debemos hacer si vamos a trabajar correctamente para Dios, y si Dios va a bendecir nuestro trabajo, es ver que estamos en una relación correcta con el Espíritu Santo. Debemos procurar que le demos el lugar de honor que le pertenece todos los días. En todo nuestro trabajo y (más aún) en toda nuestra vida privada e interior, el Espíritu Santo debe tener siempre el primer lugar. Permítanme señalarles algunos de los preciosos pensamientos que sugiere nuestro pasaje.

En primer lugar, vemos que Dios tiene sus propios planes con respecto a su Reino. Su iglesia en Antioquía había sido establecida. Dios tenía ciertos planes e intenciones con respecto a Asia y con respecto a Europa. Él los había concebido; eran suyas, y las dio a conocer a sus siervos.
Nuestro gran Comandante organiza todas las campañas, y Sus generales y oficiales no siempre conocen los grandes

planes. A menudo reciben órdenes selladas y tienen que esperar a que Él revele su contenido. Dios en el cielo tiene deseos y una voluntad con respecto a cualquier obra que deba hacerse, y la forma en que debe hacerse. Bienaventurado el hombre que recibe los secretos de Dios y trabaja bajo Él.

Hace algunos años, en Wellington, Sudáfrica, donde vivo, abrimos un Instituto Misionero, lo que allí se cuenta como un edificio hermoso y grande. En nuestros servicios de apertura, el director dijo algo que nunca olvidaré. Él comentó:

"El año pasado nos reunimos aquí para poner la primera piedra, ¿y qué había entonces para ver? Nada más que basura y piedras y ladrillos y ruinas de un viejo edificio que había sido derribado. Allí pusimos la primera piedra, y muy pocos Sabía qué era el edificio que se iba a levantar. Nadie lo conocía perfectamente en cada detalle, excepto un hombre, el arquitecto. En su mente estaba todo claro, y cuando el contratista, el albañil y el carpintero vinieron a hacer su trabajo, ellos recibieron sus órdenes de él. El trabajador más humilde tenía que ser obediente a las órdenes. La estructura se elevó, y este hermoso edificio ha sido completado. obra de la que sólo Dios sabe en qué ha de convertirse".

Pero Dios tiene a Sus obreros y Sus planes claramente trazados. Nuestra posición es esperar a que Dios nos comunique tanto de Su voluntad como sea necesario.

Simplemente tenemos que ser fieles en la obediencia, cumpliendo Sus órdenes. Dios tiene un plan para Su Iglesia en la tierra. ¡Pero Ay! con demasiada frecuencia hacemos nuestro propio plan. Pensamos que sabemos lo que debe hacerse. Primero le pedimos a Dios que bendiga nuestros débiles esfuerzos, en lugar de negarnos absolutamente a ir a menos que Dios vaya delante de nosotros. Dios ha planeado la obra y la extensión de Su Reino. Al Espíritu Santo se le ha encomendado esa obra: "La obra a que los he llamado".

Que Dios, por lo tanto, nos ayude a todos a tener miedo de tocar "el arca de Dios" (2 Samuel 6:6), a menos que seamos guiados por el Espíritu Santo.

Luego, el segundo pensamiento: Dios está dispuesto y es capaz de revelar a Sus siervos cuál es Su voluntad.

¡Sí, bendito sea Dios, las comunicaciones aún descienden del cielo! Mientras leemos aquí lo que dijo el Espíritu Santo, el Espíritu seguirá hablando a Su Iglesia ya Su pueblo. En estos últimos días, a menudo lo ha hecho. Él ha venido a los hombres individuales, y por Su divina enseñanza los ha conducido a campos de trabajo que otros al principio no podían entender ni aprobar. Los ha conducido por caminos y métodos que no atraían a la mayoría. Pero el Espíritu Santo todavía, en nuestro tiempo, enseña a su pueblo. Gracias a Dios, en nuestras sociedades misioneras extranjeras y en nuestras misiones domésticas, y en mil formas de trabajo, se conoce la guía del Espíritu Santo. Pero (todos estamos listos, creo, para confesar) Él es demasiado poco conocido. No hemos aprendido a esperar en Él lo suficiente, por lo que debemos hacer una declaración solemne ante Dios: Oh Dios, queremos esperar más en ti para que nos muestres tu voluntad.

No le pidas a Dios solo poder. Muchos cristianos tienen su propio plan de trabajo, pero Dios debe enviar el poder. El hombre obra en su propia voluntad, y Dios debe dar la gracia, la única razón por la que Dios a menudo da tan poca gracia y tan poco éxito. Pero tomemos todos nuestro lugar ante Dios y digamos:

"Lo que se hace en la voluntad de Dios, la fuerza de Dios no le será negada. Lo que se hace en la voluntad de Dios debe tener la poderosa bendición de Dios".

Y así, que nuestro primer deseo sea que se revele la voluntad de Dios.

Si me preguntas, ¿es algo fácil obtener estas comunicaciones del cielo y entenderlas? Puedo darte la respuesta. Es fácil para aquellos que están en la debida comunión con el cielo y que entienden el arte de esperar en Dios en oración. Cuantas veces preguntamos: ¿Cómo puede una persona conocer la voluntad de Dios? Y la gente quiere, cuando está perpleja, orar con mucho fervor para que Dios les responda de inmediato. Pero Dios solo puede revelar Su voluntad a un corazón humilde, tierno y vacío. Dios sólo puede revelar su voluntad en las perplejidades y dificultades especiales a un corazón que ha aprendido a obedecerle y honrarle fielmente en las cosas pequeñas y en la vida cotidiana.

Eso me lleva al tercer pensamiento: Note la disposición a la cual el Espíritu revela la voluntad de Dios.

¿Qué leemos aquí? Había un número de hombres ministrando al Señor y ayunando, y el Espíritu Santo vino y les habló. Algunas personas entienden este pasaje como lo harían en referencia a un comité misionero de nuestros días. Vemos que hay un campo abierto, y hemos tenido nuestras misiones en otros campos. Vamos a entrar en ese campo. Prácticamente hemos resuelto eso, y oramos al respecto. Pero la posición era muy diferente en esos días anteriores. Dudo que alguno de ellos pensara en Europa (porque más tarde el mismo Pablo trató de volver a Asia) hasta que la visión nocturna lo llamó por voluntad de Dios. Mira a esos hombres. Dios había hecho maravillas. Él había extendido la Iglesia a Antioquía, y había dado ricas y grandes bendiciones. Ahora, aquí estaban estos hombres ministrando al Señor, sirviéndole con oración y ayuno. Qué profunda convicción tienen: "Todo debe venir directamente del cielo. Estamos en comunión con el Señor resucitado; debemos tener una unión estrecha con Él, y de alguna manera Él nos hará saber lo que Él quiere". Y allí estaban, vacíos, ignorantes, impotentes, alegres y gozosos, pero profundamente humillados. "Oh Señor", parecen decir, "somos tus siervos, y en ayuno y oración te esperamos. ¿Cuál es tu voluntad para nosotros?"

¿No fue lo mismo con Pedro? Estaba en la azotea, ayunando y orando, y poco pensó en la visión y la orden de ir a Cesarea. Ignoraba cuál podía ser su trabajo.

Es en los corazones totalmente entregados al Señor Jesús, separándose del mundo, e incluso de los ejercicios religiosos ordinarios, y entregándose en intensa oración para mirar a su Señor, que se manifestará la voluntad celestial de Dios.

Sabes que la palabra ayuno aparece por segunda vez (en el tercer verso): "Ayunaron y oraron". Cuando oras, te encanta entrar en tu armario, de acuerdo con el mandato de Jesús, y cerrar la puerta. Dejas fuera los negocios, la compañía, el placer y cualquier cosa que pueda distraerte, y quieres estar a solas con Dios. Pero en cierto modo, incluso el mundo material te sigue allí. Tu debes comer. Estos hombres querían aislarse de las influencias de lo material y lo visible, y ayunaron. Lo que comían era simplemente suficiente para suplir las necesidades de la naturaleza. En la intensidad de sus almas, pensaron expresar su abandono de todo en la tierra en su ayuno ante Dios. Oh, que Dios nos dé esa intensidad de deseo, esa separación de todo, porque queremos esperar en Dios, que el Espíritu Santo nos revele la bendita voluntad de Dios.

El cuarto pensamiento: ¿Cuál es ahora la voluntad de Dios tal como la revela el Espíritu Santo? Está contenido en una frase: Separación para el Espíritu Santo. Esa es la nota clave del mensaje del cielo.

"Sepárenme a Bernabé y a Saulo para la obra a la cual los he llamado. La obra es mía y yo me preocupo por ella; y he escogido a estos hombres y los he llamado; y quiero que ustedes, que representan a la Iglesia de Cristo en la tierra, establezcan apartadlos para mí".

Mira este mensaje celestial en su doble aspecto. Los hombres debían ser apartados para el Espíritu Santo, y la Iglesia debía realizar esta obra de separación. El Espíritu Santo podía confiar en que estos hombres lo hicieran con el espíritu correcto. Allí estaban morando en comunión con los celestiales. El Espíritu Santo podría decirles: "Haced la obra de separar a estos hombres". Y estos eran los hombres que el Espíritu Santo había preparado, y Él podía decir de ellos: "Que me sean separados".

Aquí llegamos a la raíz misma, la vida misma de la necesidad de los obreros cristianos. La pregunta es: ¿Qué se necesita para que el poder de Dios descanse sobre nosotros con más fuerza? ¿Qué se necesita para que la bendición de Dios se derrame más abundantemente entre esa gente pobre, miserable y pecadora que perece entre quienes trabajamos? Y la respuesta del cielo es:

"Quiero hombres apartados para el Espíritu Santo".

¿Qué implica eso? Sabes que hay dos espíritus en la tierra. Cristo dijo, cuando habló del Espíritu Santo: "El mundo no puede recibirlo" (Juan 14:17). Pablo dijo: "No hemos recibido el espíritu del mundo, sino el Espíritu que es de Dios" (I Corintios 2:12). Esa es la gran necesidad de todo trabajador: la salida del espíritu del mundo y la entrada del Espíritu de Dios para tomar posesión de la vida interior y de todo el ser.

Estoy seguro de que hay obreros que a menudo claman a Dios para que el Espíritu Santo venga sobre ellos como un Espíritu de poder para su obra. Cuando sienten esa medida de poder y reciben bendiciones, agradecen a Dios por ello. Pero Dios quiere algo más y algo superior. Dios quiere que busquemos al Espíritu Santo como un Espíritu de poder en nuestro propio corazón y vida, para conquistarnos a nosotros mismos y echar fuera el pecado, y para forjar la bendita y hermosa imagen de Jesús en nosotros.

Hay una diferencia entre el poder del Espíritu como don y el poder del Espíritu para la gracia de una vida santa. Un hombre a menudo puede tener una medida del poder del Espíritu, pero si no hay una gran medida del Espíritu como el Espíritu de gracia y santidad, el defecto será evidente en su obra. Puede que se convierta en el medio de conversión, pero nunca ayudará a la gente a alcanzar un nivel superior de vida espiritual. Cuando fallezca, gran parte de su trabajo también podría desaparecer. Pero un hombre apartado para el Espíritu Santo es un hombre que se entrega a decir:

"Padre, que el Espíritu Santo tenga pleno dominio sobre mí, en mi hogar, en mi temperamento, en cada palabra de mi lengua, en cada pensamiento de mi corazón, en cada sentimiento hacia mis semejantes. Que el Espíritu Santo tenga total posesión."

¿Es ese el anhelo y el pacto de tu corazón con tu Dios: ser un hombre o una mujer separados y entregados al Espíritu Santo? Te pido que escuches la voz del cielo: "Sepárame", dijo el Espíritu Santo. Sí, separados para el Espíritu Santo. Que Dios conceda que la Palabra entre en lo más profundo de nuestro ser para escudriñarnos, y si descubrimos que no hemos salido completamente del mundo, si Dios nos revela que la vida propia, la voluntad propia, la exaltación propia son allí, humillémonos ante Él.

Hombre, mujer, hermano, hermana, eres un obrero apartado para el Espíritu Santo. ¿Es eso cierto? ¿Ha sido ese tu deseo anhelante? ¿Ha sido esa tu rendición? ¿Ha sido eso lo que has esperado por medio de la fe en el poder de nuestro Señor Jesús Resucitado y Todopoderoso? Si no, aquí está el llamado de la fe, y aquí está la llave de la bendición, separada para el Espíritu Santo. Dios escribe la palabra en nuestros corazones!

Dije que el Espíritu Santo le habló a esa iglesia como una iglesia capaz de hacer ese trabajo. El Espíritu Santo confió en ellos. Dios conceda que nuestras iglesias, nuestras sociedades misioneras y nuestros sindicatos de trabajadores, que todos nuestros directores y consejos y comités sean hombres y mujeres aptos para la obra de separar a los trabajadores para el Espíritu Santo. También podemos pedirle a Dios por eso.

Luego viene mi quinto pensamiento, y es este: Esta santa asociación con el Espíritu Santo en este trabajo se convierte en un asunto de conciencia y de acción.

Estos hombres, ¿qué hicieron? Separaron a Pablo y Bernabé, y luego está escrito de los dos que, siendo enviados por el Espíritu Santo, descendieron a Silica. ¡Ay, qué hermandad! El Espíritu Santo en el cielo haciendo parte de la obra, los hombres en la tierra haciendo la otra parte. Después de la ordenación de los hombres en la tierra, está escrito en la Palabra inspirada de Dios que fueron enviados por el Espíritu Santo.

Y vean cómo esta asociación llama a una nueva oración y ayuno. Llevaban algún tiempo ministrando al Señor y ayunando, quizás días. El Espíritu Santo habla, y tienen que hacer el trabajo y asociarse, y de inmediato se juntan para más oración y ayuno. Ese es el espíritu con el que obedecen el mandato de su Señor. Y eso nos enseña que no es solo al comienzo de nuestra obra cristiana, sino a lo largo de todo, que necesitamos tener nuestra fuerza en la oración. Si hay un pensamiento con respecto a la Iglesia de Cristo que a veces me viene con una tristeza abrumadora; si hay un pensamiento con respecto a mi propia vida del que me avergüenzo; si hay un pensamiento del cual siento que la Iglesia de Cristo no ha aceptado y no ha captado; si hay un pensamiento que me hace orar a Dios: "Oh, enséñanos por tu gracia, cosas nuevas" - es el maravilloso poder que la oración debe tener en el Reino. Nos hemos aprovechado tan poco de ello.

Todos hemos-leído la expresión de Christian en la gran obra de Bunyan, cuando descubrió que tenía en el pecho la llave que debía abrir la mazmorra. Tenemos la llave que puede abrir la mazmorra del ateísmo para nosotros. El Espíritu Santo, en cuyas manos Dios ha puesto la obra, ha sido llamado "el ejecutivo de la Santísima Trinidad". El Espíritu Santo no sólo tiene poder, sino que tiene el Espíritu de amor. Él está meditando sobre este mundo oscuro y cada esfera de trabajo en él, y está dispuesto a bendecir. ¿Y por qué no hay más bendición? Sólo puede haber una respuesta. No hemos honrado al Espíritu Santo como deberíamos haberlo hecho. ¿Hay alguien que pueda decir que eso no es cierto? ¿No está todo corazón reflexivo dispuesto a clamar: "Dios, perdóname por no haber honrado al Espíritu Santo como debí haberlo hecho, por haberlo entristecido, por haber permitido que el yo, la carne y mi propia voluntad obraran donde el ¡El Espíritu Santo debería haber sido honrado! Que Dios me perdone por haber permitido que el yo, la carne y la voluntad tengan el lugar que Dios quería que tuviera el Espíritu Santo".

¡Oh, el pecado es más grande de lo que sabemos! ¡Con razón hay tanta debilidad y fracaso en la Iglesia de Cristo!

Entrega Absoluta - Capítulo 4 EL ARREPENTIMIENTO DE PEDRO

"Entonces el Señor se volvió y miró a Pedro. Y Pedro se acordó de la palabra del Señor, que le había dicho: Antes que el gallo cante, me negarás tres veces. Y saliendo Pedro, lloró amargamente" (Lucas 22). :61, 62).

Ese fue el punto de inflexión en la vida de Pedro. Cristo le había dicho: "No puedes seguirme ahora" (Juan 13:36). Pedro no estaba en condiciones de seguir a Cristo, porque no había llegado al final de sí mismo. No se conocía a sí mismo, y por lo tanto no podía seguir a Cristo. Pero cuando salió y lloró amargamente, vino el gran cambio. Cristo le dijo anteriormente: "Cuando te hayas convertido, confirma a tus hermanos" (Lucas 22:32). Aquí está el punto donde Pedro se convirtió de sí mismo a Cristo.

Doy gracias a Dios por la historia de Pedro. No conozco a un hombre en la Biblia que nos dé mayor consuelo. Cuando miramos su carácter, tan lleno de fracasos, y lo que Cristo hizo de él por obra del Espíritu Santo, hay esperanza para cada uno de nosotros. Pero recuerda, antes de que Cristo pudiera llenar a Pedro con el Espíritu Santo y hacer de él un hombre nuevo, tuvo que salir y llorar amargamente; tuvo que ser humillado. Si queremos entender esto, creo que hay cuatro puntos que debemos mirar. Primero, miremos a Pedro, el discípulo devoto de Jesús; luego, a Pedro mientras vivía la vida del yo; luego, a Pedro en su arrepentimiento; y por último, en lo que Cristo hizo de Pedro por el Espíritu Santo.

PEDRO EL DISCÍPULO DEVOTO DE CRISTO

Cristo llamó a Pedro a dejar sus redes y seguirlo. Pedro lo hizo de inmediato, y después pudo decir con razón al Señor: "Nosotros lo hemos dejado todo y te hemos seguido" (Mateo 19:27).

Peter era un hombre de entrega absoluta; lo dejó todo para seguir a Jesús. Pedro también era un hombre de pronta obediencia. Recuerdas que Cristo le dijo: "Rema mar adentro, y echa las redes". Pedro, el pescador, sabía que allí no había peces, porque habían estado pescando toda la noche y no habían pescado nada; pero él dijo: "En tu palabra echaré la red" (Lucas 5:4,5). Se sometió a la palabra de Jesús. Además, era un hombre de gran fe. Cuando vio a Cristo caminando sobre el mar, dijo: "Señor, si eres tú, mándame ir a ti" (Mateo 14:-28). A la voz de Cristo, salió de la barca y caminó sobre el agua.

Y Pedro era un hombre de perspicacia espiritual. Cuando Cristo preguntó a los discípulos: "¿Quién decís que soy yo?" Pedro pudo responder: "Tú eres el Cristo, el Hijo del Dios viviente". Y Cristo dijo: "Bienaventurado eres, Simón hijo de Jonás, porque no te lo reveló la carne ni la sangre, sino mi Padre que está en los cielos" (Mateo 16:15-17). Y Cristo habló de él como el hombre roca, y de que tenía las llaves del Reino. Pedro era un hombre espléndido, un devoto discípulo de Jesús, y si viviera ahora, todos dirían que era un cristiano avanzado. Y, sin embargo, ¡cuánto faltaba en Pedro!

PEDRO VIVIENDO LA VIDA DE UNO MISMO

Recuerdas que poco después de que Cristo le dijera: "No te lo reveló carne ni sangre, sino mi Padre que está en los cielos", Cristo comenzó a hablar de sus sufrimientos, y Pedro se atrevió a decir: "Lejos sea de ti, Señor; esto no te sucederá a ti". Entonces Cristo tuvo que decir: "Apártate de mí, Satanás, porque no te agradan las cosas que son de Dios, sino las que son de los hombres" (Mateo 16:22-23).

Estaba Pedro en su obstinación, confiando en su propia sabiduría, y en realidad prohibiendo a Cristo que fuera y muriera. De donde vino eso? Pedro confiaba en sí mismo y en sus propios pensamientos acerca de las cosas divinas. Vemos más adelante, más de una vez, que los discípulos cuestionaron quién debería ser el mayor entre ellos. Peter era uno de ellos, y pensó que tenía derecho al primer lugar. Buscó su propio honor por encima de los demás. La vida del yo era fuerte en Pedro. Había dejado sus botes y sus redes, pero no su antiguo yo.

Cuando Cristo le habló de sus sufrimientos y le dijo: "Aléjate de mí, Satanás", siguió diciendo: "Si alguno quiere venir en pos de mí, niéguese a sí mismo, tome su cruz y sígueme" (Mateo 16:24). Ningún hombre puede seguirlo a menos que haga eso. El yo debe ser completamente negado. ¿Qué significa eso? Cuando Pedro negó a Cristo, leemos que dijo tres veces: "No lo conozco" (Lucas 22:57). En otras palabras, dijo: "No tengo nada que ver con Él; Él y yo no somos amigos. Niego tener ninguna conexión con Él". Cristo le dijo a Pedro que debía negarse a sí mismo. El yo debe ser ignorado y todas sus pretensiones rechazadas. Esa es la raíz del verdadero discipulado. Pero Pedro no lo entendió y no pudo obedecerlo. ¿Y que pasó? Cuando llegó la última noche, Cristo le dijo:

"Antes que el gallo cante dos veces, me negarás tres veces" (Marcos 14:30).

Pero con confianza en sí mismo, Pedro dijo: "Aunque todos se escandalicen, no lo harán. Listo estoy para ir contigo a la cárcel ya la muerte" (Marcos 14:29; Lucas 22:33).

Peter lo dijo en serio, y realmente tenía la intención de hacerlo; pero Pedro no se conocía a sí mismo. No creía que fuera tan malo como Jesús dijo que era.

Tal vez pensamos en los pecados individuales que se interponen entre nosotros y Dios. Pero, ¿qué vamos a hacer con esa vida útil que es toda sucia, nuestra propia naturaleza? ¿Qué vamos a hacer con esa carne que está enteramente bajo el poder del pecado? Liberación de eso es lo que necesitamos. Pedro no lo sabía, y por lo tanto fue con confianza en sí mismo que salió y negó a su Señor.

Note cómo Cristo usa esa palabra negar dos veces. Él le dijo a Pedro la primera vez: "Niéguese a sí mismo" (Mateo 16:24); Le dijo a Pedro la segunda vez: "Tú me negarás" (Mateo 26:34). Es cualquiera de los dos. No hay otra opción para nosotros; debemos negarnos a nosotros mismos o negar a Cristo. Hay dos grandes poderes que luchan entre sí: la naturaleza propia en el poder del pecado y Cristo en el poder de Dios. Cualquiera de estos debe gobernar dentro de nosotros.

Fue el yo el que hizo al diablo. Era un ángel de Dios, pero quería exaltarse a sí mismo. Se convirtió en un demonio en el infierno. El yo fue la causa de la caída del hombre. Eva quería algo para sí misma, y así nuestros primeros padres cayeron en toda la miseria del pecado. Nosotros, sus hijos, hemos heredado una naturaleza terrible de pecado.

EL ARREPENTIMIENTO DE PEDRO

Pedro negó a su Señor tres veces, y entonces el Señor lo miró. Esa mirada de Jesús rompió el corazón de Pedro. El terrible pecado que había cometido, el terrible fracaso que había sobrevenido y la profundidad en la que había caído de repente se abrió ante él. Entonces, "Pedro salió y lloró amargamente".

¡Oh! ¿Quién puede decir lo que debe haber sido ese arrepentimiento? Durante las siguientes horas de esa noche, y al día siguiente, cuando vio a Cristo crucificado y sepultado, y al día siguiente, el día de reposo, ¡oh, qué desesperación sin esperanza y qué vergüenza debe haber sentido!

"Mi Señor se ha ido; mi esperanza se ha ido; y negué a mi Señor. Después de esa vida de amor, después de esa bendita comunión de tres años, negué a mi Señor. ¡Dios, ten piedad de mí!"

No creo que podamos imaginar la profundidad de la humillación en la que Peter se hundió entonces. Pero ese fue el punto de inflexión y el cambio. El primer día de la semana, Cristo fue visto por Pedro, y por la tarde lo encontró con los demás. Más tarde, en el mar de Galilea, le preguntó: "¿Me amas?" (Juan 21:17). Pedro se entristeció al pensar que el Señor le recordaba haberlo negado tres veces, y dijo con tristeza, pero con rectitud: "Señor, tú lo sabes todo; tú sabes que te amo" (Juan 21:17). .

PEDRO TRANSFORMADO

Ahora, Peter estaba preparado para la liberación de sí mismo, y ese es mi último pensamiento. Sabes que Cristo lo llevó con los demás al estrado del trono y les dijo que esperaran allí. Entonces, en el día de Pentecostés, vino el Espíritu Santo, y Pedro era un hombre cambiado. No quiero que pienses solo en el cambio de Pedro, en esa audacia, ese poder, esa comprensión de las Escrituras y esa bendición con la que predicó ese día. Gracias a Dios por eso. Pero había algo más profundo y mejor que le sucedió a Peter. Toda su naturaleza fue cambiada. La obra que Cristo comenzó en Pedro cuando lo miró, se perfeccionó cuando fue lleno del Espíritu Santo.

Si quieres ver eso, lee la primera epístola de Pedro. Sabes dónde están las fallas de Peter. Cuando le dijo a Cristo, en efecto: "Tú nunca puedes sufrir; no puede ser", mostró que no tenía un concepto de lo que era pasar de la muerte a la vida. Cristo dijo: "Niégate a ti mismo", ya pesar de eso negó a su Señor. Cuando Cristo le advirtió: "Me negarás" (Mateo 26:34), y él insistió en que nunca lo haría, Pedro mostró cuán poco entendía lo que había en sí mismo. Pero cuando leo su epístola y lo oigo decir: "Si sois vituperados por el nombre de Cristo, bienaventurados sois, porque el espíritu de gloria y de Dios reposa sobre vosotros" (I Pedro 4:14), entonces digo que no es el viejo Pedro, sino que es el mismo Espíritu de Cristo respirando y hablando dentro de él.

Vuelvo a leer cómo dice: "Para esto fuisteis llamados a padecer, porque Cristo también padeció" (I Pedro 2:21). Comprendo el cambio que se había producido en Peter. En lugar de negar a Cristo, halló gozo y placer en negarse a sí mismo, crucificarse y entregarse a la muerte. Y por eso, leemos en Hechos que cuando fue llamado ante el Concilio pudo decir con denuedo: "Debemos obedecer a Dios antes que a los hombres" (Hch 5, 29), y que pudo volver con los demás discípulos y regocijarse de que fueron tenidos por dignos de sufrir por el nombre de Cristo.

Recuerdas su auto exaltación; pero ahora se ha dado cuenta de que "el adorno de un espíritu manso y apacible es de gran valor a los ojos de Dios" (I Pedro 3:4). Nuevamente nos dice que estemos "sujetos los unos a los otros, y revestidos de humildad" (I Pedro 5:5).

Querido amigo, te lo imploro, mira a Pedro completamente cambiado: el Pedro que se agrada a sí mismo, el que confía en sí mismo, el que busca a sí mismo, lleno de pecado, metiéndose continuamente en problemas, insensato e impetuoso, ahora lleno del Espíritu y de la vida. de Jesús Cristo lo había hecho por él por el Espíritu Santo.

Y ahora, ¿qué sentido tiene que yo haya señalado tan brevemente la historia de Pedro? Esa historia debe ser la historia de cada creyente que realmente va a ser una bendición de Dios. Esa historia es una profecía de lo que todos pueden recibir de Dios en el cielo.

Ahora, echemos un vistazo rápido a lo que nos enseñan estas lecciones.

La primera lección es esta: usted puede ser un creyente muy ferviente, piadoso y devoto, en quien el poder de la carne todavía es muy fuerte.

Esa es una verdad muy solemne. Pedro, antes de negar a Cristo, había echado fuera demonios y había sanado a los enfermos. Sin embargo, la carne tenía poder; y, la carne tenía lugar en él. Oh, amados, tenemos que darnos cuenta de que es porque hay tanto de esa vida propia en nosotros que el poder de Dios no puede obrar en nosotros tan poderosamente como Él desea que actúe. ¿Te das cuenta de que el gran Dios anhela duplicar Su bendición, dar diez veces más bendiciones a través de nosotros? Pero hay algo que se lo impide, y ese algo no es más que una prueba de la vida propia. Hablamos sobre el orgullo de Peter, y la impetuosidad de Peter, y la confianza en sí mismo de Peter. Todo está enraizado en esa sola palabra, el yo que Cristo había dicho: "Niégate a ti mismo", y Pedro nunca había entendido, y nunca había obedecido. Cada falla salió de eso. ¡Qué pensamiento tan solemne y qué súplica urgente para nosotros clamar: Oh Dios, muéstranos esto para que ninguno de nosotros viva la vida del yo! Le ha pasado a personas que han sido cristianas durante años; les ha pasado a personas que tal vez han ocupado posiciones destacadas, Dios los descubrió y les enseñó a conocerse a sí mismos. Se avergonzaron completamente y cayeron quebrantados delante de Dios. ¡Oh, la amarga vergüenza, la tristeza, el dolor y la agonía que les sobrevinieron, hasta que por fin descubrieron que había liberación! Pedro salió y lloró amargamente. Puede haber muchas personas piadosas en quienes todavía gobierna el poder de la carne.

Y luego mi segunda lección es: es obra de nuestro bendito Señor Jesús revelar el poder del yo.

¿Cómo fue que Pedro, el Pedro carnal, el Pedro obstinado, el Pedro con un fuerte amor propio, llegó a ser un hombre de Pentecostés y el escritor de sus epístolas? Fue porque Cristo lo puso a cargo, y Cristo lo cuidó, y Cristo lo enseñó y lo bendijo. Las advertencias que Cristo le había dado eran parte del entrenamiento. Por último, llegó esa mirada de amor. En su sufrimiento, Cristo no se olvidó de él, sino que se volvió y lo miró, y "Pedro salió y lloró amargamente". Y el Cristo que condujo a Pedro a Pentecostés espera hoy para hacerse cargo de todo corazón que esté dispuesto a entregarse a Él.

¿No hay algunos que dicen: "¡Ah! Ese es mi problema; siempre es la vida propia, la comodidad propia, la autoconciencia, el complacerme a mí mismo y la voluntad propia. ¿Cómo voy a deshacerme de eso?"

Mi respuesta es: es Cristo Jesús quien puede librarte de ella. Nadie más sino Cristo Jesús puede dar liberación del poder del yo. ¿Y qué te pide Él que hagas? Él te pide que te humilles ante Él.

Rendición Absoluta - Capítulo 5
IMPOSIBLE CON EL HOMBRE, POSIBLE CON DIOS

"Y dijo: Las cosas que son imposibles para los hombres son posibles para Dios" (Lucas 18:27).

Cristo le había dicho al joven rico: "Vende todo lo que tienes... y ven, sígueme". El joven se fue triste. Cristo se volvió entonces a los discípulos y dijo: "¡Cuán difícilmente entrarán en el reino de Dios los que tienen riquezas!" Los discípulos, leemos, se asombraron mucho y respondieron: "¿Quién, pues, podrá salvarse?" Y Cristo dio esta bendita respuesta: "Lo que es imposible para los hombres es posible para Dios" (Lucas 18:22-27).

El texto contiene dos pensamientos: que en la cuestión de la salvación y de seguir a Cristo con una vida santa, es imposible que el hombre lo haga. Y junto a eso está el pensamiento: lo que es imposible para el hombre es posible para Dios.

Estos dos pensamientos marcan las dos grandes lecciones que el hombre tiene que aprender en la vida cristiana. A menudo lleva mucho tiempo aprender la primera lección: que en la vida cristiana el hombre no puede hacer nada, que la salvación es imposible para el hombre. Y a menudo un hombre aprende eso y, sin embargo, no aprende la segunda lección: lo que ha sido imposible para él es posible para Dios. ¡Bendito el hombre que aprende ambas lecciones! Su aprendizaje marca etapas en la vida del cristiano.

EL HOMBRE NO PUEDE

La primera etapa es cuando un hombre está tratando de hacer todo lo posible y falla, cuando un hombre trata de hacerlo mejor y vuelve a caer, cuando un hombre intenta mucho más y siempre falla. Y, sin embargo, muchas veces ni siquiera entonces aprende la lección: con el hombre es imposible servir a Dios ya Cristo. Pedro pasó tres años en la escuela de Cristo, y nunca aprendió, es imposible, hasta que negó a su Señor, salió y lloró amargamente. Entonces lo aprendió.

Solo mire por un momento a un hombre que está aprendiendo esta lección. Al principio, lucha contra eso. Luego, se somete a él, pero de mala gana y desesperado. Finalmente, lo acepta con alegría y se regocija en él. Al comienzo de la vida cristiana, el joven converso no tiene concepción de esta verdad. Se ha convertido; tiene el gozo del Señor en su corazón; comienza a correr la carrera y pelear la batalla. Está seguro de que puede vencer, porque es serio y honesto, y Dios lo ayudará. Sin embargo, de alguna manera, muy pronto falla donde no lo esperaba, y el pecado se apodera de él. Está decepcionado, pero piensa: "No fui lo suficientemente cauteloso. No tomé mis resoluciones lo suficientemente fuertes". Y de nuevo hace votos, y de nuevo ora, y sin embargo falla. Piensa: "¿No soy yo, un hombre redimido? ¿No tengo la vida de Dios dentro de mí?" Y vuelve a pensar: "Sí, y tengo a Cristo para ayudarme. Puedo vivir la vida santa".

En un período posterior, llega a otro estado mental. Comienza a ver que tal vida es imposible, pero no lo acepta. Hay multitudes de cristianos que llegan a este punto: "No puedo". Entonces piensan que Dios nunca esperó que hicieran lo que no pueden hacer. Si les dices que Dios sí lo espera, es un misterio para ellos. Un buen número de cristianos están viviendo una vida baja, una vida de fracaso y de pecado, en lugar de descanso y victoria, porque comenzaron a decir: "No puedo, es imposible". Y sin embargo, no lo entienden completamente. Entonces, bajo la impresión de que no puedo, dan paso a la desesperación. Harán lo mejor que puedan, pero nunca esperan llegar muy lejos.

Pero Dios lleva a Sus hijos a una tercera etapa. Un hombre llega a tomar, es imposible, en su plena verdad, y sin embargo al mismo tiempo dice: "Debo hacerlo, y lo haré; es imposible para el hombre, y sin embargo debo hacerlo" . La voluntad renovada comienza a ejercer todo su poder, y en intenso anhelo y oración comienza a clamar a Dios: "Señor, ¿qué significa esto? ¿Cómo voy a ser liberado del poder del pecado?"

Es el estado del hombre regenerado en Romanos, capítulo siete. Allí encontrarás al hombre cristiano haciendo todo lo posible por vivir una vida santa. La ley de Dios le ha sido revelada como llegando hasta lo más profundo de los deseos del corazón. El hombre puede atreverse a decir:

"Me deleito en la ley de Dios según el hombre interior. Querer el bien está presente en mí. Mi corazón ama la ley de Dios, y mi voluntad ha elegido esa ley".

¿Puede fracasar un hombre así, con el corazón lleno de deleite en la ley de Dios y con la voluntad resuelta a hacer 'lo que es correcto? Sí. Eso es lo que nos enseña Romanos, capítulo siete. Hay algo más necesario. No sólo debo deleitarme en la ley de Dios según el hombre interior y querer lo que Dios quiere, sino que necesito una omnipotencia divina para obrar en mí. Y eso es lo que enseña el apóstol Pablo en Filipenses 2:13: "Dios es el que en vosotros produce así el querer como el hacer, por su buena voluntad".

Tenga en cuenta el contraste. En Romanos, capítulo siete, el hombre regenerado dice: "El querer está presente en mí, pero cómo hacer el bien no lo hallo" (Romanos 7:18). Pero en Filipenses, capítulo dos, tienes a un hombre que ha sido llevado más lejos. Es un hombre que entiende que cuando Dios ha obrado la voluntad renovada, Dios le dará el poder para realizar lo que esa voluntad desea. Recibamos esto como la primera gran lección de vida espiritual: "Es imposible para mí, Dios mío. Sea el fin de la carne y de todos sus poderes, el fin del yo, y sea mi gloria ser indefenso.

¡Alabado sea Dios por la enseñanza divina que nos hace indefensos!

Cuando pensaste en la entrega absoluta a Dios, ¿no fuiste llevado al final de ti mismo? ¿No sentiste que podías ver cómo realmente podías vivir como un hombre absolutamente entregado a Dios en cada momento del día, en tu mesa, en tu casa, en tu negocio, en medio de pruebas y tentaciones? Ruego que aprendas la lección ahora. Si sintieron que no podían hacerlo, están en el camino correcto, si se dejan llevar. Acepta esa posición y mantenla ante Dios: "El deseo y el deleite de mi corazón, oh Dios, es la entrega absoluta, pero no puedo realizarla. Es imposible para mí vivir esa vida. Está más allá de mí". Desciende y aprende que cuando estés completamente indefenso, Dios vendrá a obrar en ti no solo para querer, sino también para hacer.

DIOS PUEDE

Ahora viene la segunda lección. "Las cosas que son imposibles para los hombres son posibles para Dios".

Dije hace un momento que hay muchos hombres que han aprendido la lección, es imposible con los hombres, y luego se dan por vencidos en una desesperación impotente. Vive una vida cristiana miserable, sin alegría ni fuerza ni victoria. ¿Y por qué? Porque no se humilla para aprender esa otra lección: Con Dios todo es posible.

Su vida cristiana debe ser una prueba continua de que Dios obra imposibilidades. Su vida cristiana debe ser una serie de imposibilidades hechas posibles y reales por el poder todopoderoso de Dios. Eso es lo que necesita el cristiano. Tiene un Dios todopoderoso al que adora, y debe aprender a comprender que no necesita un poco del poder de Dios. Pero necesita, dicho sea con reverencia, toda la omnipotencia de Dios para mantenerlo recto y vivir como un cristiano.

Todo el cristianismo es obra de la omnipotencia de Dios. Mira el nacimiento de Cristo Jesús. Ese fue un milagro del poder divino, y se le dijo a María: "Nada hay imposible para Dios" (Lc 1,37). Era la omnipotencia de Dios. Mira la resurrección de Cristo. Se nos enseña que fue de acuerdo con la supereminente grandeza de su gran poder que Dios resucitó a Cristo de entre los muertos.

Todo árbol debe crecer sobre la raíz de la que brota. Un roble de trescientos años crece todo el tiempo en la única raíz de la que tuvo su comienzo. El cristianismo tuvo su comienzo en la omnipotencia de Dios. En cada alma, el cristianismo debe tener su continuidad en esa omnipotencia. Todas las posibilidades de la vida cristiana superior tienen su origen en una nueva comprensión del poder de Cristo para obrar toda la voluntad de Dios en nosotros.

Quiero invitarte ahora a venir y adorar a un Dios todopoderoso. ¿Has aprendido a hacerlo? ¿Has aprendido a tratar tan de cerca con un Dios todopoderoso que sabes que la omnipotencia está obrando en ti? En apariencia externa a menudo hay pocos signos de ello.

El apóstol Pablo dijo: "Estuve con vosotros en debilidad y en temor y en mucho temblor, y... mi predicación era... en demostración del Espíritu y de poder" (I Corintios 2:3,4). Del lado humano había debilidad; del lado divino había omnipotencia divina. Y eso es cierto para toda vida piadosa. Si solo aprenderíamos mejor esa lección, y le daríamos una entrega total y de todo corazón, aprenderíamos qué bienaventuranza hay en habitar cada hora y cada momento con un Dios todopoderoso.¿Alguna vez has estudiado en la Biblia el atributo de la omnipotencia de Dios? Sabes que fue la omnipotencia de Dios la que creó el mundo, y de las tinieblas creó la luz, y creó al hombre, pero ¿has estudiado la omnipotencia de Dios en las obras de redención?

Mira a Abrahán. Cuando Dios lo llamó a ser el padre de ese pueblo del cual Cristo había de nacer, le dijo: "Yo soy el Dios Todopoderoso, camina delante de mí y sé perfecto" (Génesis 17: 1)'. Y Dios entrenó a Abraham para que confiara en Él como el Omnipotente. Ya fuera su salida a una tierra que no conocía, o su fe como peregrino entre los miles de cananeos, su fe decía: "Esta es mi tierra". Ya sea por su fe en esperar veinticinco años por un hijo en su vejez, contra toda esperanza, o ya sea por la resurrección de Isaac de entre los muertos en el Monte Moriah cuando iba a sacrificarlo, Abraham creyó a Dios. Se fortaleció en la fe, dando gloria a Dios, porque consideró capaz de hacer al que había prometido.

La causa de la debilidad de tu vida cristiana es que quieres resolverla en parte y dejar que Dios te ayude. Y eso no puede ser. Debes llegar a estar completamente indefenso, para dejar que Dios obre. Él trabajará gloriosamente. Esto es lo que necesitamos si de verdad hemos de ser obreros para Dios. Podría leer las Escrituras y demostrarles cómo Moisés, cuando sacó a Israel de Egipto; cómo Josué, cuando los llevó a la tierra de Canaán; cómo todos los siervos de Dios en el Antiguo Testamento contaban con la omnipotencia de Dios haciendo imposibilidades. Y este Dios vive hoy; y este Dios es el Dios de cada hijo suyo. Y sin embargo, algunos de nosotros queremos que Dios nos dé un poco de ayuda mientras hacemos lo mejor que podemos, en lugar de llegar a comprender lo que Dios quiere y decir: "No puedo hacer nada. Dios debe y hará todo". ¿Has dicho: "En la adoración, en el trabajo, en la santificación, en la obediencia a Dios, no puedo hacer nada por mí mismo, por lo que mi lugar es adorar a Dios y creer que Él obrará en mí en todo momento"? ¡Oh, que Dios nos enseñe esto! ¡Oh, que Dios, por su gracia, te mostrara qué Dios tienes y a qué Dios te has confiado, un Dios omnipotente! ¡Él está dispuesto, con toda su omnipotencia, a ponerse a disposición de cada uno de sus hijos! ¿No tomaremos la lección del Señor Jesús y diremos:

"Amén; las cosas que son imposibles para los hombres son posibles para Dios"?

Recuerde lo que hemos dicho acerca de Pedro, su confianza en sí mismo, su poder propio, su voluntad propia, y cómo llegó a negar a su Señor. Sientes: "¡Ah! ¡Existe la vida del yo; existe la vida de la carne que gobierna en mí!" Y ahora, ¿has creído que hay liberación de eso? ¿Has creído que Dios Todopoderoso es capaz de revelar a Cristo en tu corazón, para dejar que el Espíritu Santo gobierne en ti para que la vida propia no tenga poder ni dominio sobre ti? ¿Has unido los dos juntos- y, con lágrimas de penitencia y con profunda humillación y debilidad, clamaste: "Oh Dios, es imposible para mí; el hombre no puede hacerlo, pero gloria a Tu nombre, es posible con Dios" ? ¿Has reclamado liberación? Hazlo ahora. Ponte de nuevo en entrega absoluta en las manos de un Dios de amor infinito. Tan infinito como Su amor es Su poder para hacerlo.

DIOS OBRA EN EL HOMBRE

Pero nuevamente, llegamos a la cuestión de la entrega absoluta, y sentimos que eso falta en la Iglesia de Cristo. Por eso es que el Espíritu Santo no puede llenarnos, y por eso no podemos vivir como personas enteramente separadas para el Espíritu Santo. Es por eso que la carne y la vida propia no pueden ser conquistadas. Nunca hemos entendido lo que es estar absolutamente entregado a Dios como lo estuvo Jesús. Sé que muchos dicen con seriedad y honestidad: "Amén, acepto el mensaje de entrega absoluta a Dios". Sin embargo, piensan: "¿Será eso mío alguna vez? ¿Puedo contar con Dios para que me haga uno de quien se dirá en el cielo, en la tierra y en el infierno, vive en absoluta entrega a Dios?" Hermano, hermana, "las cosas que son imposibles para los hombres son posibles para Dios". Cree que, cuando Él se hace cargo de ti en Cristo, es posible que Dios te haga un hombre de entrega absoluta. Y Dios es capaz de mantener eso. Él es capaz de dejar que te levantes de la cama todas las mañanas de la semana con ese bendito pensamiento directa o indirectamente: "Estoy a cargo de Dios. Mi Dios está trabajando en mi vida por mí".

Algunos están cansados de pensar en la santificación. Tu rezas; lo has anhelado y llorado; y, sin embargo, ¡parecía tan lejano! Eres tan consciente de lo lejana que es la santidad y la humildad de Jesús. Amados amigos, la única doctrina de la santificación que es bíblica, real y eficaz es: "Las cosas que son imposibles para los hombres son posibles para Dios". Dios puede santificar a los hombres. Por su poder todopoderoso y santificador, Dios puede guardarlos en todo momento. ¡Oh, que podamos acercarnos un paso más a nuestro Dios ahora! ¡Oh, que la luz de Dios brille, y que podamos conocer mejor a nuestro Dios!

Podría seguir hablando de la vida de Cristo en nosotros: vivir como Cristo, tomar a Cristo como nuestro Salvador del pecado, y como nuestra vida y fortaleza. Es Dios en el cielo quien puede revelar eso en ti. ¿Qué dice aquella oración del apóstol Pablo: "Que os dé conforme a las riquezas de su gloria, el ser fortalecidos con poder en el hombre interior por su Espíritu" (Efesios 3:16)? ¿No ven que es un Dios omnipotente obrando por Su omnipotencia en el corazón de Sus hijos creyentes, para que Cristo pueda convertirse en un Salvador que mora en ellos? Has tratado de captarlo, comprenderlo y creerlo, y no llegaba. Fue porque no te habían hecho creer que "las cosas que son imposibles para los hombres son posibles para Dios".

Así que confío en que la palabra hablada sobre el amor haya hecho que muchos se den cuenta de que debemos tener una afluencia de amor de una manera completamente nueva. Nuestro corazón debe estar lleno de vida desde lo alto, de la Fuente del amor eterno, si va a rebosar todo el día. Entonces será tan natural para nosotros amar a nuestros semejantes como lo es que el cordero sea manso y el lobo cruel. Cuando llegue a tal estado que cuanto más un hombre me odie y hable mal de mí, cuanto más desagradable y desagradable sea un hombre, más lo amaré. Cuando soy llevado a tal estado que cuantos más obstáculos, odios e ingratitudes me rodean, más puede triunfar en mí el poder del amor. Hasta que sea llevado a ver esto, no estoy diciendo: "Es imposible con los hombres". Pero si has sido inducido a decir: "Este mensaje me ha hablado de un amor completamente más allá de mi poder. Es absolutamente imposible", entonces podemos acercarnos a Dios y decir: "Es posible contigo".

Algunos están clamando a Dios por un gran avivamiento. Puedo decir que esta es la oración incesante de mi corazón. ¡Oh, si Dios reviviera a Su pueblo creyente! No puedo pensar en los formalistas inconversos de la Iglesia o en los incrédulos y escépticos o en todos los miserables y pereciendo a mi alrededor, sin que mi corazón suplique: "Dios mío, aviva a Tu Iglesia y pueblo". No es por casualidad que miles de corazones anhelan la santidad y la consagración. Es un precursor del poder de Dios. Dios trabaja para querer y luego trabaja para hacer. Estos anhelos son un testimonio y una prueba de que Dios ha obrado según su voluntad. Oh, creamos con fe que el Dios omnipotente trabajará para hacer entre Su pueblo más de lo que podemos pedir. "A aquel", dijo Pablo, "que es poderoso para hacer todas las cosas mucho más abundantemente de lo que pedimos o entendemos, a él sea la gloria" (Efesios 3:20,21). Que nuestros corazones digan eso. ¡Gloria a Dios, el Omnipotente, que puede hacer más de lo que nos atrevemos a pedir o pensar!

"Las cosas que son imposibles para los hombres son posibles para Dios". A tu alrededor hay un mundo de pecado y dolor, y Satanás está allí. Pero recuerde, Cristo está en el trono; Cristo es más fuerte; Cristo ha vencido; y Cristo vencerá. Pero espera en Dios. Mi texto nos derriba: "Las cosas que son imposibles para los hombres", pero finalmente nos eleva en alto: "son posibles para Dios".

Vínculo con Dios. Adorad y confiad en Él como el Omnipotente, no sólo para vuestra propia vida, sino para todas las almas que os son confiadas. Nunca oren sin adorar Su omnipotencia, diciendo: "Dios Fuerte, reclamo Tu omnipotencia". Y la respuesta a la oración vendrá. Como Abraham, os fortaleceréis en la fe, dando gloria a Dios, porque tenéis al que prometió como capaz de obrar.

Rendición Absoluta - Capítulo 6
"¡OH MIERDO HOMBRE QUE SOY!"

"*¡ Miserable de mí! ¿Quién me librará de este cuerpo de muerte? Doy gracias a Dios por Jesucristo Señor nuestro*" *(Romanos 7:24,25).*

Conocéis la maravillosa ubicación que tiene este texto en la epístola a los Romanos. Se encuentra aquí al final del séptimo capítulo como la puerta de entrada al octavo. En los primeros dieciséis versículos del octavo capítulo, el nombre del Espíritu Santo se encuentra dieciséis veces. Tienes allí la descripción y la promesa de la vida que un hijo de Dios puede vivir en el poder del Espíritu Santo. Esto comienza en el segundo versículo: "La ley del Espíritu de vida en Cristo Jesús me ha librado de la ley del pecado y de la muerte" (Romanos 8:2). A partir de ahí, Pablo pasa a hablar de los grandes privilegios del hijo de Dios que ha de ser guiado por el Espíritu de Dios. La puerta de entrada a todo esto se encuentra al final del capítulo siete: "¡Miserable de mí!" Ahí tienes las palabras de un hombre que ha llegado al final de sí mismo. Él ha descrito en los versículos anteriores cómo luchó y luchó en su propio poder para obedecer la santa ley de Dios, y fracasó. Pero en respuesta a sus propias preguntas, ahora encuentra la verdadera respuesta y exclama: "Doy gracias a Dios por Jesucristo nuestro Señor". De ahí pasa a hablar de cuál es esa liberación que ha encontrado.

Quiero, a partir de estas palabras, describir el camino por el cual un hombre puede ser sacado del espíritu de esclavitud al espíritu de libertad. Vosotros sabéis con qué claridad se dice: "No habéis vuelto a recibir el espíritu de servidumbre por temor" (Romanos 8:15). Continuamente se nos advierte que este es el gran peligro de la vida cristiana, volver a la esclavitud. Quiero describir el camino por el cual un hombre puede salir de la esclavitud a la libertad gloriosa de los hijos de Dios. Más bien, quiero describir al hombre mismo.

Primero, estas palabras son el lenguaje de un hombre regenerado; segundo, de un hombre débil; tercero, de un hombre miserable; y cuarto, de un hombre al borde de la completa libertad.

EL HOMBRE REGENERADO

Hay mucha evidencia de regeneración desde el versículo catorce del capítulo siete hasta el versículo veintitrés. "Ya no soy yo quien lo hace, sino el pecado que mora en mí" (Romanos 7:17). Ese es el lenguaje de un hombre regenerado, un hombre que sabe que su corazón y naturaleza han sido renovados, y que el pecado es ahora un poder en él que no es él mismo. "Me deleito en la ley de Dios según el hombre interior" (Romanos 7:22). Ese es de nuevo el lenguaje de un hombre regenerado. Se atreve a decir cuando hace el mal: "Ya no soy yo quien lo hace, sino el pecado que habita en mí". Es de gran importancia entender esto,

En las dos primeras grandes secciones de la epístola, Pablo trata de la justificación y la santificación. Al tratar con la justificación, establece el fundamento de la doctrina en la enseñanza sobre el pecado. No habla del pecado singular, sino del plural, los pecados, las transgresiones reales. En la segunda parte del quinto capítulo, comienza a tratar el pecado, no como una transgresión real, sino como un poder. Imagínese qué pérdida habría sido para nosotros si no tuviéramos esta segunda mitad del séptimo capítulo de la epístola a los Romanos, si Pablo hubiera omitido en su enseñanza esta cuestión vital de la pecaminosidad del creyente. Deberíamos haber perdido la pregunta que todos queremos que se responda en cuanto al pecado en el creyente. ¿Cual es la respuesta? El hombre regenerado es aquel en quien la voluntad ha sido renovada, y que puede decir: "Me deleito en la ley de Dios según el hombre interior".

EL HOMBRE DÉBIL

Aquí está el gran error que cometen muchos cristianos: piensan que cuando hay una voluntad renovada, es suficiente. Pero ese no es el caso. Este hombre regenerado nos dice: "Quiero hacer el bien, pero no encuentro poder para hacerlo". ¡Cuán a menudo la gente nos dice que si te propones con determinación, puedes hacer lo que quieras! Pero este hombre estaba tan decidido como cualquier hombre puede estarlo, y sin embargo hizo la confesión: "El querer está presente en mí, pero cómo hacer lo que es bueno, no lo hallo" (Romanos 7:18).

Pero, usted pregunta: "¿Cómo es que Dios hace que un hombre regenerado pronuncie tal confesión? ¿El que tiene una voluntad recta, con un corazón que anhela hacer el bien, y anhela hacer todo lo posible para amar a Dios?"

Miremos esta pregunta. ¿Para qué nos ha dado Dios nuestra voluntad? ¿Tuvieron los ángeles que cayeron, por su propia voluntad, la fuerza para mantenerse en pie? Seguramente, no. La voluntad del hombre no es más que un vaso vacío en el que se ha de manifestar el poder de Dios. El hombre debe buscar en Dios todo lo que ha de ser. Lo tienes en el segundo capítulo de la epístola a los Filipenses, y lo tienes aquí también, que la obra de Dios es obrar en nosotros tanto el querer como el hacer por Su buena voluntad. He aquí un hombre que parece decir: "Dios no ha obrado en mí". Pero se nos enseña que Dios obra tanto para querer como para hacer. ¿Cómo se reconcilia la aparente contradicción?

Encontrará que en este pasaje (Romanos 7:6-25), el nombre del Espíritu Santo no aparece una sola vez, ni aparece el nombre de Cristo. El hombre está luchando y luchando para cumplir la ley de Dios. En lugar del Espíritu Santo y de Cristo, la ley se menciona casi veinte veces. En este capítulo, muestra a un creyente haciendo lo mejor que puede para obedecer la ley de Dios con su voluntad regenerada. No solo esto; pero encontrará que las palabritas, yo, mi, mi, aparecen más de cuarenta veces. Es el yo regenerado en su debilidad buscando obedecer la ley sin ser lleno del Espíritu. Esta es la experiencia de casi todos los santos. Después de la conversión, el hombre comienza a hacer lo mejor que puede y fracasa. Pero si somos llevados a la luz completa, ya no necesitamos fallar. Tampoco necesitamos fallar en absoluto si hemos recibido el Espíritu en Su plenitud en la conversión.

Dios permite ese fracaso para que al hombre regenerado se le enseñe su propia incapacidad total. Es en el curso de esta lucha que nos llega el sentido de nuestra absoluta pecaminosidad. Es la manera de Dios de tratar con nosotros. Él permite que el hombre se esfuerce por cumplir la ley para que, mientras se esfuerza y lucha, pueda ser llevado a esto: "Soy un hijo regenerado de Dios, pero estoy completamente indefenso para obedecer Su ley". Vea qué palabras fuertes se usan a lo largo del capítulo para describir esta condición: "Soy carnal, vendido al pecado" (Romanos 7:14); "Veo otra ley en mis miembros que me lleva cautivo" (Romanos 7:23); y por último, "¡Miserable de mí! ¿Quién me librará de este cuerpo de muerte?" (Romanos 7:24). Este creyente que se inclina aquí en profunda contrición es completamente incapaz de obedecer la ley de Dios.

EL HOMBRE MISERICORDIOSO

El hombre que hace esta confesión no sólo es un regenerado y un hombre débil, sino que también es un hombre miserable. Es completamente infeliz y miserable. ¿Qué es lo que lo hace tan miserable? Es porque Dios le ha dado una naturaleza que se ama a sí mismo. Está profundamente desdichado porque siente que no está obedeciendo a su Dios. Él dice, con el corazón quebrantado: "No soy yo quien lo hace, sino que estoy bajo el terrible poder del pecado, que me está reteniendo. Es 1, y sin embargo no 1: ¡ay! ¡ay! soy yo mismo; tan estrechamente estoy ligado a él, y tan estrechamente entrelazado está con mi propia naturaleza".

Bendito sea Dios cuando un hombre aprende a decir: "¡Miserable de mí!" desde lo más profundo de su corazón.

Está en camino al octavo capítulo de Romanos.

Son muchos los que hacen de esta confesión una almohada para el pecado. Dicen que si Pablo tuvo que confesar su debilidad e impotencia de esta manera, ¿quiénes son ellos para que traten de hacerlo mejor? Así que el llamado a la santidad se deja silenciosamente de lado. ¡Oremos a Dios para que cada uno de nosotros aprenda a decir estas palabras con el mismo espíritu en el que están escritas aquí! Cuando oímos hablar del pecado como la cosa abominable que Dios odia, ¿no nos estremecemos muchos de nosotros ante la palabra? Ojalá todos los cristianos que siguen pecando y pecando tomaran este versículo en serio. Si alguna vez pronuncias una palabra áspera, di: "¡Oh, miserable de mí!" Y cada vez que pierda los estribos, arrodíllese y comprenda que Dios nunca tuvo la intención de que Su hijo permaneciera en este estado. ¡Ojalá lleváramos esta palabra a nuestra vida diaria, y la repitiéramos cada vez que nos toca nuestro propio honor! ¡Si tan solo lo tuviéramos en nuestros corazones cada vez que decimos cosas ásperas, y cada vez que pecamos contra el Señor Dios, y contra el Señor Jesucristo en Su humildad y en Su obediencia y en Su abnegación! Ruega a Dios que podamos olvidar todo lo demás, y clamar: "¡Miserable de mí! ¿Quién me librará de este cuerpo de muerte?"

¿Por qué deberías decir esto cada vez que cometes pecado? Porque es cuando un hombre es llevado a esta confesión que la liberación está cerca. Y recuerda, no fue solo la sensación de ser débil y cautivo lo que lo hizo miserable. Era, sobre todo, el sentido de pecar contra su Dios. La ley estaba haciendo su obra, haciendo que el pecado fuera sumamente pecaminoso a sus ojos. La idea de afligir continuamente a Dios se volvió completamente insoportable. Fue esto lo que provocó el grito desgarrador: "¡Oh, hombre miserable!"

Mientras hablemos y razonemos sobre nuestra incapacidad y nuestro fracaso, y solo tratemos de averiguar lo que significa Romanos, capítulo siete, de poco nos beneficiará. Pero una vez que cada pecado da una nueva intensidad a la sensación de miseria, y sentimos que todo nuestro estado no solo es de impotencia, sino de pecaminosidad real y excesiva, seremos presionados no solo a preguntar: "¿Quién nos librará?" sino para clamar: "Doy gracias a Dios por Jesucristo mi Señor".

EL HOMBRE CASI ENTREGADO

El hombre ha tratado de obedecer la hermosa ley de Dios. Él lo ha amado; ha llorado por su pecado; y ha tratado de conquistar. Ha tratado de superar falla tras falla, pero cada vez ha terminado en fracaso. ¿Qué quiso decir con "el cuerpo de esta muerte"? ¿Quiso decir, mi cuerpo cuando muera? Seguramente no. En el octavo capítulo, usted tiene la respuesta a esta pregunta en las palabras: "Si por el Espíritu hacéis morir las obras de la carne,
vivir" (Romanos 8:13). Ese es el cuerpo de muerte del cual él está buscando liberación.

¡Y ahora está al borde de la liberación! En el versículo veintitrés del capítulo siete, tenemos las palabras: "Veo otra ley en mis miembros, que se rebela contra la ley de mi mente, y me lleva cautivo a la ley del pecado que está en mis miembros". Es un cautivo que grita: "¡Miserable de mí! ¿Quién me librará del cuerpo de esta muerte?" Es un hombre que se siente atado. Pero observe el contraste en el segundo versículo del capítulo ocho: "La ley del Espíritu de vida en Cristo Jesús me ha librado de la ley del pecado y de la muerte". Esa es la liberación por Jesucristo nuestro Señor, la libertad a los cautivos que trae el Espíritu. ¿Puedes mantener cautivo por más tiempo a un hombre hecho libre por la "ley del Espíritu de vida en Cristo Jesús"?

Pero tú dices, el hombre regenerado no tenía el Espíritu de Jesús cuando habló en el sexto capítulo. Sí, no sabía lo que el Espíritu Santo podía hacer por él.

Dios no obra por Su Espíritu como obra por una fuerza ciega en la naturaleza. Él guía a Su pueblo como seres razonables e inteligentes. Por lo tanto, cuando Él quiere darnos ese Espíritu Santo que Él ha prometido, primero nos lleva al final de sí mismo, nos lleva a la convicción de que aunque nos hemos esforzado por obedecer la ley, hemos fallado.

Cuando hayamos llegado al final de eso, Él nos mostrará que en el Espíritu Santo tenemos el poder de la obediencia, el poder de la victoria y el poder de la verdadera santidad. Dios trabaja para querer, y Él está listo para trabajar para hacer, pero muchos cristianos malinterpretan esto. Piensan que porque tienen la voluntad, es suficiente, y que ahora son capaces de hacer. Esto no es así. La nueva voluntad es un don permanente, un atributo de la nueva naturaleza. El poder de hacer no es un don permanente, sino que debe ser recibido en cada momento del Espíritu Santo. Es el hombre que es consciente de su propia debilidad como creyente quien aprenderá que por el Espíritu Santo puede vivir una vida santa. Este hombre está al borde de esa gran liberación; el camino ha sido preparado para el glorioso octavo capítulo. Ahora hago esta pregunta solemne: ¿Dónde vives? ¿Con usted, es, "Oh miserable de mí! ¿Quién me librará?" ¿Con de vez en cuando una pequeña experiencia del poder del Espíritu Santo? ¿O es: "¡Doy gracias a Dios por medio de Jesucristo! La ley del Espíritu me ha librado de la ley del pecado y de la muerte"?

Lo que hace el Espíritu Santo es dar la victoria. "Si por el Espíritu hacéis morir las obras de la carne, viviréis" (Romanos 8:13). Es el Espíritu Santo quien hace esto, la tercera Persona de la Deidad. Es Él quien, cuando el corazón se abre de par en par para recibirlo, entra y reina allí, y mortifica las obras de la carne, día a día, hora a hora y momento a momento.

Quiero llevar esto a un punto. Recuerda, querido amigo, lo que necesitamos es llegar a la decisión y la acción. Hay en las Escrituras dos tipos muy diferentes de cristianos. La Biblia habla en Romanos, Corintios y Gálatas acerca de ceder a la carne; y esa es la vida de decenas de miles de creyentes. Toda su falta de gozo en el Espíritu Santo, y su falta de la libertad que Él les da, se debe a la carne. El Espíritu está dentro de ellos, pero la carne gobierna la vida. Ser guiados por el Espíritu de Dios es lo que necesitan. Si tan solo pudiera hacer que cada hijo suyo se diera cuenta de lo que significa que el Dios eterno ha dado a su amado Hijo, Cristo Jesús, para que los cuide todos los días, y que lo que tienen que hacer es confiar. ¡Si tan solo pudiera hacer que Sus hijos entendieran que la obra del Espíritu Santo es capacitarte en cada momento para recordar a Jesús y confiar en Él! El Espíritu ha venido para mantener el vínculo con Él ininterrumpido en todo momento. ¡Alabado sea Dios por el Espíritu Santo! Estamos tan acostumbrados a pensar en el Espíritu Santo como un lujo, para tiempos especiales, o para ministros y hombres especiales. Pero el Espíritu Santo es necesario para cada creyente, en cada momento del día. Alabado sea Dios que lo tienes a Él, y que Él te da la experiencia completa de la liberación en Cristo al liberarte del poder del pecado.

¿Quién anhela tener el poder y la libertad del Espíritu Santo? Oh, hermano, inclínate ante Dios en un grito final de desesperación: "Oh Dios, ¿debo seguir pecando de esta manera para siempre? ¿Quién me librará, oh miserable de mí, del cuerpo de esta muerte?"

¿Estás listo para hundirte ante Dios en ese clamor y buscar el poder de Jesús para que viva y obre en ti? ¿Estás listo para decir: "Doy gracias a Dios por medio de Jesucristo"?

¿De qué sirve que vayamos a la iglesia o asistamos a convenciones, que estudiemos nuestras Biblias y oremos, a menos que nuestras vidas estén llenas del Espíritu Santo? Eso es lo que Dios quiere. Nada más nos permitirá vivir una vida de poder y paz. Cuando un ministro o padre está usando el catecismo y se hace una pregunta, se espera una respuesta. Qué triste que muchos cristianos se contenten con la pregunta hecha aquí: "¡Miserable de mí! ¿Quién me librará de este cuerpo de muerte?" pero nunca dar la respuesta.

En lugar de responder, se quedan en silencio. En lugar de decir: "Doy gracias a Dios por Jesucristo nuestro Señor", están repitiendo siempre la pregunta sin respuesta. Si desea conocer el camino hacia la plena liberación de Cristo y la libertad del Espíritu, la gloriosa libertad de los hijos de Dios, llévelo al séptimo capítulo de Romanos. Luego diga: "Doy gracias a Dios por Jesucristo nuestro Señor". No os contentéis con quedaros siempre gimiendo, sino decid: "Yo, un miserable, doy gracias a Dios, por Jesucristo. Aunque no lo veo todo, voy a alabar a Dios".

Hay liberación; está la libertad del Espíritu Santo. El Reino de Dios es "gozo en el Espíritu Santo" (Romanos 14:17).

Entrega absoluta - Capítulo 7
"COMENZANDO EN EL ESPÍRITU"

Las palabras a partir de las cuales quiero dirigirme a vosotros, las encontraréis en la epístola a los Gálatas, capítulo tercero, versículos segundo y tercero: "Sólo esto quiero saber de vosotros: Recibisteis el Espíritu por las obras de la ley, o por el oír de la fe?

¿Tan necios sois?" Y luego viene mi texto: "¿Habiendo comenzado por el Espíritu, ahora os perfeccionáis por la carne?"

Cuando hablamos de vivificación, profundización o fortalecimiento de la vida espiritual, estamos pensando en algo que es débil, erróneo y pecaminoso. Es una gran cosa tomar nuestro lugar ante Dios con la confesión: "¡Oh, Dios, nuestra vida espiritual no es lo que debería ser!" Que Dios obre eso en tu corazón, lector.

Cuando miramos a la Iglesia, vemos muchos indicios de debilidad, fracaso, pecado y deficiencias. Nos obligan a preguntar: ¿Por qué? ¿Hay alguna necesidad de que la Iglesia de Cristo viva en un estado tan bajo? ¿O es realmente posible que el pueblo de Dios viva siempre en el gozo y la fuerza de su Dios?

Todo corazón creyente debe responder: Es posible.

Luego viene la gran pregunta: ¿Por qué, cómo se explica que la Iglesia de Dios en su conjunto sea tan débil y que la gran mayoría de los cristianos no estén viviendo a la altura de sus privilegios? Debe haber una razón para ello. ¿No ha dado Dios a Cristo, Su Hijo Todopoderoso, para que sea el Guardián de todo creyente, para hacer de Cristo una realidad siempre presente y para impartirnos y comunicarnos todo lo que tenemos en Cristo? Dios ha dado a Su Hijo, y Dios ha dado Su Espíritu. ¿Cómo es que los creyentes no viven a la altura de sus privilegios?

En más de una de las epístolas encontramos una respuesta muy solemne a esa pregunta. Hay epístolas, como la primera a los Tesalonicenses, donde Pablo escribe a los cristianos, en efecto: "Quiero que crezcáis, que abundéis, que crezcáis cada vez más". Eran jóvenes, y había cosas que faltaban en su fe. Pero el estado de ellos era tan satisfactorio, le dio tal alegría, que escribe una y otra vez: "Ruego a Dios que abundéis más y más; os escribo para que abundéis más y más" (I Tesalonicenses 4:1, 10). Pero hay otras epístolas en las que toma un tono muy diferente, especialmente la epístola a los Corintios ya los Gálatas, y les dice de muchas maneras diferentes cuál era la única razón por la que no estaban viviendo como los cristianos deberían vivir. Muchos estaban bajo el poder de la carne. Mi texto es un ejemplo. Les recuerda que por la predicación de la fe habían recibido el Espíritu Santo. Él les había predicado a Cristo; habían aceptado a Cristo y habían recibido el Espíritu Santo en poder.

¿Pero qué pasó? Habiendo comenzado en el Espíritu, trataron de perfeccionar la obra que el Espíritu había comenzado en la carne por su propio esfuerzo. Encontramos la misma enseñanza en la epístola a los Corintios.

Ahora, tenemos aquí un descubrimiento solemne de cuál es la gran necesidad en la Iglesia de Cristo. Dios ha llamado a la Iglesia de Cristo a vivir en el poder del Espíritu Santo. Pero la Iglesia vive, en su mayor parte, en el poder de la carne humana, y de voluntad y energía y esfuerzo aparte del Espíritu de Dios. No dudo que este sea el caso de muchos creyentes individuales. Y, oh, si Dios me usará para darles un mensaje de Él, mi único mensaje será este: "Si la Iglesia vuelve a reconocer que el Espíritu Santo es su fuerza y su ayuda, y si la Iglesia vuelve a dar todo, y esperad en Dios para ser llenos del Espíritu, volverán sus días de hermosura y de alegría. Veremos la gloria de Dios revelada entre nosotros". Este es mi mensaje para cada creyente individual: "Nada te ayudará a menos que llegues a comprender que debes vivir cada día bajo el poder del Espíritu Santo". Dios quiere que seas un vaso vivo en quien el poder del Espíritu se manifieste cada hora y cada momento de tu vida. Dios te permitirá ser eso.

Ahora, tratemos de aprender lo que nos enseña esta palabra a los Gálatas, algunos pensamientos muy simples. Nos muestra cómo (1) el comienzo de la vida cristiana es recibir el Espíritu Santo. Nos muestra (2) qué gran peligro hay de olvidar que debemos vivir sabiendo lo que es, desde entonces, caminar en el poder del Espíritu Santo. Tratemos de aferrarnos a esta gran verdad: el comienzo de la verdadera vida cristiana es recibir el Espíritu Santo. Y la obra de todo ministro cristiano es la que fue la obra de Pablo: recordar a su pueblo que recibieron el Espíritu Santo y que deben vivir de acuerdo con su dirección y en su poder.

Si aquellos gálatas que recibieron el Espíritu Santo en poder fueron tentados a extraviarse por ese terrible peligro de perfeccionar en la carne lo que había comenzado en el Espíritu, ¡cuánto más peligro corren aquellos cristianos que casi nunca saben que han recibido el Espíritu Santo! Espíritu. ¡Cuánto más peligro hay para aquellos que, si lo conocen como una cuestión de creencia, casi nunca piensan en el don del Espíritu Santo, y casi nunca alaban a Dios por él!

DESCUIDADO DEL ESPÍRITU SANTO

Pero ahora mira, en segundo lugar, el gran peligro.

Es posible que todos sepan lo que es maniobrar en un ferrocarril. Una locomotora con su tren puede estar viajando en una cierta dirección, y los puntos en algún lugar pueden no estar bien abiertos o cerrados, y sin ser observado, se desvía hacia la derecha o·hacia la izquierda. Y si eso ocurre, por ejemplo, en una noche oscura, el tren va en la dirección equivocada, y es posible que las personas nunca se den cuenta hasta que hayan recorrido cierta distancia.

Y así, Dios da a los cristianos el Espíritu Santo con esta intención: que todos los días, toda su vida, la vivan en el poder del Espíritu. Un hombre no puede vivir una hora de una vida piadosa a menos que sea por el poder del Espíritu Santo. Puede vivir una vida apropiada y consistente, como la gente la llama, una vida irreprochable, una vida de virtud y servicio diligente. Pero vivir una vida aceptable a Dios, en el disfrute de la salvación de Dios y el amor de Dios, vivir y caminar en el poder de la nueva vida, no puede hacerlo a menos que sea guiado por el Espíritu Santo cada día y cada hora.

Pero ahora escucha el peligro. Los gálatas recibieron el Espíritu Santo, pero lo que comenzó por el Espíritu lo intentaron perfeccionar en la carne. ¿Cómo? Volvieron a caer bajo los maestros judaizantes que les dijeron que debían ser circuncidados. Comenzaron a buscar su religión en observancias externas. Y entonces Pablo usa esa expresión acerca de aquellos maestros que los hicieron circuncidar para que "se glorificaran en vuestra carne" (Gálatas 6:13).

A veces se escucha la expresión carne religiosa. ¿Qué significa eso? Es simplemente una expresión hecha para expresar estos pensamientos: Mi naturaleza humana y mi voluntad humana y mi esfuerzo humano pueden ser muy activos en la religión. Después de convertirme, y después de recibir el Espíritu Santo, puedo comenzar con mis propias fuerzas a tratar de servir a Dios.

Puedo ser muy diligente y hacer mucho, y sin embargo todo el tiempo es más la obra de la carne humana que del Espíritu de Dios. Qué pensamiento tan solemne, que el hombre pueda, sin darse cuenta, ser desviado de la línea del Espíritu Santo a la línea de la carne.

¡Cuán solemne es que el hombre pueda ser muy diligente y hacer grandes sacrificios, y sin embargo todo está en el poder de la voluntad humana! Ah, la gran pregunta que debemos hacerle a Dios en el autoexamen es que se nos muestre si nuestra vida cristiana se vive más en el poder de la carne que en el poder del Espíritu Santo . Un hombre puede ser un predicador, puede trabajar muy diligentemente en su ministerio, un hombre puede ser un obrero cristiano y otros pueden decir de él que hace grandes sacrificios y, sin embargo, puedes sentir que falta algo. Sientes que no es un hombre espiritual; no hay espiritualidad en su vida. ¡Cuántos cristianos hay de los que a nadie se le ocurriría decir: "¡Qué hombre espiritual es!" ¡Ay! ahí está la debilidad de la Iglesia de Cristo. Todo está en esa única palabra-carne.

Ahora, la carne puede manifestarse de muchas maneras. Puede manifestarse en sabiduría carnal. Mi mente puede estar más activa acerca del cristianismo. Puedo predicar o escribir o pensar o meditar, y deleitarme en estar ocupado con cosas en el Libro de Dios y en el Reino de Dios. Sin embargo, el poder del Espíritu Santo puede estar marcadamente ausente. Me temo que si tomas la predicación por toda la Iglesia de Cristo y preguntas por qué hay tan poco poder de conversión en la predicación de la Palabra, por qué hay tanto trabajo y, a menudo, tan poco resultado para la eternidad, por qué la Palabra tiene tan poco poder. edificar a los creyentes en la santidad y en la consagración-la respuesta será: Es la ausencia del poder del Espíritu Santo. ¿Y por qué es esto? No puede haber otra razón sino que la carne y la energía humana han ocupado el lugar que le corresponde al Espíritu Santo. Eso fue cierto de los gálatas; era cierto de los corintios. Sabes que Pablo les dijo: "No podría hablaros como a espirituales, sino como a carnales" (1 Corintios 3:1). Y sabéis cuántas veces en el curso de su epístola tuvo que reprenderlos y condenarlos por contiendas y divisiones.

FALTA DEL FRUTO DEL ESPÍRITU SANTO

Un tercer pensamiento: ¿Cuáles son las pruebas o indicaciones de que una iglesia como los gálatas, o un cristiano, está sirviendo a Dios en el poder de la carne, está perfeccionando en la carne lo que comenzó en el Espíritu? La respuesta es muy fácil. El esfuerzo propio religioso siempre termina en carne pecaminosa. ¿Cuál era el estado de aquellos gálatas? Se esforzaban por ser justificados por las obras de la ley. Y, sin embargo, estaban peleando y en peligro de devorarse unos a otros. Cuente el número de expresiones que usa el apóstol para indicar su falta de amor. Encontrarás más de doce: envidia, celos, amargura, contienda y todo tipo de otros. Lea en los capítulos cuarto y quinto lo que dice al respecto. Ves cómo trataron de servir a Dios con sus propias fuerzas, y fracasaron por completo. Todo este esfuerzo religioso resultó en fracaso. El poder del pecado y la carne pecaminosa se apoderaron de ellos. Toda su condición era una de las más tristes que se podía imaginar.

Esto nos llega con una solemnidad indescriptible.

Hay una queja por todas partes en la Iglesia cristiana de la falta de un alto nivel de integridad y piedad, incluso entre los miembros profesantes de las iglesias cristianas. Recuerdo un sermón que escuché predicado sobre la moralidad comercial. Pero no hablemos sólo de la moralidad o inmoralidad comercial; entremos en las casas de los cristianos. Piensa en la vida a la que Dios ha llamado a Sus hijos, y que les permite vivir por el Espíritu Santo. Piensa en cuánto hay de falta de amor, temperamento, agudeza y amargura. Piensa con qué frecuencia hay contiendas entre los miembros de las iglesias, y cuánto hay de envidia, celos, sensibilidad y orgullo. Entonces nos vemos obligados a decir: "¿Dónde están las señales de la presencia del Espíritu del Cordero de Dios?" ¡Querer, tristemente querer!

Muchas personas hablan de estas cosas como si fueran el resultado natural de nuestra debilidad y no se pueden evitar. Muchas personas hablan de estas cosas como pecados, pero han renunciado a la esperanza de vencerlas. Mucha gente habla de estas cosas en la iglesia que los rodea, y no ven la menor posibilidad de que las cosas cambien. No hay perspectiva hasta que haya un cambio radical, hasta que la Iglesia de Dios comience a ver que todo pecado en el creyente proviene de la carne, de una vida carnal en medio de nuestras actividades cristianas, de un esfuerzo propio para servir a Dios. Fracasaremos hasta que aprendamos a hacer confesión, y hasta que comencemos a ver que debemos de alguna manera u otra traer el Espíritu de Dios en poder de regreso a Su Iglesia. ¿Dónde comenzó la Iglesia en Pentecostés? Allí comenzaron en el Espíritu. Pero, ¡cómo se encarnó la Iglesia del próximo siglo! Pensaron perfeccionar la Iglesia en la carne.

No pensemos, porque la bendita Reforma restauró la gran doctrina de la justificación por la fe, que el poder del Espíritu Santo fue entonces totalmente restaurado. Si es nuestra creencia que Dios va a tener misericordia de Su Iglesia en estos últimos tiempos, será porque la doctrina y la verdad sobre el Espíritu Santo no sólo serán estudiadas, sino buscadas con todo el corazón. No es solo porque se buscará esa verdad, sino porque los ministros y las congregaciones se inclinarán ante Dios en profunda humillación con un solo grito: "Hemos contristado el Espíritu de Dios. Hemos tratado de ser iglesias cristianas con la menor cantidad posible de Espíritu de Dios. No hemos buscado ser iglesias llenas del Espíritu Santo".

Toda la debilidad de la Iglesia se debe a la negativa de la Iglesia a obedecer a su Dios. ¿Y por qué es así? Sé tu respuesta. Tú dices: "Somos demasiado débiles y demasiado indefensos, y juramos obedecer, pero de alguna manera fallamos". Ah sí, fracasas porque no aceptas la fuerza de Dios. Sólo Dios puede hacer Su voluntad en ti. Tú no puedes hacer la voluntad de Dios, pero Su Espíritu Santo sí puede. Hasta que la Iglesia y los creyentes comprendan esto, y dejen de intentar por medio del esfuerzo humano hacer la voluntad de Dios, y esperen que el Espíritu Santo venga con todo Su poder omnipotente y habilitador, la Iglesia nunca será lo que Dios quiere que sea. Nunca será lo que Dios está dispuesto a hacer de ella.

ENTREGARSE AL ESPÍRITU SANTO

Llego ahora a mi último pensamiento, esa pregunta: ¿Cuál es el camino a la restauración?

Amado amigo, la respuesta es simple y fácil. Si ese tren ha sido desviado, no le queda más remedio que volver al punto en el que fue conducido. Los gálatas no tenían otra forma de regresar sino volver a donde se habían equivocado. Tenían que volverse de todo esfuerzo religioso con sus propias fuerzas, y de buscar cualquier cosa por su propio trabajo, y entregarse humildemente al Espíritu Santo. No hay otro camino para nosotros como individuos.

¿Hay algún hermano o hermana cuyo corazón sea consciente: "Mi vida sabe poco del poder del Espíritu Santo"? Vengo a ti con el mensaje de Dios de que no puedes tener idea de lo que sería tu vida en el poder del Espíritu Santo. Es demasiado alto, demasiado bendito y demasiado maravilloso. Pero les traigo el mensaje de que así como el Hijo eterno de Dios vino a este mundo e hizo Sus obras maravillosas, que así como murió en el Calvario y realizó su redención por Su preciosa sangre, así también el Espíritu Santo puede entra en tu corazón. Con Su poder divino, Él puede santificarte y capacitarte para hacer la bendita voluntad de Dios, y llenar tu corazón de alegría y fortaleza. Pero, lo hemos olvidado; hemos afligido; hemos deshonrado al Espíritu Santo; y no ha podido hacer su obra. Pero les traigo el mensaje: El Padre que está en los cielos ama llenar a Sus hijos con Su Espíritu Santo. Dios anhela dar a cada uno individualmente, por separado, el poder del Espíritu Santo para la vida diaria. El mandato nos llega individualmente, unidos. Dios quiere que nosotros, como Sus hijos, nos levantemos y coloquemos nuestros pecados delante de Él, y le clamemos por misericordia. Oh, ¿eres tan tonto? ¿Habiendo comenzado por el Espíritu, vais perfeccionando en la carne lo que fue comenzado por el Espíritu? Inclinémonos avergonzados y confesemos ante Dios cómo nuestra religión carnal, nuestro propio esfuerzo y confianza en nosotros mismos, han sido la causa de todos los fracasos.

A menudo los jóvenes cristianos me han preguntado: "¿Por qué he fallado así? Hice un voto tan solemne con todo mi corazón y deseé servir a Dios. ¿Por qué he fallado?" A los tales les doy siempre esta respuesta: "Mi querido amigo, estás tratando de hacer con tus propias fuerzas lo que solo Cristo puede hacer en ti". Y cuando me dicen: "Estoy seguro de que sabía que solo Cristo podía hacerlo; no confiaba en mí mismo", mi respuesta es: "Estabas confiando en ti mismo, o no podrías haber fallado. Si hubieras confiado en Cristo, No podía fallar". Oh, este perfeccionamiento en la carne lo que comenzó en el Espíritu es mucho más profundo a través de nosotros de lo que sabemos. Pidámosle a Dios que nos muestre que solo cuando seamos llevados a la vergüenza y al vacío absolutos estaremos preparados para recibir la bendición que viene de lo alto.

Y por eso vengo con estas dos preguntas. ¿Estás viviendo, amado hermano-ministro -lo pido a todo ministro del Evangelio- bajo el poder del Espíritu Santo? ¿Estás viviendo como un hombre ungido y lleno del Espíritu en tu ministerio y tu vida delante de Dios? Oh amigos, nuestro lugar es horrible. Tenemos que mostrarle a la gente lo que Dios hará por nosotros, no en nuestras palabras y enseñanzas, sino en nuestra vida. ¡Dios nos ayude a hacerlo!

Lo pido a cada miembro de la Iglesia de Cristo ya cada creyente: ¿Estás viviendo una vida bajo el poder del Espíritu Santo día a día? ¿O estás tratando de vivir sin eso? Recuerda, no puedes. ¿Estás consagrado, entregado al Espíritu para que obre en ti y viva en ti? Oh, ven y confiesa cada falla de temperamento, cada falla de lengua por pequeña que sea. Confiesa todo fracaso debido a la ausencia del Espíritu Santo y la presencia del poder del yo. ¿Estás consagrado, estás entregado al Espíritu Santo?

Si su respuesta es no, entonces vengo con una segunda pregunta: ¿Está dispuesto a consagrarse? ¿Estás dispuesto a entregarte al poder del Espíritu Santo? Bien sabéis que el lado humano de la consagración no os ayudará. Puedo consagrarme cien veces con toda la intensidad de mi ser, y eso no me ayudará. Lo que me ayudará es esto: que Dios del cielo acepte y selle la consagración.

¿Y ahora estáis dispuestos a entregaros al Espíritu Santo? Tu puedes hacerlo ahora. Mucho puede ser todavía oscuro y tenue, y más allá de lo que entendemos. Puede que no sientas nada; Pero ven. Sólo Dios puede obrar el cambio. Solo Dios, quien nos dio el Espíritu Santo, puede restaurar el Espíritu Santo con poder en nuestra vida. Sólo Dios puede "fortalecernos con poder en el hombre interior por su Espíritu" (Efesios 3:16). Y a cada corazón que espera que haga el sacrificio, y renuncie a todo, y dé tiempo para llorar y orar a Dios, la respuesta vendrá. La bendición no está lejos. Nuestro Dios se deleita en ayudarnos. Él nos capacitará para perfeccionar, no en la carne, sino en el Espíritu, lo que comenzó en el Espíritu.

Rendición Absoluta - Capítulo 8
MANTENIDO POR EL PODER DE DIOS

Las palabras de las que hablo, las encontrarán en 1 Pedro, capítulo uno, versículo cinco. Los versículos tercero, cuarto y quinto son: "Bendito sea el Dios y Padre de nuestro Señor Jesucristo, que... nos hizo renacer para una esperanza viva, por la resurrección de Jesucristo de los muertos, para una herencia incorruptible. ... reservado en los cielos para vosotros, que sois guardados por el poder de Dios mediante la fe para salvación". Las palabras de mi texto son: "Guardados por el poder de Dios a través de la fe".

Ahí tenemos dos maravillosas y benditas verdades acerca de la forma en que un creyente es guardado para la salvación. Una verdad es, Guardado por el poder de Dios; y la otra verdad es, Guardado por la fe. Debemos mirar los dos lados: el lado de Dios y Su poder todopoderoso, que se nos ofrece para ser nuestro Guardián en cada momento del día; y en el lado humano, no tenemos nada que hacer sino dejar que Dios haga Su obra de mantenimiento con fe. Somos engendrados de nuevo para una herencia guardada en el cielo para nosotros. Somos guardados aquí en la tierra por el poder de Dios.

Vemos que hay una doble custodia: la herencia guardada para mí en el cielo, y yo en la tierra guardada para la herencia allí. Ahora, en cuanto a la primera parte de este mantenimiento, no hay duda ni pregunta. Dios guarda la herencia en el cielo de manera muy maravillosa y perfecta, y está esperando allí con seguridad. Y el mismo Dios me guarda para la herencia. Eso es lo que quiero entender. Muy necio es que un padre se tome la molestia de tener una herencia para sus hijos, y guardarla para ellos, si no los guarda para ella. Piensa en un hombre que gasta todo su tiempo y hace todos los sacrificios para amasar dinero, y cuando obtiene sus decenas de miles, le preguntas por qué se sacrifica tanto. Su respuesta es: "Quiero dejar a mis hijos una gran herencia, y la guardo para ellos". Si entonces escucharais que ese hombre no se molesta en educar a sus hijos, que les permite correr salvajemente por la calle, y que vayan por caminos de pecado e ignorancia y locura, ¿qué pensaríais de él? ¿No dirías: "¡Pobre hombre! ¡Está guardando una herencia para sus hijos, pero no está guardando ni preparando a sus hijos para la herencia!" Y hay tantos cristianos que piensan: "Mi Dios me guarda la herencia". Pero no pueden creer: "Mi Dios me está guardando para esa herencia". El mismo poder, el mismo amor, el mismo Dios haciendo la doble obra.

Ahora, quiero hablar de una obra que Dios hace sobre nosotros, guardándonos para la herencia. Ya he dicho que tenemos dos verdades muy simples: una, el lado divino: somos guardados por el poder de Dios; el otro, el lado humano- somos guardados por la fe.

MANTENIDO POR EL PODER DE DIOS

Mire el lado divino: los cristianos son guardados por el poder de Dios. 1) Conservación Incluye Todo. Piensa, en primer lugar, que este mantenimiento lo incluye todo.

¿Qué se guarda? Estás guardado. ¿Cuánto de ti? Todo el ser. ¿Dios guarda una parte de ti y no otra? No. Algunas personas tienen la idea de que esto es una especie de guarda general vaga, y que Dios los guardará de tal manera que cuando mueran lleguen al cielo. Pero no aplican esa palabra guardada a todo en su ser y naturaleza. Y sin embargo, eso es lo que Dios quiere.

Aquí tengo un reloj. Supongamos que un amigo le prestó este reloj y me dijo: "Cuando vayas a Europa, dejaré que te lo lleves, pero ten cuidado de guardarlo y traerlo de vuelta". Y supongamos que dañé el reloj, y me rompieron las manecillas, y la cara desfigurada, y algunas de las ruedas y resortes se estropearon, y lo devolví en esa condición, y se lo entregué a mi amigo. Decía: "Ah, pero te di ese reloj con la condición de que te lo quedaras".

¿No lo he guardado? Ahí está el reloj.

"Pero no quería que lo guardaras de esa manera general, de modo que me trajeras solo el caparazón del reloj, o los restos. Esperaba que te quedaras con todas las partes". Y entonces Dios no quiere mantenernos de esta manera general, para que al final, de una forma u otra, seamos salvos como por fuego, y lleguemos al cielo. Pero el poder protector y el amor de Dios se aplican a cada parte de nuestro ser.

Hay algunas personas que piensan que Dios los guardará en las cosas espirituales, pero no en las cosas temporales. Este último, dicen, se encuentra fuera de Su reino. Ahora, Dios te envía a trabajar en el mundo, pero Él no dijo: "Ahora debo dejarte para que vayas y ganes tu propio dinero y te ganes la vida". Él sabe que no eres capaz de mantenerte a ti mismo. Pero Dios dice: "Hija mía, no hay trabajo que debas hacer, ni negocio en el que estés ocupado, ni un centavo que debas gastar, sin que yo, tu Padre, tome eso a mi cargo, " Dios no solo se preocupa por lo espiritual, sino también por lo temporal. La mayor parte de la vida de muchas personas debe pasarse, a veces ocho o nueve o diez horas al día, en medio de las tentaciones y distracciones de los negocios. Pero Dios te cuidará allí. La custodia de Dios incluye a todos.

Hay otras personas que piensan: "¡Ah! en tiempo de prueba Dios me guarda. Pero en tiempos de prosperidad no necesito. Su cuidado; entonces me olvido de Él y lo dejo ir". Otros, de nuevo, piensan todo lo contrario. Piensan: "En tiempos de prosperidad, cuando las cosas están tranquilas y tranquilas, puedo aferrarme a Dios. Pero cuando vienen pruebas difíciles, de una forma u otra mi voluntad se rebela, y Dios no me guarda entonces".

Ahora, les traigo el mensaje de que en la prosperidad como en la adversidad, en la luz del sol como en la oscuridad, su

Dios está listo para guardarlos todo el tiempo. Por otra parte, hay otros que piensan de este mantenimiento de esta manera: "Dios me guardará de hacer una maldad muy grande, pero hay pecados pequeños de los que no puedo esperar que Dios me guarde. Está el pecado del temperamento. No puedo esperar que Dios me guarde". conquistar eso".

Cuando escuchas de algún hombre que ha sido tentado y se ha descarriado o ha caído en la embriaguez o en el asesinato, agradeces a Dios por Su poder protector. "Podría haber hecho lo mismo que ese hombre", dices, "si Dios no me hubiera guardado". Y crees que Él te guardó de la embriaguez y el asesinato. ¿Y por qué no crees que Dios puede guardarte de los brotes de mal genio? Pensaste que esto era de menor importancia. No recordaste que el gran mandamiento del Nuevo Testamento es: "Amaos los unos a los otros como yo os he amado" (Juan 13:34). Y cuando salió a relucir tu temperamento, tu juicio apresurado y tus palabras ásperas, pecaste contra la ley suprema: la ley del amor de Dios. Y, sin embargo, dices: "Dios no quiere, Dios no puede"; no, no dirás, Dios no puede; pero decís: "Dios no me impide eso". Tal vez decís: "Él puede; pero hay algo en mí que no puede alcanzarlo, y que Dios no me lo quita".

Quiero preguntarte: ¿Pueden los creyentes vivir una vida más santa de lo que generalmente se vive? ¿Pueden los creyentes experimentar el poder protector de Dios todo el día, para guardarlos del pecado? ¿Pueden los creyentes mantenerse en comunión con Dios? Y les traigo un mensaje de la Palabra de Dios, en estas palabras: Guardados por el poder de Dios. No hay cláusula de calificación para ellos. El significado es que si te encomiendas total y absolutamente a la omnipotencia de Dios, Él se deleitará en guardarte.

Algunas personas piensan que nunca podrán llegar al punto de que cada palabra de su boca sea para la gloria de Dios. Pero es lo que Dios quiere de ellos; es lo que Dios espera de ellos. Dios está dispuesto a poner una guardia a la puerta de su boca. Si Dios hace eso, ¿no puede Él guardar su lengua y sus labios? Él puede. Eso es lo que Dios va a hacer por aquellos que confían en Él. El cuidado de Dios es todo-inclusivo. Que todos los que anhelen vivir una vida santa reflexionen sobre todas sus necesidades, sus debilidades, sus defectos y sus pecados, y digan deliberadamente: "¿Hay algún pecado del que mi Dios no pueda guardarme?" Y el corazón tendrá que responder: "No, Dios puede guardarme de todo pecado".

2) Mantener requiere poder. En segundo lugar, si quiere comprender este guardar, recuerde que no es solo un guardar que incluye todo, sino que es un guardar todopoderoso.

Quiero grabar esa verdad en mi alma. Quiero adorar a Dios hasta que todo mi corazón esté lleno del pensamiento de Su omnipotencia. Dios es todopoderoso, y el Dios Todopoderoso se ofrece a sí mismo para obrar en mi corazón, para hacer la obra de guardarme. Quiero vincularme con la omnipotencia, o mejor dicho, vincularme con el Omnipotente -el Dios viviente- y tener mi lugar en el hueco de Su mano. Lees los Salmos y piensas en los maravillosos pensamientos en muchas de las expresiones que usa David. Por ejemplo, cuando habla de ser nuestro Dios, nuestra Fortaleza, nuestro Refugio, nuestra Torre fuerte, nuestra Fortaleza y nuestra Salvación. David tuvo visiones maravillosas de cómo el Dios eterno es Él mismo el escondite del alma creyente. David tuvo un hermoso entendimiento de cómo Dios toma al creyente y lo mantiene en el mismo hueco de Su mano, en el secreto de Su pabellón, bajo la sombra de Sus alas, bajo Sus mismas plumas. Y allí vivió David. Y nosotros, que somos los hijos de Pentecostés, que hemos conocido a Cristo, su sangre y el Espíritu Santo enviado del cielo, ¿por qué sabemos tan poco de lo que es caminar paso a paso con el Dios Todopoderoso como nuestro ¿Guardián?

¿Has pensado alguna vez que, en cada acción de gracia en tu corazón, tienes toda la omnipotencia de Dios comprometida para bendecirte? Cuando llego a un hombre y me da un regalo de dinero; Lo entiendo y me voy con él. Me ha dado algo suyo. El resto se lo guarda para sí mismo. Pero ese no es el camino con el poder de Dios. Dios no puede desprenderse de nada de Su propio poder y, por lo tanto, puedo experimentar el poder y la bondad de Dios solo en la medida en que estoy en contacto y en comunión con Él. Y cuando entro en contacto y tengo comunión con Él, entro en contacto y tengo comunión con toda la omnipotencia de Dios. Tengo la omnipotencia de Dios para ayudarme todos los días.

Un hijo tiene, tal vez, un padre muy rico, y como el primero está a punto de iniciar un negocio, el padre dice: "Puedes tener todo el dinero que quieras para tu empresa". Todo lo que tiene el padre está a disposición del hijo. Y ese es el camino con Dios, tu Dios Todopoderoso. Difícilmente puedes asimilarlo; te sientes como un pequeño gusano. ¡Se necesita su omnipotencia para mantener un pequeño gusano! Sí, se necesita Su omnipotencia para guardar cada gusanito que vive en el polvo, y también para guardar el universo. Por lo tanto, Su omnipotencia es mucho más necesaria para guardar tu alma y la mía del poder del pecado. Oh, si quieres crecer en la gracia, aprende a comenzar aquí. En todos tus juicios y meditaciones y pensamientos y obras y preguntas y estudios y oraciones, aprende a ser guardado por tu Dios Todopoderoso. ¿Qué no va a hacer Dios Todopoderoso por el niño que confía en Él? La Biblia dice: "Sobre todo lo que pidamos o entendamos" (Efesios 3:20). Es la omnipotencia lo que debes aprender a conocer y confiar. Entonces vivirás como debe vivir un cristiano. Qué poco hemos aprendido a estudiar a Dios ya comprender que una vida piadosa es una vida llena de Dios. ¡Es una vida que ama a Dios y espera en Él, confía en Él y permite que Él la bendiga! No podemos hacer la voluntad de Dios excepto por el poder de Dios. Dios nos da la primera experiencia de Su poder para prepararnos para anhelar más y para venir y reclamar todo lo que Él puede hacer. Dios nos ayuda a confiar en Él todos los días.

3) Mantener es continuo

Otro pensamiento. Este mantenimiento no solo es todo-inclusivo y omnipotente, sino también continuo e ininterrumpido.

La gente a veces dice: "Durante una semana o un mes Dios me ha guardado maravillosamente. He vivido a la luz de Su rostro, y puedo decir cuánto gozo he tenido en la comunión con Él. Me ha bendecido en mi trabajo por otros. Me ha dado almas, ya veces me sentía como si me llevaran al cielo en alas de águila. Pero no continuó. Era demasiado bueno, no podía durar". Y algunos dicen: "Era necesario que cayera para mantenerme humilde". Y otros dicen: "Sé que fue mi culpa, pero de alguna manera no siempre se puede vivir en las alturas". Oh, amado, ¿por qué es? ¿Puede haber alguna razón por la que la custodia de Dios no deba ser continua e ininterrumpida? Solo piensa. Toda la vida está en una continuidad ininterrumpida. Si mi vida se detuviera durante media hora, estaría muerto y mi vida se habría ido. La vida es una cosa continua, y la vida de Dios es la vida de Su Iglesia. La vida de Dios es Su poder todopoderoso obrando en nosotros. Y Dios viene a nosotros como el Todopoderoso, y sin ninguna condición se ofrece para ser mi Guardián. Su custodia significa que día a día, momento a momento, Dios nos va a guardar.

Si te hiciera la pregunta: "¿Crees que Dios es capaz de guardarte un día de la transgresión real?" responderías: "No sólo sé que es capaz de hacerlo, sino que creo que lo ha hecho. Ha habido días en los que ha guardado mi corazón en su santa presencia. También ha habido días en los que, aunque he siempre tuve una naturaleza pecaminosa dentro de mí, Él me ha guardado de la transgresión consciente y real".

Ahora, si Él puede hacer eso por una hora o por un día, ¿por qué no por dos días? ¡Oh! hagamos de la omnipotencia de Dios, tal como se revela en su Palabra, la medida de nuestras expectativas. ¿No ha dicho Dios en Su Palabra: "Yo, el Señor, la guardo, y la regaré en todo momento" (Isaías 27:3)? ¿Qué puede significar eso? ¿"Cada momento" significa cada momento? ¿Dios prometió de esa viña o vino tinto que en todo momento la regaría para que el calor del sol y el viento abrasador nunca la secaran? Sí. En Sudáfrica a veces hacen un injerto, y encima atan una botella de agua, para que de vez en cuando quede una gota para saturar lo que han puesto alrededor. Y así la humedad se mantiene allí incesantemente hasta que el injerto ha tenido tiempo de tomar y resistir el calor del sol.

¿Nuestro Dios, en Su tierno amor hacia nosotros, no nos guardará en todo momento cuando lo ha prometido? ¡Oh! si alguna vez nos aferramos al pensamiento: Toda nuestra vida espiritual debe ser obra de Dios: "Dios es el que en vosotros produce así el querer como el hacer, según su voluntad" (Filipenses 2:13). Una vez que tengamos fe para esperar eso de Dios, Dios hará todo por nosotros.

El mantenimiento debe ser continuo. Cada mañana, Dios se encontrará contigo cuando despiertes. No es una pregunta: si me olvido de despertarme por la mañana pensando en Él, ¿qué resultará de ello? Si confías en Dios para despertarte, Él se encontrará contigo en las mañanas cuando te despiertes con Su sol y vida divinos. Él te dará la conciencia de que a lo largo del día tienes a Dios para que se haga cargo continuamente de ti con Su poder todopoderoso. Y Dios te encontrará al día siguiente y todos los días. No importa si, en la práctica de la comunión, a veces se produce el fracaso. Si mantienes tu posición y dices: "Señor, voy a esperar que hagas todo lo posible y voy a confiar en ti día tras día para que me guardes absolutamente", tu fe se hará más y más fuerte. Conocerás el poder guardador de Dios en integridad.

MANTENIDO POR LA FE

Y ahora el otro lado: creer. "Guardados por el poder de Dios por medio de la fe". ¿Cómo debemos mirar esta fe?

4) La fe implica impotencia

Permítanme decir, en primer lugar, que esta fe significa total incapacidad e impotencia ante Dios.

En el fondo de toda fe hay un sentimiento de impotencia. Si tengo un negocio que hacer, tal vez para comprar una casa, el abogado debe hacer el trabajo de obtener la transferencia de la propiedad a mi nombre. Él debe hacer todos los arreglos. No puedo hacer ese trabajo, y confiando en ese agente, confieso que no puedo hacerlo. Y así, la fe siempre significa impotencia. En muchos casos significa: yo puedo hacerlo con mucha dificultad, pero otro lo puede hacer mejor. Pero en la mayoría de los casos es total impotencia: otro debe hacerlo por mí. Y ese es el secreto de la vida espiritual. Un hombre debe aprender a decir: "Renuncio a todo. Lo he intentado y anhelado y pensado y orado, pero ha llegado el fracaso. Dios me ha bendecido y me ha ayudado, pero aun así, a la larga, ha habido tanto pecado y tristeza".

¡Qué cambio se produce cuando un hombre se hunde así en la impotencia total y la desesperación de sí mismo, y dice: "¡No puedo hacer nada!"

Recuerda a Pablo. Estaba viviendo una vida bendecida y había sido llevado al tercer cielo. Entonces vino el aguijón en la carne, "un mensajero de Satanás para abofetearme" (2 Corintios 12:7). ¿Y que pasó? Pablo no podía entenderlo, y tres veces oró al Señor para que se lo quitara. Pero el Señor dijo, en efecto: "No, es posible que te exaltes a ti mismo. Por eso, te he enviado esta prueba para mantenerte débil y humilde". Y Pablo entonces aprendió una lección que nunca olvidó: regocijarse en sus debilidades. Dijo que cuanto más débil era, mejor era para él. Porque cuando era débil, era fuerte en su Señor Cristo.

¿Quieres entrar en lo que la gente llama "la vida superior"? Luego ve un paso más abajo. Recuerdo al Dr. Boardman contando que una vez un caballero lo invitó a ir a una fábrica donde hacían buenos tiros. Creo que los trabajadores lo hicieron arrojando plomo fundido desde una gran altura. Este caballero quería llevar al Dr. Boardman a lo alto de la torre para ver cómo se hacía el trabajo. El médico llegó a la torre, entró por la puerta y empezó a subir. Pero cuando había dado unos pocos pasos, el caballero gritó: "Ese es el camino equivocado. Debe bajar por este camino. Esa escalera está cerrada". El señor lo llevó abajo muchos escalones, y allí estaba listo un ascensor para llevarlo arriba. Él dijo: "He aprendido una lección de que bajar es a menudo la mejor manera de levantarse".

Ah, sí, Dios tendrá que derribarnos muy bajo. Tendrá que sobrevenirnos una sensación de vacío, desesperación y nada. Es cuando nos hundimos en la impotencia total que el Dios eterno se revelará en Su poder. Entonces nuestros corazones aprenderán a confiar solo en Dios.

¿Qué es lo que nos impide confiar en Él perfectamente?

Muchos dicen: "Creo lo que dices, pero hay una dificultad. Si mi confianza fuera perfecta y constante, todo saldría bien, porque sé que Dios honrará la confianza. Pero, ¿cómo voy a obtener esa confianza?"

Mi respuesta es: "Por la muerte del yo. El gran obstáculo para confiar es el esfuerzo propio. Mientras tengas tu propia sabiduría, pensamientos y fuerza, no puedes confiar plenamente en Dios. Pero cuando Dios te quebranta, cuando todo comienza a oscurecerse ante tus ojos y ves que no entiendes nada, entonces Dios se acerca. Si te postras en la nada y esperas en Dios, Él se convertirá en todo".

Mientras seamos algo, Dios no puede ser todo. Su fe: total desesperación de sí mismo, un abandono del hombre y de todo lo que hay en la tierra y encontrar nuestra esperanza solo en Dios. 5) La fe es descanso

Y luego, a continuación, debemos entender que la fe es descanso.

Al comienzo de la vida de fe, la fe está luchando. Pero mientras la fe lucha, la fe no ha alcanzado su fuerza. Pero cuando la fe en su lucha llega al final de sí misma, y se arroja sobre Dios y descansa en Él, entonces llega el gozo y la victoria.

Tal vez pueda hacerlo más claro si cuento la historia de cómo comenzó la Convención de Keswick. Canon Battersby fue clérigo evangélico de la Iglesia de Inglaterra durante más de veinte años. Era un hombre de profunda y tierna piedad, pero no tenía la conciencia del descanso y la victoria sobre el pecado. A menudo se entristecía profundamente al pensar en tropezar, fracasar y pecar. Cuando escuchó acerca de la posibilidad de la victoria, sintió que era deseable, pero era como si no pudiera alcanzarla. En una ocasión, escuchó un discurso sobre "Descanso y fe" de la historia del noble que vino de Cafarnaúm a Caná para pedirle a Cristo que sanara a su hijo. En el discurso, se mostró que el noble creía que Cristo podía ayudarlo de manera general. Pero él vino a Jesús mucho a través de un experimento. Esperaba que Cristo lo ayudaría, pero no tenía ninguna seguridad de esa ayuda. ¿Pero qué pasó? Cuando Cristo le dijo: "Vete, porque tu hijo vive" (Juan 4:50), ese hombre creyó la palabra que Jesús habló. Descansó en esa palabra. No tenía pruebas de que su hijo estuviera bien de nuevo, y tuvo que caminar siete horas de regreso a Cafarnaúm. Regresó andando, y en el camino se encontró con su criado, y le llegó la primera noticia de que el niño estaba bien. El criado le dijo que a la una de la tarde del día anterior, en el mismo momento en que Jesús le hablaba , la fiebre abandonó al niño. Aquel padre se apoyó en la palabra de Jesús y en Su obra, y bajó a Cafarnaúm y encontró sano a su hijo. Alabó a Dios, y él y toda su casa se hicieron creyentes y discípulos de Jesús. ¡Oh, amigos, eso es fe! Cuando Dios viene a mí con la promesa de Su custodia, y no tengo nada en la tierra en que confiar, le digo a Dios: "Tu palabra es suficiente. Soy guardado por el poder de Dios". Eso es fe, eso es descanso. Cuando Canon Battersby escuchó esa dirección, se fue a casa esa noche y en la oscuridad de la noche encontró descanso. Descansó en la palabra de Jesús. Y a la mañana siguiente, en las calles de Oxford, le dijo a un amigo: "¡Lo he encontrado!". Luego fue y se lo contó a otros, y pidió que la Convención de Keswick pudiera comenzar. Dijo que los que estaban en la convención, junto con él, simplemente debían testificar lo que Dios había hecho.

Es una gran cosa cuando un hombre llega a descansar en el poder todopoderoso de Dios para cada momento de su vida. También es grandioso cuando lo hace en medio de tentaciones de temperamento, prisa, ira, desamor, orgullo y pecado. Gran cosa es delante de estos hacer pacto con el omnipotente Jehová, no por cosa alguna que diga alguno, ni por cosa que sienta mi corazón, sino por la fuerza de la Palabra de Dios: " guardados por el poder de Dios por medio de la fe".

Oh, digámosle a Dios que lo vamos a probar al máximo. Digamos: No te pedimos nada más de lo que puedes dar, pero no queremos nada menos. Digamos: Dios mío, que mi vida sea una prueba de lo que el Dios omnipotente puede hacer. Que estas sean las dos disposiciones de nuestras almas todos los días: una profunda impotencia y un simple descanso infantil.

6) La fe necesita compañerismo

Eso me lleva a un pensamiento más con respecto a la fe. La fe implica comunión con Dios.

Muchas personas quieren tomar la Palabra y creer eso, pero no creen que sea tan necesario para tener comunión con Dios.

¡Ay, no! no se puede separar a Dios de Su Palabra. Ninguna bondad o poder puede recibirse separado de Dios. Si quieres entrar en esta vida de piedad, debes tomar tiempo para tener comunión con Dios. La gente a veces me dice: "Mi vida es tan apresurada y bulliciosa que no tengo tiempo para tener comunión con Dios". Me decía una querida misionera: "La gente no sabe cómo somos tentados los misioneros. Yo me levanto a las cinco de la mañana, y ahí están los indígenas esperando sus órdenes para trabajar. Entonces, tengo que ir a la la escuela y paso horas allí. Luego, hay otro trabajo, y dieciséis horas corren. Apenas tengo tiempo para estar a solas con Dios".

¡Ay! existe la necesidad. Te ruego que recuerdes dos cosas. No les he dicho que confíen en la omnipotencia de Dios como una cosa, y no les he dicho que confíen en la Palabra de Dios como un libro escrito. Os he dicho que vayáis al Dios de la ornipotencia y al Dios de la Palabra. Traten a Dios como aquel noble trató al Cristo viviente. ¿Por qué pudo creer la palabra que Cristo le habló? Porque en los mismos ojos, tono y voz de Jesús, el Hijo de Dios, vio y escuchó algo que le hizo sentir que podía confiar en Él. Y eso es lo que Cristo puede hacer por ti y por mí. No trates de mover y despertar la fe desde adentro. ¡Cuántas veces he tratado de hacer eso y he quedado en ridículo! No puedes despertar la fe desde lo más profundo de tu corazón. Deja tu corazón, y mira el rostro de Cristo. Escucha lo que te dice acerca de cómo te guardará. Mire el rostro de su amoroso Padre y tómese un tiempo todos los días con Él. Comienza una nueva vida con el profundo vacío y la pobreza de un hombre que no tiene nada y que quiere obtener todo de Él, con el profundo descanso de un hombre que descansa en el Dios vivo, el omnipotente Jehová. Prueben a Dios, y pruébenlo si no abrirá las ventanas de los cielos y derramará una bendición que no habrá lugar para recibirla.

Termino preguntando si estás dispuesto a experimentar plenamente el cuidado celestial de la herencia celestial. Robert Murray M'Cheyne dice en alguna parte: "Oh, Dios, hazme tan santo como se puede hacer a un pecador perdonado". Y si esa oración está en tu corazón, ven ahora, y hagamos un nuevo pacto con el eterno y omnipotente Jehová. Con gran desamparo, pero con gran tranquilidad, pongámonos en Sus manos. Y luego, al entrar en nuestro pacto, tengamos una oración: que podamos creer plenamente que el Dios eterno será nuestro compañero. Creamos que Él tomará nuestra mano en cada momento del día. Él es nuestro Guardián, velando por nosotros sin un momento de intervalo. Él es nuestro Padre, y se deleita en revelarse siempre en nuestras almas. Él tiene el poder de permitir que la luz del sol de Su amor esté con nosotros todo el día. No temas que por tener tu negocio no puedas tener a Dios contigo siempre. Aprende la lección de que el sol natural te alumbra todo el día, y tú disfrutas de su luz. Dondequiera que estés, tienes el sol; Dios se asegura de que brille sobre ti. Y Dios se asegurará de que Su propia luz divina brille sobre ti, y que permanecerás en esa luz, si solo confías en Él para ello. Confiemos en Dios para que lo haga con una gran y entera confianza. Aquí está la omnipotencia de Dios, y aquí está la fe alcanzando la medida de esa omnipotencia. Podemos decir: "Todo lo que pueda hacer esa omnipotencia, lo voy a confiar en mi Dios". ¿No son maravillosos los dos lados de esta vida celestial? ¡La omnipotencia de Dios me cubre, y mi voluntad en su pequeñez descansa en esa omnipotencia y se regocija en ella!

Momento a momento, me mantengo en Su amor; Momento a momento, tengo vida desde arriba; Mirando a Jesús, la gloria resplandece; Momento a momento, ¡Oh, Señor, soy tuyo!

Rendición absoluta - Capítulo 9
"VOSOTROS SOIS LAS RAMAS"
UN DISCURSO A LOS OBREROS CRISTIANOS

Todo depende de que estemos bien en Cristo. Si quiero buenas manzanas, debo tener un buen manzano. Si me preocupo por la salud del manzano, el manzano me dará buenas manzanas. Y así es con nuestra vida y obra cristianas. Si nuestra vida con Cristo es correcta, todo saldrá bien. Puede ser necesaria instrucción y sugerencia y ayuda y entrenamiento en los diferentes departamentos del trabajo; todo lo que tiene valor. Pero a la larga, lo más esencial es tener la vida plena en Cristo; en otras palabras, tener a Cristo en nosotros, obrando a través de nosotros. Sé cuánto hay para perturbarnos o para provocar preguntas ansiosas. Pero el Maestro tiene tal bendición para cada uno de nosotros y tal paz y descanso perfectos. Él tiene tanto gozo y fuerza si tan sólo podemos entrar y mantenernos en la actitud correcta hacia Él.

Tomaré mi texto de la parábola de la vid y los sarmientos, en Juan, capítulo quince, versículo cinco: "Yo soy la vid, vosotros los sarmientos". Especialmente estas palabras: "Vosotros sois las ramas".
¡Qué simple es ser una rama, la rama de un árbol o la rama de una vid! La rama brota de la vid, o del árbol, y allí vive y crece y, a su debido tiempo, da fruto. No tiene responsabilidad excepto recibir savia y alimento de la raíz y el tallo. Y si tan solo supiéramos, por el Espíritu Santo, acerca de nuestra relación con Jesucristo, nuestro trabajo sería transformado en lo más brillante y celestial de la tierra. En lugar de que haya cansancio o agotamiento del alma, nuestro trabajo sería como una nueva experiencia,

693

uniéndonos a Jesús como nada más puede hacerlo. Porque, ¿no es cierto que muchas veces nuestro trabajo se interpone entre nosotros y Jesús? ¡Qué locura! La misma obra que Él tiene que hacer en mí, y yo por Él, la tomo de tal manera que me separa de Cristo. Muchos trabajadores en la viña se han quejado de que tienen demasiado trabajo y no tienen suficiente tiempo para tener una comunión cercana con Jesús. Se queja de que su trabajo habitual debilita su inclinación por la oración, y que sus muchas conversaciones con los hombres oscurecen la vida espiritual. ¡Triste pensamiento, que el dar fruto debe separar la rama de la vid! Eso debe ser porque hemos considerado nuestro trabajo como algo más que la rama que da fruto. Que Dios nos libre de todo pensamiento falso sobre la vida cristiana.

Ahora, solo algunos pensamientos sobre esta bendita rama de vida.

DEPENDENCIA ABSOLUTA

En primer lugar, es una vida de absoluta dependencia. La rama no tiene nada; solo depende de la vid para todo. La dependencia absoluta es uno de los pensamientos más solemnes y preciosos. Un gran teólogo alemán escribió dos grandes volúmenes hace algunos años para mostrar que toda la teología de Calvino se resume en ese principio de absoluta dependencia de Dios; y tenía razón. Otro gran escritor ha dicho que la dependencia absoluta e inalterable sólo de Dios es la esencia de la religión de los ángeles. También debe ser la de los hombres. Dios lo es todo para los ángeles, y está dispuesto a serlo todo para el cristiano. Si puedo aprender a depender de Dios en cada momento del día, todo saldrá bien. Recibirás la vida superior si dependes absolutamente de Dios.

Ahora, aquí lo encontramos con la vid y las ramas. Cada vid que veas, o cada racimo de uvas que llegue a tu mesa, deja que te recuerde que la rama depende absolutamente de la vid. La vid tiene que hacer el trabajo, y el pámpano disfruta de su fruto.

¿Qué tiene que hacer la vid? Tiene que hacer un gran trabajo. Tiene que enviar sus raíces al suelo y cazar bajo tierra (las raíces a menudo se extienden mucho) para alimentarse y beber la humedad. Ponga ciertos elementos de estiércol en ciertas direcciones, y la vid echará raíces allí. Luego, sus raíces o tallos convierten la humedad y el estiércol en esa savia especial que produce el fruto que da. La vid hace el trabajo, y el pámpano sólo tiene que recibir la savia de la vid. La savia luego se transforma en uvas. Me han dicho que en Hampton Court, Londres, había una vid que a veces producía un par de miles de racimos de uvas. La gente se asombró de su gran crecimiento y rico fruto. Posteriormente, se descubrió la causa. El río Támesis fluye cerca, por lo que la vid había estirado sus raíces cientos de metros bajo tierra hasta llegar a la orilla del río. Allí, en todo el rico lodo del lecho del río, había encontrado rico alimento y obtenido humedad. Las raíces habían arrastrado la savia toda esa distancia hacia arriba y hacia la vid. Como resultado, hubo una cosecha rica y abundante. La vid tenía el trabajo que hacer, y los pámpanos solo tenían que depender de la vid y recibir lo que ella les daba.

¿Es eso literalmente cierto de mi Señor Jesús? ¿Debo entender que cuando tengo que trabajar, cuando tengo que predicar un sermón o dar una clase bíblica o salir a visitar a los pobres, a los abandonados, que toda la responsabilidad del trabajo está en Cristo? Eso es exactamente lo que Cristo quiere que entiendas. Cristo desea que en todo vuestro trabajo el fundamento mismo sea la simple y bendita conciencia: Cristo debe cuidar de todos. ¿Y cómo cumple Él el encargo de esa dependencia? Lo hace enviando el Espíritu Santo, no de vez en cuando sólo como un don especial. Pero recuerda, la relación entre la vid y las ramas es tal que cada hora, cada día, sin cesar, se mantiene la conexión viva. La savia no fluye por un tiempo, luego se detiene y luego vuelve a fluir. En cambio, momento a momento, la savia fluye de la vid a las ramas. Y así mismo, mi Señor Jesús quiere que yo tome esa bendita posición como trabajador. Mañana a mañana y día a día y hora a hora y paso a paso, en cada obra, tengo que salir para estar delante de Él en la simple y absoluta impotencia del que nada sabe. Debo ser como quien no es nada y no puede hacer nada. Oh amados trabajadores, estudiad esa palabra nada. A veces cantáis: "Ay, ser nada, nada"; pero ¿realmente has estudiado esa palabra y orado todos los días y adorado a Dios a la luz de ella? ¿Conoces la bienaventuranza de esa palabra nada?

Si yo soy algo, entonces Dios no lo es todo; pero cuando me convierto en nada, Dios puede convertirse en todo. El Dios eterno en Cristo puede revelarse plenamente. Esa es la vida superior. Necesitamos convertirnos en nada. Bien ha dicho alguien que los serafines y los querubines son llamas de fuego porque saben que no son nada, y permiten que Dios ponga en ellos su plenitud y su gloria y resplandor. Oh, conviértete en nada en la realidad profunda, y, como trabajador, estudia una sola cosa: volverte más pobre, más bajo y más desvalido, para que Cristo pueda obrar todo en ti.

Trabajadores, he aquí vuestra primera lección: aprended a ser nada, aprended a ser impotentes. El hombre que tiene algo no es absolutamente dependiente. Pero el hombre que no tiene nada es absolutamente dependiente. La dependencia absoluta de Dios es el secreto de todo poder en el trabajo. El pámpano no tiene sino lo que recibe de la vid. Tú y yo no podemos tener nada más que lo que recibimos de Jesús.

DESCANSO PROFUNDO

Pero segundo, la vida del pámpano no es sólo una vida de total dependencia, sino también de profundo descanso.

Esa pequeña rama, si pudiera pensar, sentir y hablar, y si pudiéramos decir: "Ven, rama de la vid, quiero aprender de ti cómo puedo ser un verdadero pámpano de la Vid viva", ¿qué respondería? El pequeño ramo susurraría: "Hombre, escucho que eres sabio, y sé que puedes hacer muchas cosas maravillosas. Sé que se te ha dado mucha fuerza y sabiduría, pero tengo una lección para ti. Con toda tu prisa y esfuerzo en la obra de Cristo, nunca prosperas. Lo primero que necesitas es venir y descansar en tu Señor Jesús. Eso es lo que hago. Desde que nací de esa vid, he pasado años y años, y todo lo que he hecho es descansar en la vid. Cuando llegó la época de la primavera, no tuve ningún pensamiento ansioso ni preocupación. La vid comenzó a derramar su savia en mí, y a dar el capullo y la hoja. Y cuando llegó el verano, no tuve cuidado; y en el gran calor, confié en la vid para traer humedad para mantenerme fresco. Y en el tiempo de la vendimia, cuando vino el dueño a recoger las uvas, no tuve cuidado. Si había algo malo en las uvas, el dueño nunca culpaba a la rama; la culpa siempre estuvo en la vid. Y si quieres ser un verdadero pámpano de Cristo, la Vid viviente, simplemente descansa en Él. Que Cristo lleve la responsabilidad".

Tú dices: "¿Eso no me hará perezoso?"

Te digo que no lo hará. Nadie que aprenda a descansar en el Cristo vivo puede volverse perezoso. Cuanto más cercano sea su contacto con Cristo, más el Espíritu de Su celo y amor será llevado sobre ustedes. Pero, oh, empieza a trabajar en medio de tu total dependencia añadiendo a ese profundo descanso. Un hombre a veces trata y trata de depender de Cristo, pero se preocupa por esta dependencia absoluta. Lo intenta y no puede conseguirlo. Pero déjalo hundirse en el completo descanso todos los días.

En tu mano fuerte me acuesto. Así se hará el trabajo;

Porque ¿quién puede obrar tan maravillosamente como el Todopoderoso?

Obreros, tomad vuestro lugar cada día a los pies de Jesús, en la bendita paz y el descanso que provienen del conocimiento- ¡No tengo cuidado, mis cuidados son de Él! No tengo miedo, Él se preocupa por todos mis miedos.

Venid, hijos de Dios, y comprended que es el Señor Jesús quien quiere obrar a través de vosotros. Te quejas de la falta de amor ferviente. Vendrá de Jesús. Él dará el amor divino en tu corazón con el que puedes amar a las personas. Ese es el significado de la seguridad: "El amor de Dios ha sido derramado en nuestros corazones por el Espíritu Santo" (Romanos 5:5); y de esa otra palabra: "El amor de Cristo nos constriñe" (2 Corintios 5:14). Cristo puede daros una fuente de amor para que no podáis dejar de amar a los más desdichados ya los más ingratos, oa los que os han fatigado. Descansa en Cristo, que puede dar sabiduría y fortaleza. No sabe cómo esa tranquilidad a menudo resultará ser la mejor parte de su mensaje. Le suplicas a la gente y discutes, y ellos captan la idea: "Hay un hombre que discute y lucha conmigo". Pero si dejas que el profundo descanso de Dios venga sobre ti, el descanso en Cristo Jesús, la paz y el descanso y la santidad del cielo, ese descanso traerá una bendición al corazón, incluso más que las palabras que hablas.

MUCHA FRUCTIFICACION

Pero tercero, la rama enseña una lección muy fructífera.

El Señor Jesucristo repitió la palabra fruto a menudo en esa parábola. Habló, primero, de fruto, y luego de más fruto, y luego de mucho fruto. Sí, estáis ordenados no sólo a dar fruto, sino a dar mucho fruto. "En esto es glorificado mi Padre, en que llevéis mucho fruto" (Juan 15:8). En primer lugar, Cristo dijo: "Yo soy la Vid verdadera, y mi Padre es el Labrador" (Juan 15:1). Dios velará por la conexión entre Cristo y las ramas. Es en el poder de Dios a través de Cristo que debemos dar fruto.

Oh, cristianos, sabéis que este mundo perece por falta de obreros. Y le falta algo más que trabajadores. Muchos obreros están diciendo, algunos con más fervor que otros: "No sólo necesitamos más obreros, sino que necesitamos que nuestros obreros tengan un nuevo poder, una vida diferente, para que nosotros, los obreros, podamos traer más bendiciones". Hijos de Dios, a vosotros apelo. Ya sabes las molestias que te tomas, por ejemplo, en caso de enfermedad. Tienes un querido amigo aparentemente en peligro de muerte, y nada puede refrescar tanto a ese amigo como unas pocas uvas. Pero están fuera de temporada. Sin embargo, ¡cuánto trabajo te tomarás para conseguir las uvas que serán el alimento de este amigo moribundo! Y, hay gente alrededor que nunca va a la iglesia, y tantos que van a la iglesia, pero no conocen a Cristo. Y, sin embargo, las uvas celestiales, las uvas de la vid celestial, no se pueden obtener a ningún precio excepto cuando el hijo de Dios las saca de su vida interior en comunión con Cristo. A menos que los hijos de Dios estén llenos de la savia de la Vid celestial, a menos que estén llenos del Espíritu Santo y del amor de Jesús, no pueden soportar mucho de la verdadera uva celestial. Todos confesamos que hay mucho trabajo, mucha predicación, enseñanza y visitas, mucha maquinaria y mucho esfuerzo ferviente de todo tipo. Pero, no hay mucha manifestación del poder de Dios en ello.

¿Qué es querer? Falta la estrecha conexión entre el trabajador y la Vid celestial. Cristo, la Vid celestial, tiene bendiciones que podría derramar sobre decenas de miles que perecen. Cristo, la Vid celestial, tiene poder para proveer las uvas celestiales. Pero "vosotros sois las ramas", y no podéis dar frutos celestiales a menos que estéis en estrecha relación con Jesucristo.

No confundas trabajo y fruto. Puede haber mucho trabajo para Cristo que no sea el fruto de la Vid celestial. No busques sólo trabajo. ¡Oh! estudien esta cuestión de dar fruto. Significa la misma vida, poder, espíritu y amor dentro del corazón del Hijo de Dios. Significa la Vid celestial Mismo entrando en vuestros corazones y en el mío.

Sabes que hay diferentes tipos de uvas, cada una con un nombre diferente. Cada vid aporta exactamente ese peculiar aroma y jugo que le da a la uva su sabor y sabor particular. Así también, hay en el corazón de Cristo Jesús una vida, un amor, un Espíritu, una bendición y un poder para los hombres, que son enteramente celestiales y divinos, y que descenderán a nuestros corazones. Párate en estrecha conexión con la Vid celestial y di: "Señor Jesús, nada menos que la savia que fluye a través de Ti, nada menos que el Espíritu de Tu vida divina es lo que pedimos. Señor Jesús, te ruego que permitas que Tu Espíritu fluya a través de ti". mí en todo mi trabajo para Ti". Os repito que la savia de la Vid celestial no es sino el Espíritu Santo. El Espíritu Santo es la vida de la Vid celestial. Lo que debes obtener de Cristo es nada menos que un fuerte influjo del Espíritu Santo. Lo necesitas sobremanera, y no quieres nada más que eso. Recuerda eso. No espere que Cristo dé un poco de fuerza aquí, y un poco de bendición allá, y un poco de ayuda allá. Así como la vid hace su trabajo al dar su propia savia peculiar a la rama, espera que Cristo dé Su propio Espíritu Santo en tu corazón. Entonces darás mucho fruto. Tal vez usted apenas ha comenzado a dar fruto y está escuchando la palabra de Cristo en la parábola, "más fruto", "mucho fruto". Recuerda que para que des más fruto, solo necesitas más de Jesús en tu vida y en tu corazón.

¡Nosotros, ministros del Evangelio, cómo corremos el peligro de ponernos en condiciones de trabajo, trabajo, trabajo! Y oramos por ello, pero la frescura, la alegría y el gozo de la vida celestial no siempre están presentes. Procuremos comprender que la vida del pámpano es una vida de mucho fruto, porque es una vida enraizada en Cristo, Vid viva, celestial.

COMUNIÓN CERRAR

Y cuarto, la vida de la rama es una vida de comunión íntima. Preguntémonos de nuevo: ¿Qué tiene que hacer la rama? Conoces esa palabra preciosa e inagotable que usó Cristo: Permanecer. Su vida debe ser una vida permanente. ¿Y cómo ha de ser la permanencia? Es ser como el pámpano en la vid, permaneciendo cada minuto del día. Los pámpanos están en estrecha comunión, en comunión ininterrumpida, con la vid, de enero a diciembre. ¿Y no puedo vivir todos los días -es para mí algo casi terrible que hagamos la pregunta- en permanente comunión con la Vid celestial?

Dices: "Pero estoy tan ocupado con otras cosas".

Puedes tener diez horas diarias de duro trabajo, durante las cuales tu cerebro tiene que estar ocupado con cosas temporales. Dios lo ordena así. Pero el trabajo permanente es el trabajo del corazón, no del cerebro. Es la obra del corazón aferrado y descansando en Jesús, una obra en la que el Espíritu Santo nos une a Cristo Jesús. Oh, creed que en lo más profundo del cerebro, en lo más profundo de la vida interior, podéis permanecer en Cristo, de modo que en cada momento que estéis libres, vendrá la conciencia: "Bendito Jesús, todavía estoy en Ti". Si aprendes por un tiempo a dejar de lado otros trabajos y entrar en este contrato permanente con la Vid celestial, encontrarás que llegará el fruto. ¿Cuál es la aplicación a nuestra vida de esta comunión permanente? ¿Qué significa? Significa una estrecha comunión con Cristo en oración secreta. Estoy seguro de que hay cristianos que anhelan la vida superior y que a veces han recibido una gran bendición. Estoy seguro de que hay quienes a veces han encontrado una gran afluencia de gozo celestial y una gran efusión de alegría celestial. Sin embargo, después de un tiempo, ha desaparecido. No han entendido que la comunión íntima y personal con Cristo es una necesidad absoluta para la vida diaria. Toma tiempo para estar a solas con Cristo. Nada en el cielo ni en la tierra puede libraros de la necesidad de ello, si queréis ser cristianos felices y santos.

¡Oh! ¡Cuántos cristianos ven como una carga y un impuesto, un deber y una dificultad, estar muchas veces a solas con Dios! Ese es el gran obstáculo para nuestra vida cristiana en todas partes. Necesitamos una comunión más tranquila con Dios. Os digo en el nombre de la Vid celestial que no podéis ser sarmientos sanos, sarmientos en los que pueda fluir la savia celestial, a menos que dediquéis suficiente tiempo a la comunión con Dios. Si no está dispuesto a sacrificar tiempo para estar a solas con Él, y darle tiempo todos los días para trabajar en usted y mantener el vínculo de conexión entre usted y Él mismo, Él no puede darle esa bendición de Su comunión ininterrumpida. Jesucristo te pide que vivas en estrecha comunión con Él. Que todo corazón diga: "Oh Cristo, esto es lo que anhelo. Esto es lo que elijo". Y Él con mucho gusto te lo dará.

ENTREGA ABSOLUTA

Y finalmente, la vida de la rama es una vida de entrega absoluta.

Estas palabras, entrega absoluta, son grandes y solemnes. Creo que no entendemos completamente su significado. Pero, sin embargo, la pequeña rama lo predica. ¿Tienes algo que hacer, ramita, además de llevar uvas? "No nada."

"¿No sirves para nada?"

¡Apto para nada! La Biblia dice que un poco de vid ni siquiera se puede usar como pluma. No sirve para nada más que para ser quemado. "Y ahora, ¿qué entiendes tú, ramito, de tu relación con la vid?" "Mi relación es sólo esta: estoy completamente entregado a la vid, y la vid puede darme tanta savia como quiera. Aquí estoy, a su disposición, y la vid puede hacer conmigo lo que quiera". . ."

Oh, amigos, necesitamos esta entrega absoluta al Señor Jesucristo. Cuanto más hablo, más siento que este es uno de los puntos más difíciles de aclarar. Es también uno de los puntos más importantes y necesarios para explicar en qué consiste esta entrega absoluta. A menudo es cosa fácil para un hombre o varios hombres salir y ofrecerse a Dios para la consagración completa, diciendo: "Señor, es mi deseo entregarme completamente a Ti". Eso es de gran valor y, a menudo, trae una gran bendición. Pero la única pregunta que debo estudiar en silencio es: ¿Qué significa entrega absoluta?

Significa que, tan literalmente como Cristo fue entregado completamente a Dios, yo estoy completamente entregado a Cristo. ¿Es demasiado fuerte? Algunos piensan que sí. Algunos piensan que eso nunca podrá ser. No pueden creer que tan completa y absolutamente como Cristo entregó Su vida para hacer nada más que buscar la complacencia del Padre, y depender del Padre absoluta y completamente, yo debo hacer nada más que buscar la complacencia de Cristo. Pero eso es realmente cierto. Cristo Jesús vino a soplar Su propio Espíritu en nosotros. Él vino para ayudarnos a encontrar nuestra felicidad más alta al vivir enteramente para Dios, tal como lo hizo Él. Oh, amados hermanos, si ese es el caso, entonces debo decir: "Sí, tan cierto como es de esa pequeña rama de la vid, por la gracia de Dios, quiero que sea verdad para mí. Yo viviría día tras día para que Cristo pueda hacer conmigo lo que quiera".

¡Ay! aquí viene el terrible error que yace en el fondo de gran parte de nuestro propio cristianismo. Un hombre piensa: "Tengo mis deberes comerciales y familiares, y mis responsabilidades como ciudadano. Todo esto no lo puedo cambiar. Y ahora, junto con todo esto, debo tomar el cristianismo y el servicio de Dios como algo que me guardará del pecado. ¡Dios me ayude a cumplir con mis deberes correctamente!"

Esto no está bien. Cuando Cristo vino, compró al pecador con Su sangre. Si hubiera un mercado de esclavos aquí y tuviera que comprar un esclavo, me lo llevaría a mi propia casa desde su antiguo entorno. Viviría en mi casa como mi propiedad personal y podría darle órdenes todo el día. Y si fuera un esclavo fiel, viviría como si no tuviera voluntad ni intereses propios. Su único cuidado sería promover el bienestar y el honor de su amo. Y de la misma manera yo, que he sido comprado con la sangre de Cristo, he sido comprado para vivir todos los días con un solo pensamiento: ¿Cómo puedo agradar a mi Señor? Oh, encontramos la vida cristiana tan difícil porque buscamos la bendición de Dios mientras vivimos en nuestra propia voluntad. Deseamos vivir la vida cristiana según nuestro propio gusto. Hacemos nuestros propios planes y elegimos nuestro propio trabajo. Luego, le pedimos al Señor Jesús que entre y se asegure de que el pecado no nos conquiste demasiado y que no nos equivoquemos demasiado. Le pedimos que entre y nos dé tanta de Su bendición. Pero nuestra relación con Jesús debe ser tal que estemos enteramente a su disposición. Todos los días debemos acercarnos a Él con humildad y franqueza y decir: "Señor, ¿hay algo en mí que no sea conforme a Tu voluntad, que no haya sido ordenado por Ti, o que no esté enteramente entregado a Ti?"

Oh, si pudiéramos esperar pacientemente, les digo cuál sería el resultado. Surgiría una relación entre nosotros y Cristo. Sería tan cercano y tan tierno que después nos asombraríamos de cómo antes podíamos haber vivido con la idea: "Estoy entregado a Cristo". Sentiríamos cuán distante había sido previamente nuestra comunión con Él. Entenderíamos que Él puede, y de hecho lo hace, venir y tomar posesión real de nosotros, y darnos una comunión ininterrumpida durante todo el día. El ramo nos llama a la entrega absoluta.

Ahora bien, no hablo tanto de la renuncia a los pecados. Hay personas que necesitan eso, personas que tienen temperamentos violentos, malos hábitos y pecados reales que cometen de vez en cuando y que nunca han entregado al seno mismo del Cordero de Dios. Os ruego, si sois sarmientos de la Vid viva, que no retengáis ni un solo pecado. Sé que hay muchas dificultades en esta cuestión de la santidad. Sé que no todos opinan exactamente lo mismo al respecto. Para mí, eso sería un asunto de relativa indiferencia si pudiera ver que todos anhelan sinceramente estar libres de todo pecado. Pero me temo que inconscientemente a menudo hay compromisos en los corazones, con la idea de que no podemos estar sin pecado. Hay quienes piensan que debemos pecar un poco todos los días; no podemos evitarlo. Oh, que la gente realmente clamara a Dios: "¡Señor, guárdame del pecado!" Entrégate completamente a Jesús y pídele que haga todo lo posible por ti para guardarte del pecado.

Hay mucho en nuestro trabajo, en nuestra iglesia y en nuestro entorno que encontramos en el mundo cuando nacimos en él. Ha crecido a nuestro alrededor y pensamos que está bien, que no se puede cambiar. No venimos al Señor Jesús y le preguntamos al respecto. ¡Oh! Yo os aconsejo, cristianos, poned todo en relación con Jesús, y decid: "Señor, todo en mi vida tiene que estar en la más completa armonía con mi posición como una rama de Ti, la Vid bendita".

Que tu entrega a Cristo sea absoluta. No entiendo esa palabra entregarse por completo. Obtiene nuevos significados de vez en cuando. Se agranda inmensamente de vez en cuando. Pero te aconsejo que lo pronuncies: "Absoluta entrega a Ti, oh Cristo, es lo que he elegido". Y Cristo te mostrará lo que no está de acuerdo con Su mente, y te conducirá a una bienaventuranza más profunda y más alta.

En conclusión, permítanme resumir todo en una oración. Cristo Jesús dijo: "Yo soy la vid, vosotros los sarmientos". En otras palabras: "Yo, el Viviente que me he entregado tan completamente a vosotros, soy la Vid. Es imposible confiar demasiado en Mí. Soy el Obrero Todopoderoso, lleno de una vida y un poder divinos".

Vosotros sois los sarmientos del Señor Jesucristo. Si hay en tu corazón la conciencia de que no eres un pámpano fuerte, sano, fructífero, que no estás íntimamente ligado a Jesús, que no vives en Él como debes ser, entonces escúchalo decir: "Yo soy la Vid, yo Yo os recibiré, os atraeré hacia Mí, os bendeciré, os fortaleceré, os llenaré con Mi Espíritu, Yo, la Vid, os he tomado para que seáis Mis ramas, Me he entregado enteramente a vosotros; Hijos, entréguense totalmente a Mí. Yo Me he entregado como Dios absolutamente a ustedes. Me hice hombre y morí por ustedes para ser enteramente suyo. Vengan y entréguense enteramente para ser Míos".

¿Cuál será nuestra respuesta? Oh, que sea oración desde lo más profundo de nuestro corazón, para que el Cristo vivo nos tome a cada uno de nosotros y nos vincule estrechamente a Él. Que nuestra oración sea que Él, la Vid viviente, nos una a cada uno de nosotros a Sí mismo de tal manera que nos vayamos con el corazón cantando: "Él es mi Vid, y yo soy Su rama, no quiero nada más, ahora que tengo la Vid eterna." Entonces, cuando estés a solas con Él, adóralo y adóralo; alábenlo y confíen en Él; ámalo y espera Su amor. "Tú eres mi vid y yo soy tu rama. Basta, mi alma está satisfecha".

¡Gloria a su bendito nombre!

Mayores hazañas 17

Conclusión de las hazañas mayores 17

Gracias por comprar este libro . Rezo y espero que estos títulos sobre *hazañas mayores 1 6 – Con: Andrew Murray en los dos Pactos; Vida cristiana más profunda; vida de oración; Con Cristo en la Escuela de Oración y Entrega Absoluta* TODO EN ¡ UN LUGAR te ha llevado a mayores hazañas en Dios! ¡ *Esta es una serie de equipamiento !*

Naciste para esto - Sanación, liberación y restauración - Serie de equipamiento para lanzarte al presente y al futuro en mayores hazañas para nuestro Dios en todos los ámbitos en el nombre de Jesús. Historias de vida real y testimonios para reforzar su aprendizaje y aplicación de más de 100 años en el ministerio de nuestro Señor y Salvador Jesucristo.

Este es el final de las hazañas mayores 17 . Le agradecemos por comprar y leer este libro. Prepárate para Greater Exploits 1 8 que se espera que esté repleto de testimonios más edificantes, equipándote para que puedas salir y llevar a cabo mayores hazañas desde tu hogar, tu círculo y fuera de tu círculo.

Ahora, el mayor milagro es el milagro de la salvación. Ahora presentamos una oportunidad:

GRAN OPORTUNIDAD

No terminaremos este título hasta que presentemos la oportunidad a aquellos que no se han encontrado con Jesús para hacer las paces hoy.

Oración de Salvación

Oración de Salvación - Nuestra Primera Conversación Real con Dios

La "oración de salvación" es la oración más importante que jamás oraremos. Cuando estamos listos para convertirnos en cristianos, estamos listos para tener nuestra primera conversación real con Dios, y estos son sus componentes:

- Reconocemos que Jesucristo es Dios; que Él vino a la tierra como hombre para vivir la vida sin pecado que nosotros no podemos vivir; que Él murió en nuestro lugar, para que no tuviéramos que pagar la pena que merecemos.
- Confesamos nuestra vida pasada de pecado: vivir para nosotros mismos y no obedecer a Dios.
- Admitimos que estamos listos para confiar en Jesucristo como nuestro Salvador y Señor.
- Le pedimos a Jesús que venga a nuestro corazón, se establezca allí y comience a vivir a través de nosotros.

Oración de Salvación - Comienza con Fe en Dios

Cuando oramos la oración de salvación, le estamos haciendo saber a Dios que creemos que Su Palabra es verdadera. Por la fe que Él nos ha dado, elegimos creer en Él. La Biblia nos dice que " *sin fe es imposible agradarle, porque es necesario que el que se acerca a Dios crea que Él existe, y que es galardonador de los que le buscan solícitamente* " (Hebreos 11:6).

Entonces, cuando oramos, pidiéndole a Dios el regalo de la salvación, estamos ejerciendo nuestro libre albedrío para reconocer que creemos en Él. Esa demostración de fe agrada a Dios, porque libremente hemos elegido conocerlo.

Oración de Salvación - Confesando Nuestro Pecado

Cuando rezamos la oración de salvación, estamos admitiendo que hemos pecado. Como dice la Biblia de todos, excepto solo de Cristo: " *Por cuanto todos pecaron, y están destituidos de la gloria de Dios* " (Romanos 3:23).

Pecar es simplemente no dar en el blanco, como una flecha que no da en el blanco. La gloria de Dios de la que estamos destituidos se encuentra únicamente en Jesucristo: " *Porque es el Dios que mandó que de las tinieblas resplandeciese la luz, el que resplandeció en nuestros corazones, para iluminación del conocimiento de la gloria de Dios en el rostro de Jesucristo* " (2 Corintios 4:6).

La oración de salvación, entonces, reconoce que Jesucristo es el único ser humano que jamás vivió sin pecado. " *Al que no conoció pecado, por nosotros lo hizo pecado, para que nosotros fuésemos hechos justicia de Dios en él* " (2 Corintios 5:21).

Oración de Salvación - Fe Profesante en Cristo como Salvador y Señor

Con Cristo como nuestro estándar de perfección, ahora estamos reconociendo la fe en Él como Dios, estando de acuerdo con el Apóstol Juan en que: *" En el principio era el Verbo (Cristo), y el Verbo era con Dios, y el Verbo era Dios. Él estaba en el principio con Dios. Todas las cosas por Él fueron hechas, y sin Él nada de lo que ha sido hecho, fue hecho "* (Juan 1:1-3).

Debido a que Dios solo podía aceptar un sacrificio perfecto y sin pecado, y debido a que sabía que no podríamos lograr eso, envió a Su Hijo a morir por nosotros y pagar el precio eterno. *" Porque de tal manera amó Dios al mundo que ha dado a su Hijo unigénito, para que todo aquel que en él cree no se pierda, mas tenga vida eterna "*. (Juan 3:16).

Oración de Salvación - ¡Dígalo y dígalo en serio ahora!

¿Estás de acuerdo con todo lo que has leído hasta ahora? Si es así, no espere un momento más para comenzar su nueva vida en Jesucristo. Recuerda, esta oración no es una fórmula mágica. Simplemente estás expresando tu corazón a Dios. Reza esto con nosotros:

"Padre, sé que he quebrantado tus leyes y mis pecados me han separado de ti. Lo siento mucho y ahora quiero alejarme de mi vida pecaminosa pasada hacia ti. Por favor, perdóname y ayúdame a evitar volver a pecar. Creo que tu hijo Jesucristo murió por mis pecados, resucitó de entre los muertos, vive y escucha mi oración. Invito a Jesús a ser el Señor de mi vida, para que gobierne y reine en mi corazón desde este día en adelante. . Por favor, envía tu Espíritu Santo para que me ayude a obedecerte y hacer tu voluntad por el resto de mi vida. En el nombre de Jesús oro, Amén".

Oración de Salvación - Lo He Orado; ¿Ahora que?

Si has hecho esta oración de salvación con verdadera convicción y corazón, ahora eres un seguidor de Jesús. Esto es un hecho, ya sea que te sientas diferente o no. Es posible que los sistemas religiosos lo hayan llevado a creer que debe sentir algo: un cálido resplandor, un hormigueo o alguna otra experiencia mística. El hecho es que puede que lo haga o puede que no. Si has orado la oración de salvación y lo has dicho en serio, ahora eres un seguidor de Jesús. ¡La Biblia nos dice que su salvación eterna está segura! *" que si confesares con tu boca que Jesús es el Señor, y creyeres en tu corazón que Dios le levantó de los muertos, serás salvo "* (Romanos 10:9).

¡Bienvenidos a la familia de Dios! Lo alentamos ahora a encontrar una iglesia local donde pueda bautizarse y crecer en el conocimiento de Dios a través de Su Palabra, la Biblia.
También puede visitar nuestro sitio en www.otakada.org que le ayudará a desarrollarse y crecer en Cristo
Usando este enlace en el estudio bíblico de descubrimiento para descubrir a Jesús por ti mismo
https://www.otakada.org/dbs-dmm/

Viaje de discipulado de 40 días

O puede comenzar un viaje de 40 días a su ritmo en línea a través de este enlace https://www.otakada.org/get-free-40-days-online-discipleship-course-in-a-journey-with-jesus/

Si necesita orientación, envíe un correo electrónico a info@otakada.org

Que el Señor amplíe tu vida y te llene de alegría, paz, amor y armonía que solo Él puede dar, amén.

Shalom!

Otros libros por autor

Busque el nombre y el título del autor a través del sitio de compras Otakada.org a través del enlace
https://www.shop.otakada.org
Y también amazon y otros puntos de venta.

Shalom!

Embajador Lunes O . Ogbé

Printed by BoD™in Norderstedt, Germany